सन्त वाणी

खण्ड-1

नालायिर दिव्य प्रबन्धम्
तमिल भाषा के वैष्णव आष्वार् सन्तों का
चतुस्सहस्त्र दिव्य प्रबन्ध साहित्य

प्रथम खण्ड
प्रथम तीन आष्वार् सन्तों के पद-संग्रह
हिन्दी अनुवाद एवं व्याख्या सहित

खण्ड-1

सन्त वाणी

पाँचवीं शती ईसवी और नौवीं शती ईसवी के बीच तमिल भाषा में बारह वैष्णव भागवत संत भक्त कवियों ने कुल 3892 पदों की रचना की थी जिनका संग्रह और सम्पादन नौवीं और दसवीं शती के बीच श्री सम्प्रदाय के सर्वप्रथम वैष्णव आचार्य श्री नाथमुनि ने किया था।

उक्त संत भक्त कवियों को तमिल में आऴ्वार (भक्ति में निमग्न) कहा जाता है। नाथमुनि द्वारा संपादित यह ग्रन्थ नालायिर दिव्य प्रबन्धम् (चार हज़ार दिव्य प्रबन्ध साहित्य) के नाम से विश्रुत है हालाँकि इस ग्रन्थ में श्री सम्प्रदाय के प्रवर्तक श्री रामानुजाचार्य तथा उनकेसिद्धान्तों की प्रशस्ति में उनके शिष्य बारहवीं शती के तिरुरंगत्तु अमुदनार द्वारा रचित वैष्णव भक्तिपरक ग्रन्थ 'रामानुज नूट्रन्तादि' (रामानुज पर 108 अन्तादि पद) भी बाद में जोड़ा गया जिससे कि समग्र साहित्य में कुल 4000 पद हुए। यह दिव्य प्रबंध साहित्य 'तमिल मरै' अर्थात् 'तमिल वेद' के रूप में स्वीकृत है।

विशिष्टाद्वैत सम्प्रदाय के प्रतिष्ठापक श्री रामानुजाचार्य, श्री वेदान्त देशिक एवं अन्य वैष्णव आचार्यों तथा पुष्टि मार्ग के संस्थापक श्री वल्लभाचार्य के भक्ति मार्गों का मूल आधार तमिल का यही दिव्य प्रबन्धम् है।

इन आऴ्वार कवियों ने वर्ण-जाति-लिंग भेदों से मुक्त प्रपत्तिपरक नारायण-भक्ति का पथ मानव-मात्र के लिए अनावृत कर दिया था। अतः यह नारायण भक्ति पथ अतीव लोकप्रिय था। इसी प्रपत्तिमयी अर्थात् शरणागतिमूलक भक्ति का मार्ग मध्यकालीन वृन्दावनी हिन्दी सन्त भक्त कवियों ने अपनाया और समग्र भारतवर्ष को अपने मधुर पदों के माध्यम से गहन भक्ति-धारा में निमज्जित कर दिया। इस प्रकार दक्षिण से उत्पन्न भक्ति-धारा ने उत्तर भारत तक पहुँचकर सारे भारतवर्ष को अत्यन्त प्रभावित कर दिया था। इसका प्रमाण है हिन्दी की प्रसिद्ध उक्ति "भक्ति द्राविड ऊपजी, लाये रामानन्द" ...भक्ति की यह ऐतिहासिक धारा भारतीय आध्यात्मिक एकात्मता का प्रतिमान प्रस्तुत करती है।

इस तथ्य को प्रमाणित करने और समग्र भारतवर्ष में प्रचारित करने का महान लक्ष्य लेकर "संत वाणी" शीर्षक की ग्रन्थ-माला के अर्न्तगत आऴ्वारों का दिव्य प्रबंध साहित्य (नालायिर दिव्य प्रबन्धम्) हिन्दी में अनेक खण्डों में प्रस्तुत किया जा रहा है।

इस गौरवपूर्ण राष्ट्रीय धर्म का निर्वाह करने का श्रेय इस ग्रन्थ-माला के प्रकाशक वाणी प्रकाशन के श्री अरुण माहेश्वरी को है।

सन्त वाणी

खण्ड-1

नालायिर दिव्य प्रबन्धम्

तमिल भाषा के वैष्णव आष्वार् सन्तों का

चतुस्सहस्त्र दिव्य प्रबन्ध साहित्य

प्रथम खण्ड

[प्रथम तीन आष्वारों अर्थात् पोय्कै आष्वार्,

भूतत्ताष्वार् एवं पेयाष्वार् द्वारा कृत प्रथम,

द्वितीय एवं तृतीय दिव्य अन्तादि साहित्य]

हिन्दी अनुवाद एवं व्याख्या सहित

प्रस्तुतकर्ता

डॉ. पी. जयरामन

प्रस्तुति, अनुवाद एवं व्याख्या

वाणी प्रकाशन

वाणी प्रकाशन

4695, 21-ए, दरियागंज, नयी दिल्ली 110 002

शाखा

अशोक राजपथ, पटना 800 004

फ़ोन: +91 11 23273167 फ़ैक्स: +91 11 23275710

www.vaniprakashan.in
vaniprakashan@gmail.com

SANT VANI-1
NALAYIRA DIVYA PRABANDHAM
Presentaion, Translation and Commentary by Dr. P. Jayaraman

ISBN : 978-93-5000-201-8
Ancient Tamil Saint Poetry

प्रथम संस्करण 2012
आवृत्ति 2016
मूल्य : ₹795
प्रति खण्ड

$ 24.99
Per Volume

एशियन ऑफसेट, दिल्ली-110 093 में मुद्रित

वाणी प्रकाशन का लोगो मक़बूल फ़िदा हुसेन की कूची से

भूमिका

नालायिर दिव्य प्रबन्धम्

(चतुस्सहस्त्र दिव्य प्रबन्ध साहित्य अथवा पद-संग्रह)

प्राचीन तमिल प्रदेश में वैष्णव-नारायण धर्म

ऐतिहासिक, सामाजिक तथा साहित्यिक पृष्ठभूमि

भारतीय भाषाओं में तमिल भाषा प्राचीनतम भाषाओं में से है। उसका साहित्य भी अत्यन्त प्राचीन है। ईसा-पूर्व 600 से लेकर ईसवी 200 तक तमिल साहित्य की उदात्ततम स्थिति रही। वही समय था जब तमिल प्रदेश के मदुरै नगर में विद्वानों के संघ हुआ करते थे। उन्हें 'संगम्' कहा जाता था जो विश्रुत विद्वानों, कवियों एवं ज्ञानियों की सभा या गोष्ठी होती थी। इस संगम द्वारा तमिल कृतियों का परीक्षण होता था और उनकी श्रेष्ठता तथा उपादेयता का निर्णय किया जाता था। संगम् द्वारा स्वीकृत होने पर किसी भी कृति को सर्वश्रेष्ठ साहित्य की श्रेणी में प्रतिष्ठा मिलती थी। इन संघों (संगम्) को पांडिय राजाओं का आश्रय अवश्य प्राप्त था। फिर भी साहित्य-संशोधन तथा परीक्षण में वे स्वायत्त थे। उक्त अवधि में क्रमशः तीन संघ (संगम्) बने जो प्रथम, मध्य और अन्तिम संघ के नाम से अभिहित थे। इन संघों द्वारा प्रमाणित तमिल साहित्य की श्रेणी में 'तोल् काप्पियम्' (तमिल का सम्प्रति उपलब्ध प्राचीनतम व्याकरण), और अहनानूरु, पुरनानूरु, परिपाडल्, कलित्तोहै आदि गरिमामय साहित्यिक कृतियाँ सम्मिलित हैं।

संघकालीन साहित्य और संघोत्तरकालीन साहित्य 'शिलप्पधिकारम्' और 'मणिमेखलै' आदि का अनुशीलन करने पर प्रमाणपूर्वक विदित होता है कि ईसा-पूर्व अनेक शतियों से तमिल प्रदेश के सामाजिक जीवन में वैष्णव धर्म का व्यापक प्रचार था। तमिल जनता के बीच विष्णु भक्ति, अवतारवाद एवं पौराणिक कथाओं की प्रतिष्ठा बढ़ने लगी थी और भगवान विष्णु अर्थात् नारायण के अनेक मन्दिरों का निर्माण तमिल प्रदेश में होने लगा था जहाँ विधिवत् पूजा-अर्चना की व्यवस्था थी। वैष्णव भागवत धर्म जन-समाज में अधिक लोकप्रिय हो चला था। जन-सामान्य की स्वीकृति तथा राज्याश्रय के कारण वैष्णव धर्म का गम्भीर रूप तमिल प्रदेश में विकसित हुआ था। प्राचीनतम संघकालीन साहित्य में इस तथ्य के प्रभूत प्रमाण उपलब्ध हैं। इस ऐतिहासिक तथ्य के प्रमाण में संघकालीन साहित्य 'परिपाडल्' के कतिपय उद्धरणों का हिन्दी रूपान्तर आगे दिया जाता है।

'भगवान विष्णु अर्थात् नारायण (तमिल में 'तिरुमाल्' शब्द से अभिहित) जगत की सृष्टि, स्थिति एवं लय- इन तीनों कार्यों के कारणभूत हैं। भगवान नारायण ही वेद हैं, वेदवित् हैं, वेद-प्रतिपाद्य हैं; पंचभूत हैं आर समस्त स्थावर-जंगम वस्तुओं के आधार हैं; नानाविध रूपों से युक्त भगवान विभिन्न शस्त्र धारण करते हुए सबकी रक्षा करते हैं। परब्रह्म नारायण सबके आदिदेव हैं।" (परिपाडल्-1-40 से 55 तक)।

संघकालीन साहित्य 'कलित्तोहै' (1-9) में तत्कालीन तमिल समाज में व्याप्त वैदिक धर्म का संकेत है।

संघोत्तरकालीन और दूसरी शती ईसवी के तमिल महाकाव्य 'शिलप्पधिकारम्' का खण्ड 'आय्च्चियर् कुरवै' (गोपी नृत्य) वैष्णव धर्म तथा नारायण-भक्ति का अत्यन्त विशद एवं सुन्दर वर्णन प्रस्तुत करता है। उस सन्दर्भ में प्रस्तुत नृत्य-गीत का महत्त्वपूर्ण अंश है :

"नारायणा एन्ना नावेन्न नावे"

(जो जिह्वा अष्टाक्षर मन्त्र 'ओम् नमो नारायणाय' का उच्चारण नहीं करती उस जिह्वा का क्या प्रयोजन है?) इससे यह तथ्य प्रमाणित होता है कि नारायण धर्म अर्थात् वैष्णव धर्म युगीन तमिल समाज में बड़ी गहराई तक परिव्याप्त था।

परवर्ती शतियों में अर्थात् ईसवी पाँचवीं शती के पश्चात् उत्तर भारत के मुकाबले में दक्षिण के तमिल प्रदेश में ऐतिहासिक दृष्टि से सामाजिक शान्ति एवं राजनैतिक स्थिरता का वातावरण था। वही समय था जब वैष्णव भागवत धर्म को पांडिय तथा पल्लव नरेशों का राज्याश्रय प्राप्त हुआ था। इसके प्रमाण हैं सातवीं-आठवीं शती के शासक वरगुण पांडियन द्वारा पेरूर में निर्मित विष्णु मन्दिर तथा उसी अवधि में पल्लव नरेश नंदि वर्मा द्वितीय द्वारा निर्मित कांचीपुरम का वैकुंठ पेरुमाल मन्दिर। इस प्रकार ईसवी पाँचवीं शती से राज्याश्रय तथा जन-स्वीकृति के कारण वैष्णव सन्त-भक्तों (आष्र्वारों *) की रचनाओं के द्वारा व्यापक लोकप्रिय वैष्णव भक्ति आन्दोलन चारों ओर परिव्याप्त हुआ था।

आष्र्वार् कवियों का समय एवं प्रदेय

लगभग पाँचवीं शती ईस्वी से नौवीं शती ईस्वी तक की अवधि में आविर्भूत होकर अपने मधुर पदों के द्वारा भगवान विष्णु अथवा नारायण के प्रति एकान्त भक्ति की स्थापना करनेवाले आष्र्वार् भक्तों की संख्या बारह है।

'आष्र्वार्' शब्द का अर्थ है 'निमग्न या रमा रहने वाला'; भगवान विष्णु या नारायण के अनुराग में डूबा रहनेवाला भक्त आष्र्वार् कहलाता है। वस्तुतः जो भक्त ईश्वरीय ज्ञान के मूल तत्त्व तक पहुँच चुका है और ईश्वर के ध्यान में निमग्न रहता है वही आष्र्वार् है।

उक्त बारह आष्र्वारों के नाम इस प्रकार हैं–

पोय्कै आष्र्वार; भूतत्ताष्र्वार्; पेयाष्र्वार्; तिरुमषिशै आष्र्वार; तिरुमंगै आष्र्वार्; पेरियाष्र्वार्; आण्डाल्; तिरुप्पाणाष्र्वार; तोण्डरडिप्पोडि आष्र्वार; कुलशेखर आष्र्वार; नम्नाष्र्वार् और मधुर कवि आष्र्वार्।

इन आष्र्वारों के संस्कृत नाम इस प्रकार हैं–

सरोयोगी, भूतयोगी, महायोगी या भ्रान्तयोगी, भक्तिसार, परकाल, विष्णुचित्त, गोदा, योगीवाह, भक्तांघ्रिरेणु कुलशेखर, शठकोप और मधुर कवि। पाँचवीं और नवीं शती के बीच रहे ये बारह आष्र्वार् सन्त-भक्त अनेकानेक गीतों की रचना कर जनसामान्य में विष्णु भक्ति का प्रचार करते थे। आष्र्वारों में जाति-पाँति का कोई भेदभाव नहीं था। आष्र्वारों द्वारा प्रवर्तित भक्तिमार्ग में वर्ण-जाति-लिंग भेदों के लिए कोई स्थान नहीं था। इसके प्रमाण स्वयं आष्र्वार् सन्त थे। नम्माष्र्वार् वेल्लाल (वैश्य) जाति के थे। तिरुमंगै आष्र्वार् कळ्ळर (शूद्र) थे। तिरुप्पाणाष्र्वार् अस्पृश्य जाति के थे। कुलशेखर आष्र्वार् क्षत्रिय थे और शेष सभी आष्र्वार् ब्राह्मण थे। पेरियाष्र्वार की दत्तक पुत्री आंडाल् प्रसिद्ध आष्र्वार् भक्तिन थीं आष्र्वारों के इस कुल-जाति-लिंगगत उदार दृष्टिकोण के कारण जनता में उनके द्वारा प्रचारित अनन्य विष्णु भक्ति अर्थात् नारायण भक्ति को सर्वाधिक मान्यता मिली और सभी वर्गों के लोग नारायण भक्ति के अधिकारी हुए।

---

* आष्र्वारों का परिचय आगे के परिच्छेदों में दिया गया है।

नालायिर दिव्य प्रबन्धम्

(चतुस्सहस्र दिव्य प्रबन्ध साहित्य अथवा पद संग्रह)

दक्षिणी वैष्णव सम्प्रदाय के प्रधान आचार्य नाथमुनि ने जिनका समय नौवीं शती के उत्तरार्द्ध और दसवीं शती के पूर्वार्द्ध के बीच माना जाता है, उक्त बारह आऴ्वारों के पदों का संग्रह तथा सम्पादन किया जो नालायिर दिव्य प्रबन्धम् के नाम से विख्यात है।

आऴ्वारों के पदों में उनके वैयक्तिक भक्त्यनुभव का वर्णन है। साथ ही प्रासंगिक रूप से परमात्मा, जीव, प्रकृति, कर्म-बन्धन, मुक्ति, उसके साधन, भक्त का आचरण आदि दार्शनिक सिद्धान्तों एवं तत्त्वों का भी विवेचन है। वस्तुतः प्रबन्धम् भक्ति, ज्ञान, प्रेम, सौन्दर्य तथा आनन्द से ओतप्रोत अध्यात्म-ज्ञान की निधि है। वैष्णव सम्प्रदाय का यह आकर ग्रन्थ 'प्रबन्धम्' आध्यात्मिकता तथा पावनता की दृष्टि से वेदों के समकक्ष स्वीकृत है। इस गौरवपूर्ण ग्रन्थ की भाषा प्राचीन तमिल है।

हमें इस बात का आश्चर्य है कि वैष्णव सम्प्रदाय का यह प्रमाण ग्रन्थ अब तक हिन्दी जगत के लिए क्यों अज्ञात रहा; क्यों किसी विद्वान ने इसका हिन्दी अनुवाद प्रस्तुत नहीं किया! मध्यकालीन वृन्दावनी भक्तिधारा के उद्गम स्रोत के रूप में विद्यमान आऴ्वार् साहित्य यदि हिन्दी में उपलब्ध हुआ होता तो भारतीय मूलभूत आध्यात्मिक एकात्मता का परिज्ञान हुआ होता। अतः हमने यह तय किया कि तमिल के समग्र आऴ्वार् साहित्य का हिन्दी में अनुवाद व्याख्या सहित प्रस्तुत किया जाय। आध्यात्मिक एकात्मता के परिज्ञान की इस ऐतिहासिक योजना को वाणी प्रकाशन, नयी दिल्ली के मालिक एवं साहित्य मर्मज्ञ श्री अरुण माहेश्वरी ने पसन्द किया और कई खण्डों में इसे प्रकाशित करने का निर्णय किया। उसी निर्णय के फलस्वरूप यह प्रथम खण्ड प्रकाशित हो रहा है। इसमें प्रथम तीन आऴ्वारों की कृतियों का हिन्दी अनुवाद व्याख्या सहित प्रस्तुत किया जा रहा है।

प्रथम तीन आऴ्वारों तथा उनकी कृतियों का संक्षिप्त परिचय

आऴ्वार् भक्तों के जीवन-वृत्त आदि के सम्बन्ध में ऐतिहासिक दृष्टि से कोई प्रामाणिक सामग्री उपलब्ध नहीं है। अतः नालायिर दिव्य प्रबन्धम् में स्वयं आऴ्वारों द्वारा किये गये कतिपय सम-सामयिक घटनाओं के उल्लेखों तथा दिव्य सूरि चरितम्, गुरु परम्परा प्रभावम्, प्रपन्नामृतंम् आदि गुरु परम्परा ग्रन्थों पर आऴ्वारों के जीवन सम्बन्धी विवरणों के लिए निर्भर रहना पड़ता है। उन्हीं के आधार पर आगे प्रथम तीन आऴ्वारों का संक्षिप्त परिचय प्रस्तुत किया जा रहा है।

आऴ्वार् भक्तों में प्रथम तीन आऴ्वारों–पोय्कै आऴ्वार्, भूतत्ताऴ्वार् और पेयाऴ्वार को मुदलाऴ्वार् (प्रथम आऴ्वार् या आदि भक्त) कहा जाता है। इनमें से प्रत्येक आऴ्वार् ने सौ-सौ पदों की रचना की है। इस प्रकार इन तीन आऴ्वारों के कुल तीन सौ पद हैं और वे 'तिरुवन्तादि' (दिव्य अन्तादि) के नाम से विख्यात हैं और प्रबन्धम् में मुदल् (प्रथम) तिरुवन्तादि, इरण्डाम् (द्वितीय) तिरुवन्तादि और मूनराम् (तृतीय) तिरुवन्तादि शीर्षकों के अधीन संगृहीत हैं। 'तिरुवन्तादि' (तिरु अन्तादि) का अर्थ है दिव्य अन्तादि। अन्तादि काव्य की एक शैली है जिसमें एक पद के अन्तिम शब्द या ध्वनि का प्रयोग अगले पद के प्रथम शब्द या ध्वनि के रूप में किया जाता है। इन अन्तादि ग्रन्थों के अध्ययन से यह विदित होता है कि उक्त तीनों आऴ्वार् श्रेष्ठ ज्ञानी थे; वेद-उपनिषद्-गीता का उन्हें विशेष ज्ञान था और वैष्णव भक्ति का प्रचार मात्र उनका ध्येय था। उनके पदों के प्रमुख पतिपाद्य भगवद्गुण-कीर्तन, भक्ति की महिमा, प्रपत्ति यानि शरणागति-तत्त्व आदि हैं। उनमें भगवान विष्णु अर्थात् नारायण के विभिन्न अवतारों, विशेष रूप से वराहावतार, वामनावतार एवं कृष्णावतार

के विवरण हैं। तीनों आष्वार् परम भागवत थे और उन्होंने साधना के समस्त मार्गों में केवल भक्ति मार्ग को सर्वोत्तम घोषित किया है।

ये तीनों आष्वार् पाँचवीं-छठी शती में क्रमशः कांचीपुरम्, तिरुक्कडल् मल्लै (महाबलिपरुम्) और मैलापुर् (चेन्नै) में जन्मे थे। उनके जीवन के बारे में केवल इतना ज्ञात है कि वे समाज से दूर रहते थे और सर्वदा तीर्थाटन करते थे। उनके जीवन की एक घटना भक्तों के बीच अत्यन्त प्रसिद्ध है। वह घटना इस प्रकार है–

एक शाम तूफ़ानी वर्षा के समय पोय्कै आष्वार् घूमते-घामते तिरुवण्णामलै (तमिलनाडु में स्थित) के पास के तिरुक्कोवलूर गाँव में पहुँचे। वहाँ उन्होंने एक मकान के बन्द कमरे में शरण ली और सोने के उद्देश्य से लेटे। थोड़ी देर में भूतत्ताष्वार् वहीं आ पहुँचे और अन्दर झाँक कर देखा तो जगह छोटी थी, पर उन्होंने कहा, "यदि एक व्यक्ति लेट सकता है तो दो व्यक्ति बैठ सकते हैं," पोय्कै आष्वार् ने उन्हें अन्दर बुला लिया। थोड़ी ही देर में पेयाष्वार् भी वहीं आ पहुँचे। वे उस छोटी-सी जगह को देखकर कहने लगे, "यदि दो बैठ सकते हैं तो तीन खड़े रह सकते हैं", फिर वे भी अन्दर आये। तीनों आष्वार् खड़े हो गये और वर्षा के थमने की प्रतीक्षा करने लगे। तीनों भगवद् भक्त खड़े-खड़े भगवान नारायण और उनकी गुणातिशयता के बारे में आपस में बातें करने लगे; तब अचानक उन तीनों को महसूस हुआ कि कोई चौथा व्यक्ति उनके बीच में आया है। पर वे यह समझ नहीं सके कि वह कौन है। अंधकार था; वे किसी को देख नहीं सके। कोई दीप भी नहीं था; दीप होता भी तो उसे जलाते कैसे?

तब पोय्कै आष्वार् गाने लगे, "भूमि को दीया बनाकर, सागर जल को घी के रूप में लेकर और सूर्य को लौ बनाकर मैं अजनबी का पता लगाऊँगा।"

भूतत्ताष्वार् ने उत्तर में बताया, "उन्होंने स्नेह अथवा भक्ति को दीया बनाकर, परा भक्ति को घी के रूप में लेकर और प्रेमातुर हृदय को बत्ती बनाकर भगवान नारायण के दर्शनों के लिए परम ज्ञान स्वरूपी दीप प्रज्वलित किया है।"

उसके बाद पेयाष्वार् ने प्रफुल्लित मुद्रा में गाया, "मैं दर्शन कर रहा हूँ श्रीदेवी समेत भगवान विष्णु अर्थात् नारायण के। देख रहा हूँ उनका सुन्दर तन और सूर्य-सम प्रकाश तथा उनके हाथों में शंख-चक्र।"

अन्त में तीनों भक्तों ने देखा कि उनके बीच और कोई नहीं; भगवान नारायण श्रीदेवी समेत स्वयं विराजमान थे। फिर उन तीनों ने सौ-सौ पदों में भगवान की प्रशस्ति गायी; उन पदों का संग्रह ही प्रथम, द्वितीय और तृतीय दिव्य अन्तादि (मुदल्, इरण्डाम् और मून्राम् तिरुवन्तादि) के नाम से अभिहित है।

प्रस्तुति

इस प्रथम खण्ड में प्रथम तीन आष्वारों के कुल 300 पदों का हिन्दी अनुवाद व्याख्या के साथ प्रस्तुत किया जा रहा है। इस अनुवाद-व्याख्या योजना की व्यवस्था निम्न प्रकार की गयी है।

पद का मूल बिन्दु; तमिल पद का देवनागरी लिप्यन्तरण; शब्दार्थ अन्वय सहित; विशेष शब्दों का आधार एवं अर्थ; पद का भावार्थ; व्याख्या, प्रसंगानुसार प्राचीन दार्शनिक, पौराणिक तथा संस्कृत, तमिल एवं हिन्दी साहित्य के सन्दर्भों के विवेचन के साथ।

इनके अलावा, प्रत्येक तिरुवन्तादि के प्रारम्भ में वैष्णव भक्ति-साहित्य की परम्परा में रचित प्रशस्ति-पदों का भी अनुवाद, व्याख्या के साथ दिया गया है। प्रशस्ति-पद को तमिल में 'तनियन्' कहा जाता है।

तमिल पदों तथा शब्दों के देवनागरी लिप्यन्तरण के सन्दर्भ में कतिपय विशेष ध्यान देने योग्य बातें

तमिल की विशेष ध्वनि 'ष़' संस्कृत ध्वनि चिन्ह 'ळ' तथा हलन्त चिन्ह ् का अक्सर प्रयोग किया गया है।
उदाहरण–आष़्वार्; तहळि; तिरमाल्
तमिल की विशेष ध्वनि है 'ष़'; इसका उच्चारण जिह्वा को ऊपर से कुंचित कर, ऊपरी तालु के दोनों पार्श्व भागों को स्पर्शित कर किया जाता है।
साथ ही तमिल की कुछ विशिष्ट ध्वनियाँ–ह्रस्व 'ए' और ह्रस्व 'ओ'–देवनागरी में नहीं पायी जातीं। उनके लिए हमने विशेष चिन्हों का प्रयोग नहीं किया है; वरन् दीर्घ 'ए' और दीर्घ 'ओ' का ही प्रयोग स्वीकार कर लिया है। तमिल में व्यंजनों की संख्या देवनागरी की तुलना में कम है। एक ही व्यंजन से अनेक ध्वनियों का उच्चारण किया जाता है। जैसे–
'क' से क, ग, ह
'च' से च, ज, श
'ट' से ट, ड
'त' से त, द
'प' से प, ब
तमिल में महाप्राण ध्वनियों का भी अभाव है।

आभार

मुझे इस साहित्य-साधना में न जाने कितने मित्रों एवं बन्धुओं की सहायता प्राप्त हुई है! उन सबके प्रति, विशेषकर न्यूयार्क के मेरे आप्त शिष्य श्री हरीश रामचन्दानी तथा अन्य हितैषी बन्धुओं–श्री विजय केवलरमानी, श्री लाल सानी एवं श्री पराग सक्सेना के प्रति मैं आभारी हूँ। इन बन्धुओं ने मेरी इस साहित्य-साधना को सफल बनाने के लिए हर प्रकार की आर्थिक एवं वैचारिक सहायता देकर मेरे मार्ग को सहज बनाया। साथ ही, समय-समय पर इस महान प्रयास में मेरा उत्साह बढ़ाया कवि, साहित्यकार तथा भाई श्री गुलज़ार ने; वे मेरे विशेष धन्यवाद के पात्र हैं। बन्धुवर डॉ. रवि प्रकाश सिंह (नॉशविल, टेनेसी), मुम्बई की कु. सरोजनी जैन तथा कु. प्रमीला भटनागर को उनके प्रोत्साहन-पाथेय के लिए धन्यवाद देता हूँ।
इसके अलावा चेन्नै (मद्रास) की मेरी लगभग पचास साल पुरानी शिष्या श्रीमती जनकनन्दिनी एवं उनके पति श्री के.ए. संपत मेरे विशेष धन्यवाद के पात्र हैं; उन्होंने ही मुझे आष़्वारों की समस्त कृतियाँ और उनसे सम्बन्धित अन्य रचनाएँ उपलब्ध कराकर मेरे अध्ययन-पथ को सहज बनाया।
इस सन्दर्भ में मैं न्यू यार्क की अपनी शिष्या कल्पना (एस्थर लोअनगार्ट) के प्रति भी उनकी सहायता, सेवा तथा प्रोत्साहन के लिए आभार प्रकट करना चाहता हूँ।
मेरे विशेष धन्यवाद के अधिकारी हैं चेन्नै के विद्वान बंधु डॉ. एस. सुब्रमणियम, 'विष्णुप्रिया' जिन्होंने इस प्रथम खण्ड की मेरी हस्तलिखित पाण्डुलिपि के टंकण की व्यवस्था करने के अलावा विषय-वस्तु को आद्योपांत पढ़कर अपने अत्यन्त महत्त्वपूर्ण सुझावों से इसकी उपादेयता को बढ़ाया भी।
अन्त में ग्रन्थ के प्रकाशक विद्वान बन्धु श्री अरुण माहेश्वरी को मैं हार्दिक साधुवाद देता हूँ; क्योंकि उन्हीं के प्रयास तथा साहस के परिणामस्वरूप हिन्दी के आध्यात्मिक साहित्य के इतिहास में इस ग्रन्थ के रूप में एक

नया अध्याय समाविष्ट हो सका है।

तमिल भाषा के महानतम आध्यात्मिक ग्रन्थ 'नालायिर दिव्य प्रबन्धम्' की हिन्दी में यह प्रथम प्रस्तुति है। इसके पश्चात् क्रमशः विभिन्न खण्ड प्रस्तुत होंगे। अतः हम इस प्रयास के सम्बन्ध में विद्वानों की रचनात्मक प्रतिक्रियाओं का स्वागत करेंगे। हमें सम्पूर्ण विश्वास है कि विद्वानों की प्रतिक्रियाओं से भावी संस्करणों तथा अन्य खण्डों की सफल प्रस्तुति में सुविधा होगी।

न्यू यार्क **डॉ. पी. जयरामन**

सितम्बर 14, 2009

नालायिर दिव्य प्रबन्धम्

चतुस्सहस्र दिव्य प्रबन्ध साहित्य अथवा पद-संग्रह

क्र सं.	आष्वारों के नाम	उनकी कृति/कृतियाँ	पद संख्या
1.	पोय्कै आष्वार	मुदल् तिरुवन्तादि (प्रथम दिव्य अन्तादि)	100
2.	भूतत्ताष्वार्	इरण्डाम् तिरुवन्तादि (द्वितीय दिव्य अन्तादि)	100
3.	पेयाष्वार्	मून्राम् तिरुवन्तादि (तृतीय दिव्य अन्तादि)	100
4.	तिरुमषिशै आष्वार	1. नान्मुखन् तिरुवन्तादि (चतुर्मुख दिव्य अन्तादि) या नान्काम् तिरुवन्तादि (चतुर्थ दिव्य अन्तादि)	96
		2. तिरुच्चन्द विरुत्तम् (दिव्य मधुर वृत्त साहित्य)	120
5.	नम्माष्वार्	1. तिरु वाय् मोषि (दिव्य वचन)	1102
		2. तिरु विरुत्तम् (दिव्य-वृत्त)	100
		3. तिरुवाशिरियम् (आशिरियप्पा छन्द में रचित दिव्य ग्रन्थ)	7
		4. पेरिय तिरुवन्तादि (बृहत् दिव्य अन्तादि)	87
6.	मधुर कवि आष्वार्	कण्णिनुण् शिरुत्ताम्बु (माता यशोदा द्वारा रस्सी से बाँधा गया–इन शब्दों से प्रारम्भ होनेवाला पद-संग्रह)	11
7.	कुलशेखर आष्वार्	पेरुमाळ् तिरुमोषि (भगवद् दिव्य वचन)	105
8.	पेरियाष्वार्	पेरियाष्वार् तिरुमोषि (पेरियाष्वार् कृत श्रीवचन)	473
9.	आण्डाळ्	1. तिरुप्पावै (दिव्य पावै व्रत)	30
		2. नाच्चियार् तिरुमोषि (दिव्य देवी वचन)	143
10.	तोण्डरडिप्पोडि आष्वार	1. तिरुमालै (दिव्य माला)	45
		2. तिरुप्पळ्ळि एषुच्चि (दिव्य जागरण)	10
11.	तिरुप्पाणाष्वार्	अमलनादि पिरान् (अमल एवं आदि परब्रह्म)	10
12.	तिरुमंगै आष्वार्	1. पेरिय तिरुमोषि (बृहत् दिव्य वचन)	1084
		2. तिरुक्कुरुन्ताण्डकम् (दिव्य लघु प्रबन्ध काव्य)	20
		3. तिरु नेडुन्ताण्डकम् (दिव्य बृहत् प्रबंध काव्य)	30
		4. तिरुवेष्रुकूट्रिरुक्कै (दिव्य रथबंद छन्द)	1

5. शिरिय तिरुमडल् (लघु दिव्य मडल् *)	40
6. पेरिय तिरुमडल् (बृहत् दिव्य मडल् *)	78
	3892

बारह आष्वारों की कृतियों के अलावा इस प्रबन्धम् साहित्य में तिरुवरंगत्तु अमुदनार् द्वारा आचार्य रामानुज की प्रशस्ति में रचित 'रामानुज नूट्रन्तादि' (रामानुज पर 108 अन्तादि पद) भी परम्परागत रीति से जोड़ा जाता है। 108

कुल योग	4,000

* मडल् एक प्रकार का व्रत है जिसमें प्यार में हारा नायक अपनी व्यथा की घोषणा करने और अन्त में सफल होने के लिए ताड़पत्रों के बने अश्व पर सवार होता है।

अनुक्रम

पोय्कै आष़्वार् कृत
'मुदल् तिरुवन्तादि'
प्रथम दिव्य अन्तादि

पोय्कै आष्वार् कृत

'मुदल् तिरुवन्तादि'

प्रथम दिव्य अन्तादि

प्रथम आष़्वार्—पोय्कै आष़्वार्

एवं उनकी कृति 'मुदल् तिरुवन्तादि' (प्रथम दिव्य अन्तादि) की भक्त मुदलि याण्डान् द्वारा प्रस्तुत प्रशस्ति (तनियन्*)

कैदै शेर् पूम्पोष़िल् शूष़् कच्चि नगर् वन्दुदित्त
पोय्कैप् पिरान् कविञर् पोरेरु—वैयत्तु
अडियवर्हळ् वाष़ अरुन् तमिष़् नूट्रन्तादि
पडि विळंगच् चेय्दान् परिन्दु ।।

शब्दार्थ अन्वयसहित

कैदै शेर् पूम्पोष़िल् शूष़् कच्चि नगर वन्दु उदित्त पोय्कै पिरान् कविञर् पोर् एरु = केतकी पुष्पोद्यानों से सुशोभित कांची नगरी में अवतरित पोय्कै नामधारी कविश्रेष्ठ ने
वैयत्तु अडियवर्हळ् वाष़ = इस जगत के, भगवान विष्णु के दास श्री वैष्णवों के हितार्थ
अरुन् तमिष़् नूट्रु अन्तादि परिन्दु पडि विळंगच् चेय्दान् = मधुर तमिल भाषा में शत दिव्य अन्तादि पदों की कृपापूर्वक रचना कर इस धरती को ज्ञान-ज्योति से उज्ज्वल कर दिया।

विशेष

कैदै = केतकी पुष्प, कच्चि = कांची नगरी
पोर् एरु = सशक्त ऋषभ; कविञर् पोर् एरु = कवि ऋषभ; प्रसंगानुसार 'कविश्रेष्ठ' का अर्थ लिया जाता है।
पडि = भूमि, धरती
परिन्दु = कृपापूर्क, स्नेह भरित होकर

भावार्थ व्याख्या सहित

केतकी पुष्पोद्यानों से सुशोभित कांची नगरी में अवतरित कविश्रेष्ठ पोय्कै आष़्वार् ने इस जगत के श्रीवैष्णवों के हित के लिए मधुर तमिल भाषा में कृपापूर्वक दिव्य शत अन्तादि पदों की रचना की जिससे सारी धरती ज्ञान-ज्योति से प्रोज्ज्वल हुई।
पोय्कै का अर्थ है सरोवर या ऐसा सरोवर जहाँ असंख्य कमल विकसित हैं। वैष्णव परम्परा में यह स्वीकृत है कि प्रथम आष़्वार् ऐसे ही सरोवर में अवतरित हुए; अतः उनका नाम 'पोय्कै' पड़ा। यूँ भी कहा जा

* वैष्णव परम्परा में उसे 'तनियन्' कहा जाता है जो कवि एवं उसकी कृति की प्रशस्ति होती है।

सकता है कि वे कांची में स्थित सरोवर के तट पर अवतरित हुए; अतः यह नाम पड़ा। प्रस्तुत पद में पोय्कै आष्वार् को 'कविज्ञर् पोर् एरु' अर्थात् उत्तम कवि ऋषभ याने कवि श्रेष्ठ या कवि कुल श्रेष्ठ कहकर उनकी प्रशस्ति की गयी है।

भगवान विष्णु के दास-भक्त श्रीवैष्णवों के लाभार्थ कविश्रेष्ठ पोय्कै द्वारा 'प्रथम दिव्य अन्तादि' प्रस्तुत किया गया है। इसके द्वारा यह भी स्थापित किया गया है कि कविश्रेष्ठ के इन सौ पदों द्वारा भगवद् विषयक ज्ञान की ज्योति जगाकर सारे जगत को अज्ञान-तमावरण से बचाया गया है।

संक्षेप में व्याख्याधीन पद का तात्पर्य इस प्रकार है--कवि श्रेष्ठ पोय्कै एवं उनकी कृति ने सांसारिकों को भक्ति-ज्योति द्वारा अज्ञान-तम से मुक्त कर कर्म-बन्धनों से उबारने का प्रयास किया है।

यहाँ कवि एवं काव्य की प्रशस्ति है।

पोय्कै आष्वार् कृत

मुदल् तिरुवन्तादि

प्रथम दिव्य अन्तादि*

एक

वैयम् तहळिया वार् कडले नेय्याह
वेय्य कदिरोन् विळक्काह - शेय्य
शुडराषियान् अडिक्के शूट्टिनेन् शोन्मालै
इडराषि नीङ्गुहवे एन्रु।

शब्दार्थ अन्वयसहित

वैयम् = पृथ्वी/भूमि; तहळि = दीया
वैयम् तहळिया (ह) = भूमि को दीये के रूप में
वार् कडल् = (भूमि को) घेरे हुए रहनेवाले सागर (के जल) को
नेय्याह = घी के रूप में
वेय्य कदिरोन् = उष्ण किरणों (से युक्त) सूर्य को
विळक्काह = बत्ती के रूप में बनाकर
शेय्य शुडर् आषियान् = रक्तिम कांतिमय चक्रायुध को लिये हुए
भगवान नारायण के; अडिक्के = पादों में
शोल्मालै = (इस) पद माला को
शूट्टिनेन् = समर्पित किया (जिससे कि)
इडर् आषि नीङ्गुह एन्रु = दुख चक्र (सागर) दूर हो
(एन्रु = इस आशय से)
आषि = चक्र, इडर् = दुख, इडर् आषि = दुख चक्र; दुखों का सागर

भावार्थ

भूमि को दीया बनाकर, भूमि के चारों तरफ़ परिव्याप्त सागर के जल को घी के रूप में लेकर और उष्ण किरणों से युक्त सूर्य को दीपज्वाला या लौ बनाकर जाज्वल्यमान वातावरण में मैं चक्रायुधधारी भगवान नारायण के पादों में अपनी गीत-माला को समर्पित कर रहा हूँ जिससे कि दुख सागर से मुक्ति प्राप्त हो।

---

*(अन्तादि वह शैली है जिसमें एक पद का अन्तिम शब्द उसके परवर्ती पद का प्रथम शब्द बनता है।)

व्याख्या

आष्वार् की कामना है कि उनके अपने दुखों का निवारण हो, साथ ही संसार के लोगों का भी दुख दूर हो। यहाँ निज-पर कष्टों के निवारण की भक्त की कामना अभिव्यक्त है। त्रिविध तापों से तप्त तथा सांसारिकताओं से प्रभावित मानव मात्र इन पदों के अभ्यास से परमात्म तत्व का वास्तविक ज्ञान प्राप्त कर भव सागर के कष्टों से मुक्त हो—यह आष्वार् की कामना है।

भूमि, सागर एवं सूर्य के तत्वों को स्वीकार कर आष्वार् ने यह सिद्ध किया है कि इन प्राकृतिक शक्तियों के आधारभूत परमात्मा नारायण के प्रति भक्ति को प्रतिपादित करनेवाले इन पदों से अपने कों, साथ ही संसार की तमाम जीवराशियों को भव-ताप से मुक्ति प्राप्त होगी। "इड़र् आषि नीङ्गुह" कहकर आष्वार् ने अपने और अन्यों के कष्ट के दूर होने की कामना की है। भक्त हृदय की करुणा तथा शब्दातीत प्रपत्ति का प्रतिपादन इस पद की गरिमा है।

भगवान नारायण सर्वशक्तिमान हैं; तमाम विश्व के कारण हैं; शंखचक्रगदाधारी हैं—फिर भी आष्वार् ने भगवान नारायण के केवल चक्रायुध का उल्लेख क्यों किया है? उत्तर अनुमानित है, दूर-दूर तक परिव्याप्त भव-सागर के कष्टों के निवारण के लिए चक्रायुध से बढ़कर साधन और क्या हो सकता है!

भव ताप से सांसारिकों की मुक्ति आष्वार् के इस पद का साध्य है।

इस पद द्वारा प्रतिपादित प्रपत्ति मानव-सामान्य के लिए स्वीकृत वेदशास्त्र-सम्मत भावात्मक संपत्ति है। इस अभिव्यक्ति की भूमिका में मनुस्मृति की यह स्थापना विद्यमान है।

"आर्षं धर्मोपदेशं च वेदशास्त्राविरोधिना।
यस्तर्केण अनुसंधत्ते स धर्मं वेद नेतरः।।"

(मनुस्मृति 12-106)

(जो व्यक्ति ऋषियों द्वारा श्रुत वेदों तथा धर्मोपदेश करनेवाली स्मृति आदि को वेद-शास्त्रों द्वारा सम्मत मार्ग से विचार-विमर्श कर व्याख्यायित करता है वही धर्मज्ञाता है, न कोई और।)

भगवान नारायण के स्वरूप, गुण आदि के दर्शन तथा अनुभव की आष्वार् की इच्छा है; यही कारण है कि वे ज्ञान-दीप लेकर भगवान को देखने-समझने का प्रयास करते हुए अपने पदों को उनके चरणों में अर्पित कर रहे हैं।

दो

आगे आष्वार् भगवान नारायण के परब्रह्मत्व की पुष्टि करते हुए कहते हैं

एन्रु कडल् कडैन्ददु एव्वुलहम् नीरेट्रदु
ओन्रुम् अदनै उणरेन् नान् - अन्रु अदु
अडैत्तु उडैत्तु कण् पडुत्त आषि इदु नी
पडैत्तु इडन्दु उण्डु उमिष्न्द पार्।।

शब्दार्थ अन्वयसहित

एन्रु = कब, किस दिन (इसका अर्थ "इस आशय से" भी है जो पिछले पद में दिया गया है)
कडल् = सागर — कडैन्ददु = मंथन किया
एव्वुलहम् = किस संसार को

नीर् एट्रदु = (महाबलि से) दान नीर लेकर प्राप्त किया
अदनै ओन्रुम् नान् उणरेन् = उनमें से किसी भी बात को मैं नहीं जानता
अन्रु = उस दिन (रामावतार के समय)
अदु = उस (सागर) पर अडैत्तु = पुल बनाया
उडैत्तु = (रावणसंहार के पश्चात्) उसे तोड़ा
आषि कण् पडुत्त = उस सागर में आप योग निद्रालीन हुए
आषि = सागर
इदु पार् नी पडैत्तु = इस भूमि की आपने सृष्टि की
पार् = भूमि
इडन्दु = (वराहावतार में) इसे खोद निकाला
उण्डु = (प्रलय काल में) इसे खाया (निगला)
उमिष्न्द = फिर (सृष्टि काल में) इसे उगला
आष्वार् इन अभिव्यक्तियों द्वारा भगवान नारायण के परब्रह्मत्व को निरूपित करते हैं।

भावार्थ

हे भगवान! आपने कब दुग्ध सागर का मंथन किया? वामनावतार में आपने महाबलि से दान में किस संसार को प्राप्त किया? मुझे ज़रा भी इन बातों की जानकारी नहीं है। रामावतार के समय आपने ही सागर पर पुल बनाया। रावण-संहार के पश्चात् उसी पुल को तोड़ दिया। आपने उसी सागर पर अपनी शय्या बनायी जिसपर आप योगनिद्रालीन होकर रहते हैं। यह संसार आपने ही तो बनाया! वराहावतार में इसे खोद निकाला। फिर प्रलय काल में इसे आपने ही तो निगला और सृष्टि काल में उगला भी!

व्याख्या

इस पद में आष्वार् ने भगवान विष्णु के तीन अवतारों—वामनावतार, वराहावतार और रामावतार—की ओर संकेत किया है।

यद्यपि भगवान नारायण ने अमृत के लिए स्वयं सागर-मंथन नहीं किया था फिर भी इस पद में आष्वार् की उक्ति का कारण यही है कि भगवान नारायण के कारण ही अमरों में समुद्र-मंथन की इच्छा हुई एवं तदर्थ शक्ति भी प्राप्त हुई; अतः लगता है, मानों भगवान ने ही वह मंथन किया हो!

आष्वार् ने जो दो प्रश्न किये हैं उन्ही में उनका उत्तर भी समाया हुआ है। जैसे प्रथम प्रश्न यह है –
वह कौन-सा दिन था जब आपने समुद्र-मंथन किया था?
लगता है, वह आज ही हुआ हो!
दूसरा प्रश्न है—आपने महाबलि से कौन-सा संसार दान में प्राप्त किया?
वह, यह संसार ही तो है!

रामावतार के समय आपने लंका पहुँचने के लिए जिस सागर पर पुल बनाया उसीको बाद में रावण-संहार के पश्चात् आपने तोड़ दिया ताकि उस तरफ़ के लोग फिर कभी पुल की सहायता से इस तरफ़ आकर लोगों पर आफ़त न ढा सकें। यही तो वह सागर है जो आपकी योग निद्रा की शय्या है।

यही तो वह भूमि है जिसे आपने प्रलय काल में निगल लिया था और सृष्टि काल में उगल दिया था याने बाहर लाये!
यहाँ भगवान विष्णु के वराहवतार की कथा का उल्लेख है। असुर हिरण्याक्ष भूमि को गेंद की तरह उठाकर

समुद्र के पानी के भीतर चला गया था। ब्रह्मा आदि की प्रार्थना एवं तपस्या से प्रसन्न होकर भगवान विष्णु वराह का स्वरूप लेकर समुद्र के भीतर गये और भूमि की तलाश की। अंत में भूमि को पाकर उसे समुद्र के बाहर ले आये। मार्ग पर उन्हें हिरण्याक्ष का सामना करना पड़ा। अंत में उसका वध करके भूमि को बाहर लाकर विष्णु ने पानी के बीच में स्थापित किया। उस समय ब्रह्मा ने अपने पुत्र मनु को सृष्टि की शक्ति प्रदान की। (अग्नि पुराण, अध्याय 5; पद्म पुराण, भूमि खंड, अध्याय 91)

इस पद में 'इदु' (यह) के द्वारा पास रहनेवाली भूमि के प्रति जिसपर आष्ृवार् खड़े हैं, और 'अदु' (वह) के द्वारा दूर पर रहनेवाले सागर के प्रति जिसपर रामावतार काल में पुल बांधा गया और बाद में तोड़ा गया, संकेत है।

तीन

भागवत भक्त आष्ृवार् भगवान नारायण के विशिष्ट तत्वों को समझने में अपनी असमर्थता बताते हुए भगवान की शक्ति की पराकाष्ठा के प्रति इस पद में संकेत करते हैं।

पार् अळवुम् ओरडि वैत्तु, ओरडियुम् पार् उडुत्त
नीर् अळवुम् शेल्ल निमिर्न्ददे - सूर् उरुविन्
पेय् अळवु कण्ड पेरुमान्! अरिहिलेन्
नी अळवु कण्ड नेरि।।

शब्दार्थ अन्वयसहित

अडि = पद/पाद/चरण पार् = भूमि अळवु = सीमा
पार् उडुत्त = भूमि के चारों तरफ़ फैला हुआ
नीर् = जल(सागर) ओर् = एक निमिर्न्ददु = ऊपर चढ़ा;
सूर = दैवी(स्त्री) उरुविन = रूप में (उरु = रूप) पेय् = पिशाचिनी (पूतना के प्रति संकेत है)
अळवु कण्ड = (प्राणों की) सीमा देखनेवाले (प्राणहर)
पेरुमान् = भगवान
नी अळवु कण्ड नेरि = ऐसे कार्य जिन्हें आपने कर दिखाया (नेरि = कर्म/उपाय/मार्ग/धर्म)
अरिहिलेन् = मैं नहीं जानता/नहीं समझ पाता

भावार्थ

आपने एक पद से सारी भूमि को नाप डाला; दूसरे पद से भूमि को चारों तरफ़ से घेरे हुए सागर को नाप डाला। (यहाँ वामनावतार का संकेत है)। हे भगवान नारायण! आपने ही दैवी स्त्री यशोदा के रूप में आयी पिशाचिनी पूतना के प्राणों की सीमा देखी अर्थात् प्राणों को हर लिया। इस प्रकार आपने जो जो कर्म कर दिखाये उन्हें मैं समझ नहीं पाता हूँ।

व्याख्या

यहाँ कृष्णावतार की ओर संकेत है। भगवान विष्णु वसुदेवसुत कृष्ण के रूप में जब अवतरित हुए तब कंस के आदेश पर राक्षसी (पिशाचिनी) पूतना माता यशोदा का रूप लेकर आयी और कृष्ण को अपना विषमिश्रित स्तन्यपान कराकर मार डालने का प्रयत्न किया। भगवान कृष्ण ने पूतना का आशय समझा और पूरे स्तन्य

का पान कर उसके द्वारा उसके प्राणों को हर लिया। जैसे कहा गया है :

"स्तन्यं तद्विषसंमिश्रं रस्यमासीज्जगद्गुरोः ।"

(हरिवंशपुराण-50)

पिछले पद में आष्वार् ने वामनावतार का जो उल्लेख किया था उसीकी परिकल्पना में रहते हुए आगे इस पद में उसे विस्तारित करते हैं। यहाँ भक्त आष्वार् का संकेत इस प्रकार है – जिस प्रकार आपने महाबलि द्वारा अपहृत भूमि को अपने एक पद से नापकर मुक्त किया उसी प्रकार मुझे भी अपने पदों में आश्रय प्रदान करें और पूतना नाश की तरह संसार-स्थित वैरियों से मुझे भी बचायें।

चार

भगवान नारायण के परब्रह्मत्व को नीलकंठ शिव क्या जानें! इस आशय को आष्वार् के इस पद में देखिए:-

नेरि वाशल् ताने आय् निन्रानै ऐन्दु
पोरि वाशल् पोर् कदवम् शात्ति - अरिवान् आम्
आलमर नीष़ल् अरम् नाल्वर्कु अन्रु उरैत्त
आलम् अमर् कण्डत्तु अरन्।।

शब्दार्थ अन्वयसहित

अन्रु = बहुत पहले/उस दिन
आलमर नीष़ल् = वट वृक्ष की छाया में
नाल्वर्कु = अगस्त्य, दक्ष, पुलस्त्य, एवं कश्यप-इन चारों मनीषियों को (महर्षियों को)
अरम उरैत्त = धर्म का उपदेश देनेवाले
आलम् अमर् कण्डत्तु = जिसके कंठ में विष का प्रभाव है अर्थात् नीलकंठ विषपायी
अरन् = रुद्र/शिव/शंकर
ऐन्दु पोरि वाशल् = पंचेन्द्रियों के द्वार पर स्थित
पोर् कदवम् शात्ति = किवाड़ों को बंद कर
नेरि वाशल् ताने आय् = धर्म के मार्ग तथा लक्ष्य (के रूप में स्थित भगवान नारायण को)
अरिवान् आम् = समझेंगे क्या?
विशेषः- अरन् = 'हर' संस्कृत शब्द का तमिल रूप है

भावार्थ

बहुत पहले नीलकंठ शिवजी ने वट वृक्ष के नीचे चार महर्षियों को धर्म का उपदेश दिया था। परन्तु पंचेन्द्रियों पर नियंत्रण करने के बावजूद शिवजी भी भगवान नारायण के अनुग्रह के बिना नारायण को समझ पायेंगे क्या? नहीं। क्योंकि नारायण स्वयं उपाय हैं; उपेय भी वही हैं।

व्याख्या

बहुत पहले वट वृक्ष के तले नीलकंठ शिवजी ने चार महर्षियों–अगस्त्य, दक्ष, पुलस्त्य एवं कश्यप को धर्म का उपदेश दिया। (शिवजी ने अमृत मंथन के समय उत्पन्न विष से जगत की रक्षा के लिए भगवान विष्णु

के आदेश पर उसे पी लिया था। तब शिवजी की रक्षा के लिए देवी पार्वती ने उस विष को उनके गले में ही रोक दिया था; अतः वे नीलकंठ हुए।) यहाँ आष़्वार् का विचार है कि तमोगुणी होने से विषपान किया जा सकता है; परन्तु ज्ञानोपदेश के लिए सत्वगुणी होना आवश्यक है। जैसे भगवद्गीता में कहा गया है:- "सत्वात् संजायते ज्ञानम्" (अध्याय 14, श्लोक 17)। अतः भगवान नारायण के द्वारा ही सत्वगुण-आधारित ज्ञानोपदेश हो सकता है, न कि तमोगुणी शिव के द्वारा जो कर्ण, त्वक्, अक्षि, जिह्वा एवं नासिका आदि पंचेन्द्रियों और उनसे संबंधित विषय वासनाओं–शब्द, स्पर्श, रूप, रस एवं गंध को रोकने मात्र से भगवद्ज्ञान का उपदेश देने योग्य नहीं हो सकता है।

भगवान नारायण को समझने का साधन स्वयं भगवान नारायण हैं। उनके अनुग्रह के बल पर ही उनको समझा जा सकता है। अर्थात् उपाय भी वही और उपेय भी वही हैं–साधन भी वही एवं साध्य भी वही हैं। यहाँ नारायण-भक्ति से आप्लावित आष़्वार् रुद्र या शिवजी की निन्दा नहीं कर रहे हैं। परन्तु नारायण की महिमा का तुलनात्मक दृष्टि से प्रतिपादन कर रहे हैं।

पाँच

आष़्वार् भगवान नारायण के परमात्म तत्व को निरूपित करते हुए कहते हैं–

अरन् नारणन् नामम्, आन् विडै पुळ् ऊर्दि
उरै नूल् मरै उरैयुम् कोयिल् - वरै नीर्
करुमम् अषिप्पु अळिप्पु कैयदु वेल् नेमि
उरुवम् एरि कार्, मेनि ओन्रु।।

शब्दार्थ अन्वयसहित

अरन् = हर/शिव नारणन् = नारायण नामम् = नाम
आन् विडै = ज्ञानरहित ऋषभ पुळ् = गरुड
ऊर्दि = वाहन, उरै = प्रमाण/व्याख्या
नूल् = ग्रंथ, आगम ग्रंथ मरै = वेद
उरैयुम् कोयिल् = निवास स्थान वरै = पर्वत नीर् = सागर
करुमम् = कर्म/कार्य अषिप्पु = संहार अळिप्पु = रक्षण
कैयदु = हाथ में रहनेवाला शस्त्र वेल् = शूल
नेमि = रथ चक्र, सुदर्शन चक्र
उरुवम् = रूप, स्वरूप एरि = आग कार् = मेघ
मेनि ओन्रु = शरीर एक
[करुमम् संस्कृत शब्द 'कर्म' का तमिल रूप है
अरुवम् = संस्कृत शब्द 'रूप' का तमिल शब्द है]

भावार्थ व्याख्या सहित

रुद्र या शिव का नाम हर है इसलिए कि वह संहारकर्ता है। जब कि 'भगवान नारायण' नाम सर्वव्यापित्व, सबके समाहार तथा रक्षकत्व का प्रतिपादक है। रुद्र का वाहन ज्ञानरहित ऋषभ (बैल) है। नारायण का

वाहन है गरुड़ जिसे वेद स्वरूप माना जाता है। तैत्तिरीय संहिता के अनुसार वह वेदात्मा है "सुपर्णोऽसि गरुत्मान्" (तै.सं.4-1-4)। रुद्र के बारे में कहता है "पौरुषेय शैवागम" जो अवैदिक आचारों–निमित्त–उपादान वैभिन्य के प्रतिपादक वेद विरुद्ध सिद्धान्तों का प्रचार करता है; परन्तु नारायण का प्रमाण है आपौरुषेय वेद जो विमल है, श्रुति है, मनुष्य निर्मित नहीं है और सर्वप्रमाण है।

रुद्र या शिवजी एवं नारायण के निवास-स्थल हैं क्रमशः कठिन पर्वत और सरस दुग्धसागर जो उनके व्यक्तित्व के भी परिचायक हैं।

रुद्र का कार्य संहार है और भगवान नारायण का है भूतरक्षण। इसी व्यक्तित्व के अनुसार, रुद्र या शिवजी के हाथ में कठोर शूल वर्तमान है और भगवान नारायण के कर में सुदर्शन चक्र अथवा धर्मचक्र विद्यमान है जो दुष्टसंहारक और सज्जन रक्षक है; जैसे परम भागवत नम्माष्वार के तिरुवाय्मोऴि (5-1-6) में "अर मुयलाऴि" द्वारा निरूपित है।

रुद्र अथवा शिवजी का स्वरूप अग्नि के समान है, जैसे कहा गया है "कालाग्निरुद्राय" (प्रलयकाल के अग्नि के समान रुद्र) (तैत्तिरीय संहिता, चतुर्थ खंड, पंचम प्रश्न)। भगवान नारायण का स्वरूप आँखों को तृप्त करनेवाले नीर भरे जलद की भांति है।

इस प्रकार सभी रूपों में परस्पर विषम रहनेवाले शिवजी और भगवान नारायण के संदर्भ में आष्वार् का मत है कि शिवजी शरीर हैं तो नारायण शरीरी हैं–'मेनि ओन्रु' अर्थात् एक शरीर है (तो दूसरा शरीरी अर्थात् अन्तर्यामी अन्तरात्मा है— "सर्वभूतान्तरात्मा नारायणः")

परम भागवत आष्वार् ने इस पद के द्वारा भगवान नारायण के परब्रह्मत्व को सिद्ध किया है।

छह

आष्वार् निम्न पद में अपनी भगवन्मय स्मृति की शाश्वतता का वर्णन करते हैं।

ओन्रुम् मरन्दरियेन् ओदनीर् वण्णनै नान्
इन्रु मरप्पेना? एषैहाळ्! - अन्रु
करु अरंगत्तुळ् किडन्दु कै तोषुदेन् कण्डेन्
तिरु अरंगम् मेयान् दिशै।।

शब्दार्थ अन्वयसहित

अन्रु = उस दिन (भूतकाल में) | करु = गर्भ
अरंगम् = स्थान | करु अरंगत्तुळ् = गर्भ स्थान में
किडन्दु-रहकर, तिरुअरंगम् मेयान् = श्रीरंगवासी(नारायण) के
दिशै = दिशा = दिशाओं में व्याप्त = स्वरूप, गुण, विभूति आदि को अर्थात् श्रेष्ठ गुणों को (स्वभाव को)
कण्डेन् = देखा; कै तोषुदेन् = अंजलि बद्ध होकर प्रणाम किया
ओन्रुम् = कुछ भी | मरन्दु अरियेन = (मैं) नहीं भूला हूँ
एषैहाळ्! = हे अकिंचन! भगवद् गुणों को समझने में असमर्थ लोगो!
ओदनीर् वण्णनै = सागरजलवत् नील = श्यामल वर्ण के परमात्मा नारायण को
इन्रु = आज; मरप्पेनो = क्या भूल सकता हूँ?
[वण्णन् = संस्कृत शब्द 'वर्ण' का तमिल रूप है।]

भावार्थ

जब मैं माता के गर्भ में था तभी मैंने भगवदनुग्रह से श्रीरंगनाथ के स्वरूप एवं गुणों को देखा, समझा और हाथ जोड़कर नमन किया –कुछ भी नहीं भूला हूँ। निर्धन लोगो! भगवदनुग्रह से वंचित अकिंचन लोगो! उस नील सागरवत् श्यामल भगवान नारायण और उनके तत्व को उनके ही अनुग्रह से समझने के बाद अब मैं कैसे भूल सकूँगा!

व्याख्या

गर्भावस्था में रहते हुए ही जब मैंने नील वर्ण के मनोहारी श्रीरंगवासी भगवान नारायण को देखा, उनकी विभूति को समझा, आत्मसात् किया और नमन कर निज को उन्हें समर्पित किया तब गर्भ से बाहर आने के पश्चात् उन्हें मैं कैसे भूल सकूँगा?

अज्ञान के समय अर्थात् गर्भावस्था में जब मैं विस्मृत नहीं कर पाया तो ज्ञान के समय चेतन-अवस्था में कैसे विस्मृति हो सकती है!

यहाँ आष़्वार् उन लोगों को अकिंचन कहते हैं जो भगवान नारायण और उनकी गुण-विभूतियों से दूर, विषय-वासनाओं में लीन होकर व्यर्थ जीवन-यापन करते हैं।

सात

समस्त शक्तियों के आधारभूत परमात्मा नारायण की विशिष्ट महिमा का प्रतिपादन करते हुए आष़्वार् कहते हैं।

दिशैयुम् दिशैयुरु देय्वमुम् देय्वत्
तिशैयुम् करुमंगळेल्लाम् - अशैविल् शीर्
कण्णन् नेडुमाल् कडल् कडैन्द कार् ओद
वण्णन् पडैत्त मयक्कु।।

शब्दार्थ अन्वयसहित

दिशैयुम् = दिशायें एवं उनसे घिरा हुआ विश्व
दशै उरु देय्वमुम् = उन दिशाओं के अधिपति देवता
देय्वत्तु इशैयुम् करुमंगळ्-उन देवताओं के लिए सुनिश्चित कार्य
एल्लाम् = (ये) सभी
अशैवु इल् शीर् = अनश्वर/शाश्वत गुणों से युक्त
कण्णन् = कान्ह के रूप में अवतरित
नेडुमाल् = (भक्तों के प्रति) असीम स्नेह पूरित
कडल् कडैन्द = (देवताओं के हित के लिए) समुद्र मंथन करनेवाले
कार् ओद वण्णन् = मेघवर्ण के स्वरूप युक्त परामात्मा नारायण (द्वारा)
पडैत्त = सर्जित मयक्कु = भ्रम (ही तो हैं!)

भावार्थ

भक्त वत्सल आकर्षक नील मेघ श्यामल भगवान नारायण ने ही देवताओं के हित, अमृत-प्राप्ति के लिए

समुद्र-मंथन कराया और कृष्णावतार लेकर विश्व का संरक्षण किया। उन्होंने ही अष्ट दिशाओं एवं उनसे घिरे हुए विश्व का, उन दिशाओं के अधीश्वर देवताओं तथा सृष्टि, स्थिति, लय आदि उनके समस्त कार्यों का सृजन और निर्धारण किया।

इस तथ्य से अनभिज्ञ कुछ लोग भ्रम से = अज्ञानवश अन्य देवताओं का सेवन करते हैं। इस भ्रम या अज्ञान की सृष्टि भी भगवान नारायण ने ही तो की है!

व्याख्या

सभी देवताओं के आधारभूत परमात्मा नारायण ने ही ब्रह्मा, रुद्र तथा अन्य छोटे-बड़े देवताओं की सृष्टि की और उन्हें अपने अपने चेतनाचेतन कार्यों के लिए सशक्त बनाया। परन्तु लोग भ्रमवश होकर इस सत्य से अनभिज्ञ हो उन छोटे-बड़े देवताओं को पर ब्रह्म समझ बैठते हैं। इस भ्रम-स्थिति को बनानेवाले भी नारायण ही तो हैं।

"विश्वं नारायणं देवं अक्षरं परमं पदम्
नारायण परं ब्रह्म तत्वं नारायणः परः।"

(नारायण सूक्तम्)

"परः पराणां परमः परमात्मात्मसंस्थितः
रूपवर्णादिनिर्देश विशेषण विवर्जितः
तद् ब्रह्म परमं नित्यं अजमक्षयमव्ययम्।"

(विष्णु पुराण = 1-2-10/11)

आदि अभिव्यक्तियों द्वारा वेद-शास्त्र-पुराणों में परम पुरुष के रूप में निरूपित परमात्मा नारायण ही तो हैं जिन्होंने कृष्णावतार में गोवर्धन गिरि को उठाकर वृन्दावन वासियों का रक्षण कर इन्द्र को हराया; बाणासुर आदि के संदर्भ में शिवजी की भी रक्षा की और गौओं, गोपालकों आदि को छिपा देनेवाले ब्रह्मा को भी हराकर उन सबकी रक्षा की। भगवान नारायण ने वामनावतार में समस्त ब्रह्मांड को अपने पादों से नापकर अपने सर्वोत्तिम स्थान को निरूपित किया। इस सत्य को समझे बिना मूर्ख लोग भ्रमवश अन्यान्य देवताओं की भक्ति कर निज जीवन को व्यर्थ करते हैं। परन्तु इस भ्रम को बनानेवाले भी भगवान नारायण ही तो हैं। क्योंकि वे लोग त्रिविध गुणों से युक्त माया के वशीभूत होकर सत्य से मुँह मोड़ लेते हैं। जब वे लोग भगवान नारायण की शरण में आते हैं तब वे इस माया को अतिक्रमित करते हैं; जैसे गीता में कहा गया है–

"दैवी ह्येषा गुणमयी मम माया दुरत्यया।
मामेव ये प्रपद्यन्ते मायामेतां तरन्ति ते।। (गीता-7-14)

यहाँ यह प्रश्न उठ सकता है कि भगवान नारायण भ्रम की स्थिति पैदा कर क्यों जन-सामान्य को सत्य से अनभिज्ञ होने देते हैं।

आऴ्वार् का उत्तर यही हो सकता है।

अन्यान्य देवताओं के वश में आकर जो लोग भगवान नारायण से मुँह मोड़ लेते हैं उन्हें सत्य से अवगत कराने तथा भगवान की शरण में लाने का यही तो मार्ग है। भगवान नारायण को समझे बिना विभिन्न देवताओं के भ्रम में पड़े हुए लोगों को तत्काल भ्रम-स्थिति से बाहर लाना असंभव है। क्योंकि भगवान नारायण ने ही भ्रम को पैदा किया और उस भ्रम का निवारण भी वे ही करेंगे। माया से प्रभावित मानव को माया-मुक्त करनेवाले भी भगवान नारायण ही हैं।

आठ

भगवान नारायण अपनी शरण में आनेवाले भक्तों की हर प्रकार से रक्षा करेंगे—इस तथ्य को प्रस्तुत करते हैं आष़्वार् निम्न पद में—

मयंग वलम् पुरि वाय् वैत्तु वानत्तु
इयंगुम् एरि कदिरोन् तन्नै - मुयंगु अमरुळ्
तेराषि़याल् मरैत्तदु एन् नी, तिरुमाले!
पेराषि़ कैयाल् पोरुदु।।

शब्दार्थ अन्वयसहित

तिरुमाले ! = हे भगवान नारायण ! नी = आप

मुयंगु अमरुळ् = सेनाओं से घिरे हुए युद्धस्थल में

पोर् आषि़ कैयाल् = युद्ध के साधन, चक्र को हाथ में लिए हुए

पोरुदु = युद्ध कर मयंग = (सबको) मोहित करते हुए

वलम् पुरि = पाञ्चजन्य शंख वाय् वैत्तु = मुँह में रखकर

वानत्तु = आकाश में इयंगुम् = घूमनेवाले

एरि कदिरोन् तन्नै = उज्ज्वल रश्मियों से युक्त सूर्य को

तेर् = रथ आषि़याल् = चक्र से (संस्कृत में रथ के चक्र को रथांग और तमिल में तेराषि कहा जाता है)

मरैत्तदु = छिपाया एन् = क्यों?

भावार्थ

हे भगवान नारायण ! महाभारत युद्ध में आपने अपना चक्र हाथ में लेकर (भीष्म पितामह से) युद्ध किया। पाँचजन्य शंख बजाकर सबको मोहित करते हुए गगन-व्यापी सूर्य को अपने चक्र द्वारा छिपा दिया। आपने ऐसा क्यों किया (जब कि आपने युद्ध में सक्रिय भाग न लेने की प्रतिज्ञा की थी।)

व्याख्या

यहाँ महाभारत युद्ध की निम्नलिखित घटनाओं का उल्लेख है। महाभारत युद्ध में तीसरे दिन जब भीष्म पितामह निहत्थे अर्जुन पर शर-वर्षा करने लगे तब भगवान कृष्ण ने अपने वादे के विरुद्ध अपने चक्र से भीष्म पर वार किया। दूसरी घटना इस प्रकार है।

जब जयद्रथ ने अर्जुन के पुत्र अभिमन्यु का अन्याय से वध किया तब अर्जुन ने शपथ खायी, “कल सूर्यास्त होने तक मैं जयद्रथ का वध करूँगा; अथवा आग में कूदकर प्राण-त्याग कर दूंगा।” परन्तु दूसरे दिन बहुत प्रयास करने के बाद भी अर्जुन जयद्रथ के पास पहुँच नहीं पाया। अतः कृष्ण ने अपने चक्र से सूर्य को छिपा दिया और रात्रि का भ्रम पैदा किया। तब जयद्रथ ने सोचा कि अब सूर्यास्त हो गया है; अर्जुन अपनी शपथ के अनुसार आग में कूदकर प्राण-त्याग करेगा; यह सोचकर जब वह बाहर आया तब भगवान कृष्ण ने चक्र को हटा दिया जिससे छिपाया गया सूर्य बाहर आया अर्थात् पुनः दिन निकल आया। तब अर्जुन ने जयद्रथ को मारकर अपनी शपथ पूरी की।

तात्पर्य यह है कि भगवान अपनी शरण में आनेवाले भक्तों की रक्षा हर प्रकार से करेंगे।

विशेष

यहाँ यह प्रश्न उठेगा—जब युद्ध से पूर्व धर्मपुत्र और दुर्योधन भगवान कृष्ण से मिले तब भगवान ने वचन दिया कि वे पांडवों के साथ रहेंगे; परन्तु युद्ध में सक्रिय भाग नहीं लेंगे। फिर भी उन्होंने शंख-चक्र का प्रयोग क्यों किया? क्या यह वचन-भंग नहीं है?

उत्तर : एक प्रकार से यह वचन-भंग हो सकता है। परन्तु भगवान पहले आश्रित-वत्सल हैं।

भगवान सत्य-संकल्प अवश्य हैं; परन्तु उन्होंने भक्त-रक्षक होने का भी विशेष संकल्प किया है। अतः सामान्य संकल्प के विपरीत विशेष संकल्प की पूर्ति की गयी है। यह दोष नहीं है।

भगवान ने संकल्प किया था कि वे महाभारत युद्ध में शस्त्र ग्रहण नहीं करेंगे; परन्तु भगवद् भक्त भीष्माचार्य ने भी संकल्प किया था कि वे भगवान को शस्त्र हाथ में लेने के लिए बाध्य करेंगे। अतः अपने भक्त का संकल्प झूठा न हो; उसकी रक्षा की जानी चाहिए। अतः भगवान को अपना संकल्प त्यागना पड़ा। "रक्षिष्यतीति विश्वास;" (भगवान रक्षा करेंगे—भक्त का यह विश्वास रहता है—अहिर्बुध्न्य संहिता, अध्याय 37, पद 28) का सिद्धांत सार्थक होना चाहिए। अतएव भगवान नारायण ने इसकी पूर्ति की।

नौ

भक्त आष्वार् का निम्नांकित पद यह सिद्ध करता है कि भगवान नारायण ने आश्रितों की रक्षा के लिए ही इस भूमि की रक्षा की।

पोरु कोट्टोर् एनमाय् पुक्किडन्दाय्कु अन्रे उन्
ओरु कोट्टिन् मेल् किडन्ददु अन्रे—विरिदोट्ट
शेवडियै नीट्टि दिशै नडुंग, विण् तुलंग
मा वडिविन् नी अळन्द मण्।।

शब्दार्थ अन्वयसहित

विरि दोट्ट शे अडियै नीट्टि = विकसित कमल की भांति
सुन्दर पादों को बढ़ाकर/विस्तारित कर
दिशै नडुंग = सभी दिशाओं में रहनेवाले कांप उठे
विण् तुलंग = स्वर्ग लोक में रहनेवाले भयभीत हों
(इस प्रकार) मा वडिविन् = बृहत् आकार के साथ
(मा-बृहत्; वडिवु-आकार) (यहाँ वामनावतार की ओर संकेत है)
नी अळन्द मण् = जिस भूमि को आपने नापा था (वह भूमि)
पोरु कोट्टु = तीक्ष्ण दाँतोंवाले
ओर् एनमाय् = अनुपम वराह बनकर
पुक्कु इडन्दाय्कु = (प्रलय जल में) प्रवेश कर बाहर लानेवाले (आपके)
ओरु कोट्टिन मेल्-एक दाँत के ऊपर
किडन्ददु अन्रे = पड़ी रही न!
अन्रु = उस दिन

भावार्थ

हे भगवान नारायण! पहले विराट आकार लेकर आपने विकसित कमलवत् सुन्दर अपने पादों को बढ़ाकर भूमि को नाप डाला था जिससे अष्ट दिशाओं में रहनेवाले और आकाश में अर्थात् स्वर्ग लोक में रहनेवाले तमाम लोग भयभीत हो कांप उठे थे। उसी भूमि को आप तेज़ दाँतोंवाले वराह के रूप में अवतरित होकर प्रलय जल से बाहर अपने एक दाँत पर उठाकर लाये।

व्याख्या

महाबलि के कारण तथा प्रलय काल में जब भूमि को और भूमि-स्थित जड़-चेतन प्राणियों एवं वस्तुओं को कष्ट हुआ तब भगवान नारायण ने क्रमशः वामनावतार तथा वराहावतार लेकर उन सबकी रक्षा की। यह भगवान नारायण की आश्रितवत्सलता का प्रमाण है।

आष्वार् यह सोचकर चकित हैं कि भगवान नारायण ने वामनावतार में बृहत् आकार लेकर जिस अतिशय व्यापक भूमि को नापा था वही भूमि वराहावतार में इतनी छोटी हो गयी थी कि उसे वराह भगवान अपने एक दाँत पर उठाकर प्रलय जल से बाहर लाये।

आष्वार् भक्ति की उच्चतम स्थिति में सोचते हैं कि जब भूमि आततायियों की यातनाओं की शिकार होती है तब भगवान नारायण कभी उसकी रक्षा के लिए उसे अपने सिर पर (वराहावतार में) उठा लेते हैं और कभी आततायी के सिर पर पांव रखकर (वामनावतार में) उसे पाताल में पहुँचाते हुए उसकी (भूमि की) रक्षा करते हैं।

दस

निम्नांकित पद में आष्वार् का कहना है कि भगवान नारायण का आकार (कृष्णावतार में) लघु भले ही रहा हो; परन्तु सारा ब्रह्माण्ड उनके भीतर समाया हुआ था। अर्थात् भगवान नारायण लघु आकार में भी बृहत् कार्य संपादित करते हैं याने वे वास्तव में न लघु हैं, न बृहत् ही।

मण्णुम् मलैयुम् मरिकडलुम् मारुतमुम
विण्णुम् विषुंगियदु मेय् एन्बर्-एण्णिल्
अलहळवु कण्ड शीराषियायकु अन्रिव्
वुलहु अळवुम् उण्डो उन्वाय।।

शब्दार्थ अन्वयसहित

मण्णुम् = भूमि मलैयुम् = पर्वत
मरि कडलुम् = उफनता हुआ समुद्र
मारुतमुम् = वायु (औऱ) विण्णुम् = आकाश (इन सबको)
विषुंगियदु = (आपने) निगल लिया
मेय् एन्बर् = (ज्ञानी लोग) इसे सत्य कहेंगे
एण्णिल् = यदि हम इसपर विचार करें तो
अलहु = संख्या अळवु = सीमा/परिमाण कण्ड = देखा हुआ अर्थात् संख्या की सीमा से परे—असंख्य (मापनेवाले यंत्र को भी अलहु कहा जाता है)
शीर् = श्रेष्ठ कल्याण गुण (युक्त); आषियायकु = चक्रायुध धारी

उन् वाय् = आपका मुँह; अनृ = उस दिन
इव्वुलहु = इस संसार या ब्रह्माण्ड के
अळवुम् उण्डो = परिमाण के अनुरूप था क्या?

भावार्थ

(कृष्णावतार के समय) हे असंख्य अद्भूत गुणों से युक्त सुदर्शन चक्रधारी कृष्ण! आपने बचपन में भूमि, पर्वत, उफनते हुए समुद्र, वायु और आकाश को अपने भीतर समा लिया था—यह कोई आश्चर्य की बात नहीं है। मनीषी लोग इसे सत्य कहते हैं। जब हम इसपर विचार करते हैं तब यह प्रश्न उठता है कि क्या आपका मुँह इस ब्रह्माण्ड के परिमाण के अनुरूप था! (क्या आपका मुँह इतना बड़ा था कि ब्रह्माण्ड को भी अपने में समाहित कर सके!)

व्याख्या

यह वेदशास्त्र-सम्मत सिद्धान्त है कि सारा ब्रह्माण्ड भगवान नारायण की कुक्षि में विद्यमान है। महाभारत के अरण्य पर्व में कहा गया है—

"तदपश्यमहं सर्वं तस्य कुक्षौ महात्मनः।"

इसी तथ्य को कृष्णावतार की इस लीला के द्वारा भी कहा गया है। जब माता यशोदा ने मिट्टी का स्वाद लेनेवाले बालकृष्ण को मुँह खोलने के लिए कहा तब बालकृष्ण ने मुँह खोला तो वहाँ सारा ब्रह्माण्ड देखकर माता घबरा गयी और कृष्ण से पुनः बालक बन जाने की प्रार्थना की।
परम भागवत आऴ्वार् इसी तथ्य की ओर यहाँ संकेत करते हैं। अन्त में यह प्रश्न भी करते हैं कि क्या भगवान नारायण का मुँह इतना बड़ा था कि उसमें सारा ब्रह्माण्ड समाहित हो सका। इस प्रश्न के पीछे आऴ्वार् का उत्तर भी छिपा हुआ है—वह है भगवान नारायण के परब्रह्मत्व-सर्वव्यापित्व की उनकी स्थापना।
[मारुतम (मरुत् = वायु); उलहु (लोक) = संस्कृत शब्द के तमिल रूप हैं]

ग्यारह

आऴ्वार् निम्न पद में यह स्थापित करते हैं कि उनकी इन्द्रियों का साध्य सांसारिकता से दूर भगवान नारायण ही है। पिछले दस पदों में आऴ्वार् ने भगवान नारायण के अद्भुत गुणों का रसास्वादन करते हुए उनके प्रति अपनी परमा भक्ति का वर्णन किया। आगे के पदों में परम भागवत भक्त यह सिद्ध करते हैं कि उनकी इन्द्रियां भौतिकता से दूर भगवद् भक्ति में ही लीन रहती हैं।

वायवनै अल्लदु वाष्त्तादु कैयुलहम्
तायवनै अल्लदु ताम् तोषा - पेय् मुलै नञ्जु
ऊणाह उण्डान् उरुवोडु पेरल्लाल्
काणा कषा केळा शेवि।।

शब्दार्थ अन्वयसहित

वाय् = मुँह अवनै अल्ल्दु = भगवान नारायण को छोड़कर किसी और की
वाष्त्तादु = प्रशंसा नहीं करेगा

कै ताम् = हाथ तो उलहम् = लोक/संसार को
तायवनै = लांघकर जिस वामन ने नापा, उसे
अल्लदु = छोड़कर किसी दूसरे की तोषा = पूजा नहीं करेगा
पेय् मुलै नञजु = राक्षसी पूतना के स्तन के विष को
ऊणाह उण्डान् = (जिसने) खाद्य के रूप में खाया अथवा पेय के रूप में पिया
उरुवोडु पेर् अल्लाल् = उस भगवान (कृष्ण) के स्वरूप तथा नाम को छोड़कर किसी और का स्वरूप
कण् काणा = आँखें नहीं देखेंगी
शेवि केळा = (नाम) कान नहीं सुनेंगे।

भावार्थ

आष्‌वार् भगवान नारायण की भक्ति की पराकाष्ठा की स्थिति में कहते हैं कि मेरा मुँह नारायण को छोड़कर किसी और की प्रशंसा नहीं करेगा। जिस भगवान नारायण ने वामनावतार लेकर सारे ब्रह्माण्ड को नाप डाला था उसे छोड़ मेरा हाथ किसी और की पूजा नहीं करेगा। कृष्णावतार में जिस नारायण ने पूतना के स्तन के विषैले दुग्ध का पान किया था उस भगवान के स्वरूप को छोड़ किसी और का स्वरूप मेरी आँखें नहीं देखेंगी; भगवान नारायण के व्यक्तित्व तथा कृतित्व को बतानेवाले नामों को छोड़ किसी और के नाम मेरे कान नहीं सुनेंगे।

व्याख्या

भगवान नारायण को हृषीकेश कहा जाता है। अर्थात् हृषीक—इंद्रिय; ईश—पति या नियंत्रक या स्वामी; अतः हृषीकेश का अर्थ है इन्द्रियों का स्वामी; अथवा नियंत्रक। इसलिए भागवत भक्त आष्‌वार् की समस्त इन्द्रियां भगवान नारायण के वश में हैं। अतः आष्‌वार् की जिह्वा केवल नारायण की प्रशंसा करेगी; उनका कर उन्हींकी पूजा करेगा; उनकी आँखें मधुर भगवत्स्वरूप के ही दर्शन करेंगी और उनके कान भगवान नारायण के ही नामों का श्रवण करेंगे।
इस प्रकार आष्‌वार् मनसा, वाचा, कर्मणा भगवान नारायण की भक्ति के ही अधीन हैं।

बारह

यहाँ भागवत भक्त आष्‌वार् की सुनिश्चित स्थापना है कि भक्ति स्वानुभवजन्य है—किसी बाह्य साधन से उत्पन्न होनेवाली नहीं है। स्वस्वरूप-अनुसंधान भक्ति का आधार है, न कि पंचेन्द्रिय या पंचभूत या उनसे बना शरीर अथवा ज्ञान, (वैदिक) क्रियायें, विवेक आदि गुण। अर्थात् भक्ति भगवदनुग्रह से सिद्ध होती है, न कि किसी और साधन से।

शेवि वाय् कण् मूक्कु उडल् एन्रु ऐम्पुलनुम् शेन्ती
पुवि काल् नीर् विण् भूतम् ऐन्दुम् - अवियाद
ज्ञानमुम् वेळ्वियुम् नल्लरमुम् एन्बरे
एनमाय् निन्रार्कु इयलवु।।

शब्दार्थ अन्वयसहित

शेवि, वाय्, कण्, मूक्कु, उडल् एन्रु ऐम्पुलनुम् = कान, मुँह, आँख, नाक, शरीर(त्वक्) = ऐसी पंचेन्द्रियाँ

शेन्ती = ज्वलित अग्नि (शेम् ती = लाल अग्नि)

पुवि = भूमि काल् = वायु नीर् = जल विण् = आकाश

भूतम् ऐन्दुम् = ये पाँचों भूत

अष़ियाद ज्ञानमुम् = अनश्वर ज्ञान वेळ्वि = यज्ञ

नल्लरमुम् = श्रेष्ठ धर्म एन्बरे = कछ लोग ऐसा कहते हैं

एनमाय् निन्रार्कु इयल्वु = (एनम् = वराह) वराहावतार की भक्ति के लिए साधन हैं

[ज्ञानम् = संस्कृत शब्द है; पुवि = भू (पृथ्वी/भूमि) = संस्कृत शब्द है]

भावार्थ

भगवान नारायण ब्रह्माण्ड की रक्षा के लिए वराहावतार लेकर आये, बिना किसी अपेक्षा के या बिना किसीकी याचना के। परन्तु कुछ लोग कहते हैं कि पंचेन्द्रियाँ–कान, मुँह, आँख, नाक एवं त्वक्(शरीर), पंचभूत–पृथ्वी, जल, अग्नि, वायु एवं आकाश, ज्ञान, यज्ञादि बाह्यानुष्ठान (कर्मकांड), धार्मिक सिद्धांत एवं कृत्य भगवान को पाने के साधन हैं।

व्याख्या

आम लोगों का सोचना है कि पंचेन्द्रिय, पंचभूत, ज्ञान मार्ग, बाह्म कर्मकांड, धार्मिक कृत्य आदि भगवान को पाने के साधन हैं। यह कितनी बड़ी मूर्खता है जब भगवान भक्तों की भक्ति के स्वयं साधन हैं–स्वयं साध्य भी हैं अर्थात् उपाय–उपेय दोनों वही हैं!

जैसे कहा गया है–ब्राह्मण अथवा विद्वान वेदाध्ययन, यज्ञ, दान, तपस्या आदि के द्वारा परमात्मा को समझना चाहते हैं। उनके द्वारा जब ये सारे कर्म अहंकारविहीन स्थिति में फल की आकांक्षा के बिना अर्थात् कर्म-फल संग के बिना भगवत्सेवा में अर्पित किये जाते हैं तब उन्हें भक्ति सुलभ होती है।

"तमेतं वेदानुवचनेन ब्राह्मणा विविदिषन्ति
यज्ञेन दानेन तपसाऽनाशकेन"

(बृहदारण्यकोपनिषत् – 4-4-22)

श्रुति-स्मृति सम्मत सिद्धांत तो यही है कि भगवद् भक्ति भगवदनुग्रह से ही प्राप्त होती है; यह भक्ति साधन नहीं, परन्तु साध्य है।

'तमेवं विद्वान् अमृत इह भवति' (पुरुष सूक्तम् 7/8)

(भगवान को समझनेवाला इसी संसार में अमर बनता है।)

क्योंकि परमात्मा अनन्य भक्ति मात्र से प्राप्त होते हैं।

"भक्त्या त्वनन्यया शक्यः" (भगवद् गीता 11-54)

अन्यत्र नम्माष़्वार् ने तिरुविरुत्तम्(99) में कहा है:

"एनत्तुरुवाय् इडन्द पिरानै यल्लाल् इल्लै नान् कण्ड नल्लदुवे।"

(मैंने सत्य को–भक्ति को पाया तो उसका कारण वराहावतार लेकर अवतरित मेरे भगवान को छोड़कर कोई दूसरा नहीं है)।

भगवान नारायण आश्रितवत्सलता के अपने स्वभाव के अनुसार भूमि की रक्षा के लिए वराह के रूप में अवतरित हुए। बिना किसी बाह्म साधन या क्रियाओं के, भक्त को भगवान प्राप्त होते हैं केवल उन्हींकी कृपा से।

इस सिद्धांत की तुलना परवर्ती वल्लभाचार्य के पुष्टिमार्ग (पुष्टिः तदनुग्रहः) से की जा सकती है।

तेरह

भगवान नारायण की आश्रितवत्सलता तथा सहजता की ओर संकेत करते हुए आऴ्वार् कहते हैं :-

इयल्वाह ईन् तुष़ायान् अडिक्के शेल्ल
मुयल्वार् इयलमरर् मुन्नम् - इयल्वाह
नीतियाल् ओदि नियमंगळाल् परव
आदियाय् निन्रार् अवर्।।

शब्दार्थ अन्वयसहित

मुन्नम् = पहले/अनादि काल से
इयल् अमरर् = प्राकृतिक गुण संपन्न अमर लोग/देवता लोग
ईन् = सुन्दर/मधुर तुष़ायान् = पुष्प माला/वैजयन्ती माला से अलंकृत भगवान नारायण के
अडिक्के = श्रीचरणों में शेल्ल = जाने या पहुँचने के लिए
इयल्वाह = स्वाभाविक रूप से/प्रकृत्या
मुयल्वार् = प्रयत्न करते रहे हैं
इयल्वाह = (दूसरे लोगों के लिए) स्वभावानुसार किये जाँनेवाले
नीतियाल् ओदि = परम्परागत नाम = संकीर्तन द्वारा
नियमंगळाल् परव = शास्त्र-सम्मत नियमों के अनुसार किये जानेवाले पूजन द्वारा (प्राप्य होने के लिए)
अवर् = वे भगवान नारायण
आदि आय् निन्रार् = सबसे आगे खड़े थे और खड़े रहेंगे भी
[अमरर्(देवता); नियमम् (नियम); आदि(प्रथम) -संस्कृत शब्द हैं]

भावार्थ

अनादि काल से देवता लोग सुन्दर एवं मधुर पुष्प माला से अलंकृत भगवान नारायण के श्रीचरणों में पहुँचने के लिए स्वभावतः प्रयत्न करते रहे हैं। परन्तु हम जैसे सामान्य लोग नाम–संकीर्तन एवं शास्त्र-सम्मत पूजन द्वारा भगवान नारायण को प्राप्त कर सकते हैं। भक्ति-गद्‌गद् भक्तों के लिए भगवान स्वयं सबसे आगे खड़े हैं और सर्वदा खड़े रहेंगे।

व्याख्या

देवता लोग तो अपने अद्‌भुत गुणों से भगवान के पास पहुँचने के लिए स्वयं अधिकारी हैं। सामान्य मानव के लिए भी भगवान प्राप्य हैं। वे उनके कीर्तन-पूजन से तृप्त होकर उन्हें मिलने के लिए तत्पर रहते हैं। भगवान नारायण सामान्य मानव में भक्ति की स्थापना करते हैं; तदर्थ पूजन-कीर्तन की योग्यता भी प्रदान करते हैं अर्थात् भगवान स्वयं भक्ति के उपाय के रूप में विद्यमान हैं और साथ ही, स्वयं ही उसका फल भी प्रदान करते हैं।
भगवान नारायण आश्रितवत्सल एवं सहज-सुलभ हैं।

चौदह

निम्न पद में आष्वार् का कहना है कि भगवान नारायण ही आदि पुरुष - परमात्मा - सर्वप्रथम हैं।

अवरवर् ताम् ताम् अरिन्दवारु एत्ति
इवरिवर् एम् पेरुमान् एनरु - शुवर् मिशैच्
चार्तियुम् वैत्तुम् तोषुवर्; उलहु अळन्द
मूर्ति उरुवे मुदल्।।

शब्दार्थ अन्वयसहित

अवरवर् = अवर् अवर् = वे लोग (कुछ लोग)
ताम् ताम् अरिन्दवारु = जैसे जैसे स्वयं समझते हैं (उसी प्रकार अपनी अपनी समझ के अनुसार)
इवरिवर = इवर् इवर् = ये लोग (कुछ देवताओं को)
एम् पेरुमान् एनरु = अपने भगवान कहकर
एत्ति = (उनकी) प्रशंसा कर
शुवर् मिशै = दीवार पर, चार्तियुम् = चित्र बनाकर
वैत्तुम् = मूर्ति प्रतिष्ठित कर, तोषुवर् = पूजा करेंगे(परन्तु)
उलहु = लोक/संसार(को) अळन्द = नापनेवाले (जिन्होंने नापा)
मूर्ति उरुवे = भगवान नारायण का (वामन) रूप ही
मुदल् = सर्वप्रथम/आदि भगवान/परमात्मा है
[उलहु = संस्कृत शब्द 'लोक' का तमिल रूप है।
'मूर्ति' संस्कृत शब्द हैं; यहाँ 'भगवान या स्वामी' अभिप्रेत है।
उरु = संस्कृत शब्द 'रूप' का तमिल शब्द है।]

भावार्थ

कुछ राजसिक एवं तामसिक लोग अपने अपने गुणों तथा सीमित ज्ञान के अनुसार किसी किसी देवता को अपना भगवान कहते हुए दीवार पर उनका चित्र बनाकर और उनकी मूर्ति प्रतिष्ठित कर उनकी पूजा किया करते हैं। परन्तु भगवान नारायण ही आदि पुरुष या आदि भगवान हैं जिन्होंने वामनावतार में अखिल ब्रह्मांड को अपने पादों से नाप डाला था। (यहाँ राजा बलि के गर्वभंग की कथा स्मरणीय है।)

व्याख्या

सांसारिक लोग अपने अपने गुणों (रजोगुण या तमोगुण) के अनुसार अलग अलग देवी-देवताओं का दीवारों पर चित्र बनाकर और कहीं कहीं उनकी मूर्ति प्रतिष्ठित कर उनकी पूजा किया करते हैं। परन्तु आष्वार् की स्थापना यह है कि उन देवी-देवताओं के द्वारा भी भगवान नारायण ही पूजित होते हैं; अतः वे ही सर्वप्रधान, सर्वप्रथम एवं आदिपुरुष हैं। आष्वार् की यह स्थापना पुरुष सूक्त के इस कथन को सिद्ध करती है:

"अजायमानो बहुधा विजायते" (पुरुष सूक्त 8)

अर्थात् भगवान नारायण अजन्मा हैं; पर विभिन्न रूपों में जन्मते हैं; अनादि, अनन्त परब्रह्म वही हैं; वे ही आदि पुरुष हैं।

पन्द्रह

उपर्युक्त पद की तरह प्रस्तुत पद में भी आष्वार् यही सिद्ध करते हैं कि भगवान नारायण ही आदि पुरुष हैं।

मुदलावार् मूवरे अम्मूवरुळ्ळुम्
मुदलावान् मूरि नीर् वण्णन् - मुदलाय
नल्लान् अरुळ् अल्लाल् नाम नीर् वैयहत्तुप्
पल्लार् अरुळुम् पषुदु।।

शब्दार्थ अन्वयसहित

मुदल् आवार् = प्रथम/प्रधान
मूवरे = ब्रह्मा, विष्णु, शिव = ये तीनों ही
अम्मूवरुळ्ळुम् = उन तीनों में भी
मुदल् आवान् = प्रथम/प्रधान हैं
मूरि नीर् वण्णन् = व्यापक समुद्र की भांति नील वर्ण एवं स्वभाव के (भगवान विष्णु/नारायण)
मुदलाय = प्रधान/कारणभूत नल्लान् = कृपालु/उपकारक
अरुळ् अल्लाल् (भगवान नारायण की) कृपा/प्रसाद को छोड़
नाम नीर् वैयहत्तु = प्रसिद्ध सागर से घिरे हुए पृथ्वी-लोक में
पल्लार् = अन्य सभी की
अरुळुम् = कृपा/प्रसाद
पषुदु = व्यर्थ है/दोषपूर्ण है

भावार्थ

ब्रह्मा, विष्णु, शिव–ये तीनों ही प्रधान हैं–प्रमुख हैं; अतः पूज्य हैं। उन तीनों में भी प्रमुख हैं समुद्र की भांति नील वर्ण के सर्वव्यापी परमात्मा नारायण। अतः सर्वकारणभूत कृपालु नारायण की कृपा या प्रसाद को छोड़कर सागर से घिरे हुए इस संसार में अन्य सभी देवी-देवताओं की कृपा या प्रसाद व्यर्थ ही है।

व्याख्या

वेद शास्त्र-प्रमाणों के अनुसार सृष्टि, स्थिति एवं लय के कारणभूत हैं ब्रह्मा, विष्णु (नारायण) एवं शिव। परन्तु इन तीनों में भी नारायण ही प्रधान हैं और अन्य दोनों–ब्रह्मा और शिव उन्हीं से बनते हैं; उन्हीं के कारण वे अपना धर्म निभाते हैं। जैसे नारायणोपनिषत् का कहना है-

"नारायणात् ब्रह्मा जायते, नारायणात् रुद्रो जायते।"

वेदों का भी मानना है–नारायण विष्णु ही अन्य दोनों की सृष्टि करते हैं और उनके अपने अपने कार्यों का निर्धारण भी करते हैं। देखिये अनेकों वेद वाक्य "सर्व खल्विंद ब्रह्म" (ये सब ब्रह्म हैं)य "विश्वमेवेदं पुरुषः" (यह अखिल ब्रह्माण्ड पुरुष है)

नारायणोपनिषत् की स्थापना हैः "अंतर्बहिश्च नारायणः। नारायण एव इदगं सर्वम्"। (समस्त जीव तत्वों के अन्दर-बाहर परिव्याप्त हैं नारायण ही)। 'सर्वगत्वात् अनन्तस्य स एवाहं अवस्थितः" (अनंत ही सर्वत्र व्याप्त है; अतः मैं वही हूँ) [विष्णु पुराण 1-19-85]

ऐसे अनेकों उद्धरण वेद-शास्त्रों में उपलब्ध हैं जिनसे यह निरूपित **होता है** कि ब्रह्मा एवं शिव के भी **सृष्टिकर्ता नारायण विष्णु हैं। उन दोनों के अंतर्यामी भी वे ही हैं। जैसे सागर समग्र विश्व के चारों तरफ़** परिव्याप्त है वैसे ही ब्रह्मा, शिव आदि देवताओं को **भी परिव्याप्त रहनेवाले भगवान नारायण विष्णु हैं। अतः** उनका ही अनुग्रह सर्वश्रेष्ठ है। अन्य सभी देवताओं का अनुग्रह भी भगवान की कृपा का ही फल है। फिर क्यों न भक्त मूल कारणभूत परमात्मा नारायण की भक्ति करें और अनुग्रह-लाभ करें!

अन्य सभी देवी-देवताओं का अनुग्रह रज-तम गुणोत्पन्न है; अतः वह अस्थिर है और आश्रितों को संसार से बांधकर रखता है; अतः मोक्षदायक अनुग्रह केवल भगवान नारायण (विष्णु) का ही है।

आष्वार् ने कहा है, "ब्रह्मा, विष्णु, शिव—इन तीनों में प्रधान हैं सागरवत् व्यापक तथा नील वर्ण के नारायण। इससे यह सिद्ध होता है कि जिस प्रकार सागर तमाम विश्व के चारों तरफ़ व्याप्त है उसी प्रकार भगवान नारायण ब्रह्मा एवं शिव को व्यापे हुए हैं। जैसे सागर जल मेघ एवं नदियों का रूप लेता है वैसे ही भगवान नारायण भी तमाम अवतारों एवं देवताओं के रूप में आकर विश्व का रक्षण करते हैं।"

सोलह

आष्वार् का निम्न पद उनकी भक्ति-विह्वलता, दुख तथा भय की अभिव्यक्ति है। उनका कहना है कि अपने जीवन का बहुत सारा समय उन्होंने भगवान नारायण की भक्ति के बिना व्यर्थ कर दिया है।

पषुदे पल पहलुम् पोयिनवेन्रु अञ्जि
अषुदेनरवणै मेर् कण्डु - तोषुदेन्
कडलोदम् काललैप्पक् कण् वळरुम् शेंकण्
अडलोद वण्णरडि ।।

शब्दार्थ अन्वयसहित

कडल् ओदम् = दुग्ध समुद्र की लहरें
काल् अलैप्प = (आपके) पादों का स्पर्श करती हैं
कण् वळरुम् = आँखें बंद कर निद्रा की स्थिति में विद्यमान
शेम् कण् = लाल आँखों (से युक्त); अडल् ओद वण्णर् = गहन लहरों के वर्ण के भगवान नारायण के
अडि = पादों में
अरवु अणै मेल् कण्डु = आदि शेष की शय्या पर उन्हें देखकर
तोषुदेन् = (उनकी) पूजा की;
पल पहलुम् पषुदे पोयिन एन्रु = गुज़रे हुए कई दिन व्यर्थ गये—यह सोचकर
अञ्जि अषुदेन् = भयभीत होकर रोने लगा

भावार्थ

दुग्ध समुद्र में आदिशेष की शय्या पर भगवान नारायण आँखें बंद किये हुए योगनिद्रा में लीन हैं। समुद्र की लहरें उनके पादों का स्पर्श कर रही हैं। समस्त विश्व के प्रति वात्सल्य के कारण उनकी आँखें लाल हैं। उस नील समुद्र के वर्ण के भगवान नारायण के पादों की आज मैंने पूजा की। इससे पूर्व कितना समय व्यतीत हो गया जब मैंने भगवच्चरणों का ध्यान ही नहीं किया। यह सोचकर मैं भयभीत हो रो पड़ा।

व्याख्या

यह भक्त हृदय की व्यथा है। भगवान नारायण के चरणों पर आऴ्वार् आज अपने को अर्पित कर रहे हैं। परन्तु इसके पूर्व भक्त आऴ्वार् ने भगवान के चरणों का ध्यान किये बिना समय व्यर्थ कर दिया था। अतः वे इस पाप की कल्पना कर डरते हैं और आँसू बहाते हैं यह सोचकर कि इसका निवारण कैसे होगा। यहाँ भक्त हृदय की विवश व्याकुलता की गंभीर अभिव्यक्ति है।

सत्रह

आऴ्वार् को इस बात का दुख है कि वे उस समय नहीं जन्मे थे जब भगवान नारायण ने अपने पादों से सारी भूमि को नाप डाला था। बजाय इसके, वे अब इस संसार में आये हैं जब उस घटना का केवल श्रवण कर पाते हैं और उन श्रीचरणों का स्पर्श करने के सौभाग्य से वंचित हैं।

अडियुम् पडि कडप्पत् तोऴ् दिशैमेर् शेल्ल
मुडियुम् विशुम्बळन्द देन्बर् - वडियुहिराल्
ईर्न्दान् इरणियन दाहम् इरुञ्चिरैप्पुळ्
ऊर्न्दान् उलहळन्द नान्रु।।

शब्दार्थ अन्वयसहित

वडि = तीक्ष्ण; उहिराल् = नखों से
इरणियनदु आहम् = हिरण्यकशिपु के वक्षः स्थल को
ईर्न्दान् = चीर डाला
इरु शिरै पुळ् = बड़े पंखवाले पक्षी गरुड पर (आसीन थे)
उलहु अळन्द नान्रु अडियुम् = इस लोक को नापते समय उनके पादों ने
पडि कडप्प = सारी पृथ्वी को नाप डाला
तोऴ् दिशै मेल् शेल्ल = उनके कंधे ने दिशाओं को परिव्याप्त कर दिया
मुडियुम् विशुम्बु अळन्ददु = उनके शीर्ष या सिर ने सारे आकाश को व्याप्त कर दिया
एन्बर् = ऐसा कहेंगे अर्थात् इस प्रकार ज्ञानी लोग इन सब बातों की चर्चा करेंगे।

भावार्थ

ज्ञानी लोग कहते हैं—भगवान नारायण ने नृसिंहावतार लेकर अपने तीक्ष्ण नखों से हिरण्यकशिपु के वक्षःस्थल को चीर डाला। आश्रित रक्षण के लिए गरुड वाहन पर यात्रा की। वामनावतार के समय उन्होंने एक पाद से सारी पृथ्वी को नाप डाला। उनकी भुजायें सभी दिशाओं को पार कर गयीं। उनका सिर आकाश को पार कर गया।

व्याख्या

भगवान नारायण ने नृसिंहावतार लेकर भक्त प्रह्लाद की रक्षा की थी। आऴ्वार् को इस बात का दुख है कि उनको उस दृश्य के दर्शनों का लाभ नहीं मिला। गरुडवाहन नारायण ने ग्राहग्रस्त गजेन्द्र की रक्षा की। (यहाँ

कथा इस प्रकार है। इन्द्रद्युम्न नामक राजा अगस्त्य के शाप से हाथी (गज) हो गया था। जब मगर ने उस हाथी को पकड़ लिया तब हाथी ने भगवान की याद की और उनको पुकारा। भगवान भक्त की रक्षा के लिए दौड़े आये और उसे मगर की पकड़ से बचाकर उसे शापमुक्त कर दिया।) तब भी भक्त आष्वार् उनके दर्शन नहीं कर सके थे—यह सब तो ठीक है। परन्तु वामनावतार लेकर जब भगवान ने सारे ब्रह्माण्ड को अपने पादों से नाप डाला था तब तो कम से कम दर्शनों का भाग्य मिलता! केवल भगवान की इन कथाओं को सुनने का ही अवसर प्राप्त हुआ है, न कि भगवान नारायण के श्रीचरणों का स्पर्श-सौभाग्य।

अठारह

परम भागवत आष्वार् को इस बात की भी व्यथा है कि भगवान नारायण के कृष्णावतार की लीलाओं के दर्शनों के सौभाग्य से भी वे वंचित रहे हैं।

नान्र् मुलैत्तलै नञ्जुण्डु उरि वेण्णेय्
तोन्र् उण्डान् वेन्रि शूष्कळिट्रै - ऊन्रिप्
पोरुदु उडैवु कण्डानुम् पुळ्ळिन् वाय् कीण्डानुम्
मरुदिडै पोय् मण्णळन्द माल्।।

शब्दार्थ अन्वयसहित

नान्र् मुलै तलै = (राक्षसी पूतना के) शिथिल स्तन का
नञ्जु उण्डु = विष पीकर
उरि वेण्णेय् = छीके में रखे हुए मक्खन की
तोन्र् उण्डान् = चोरी कर जिन्होंने इस प्रकार खाया कि सब लोग जान सकें
वेन्रि शूष् कळिट्रै = अजेय और छली गज रूप धारी असुर कुवलयापीड़ से
ऊन्रि पोरुदु = भारी युद्ध कर
उडैवु कण्डानुम् = जिन्होंने उसे मार डाला
पुळ्ळिन् वाय् कीण्डानुम् = बगुले का मुँह (बकासुर का मुँह) जिन्होंने चीरकर फाड़ डाला
मरुदु इडै पोय् = दो अर्जुन वृक्षों के बीच घुटनों के बल जाकर (जिन्होंने उन वृक्षों को उखाड़ डाला और इसके द्वारा यमल-अर्जुन नाम के दो देवताओं को शाप-मुक्त किया, वे कौन थे!)
मण्णळन्द माल् = वामनावतार में सारे ब्रह्माण्ड को नापनेवाले भगवान नारायण ही तो थे!

भावार्थ

कृष्णावतार में छल से विषैला स्तन्यपान कराकर मार डालने के इरादे से आयी राक्षसी पूतना के, उसका सारा दुग्ध पीकर, जिन्होंने प्राण हर लिये थे; गोपियों के द्वारा ऊपर छीके में रखे गये मक्खन को चोरी से निकालकर जिन्होंने खा लिया था; अपने को मारने आये छली एवं अजेय गज रूपधारी असुर कुवलयापीड़ से युद्ध कर जिन्होंने उसे नष्ट किया था; जिन्होंने बकासुर का मुँह फाडकर वध किया था और जिन्होंने बाल्यावस्था में शापग्रस्त दो अर्जुन वृक्षों (के रूप में खड़े रहे यमलार्जुन) को उन वृक्षों के बीच घुटनों के बल चलकर उखाड़ दिया था (और इस प्रकार उन शापग्रस्त दोनों देवताओं को शापमुक्त किया था), वे भगवान नारायण ही तो थे जिन्होंने अपने पादों से अखिल ब्रह्माण्ड को नाप दिया था।

व्याख्या

इस पद में भगवान नारायण के कृष्णावतार तथा वामनावतार की लीलाओं का उल्लेख है। आष्वार् भक्तिवश भगवान की हर लीला का दर्शन-सुख पाना चाहते हैं; परन्तु कृष्णावतार की लीलाओं के दर्शन न कर पाने के अपने दुर्भाग्य पर वे दुखी हैं।

उन्नीस

भक्त आष्वार् उस दुग्ध सागर के सौभाग्य की प्रशंसा करते हैं जिसपर भगवान नारायण योगनिद्रा में विराजमान हैं। उस सागर को सर्वदा भगवान का स्पर्श गौरव प्राप्त है। उसने यह गौरव प्राप्त करने के लिए कितने पुण्य-कर्म किये होंगे! आष्वार् भी यह गौरव प्राप्त करने के लिए संभवतः स्वयं वे तमाम पुण्य कर्म करने की इच्छा करते हों!

मालुम् करुङ् कडले! एन्नोट्राय् वैयहमुण्डु
आलिनिलै तुयिन्र वाषियान् - कोलक्
करुमेनिच् चेंकणमाल् कण् पडैयुळ् एन्रुम्
तिरुमेनि नी तीण्डप् पेट्रु।।

शब्दार्थ अन्वयसहित

वैयहम् उण्डु = अखिल विश्व को निगलकर (उदर में रखते हुए)
आलिन् इलै तुयिन्र = वट पत्र पर शयन करनेवाले
आषियान् = समुद्र शायी(इसका अर्थ चक्रधारी भी हो सकता है)
कोल करुमेनि = सुन्दर श्यामल शरीर युक्त
चेंकण् = रक्तिम नयनवाले
माल् कण् पडैयुळ् = परमात्मा नारायण के शयन के समय
एन्रुम् = सर्वदा तिरुमेनि = (उनके) दिव्य शरीर का
तीण्डप् पेट्रु = स्पर्श प्राप्त कर
मालुम् = (उस आनन्द के कारण) मोह की स्थिति में रहनेवाले
करुङ् कडले = श्याम वर्ण के हे समुद्र!
नी एन् नोट्राय् = तुमने (यह सौभाग्य प्राप्त करने के लिए) कौन-सा पुण्य व्रत किया!

भावार्थ

प्रलय काल में अखिल विश्व को उदरस्थ कर भगवान नारायण वटपत्रशायी होकर विराजमान थे। सुन्दर श्याम वर्णमय शरीरयुक्त रक्तिम नयनवाले परमात्मा नारायण सर्वदा दुग्ध समुद्र पर शयन करते हैं। इस प्रकार उस समुद्र को निरन्तर भगवान के दिव्य शरीर का स्पर्श-गौरव प्राप्त है। इससे वह अतीव आनन्दित और मुग्ध है। आष्वार् समुद्र से पूछते हैं कि तुमने ऐसा कौन-सा पुण्य-व्रत किया जिससे कि भगवान नारायण के नैकट्य का परम सौभाग्य तुम्हें मिला है।

व्याख्या

1. प्रलय काल में विश्व की रक्षा के लिए भगवान नारायण ने उसे निगलकर—उदरस्थ कर शिशु के रूप में वटपत्र पर शयन किया था। यह कैसा विरोधाभास है! समस्त विश्व नारायण के उदर में विद्यमान है। लेकिन भगवान नारायण शिशु-रूप में हैं—यह कैसे संभव है! असंभव को संभव बनाने की सामर्थ्य सर्वशक्तिमान भगवान के पास ही तो है! यह परम भागवत भक्त की स्थापना है।
2. समुद्र शायी नारायण के शरीर का वर्ण श्याम है। अतः समुद्र का नील वर्ण भी भगवान के श्याम वर्ण की प्रतिच्छाया से श्याम वर्ण में परिणत है।
3. आश्रित-वात्सल्य के प्रभाव से भगवान के नयन रक्तिम वर्ण के हैं।
4. भगवान नारायण दुग्ध समुद्र (क्षीर समुद्र) पर सर्वदा विराजमान हैं। समुद्र को उनके शरीर का स्पर्श गौरव नितराम् प्राप्त है। अतः आष्वार् जानना चाहते हैं कि यह गौरव पाने के लिए समुद्र ने कौन-सा पुण्य व्रत किया होगा ताकि वे भी इस आनन्द का रसानुभव कर सकें।

बीस

विभिन्न अवतारों के समय अनेकानेक लोगों और देवताओं को भगवान नारायण के सान्निध्य का लाभ प्राप्त हुआ था। आष्वार् को इस बात का दुख है कि उन्हें वह सान्निध्य-लाभ क्यों नहीं हुआ।

पेट्रार् तळै कष्लप् पेन्दोर् कुरळुरुवायच्
चेट्रार् पडि कडन्द चेंकण् माल् - नट्रा
मरैमलर्च् चेवडियै वानवर् कै कूप्पि
निरै मलर् कोण्डेत्तुवराल् निन्रु।।

शब्दार्थ अन्वयसहित

पेट्रार् = जन्मदाताओं (माता-पिता देवकी-वसुदेव) की
तळै = बेड़ी; कष्ल = शिथिल कर
पेन्दु = (क्षीर सागर या वैकुंठ से) निकलकर
ओर् = अनुपम कुरळ् उरुवाय् = वामन रूप लेकर
चेट्रार् पडि = अभिमानी (व्यक्ति महाबलि) के बंधन में बंधी हुई भूमि को
कडन्द = नापनेवाले
चेम् कण् माल् = (आश्रित-वात्सल्य के कारण) रक्तिम नयन युक्त भगवान नारायण के
नल् तामरै मलर् शे अडियै = सुन्दर कमल पुष्प की तरह रक्त वर्ण के पादों में
वानवर् = गगनवासी देवता लोग
कै कूप्पि निन्रु = अंजलिबद्ध होकर खड़े हैं
निरै मलर् कोण्डु = पुष्प माला चढ़ाकर
एत्तुवर् = गुणगान करते हैं
आल् = हाय! (यह भाग्य मुझे क्यों नहीं मिला!) ['आल्' शब्द विस्मय, दुख—दोनों का व्यंजक है।]

भावार्थ

भगवान नारायण अपने आवास क्षीरसमुद्र या वैकुंठ से निकलकर बाहर आये। उन्होंने कृष्ण का अवतार लेकर कंस के कारागृह में बंदी रहे अपने माता-पिता देवकी-वसुदेव की बेड़ियों को शिथिल किया। साथ ही वामन रूप लेकर अभिमानी राजा महाबलि के चंगुल में फंसी भूमि को अपने पादों से नाप डाला। आश्रितवत्सल भगवान के नयन रक्तिम हैं। उनके पादकमलों में देवता लोग करबद्ध (अंजलिबद्ध) होकर खड़े हैं और पुष्पमाला अर्पित कर उनका गुणगान कर रहे हैं।

हाय! मैं ही एक ऐसा अकेला व्यक्ति हूँ जिसे यह सौभाग्य नहीं मिला है।

(ऐसा भी अर्थ लिया जा सकता है–वाह! देवताओं को भगवान नारायण के सौन्दर्य का पान करते हुए उनका गुणगान करने का कितना बड़ा सौभाग्य मिला है!)

व्याख्या

इस पद में भगवान नारायण के कृष्णावतार तथा वामनावतार की लीलाओं का वर्णन है। भगवान नारायण कृष्ण बनकर अवतरित हुए और मामा कंस के कारागृह में बंदी रहे अपने माता-पिता–देवकी-वसुदेव की बेड़ियों को काटकर उन्हें बंधन से मुक्त किया।

वामनावतार में महाबलि के चंगुल से ब्रह्माण्ड की रक्षा करने के लिए अखिल ब्रह्माण्ड को अपने पादों से नाप डाला। गगनवासी देवता लोग करबद्ध होकर पुष्प मालायें चढ़ाकर भगवान नारयण का गुण-गान करते हैं।

भक्त आष़्वार् को इस बात का दुख है कि देवताओं को अनायास प्राप्त सौभाग्य, आयास से भी सही, उन्हें क्यों नहीं मिला है!

हम यह भी कह सकते हैं कि 'भक्त आष़्वार् निरन्तर भगवान नारायण के दर्शन करते हुए उनकी प्रशस्ति गानेवाले देवताओं के अपार भाग्य पर विस्मय भी करते हैं।'

इक्कीस

भगवच्चरणों में अपने को अर्पित करना ही एकमात्र धर्म है–इस बात पर बल देते हुए आष़्वार् कहते हैं।

निन्रु निल मंगै नीरेट्रु मूवडियाल्
शेन्रु दिशैयळन्द शेंकणमार्कु - एन्रुम्
पडैयाषि पुळ्ळूर्दि पाम्बणैयान् पादम्
अडैयाष़ि नेञ्जे अरि।।

शब्दार्थ अन्वयसहित

निन्रु = (महाबलि के समक्ष) खड़े होकर

निलम् = भूमि (को) अम् कै = सुन्दर हाथों में

नीर् एट्रु = दान नीर लेकर

(दान देनेवाला दान लेनेवाले के हाथ में जल डालकर वस्तु को दान में देता है; महाबलि ने वामन के हाथ में पानी डालकर उनको तीन पादों की नाप की भूमि दान में देने का वचन दिया। यहाँ उसीकी ओर संकेत है।)

मू अडियाल् = तीन पादों से

शेन्रु दिशै अळन्द = चलकर समस्त दिशाओं को नापनेवाले

शेंकण्मार्कु = भगवान नारायण का, जिनके नयन रक्तिम हैं

एन्रुम् = सर्वदा जिनके कर में पडै = शस्त्र

आषि = सुदर्शन चक्र है

पुळ् ऊर्दि = (जिनका) गरुड वाहन है

आषि नेञ्जे = हे गंभीर मन!

अरि = (इस बात को) समझो

पाम्बणैयान् = आदिशेष जिनकी शय्या है

पादम् अडै = (उन भगवान नारायण के) चरणों में पहुँचो (अर्पित करो)

भावार्थ

भक्त आष्वार् अपने मन से कहते हैं, "हे मन! तुम इस बात को अच्छी तरह से समझो कि भगवान नारायण ने महाबलि से तीन पादों की नाप की भूमि को दान में माँगा था और तीन पादों से सारे ब्रह्माण्ड को नापकर दान में ले लिया था। उनके नयन आश्रित-वात्सल्य के कारण रक्तिम हैं। उनका शस्त्र सुदर्शन चक्र है और वाहन गरुड है। तुम उन भगवान नारायण के चरणों में, जिनकी शय्या आदिशेष है, अपने को अर्पित करो।"

व्याख्या

1. यहाँ महाबलि और वामनावतार की कथा द्वारा दान-प्रक्रिया की विधि की ओर संकेत है। किसी भी वस्तु को दान में देनेवाला दान लेनेवाले के हाथ में पानी डालकर यह संकल्प करता है कि अब मैं दान में जो देने जा रहा हूँ उसके साथ आगे मेरा कोई संबंध नहीं होगा। तब वह दान संपूर्ण माना जाता है। अर्थात् दानी पानी डालकर जब दान देता है तब वह उस वस्तु से हाथ धो लेता है; इसीलिए 'हाथ धोना' मुहावरा चल पड़ा।
2. इस पद में भगवान नारायण के आश्रित-वात्सल्य की ओर इशारा है। एक तो महाबलि को पाप-मुक्त करने के इरादे से उसके हाथ से भगवान ने भूमि दान में ली। महाबलि से भूमि की रक्षा करने के लिए अपने पादों से ब्रह्माण्ड को नाप लिया। भगवान आदिशेष की शय्या पर रहकर उससे विलग हुए बिना सर्वदा साथ रहते हैं। भगवान नारायण आश्रित-रक्षक हैं—आश्रित-रक्षण उनका स्वभाव है। अतः आष्वार् अपने मन को समझाते हैं कि हे मन! भगवान नारायण के चरणों में अपने को समर्पित करो।

बाईस

भक्तों की भक्ति के वशीभूत होना भगवान नारायण की प्रकृति है—इस तथ्य को निम्नांकित पद प्रस्तुत करता है।

अरियुम् उलहेल्लाम् यानेयुमल्लेन्
पोरि कोळ् शिरै उवणम् ऊर्न्दाय् - वेरि कमषुम्
काम्बेय् मेन् तोळि कडै वेण्णेय् उण्डायै
ताम्बे कोण्डार्त तषुम्बु।।

शब्दार्थ अन्वयसहित

पोरि कोळ् शिरै = रंग बिरंगे पंखोंवाले

उवणम् ऊर्न्दाय् = गरुड वाहन पर चलनेवाले, हे भगवान नारायण (उवणम् = गरुड; गृध्र)

वेरि कमषुम् = अत्यंत सुगंधित
(काम्बु = बांस)
काम्बु एय् मेन् तोळि = बांस की भांति मृदुल कंधोंवाली माता यशोदा (द्वारा)
[तमिल शब्द 'उवणम्' संस्कृत शब्द 'सुपर्णः' का अपभ्रंश रूप है।
कंधे के लिए बांस की उपमा दी जाती है। क्योंकि वह बांस की तरह कोमल, मृदुल, सुघड़ एवं गोल होता है।]
कडै वेण्णेय् = बिलोये गये माखन को
उण्डायै = (चोरी से) खानेवाले आपको
ताम्बे कोण्डु आर्त = (माता यशोदा ने) छोटी-सी रस्सी से बांध दिया था जिससे
तषुम्बु = (आपके शरीर पर) निशान पड़ गया था
यानेयुम् अॅल्लेन् = (इस बात को) अकेला मैं ही नहीं
उलहु एल्लाम् अरियुम् = सारा विश्व जानता है

भावार्थ

हे गरुडवाहन भगवान नारायण! सुगंधित बांस की भांति मृदुल कंधोंवाली माता यशोदा ने माखन बिलोकर रखा था; उसे जब आपने चोरी से खा लिया तो माता ने आपको छोटी-सी रस्सी से ज़ोर से बांध दिया था। उससे आपके शरीर पर जो निशान पड़ गया था उसे अकेला मैं नहीं, सारा विश्व जानता है

व्याख्या

1. माता यशोदा ने बालकृष्ण को निकट रखना चाहा तो रस्सी से बांध दिया था ताकि वह दूर नहीं जा सके। माखन की चोरी तो एक व्याज-मात्र थी। भगवान कृष्ण भी मातृस्नेह के वशीभूत थे। अतः स्वयं रस्सी के बंधन में बंधे रहे। भगवान भक्तों की भक्ति के अधीन हैं। अतः उससे दूर कैसे जाया जाय!
2. भगवान कृष्ण का नाम 'दामोदर' है। क्योंकि उनकी कमर में माता यशोदा ने रस्सी बांध दी थी। दाम = रस्सी; उदर = पेट; शरीर का मध्य भाग; अतः 'कमर' भी हो सकता है। इसलिए 'दामोदर' वह है जिसकी कमर में रस्सी बांध दी गयी है।

तेईस

भगवान भक्तों के लिए सारा कष्ट वहन करते हैं। यह उनकी भक्त-वत्सलता का प्रमाण है—इस बात पर आष्वार् निम्न पद में प्रकाश डालते हैं।

तषुम्बिरुन्द शाङ्र्गनाण् तोयन्दवा मंगै
तषुम्बिरुन्द ताळ् शकडम् शाडि - तषुम्बिरुन्द
पूंकोदैयाळ् वेरुव पोन् पेयरोन् मार्बिडन्द
वींगु ओद वण्णर् विरल्।।

शब्दार्थ अन्वयसहित

अम् कै = सुन्दर हाथों में शाङ्र्ग नाण् = शाङ्र्ग धनुष की डोरी
तोय्न्द तषुम्बु इरुन्द आम् = (खींचने से) निशान लगा हुआ है

ताळ् = पादों में शकडम् शाडि = शकटासुर को धकेलने से

तषुम्बु इरुन्द = निशान लगा हुआ है

['शकडम्' (वाहन) संस्कृत शब्द 'शकट' का तमिल रूप है]

पूंकोदैयाळ् वेरुव = सुन्दर वेणी से अलंकृत श्रीदेवी डरती हैं (यह सोचकर कि संसार का क्या होगा जब नारायण ने राक्षस हिरण्यकशिपु का हनन किया)

पोन् पेयरोन् = हिरण्य नाम के राक्षस के (राक्षस हिरण्यकशिपु का पुत्र प्रह्लाद भगवान नारायण का परम भक्त था)

मार्बु इडन्द = वक्षःस्थल को फाड़ डालने से

वींगु ओद वण्णर् = उछलती हुई लहरों के वर्णयुक्त भगवान नारायण की

विरल् = उंगलियों में

तषुम्बु इरुन्द = निशान पड़ गया है

भावार्थ

जब भगवान नारायण ने भक्तों की रक्षा के लिएँ आततायियों का हनन करने हेतु शाङ्र्ग धनुष की प्रत्यंचा खींची, तब उनके हाथों में निशान लग गया था। कृष्णावतार में जब भगवान ने शकटासुर को पैरों से धक्का देकर दूर फेंका तब उनके पैरों पर घाव का निशान लग गया था। जब भक्त प्रह्लाद की रक्षा के लिए भगवान नारायण ने नृसिंहावतार लेकर अपनी उंगलियों से प्रह्लाद के पिता राक्षस हिरण्यकशिपु के वक्षःस्थल को फाड़ डाला था तब उनकी उंगलियों में निशान पड़ गया था। इस सन्दर्भ में श्रीदेवी यह सोचकर भयभीत हो रही हैं कि आगे इस संसार का क्या होगा।

व्याख्या

भगवान नारायण आश्रित-रक्षक, भक्त-वत्सल हैं, अतः वे रामावतार में अपने शाङ्र्ग धनुष की डोरी (प्रत्यंचा) पर बाण चढ़ाते और अपने हाथों से डोरी खींचकर शत्रुओं पर बाण चलाते थे। तब यह स्वभाविक था कि उनके हाथों में घाव का निशन लग गया हो।

वृन्दावनवासियों के रक्षणार्थ कृष्णावतार लेकर भगवान ने शकटासुर को पैरों से धक्का देकर दूर फेंका और इस प्रकार उसका हनन किया। इससे भगवान के पैरों पर निशान लग गया था।

भक्त प्रह्लाद की रक्षा के लिए भगवान नारायण ने नृसिंहावतार लेकर अपनी उंगलियों से जब उसके पिता राक्षस हिरण्यकशिपु के वक्षःस्थल को फाड़ डाला तो उनकी उँगलियों में धाव का निशान लग गया था।

भक्त आष्वार् का भगवान से यह प्रश्न है कि हाथ, पैर और उंगलियों पर लगे उन निशानों को आप कैसे छिपा पायेंगे, भले ही आप कमर में रस्सी बांधने से लगे निशान को धोती पहनने से छिपा लें (इसका उल्लेख पिछले पद में किया गया है)।

इस पद में भगवान के तीन अवतारों—रामावतार, कृष्णावतार तथा नृसिंहावतार—की लीलाओं की ओर संकेत है।

चौबीस

इस पद में आष्वार् भगवान नारायण के सौलभ्य की ओर संकेत करते हैं।

विरलोडु वाय् तोयन्द वेण्णेय् कण्डु आय्च्चि
उरलोडु उरप् पिणित्त नान्रु - कुरलोवादु
एंगि निनैन्दयलार् काण विरुन्दिलैये
ओंगाद वण्णा उरै।।

शब्दार्थ अन्वयसहित

विरलोडु वाय् तोयन्द वेण्णेय् = उंगलियों में और मुँह पर लगे हुए माखन को
कण्डु = देखकर आय्च्चि = माता यशोदा ने (आपको)
(आय्च्चि का अर्थ है गोपी; यहाँ प्रसंगानुसार माता यशोदा संकेतित है)
उरलोडु = ओखली से
उरप् पिणित्त नान्रु = जब ज़ोर से बांधा था तब
कुरल् ओवादु = (आप) लगातार रोते रहे
एंगि = व्यथित होते रहे
निनैन्दु = सोचते रहे (कि कैसे और मक्खन की चोरी की जाए)
अयलार् काण इरुन्दिलैये? = दूसरे लोग इसे देख देखकर आनन्द लूटते रहे न!
ओंगु ओद वण्णा! = बढ़ती लहरों की भांति नील वर्ण के हे भगवान नारायण!
उरै = (सच सच) बताइए।

भावार्थ

बढ़ती लहरों की भांति नील वर्ण के हे भगवान नारायण! आपने जब माखन चोरी की तब आपकी उंगलियों में और मुँह पर मक्खन ही मक्खन लगा हुआ था। इस दशा में आप जब पकड़े गये तो माता यशोदा ने आपको ओखली से बांध दिया था। अतः आप निरन्तर रोते रहे; दुख करते रहे और तब भी यही सोचते रहे कि मक्खन की और चोरी कैसे की जाए। इस दृश्य को वृन्दावन के लोग देख देखकर आनन्द का अनुभव करते रहे न! बोलिए; सच सच बोलिए।

व्याख्या

भक्त आष़्वार् यह देखकर और सोचकर आश्चर्य करते हैं कि सर्वशक्तिमान भगवान कृष्ण अपनी चोरी को स्वयं सिद्ध करते हैं; स्वयं चोरी के लिए ओखली से बद्ध होकर दंडित भी होते हैं; उस बंधन से मुक्त होने के लिए--दंड से बचने के लिए अपने आपको अक्षम दर्शाते हैं! यह कितना अजीब है!
इस प्रश्न के द्वारा भक्त आष़्वार् यह सिद्ध करते हैं कि भगवान भक्तों के लिए कितने सुलभ हैं। भक्त सौलभ्य के लिए वात्सल्यमय भगवान अपने आपको बंधन में डाल लेते हैं। उस बंधन के लिए स्वयं कारण भी निर्मित करते हैं (माखन–चोरी के द्वारा)। भगवान सर्वशक्तिमान होते हुए भी शैशव-सौन्दर्य एवं लीलाओं से भक्त मन को गद्‌गद् कर देते हैं।

पच्चीस

भगवद्‌गुणों का ध्यान कर तन्मय होने में ही भक्ति का वैशिष्ट्य है। इस तथ्य की ओर संकेत करते हुए भक्त आष़्वार् कहते हैं।

उरै मेर्कोण्डेन्नुळ्ळ मोवादु एप्पोदुम्
वरै मेल् मरकतमे पोल - तिरै मेल्
किडन्दानैक् कीण्डानैक् केषलायप् पूमि
इडन्दानै एत्ति एषुम्।।

शब्दार्थ अन्वयसहित

वरै मेल् = पर्वत पर मरकतमे पोल = पन्ने की तरह अर्थात् पर्वत पर मानों पन्ना जड़ा हुआ हो

तिरै मेल् किडन्दानै = सागर पर लेटे रहनेवाले

कीण्डानै = (हिरण्यकशिपु के वक्षःस्थल को) फाड़ देनेवाले और

केषलाय् = वराह बनकर पूमि इडन्दानै = भूमि को बाहर लानेवाले (भगवान नारायण का)

उरै मेर्कोण्डु = संकीर्तन करते हुए/(दूसरा अर्थ है = वेद शास्त्रों के अनुसार)

एन् उळ्ळम् = मेरा मन ओवादु = निरन्तर

एप्पोदुम् = सर्वदा

एत्ति = (उनके) गुणों की प्रशंसा कर

एषुम् = उज्जीवित होगा।

भावार्थ

श्याम वर्ण के भगवान नारायण नील सागर पर लेटे हुए हैं। वह दृश्य ऐसा लगता है मानों पर्वत पर पन्ना जड़ा हुआ हो।

आष्वार् कहते हैं कि मेरा मन भगवान नारायण के, जिन्होंने नृसिंहावतार लेकर भक्त प्रह्लाद की रक्षा के लिए असुर हिरण्यकशिपु का संहार किया था, और वराहावतार लेकर भूमि का उद्धार कर उसे ऊपर ले आये थे, गुणों का संकीर्तन करता हुआ उनके गुणों की प्रशंसा कर उज्जीवित होगा; अथवा वेद-शास्त्रों द्वारा विहित प्रकार से उनके गुणों की प्रशंसा कर मेरा मन उज्जीवित होगा।

व्याख्या

इस पद में प्रयुक्त शब्द 'कीण्डानै' से निम्न प्रकार की विभिन्न घटनाओं का संकेत प्राप्त है। (कीण्ड–फाड़ना) भगवान ने नृसिंहावतार लेकर असुर हिरण्यकशिपु के वक्षःस्थल को फाड़ दिया था। कृष्णावतार में कृष्ण ने घोड़े का रूप लेकर आये दानव केशी और बगुले के रूप में आये बकासुर का मुँह फाड़ दिया था। भक्त आष्वार् भगवान की अनेकों लीलाओं का स्मरण कर उनकी अभिव्यक्ति एक ही शब्द 'कीण्डान्' द्वारा करते हैं।

आष्वार् की स्थापना है कि उनका मन भगवान नारायण के गुण-संकीर्तन में ही आनन्दानुभव कर सकता है; अन्यथा नहीं। यहाँ नम्माष्वार् के तिरुवाय्मोषि का पद (3-8-1) स्मरणीय है

"मुडियाने मूवुलहम् तोषुदेत्तुम्।"

(हे मुकुटधारी नारायण! तीनों लोक आपका ही संकीर्तन एवं गुण-गान करते हैं।)

छब्बीस

अब तक आष्वार् ने भगवान नारायण के वैभव अर्थात् विभवावतार की लीलाओं का स्मरण किया था। अब उनके अर्चावतारों का स्मरण करते हुए उन सभी पवित्र स्थलों की याद करते हैं जहाँ आज भी भक्तों के प्रति कृपापूर्वक भगवान नारायण की मूर्ति ज्योति बनकर विराजमान है। इस पद में श्रीवेंकटगिरि अर्थात् तिरुमलै जहाँ भगवान नारायण विराजमान हैं, की विशेषता का विवरण है।

एषुवार् विडै कोळ्वार् ईन् तुष़ा यानै
वषुवा वहै निनैन्दु वैहल् - तोषुवार्
विनैच्चुडरै नन्दुविक्कुम् वेंकटमे वानोर्
मनच्चुडरै तूण्डुम् मलै।।

शब्दार्थ अन्वयसहित

एषुवार् = (ऐश्वर्य मिल जाने के बाद भगवान को छोड़कर)
निकल जानेवाले ऐश्वर्यार्थी लोगों,
विडै कोळ्वार् = (कैवल्य-प्राप्ति के बाद भगवान से मुँह
मोड़कर) बिदा लेनेवाले कैवल्यार्थी लोगों, और
ईन् तुष़ायानै = सुन्दर पुष्पमाला से अलंकृत भगवान नारायण से
वषुवावहै = हटे बिना; निनैन्दु = उनका स्मरण करते हुए
वैहल् = प्रतिदिन तोषुवार् = पूजा करनेवाले मुमुक्षु लोगों के
विनै चुडरै = कर्म ज्वाल को नन्दुविक्कुम् = बुझा देनेवाला
वेंकटमे = श्रीवेंकट पर्वत (तिरुपति या तिरुमलै) ही
वानोर् = दैवी गुण संपन्न देवताओं के मनच्चुडरै-हृदय दीप को
तूण्डुम् मलै = ज्वलित करनेवाला पर्वत भी है

भावार्थ

कुछ लोग भगवान के पास आते हैं, ऐहिक फल-प्राप्ति के लिए। जब वह फल-प्राप्ति हो जाती है तब भगवान का साथ छोड़कर हट जाते हैं। कुछ लोग ऐसे हैं जो कैवल्य की कामना करते हैं; भगवत्कृपा से स्वात्मानुभव प्राप्त कर हमेशा हमेशा के लिए भगवान से अलग हो जाते हैं। कुछ ऐसे भक्त लोग हैं जो भगवान के चरणों में सर्वदा लीन रहते हैं। उनके लिए भगवान ही फल हैं और फलदाता भी। वे लोग ऐश्वर्य आदि प्राप्त हो जाने पर भी भगवान से अलग हुए बिना सर्वदा भगवत्संगति के आनन्द का अनुभव करते हैं। तीन प्रकार के इन लोगों के कर्म स्वयं उनकी फल-प्राप्ति के मार्ग में बाधक अग्नि है जिसे भगवान नारायण का अर्चा-स्थल श्रीवेंकट पर्वत (इस पर्वत के अन्य नाम हैं तिरुमलै—श्रीपर्वत; तिरुपति—श्रीपति) बुझा देता है। यही श्रीवेंकटपर्वत है जो नित्य सूरियों अर्थात् दैवी गुण संपन्न लोगों के हृदय-दीप को प्रज्जवलित कर उन्हें भगवद् भक्ति में लीन कर देता है।

व्याख्या

1. भगवान नारायण के दिव्य स्थल श्रीवेंकट पर्वत की विशेषता इस प्रकार है—एक ओर वह ऐश्वर्यार्थियों,

कैवल्य कामियों एवं भक्तों के, भक्ति मार्ग के बाधक पाप कर्मों की अग्नि बुझाकर उन्हें भगवत् सांनिध्य प्राप्त करने योग्य बनाता है। साथ ही यह पर्वत दैवी गुण-संपन्न लोगों के अंतस्थल के दीपक को भगवद् भक्ति के प्रकाश से जाज्वल्यमान कर देता है।

2. विनैच्चुडर् नन्दुविक्कुम–कर्माग्नि को बुझा देता है।
   वानोर् मनच्चुडरै तूण्डुम् मलै–देवताओं के हृदय दीप को प्रज्ज्वलित करता है ताकि वे पृथ्वी पर स्थित इस पुण्य स्थल में पहुँचकर भगवान नारायण के सांनिध्य का लाभ उठा सकें। एक ही वस्तु (श्री वेंकट पर्वत) एक ओर आग को बुझाती है और दूसरी ओर दीप को प्रज्ज्वलित करती है।
   इस पद में भक्त आष्वार् ने भगवान नारायण के अर्चावतार-स्थल श्री वेंकट पर्वत के गौरव का वर्णन किया है।

सत्ताईस

निम्न पद में रामावतार तथा कृष्णावतार में की गयी भगवान नारायण की लीलाओं का भक्ति-गद्गद् वर्णन है।

मलैयाल् कुडै कवित्तु मावाय् पिळन्दु
शिलैयाल् मरामरम् एष् शेट्रु - कोलै यानै
पोर् कोडु ओशित्तुनवुम् पूंकुरुन्दम् शाय्त्तनवुम्
कार् कोडु पट्रियान् कै।

शब्दार्थ अन्वयसहित

मलैयाल् = गोवर्धन गिरि को
कुडै कवित्तु = छाते की तरह धारण किया
मा = घोड़ा (घोडे के रूप में आये असुर केशी का)
वाय् पिळन्दु = मुँह फाड़ डाला
शिलैयाल् = बाण से
मरामरम् एष् शेट्रु = सात साल वृक्षों को एक साथ छेद डाला
कोलै यानै = (कृष्ण को) मारने के लिए आये हाथी कुवलयापीड़ के
पोर् कोडु = आक्रामक दंत को (कोडु = हाथी का दाँत)
ओशित्तनवुम् = तोड़ डाला
पूंकुरुन्दम् = विकसित पुष्पों से लदे अर्जुन वृक्ष को
शाय्त्तनवुम = उखाड़ गिरा दिया
कार् कोडु पट्रियान् कै = मेघ की तरह ध्वनित करनेवाले पाञ्चजन्य शंख को धारण करनेवाले भगवान नारायण के करों ने (कार् = मेघ कोडु = शंख कै = हाथ, कर)

भावार्थ

श्री वेंकट गिरि के स्वामी भगवान नारायण अपने कर में पाञ्चजन्य शंख लिये हुए हैं। उक्त शंख की ध्वनि मेघ गर्जन की भांति शत्रुओं के अंतस्थल में भय पैदा करती है। भगवान नारायण के उन करों की विशेषता इस प्रकार है। कृष्णावतार में इन्द्र के प्रकोप से वृन्दावन को बचाने के लिए गोवर्धन पर्वत को भगवान नारायण के करों ने

छत्र की तरह धारण किया था। उन्हीं करों ने कंस के द्वारा मारने के लिए भेजे गये असुर केशी का मुँह चीरकर फाड़ डाला था। वही कर थे जिन्होंने कृष्ण को मारने के उद्देश्य से आये हाथी कुवलयापीड़ के आक्रामक दाँत को तोड़ डाला था। भगवान नारायण के वही कर थे जिन्होंने कुसुम मंडित सुन्दर अर्जुन वृक्ष युगल को उखाड गिरा दिया था। भगवान नारायण के उन्हीं करों ने रामावतार के समय मित्र सुग्रीव के मन में विश्वास जगाने के लिए सात साल वृक्षों को एक साथ छेद डाला था।

व्याख्या

इस पद में कृष्णावतार एवं रामावतार के समय भगवान नारायण द्वारा की गयी निम्नांकित कतिपय लीलाओं की ओर संकेत है।

गोपकुल के लोग प्रतिवर्ष इन्द्र की पूजा किया करते थे। परन्तु कृष्ण के कहने पर उन लोगों ने इन्द्र-पूजा छोड़कर वृन्दावन के निकट रहनेवाले गोवर्धन पर्वत की पूजा की। इससे कुपित इन्द्र ने मूसलाधार वर्षा करायी जिससे वृन्दावनवासी लोगों, गायों, बछड़ों आदि को अपार कष्ट हुआ। तब बालकृष्ण ने गोवर्धन पर्वत को छाते की तरह धारण कर उन सबको पर्वत के नीचे आकर रहने और वर्षा से बचने का रास्ता दिखाया। इस प्रकार कृष्ण ने इन्द्र का गर्वभंग कर आश्रितों की रक्षा की।

कंस के द्वारा कृष्ण को मारने के लिए अश्वरूपी असुर केशी और गजरूपी कुवलयापीड़ भेजे गये थे। उनको भी कृष्ण ने अनायास मार डाला।

जब माता यशोदा ने माखनचोर कृष्ण को ओखली से बांध दिया था तब उसी ओखली को घसीटते हुए कृष्ण ने अर्जुन वृक्ष युगल के बीच जाकर उन वृक्षों को उखाड़ दिया जिससे शापग्रस्त देवता यमलार्जुन शापमुक्त होकर अपने लोक में चले गये।

रामावतार में भगवान नारायण ने मित्र सुग्रीव के मन में अपनी शक्ति के प्रति विश्वास जगाने के लिए एक साथ सात साल वृक्षों को अपने बाण से छेद डाला था।

आष्वार् श्रीवेंकटाचल में स्थित भगवान नारायण की उक्त लीलाओं का स्वयं स्मरण करते हैं और भक्तों को भी उनका स्मरण कराते हैं। साथ ही यह भी संकेत करते हैं कि भक्त रक्षक भगवान नारायण के कर में विद्यमान पाँचजन्य शंख की मेघगर्जनवत् ध्वनि आततायियों के अंतस में भय पैदा करती है और उन्हें भक्तों से दूर भगाती है।

अट्ठाईस

श्रीवेंकटाचलपति भगवान नारायण के सौन्दर्य तथा ईश्वरत्व का विशेष उल्लेख निम्नांकित पद में किया गया है।

कैय वलम्पुरियुम् नेमियुम् कार् वण्णत्तु
ऐय मलर् महळ् निन् आहत्ताळ् शेय्य
मरैयान् निन्नुन्दियान् मामदिळ् मूनरु एय्द
इरैयान् निन्नाहत् तिरै।।

शब्दार्थ अन्वयसहित

कार् वण्णत्तु ऐय! = नील मेघ श्यामल भगवान नारायण!

वलम्पुरियुम् = पाञ्चजन्य शंख (उस शंख को वलम्पुरि कहा जाता है जो दायीं तरफ़ मुड़ा हुआ है।) और

नेमियुम् = सुदर्शन चक्र (संस्कृत में चक्र के घेरे को नेमि कहा जाता है। तमिल में चक्र को ही नेमि कहा जाता है।)
कैय = (आपके) करों में विद्यमान हैं।
मलर् महळ् = कमलासना लक्ष्मी
निन् आहत्ताळ् = आपके वक्षःस्थल में विराजमान हैं।
शेय्य मरैयान् = गौरवपूर्ण वेदों द्वारा निरूपित ब्रह्मा (चतुर्मुख)
निन् उन्दियान् = आपके नाभि कमल से उत्पन्न हैं।
मा मदिळ् मूनरु एय्द = बड़े परकोटे से घिरे हुए तीन नगरों अर्थात् त्रिपुर को अपने बाणों से नष्ट कर देनेवाले
इरैयान् = ईश्वर अर्थात् शिव या रुद्र
निन् आहत्तु इरै = आपके शरीर के पार्श्व भाग में वर्तमान हैं।

भावार्थ

हे नील मेघ श्यामल परमात्मा! (भगवान नारायण!) आपके कर कमलों में पाञ्चजन्य शंख एवं सुदर्शन चक्र सुशोभित हैं। कमलासना देवी लक्ष्मी आपके वक्षःस्थल में दायीं ओर विराजमान हैं। आपके गुण प्रतिपादक वेदों का पाठ करनेवाले सृष्टिकर्ता ब्रह्मा आपके नाभिकमल से उत्पन्न हैं। त्रिपुरारि रुद्र आपके शरीर के पार्श्व भाग में वर्तमान हैं।

व्याख्या

1. सामान्यतः भगवान नारायण की तुलना मेघ से की जाती है। क्योंकि उनके शरीर का वर्ण मेघ की तरह नीला है और दूसरी ओर वे तापहर भी हैं। वारिद की तरह भगवान भी निःस्वार्थ भाव से सबका ताप दूर करनेवाले हैं।
2. सृष्टिकर्ता ब्रह्मा को यहाँ 'मरैयान' कहा गया है जिसका अर्थ है 'वेदस्वरूपी'। ब्रह्मा वेदमय हैं; अपने चतुर्मुख द्वारा चारों वेदों–ऋक्, यजुस, साम एवं अथर्व का पाठ करते हैं और उन वेदों द्वारा प्रतिपादित भगवान नारायण का निरूपण करते हैं।
3. त्रिपुरारि रुद्र या शिवजी के तप से प्रसन्न भगवान नारायण ने अपने शरीर के दक्षिण पार्श्व भाग में उन्हें स्थान प्रदान किया था। इस तथ्य का उल्लेख "इरैयान् निन् आहत्तु इरै" द्वारा किया गया है। इसी बात को निम्नांकित पौराणिक श्लोक में कहा गया है

"तपसा तोषितस्तेन विष्णुना प्रभविष्णुना।
स्वपार्श्वे दक्षिणे शम्भोः निवासः परिकल्पितः।।"

(रुद्र/शंभु (शिव) को उनके तप से अभिभूत होकर भगवान विष्णु ने अपने शरीर के पार्श्व भाग में स्थान दिया)

4. उपर्युक्त विश्लेषण से आष्वार् ब्रह्मा, विष्णु एवं रुद्र का एकत्व अर्थात् भगवान नारायण का परब्रह्मत्व सिद्ध करते हैं। इसी बात को नम्माष्वार् ने भी 'तिरुवाय् मोषि' में कहा है–

"ताळ तामरैयान् उनदु उन्दियान् वाळ् कोळ् नीळ्
मषुवाळि उन् आहत्तान् नाळुम् एन् पुहष्को उन् शीलमे।"

(तिरुवाय् मोषि 9-3-10)

नम्माष्वार् ने अन्यत्र कहा भी है कि भगवान नारायण ने तीनों–लक्ष्मी, ब्रह्मा एवं रुद्र को अपने शरीर में स्थान देकर कृतार्थ किया है –

"एराळुम् इरैयानुम् तिशै मुहनुम् तिरुमहळुम्
कूराळुम् तनि उडम्बन्"

(तिरुवाय् मोषि 4-8-1)

उनतीस

निम्नांकित पद में भगवान नारायण की आश्रितवत्सलता का वर्णन है। जहाँ पूर्वपद में भगवान के ईश्वरत्व का निरूपण हुआ है वहाँ प्रस्तुत पद में भक्त के लिए भगवान की सहज सुलभता का संकेत हैं। आष़्वार् ने शायद यह सोचा कि भक्त भगवान के ईश्वरत्व से भयभीत हो दूर न भागें; अतः कहते हैं कि भगवान नारायण भक्त की रक्षा के लिए कितने तत्पर रहते हैं। अपनी बात को सिद्ध करने के लिए आष़्वार् ने गजेन्द्र मोक्ष की क़था को उद्धृत किया है।

इरैयुम् निलनुम् इरु विशुम्बुम् काट्रुम्
अरैपुनलुम् शेन्तीयुमावान् पिरै मरुप्पिल्
पैंकण् माल् यानै पडु तुयरम् कात्तळित्त
शेंकण् माल् कण्डाय् तेळि।।

शब्दार्थ अन्वयसहित

इरैयुम् = (भगवान नारायण) श्रीवैकुंठपति हैं और
निलमुम् = भूमि, इरु विशुम्बुम् = व्यापक आकाश,
काट्रुम् = वायु, अरै पुनलुम् = लहरानेवाला जल
शेन्तीयुम् आवान् = ज्वलित अग्नि = इन पाँचों भूतों के रूप में हैं।
पिरै मरुप्पिल् = बाल चन्द्रवत् शुभ्र दाँतवाले
पैम् कण् = सुन्दर आँखोंवाले
माल् यानै = बृहद् आकार के गजेन्द्र अर्थात् ऐरावत हाथी को
पडु तुयरम् = (मगर की पकड़ में आने से) हुए कष्ट से
कात्तु अळित्त = उसकी रक्षा करनेवाले
शेंकण् माल् कण्डाय् = पुण्डरीकाक्ष अर्थात् कमलनयन भगवान नारायण ही थे।
तेळि = रे मन! इस बात को तुम समझो!
(इरै का अर्थ स्वामी या मालिक है। भगवान विष्णु के संदर्भ में इससे वैकुंठपति का अर्थ लिया जाता है)

भावार्थ

भगवान नारायण वैकुंठपति हैं। वे पृथ्वी, अप्, तेजस्, वायु एवं आकाश–इन पाँचों भूतों के रूप में हैं। पुण्डरीकाक्ष भगवान नारायण ही तो थे जिन्होंने मगर की पकड़ में फंसे बड़े आकार के गजेन्द्र को उससे बचाया–इस प्रकार गजेन्द्र याने गजराज ऐरावत को मोक्ष प्रदान किया। आष़्वार् अपने मन से कहते हैं कि रे मन! तुम इस बात को समझो कि भगवान नारायण आश्रितों के नितराम् रक्षक हैं।

व्याख्या

आष़्वार् इस पद में भगवान विष्णु को वैकुंठपति कहकर उनके सर्वस्वामित्व की ओर संकेत करते हैं। साथ

ही वे पंचभूतों की समग्रता के रूप में भगवान विष्णु के विश्व व्यापकत्व अथवा विश्वाकार होने की भी स्थापना करते हैं। ऐसे भगवान विष्णु के लिए आश्रितों की रक्षा सर्वप्रमुख कार्य है। जैसे भक्त गजेन्द्र ऐरावत की रक्षा के लिए भगवान विष्णु (नारायण) वैकुंठ छोड़कर दौड़े–दौड़े पृथ्वी पर आये। यह उनके आश्रितवात्सल्य का प्रमाण हैं।

गजेन्द्र की कथा इस प्रकार है।

गजराज ऐरावत ने भगवान विष्णु को अर्पित करने के लिए नदी में विकसित कमल पुष्पों को तोड़कर इकट्ठा किया। इतने में नदी में स्थित मगर ने उसके पैरों को पकड़ लिया। ऐरावत को इस बात की चिन्ता हुई कि वह भगवान के चरणों में कैसे पुष्प अर्पित करेगा; समय के साथ पुष्प भी तो सूख जायेंगे। अतः उसने भगवान नारायण को रक्षा के लिए आवाज़ दी। आश्रितवत्सल भगवान नारायण वैकुंठ से तत्काल पृथ्वी पर आये और गजेन्द्र ऐरावत को मगर की पकड़ से बचाया जिससे गजेन्द्र नव विकसित कमल पुष्पों को भगवान के चरणों में अर्पित कर सका।

वैकुंठपति भगवान कितने भी बड़े क्यों न हों। सबसे पहले वे आश्रित भक्तों के अपने हैं।

इस तथ्य की ओर आष्वार् भक्तों का ध्यान आकर्षित करते हैं।

तीस

इस पद में आष्वार् यह बतलाते हैं कि महान भक्त वही है जो भगवान नारायण के आगमन की प्रतीक्षा किये बिना स्वयं उनके चरणों को पकड़ लेता है।

तेळिदाह उळ्ळत्तैच् चेन्निरीइ ज्ञानत्तु
एळिदाह नन्गु उणर्वार् चिन्तै - एळिदाह
ताय् नाडु कन्रै पोल् तण्डुषायान् अडिक्के
पोय् नाडिक्कोळ्ळुम् पुरिन्दु।।

शब्दार्थ अन्वयसहित

उळ्ळत्तै तेळिदाह चेन्निरीइ = मन को अविचलित अर्थात् स्थिर करते हुए

ज्ञानत्तु एळिदाह नन्गु उर्णवार् चिन्तै = ज्ञानपरक भक्ति से जो लोग आसानी से सत्य को भली भांति समझते हैं उनका मन

तण् तुषायान् अडिक्के = शीतल पुष्पों की माला पहने हुए भगवान नारायण के पादों में

पुरिन्दु पोय् नाडिक् कोळ्ळुम् = प्यार से स्वयं जाकर अर्पित होगा

एळिदाह ताय् नाडु कन्रे पोल् = जैसे गौओं के झुंड में

अपनी माँ को खोजते हुए जानेवाला बछड़ा माँ को अनायास पा ही लेता है।

(ताय् = माँ　　　　नाडु = खोजनेवाला　　　　कन्रु = बछडा/वत्स)

भावार्थ

जब मन पंचेन्द्रियों के वश में न आकर भगवद् भक्ति में अपने को स्थिर करता है और यह विश्वास करता है कि "परमात्मा स्वामी है और वह स्वयं दास है", तब वह अपने आप जाकर सहज रूप से भगवान नारायण के चरणों में स्वयं अर्पित कर देता है। यह वैसे ही है जैसे कोई बछडा गौओं के भारी झुंड में भी अपनी माँ को अनायास ढूंढ लेता है।

व्याख्या

चंचल मन को नियंत्रित कर भगवान के साथ अपने "स्वामी-दास" वाले संबंध को समझनेवाले भक्त लोगों का मन किसी और से संबंध जोड़े बिना पंचेन्द्रियों से असंग रहकर प्यार से भगवान के चरणों को पकड़ लेता है। भगवान नारायण के साथ अपने भक्ति-संबंध को समझनेवालों के लिए भगवत्प्राप्ति सुलभ एवं स्वाभाविक है।

इकतीस

इस पद में भक्त आष़्वार् वात्सल्य भाव से नृसिंहावतार लेकर राक्षस हिरण्यकशिपु से भक्त प्रह्लाद की रक्षा करनेवाले भगवान नारायण के भक्त रक्षण की गुण महिमा गाते हैं।

पुरियोरुकै पट्रियोर् पोन्नाष़ि एन्दिं
अरियुरुवुम् आळुरुवुमाहि - एरियुरुव
वण्णत्तान् मार्बिडन्द मालडियै यल्लाल् मट्रु
एण्णत्तान् आमो इमै।।

शब्दार्थ अन्वय सहित

ओरु कै पुरि एट्रि = एक कर में शंख लिये हुए
ओर् पोन् आष़ि एन्दि = दूसरे कर में स्वर्णिम चक्र उठाये हुए
अरि उरुवुम् आळ् उरुवुम् आहि = सिंह और मनुष्य का रूप (नृसिंह) लिये हुए
एरि उरुवम् वण्णत्तान् = अग्नि की तरह जलते (दहनशील) स्वरूपवाले राक्षस हिरण्यकशिपु के
मार्बु इडन्द माल् = वक्षःस्थल को जिन भगवान नारायण ने विदीर्ण किया था उनके
अडियै अल्लाल् = पादों को छोड़कर, मट्रु = किसी और के बारे में
इमै = क्षण भर के लिए भी
एण्णत्तान् आमो = (हम) सोच सकते हैं क्या?
(उत्तर है = 'नहीं')

भावार्थ

एक कर में शंख और दूसरे में चक्र धारण किये हुए भगवान नारायण ने नृसिंहावतार लेकर भक्त प्रह्लाद की रक्षा के लिए आग की तरह दहनशील राक्षस हिरण्यकशिपु के वक्षःस्थल को विदीर्ण किया था। उनके पादों को छोड़ किसी और के बारे में क्षण भर के लिए भी क्या हम सोच सकते हैं? नहीं, कदापि नहीं!

व्याख्या

इस पद में प्रयुक्त कुछ शब्दों की विशेषताः-

1. पुरि—शंख; आम तौर पर पाञ्चजन्य शंख को 'वलम्पुरि' कहा जाता है; क्योंकि वह दायीं ओर मुड़ा हुआ होता है। परन्तु यहाँ आष़्वार् ने केवल 'पुरि' कहा है; क्योंकि भगवान नारायण के हाथ का शंख 'वलम्पुरि' से भिन्न तो हो ही नहीं सकता है।
2. 'इमै' कहते हैं 'आंखों की बरौनी' को। 'इमै' शब्द से पलक झपकने के समय अर्थात् 'क्षण भर' या 'पल भर' का अर्थ भी लिया जाता है।

3. 'आमो' प्रश्नवाचक है। अर्थ है:- हो सकता है क्या?

   एण्णत्तान् आमो—सोचना भी हो सकता है अर्थात् क्या सोच भी सकते हैं?

बत्तीस

सर्वदा भगवान नारायण के चिंतन में ही लीन रहनेवाले भक्तों को श्रीवैकुंठ की प्राप्ति होगी; अर्थात् भक्तों को भगवान का आश्रय अनायास ही प्राप्त होगा, भले ही वे कर्मानुष्ठानों से विलग रहते हों। इस तथ्य को आष्वार् अपने निम्नलिखित पद में थोड़े ही शब्दों में विस्तारित करते हैं।

इमैयाद कण्णाल् इरुळ् अहल नोक्कि
अमैयाप् पोरि पुलन्कळ् ऐन्दुम् - नमैयामल्
आहत्तु अणैप्पार अणैवरे आयिरवाय्
नाहत्तणैयान् नहर।।

शब्दार्थ अन्वयसहित

इमैयाद कण्णाल् = अंतर्दृष्टि से

(इमैयाद कण्णाल् = उस आँख से जिसकी पलक नहीं झपकती; आँखों का स्वभाव है पलक झपकना; पर यहाँ उसके विपरीत पलक न झपकनेवाली आँख से अंतर्दृष्टि अर्थात् मानसिक दृष्टि या ज्ञान दृष्टि की ओर संकेत है)

इरुळ् अहल = अज्ञान का अंधकार दूर कर

नोक्कि = जो लोग भगवान नारायण के दर्शन करते हैं; परन्तु

अमैया पोरि पुलन्कळ् ऐन्दुम् = अनियंत्रित पंच इन्द्रियों तथा विषय वासनाओं पर

नमैयामल् = नियंत्रण किये बिना (जीवन-यापन करते हैं), साथ ही

आहत्तु अणैप्पार् = अपने अंतस्थल में भगवान का चिन्तन या ध्यान करते हें वे लोग

आयिर वाय् नाहत्तणैयान् नहर् = सहस्रफण आदिशेष की शय्या पर विराजमान भगवान विष्णु के पद को अर्थात् श्रीवैकुंठ को,

अणैवरे = प्राप्त करेंगे

भावार्थ

जो लोग अंतदृष्टि से अज्ञान के अंधकार को हटाकर, ज्ञान जोत जगाकर निज स्वरूप एवं परमात्म स्वरूप को देखते हैं; परन्तु पंचेन्द्रियों तथा विषय वासनाओं पर नियंत्रण नहीं करते, वरन् उनके वशीभूत हो जीवन यापन करते हैं वे लोग यदि अपने अंतस्थल में भगवान का ध्यान करते रहते हैं तो सहस्रफण आदिशेष की शय्या पर विराजमान भगवान विष्णु के आवास अर्थात् श्रीवैकुंठ को प्राप्त करेंगे।

व्याख्या

1. दृष्टि दो प्रकार की है—एक तो बाह्य दृष्टि है जो पलक के गिरने या उठने से क्रमशः बंद होती और खुलती है। दूसरी है अंतर्दृष्टि अर्थात् मानसिक दृष्टि जो कभी बंद नहीं होती; सर्वदा खुली रहती है। इसी बात की ओर मुंडकोपनिषत् का मंत्र संकेत करता है।

"न चक्षुषा गृह्यते नापि वाचा नान्यैर्देवैः तपसा कर्मणा वा।
ज्ञानप्रसादेन विशुद्धसत्वः ततस्तु तं पश्यति निष्कलं ध्यायमानः।।"

(मुंडकोपनिषत् 3-1-8)

(तात्पर्य–परमात्मा बाह्य दृष्टि से, वाक्, तपस् एवं कर्म द्वारा और दूसरे देवताओं के आराधन से भी प्राप्त नहीं होते; परन्तु भगवद् ध्यान में मग्न रहनेवालों को ज्ञानप्रसाद अर्थात् भगवदनुग्रह मात्र से प्राप्त होते हैं।)

आष़्वार् ने उपर्युक्त तत्व की ओर 'अंतर्दृष्टि' से संकेत किया है।

2. इस पद में प्रयुक्त शब्द 'इरुळ्' का वाच्यार्थ है अंधकार; परन्तु लक्ष्यार्थ है अज्ञान का अंधकार।
3. पंच इन्द्रियाँ हैं–आँख, कान, नाक, जिह्वा और त्वक् (शरीर)
   पंच इन्द्रिय वासनायें हैं–रूप, शब्द, गंध, रस और स्पर्श
   आहम् = अंतस्थल
   अणैप्पार् = वे लोग जो जोड़ते हैं
   आहत्तु अणैप्पार् = अंतस्थल से जोड़नेवाले या अंतस्थल में ध्यान करनेवाले
4. इस पद में आष़्वार् की स्थापना इस प्रकार है । ज्ञानी लोग मानसिक रूप से अपने एवं भगवान के स्वरूप के दर्शन करते हैं। परन्तु वे लोग भले ही विषय वासनाओं में लिप्त होकर कर्म, ज्ञान तथा भक्ति मार्गों के अनुष्ठानों से विलग रहें; तथापि यदि उनके अंतस्थल में निरन्तर भगवान का ध्यान रहे तो उन्हें परम पद प्राप्त होगा–भगवान नारायण मिलेंगे।

तेतीस

भगवच्चिन्तन या भगवद्ध्यान के बिना किये जानेवाले कर्मकांडों का क्या प्रयोजन है!

नगरम् अरुळ् पुरिन्दु नान्मुहर्कु पू मेल्
पहर मरै पयन्द पण्बन् - पेयरिनैये
पुन्दियाल् चिन्दियादु ओदि उरुवेण्णुम्
अन्दियाल् आम् पयन् अंगेन्।।

शब्दार्थ अन्वयसहित

पू मेल् नान्मुहर्कु नगरम् अरुळ् पुरिन्दु = नाभि कमल पर चतुर्मुख ब्रह्मा को रहने का स्थान देकर
पहर = दूसरों को सिखाने के लिए उसी ब्रह्मा को
मरै पयन्द पण्बन् = वेदों की शिक्षा प्रदान की भगवान नारायण ने
पेयरिनैये पुन्दियाल् चिन्दियादु = उनके पवित्र नामों का मनन या ध्यान किये बिना
ओदि उरु एण्णुम् अन्दियाल् = अष्टोत्तर नाम, सहस्रनाम आदि का पाठ करते हुए किये जानेवाले सन्ध्यावन्दन आदि कर्मकांडों से
अंगु एन् पयन् आम्? = क्या प्रयोजन होगा? अर्थात् कोई प्रयोजन नहीं होगा।
[पुन्दि = संस्कृत शब्द 'बुद्धि' का तमिल रूप है,
नगरम्, उरु, अन्दि, पयन् = क्रमशः संस्कृत शब्द नगर, स्वरूप, सन्ध्या तथा फल के तमिल रूप हैं।
अन्दि = सन्ध्या; यहाँ सन्ध्यावन्दन आदि बाह्य कर्मकांडों के प्रति संकेत है।]

भावार्थ

भगवान विष्णु ने अपने नाभि कमल पर चतुर्मुख ब्रह्मा को आवास दिया। उन्होंने ब्रह्मा को वेदों की शिक्षा दी ताकि वे उनकी शिक्षा दूसरों को दे सकें। उस भगवान विष्णु या नारायण के नामों का मनन या ध्यान अत्यन्त महत्वपूर्ण है। उसके बिना यदि भगवान के अष्टोत्तर, सहस्रनाम आदि का पाठ करते हुए सन्ध्यावन्दन आदि कर्मकांडों का पालन भी किया जाए तो उससे कोई लाभ नहीं होगा।

व्याख्या

यहाँ आष्वार् की स्थापना है कि मानसिक रूप से भगवान का आराधन और ध्यान किये बिना केवल अष्टोत्तर, सहस्रनाम आदि का पाठ कर सन्ध्यावन्दन आदि बाह्य कर्मकांडों का अनुष्ठान करने मात्र से भक्ति-लाभ नहीं होगा। इस संदर्भ में मध्यकालीन संत कबीरदास की निम्नलिखित उक्ति स्मरणीय है।

माला तो कर में फिरै, जीभ फिरै मुख मांहि।
मनुवां तो दसुं दिसि फिरै, यह तो सुमिरन नाहिं।।

कर्मकांडों के मूल में भगवान की मानसिक एवं आत्मिक भक्ति का होना परम आवश्यक है; केवल कर्मकांड प्रदर्शन मात्र होंगे।

चौंतीस

निम्नांकित पद में माता यशोदा के अपरिमित स्नेह का वर्णन है।

एन्नोरुवर् मेय् एन्बर् एषुलहुण्डु आलिलैयिल्
मुन्नोरुवनाय मुहिल् वण्णा! - निन्नुरुहिप्
पेय् ताय् मुलै तन्दाळ् पेन्दि इलळाल् पेरमर् कण्
आय् ताय् मुलै तन्दवारु।।

शब्दार्थ अन्वयसहित

मुहिल् वण्णा ! = हे नील मेघ श्यामल भगवान नारायण !
एषु उलहु उण्डु = सात लोकों को उदर में रखते हुए
(उण्डु = खाकर/निगलकर/उदर में रखकर)
आल् इलैयिल् ओरुवन् आय् = आपने वटपत्र पर अकेले शयन किया था।
मुन् = बहुत पहले निन् उरुहि = आपके प्रति करुण भाव से
पेय् ताय् = माँ बनकर आयी राक्षसी पूतना ने
मुलै तन्दाळ् = स्तन्य पान कराया और
पेन्दु इलळ् आल् = मरकर गिर पड़ी
पेर् अमर् कण् = उस भयंकर युद्ध भूमि में/उस भयावह संदर्भ में भी
आय् ताय् = गोप माता यशोदा
मुलै तन्द आरु = स्तन्य पान कराने लगी। इस बात को
ओरुवर् = कुछ लोग (व्यास, पराशर आदि ज्ञानी लोग)
मेय् एन्बर् = सत्य कहेंगे। एन् = यह कैसा आश्चर्य है ! (यह कैसे हो सकता है !)

भावार्थ

प्रलय काल में विनष्ट होने से बचाने के लिए सातों लोकों–भू, भुव, सुव, मह, जन, तप एवं सत्य को निगलकर अपने उदर में रखते हुए वटपत्र पर शयन करनेवाले हे भगवान नारायण! बहुत पहले आपको विषमय स्तन्य पान कराने के उद्देश्य से छल से माँ बनकर आयी राक्षसी पूतना निर्जीव हो गिर पड़ी। उस भयानक स्थिति में भी (युद्ध स्थल के रूप में विद्यमान उस भयंकर संदर्भ में भी) माता यशोदा ने आपको स्तन्यपान कराया था। इस घटना को व्यास, पराशर आदि ज्ञानी लोग सत्य कहते हैं। यह कैसे हो सकता है! यह कैसा आश्चर्य है! (भयानक वातावरण में–राक्षसी पूतना के निर्जीव हो जाने की स्थिति में माँ कैसे शांत रहकर स्तन्य पान करा सकती है। ज्ञानी लोग इस घटना को सत्य कैसे कह सकते हैं?)

व्याख्या

बालकृष्ण के प्रति माता यशोदा का वात्सल्य इतना गंभीर था कि उसे किसी भी स्थिति का भय नहीं लगा। उसे केवल अपने पुत्र के हित की चिन्ता थी। अतः स्नेहमयी माता उस चिन्ताजनक स्थिति में भी पुत्रवात्सल्य के कारण स्तन्य पान कराने लगी। कुछ लोगों को यह बात असंभव लग सकती है।

माता यशोदा ने स्तन्य पान कराया तो उसके मूल में केवल वात्सल्य भाव था; कृष्ण के हित की चिन्ता थी; स्थिति की भयंकरता की कोई आशंका नहीं थी।

पैंतीस

आऴ्वार् निम्न पद में भगवान नारायण से प्रार्थना करते हैं कि 'हे भगवान! जो लोग आपके प्रति वास्तविक भक्ति नहीं करते हैं उनको भी आप क्षमा कर दें।

आरिय अन्बिल् अडियार् तम् आर्वत्ताल्
कूरिय कुट्रमाक् कोळ्ळल् नी - तेरि
नेडियोय्! अडि अडैतर्कु अन्रे ईरैन्दु
मुडियान् पडैत्त मुरण्।।

शब्दार्थ अन्वयसहित

आरिय अन्बु इल् = विशुद्ध भक्ति रहित
अडियार् = दास लोगों ने
तम् आर्वत्ताल् = अपने आवेश में
कूरिय = जो भी कह दिया हो उसे
नी कुट्रमाक् कोळ्ळल् = आप गलत न समझें।
ईरैन्दु मुडियान् = दश शिर रावण ने
पडैत्त मुरण् = पहले आपसे जो विरोध किया था
तेरि = उसे बाद में जब वह अपने आप समझ गया तो
नेडियोय्! = हे भगवान नारायण!
अडि अडैतर्कु अन्रे = आपके पादों पर (उस रावण के) पहुँचने का वही कारण बना न!

भावार्थ

भक्त लोग कभी-कभी स्नेहातिरेक के कारण—भक्ति की पराकाष्ठा की स्थिति में कुछ गलत कह देते हैं; उसे हे भगवान! गलत न लें! दशानन रावण ने आपसे पहले जो विरोध किया था—आपके प्रति गलत व्यवहार किया था; वही तो बाद में उसके लिए आपके पादों पर पहुँचने का कारण बना!

व्याख्या

भगवान के भक्त या दास लोग कभी भले ही भगवान के प्रति कुछ गलत व्यवहार भी कर दें; फिर भी भक्तवत्सल भगवान क्षमाभूषण होने से भक्त के उस व्यवहार को दोष नहीं मानते; उलटे उसे अपने आश्रय में ले लेते हैं। भगवान नारायण की आपार कृपालुता तथा भक्तवत्सलता की ओर यहाँ आष्वार् का संकेत है।

छत्तीस

पृथ्वी पर भगवान अवतरित होते हैं—इसका कारण भक्तों तथा सामान्य लोगों को सांसारिक दुखों तथा अहंकार-ममकार से मुक्त करने का उनका कृपा भाव ही है—इस तथ्य की ओर संकेत करते हुए भक्त आष्वार् कहते हैं।

मुरणै वलि तोलैदर्काम् एन्रे मुन्नम्
धरणि तनदु आहत्ताने - इरणियनैप्
पुण् निरन्द वळ्ळुहिरार् पोन्नाषिक् कैयाल् नी
मण् इरन्दु कोण्ड वहै।।

शब्दार्थ अन्वयसहित

मुन्नम् = अतीत काल में
धरणि तनदु आहत्ताने = सारी भूमि को अपना कहकर अभिमान करनेवाले
इरणियनै = हिरण्यकशिपु को
पुण् निरन्द = चीर कर फाड़ देनेवाले
वळ् उहिर् आर् = तेज़/तीक्ष्ण नखों से युक्त
पोन् आषि कैयाल् = स्वर्णिम एवं सुन्दर चक्र धारण करनेवाले करों से
नी = आपने
मण् इरन्दु कोण्ड वहै = भूमि को दान में माँगकर प्राप्त करने की जो लीला की थी वह
(वहै = पद्धति, मार्ग, रीति; इस संदर्भ में लीला)
मुरणै वलि तोलैदर्काम् एन्रे = सांसारिक लोगों के अहंकार-ममकार को दूर करने के लिए ही तो थी!
[धरणि = भूमि/पृथ्वी = संस्कृत शब्द 'धरणी' का तमिल रूप है।]

भावार्थ

अतीत काल में सारी भूमि को अपना बना लेनेवाले अभिमानी राक्षस हिरण्यकशिपु के वक्षस्थल को आपने नृसिंहावतार लेकर तीक्ष्ण नखों से चीर-फाड़ डाला था। उन्हीं नखों से युक्त करों में आपने सुदर्शन चक्र को धारण किया है। उन्हीं करों से आपने वामनावतार में राजा बलि से सारी भूमि को दान में माँगकर प्राप्त कर लिया था।

आपकी यह लीला भक्तों एवं सामान्य मानवों को अहंकार-ममकार से मुक्त करने के लिए ही तो थी!

व्याख्या

राक्षस हिरण्यकशिपु अहंकार से सारी भूमि को अपने वश में कर समस्त लोकों पर अत्याचार कर रहा था। उसने अपने पुत्र परम भागवत प्रह्लाद को भी नहीं छोड़ा था। भगवान नारायण ने नृसिंहावतार लेकर उसके अहंकार को तोड़ा और उसका नाश किया।

राजा बलि के अत्याचार से भूमि को मुक्त करने के लिए भगवान नारायण ने वामनावतार लेकर बलि से तीन पादों की भूमि दान में माँगी और जब वह नहीं दे पाया तो उसे भगवान ने पाताल में पहुँचा दिया था।

इस प्रकार हिरण्यकशिपु एवं बलि के नाश का कारण उनका अहंकार-ममकार ही था।

इससे भगवान नारायण सामान्य मानव को इस रिपु–(अहंकार-ममकार) से बचने का संदेश देते हैं।

सैंतीस

भगवान नारायण ने पृथ्वी पर श्रीवेंकट गिरि को अपना आवास बनाया है। इसका कारण भक्तों के प्रति उनकी महती कृपा ही है।

आष्वार् की यह स्थापना इस पद में अभिव्यंजित होती है।

(37 से 40 तक के चार पदों में श्रीवेंकटगिरि की प्रशस्ति गायी गयी है।)

वहै अरु नुण् केळिव वाय्वार्हळ् नाळुम्
पुहै विळक्कुम् पूम्पुनलुम् एन्दि - दिशै दिशैयिन्
वेदियर्हळ् शेन्रु इरैञ्जुम् वेंकटमे वेण् शंखम्
ऊदिय वाय् माल् उहन्द ऊर्।।

शब्दार्थ अन्वयसहित

वहै अरु = अन्यान्य देवी-देवताओं तथा सामान्य एवं विशिष्ट फलों की विधाओं का गहन विश्लेषण करने में सक्षम

नुण् केळिव वाय्वार्हळ् = सूक्ष्म श्रवण ज्ञान से युक्त

वेदियर्हळ् = वैदिक या वेदवित् ब्राह्मण लोग

नाळुम् = प्रतिदिन

पुहै विळक्कुम् पूम्पुनलुम् एन्दि = धूप-दीपों, पुष्पों तथा जल को लिये हुए

दिशै दिशैयिल् शेन्रु = समस्त दिशाओं से जाकर

इरैञ्जुम् वेंकटमे = श्री वेंकट गिरि की पूजा करते हैं

वेण् शंखम् ऊदिय वाय् माल् उहन्द ऊर् = वही भगवान नारायण का निवास स्थल है, जिन्होंने महाभारत युद्ध में शुभ्र शंख बजाया था।

(संस्कृत शब्द 'वैदिक' का तमिल रूपांतर है 'वेदियर्हळ्'।)

भावार्थ

भगवान नारायण का प्रिय निवास स्थल है श्रीवेंकट गिरि। यही स्थल है जहाँ विभिन्न दिशाओं से प्रतिदिन वैदिक ब्राह्मण लोग, जो विभिन्न देवी-देवताओं तथा सामान्य एवं विशिष्ट फलों का विश्लेषण करने में सक्षम, बहुश्रुत ज्ञानी हैं, हाथों में धूप, दीप, पुष्प तथा पवित्र तीर्थ लिये हुए आते हैं और (श्री वेंकट गिरि का) पूजन करते हैं।

व्याख्या

भगवान नारायण अपने भक्तों पर कृपालु होकर श्रीवेंकट गिरि पर आकर विराजमान हैं। नानाविध वेद-शास्त्रों के ज्ञाता, भगवान नारायण का ध्यान करनेवाले वैदिक लोग धूप, दीप, पुष्प, तीर्थ आदि लिये हुए विभिन्न दिशाओं से प्रतिदिन यहाँ आते हैं और श्री वेंकट गिरि का पूजन करते हैं। इस प्रकार के वेदविद् ही समझ सकते हैं कि नानाविध देवी-देवताओं के बावजूद केवल भगवान नारायण ही ध्यातव्य एवं पूज्य हैं।

अड़तीस

इस पद में भक्त आष़्वार् का कहना है कि श्री वेंकट गिरि में भगवान नारायण निवास करते हैं। इस कारण उस पर्वत की महिमा है; अतः वहाँ रहनेवाले लोग, पशु एवं वस्तुएँ भी भगवत्संगति के कारण महिमामय हैं।

ऊरुम् वरियरवम् ओण् कुरवर् माल् यानै
पेर वेरिन्द पेरुमणियै - कारुडैय
मिन्नेन्रु पुट्रडैयुम् वेंकटमे मेलसुरर्
एम्मेन्नु माल दिडम्।।

शब्दार्थ अन्वयसहित

ऊरुम् = रेंगते हुए जानेवाले
'वरि अरवम् = सर्प जिनके शरीर पर रेखायें विद्यमान हैं
(अरवम् = सर्प)
ओण् कुरवर् = श्रेष्ठ जनजाति के लोगों द्वारा
माल् यानै पेर एरिन्द पेरु मणियै = बड़े बड़े हाथियों को भगाने के लिए फेंके गये बृहद् आकार के रत्नों अर्थात् मणियों को देखकर
कार् उडैय मिन् एन्रु = मेघों में विद्यमान विद्युत समझकर
पुट्ट अडैयुम् = डर के मारे वेंकट पर्वत के बिलों में प्रवेश करते हैं
मेल सुरर् एम् एन्नुम् = बड़े बड़े देवता लोग जिसे अभिमान से अपना बताते हैं
वेंकटम् मालदु इडम् = वह यही श्री वेंकट गिरि है जो तिरुमाल् याने भगवान विष्णु का दिव्य देश है
(सुरर् = संस्कृत शब्द 'सुर' का तमिल रूप है। इसका अर्थ है देवता या अमर लोग।
'मणि' संस्कृत शब्द है जिसका अर्थ है 'रत्न')

भावार्थ

वेंकट पर्वत के वनों या खेतों में प्रवेश कर जब बड़े बड़े हाथी वहाँ के उत्पादों को तहस-नहस करते हैं तब

पहाड़ी जनजाति के लोग पत्थर की जगह बड़ी बड़ी मणियों को फेंककर उन्हें भगाने की कोशिश करते हैं। वहाँ रेंगनेवाले सर्पों को हाथी मेघ की तरह और मणियाँ विद्युत की तरह लगती हैं। तब विद्युत की गर्जना अर्थात् गड़गड़ाहट की आशंका से भयभीत होकर वे सर्प पहाड़ी बिलों में प्रवेश करते हैं।

आष्वार् कहते हैं – यह वही वेंकट गिरि है जो भगवान नारायण का दिव्य देश है और इस कारण जहाँ रहने का अभिमान देवता लोग करते हैं।

व्याख्या

1. श्री वेंकट गिरि दिव्य एवे पवित्र स्थल है; क्योंकि वहाँ भगवान नारायण का आवास है। श्री वेंकट गिरि रत्नमंडित एवं वैभव युक्त है–इसीलिए पहाड़ी लोग हाथियों को भगाने के लिए शिलाओं के बजाय बड़ी बड़ी मणियों अर्थात् रत्नों का उपयोग करते हैं।
   श्याम वर्ण के बड़े बड़े हाथी मेघ की तरह प्रतीत होते हैं। उनपर फेंके जानेवाले रत्नों से, मेघ से उत्पन्न विद्युत या बिजली का आभास होता है। सर्प मेघ गर्जन से भयभीत होते हैं। रत्नों की बिजली जैसी चमक देखकर उन्हें आशंका होती है कि अब गर्जन अर्थात् गड़गड़ाहट होगी–अतः भय के मारे सर्प पर्वत के अपने बिलों में घुस जाते हैं।
2. 'माल्' शब्द के अर्थ हैं बड़ा, बृहत्, अभिमानयुक्त, विष्णु। भगवान विष्णु को 'तिरुमाल' कहा जाता है; क्योंकि वे श्रीपति हैं।
   इस पद में प्रयुक्त 'एम् एन्नुम् मालदु इडम्' के दो अर्थ लिये जा सकते हैं। एक है : ऐसा दिव्य देश जिसे बारे में अपना कहकर देवता लोग अभिमान करते हैं। दूसरा अर्थ हैः यह भगवान विष्णु का आवास स्थल है जिसे देवता लोग अपना कहते हैं।
3. इस पद में प्रयुक्त 'कुरवन्' (कुरवन् = एकवचन और कुरवर् = बहुवचन है) आदिम जाति या जनजाति का व्यक्ति होता है जो पहाड़ में स्थित वनों को संभालता है और जब हाथी आदि पशु वनों/खेतों में प्रवेश कर उत्पादों का नाश करते हैं तो उन्हें हटाने का काम करता है। इस जाति के लोग गाँवों/नगरों में जाकर लोगों का भविष्य भी बताते हैं।

उनतालीस

भक्त आष्वार् कहते हैं कि भक्तवत्सल एवं आश्रितरक्षक भगवान नारायण आत्मीय भाव से स्वयं अपने निवास स्थल के रूप में श्री वेंकट गिरि का चयन कर वहाँ निवास करते हैं।

इडन्ददु भूमि एडुत्तदु कुन्‌रम्
कडन्ददु कञ्जनै मुन् अञ्ज - किडन्ददुवुम्
नीरोद मा कडले निन्‌रदुवुम् वेंकटमे
पेरोद वण्णर् पेरिदु।।

शब्दार्थ अन्वयसहित

पेर् ओदम् वण्णर् = व्यापक समुद्र की भांति नील वर्ण के भगवान नारायण ने
मुन् = अतीत काल में
भूमि इडन्ददु = भूमि को पाताल से खोदकर निकाला। (वराहावतार में)
कुन्‌रम् एडुत्तदु = (कृष्णावतार में) गोवर्धन पर्वत को छत्र की तरह उठाया।

कञ्जनै अञ्ज कडन्ददु = कंस को भयभीत होकर नष्ट होने दिया।
ओदम् नीर् मा कडल् = तीव्रता से लहरानेवाले दुग्ध समुद्र पर
किडन्ददुवुम् = शयन करनेवाले
पेरिदु निन्रदुवुम् वेंकटमे = भगवान नारायण ने गरिमा के साथ आवास किया श्री वेंकट गिरि पर।

भावार्थ व्याख्या सहित

भगवान नारायण ने प्रलय काल में जलमग्न हुई भूमि को वराहावतार लेकर बचाया और बाहर लाये। इन्द्र के कोप से सात दिन तक हुई मूसलाधार वर्षा से वृन्दावनवासियों को, गोवर्धन गिरि को छत्र की तरह धारण कर बचाया कृष्णावतार में। कृष्णावतार के समय ही मामा कंस को भयभीत कराकर नष्ट किया। कृष्ण का नाम सुनने मात्र से कंस के पेट में आग की तरह जलन होती थी। इस बात की ओर आष्वार् आंडाळ् ने भी संकेत किया है तिरुप्पावै में–

"कञ्जन् वयिट्रिल् नेरुप्पेन निन्र" (तिरुप्पावै 5)

इन अवतारों से संसार की रक्षा करनेवाले भगवान नारायण क्षीर समुद्र पर शयन करते हैं।
इन अवतारों में कुछेक लोगों को ही कभी-कभी भगवान नारायण के दर्शनों का सौभाग्य मिलता था। परन्तु अब वे श्री वेंकट गिरि में निवास करते हैं ताकि उनके दर्शनों तथा सांनिध्य की कृपा सर्वदा सबको प्राप्त हो सके।
['वण्ण' शब्द संस्कृत के 'वर्ण' शब्द का तमिल रूप है,
'कञ्जन्' = कंस का परिवर्तित रूप है।]

चालीस

निम्न पद में श्री वेंकट गिरि की महिमा का पुनः वर्णन किया गया है।

पेरुविल् पहषिक् कुरवर् कै चेन्ती
वेरुविप् पुनन्तुरन्द वेषम् - इरु विशुम्बिल्
मीन् वीषक्कण्डु अञ्जुम् वेंकटमे मेल् असुरर्
कोन् वीषक् कण्डु उहन्दान् कुन्रु।।

शब्दार्थ अन्वयसहित

पेरु विल् = बड़े बड़े धनुष और पहषि = बाणों(को लिये हुए)
कुरवर् कै = पहाड़ी जनजाति के लोगों के करों में विद्यमान
चेन्ती = लाल अग्नि से (यहाँ आग की लपटवाली मशाल की ओर संकेत है)
वेरुवि = भयभीत होकर
पुनन्तुरन्द = वनों से हट जानेवाले वेषम् = गज
इरु विशुम्बिल् = व्यापक आकाश से
मीन् विषक्कण्डु = नक्षत्र को गिरते हुए देखकर
अञ्जुम् = डर जाते हैं (क्योंकि आकाश से गिरते हुए उज्जवल नक्षत्रों को देखकर उनको लगता है कि जनजाति के लोगों ने मशालों को उनकी ओर फेंका हो)

कुन्रु वेंकटमे = वह है श्री वेंकट गिरि (जहाँ भगवान नारायण विराजमान हैं)

मेल् = अतीत काल में (वही भगवान नारायण)

असुरर् कोन् वीष़क् कण्डु उहन्दान् = दानव राज हिरण्यकशिपु को मरकर नीचे गिरते देखकर प्रसन्न हुए (यह सोचकर कि इस प्रकार भक्त प्रह्लाद के वैरी का अंत हुआ और भक्त की रक्षा हुई)

असुरर् कोन् = असुरों का राजा; दानवराज

कुन्रु = छोटा पहाड़; पहाड़ या पहाड़ी

भावार्थ

श्री वेंकट गिरि में विराजमान आश्रितवत्सल भगवान नारायण नृसिंहावतार के समय दानवराज हिरण्यकशिपु को मरते हुए गिरते देखकर और साथ ही यह सोचकर कि दानवराज से भक्त बालक प्रह्लाद की रक्षा हुई, अतीव प्रसन्न थे। उस पर्वत में निवास करनेवाले जनजाति के लोग बाण चढ़ाये हुए धनुष हाथ में लेकर उत्पादों को नष्ट करनेवाले हाथियों से वनों की रक्षा करते हैं। साथ ही, अंधेरी रात में रास्ता साफ़ दिखे = इसलिए वे वनचारी लोग हाथों में मशाल लिये हुए हैं। उन्हें देखकर हाथी भयभीत हो भागने लगते हैं। इतने में आकाश से उज्ज्वल नक्षत्र टूटकर गिरते हैं। हाथियों को लगता है कि उनको दूर भगाने के लिए वनचारी लोग उनकी ओर मशालों को फेंक रहे हैं। इससे वे और भी भयभीत हो जाते हैं। इस प्रकार उनके लिए वनों के अन्दर भी खतरा है और बाहर भी खतरा है। वे अब कहाँ जायें? आतंकित होकर वे हाथी किंकर्तव्य विमूढ़ हो खड़े रहते हैं।

व्याख्या

आश्रित रक्षक भगवान नारायण दानवपति आततायी हिरण्यकशिपु की मृत्यु एवं भक्त प्रह्लाद की रक्षा पर प्रसन्न हैं। भविष्य में भी विरोधियों से आश्रितों की रक्षा हो–इस उद्देश्य से भगवान श्री वेंकट गिरि में विराजमान हैं।

इकतालीस

भगवान नारायण भक्तों के दोषों का नहीं, वरन् उनके सद्गुणों का ही ख्याल करते हैं। इस तथ्य की ओर आष़्वार् संकेत करते हैं।

कुन्रनैय कुट्रम् शेयिनुम् गुणङ्कोळ्ळुम्
इन्रु मुदलाह एन्नेञ्जे - एन्रुम्
पुरनुरैये आयिनुम् पोन्नाषिक्कैयान्
तिरनुरैये शिन्दित्तु इरु।।

शब्दार्थ अन्वयसहित

एन् नेञ्जे = हे मेरे मन!

इन्रु मुदलाह एन्रुम् = आज से शुरू कर सर्वदा

पुरन् उरैये आयिनुम् = (भले ही अन्तर्मन से नहीं; बल्कि) बाह्य शब्दों का प्रयोग करते हुए भी

पोन् आषि कैयान् तिरन् उरैये = स्वर्णिम सुदर्शन चक्रधारी भगवान नारायण से संबंधित बातों पर ही

शिन्दित्तु इरु = ध्यान देते रहो।
ऐसा करने से भगवान नारायण
कुन्रु अनैय कुट्रम् शेयिनुम् = पहाड़ की तरह बड़े बड़े पाप कर्म
करने पर भी
गुणम् कोळ्ळुम् = उन्हें गुणों के रूप में ही ग्रहण करेंगे।

भावार्थ

आऴ्वार् अपने मन से कहते हैं कि रे मन! तुम बनावटी शब्दों से ही सही, सुदर्शन चक्रधारी भगवान नारायण से संबंधित बातों पर ही ध्यान देते रहो। क्योंकि ऐसा करने से भगवान नारायण बड़े बड़े पाप कर्म करने पर भी उन पर विचार नहीं करेंगे; वरन् उन्हें भी गुणों के रूप में ग्रहण करेंगे।

व्याख्या

यदि कोई बनावटी शब्दों से भगवान के बारे में बातें करेंगे तो उनका अच्छा परिणाम कैसे निकलेगा! आऴ्वार् का मानना है कि शब्द भले ही बनावटी हों; परन्तु बातें तो भगवान के बारे में ही हैं न! अतः भगवान ऐसे लोगों के पाप कर्मों को भी गुणों के रूप में ही स्वीकार करेंगे।

आऴ्वार् का यह पद भगवान नारायण की अतिशय आश्रितवत्सलता की ओर संकेत करता है।

बयालीस

भगवान नारायण अपनी तीनों देवियों–श्रीदेवी, भूदेवी, देवी नप्पिन्नै अथवा नीळा देवी से समान रूप से स्नेह करते हैं। तीनों देवियाँ उनके लिए प्रिय हैं–तीनों से उनका आत्मिक संबंध है। ऐसी अतिशय स्नेह–भरित स्थिति में भगवान नारायण अपने भक्तों के प्रति अपार स्नेही होकर उनके दुर्गुणों को भी सद्गुणों के रूप में स्वीकार करते हैं। आऴ्वार् का इस आशय का पद देखिए -

तिरुमहळुम् मणमहळुम् आय्महळुम् शेन्दाल्
तिरुमहट्के तीर्न्दवारेन् कोल् तिरुमहळ् मेल्
पालोदम् शिन्दप् पडनाहणैक् किडन्द
मालोद वण्णर् मनम्।।

शब्दार्थ अन्वयसहित

पाल् ओदम् शिन्द = दुग्ध समुद्र में से छोटी छोटी बूंदें
उछलकर (भगवान नारायण के शरीर को आनन्दित करती हैं।)
पडम् नाहणै किडन्द = सहस्रफणवाले आदिशेष की शय्या पर विराजमान
माल् ओदम् वण्णर् = समुद्रवत् नील वर्ण के भगवान नारायण का
तिरुमहळ् मेल् मनम् = श्री अर्थात् लक्ष्मी देवी पर मुग्ध हुआ मन
तिरुमहळुम्, मणमहळुम्, आय्महळुम् शेन्दाल् = श्री देवी, भूदेवी और नप्पिन्नै अथवा नीळा देवी के साथ समन्वित रूप से मिलने के बावजूद
तिरुमहट्के तीर्न्द आरु एन् कोल्! = लक्ष्मी देवी में ही संपूर्णता प्राप्त करता है–यह कैसे!

भावार्थ

भगवान नारायण दुग्ध समुद्र में आदिशेष की शय्या पर विराजमान हैं। दुग्ध समुद्र से उछलकर निकली बूँदें उनके शरीर को स्पर्श कर उन्हें आनन्दित करती हैं। भगवान नारायण तीनों देवियों—श्रीदेवी, भूदेवी तथा नप्पिन्नै अर्थात् नीळा देवी से घिरे हुए हैं। तीनों के प्रति उनका अपार स्नेह है। फिर भी आश्चर्य है कि वे श्रीदेवी में ही स्नेह की संपूर्णता को देखते हैं। यह कैसे!

व्याख्या

1. देवियों के साथ भगवान नारायण के स्नेह संबंध के आऴ्वार् के वर्णन में भौतिक शारीरिक संबंध की परिकल्पना नहीं की जानी चाहिये। वरन् भगवान नारायण परब्रह्म हैं। उनकी तीनों देवियाँ, तीनों लोकों अर्थात्—ब्रह्माण्ड यानी समस्त सृष्टि की प्रतीक हैं। परब्रह्म एवं जीवों का संबंध उनकी एकात्मता-समेकित स्थिति का निदर्शन है। ब्रह्म एक है—अनेकत्व का प्रतीक है—यह वेदान्त दर्शन आऴ्वार् के पद के मूल में द्रष्टव्य है।
2. जैसे उत्तर में कृष्ण के साथ राधा का नाम जोड़ा जाता है वैसे ही तमिल प्रदेश में देवी 'नप्पिन्नै' का नाम जोड़ा जाता है। दक्षिण के गोप समाज अर्थात् 'आयर्' कुल की कन्या 'नप्पिन्नै' अर्थात् कनिष्ठा देवी कृष्ण की अनन्य प्रियतमा है। लक्ष्मी तथा भूदेवी यदि भगवान नारायण की ज्येष्ठा और मध्यमा देवियों के रूप में स्वीकृत हैं तो कनिष्ठा (नरु + पिन्नै = नप्पिन्नै = श्रेष्ठ पश्चाद्वर्ती देवी) के रूप में 'नप्पिन्नै' तमिल परम्परा में प्राचीनतम काल से स्वीकृत हैं (जो संस्कृत में 'नीळा देवी' के नाम से अभिहित हैं।

तैंतालीस

परब्रह्म अर्थात् भगवान नारायण की उपासना से होनेवाला सत्परिणाम क्या है? भक्त आऴ्वार् कहते हैं

मनमाशु तीरुम् अरु विनैयुम् शारा
धनमाय ताने कैकूडुम - पुनमेय
पून्तुषायान् अडिक्के पोदोड्डु नीर् एन्दि
ताम् तोषानिर्पार् तमर्।।

शब्दार्थ अन्वयसहित

तमर् = भक्त लोग (आत्मीय लोग)
पुनम् मेय पूम् तुषायान् = विकसित पुष्पों की माला से अलंकृत भगवान नारायण के
अडिक्के = पादों में
(पोदु + ओड्डु) पोदोड्डु नीर् एन्दि = पुष्प एवं पवित्र तीर्थ लेकर
ताम् तोषानिर्पार् = स्वयं पूजा करते हैं।
मनम् माशु तीरुम् = तब उनके मन का कलंक—अंतर का अज्ञान दूर होगा;
अरु विनैयुम् शारा- कोई पाप उनके निकट नहीं आयेगा;
धनमाय ताने कैकूडुम् = उन्हें भक्ति की संपत्ति अपने आप प्राप्त होगी।
[मनम् = (मन/अंतस्थल)
धनम् = (धन, संपत्ति) = ये दोनों संस्कृत शब्द हैं।]

भावार्थ

भक्त लोग पुष्प एवं पवित्र तीर्थ लेकर भगवान नारायण के पादों में पूजा करते हैं; इससे उनके तमाम मानसिक दोष दूर हो जाते हैं; अज्ञान मिट जाता है; कोई पाप उनके निकट नहीं आ सकता और भक्ति-संपत्ति अपने आप उन्हें प्राप्त होती है।

व्याख्या

1. पूजा–अर्चन का फल क्या है? भगवान नारायण के पाद-सेवन का परिणाम क्या है? इसका संक्षिप्त उत्तर आष़्वार ने इस पद में दिया है।
2. कली, पुष्प–दोनों को तमिल में 'पोदु' कहा जाता है। 'तमर्' के अर्थ हैं सगे-संबंधी, आत्मीय लोग और श्रेष्ठ लोग–इससे 'भक्त' का भी अर्थ लिया जाता है।

चवालीस

प्रपन्न भक्तों के संदर्भ में भगवान नारायण के अर्चावतार-वैशिष्ट्य का गुण-गान करते हैं आष़्वार् निम्न पद में।

तमरुहन्द देव्वुरुव मव्वुरुवम् ताने
तमरुहन्द देप्पेर् मट्रप्पेर् - तमरुहन्दु
एव्वण्णम् शिन्दित् तिमैया दिरुप्परे
अव्वण्ण माषियान् आम्।।

शब्दार्थ अन्वयसहित

आषियान् - चक्रपाणि भगवान नारायण
तमर् उहन्ददु एव्वुरुवम् = भक्तों ने जो रूप चाहा
अव्वुरुवम् ताने आम् = स्वयं उस रूप को स्वीकार करेंगे
मट्रु = अलावा इसके
तमर् एप्पेर् अहन्ददु = भक्तों ने भगवान का जो नाम पसंद किया
अप्पेर् आम् = वही नाम भगवान अपनायेंगे
तमर् उहन्दु = भक्त लोग अपनी पसन्द के अनुसार
एव्वण्णम् शिन्दित्तु इमैयादु इरुप्परे = जिस प्रकार विचार कर
निरन्तर ध्यानमग्न रहेंगे।
अव्वण्णम् आम् = उसी प्रकार के, वे बनेंगे।

भावार्थ

सुदर्शन चक्रधारी भगवान नारायण वही रूप स्वीकार करेंगे जो भक्त पसंद करते हैं; जो नाम भक्तों के लिए प्रिय है वही नाम भगवान अपनायेंगे और जिस प्रकार से भगवान के गुणों, लीलाओं आदि का विचार कर भक्त निरन्तर ध्यानमग्न रहेंगे उसी प्रकार के, भगवान बनेंगे।

व्याख्या

भक्तों की भक्ति के दास भगवान नारायण वही रूप धारण करते हैं, वही नाम लेते हैं और उन्हीं गुणों, लीलाओं आदि के अनुरूप बनते हैं जो भक्त पसन्द करते हैं। यहाँ भगवद् गीता का श्लोक स्मरणीय है जिसमें भगवान कृष्ण कहते हैं—"भक्त जिस प्रकार से भी मुझे पाने का या मुझ तक पहुँचने का प्रयास करते हैं उसी प्रकार से मैं उनको मिलता हूँ। नाम-रूप-क्रिया का कोई प्रतिबंध नहीं है। मेरा जो नाम, जो रूप एवं जो विधायें भक्तों को पसन्द हैं उन्हींको मैं स्वीकार करूंगा। उसी पथ पर मैं उनसे मिलूंगा जिस पथ पर चलकर वे मुझे पाना चाहते हैं।"

ये यथा मां प्रपद्यन्ते तान् तथैव भजाम्यहम्।

(भगवद् गीता 4-11)

भगवान नारायण के लिए वही रूप, नाम एवं प्रकार स्पृहणीय हैं जो भक्तों के लिए स्पृहणीय हैं।

पैंतालीस

भगवान नारायण के गुण-वैशिष्ट्य ब्रह्मादि देवताओं के लिए भी अज्ञेय हैं। फिर हम जैसे सामान्य मानव उन्हें कैसे समझ सकते हैं? यहाँ आष्वार् के कथन का दूसरा अर्थ भी लिया जा सकता है; वह है—देवताओं के लिए अज्ञेय भगवद् गुण हम भक्त लोगों के लिए सुलभ एवं ज्ञेय हैं।

आमे अमरर् करिय अदु निर्क
नामे अरिहिर्पोम् नन्नेञ्जे - पू मेय
मातवत्तोन् ताळ् पणिन्द वाळरक्कन् नीण् मुडियै
पादमत्ताल् एण्णिनान् पण्बु।।

शब्दार्थ अन्वयसहित

नन्नेञ्जे! = हे श्रेष्ठ मन! (संधि के कारण 'नल् नेञ्जे' = बनता है 'नन्नेञ्जे')
पू मेय मातवत्तोन् ताळ् पणिन्द = (भगवान विष्णु के) नाभि कमल
में निवास करनेवाले श्रेष्ठ तपस्वी ब्रह्मा के पादों में झुके हुए
वाळ् अरक्कन = खड्गधारी राक्षस रावण के
नीळ् मुडियै = दस सिरों को (शब्दार्थ है = दीर्घ सिरों को)
[संधि के कारण बनता है 'नीण् मुडियै']
पादम् अत्ताल् = पादों से
एण्णिनान् पण्बु = गिनकर दिखानेवाले भगवान नारायण के गुण-वैथिष्ट्य को
(पण्बु = गुण, विशिष्ट गुण, वैशिष्ट्य)
अमरर्कु अरिय आमे = क्या देवता भी समझ सकते हैं?
अदु निर्क = (वे समझ नहीं सकते हैं) यह बात रहने दो
नामे अरिहिर्पोम् = हमीं समझ सकते हैं (अथवा-हम कैसे समझ
सकते हैं!)

भावार्थ

रे मन! पद्मनाभ ब्रह्मा के पादों में झुककर जब दशानन रावण ने वर की प्रार्थना की तो भगवान विष्णु ने अपने पादों से उसके दस सिरों को गिनकर ब्रह्मा को दिखाया। भगवान के इस गुण वैशिष्ट्य को देवता लोग भी जब समझ नहीं सकते हैं तो हम सामान्य मानव कैसे समझ सकते हैं?

इसका दूसरा अर्थ इस प्रकार भी लिया जा सकता है–देवताओं के लिए भगवान के गुण–वैशिष्ट्य को समझना जहाँ सुलभ नहीं है वहां हम भक्तों के लिए सहज एवं सुलभ है।

व्याख्या

1. इस पद में आष्वार् द्वारा संकेतित कथा इस प्रकार है। दशानन रावण ने ब्रह्मा को प्रसन्न करने के लिए भारी तपस्या की। तपस्या के अंत में रावण ने अपने दस सिरों को छिपाकर छल से चतुर्मुख ब्रह्मा के पादों पर गिरकर एक वर की प्रार्थना की। वह वर था- मनुष्य को छोड़ किसी और के हाथों उसकी मृत्यु न हो। भगवान विष्णु उस समय एक शिशु का रूप लेकर ब्रह्मा की गोद में बैठे और अपने नन्हे-नन्हे पादों से रावण के दस सिरों की ओर संकेत करते हुए इशारे से यह बताया कि मनुष्य के रूप में अवतार (रामावतार) लेकर इसके दस सिरों को मैं विच्छिन्न करनेवाला हूँ। अतः सोचकर वर प्रदान करना।

यह कथा पुराणों में नहीं; परन्तु आष्वारों की रचनाओं में ही उपलब्ध है।
'मूऩ्राम् तिरुवन्तादि' (पद 77) में पेयाष्वार् ने और 'नान्मुखन् तिरुवन्तादि (पद 44) में तिरुमषिशै आष्वार् ने भी इस कथा का उल्लेख किया है।

2. कुछ विशेष प्रयोग :–

पू मेय = भगवान विष्णु के नाभिकमल से उत्पन्न ब्रह्मा
पू = पुष्प   मेय = निवास करनेवाला
मातवत्तोन् = श्रेष्ठ तपस्या करनेवाला (ब्रह्मा)
मा = श्रेष्ठ   तवम् = संस्कृत शब्द 'तप' का तमिल रूप
तवत्तोन = तप करनेवाला; तपस्वी
'अरक्कन्' = संस्कृत शब्द 'राक्षस' का तमिल रूप

छियालीस

भगवान विष्णु ने शिवजी को भी ब्रह्महत्या के पाप से विमुक्त किया था। भगवान विष्णु की उस गौरव-गाथा को देखिये आष्वार् के निम्न पद में।

पण् पुरिन्द नान् मरैयोन् शेन्निप् पलि एट्र
वेण् पुरि नूल् मार्बन् विनै तीर - पुण् पुरिन्द
आहत्तान् ताळ् पणिवार् कण्डीर् अमरर् तम्
भोगत्ताल्   भूमियाळ्वार्।।

शब्दार्थ अन्वयसहित

पण् पुरिन्द नान् मरैयन् = स्वरसहित चतुर्वेदों का पाठ करनेवाले चतुर्मुख ब्रह्मा के
शेन्नि = सिर या कपाल में

पलि एट्र = भिक्षायाचन करनेवाले, और
वेण् पुरि नूल् मार्बन् = शुभ्र यज्ञोपवीत को वक्षस्थल पर धारण करनेवाले शिवजी को
विनै तीर = ब्रह्महत्या पाप से मुक्त करने के लिए
पुण् पुरिन्द आहत्तान् = अपने वक्षस्थल को चीरनेवाले भगवान नारायण के
ताळ् पणिवार् कण्डीर् = पादों पर अर्पित होनेवाले भक्त
अमरर् तम् भोगत्ताल् = देवताओं के भोग के साथ साथ
भूमि आळ्वार् = इहलोक पर भी शासन करेंगे
[भोगम्, भूमि = ये दोनों संस्कृत शब्द हैं]

भावार्थ

ऋक्, यजुस्, साम तथा अथर्व–इन चारों वेदों का पाठ करनेवाले चतुरानन ब्रह्मा का एक सिर रुद्र के बायें अंगूठे के नख के कोर से विक्षत हो कट गया था। (अतः ब्रह्मा ने रुद्र को शाप दिया–बिना किसी अपराध के तूने मेरा सिर काट दिया; अतः तू कपाली बनकर उसी सिर का कपाल लिये हुए भिक्षा मांगता हुआ घूमता रहेगा।) ब्रह्महत्या-पाप के फलस्वरूप रुद्र ब्रह्मा के उसी कपाल में भिक्षायाचन करते रहे। शुभ्र यज्ञोपवीतधारी रुद्र को शापमुक्त करने के लिये भगवान नारायण ने अपना ही वक्षस्थल चीरकर अपने रक्त से कपाल को भर दिया था। उस कृपालु परमात्मा के पादों में जो अपने को अर्पित करते हैं उन्हें अमरों के भोगस्थल के साथ भूमि सुख भी प्राप्त होगा। वे देवलोक ही नहीं; भूमि पर भी शासन करेंगे; अर्थात् परम भागवत भक्तों को इह-पर सुख प्राप्त होंगे।

व्याख्या

यहाँ मत्स्य पुराण की कथा का विवरण दिया गया है।

"देवीं प्रति रुद्र : **ततः क्रोधपरीतेन संरक्तनयनेन च।**
वामांगुष्ठ नखाग्रेण छिन्नं तस्य शिरो मया।।
ब्रह्मा : **यस्मादनपराधस्य शिरश्छिन्नं त्वया मम।**
तस्माच्चाप समाविष्टः कपाली त्वं भविष्यसि।।
रुद्र : **ब्रह्महाकुलितो भूत्वा चरन् तीर्थानि भूतले।**
ततोऽहं गतवान् देवि! हिमवन्तं शिलोच्चयम्।
तत्र नारायणः श्रीमान् मया भिक्षां प्रयाचितः
ततस्तेन स्वकं पार्श्वं नखाग्रेण विदारितम्।
महती, स्त्रवती धारा तस्य रक्तस्य निस्सृता।
विष्णुप्रसादात् सुश्रोणि! कपालं तत्सहस्त्रधा।
स्फुटितं बहुधा यातं स्वप्नलब्धं धनं यथा।

–(मत्स्यपुराण-182)

(रुद्र ने देवी से कहा, "मैं क्रोधाविष्ट था और मेरी आंखें लाल थीं। उस स्थिति में मेरे बायें हाथ के अंगूठे के नखाग्र से चतुर्मुख ब्रह्मा का सिर कट गया था। तब ब्रह्मा ने मुझे शाप दिया कि निरपराध मेरा सिर तूने काटा। अतः तू मेरे ही सिर का कपाल भिक्षापात्र के रूप में हाथ में लिये हुए भिक्षा याचन करता हुआ घूमता रहेगा। ब्रह्महत्या–पाप से आकुल होकर जब मैं घूमता हुआ हिमाचल में पहुँचा और भगवान नारायण के पास

जाकर भिक्षा मांगी तब भगवान नारायण ने कृपापूर्वक अपने ही वक्षस्थल का एक लघु भाग अपने नखाग्र से चीर लिया और अपनी ही रक्तधारा से मेरा भिक्षापात्र (कपाल) भर दिया। तब मेरे हाथ का कपाल हज़ारों टुकड़ों में टूटकर गिरा जैसे स्वप्न में पाये हुए धन की हालत जागृत स्थिति में होती है।) यह कथा वामन पुराण के अध्याय 3 में भी द्रष्टव्य है।

चतुरानन ब्रह्मा रुद्र के भी जनक थे। चारों वेदों के ज्ञाता हैं ब्रह्मा। वेदपाठी ब्राह्मणोत्तम के वध से ब्रह्महत्या का पाप लगता है। पिता का वध तो और बड़ा पाप है। इतना बड़ा पाप करने के बावजूद रुद्र पर भगवान नारायण ने कृपा की और अपने ही शरीर को कष्ट पहुँचाकर रुद्र को शापमुक्त किया।

ऐसे कृपालु, भक्तवत्सल एवं आश्रितरक्षक भगवान नारायण के पादों का आश्रय लेनेवाले भक्तों को इहलोक तथा परलोक का तमाम सुख प्राप्त होगा—यह भक्त आष्वार् की स्थापना है।

सैतालीस

निम्न पद में आष्वार् का कहना है कि पंचेन्द्रियों को नियंत्रित करनेवाले ज्ञानियों को भगवान नारायण के पादों में आश्रय प्राप्त होगा। वे भगवान नारायण की कृपा के पात्र होंगे; यह निश्चित है।

वारि शुरुक्कि मदक् कळिर् ऐन्दिनैयुम्
शेरि तिरियामल् शेन्निरीइ - कूरिय
मेय् ज्ञानत्ताल् उणर्वार् काण्बरे मेलोरु नाळ्
कैन्नाहम् कात्तान् कष़ल्।।

शब्दार्थ अन्वयसहित

मदम् कळिरु ऐन्दिनैयुम् = मत्त गजों की तरह विद्यमान पंचेन्द्रियों को
वारि शुरुक्कि = विषयवासना रूपी मद जल कम करके
शेरि तिरियामल् शेम् निरीइ = शब्द स्पर्शादि वीथियों पर घूमने न देकर भली भांति स्थिर करके
कूरिय मेय् ज्ञानत्ताल उणर्वार् = सूक्ष्म सत्यज्ञान द्वारा भगवान को समझनेवाले भक्त लोग
कष़ल् काण्बर = उन भगवान के पादों के दर्शन करेंगे
मेल् ओरु नाळ् कै नाहम् कात्तान् = जिन्होंने प्राचीन काल में गजेन्द्र की रक्षा की थी।

भावार्थ

मत्त गजों की तरह विद्यमान पंचेन्द्रियों (आंख, कान, नाक, जिह्वा एवं त्वक्) पर काबू पाकर उन्हें शब्द, स्पर्श, रूप, रस, गंध आदि विषय वासनाओं के पथ पर घूमने न देकर जो लोग सत्यज्ञान के द्वारा भगवान नारायण का ध्यान करते हैं, उन्हें भगवान की प्राप्ति सुलभ होगी।
[वारि = जल; मदम् = मस्ती; ज्ञानम् = ज्ञान—ये तीनों संस्कृत शब्द हैं]

व्याख्या

1. वारि शुरुक्कि = मदजल कम करके (यहाँ मदजल से विषय वासनाओं की ओर संकेत है।)
मदमत्त हाथी को कैसे नियंत्रित किया जा सकता है? यह माना जाता है कि हाथी जो पानी पीते हैं उसकी मात्रा को कम कर देना चाहिए। यदि हाथी को अत्यधिक मात्रा में कई दिन पानी पिलाया जाए तो उसमें मद बढ़

जाता है और तब उससे मनुष्य, वस्तु आदि को अपार हानि पहुँचती है। अतः उसे नियंत्रित करने के लिए अर्थात् उसे मस्त होने से रोकने के लिए धीरे धीरे कम मात्रा में उसे पानी पिलाया जाना चाहिए।

यहाँ पंचेन्द्रियों की तुलना मस्त हाथियों से की गयी है। पंचेन्द्रियों को वश में कर विषय वासनाओं से दूर रखना चाहिए। यदि उन्हें अनियंत्रित छोड़ दिया जाए तो मदमत्त हाथियों की तरह वे इन्द्रियां मनुष्य के जीवन को तहस नहस कर डालेंगी। अतः मनुष्य को सत्य का ज्ञान प्राप्त करना होना चाहिए। जैसे गीता में कहा गया है–

"विषया विनिवर्तन्ते निराहारस्य देहिनः।
रसवर्जं रसोऽप्यस्य परं दृष्ट्वा निवर्तते।।

(गीता 2-59)

(विषय वस्तुएं उन लोगों से दूर हो जाती हैं जो उनकी वासनाओं से दूर रहते हैं। फिर भी यदि ऐसे लोगों में थोड़ी भी वासना बची हो तो वह भी उन लोगों से कोसों दूर भाग जाएगी जो परम तत्व या ब्रह्म का वास्तविक ज्ञान प्राप्त करते हैं।)

अर्थात् विषय वासनाओं से दूर और उनके किंचित् प्रभाव से भी मुक्त रहनेवाले आत्मज्ञानी या भक्त को भगवत्प्राप्ति होगी। इसी तथ्य को उक्त पद में आष़्वार् 'मेय् ज्ञानम्' (सत्य ज्ञान) से अभिहित करते हैं। यही आत्मदर्शन की व्याख्या है। यह आत्मदर्शन होगा कैसे! इसके बारे में भी गीताचार्य भगवान कृष्ण का कहना है–'फलसंग के बिना कर्म किया जाए। इससे मन स्वच्छ होगा और उसी मन में भक्ति का उदय होगा। इस भक्ति से परमात्मज्ञान संभव होगा, तभी भगवत्प्राप्ति होगी।'

"भक्त्या मामभिजानाति यावान् यश्चास्मि तत्वतः।
ततो मां तत्वतो ज्ञात्वा विशते तदनंतरम्।।"

(गीता- 18-55)

2. यहाँ आष़्वार् यह भी स्थापित करते हैं कि भक्त गजेन्द्र ने भगवान नारायण का स्मरण किया तो तत्काल भगवान ने मकरग्रास से उसकी रक्षा की–भक्त के वैरी का नाश कर भक्त का रक्षण करना भगवान की लीला है। उसी प्रकार विषय वासनाओं से ग्रस्त इन्द्रियों को नष्ट करनेवाले आत्मज्ञानी भक्तों की रक्षा भगवान नारायण करेंगे।

अड़तालीस

भक्त आष़्वार् अपने मन से कहते हैं कि रे मन! भक्तवत्सल भगवान नारायण अपने भक्तों के प्रति अत्यंत कृपालु हैं, अतः उन्हें पाने के लिए तुम्हें कहीं जाने की आवश्यकता नहीं है। वे स्वयं भक्त को पाने के लिए उसके पास जाते हैं; अतः तुम आनन्द से भगवद् विषय में स्वयं को लीन कर दो।

कष़ल् ओन्रेडुत्तु ओरु कै शुट्रि ओर् कै मेल्
शुष़ळुम् सुरासुरर्कळ् अञ्ज - अष़लुम्
शेरुवाष़ि एन्दिनान् शेवडिक्के शेल्ल
मरुवाष़ि नेञ्जे महिष़्न्दु।।

शब्दार्थ अन्वयसहित

आषि़ नेञ्जे! = हे सागर की भांति गंभीर मन!
कष़ल् ओन्रु एडुत्तु = एक पाद उठाकर (वामनावतार में एक पाद से सारी भूमि को नाप डाला था; उसकी ओर यहाँ संकेत है।)
[कष़ल् = पाद; नूपुर]
ओरु कै शुट्रि = एक हाथ से घुमाकर (भगवान ने नमुचि नामक असुर को एक हाथ से पकड़कर आकाश में घुमाकर फेंक दिया था और इस प्रकार उसका नाश किया था–यहाँ इस कथा की ओर संकेत है।)
शुष़लुम् सुरासुरर्कळ् अञ्ज = चिन्ताग्रस्त देवासुरों में भय उत्पन्न करते हुए
ओर् कै मेल् = दूसरे हाथ में
अष़लुम् शेरु आषि़ एन्दिनान् = वार करनेवाले उज्ज्वल सुदर्शन चक्र को धारण करनेवाले भगवान नारायण के
शे अडिक्के शेल्ल = सुन्दर पादों में पहुँचकर
महिष़्न्दु मरुवु = प्रसन्नतापूर्वक उन्हीं पादों का ध्यान करो।
[सुरासुर = सुर, असुर = देव = दानव = संस्कृत शब्द हैं।]

भावार्थ

हे गंभीर मन! भगवान नारायण ने वामनावतार में एक पाद से सारे ब्रह्माण्ड को नाप डाला था। एक हाथ से उन्होंने नमुचि नाम के असुर को उठाकर पटक दिया था। वे दूसरे हाथ में उज्ज्वल सुदर्शन चक्र लिये हुए हैं जिसे देखकर देवता एवं दानव चिन्ताकुल तथा भयभीत हैं। उन भगवान नारायण के सुन्दर पादों का प्रसन्नतापूर्वक ध्यान करो।

व्याख्या

राक्षस नमुचि की सामान्य कथा इस प्रकार है।
जब इन्द्र ने समस्त असुरों पर विजय पायी तब एक ही असुर नमुचि था जिसने इन्द्र का सामना किया और उसे अपने कब्जे में ले लिया। बाद में वह इस शर्त पर इन्द्र को मुक्त करने के लिए प्रस्तुत हुआ कि वह उसे यह वर प्रदान करे कि नमुचि का वध वह न दिन में करेगा, न रात में, और न गीले स्थान पर करेगा, न शुष्क स्थल पर ही। इन्द्र ने वर दिया तो उसने उसे मुक्त कर दिया। परन्तु इन्द्र ने मध्यान्ह वेला में पानी के फेन से नमुचि का सिर काट डाला। (पानी का फेन न गीला होता है और न शुष्क ही।) (महाभारत–आदिपर्व; अध्याय 65)
परन्तु आष़्वार् ने दूसरे प्रकार से नमुचि के वध की कथा प्रस्तुत की है। असुर नमुचि को भगवान नारायण ने एक हाथ से पकड़कर आकाश में घुमाया और पृथ्वी पर पटककर मार डाला। इसी कथा को हम पेरियाष़्वार् के 'तिरुमोषि़' (1-8-8) की इन पंक्तियों में देखते हैं–
"एन्निदु मायम्!...मंन्नु नमुचियै वानिर् शुष़ट्रिय मिन्नु मुडियने।"
नमुचि की कथा पद्मपुराण में भी उपलब्ध है।

उनचास

आष्वार् की स्थापना है कि भगवान नारायण के दर्शन उन्हीं के लिए सुलभ हैं जो भव जीवन से विमुक्त होकर भगवदनुरक्ति में लीन रहते हैं और भगवान को पाने के लिए प्रयासशील हैं।

महिष् अलहु ओन्रे पोल् मारुम् पल् याक्कै
नेहिष़ मुयल्हिर्पार्कु अल्लाल् - मुहिष्विरिन्द
शोदि पोल् तोन्रुम् शुडर् पोन् नेडु मुडि एम्
आदि काण्बार्कुम् अरिदु।।

शब्दार्थ अन्वयसहित

महिष़ अलहु ओन्रे पोल् = वराटक बीज की तरह
जो गिनती में न्यूनतम, अधिकतम, दोनों प्रकार की संख्याओं
के संगणन के लिए प्रयुक्त होता है
मारुम् पल् याक्कै = अलग अलग प्रकार से बदलनेवाले नानाविध शरीरों से
नेहिष़ मुयल्हिर्पार्कु अल्लाल् = विमुक्त होने का प्रयास करनेवालों को छोड़
आर्कुम् = अन्यों के लिए
मुहिष़ विरिन्द शोदि पोल् तोन्रुम् = उज्ज्वल ज्योति के समान द्युतिमान
शुडर् पोन् नेडु मुडि = स्वर्णिम किरीटधारी, एवं
एम् आदि काण्बु = हम सबके आदि कारण भगवान नारायण के दर्शन
अरिदु = दुर्लभ हैं
[शोदि = संस्कृत शब्द 'ज्योति' का तमिल रूप है।]

भावार्थ

प्राचीन काल में गणित विशेषज्ञ न्यूनतम एवं अधिकतम संख्याओं की गिनती करने के लिए एक ही वराटक बीज का प्रयोग करते थे। इसी प्रकार भगवत्संकल्प एवं कर्म वैविध्य के अनुसार सांसारिकों का एक ही शरीर कभी चींटी आदि लघु जीवों के रूप में और कभी नानाविध स्थावर-जंगमों, देवताओं आदि के रूप में बदलता रहता है। इस परिवर्तनशील शरीर के बंधन से मुक्त होने के लिए जो लोग ज्ञान, भक्ति, वैराग्य आदि के पथ पर चलने का प्रयास करते हैं उनके लिए ही उज्ज्वल किरीटधारी और हम सबके आदिकारण भगवान नारायण के दर्शन सुलभ और अन्यों के लिए दुर्लभ ही होंगे।

व्याख्या

इस पद की अंतिम पंक्ति "एम् आदि काण्बार्कुम् अरिदु" के दो अर्थ लिये जा सकते हैं,
एक अर्थ इस प्रकार है—हम सबके आदि कारण भगवान नारायण के दर्शन (काण्बु) अन्य लोगों के लिए (आर्कुम्) कठिन (अरिदु) हैं।
दूसरा अर्थ इस प्रकार है :- काण्बार्कुम् = दर्शनों की केवल इच्छा करनेवालों के लिए (जो प्रयास नहीं करते हैं।)
एम् आदि अरिदु = हम सबके आदि कारण भगवान दुर्लभ होंगे।

पचास

निम्न पद में आष्वार् का कहना है कि पंचेन्द्रियों को नियंत्रित कर भगवान नारायण की आराधना करने पर वे सुलभ होंगे।

अरिय पुलन् ऐन्दडक्कि आय् मलर् कोण्डु आर्वम्
पुरिय परिशिनाल् पुल्हिल् - पेरियनाय्
माट्रादु वीट्रिरुन्द मावलियाल् वण्कै नीर्
एट्रानैक् काण्बदु एळिदु।।

शब्दार्थ अन्वयसहित

अरिय = अनियंत्रित; पुलन् ऐन्दु = पंचेन्द्रियों को
अडक्कि = नियंत्रित कर
आय् मलर् कोण्डु = चुन चुनकर पुष्पों को लेकर
आर्वम् पुरिय परिशिनाल् = अतिशय स्नेह के साथ
पुल्हिल् = यदि पूजा या आराधना की जाय तो
पेरियनाय् माट्रादु वीट्रिरुन्द = धन और दान, दोनों में सर्वश्रेष्ठ होकर बिना किसी परिवर्तन के विद्यमान
मावलियाल् = राजा महा बलि से
वण्कै नीर् एट्रानैक् काण्बदु = उदार हाथों में दान नीर लेकर अखिल ब्रह्माण्ड को दान में लेनेवाले के दर्शन पाना
एळिदु = सुलभ होगा।

भावार्थ

पंचेन्द्रियों पर काबू पाना दुष्कर है। इस दुष्कर कार्य को संपन्न कर—पंचेन्द्रियों को नियंत्रित कर जो लोग भक्ति—गद्‌गद् हो भगवान नारायण का पुष्पाराधन करते हैं उनको वे भगवान सुलभ होंगे जिन्होंने धन एवं दान में सर्वोत्तम होने के अहंकार के साथ विद्यमान राजा महाबलि से दान-नीर लेकर अखिल ब्रह्माण्ड को दान में प्राप्त कर लिया था।

व्याख्या

अन्यान्य विषयों के प्रति आसक्त न होकर केवल भगवान नारायण के आश्रय में आनेवाले भक्तों के लिए भगवान सुलभ होंगे। सच्चा भक्त वह होता है जो पाँचों ज्ञानेन्द्रियों को, विषयों से हटाकर भगवान के प्रति उन्मुख करता है। वही भगवत् प्राप्ति का अधिकारी होता हैं।

इक्यावन

आष्वार् अपने मन को भगवान का नाम-स्मरण करने का उपदेश देते हैं।

एळिदिल् इरण्डु अडियुम् काण्बदर्कु एन्नुळ्ळम्
तेळियत् तेळिन्दोषियुम् शेव्वे - कळियिल्

पोरुन्दादवनैप्   पोरलुट्रु   अरियाय्
इरुन्दान्   तिरुनामम्   एण्।।

शब्दार्थ अन्वयसहित

एन् उळ्ळम्! = रे मेरे मन!

एळिदिल् = आसानी से

इरण्डु अडियुम् काण्बदर्कु = भगवान नारायण के दोनों पादों के दर्शन करने के लिए

तेळिय = यदि तुम निर्मोही हो शुद्ध भाव से रहोगे तो

शेव्वे तेळिन्दु ओषियुम् = भगवान भी अत्यन्त प्रसन्न होंगे।

कळियिल् = अहंकार या गर्व से

पोरुन्दादवनैप् = उद्धत शत्रु हिरण्यकशिपु से

पोरलुट्रु = संग्राम करने के विचार से

अरियाय् इरुन्दान् = नृसिंहावतार लेकर आये भगवान नारायण के

तिरुनामम् एण् = पवित्र नामों का ध्यान करो।

भावार्थ

रे मन! यदि तुम भगवान नारायण के पादों के दर्शनों के लिए, शुद्ध भाव से निर्मोही होकर रहोगे तो भगवान भी तुम्हारी भक्ति पर अत्यन्त प्रसन्न होंगे।

गर्व से उद्धत हिरण्यकशिपु ने भगवान के प्रति अविनम्र होकर भक्त प्रह्लाद को अतिशय कष्ट दिया था। तब भक्त की रक्षा के लिए भगवान नृसिंहावतार लेकर आये और हिरण्यकशिपु का वध किया। रे मन! उनके पवित्र नामों का ध्यान करो।

बावन

अन्यान्य देवता लोग सर्वदा भगवान नारायण की आराधना में लगे रहते हैं। फिर हम मानव भगवदाराधन में क्यों पीछे रहें!

एण्मर् पदिनोरुवर् ईररुवर् ओरिरुवर्
वण्ण मलरेन्दि वैहलुम् - नण्णि
ओरु मालैयाल् परवि ओवादु एप्पोदुम्
तिरुमालैक् कै तोषुवर् शेन्रु।।

शब्दार्थ अन्वयसहित

एण्मर् = अष्टवसु   पदिनोरुवर् = एकादश रुद्र

ईररुवर् = द्वादश आदित्य   ओरिरुवर् = युगल देवता अश्विनी कुमार (देवताओं के चिकित्सक युगल)

वण्णम् मलर् एन्दि = रंग बिरंगे पुष्पों को हाथ में लिये हुए

वेहलुम् नण्णि = प्रतिदिन निकट रहते हुए
ओरु मालैयाल् = अद्‌भुत पुरुष सूक्त की शब्दमालाओं से
ओवादु एप्पोदुम् = निरन्तर; परवि = स्तुति कर
तिरुमालै शेन्रु कै तोषुवर् = भगवान नारायण (श्रीपति) के पास जाकर नमन करते हैं।

भावार्थ

तैंतीस देवता लोग = आठ वसु, ग्यारह रुद्र, बारह आदित्य एवं युगल अश्विनी कुमार रंग बिरंगे पुष्प हाथ में लिये हुए निरन्तर भगवान नारायण के पास रहते हैं और अद्‌भुत पुरुष सूक्त का गायन कर श्रीपति की स्तुति करते रहते हैं।

व्याख्या

1. जब अपार शक्ति संपन्न देवता लोग भी भगवान की आराधना करते हैं तब हम मानव भगवान की सेवा एवं स्तुति से पीछे क्यों रहें! जब देवताओं के लिए भी आत्मरक्षणार्थ भगवदाराधन आवश्यक है तब मानव के लिए तो अनिवार्य है ही!
2. इस पद में तैंतीस देवताओं के उल्लेख द्वारा तैंतीस करोड़ देवताओं की ओर संकेत किया गया है।
3. इस पद में 'मलर्' शब्द से जहाँ पुष्पों का अर्थ लिया गया है वहाँ 'ओरु मालै' शब्द से अद्‌भुत एवं अनुपम स्तुतिमाला 'पुरुष सूक्तम्' की ओर संकेत किया गया है।
4. तैंतीस देवता लोग इस प्रकार हैं

(अ) वसु–8–आप, ध्रुव, सोम, धर्म, अनिल, अनल, प्रत्यूष और प्रभास

(आ) रुद्र–11–मन्यु, मनु, महीनस, महान, शिव, ऋतुध्वज, उग्ररेतस्, भव, काम, वामदेव और धृतव्रत (आधार: विष्णु पुराण)

(इ) आदित्य–12–वरुण, सूर्य, सहस्रांशु, धाता, तपन, सविता, गभस्ति, रवि, पर्जन्य, त्वष्टा, मित्र और विष्णु (आधार: अग्निपुराण)

(ई) अश्विनी कुमार–2 देवताओं के चिकित्सक

तिरपन

भक्त आदिशेष कितनी विधाओं में भगवान नारायण की सेवा करते हैं–इसका विवरण भक्त आष्‌वार् के निम्न पद में देखिये।

शेन्‌राल् कुडैयाम् इरुन्दाल् सिंहासनमाम्
निन्‌राल् मरवडियाम् नीळ् कडलुळ - एनरुम
पुणैयाम् मणि विळक्काम पूम्पट्टाम् पुलहुम्
अणैयाम् तिरुमार्कु अरवु।।

शब्दार्थ

तिरुमार्कु = भगवान नारायण के लिए
अरवु = आदिशेष (अनन्त)

शेन्राल् कुडै आम् = चलते समय छत्र बनते हैं
इरुन्दाल् सिंहासनम् आम् = बैठते समय सिंहासन बनते हैं
निन्राल् मर अडि आम् = खड़े होने पर पादुका बनते हैं
नीळ् कडलुळ् = व्यापक समुद्र पर रहते समय
एन्रुम् पुणै आम् = सर्वदा नैया बनते हैं
मणि विळक्कु आम् = (कभी) मंगलदीप बनते हैं
पूम् पट्टु आम् = सुन्दर वस्त्र-पीताम्बर बनते हैं
पुल्हुम् अणै आम् = आश्लेष के लिए उपधान भी बनते हैं।

भावार्थ

भक्त आदिशेष निःस्वार्थ भाव से विभिन्न रूपों में भगवान नारायण की सेवा करते हैं। भगवान जब चलते हैं तब छत्र बनते हैं। अगर वे बैठते हैं तो सिंहासन का रूप ले लेते हैं। यदि भगवान खड़े होते हैं तो पादुका बनकर और व्यापक समुद्र पर शयन करते हैं तो नैया का रूप लेकर सेवा करते हैं। वे कभी मंगल दीप के रूप में, कभी पीतांबर बनकर और कभी उपधान का रूप लेकर भगवान नारायण की सेवा में लगे रहते हैं।

व्याख्या

भगवान शेषी हैं तो इतर सब शेष हैं। यहाँ 'शेष' से सर्पराज आदिशेष या अनंत का अर्थ लिया जाता है जो सर्वदा अलग-अलग रूपों में भगवान की सेवा में रत हैं।

चौवन

कृष्णावतार में भगवान विष्णु द्वारा की गयी लीलाओं का संक्षिप्त वर्णन कर उन लीलाओं पर आष्ट्वार् आश्चर्य करते हैं।

अरवम् अडल् वेष़म् आन्कुरुन्दम् पुळ् वाय्
कुरवै कुडमुलै मर्कुन्रम् - करविन्रि
विट्टिरुत्तु मेय्त्तु ओशित्तु कीण्डु कोत्तु आडि उण्डु
अट्टु एडुत्त शेंकण् अवन्।।

शब्दार्थ अन्वयसहित

शेम् कण् अवन् = कमलनयन भगवान नारायण ने
करवु इन्रि = बिना किसी छिपाव-दुराव के
अरवम् विट्टु = कालीय सर्प को भगाया,
अडल् वेष़म् इरुत्तु = मारने के लिए आये कुवलयापीड़ नाम के गज को उसका दाँत तोड़कर मार डाला, (अडल्-मारना; वेष़म्-गज)
आन् मेय्त्तु = गौवों को चराया, (आन् = गाय, बैल, भैंस आदि)
कुरुन्दम् ओशित्तु = निम्ब वृक्ष के रूप में आये असुर का संहार किया
पुळ् वाय् कीण्ड = बगुलें के रूप में आये बकासुर का मुँह फाड़ डाला, (पुळ् = पक्षी/बगुला/बगला)
कुरवै कोत्तु = गोपियों के साथ रास क्रीडा की,

कुडम् आडि = घट नृत्य भी किया,
मुलै उण्डु = पूतना का स्तन्य पान किया (इसके द्वारा उसके प्राणों को हर लिया)
मल् अट्टु = कंस के द्वारा भेजे गये चाणूर और मुष्टिक नाम के मल्लों का संहार किया, और
कुन्रम् एडुत्त = वृन्दावनवासियों की रक्षा के लिए गोवर्धन पर्वत को उठाया।

भावार्थ

भगवान नारायण ने कृष्णावतार लेकर क्या-क्या अद्‌भुत लीलायें कीं! इन लीलाओं को सब लोग जानते हैं। उन्होंने सबके समक्ष ही ये सारी लीलायें कीं; कोई छिपाव-दुराव नहीं था।
भगवान कृष्ण ने कालीय सर्प का विष छीनकर उसे भगाया; मारने के लिए आये कुवलायपीड़ नाम के गजासुर का दंत तोड़कर हनन किया; गायों, बछड़ों आदि को वन में ले जाकर चराया; निम्ब वृक्ष के रूप में आये असुर का संहार किया; बगुले के रूप में आये बकासुर का मुँह फाड़ डाला; गोपियों के साथ रासनृत्य एवं घटनृत्य किया; राक्षसी पूतना का विषैला स्तन्य पान कर उसके प्राणों को हर लिया; कंस के द्वारा मारने के लिए भेजे गये चाणूर एवं मुष्टिक नाम के दोनों मल्लों का संहार किया और साथ ही इन्द्र का गर्व भंग करने तथा इन्द्र के द्वारा प्रेषित मूसलाधार वर्षा से वृन्दावनवासियों की रक्षा करने के लिए गोवर्धन पर्वत को छत्र की तरह उठाया।
कृष्णावतार की ये सारी लीलायें भक्तों के प्रति भगवान की कृपा के अप्रतिम निदर्शन हैं।

व्याख्या

आऴ्वार् भक्तवत्सल एवं असुरनिकंदन भगवान नारायण के कृष्णावतार के समय की विभिन्न लीलाओं पर अतिशय आश्चर्य करते हैं।
इस पद में काव्यशास्त्रीय विशेष प्रयोग द्रष्टव्य है। प्रथम दो चरणों में जो संज्ञायें प्रयुक्त हैं उनके साथ संयोजित होनेवाली क्रियाओं का प्रयोग तीसरे एवं चौथे चरणों में क्रमिक रूप से किया गया है।
जैसे अरवम् विट्टु, अडल् वेषम् इरुत्तु, आन् मेयत्तु, कुरुन्दम् ओशित्तु, पुळ् वाय् कीण्डु, कुरवै कोत्तु, कुडम् आडि, मुलै उण्डु, मल् अट्टु एवं कुन्रम् एडुत्त—संज्ञायें प्रथम एवं द्वितीय चरणों में और उनसे संबंधित क्रियायें तृतीय एवं चतुर्थ चरणों में क्रमशः प्रयुक्त की गयी हैं।
इस प्रकार के अभिव्यक्ति—वैशिष्ट्य को संस्कृत में *"यथासंख्यालंकार"। (काव्य प्रकाश-10) कहा जाता है; तमिल में यह आलंकारिक प्रयोग "निरनिरैयणि" के नाम से अभिहित है। (तोल् काप्पियम् [व्याकरण ग्रंथ]; शोल्लधिकारम् [शब्द प्रकरण]—405)]

पचपन

आऴ्वार् को इस बात का विश्वास है कि दास-रक्षक भगवान नारायण के भक्तों को यमदूत देखेंगे तक नहीं—उनसे दूर हट भी जायेंगे।

अवन् तमर् एव्विनैयराहिलुम् एम् कोन्
अवन् तमरे एन्रोषिवदल्लाल् - नमन् तमराल्
आरायप्पट्टरियार् कण्डीर् अरवणै मेल्
पेरायर्कु आट्पट्टार् पेर्।।

---
*"यथासंख्यं क्रमेणैव क्रमिकाणां समन्वयः।"

शब्दार्थ अन्वयसहित

अवन् तमर् = भगवान नारायण के भक्त
एव्विनैयर् आहिलुम् = चाहे कोई भी कर्म करें (फिर भी)
एम् कोन् अवन् तमरे एन्रु = "ये तो हमारे भी स्वामी भगवान नारायण के भक्त हैं"–इस तरह प्रशंसा करते हुए
ओष़िवदल्लाल् = यम दूत उनसे दूर चले जायेंगे; अलावा इसके
अरवणै मेल् पेर् आयर्कु आट्पट्टार = अनंत (शेष) की शय्या से हटकर (भक्तों की रक्षा के लिए गोप बालक बनकर) वृन्दावन में अवतरित भगवान कृष्ण के दासों के नामधारी लोगों के बारे में भी
नमन् तमराल् = वे यम दूत
आरायप्पट्टु अरियार् कण्डीर् = सोचेंगे तक नहीं–इस बात को समझ लीजिए।
['तमर' का सामान्य अर्थ है सगे-संबंधी या आत्मीय लोग; (भक्त) नमन् तमर् = यम दूत]

भावार्थ

भगवान के भक्त चाहे कोई भी कर्म करें–यमदूत यह कहकर कि ये लोग तो हमारे भी स्वामी भगवान नारायण के भक्त हैं; उनसे दूर हट जायेंगे। साथ ही, यम दूत उन लोगों के बारे में तो सोचेंगे भी नहीं जिनके नाम अनन्त (शेष) की शय्या से निकलकर वृन्दावन में गोप बालक बनकर अवतरित भगवान कृष्ण के दासों के होते हैं।

व्याख्या

भगवान नारायण भक्त–रक्षक हैं। चाहे वे कोई भी कर्म करें; यदि भगवान के भक्त हैं तो भगवान की कृपा के पात्र होते हैं। उनकी रक्षा करने के लिए हर स्थिति में भगवान प्रस्तुत रहते हैं। अतः विष्णु पुराण में कहा गया है– हाथ में पाश लिये हुए निकलनेवाले अपने दूतों के कान में यम देवता कहते हैं, "मधुसूदन की शरण में रहनेवालों के पास मत जाओ; मैं सभी मनुष्यों का प्रभु हूँ, न कि वैष्णवों का।"

"स्वपुरुषमपि वीक्ष्य पाशहस्तं, वदति यमः खिल तस्य कर्णमूले।
परिहर मधुसूदन प्रपन्नान्, प्रभुरहमन्यनृणां न वैष्णवानाम्।।"

(विष्णु पुराण 3-7-14)

जो भक्त भगवान नारायण के दासों के नाम लिये हुए हैं उनके पास तक यमदूत नहीं जा सकते। क्योंकि भगवान नारायण उन सभी भक्तों के रक्षक हैं।
इसी तथ्य को तिरुमष़िशै आष़्वार् के 'नान्मुखन् तिरुवन्तादि' के पद 68 में देखा जा सकता है।

छप्पन

सृष्टिकर्ता ब्रह्मा भी नारायण की महिमा को समझ नहीं पाते; परन्तु वे दासों के लिए सुलभ हैं। इस तथ्य को आष़्वार् के निम्न पद में देखिये–

पेरे वरप पिदट्रल् अल्लाल् एम पेम्मानै
आरे अरिवार् अदु निर्क - नेरे
कडिक् कमलत्तुळ्ळिरुन्दुम् काण्किलान् कण्णन्
अडिक्कमलन्तन्नै अयन्।।

शब्दार्थ अन्वयसहित

पेरे = भगवान नारायण के नाम मात्र का

वर = उल्लेख हो (इस रूप में)

पिदट्रल् अल्लाल् = बड़बड़ाने के सिवाय

एम् पेम्मानै = हमारे भगवान नारायण को

आरे अरिवार् = कौन भली भांति समझेंगे?

अदु निर्क = जाने दीजिए इस बात को!

अयन् = ब्रह्मा (अयन् = संस्कृत शब्द 'अज' का तमिल रूप है; 'अज' का अर्थ है अजन्मा अर्थात् जो जन्मता नहीं)

कडि कमलत्तुळ् = भगवान नारायण के सुगंधित नाभिकमल में जन्म लेकर

नेरे इरुन्दुम् = वहां सर्वदा रहते हुए भी

कण्णन् अडि कमलम् तन्नै = भगवान नारायण के श्रीचरणों के

काण्किलान् = दर्शन नहीं कर पाते।

भावार्थ

भक्त लोग भगवन नारायण के नाम का गलत-सही ढंग से–किसी भी प्रकार से बड़बड़ाते हुए भी उल्लेख करें–वह पर्याप्त है, दूसरे कौन भगवान को समझ पायेंगे।

ब्रह्मा भगवान के नाभि कमल से जन्मे हैं। भगवान के निकट सर्वदा रहते हैं। फिर भी वे भगवान के श्रीचरणों के दर्शन नहीं कर पाते। उन्हें अत्यंत निकटता के बावजूद भगवान की सेवा करने का सौभाग्य प्राप्त नहीं है।

व्याख्या

भक्ति के क्षेत्र में विद्वत्ता या शास्त्र ज्ञान का कोई महत्व नहीं है। हो सकता है, सामान्य भक्त भगवान के नामों का उच्चारण बड़बड़ाता हुआ भी करे–उसे भगवान सुलभ होते हैं। जो भगवान अत्यन्त निकटता के बावजूद वेदशास्त्रवित् ब्रह्मा के लिए सुलभ नहीं है वे सामान्य भक्त के लिए सुलभ होते हैं।

ब्रह्मा की विशेषतायें हैं–वे अजन्मा हैं। वे भगवान नारायण के नाभि कमल में विराजमान हैं। भगवान ने उन्हें समस्त वेदों का ज्ञान दिया है। फिर भी उनकी यह स्थिति है तो दूसरों के बारे में कहना ही क्या? परन्तु भक्तों के लिए भगवान अत्यन्त सुलभ हैं।

सत्तावन

अष्टाक्षर मंत्र "ओम् नमो नारायणाय!" का जपन करने से पाप-मुक्ति होगी–निम्न पद इस तथ्य का प्रतिपादन करता है।

अयनिन्र वल्विनैयै अंजिनेन् अंजि
उय निन् तिरुवडिये शेर्वान् - नयम् निन्र
नन्मालै कोण्डु नमो नारणा वेन्नुम्
शोन्मालै कट्रेन् तोषुदु।।

शब्दार्थ अन्वयसहित

अयल् निन्र = निकट रहनेवाले

वल् विनैयै = भयावह पापों से

अंजिनेन् = मैं भयभीत हुआ।

अंजि = इस प्रकार डरते हुए

उय = (उन पापों से) मुक्त होने के लिए

निन् तिरुवडिये शेर्वान् = आपके श्रीचरणों में पहुँचने के उद्देश्य से

*नयम् निन्र नल् मालै कोण्डु = शास्त्र के रूप में विद्यमान मधुर गीतमाला का सहारा लेकर

तोषुदु = प्रार्थना की

नमो नारणा एन्नुम् = उसके द्वारा 'ओम नमो नारायणाय'

शोन्मालै कट्रेन् = अष्टाक्षर मंत्र की माला का अभ्यास किया।

भावार्थ

अत्यंत निकट से घेरे रहनेवाले भयंकर पापों से मैं भयभीत हुआ। उनसे मुक्त होने के लिए मैंने आपके श्रीचरणों में पहुँचने का निश्चय किया। तब गीतमाला का पाठ प्रारंभ कर आपकी उपासना की और इस प्रकार क्रमशः सशक्त अष्टाक्षर मंत्र 'ओम् नमो नारायणाय' का अभ्यास किया।

व्याख्या

भक्त पापमय नित्य ज़ीवन से घबराता है। [illegible] यह निर्णय करता है कि इससे बचने के लिए एकमात्र उपाय भगवच्चरणों में शरण लेना ही है। तब क्रमशः वह भगवान की प्रशस्ति में विभिन्न गीतों का पाठ करता हुआ धीरे-धीरे अष्टाक्षर मंत्र–"ओम् नमो नारायणाय" का अभ्यास करने लगा।

आष्वार् को इस बात का विश्वास है कि पापों से बचने का इससे श्रेष्ठ उपाय कोई दूसरा नहीं है।

अट्ठावन

आष्वार् अपने मन से कहते हैं, 'हे मन! बिना विलंब किये भगवान नारायण की आराधना करो।'

तोषुदु मलर् कोण्डु धूपम् कै एन्दि
एषुदुम् एषुवाषि नेञ्जे! - पषुदिन्रि
मन्दिरंगळ् कर्पनवुम् मालडिये कै तोषुवान्
अन्तर मोन्रिल्लै यडै।।

शब्दार्थ अन्वयसहित

नेञ्जे! = रे मन! मलर् कोण्डु = हम पुष्प लेकर

धूपम् कै एन्दि = धूप हाथ में लिये हुए

---

*नयम् के विभिन्न अर्थ हैं = वेद शास्त्र, नीति, अनुग्रह, कृपा, भक्ति, स्नेह आदि।

तोषुदु एषुदुम् = आराधना कर उज्जीवित हों! एषु = उठो
वाषि = जीवन सफल हो।
पषुदिन्रि मन्दिरंगळ् कर्पनवुम = बिना किसी त्रुटि के मंत्रों का अध्ययन करना भी
माल् अडिये कै तोषुवान् = भगवान नारायण के चरणों में पूजन करने के लिए है।
अन्तरम् ओन्रु इल्लै = इसमें विलंब करने का कोई कारण नहीं है
अडै = (अतः शीघ्र भगवच्चरणों में) पहुँचो।

भावार्थ

रे मन! हम पुष्प एवं धूप हाथ में लिये हुए भगवान नारायण की आराधना कर उज्जीवित हों--इससे जीवन सफल एवं सार्थक होगा। रे मन, उठो; मौन बैठना नहीं। हम शुद्ध रूप से मंत्रों का अध्ययन करते हैं। इसका उद्देश्य भगवादाराधन ही है। अतः इसमें विलंब न करें; शीघ्र भगवच्चरणों में पहुँचें!

व्याख्या

यहाँ कहा गया है कि शुद्ध रूप से--बिना किसी त्रुटि के मंत्राध्ययन करें। भक्त आष़्वार् का मत है कि यदि कोई स्वयं मंत्र सीखने का प्रयास करे तो उसमें त्रुटि या दोष होने की संभावना है। अतः गुरुकुलवास कर, गुरु के चरणों में बैठ उनके मुँह से मंत्रों की शिक्षा प्राप्त की जाए जिससे कि मंत्रोच्चारण में कोई त्रुटि या दोष नहीं हो।
यह पद भगवदाराधन की पद्धति एवं महिमा का वर्णन करता है और यह आदेश देता है कि आराधन में विलंब करने का कोई अर्थ नहीं है; अतः आराधन या पूजा अविलंब – तत्काल हो।
[धूपम्, मन्दिरम्--ये दोनों, संस्कृत शब्द 'धूप', 'मंत्र' के तमिल रूप हैं।]

उनसठ

आष़्वार् ने पूर्वपद में अपने मन को भगवदाराधन करने का आदेश दिया था। अब इस पद में कहते हैं कि निष्पाप होकर सफल तथा विशुद्ध जीवन प्राप्त करने के लिए हमें आश्रितवत्सल सीतापति श्री रामचन्द्र के श्रीचरणों में पहुँचना है।

अडैन्द अरु विनैयोडु अल्लल् नोय् पावम्
मिडैन्दवै मीण्डोषिय वेण्डिल् - नुडंगिडैयै
मुन्निलंगै वैत्तान् मुरणषिय मुन्नोरुनाळ्
तन् विलंगै वैत्तान् शरण्।।

शब्दार्थ अन्वयसहित

अडैन्द = हमें जकड़े रहनेवाले
अरुविनैयोडु = ऐसे पूर्व कर्मों के साथ जो हट नहीं पाते
अल्लल् = मानसिक पीड़ा (आधि)
नोय् = शारीरिक व्याधि, एवं
पावम् = पापकर्म आदि

मिडैन्दवै = (आत्मज्ञान को) आवृत कर देते हैं;
मीण्डु ओषि़य वेण्डिल् = यदि हम चाहें कि वे मूलतः हट जायें तो
मुन् = बहुत पहले नुडंगु इडैयै = कृशकटियुक्त देवी सीता को
इलंगै वैत्तान् = लंका में बन्दी बनाकर जिस रावण ने रखा था उसका
मुरण् अषि़य = गर्व भंग करने के लिए
मुन् ओरु नाळ् तन् विल् अम् कै वैत्तान् – युगों पहले अपने सुन्दर हाथ में शाङ्‌र्गधनुष को उठानेवाले श्रीरामचन्द्र की
शरण् = शरण में पहुँचना है।

भावार्थ

पूर्वजन्मकृत पापों के साथ मानसिक पीड़ा, शारीरिक बीमारियाँ, इस जन्म में किये जानेवाले पाप कर्म आदि हमें सर्वदा जकड़े हुए रहते हैं और हमें आत्मज्ञान से वंचित करते हैं। यदि उन्हें दूर भगाना है या पास आने नहीं देना है तो भगवान नारायण के अवतार श्रीरामचन्द्र की शरण में पहुँचना है जिन्होंने अपनी देवी सीताजी को बन्दी बनाकर रखनेवाले रावण का गर्वभंग करने के निमित्त शाङ्‌र्गधनुष को हाथ में उठाया था।

व्याख्या

पूर्वकर्मों (अरुविनै) से मुक्त होना सरल नहीं है। वे अचेतन को सर्वदा आबद्ध किये हुए रहते हैं। उनके साथ इस जन्म में होनेवाली आधि (मानसिक पीड़ा), व्याधि (शारीरिक रोग) तथा अपने ही किये हुए नानाविध दुष्कर्मानुष्ठानों के चंगुल में मानव सर्वदा फंसा रहता है जैसे मकड़ी स्वयं जाल बुनकर उसी में फंसी रहती है और बाहर नहीं निकल पाती है।

इस भयानक सांसारिकता की स्थिति से बचने का एकमात्र उपाय भगवद्भक्ति या प्रपत्ति है। भगवान नारायण की शरण में पहुँचने पर ही मनुष्य इन तमाम भयानक स्थितियों से मुक्त हो सकता है।

इससे पूर्व आष़्वार् ने अपने मन को आदेश दिया था:- भगवान नारायण से संबंधित बातों पर ध्यान देते रहो (पद 41)। पंचेन्द्रियों को विषय वासनाओं से दूर हटाना है (पद 47)। भगवच्चरणों का ध्यान करो (पद 48)। बिना प्रयत्न के भगवान नारायण के दर्शन दुर्लभ हैं (पद 50)। पंचेन्द्रियों को नियंत्रित करने पर, भक्तिमार्ग से भगवान सुलभ होते हैं (पद 50), भगवान नारायण के नामों का ध्यान करो (पद 51) और भगवच्चरणों की भक्तिपूर्वक पूजा करो (पद 58)। अब इस पद के द्वारा आष़्वार् मानव को चेतावनी देकर कहते हैं कि पूर्वकर्मों, इह कर्मों तथा आधि-व्याधि से मुक्त होने के लिए–मकड़ी के जाल की तरह बुने हुए निज कर्मों से उत्पन्न भयानक स्थिति से बचने के लिए भगवान नारायण की शरण में पहुँचना ही एकमात्र उपाय है।

इस प्रकार आष़्वार् की स्थापना है कि प्रपत्ति अथवा शरणागति अथवा भव-संग त्यागकर भगवच्चरणों में अपने को अर्पित कर देने से ही मानव मुक्ति प्राप्त कर सकता है।

साठ

भक्त आष़्वार् निम्न पद में यह सिद्ध करते हैं कि विश्व की समस्त जीवराशियों के रक्षक केवल भगवान नारायण हैं; परन्तु इस तथ्य से सारा विश्व अनभिज्ञ रहता है।

शरणा मरै पयन्द तामरैयानोडु
मरणाय मन्नुयिर्कट् केल्लाम् - अरणाय
पेराषि कोण्ड पिरानन्रि मट्ररियादु
ओराषि शूष्न्द उलहु।।

शब्दार्थ अन्वयसहित

शरण् आम् मरै = भगवच्चरण की महिमा को प्रतिष्ठित करनेवाले/चतुर्विध पुरुषार्थों के आधारभूत वेदों का उपदेश
पयन्द तामरैयानोडु = ब्रह्मा को भगवान नारायण ने स्वयं दिया था। उनके साथ साथ
मरण् आय मन् उयिर्कट्कु एल्लाम् = तमाम जीवराशियों के लिए भी जिनकी प्रकृति मृत्यु है और जिनकी आत्मा अमर है,
अरण् आय = कौन रक्षक हैं? इस बात को
पेराषि कोण्ड पिरान् अन्रि = सुदर्शन चक्रधारी भगवान नारायण के सिवाय
मट्रु = कोई दूसरा अर्थात्
ओर् आषि शूष्न्द उलहु = अपार समुद्र से घिरा हुआ यह संसार
अरियादु = नहीं समझ पायेगा!
[मरण् आय = नश्वर शरीर; मन् उयिर = अनश्वर आत्मा
उयिर्कळ् = जीव राशि; अरण् = रक्षक]

भावार्थ

वेद भगवान की शरण की महिमा को प्रतिपादित करते हैं। साथ ही वे धर्म, अर्थ, काम, मोक्ष आदि चतुर्विध पुरुषार्थों का निरूपण भी करते हैं। उन वेदों का उपदेश भगवान ने अपने नाभिकमल से उत्पन्न ब्रह्मा को दिया। इस ब्रह्माण्ड की तमाम जीवराशियां नश्वर शरीरयुक्त हैं और उनकी आत्मा अनश्वर है, स्थायी है। इन सबके रक्षक कौन हैं? इन सबका हितकारी कौन है? इस तथ्य को, चाहे वेदज्ञानी ब्रह्मा हो या अज्ञानी चराचर जीव, कोई नहीं जानते हैं; केवल सुदर्शन चक्रधारी भगवान नारायण ही जान सकते हैं।

इकसठ

समस्त चराचर जगत तथा पंच भूतों आदि के स्रष्टा केवल भगवान नारायण हैं = इस तथ्य को निम्न पद भक्त आष्वार् प्रस्तुत करते हैं।

उलहुम् उलहिरन्द ऊषियुम् ओण् केष्
विलहु करुंकडलुम् वेर्पुम् - उलहिनिल्
शेन्तीयुम् मारुतमुम् वानुम् तिरुमाल् तन्
पुन्दियिलाय पुणर्प्पु।।

शब्दार्थ अन्वयसहित

उलहुम् = भूमिसहित सारा लोक
उलहु इरन्द ऊषियुम् = लोकों का नाशकारी प्रलय

ओण् केष् विलहु करुम् कडलुम् = रंग-बिरंगी वीचियों से युक्त श्याम समुद्र
वेर्पुम् = पर्वत
उलहिनिल् = जगत में विद्यमान
शेम् तीयुम् = रक्तिम वर्ण की अग्नि
मारुतमुम् = वायु वानुम् = आकाश, ये सब
तिरुमाल् तन् पुन्दियिल् आय = श्रीपति के संकल्प से उत्पन्न
पुणर्प्पु = सृष्टि हैं।
[पुन्दि, मारुतम् = ये दोनों संस्कृत शब्द 'बुद्धि' एवं 'मारुत' के तमिल रूप हैं।
पुन्दि = बुद्धि, ज्ञान, संकल्प
'पुणर्प्पु' के अनेक अर्थ हैं, जैसे सृष्टि, माया, कर्म, षड्यंत्र आदि]

भावार्थ

भूमिसहित तमाम लोकों, उन सबके नाशकारी प्रलय, लहरानेवाले श्याम समुद्र, पर्वत, अग्नि, वायु, आकाश आदि पंचभूतों की सृष्टि, श्रीपति के संकल्प मात्र से होती है।

व्याख्या

आश्चर्य है कि जगत की सृष्टि भगवान के संकल्प से होती है तो उसका नाशकारी प्रलय कैसे उन्हीं के संकल्प से हो सकता है।

परन्तु इसमें आश्चर्य क्यों? सृष्टि, स्थिति एवं लय, तीनों के आधार भगवान ही तो हैं। उन्हीं के संकल्प से चराचर जगत तथा पंचभूतों आदि का सृजन होता है; उन सबकी स्थिति है और प्रलय भी होता है जिससे कि पुनः सृष्टि हो सके।

इसी बात को उपनिषत् में कहा गया है:-
"एकोऽहं बहु स्याम्" (मैं एक हूँ और अनेक बनूँ)

बासठ

निम्न पद में आष़्वार् ने भगवान नारायण की भुजाओं के वैशिष्ट्य का विवरण दिया है।

पुणर् मरुदि नूडुपोय्प् पूंकुरुन्दम् शाय्त्तु
मण मरुव माल् विडैयेष् शेट्रु - कणम् वेरुव
एष़ुलहुम् तायनवुम् एण्डिशैयुम् पोयिनवुम्
शूष़रवप् पोंकणैयान् तोळ्।।

शब्दार्थ अन्वयसहित

कणम् वेरुव = देवासुरों तथा तमाम जीवराशियों को आतंकित करते हुए
एष़् उलहुम् तायनवुम् = सात लोकों को अपने पादों से नापनेवाले
एण् दिशैयुम् पोयिनवुम् = अष्ट दिशाओं को परिव्याप्त करनेवाले
शूष़् अरव पोंगु अणैयान् तोळ् = व्यापक स्वरूप के सर्पराज अनंत (आदि शेष) की शय्या पर विद्यमान

भगवान नारायण की भुजायें ही हैं जिन्होंने
पुणर् मरुदिन् ऊडु पोय् = युगल रूप में विद्यमान दो अर्जुन वृक्षों के बीच जाकर (उन्हें उखाड़ गिराया);
पूम् कुरुन्दम् शाय्त्तु = पुष्पित निंब वृक्ष को गिराया;
मणम् मरुव = देवी नप्पिन्नै से विवाह करने के लिए
माल् विडै एष् शेट्रु = सात बड़े बड़े वृषभों का संहार किया
[विडै = संस्कृत शब्द 'ऋषभ' या 'वृषभ' का तमिल रूपांतर है।
कणम् = संस्कृत शब्द 'गण' का तमिल रूप है]

भावार्थ

व्यापक सर्पराज आदिशेष या अनंत की शय्या पर योग निद्रा में स्थित भगवान नारायण की भुजायें ही हैं जिन्होंने अर्जुन वृक्ष युगल को उखाड़ डाला था; पुष्पों से भरपूर निंब वृक्ष को गिरा दिया था; देवी नप्पिन्नै से विवाह करने के लिए सात बड़े बड़े वृषभों का संहार किया था; सातों लोकों को और इस प्रकार आठों दिशाओं को अपने पादों से नाप डाला था।

व्याख्या

यहाँ भगवान नारायण के कृष्णावतार तथा वामनावतार की लीलाओं का उल्लेख है। भगवान नारायण ने बालकृष्ण के रूप में वृन्दावन में जो लीलायें की थीं उनके कुछ दृष्टान्त यहाँ दिये गये हैं।

माता यशोदा ने माखनचोर कृष्ण को ओखली में बांध दिया था। बालकृष्ण घुटनों के बल ओखली को खींचते हुए अर्जुन वृक्ष युगल के बीच गये तो ज़ोर लगाकर बाहर आने की कोशिश की। तब वह वृक्ष युगल टूटकर गिर पड़ा और उसमें से शापग्रस्त देवता युगल–नलकूबर और मणिग्रीव बाहर आये और शापमुक्त होकर अपने लोक की ओर चले गये।

बालकृष्ण को मारने के लिये निंब वृक्ष के रूप में खड़े रहे असुर ने सोचा कि बालकृष्ण जब पुष्पों को देखकर मुग्ध हो खड़े रहेंगे तब उनपर गिरकर उनका नाश कर दिया जायेगा। उलटे बालकृष्ण ने उस वृक्ष को ही उखाड़कर असुर का संहार कर दिया था।

देवी नप्पिन्नै से विवाह करने के लिए उसके पिता ने यह शर्त लगायी थी कि उसके पास जो सात भयानक एवं अजेय वृषभ विद्यमान थे उन्हें मार गिरानेवाले को नप्पिन्नै के हाथ मिलेंगे। भगवान कृष्ण ने उस शर्त को पूरा कर नप्पिन्नै से विवाह किया था।

भगवान नारायण ने वामनावतार लेकर इन्द्र की सहायता करने एवं भूमि की रक्षा करने के निमित्त अपने पादों से सप्त लोकों तथा अष्ट दिशाओं में परिव्याप्त समस्त ब्रह्माण्ड को नाप डाला था और इस प्रकार बलि का संहार कर दिया था।

ये सारे अद्भुत कार्य किये किसने? वे तो शेषशायी भगवान नारायण की भुजायें ही तो थीं!

तिरसठ

भक्त आष्वार् विषय वासनाओं से दूर भगवदाराधन के लिये ही अपनी समस्त इन्द्रियों का उपयोग करने के सुदृढ़ निश्चय की घोषणा निम्न पद में करते हैं।

तोळ् अवनै अल्लाल् तोषा, एन् शेवि इरण्डुम्
केळ् अवनदु इन् मोषि़ये केट्टिरुक्कुम् - नानाळुम्
कोळ् नाहणैयान् करै कष़ले कूरुवदे
नाणामै नळ्ळेन् नयम्।।

शब्दार्थ अन्वयसहित

तोळ् अवनै अल्लाल् तोष़ा = मेरी भुजायें भगवान नारायण को छोड़ किसी और की आराधना नहीं करेंगी
एन् शेवि इरण्डुम् = मेरे दोनों कान
केळ् अवनदु = समस्त प्रकार के बन्धुओं के रूप में रहनेवाले भगवान नारायण के
इन् मोषि़ये केट्टु इरुक्कुम् = मधुर शब्दों को ही सुनते हुए रहेंगे
ना नाळुम् = मेरी जिह्वा सर्वदा
कोळ् नाहणैयान् = तेजस्वी अनन्त की शय्या पर विराजमान भगवान नारायण के
कुरै कष़ले = आभरण से ध्वनित होनेवाले श्रीचरणों के बारे में ही
कूरुवदे = बात करेगी;
नयम् = (इन्हें छोड़) दूसरों की तरह शब्द, स्पर्श, रूप, रस गंधादि अन्य विषयों के बीच (मैं)
नाणामै नळ्ळेन् = निर्लज्ज हो नहीं भटकूँगा।

भावार्थ

मेरी भुजायें भगवान नारायण को छोड़ किसी और की उपासना नहीं करेंगी। मेरे कान एकमात्र बंधु भगवान नारायण के मधुर नामों का श्रवण करेंगे। मेरी जिह्वा शेषशायी भगवान के बारे में ही बात करेगी। अन्य लोग विषय वासनाओं में भटकते रहते हैं और मैं निर्लज्ज होकर उनमें कथमपि नहीं भटकूँगा।

चौंसठ

भक्तों को क्या करना हे और क्या नहीं करना है? आष़्वार् का कहना है

नयवेन् पिरर् पोरुळै नळ्ळेन् कीषा़रोडु
उयवेन् उयर्न्दवरोडल्लाल् - वियवेन्
तिरुमालै यल्लदु देय्वमेन्रु एत्तेन्
वरुमारेन् एन्मेल् विनै।।

शब्दार्थ अन्वयसहित

पिरर् पोरुळै नयवेन् = इसका शब्दार्थ है 'दूसरों की वस्तु को अपना नहीं बनाऊँगा।' संदर्भ के अनुसार इसका लक्ष्यार्थ है। "भगवान की अपनी वस्तु 'आत्मा' को मैं अपनी संपदा कहकर उसके प्रति मोह नहीं करूँगा।"
नळ्ळेन् कीषा़रोडु = अध्यासवशात् आत्मा को इन्द्रियों की तरह समझनेवाले नीच लोगों से (सांसारिकों से) संबंध नहीं रखूँगा।
उयवेन् उयर्न्दवरोडु अल्लाल् = उदात्त प्रकृति के लोगों अर्थात् परम भागवत वैष्णवों से भिन्न अन्य लोगों से वार्तालाप नहीं करूँगा।

तिरुमालै अल्लदु = भगवान श्रीपति को छोड़ किसी और की,
देय्वम् एन्रु एत्तेन् वियवेन् = देवता कहकर स्तुति नहीं करूँगा और उनपर आश्चर्य भी नहीं करूँगा
एन् मेल् = इस स्थिति में मुझपर
विनै वरुम् आरु एन्? = पाप कैसे लगेगा?
(विनै = पाप वरुम् = आयेगा)

भावार्थ

आत्मा भगवान की वस्तु है—उसे अपना समझने का दोष मैं नहीं करँगा। वासनाग्रस्त इन्द्रियों की तरह आत्मा को समझनेवाले अधम लोगों से संबंध नहीं रखूँगा। परम भागवत वैष्णवों को छोड़ अन्य लोगों से वार्तालाप तक नहीं करूँगा। श्रीपति से भिन्न किसी देवता की स्तुति नहीं करूँगा और उसके स्वरूप, गुण आदि पर आश्चर्य भी नहीं करूँगा। तब मुझपर कोई पाप कैसे लगेगा! मैं विषयवासनाग्रस्त कैसे बनूँगा!

व्याख्या

1. यहाँ यह प्रश्न उठता है कि आष़्वार् ने यह कैसे कहा कि दूसरों की वस्तु 'आत्मा' को अपना बनाने का प्रयास नहीं करूँगा। भगवान नारायण स्वयं 'आत्मा' हैं। समस्त आत्मायें भगवदंश ही हैं। फिर उसे 'दूसरों की वस्तु' कहने का क्या अर्थ है? यहाँ भगवद् गीता का श्लोक (15-17) स्मरणीय है :

   "उत्तमः पुरुषस्तु अन्यः परमात्मा इति उदाहृतः।"

   (परमात्मा सामान्य से इतर उत्तम पुरुष है)

   शरीरी परमात्मा का शरीर है आत्मा। वह विश्व का पति है। इन आध्यात्मिक तत्वों के अनुरूप है आष़्वार् का यह कथन। अतः प्रश्न की कोई गुंजाइश नहीं है।
2. श्री वैष्णव अर्थात् विष्णु भक्त भगवान नारायण के दास हैं; अतः उदात्त हैं प्रकृति में—व्यक्तित्व में और गुणों में। इस कारण आष़्वार् कहते हैं, "मैं उन्हीं से संबंध जोड़ूँगा, न कि सांसारिकों से—शरीर धर्म से समाश्रित सामान्य लोगों से।
3. जब आष़्वार् कहते हैं, "मैं भगवान नारायण अर्थात् श्रीपति को छोड़ किसी और देवता को स्वीकार नहीं करूँगा; और उसकी गुणातिशयता पर मुझे आश्चर्य भी नहीं होगा," तब वैष्णव दर्शन 'प्रपत्ति' की स्थापना स्पष्ट है।

पैंसठ

भगवान नारायण की आराधना करने से भक्त किसी भी प्रकार की दुर्गति के शिकार नहीं होंगे—इसे आष़्वार् के शब्दों में देखें

विनैयाल् अडर् पडार् वेन्नरहिल् शेरार्
तिनैयेनुम् तीक्कदिक्कण् शेल्लार् - निनैदर्
करियानै शेयानै आयिरम् पेर् शेंकट्
करियानैक् कैतोषुदक् काल्।।

शब्दार्थ

निनैदर्कु अरियानै = जिनको समझना संभव नहीं है

शेयानै = जो बहुत दूर पर स्थित हैं,
आयिरम् पेर् = जिनके नाम सहस्त्र हैं
शेंकण् करियानै = जिनके नयन लाल हैं आश्रितवत्सलता के कारण और जो श्याम वर्ण के हैं
कै तोषुदक्काल् = उन भगवान नारायण को, यदि हम अंजलिबद्ध हो नमन करें तो
विनैयाल् अडर् पडार् = दुष्कर्मों अथवा दुष्कर्म फल के शिकार नहीं होंगे
वेम् नरहिल् शेरार् = भयंकर नरक में नहीं जायेंगे, और
तिनैयेनुम् = किंचित् भी
ती कदिक्कण् शेल्लार् = दुर्गति के पात्र नहीं होंगे।
[नरहु; कदि = संस्कृत शब्द 'नरक', 'गति' के तमिल रूप हैं]

भावार्थ

भगवान नारायण को समझना सरल नहीं हे; अतः वे अज्ञेय हैं। वे (अज्ञानियों के लिए) बहुत दूर परमपद में स्थित हैं। उनके सहस्त्र नाम हैं। आश्रितवत्सलता के प्रभाव से उनके नयन रक्तिम हैं और शरीर श्याम वर्ण का है। यदि कोई भक्तिगद्‌गद होकर करबद्ध हो उनके आश्रय में जायें ओर उनकी आराधना करें तो वे बुरे कर्मों तथा ऐसे कर्मों के फल के शिकार नहीं होंगे; वे भयानक नरक के पात्र नहीं होंगे और किंचित् भी दुर्गतिग्रस्त नहीं होंगे।

व्याख्या

भगवान नारायण परमात्मा हैं; अतः कर्मरत सांसारिकों के लिए वे अज्ञात हैं; वे भक्तों के सर्वदा निकट हैं। परन्तु सांसारिक लोग अज्ञानवशात् उन्हें दूरस्थ समझते हैं। वे आश्रितवत्सल तथा आश्रितरक्षक हैं। अतः उनके परम भागवत भक्त कथमपि पाप कर्मों, कर्मफलों, नरक एवं दुर्गति के शिकार नहीं होंगे।

छियासठ

निम्न पद में भक्त आष्वार् की स्थापना यह है कि मुमुक्षु एवं वेदवित् लोग केवल भगवान नारायण के पाद कमलों का साक्षात्कार और उन्हीं के नामों का श्रवण एवं ध्यान करना चाहते हैं।

कालै एषुन्दु उलहम् कर्पनवुम् कट्रुणर्न्द
मेलैत् तलै मरैयोर् वेट्पनवुम् - वेलैक्कण्
ओराषियान् अडिये ओदुवदुम् ओर्पनवुम्
पेराषि कोण्डान् पेयर्।।

शब्दार्थ अन्वयसहित

कालै एषुन्दु = प्रातः काल उठकर
['कालै' शब्द से जीवन के प्रातः काल अर्थात् बाल्यावस्था का भी अर्थ लिया जाता हैं]
उलहम् = महान लोग
[प्राचीन तमिल काव्य 'तिरुमुरुहाट्रुप्पडै' (124) में कहा गया है 'उलहम् पुहष्न्द ओंगुयर् विषुच्चीर्' – यहाँ 'उलहम्' से महान लोग अभिप्रेत हैं। यह भी सामान्यता कहा जाता है कि 'उलहम् एन्बदु उयर्न्दोर् माट्टे'

('उलहम्' शब्द से 'महान लोग' का अर्थ लिया जाता है)]
कर्पनवुम् = जो अध्ययन करते हैं (वह क्या है?)
कट्रु उणर्न्द मेलैत् तलैमरैयोर् = अध्ययन कर ज्ञानार्जन करनेवाले श्रेष्ठ वेदवित्
वेट्पनवुम् = जिसके दर्शन करना चाहते हैं (वह कौन है?)
वेलैक्कण् ओर् आषियान् अडिये = दुग्ध समुद्र पर शयन करनेवाले सर्व श्रेष्ठ शंख को हाथ में लिये हुए भगवान नारायण एवं उनके पाद ही हैं
[वेलै = व्यापक/तट; कण् = स्थान; ओर् = श्रेष्ठ/अनुपम]
ओदुवदुम् ओर्पनवुम् = इन महान लोगों के श्रवण एवं ध्यान के आधार
पेर् आषि कोण्डान् पेयर् = सुदर्शन चक्रधारी भगवान के नाम ही हैं

भावार्थ

प्रातः सन्ध्या के समय उठकर अध्ययन करनेवाले मोक्षार्थी लोग (अथवा सशक्त बाल्यावस्था के समय भगवान को समझने की इच्छा से ज्ञानार्जन करनेवाले मुमुक्षु लोग) तथा ज्ञाननिष्ठ महान वेदवित्, शंखहस्त भगवान नारायण के पादकमलों के ही दर्शन करना चाहते हैं। वे लोग श्रवण एवं ध्यान करते हैं तो सुदर्शन चक्रधारी भगवान के नामों का ही!

व्याख्या

1. इस पद में 'ओर् आषि' एवं 'पेर् आषि' से क्रमशः 'सर्व श्रेष्ठ शंख' एवं 'बृहत चक्र' (सुदर्शन चक्र) का अर्थ लिया जाता है।
2. मुमुक्षु एवं वेदवित् लोग समस्त ज्ञान का अर्जन करने के बाद केवल भगवान नारायण के श्रीचरणों का ध्यान एवं दर्शन करना चाहते हैं। साथ ही वे लोग भगवान नारायण के नामों का ही श्रवण तथा ध्यान करते हैं। अर्थात् मोक्षार्थियों तथा वेदविदों के समस्त ज्ञान का सार है भगवच्चरणों में प्रपत्तिपूर्ण समर्पण तथा भगवान का नाम स्मरण।
3. इस पद में प्रयुक्त 'मेलैत् तलैमरैयार्' का विशेष अर्थ है उत्तर वेद या उत्तर मीमांसा अर्थात् उपनिषद के तत्वज्ञानी। वेदों के दो भाग हैं—कर्मकांडों का प्रतिपादन करनेवाला भाग है पूर्व वेद तथा ज्ञान कांड या ब्रह्मकांड का विश्लेषण करनेवाला भाग है मेल् वेद या तलै वेद अर्थात् उत्तर वेद (उपनिषद् भाग)। अतः उक्त अभिव्यक्ति से 'वेदान्ती' (वेद ज्ञानी अर्थात् वेद सार—निष्णात व्यक्ति) का अर्थ लिया जाता है।

सड़सठ

वेदविदों के ज्ञान का चरम लक्ष्य भगवान नारायण ही हैं। इस तथ्य को आष्वार् के शब्दों में देखें।

पेयरुम् करुंकडले नोक्कुमारु ओण् पू
उयरुम् कदिरवने नोक्कुम् - उयिरुम्
तरुमनैये नोक्कुम् ओण् तामरैयाळ् केळ्वन्
ओरुवनैये नोक्कुम् उणर्वु।।

शब्दार्थ अन्वयसहित

पेयरुम् करुंकडले नोक्कुम् = तरंगित श्याम वर्ण के समुद्र की तरफ़ बहती है

आरु = नदी
ओण् पू = खिलता हुआ कमल पुष्प
उयरुम् कदिरवने नोक्कुम् = ऊपर आकाश में स्थित सूर्य की ओर उन्मुख रहता है
उयिरुम् तरुमनैये नोक्कुम् = अंतकाल में प्राण धर्मराज यम की ओर ही देखेंगे (यम को ही जा पहुँचेंगे)
उणर्वु = (स्वभावतः) ज्ञान
ओण् तामरैयाळ् केळ्वन् ओरुवनैये नोक्कुम् = उज्ज्वल कमलासन पर आसीन देवी लक्ष्मी के नाथ भगवान नारायण की शरण में ही जाएगा (एकमात्र भगवान नारायण का ही ध्यान करेगा)
[तरुमन् = संस्कृत शब्द 'धर्म' या 'धर्मराज' का तमिल रूप है]
['उणर्वु' का अर्थ 'आत्मा' भी है]

भावार्थ

नदियाँ बहती हैं समुद्र की ओर। कमल पुष्प गगन-स्थित सूर्य की ओर ही मुँह करेगा। जीवन के अंत में सामान्य लोगों के प्राण धर्मराज यम की ओर ही प्रस्थान करेंगे। उसी प्रकार भगवत् ध्यान में रत भक्तों का ज्ञान लक्ष्मीपति नारायण की शरण में ही जा पहुँचेगा।
अर्थात् ज्ञान का लक्ष्य है केवल भगवान नारायण की शरण।

व्याख्या

यहाँ आऴ्वार् 'उणर्वु' (ज्ञान) से भगवद् ज्ञान (भगवान नारायण संबंधी ज्ञान) की ओर संकेत करते हैं। जैसे विष्णु पुराण में कहा गया है –
"जिस विद्या से निर्दोष, शुद्ध, परम, निर्मल तथा एकरूप परब्रह्म जाना जाता है, देखा एवं पाया जाता हे वही ज्ञान है; शेष सारा अज्ञान है।"

"संज्ञायते येन ततस्तदोषम्
शुद्धं, परं, निर्मलमेकरूपम्।
स दृश्यते, वाऽप्यति गम्यते वा
तद् ज्ञानमज्ञानमतोऽन्यदुक्तम्।।"

(विष्णु पुराण 6-5-87)

यदि 'उणर्वु' का अर्थ 'आत्मा' लिया जाए तो यह कहा जा सकता है कि भगवद्भक्त की आत्मा भगवान नारायण से अनन्यासक्त होकर रहेगी।

अड़सठ

भगवद् महिमा को कौन समझ सकता है! भगवान के स्वरूप, गुण तथा विभूति का आर-पार कौन जाने! उत्तर है—कोई नहीं। इसे आऴ्वार् अपने पद में समझाते हैं।

उणर्वारार् उन् पेरूमै ऊषितोरूषि
उणर्वारार् उन्नुरुवन् तन्नै - उणर्वारार्
विण्णहत्ताय् मण्णहत्ताय् वेंकटत्ताय् नाल् वेदप्
पण्णहत्ताय् नी किडन्द पाल्।।

शब्दार्थ अन्वयसहित

विण् अहत्ताय् = श्रीवैकुंठ पति!
मण् अहत्ताय् = पृथ्वी पर अवतार लेनेवाले!
वेंकटत्ताय् = श्रीवेंकट पर्वत पर विराजमान!
नाल् वेद पण् अहत्ताय् = नादमय चारों वेदों के सारभूत हे भगवान नारायण! (पण् = नाद/स्वर; अहम् = भीतरी भाग/सार)
उन् पेरुमै = आपकी महिमा को; उणर्वार् आर् = कौन समझे!
ऊषि तोरु ऊषि = लंबी अवधि तक (विचार विमर्श करने के बावजूद)
(ऊषि = प्रलय काल, लंबा समय, भाग्य)
उन् उरुवम् तन्नै उणर्वार् आर् = आपका स्वरूप कोई क्या समझे!
नी किडन्द पाल् उणर्वार् आर् = आप जिस दुग्ध सागर में शयन करते हैं उसका आर-पार समझे कौन!

भावार्थ

हे वैकुंठ पति! पृथ्वी पर अवतार लेकर आनेवाले हे आश्रितवत्सल श्रीवेंकटाद्रिवासी! वेदस्वरूपी, वेदसार, वेदपुरुष हे भगवान नारायण! कौन ऐसा है जो आपकी महिमा को समझे! दीर्घकाल तक विचार-विमर्थ करने पर भी आपके स्वरूप को समझे कौन! आपके दुग्ध समुद्र का आर-पार भी पाये कौन!
अर्थात् आप विद्वानों के लिए भी अविज्ञेय हैं! आपका स्वरूप, गुण और महिमा और आपके आवास (दुग्ध समुद्र) का आर-पार भी ज्ञेय नहीं हैं।

व्याख्या

वेदों की मान्यता है –

"यो अस्याद्यक्षः परमे व्योमन्
सो अंग वेद यदि वा न वेद।"

(ऋग्वेद 10-129-7)

अर्थात् जो परमात्मा समस्त ब्रह्माण्ड के अधिपति श्रीवैकुंठवासी हैं वे स्वयं अपनी माया को समझ पायेंगे कि नहीं। जब भगवान स्वंय अपनी मायामय महिमा एवं गरिमा से अनभिज्ञ हैं तब इहलोक या परलोक में ऐसा कौन हो सकता है जो उन्हें समझ पायेगा?
अन्यत्र जब ब्रह्मविद् ज्ञानी कहते हैं -

'वेदाहमेतं पुरुषं महान्तम् ...' (यजुर्वेद 31-18)

अर्थात्, मैंने इस महान पुरुष अर्थात् ब्रह्म को समझा, तब सामान्य मानव के लिए वह कैसे सुलभ होगा? इस पद से आष्वार् का यह निगूढ तत्व स्पष्ट होता है कि भगवान को केवल परम भागवत भक्त समझ पायेगा। क्योंकि भगवान भक्तों के अधीन हैं।

उनहत्तर

उपर्युक्त पद में कहा गया कि भगवद् महिमा को—भगवान के स्वरूप, गुण-विभूति को इह-परलोक में समझे कौन? अतः भगवान से आष्वार् पूछते हैं–

बालन् तनदुरुवाय् एषुलहुण्डु आलिलैयिन्
मेलनृ नी वळन्दे मेय् एनबर् - आलनृ
वेलै नीर् उळ्ळदो? विण्णदो? मण्णदो?
शोलै शूष् कुन्रेडुत्ताय् शोल्लु।।

शब्दार्थ अन्वयसहित

बालन् तनदु उरुवाय् = शिशु के रूप में
[बालन् = संस्कृत शब्द 'बाल' का तमिल रूप है]
एषु उलहु उण्डु = सातों लोकों को उदरस्थ कर
अन्रु = उस प्रलय काल में आल् इलैयिन् मेल् = वट पत्र पर
नी वळन्दे = आपने जो शयन किया था उसे
मेय् एन्बर् = ज्ञानी लोग सच कहेंगे
अन्रु = उस प्रलय काल में आल् = जो वट पत्र था वह
वेलै नीर् उळ्ळदो = प्रलय समुद्र के जल में उत्पन्न था? अथवा
विण्णदो = आकाशस्थित था? अथवा
मण्णदो = प्रलय जल में समायी हुई धरती में उत्पन्न था?
शोलै शूष् कुन्रु एडुत्ताय्! = वनों से घिरे हुए गोवर्धन पर्वत को छत्र की तरह उठानेवाले हे भगवान नारायण!
शोल्लु = आप ही बताइये!

भावार्थ

हे गोवर्धन धारी भगवान नारायण! हमें बताइये—पुरातन समय के प्रलय-काल में सातों लोकों को उदरस्थ कर एक शिशु के रूप में प्रलय जल में बहनेवाले वट पत्र पर आप शयन कर रहे थे न! वह वट पत्र कहां से आया! क्या वह प्रलय समुद्रजल में उत्पन्न था या आधारहीन आकाश में वर्तमान था अथवा प्रलयजल में क्षयप्राप्त धरती में उत्पन्न था?

व्याख्या

यहाँ आष्वार् अपना आश्चर्य व्यक्त कर रहे हैं। भगवान का शिशु रूप धारण करना; सातों लोकों का उस शिशु का उदरस्थ होना; भारी लोकों को उदरस्थ कर शिशु रूप में एक छोटे से वट पत्र पर शयन करना—ये सारी असाधारण घटनायें हैं। परन्तु वेदवित् लोग इन्हें सत्य कहते हैं। सामान्य मानव के मन में यह शंका होगी कि इन असाधारण घटनाओं पर कैसे विश्वास किया जाए!

परन्तु भगवान नारायण की असाधारणता के समक्ष ये सारी घटनायें असाधारण कैसे हो सकती हैं। वेद कहते हैं कि—

"अणोरणीयान् महतो महीयान्" (कठोपनिषत् 2/20)

—(भगवान अणु से भी अणु और बड़े से भी बड़े हैं।)

यह ब्रह्म तत्व की गरिमा है। वह लघु भी है गुरु भी; छोटा भी है बड़ा भी। ऐसी स्थिति में प्रतीकात्मकता अर्थात् सांकेतिकता की दृष्टि से ये असाधारण दिखनेवाली घटनायें नितराम् साधारण ही हैं। उनपर शंका की कोई संभावना नहीं है।

परम भागवत भक्त आष्वार् की यही धारणा है।

सत्तर

आष्वार् मानव मात्र को संदेश देते हैं कि संग-परित्याग कर यथाशक्ति भगवान की आराधना की जानी चाहिये।

शोल्लुम् तनैयुम् तोषुमिन् विषुमुडम्बु
शेल्लुम् तनैयुम् तिरुमालै - नल्लिदष्त्
तामत्ताल् वेळ्वियाल् तन्दिरत्ताल् मन्दिरत्ताल्
नामत्ताल् एत्तुतिरेल् नन्रु।

शब्दार्थ अन्वयसहित

तिरुमालै = श्रीपति भगवान नारायण की
शोल्लुम् तनैयुम् तोषुमिन् = शब्दोच्चारण की शक्ति रहने तक नाम-संकीर्तन कर आराधना करो
विषुम् उडम्बु शेल्लुम् तनैयुम् = नश्वर शरीर के जीवित रहने तक
नल्लिदष् तामत्ताल् = सुन्दर पुष्पमाला से
वेळ्वियाल् = यज्ञ के द्वारा
तन्दिरत्ताल् = कर्मकांडों के द्वारा
मन्दिरत्ताल् = मंत्र पाठ कर भगवान नारायण की पूजा करो अथवा
नामत्ताल् = केवल नाम-संकीर्तन द्वारा भी
एत्तुतिरेल् नन्रु = स्तुति करना उत्तम है।

भावार्थ

हे मानव! वाक्शक्ति रहने तक भगवन्नामों का संकीर्तन कर श्रीपति की आराधना करो। जब तक यह नश्वर शरीर रहेगा तब तक पुष्प मालाओं से या यज्ञ के द्वारा या तंत्र-मंत्रों के द्वारा भगवान की स्तुति करो। यदि इनमें से कुछ भी नहीं कर पाते हो तो केवल नाम-जपन द्वारा आराधना करना उत्तम होगा।

व्याख्या

आष्वार् भक्त की यह स्थापना है कि भक्त को किसी भी प्रकार से भगवान की आराधना करनी चाहिए। यथाशक्ति अलग अलग साधनों द्वारा भगवदाराधन किया जाए—पुष्पमाला अर्पित कर अथवा यज्ञ या तंत्र-मंत्रों के द्वारा भगवान की स्तुति की जाए। यदि कोई भी साधन उपलब्ध नहीं हो तो केवल नाम-जपन किया जाए। क्योंकि भगवान भक्त की भक्ति-भावना का मान रखते हैं।
जैसे गीता में कहा गया है—

"पत्रं पुष्पं फलं तोयं यो मे भक्त्या प्रयच्छति।
तदहं भक्त्युपहृतं अश्नामि प्रयतात्मनः।।"

(भगवद् गीता, 9-26)

भगवान कृष्ण कहते हैं, "यदि भक्त अपनी शक्ति के अनुसार, परन्तु भक्ति-गद्‌गद हो पत्र, पुष्प, फल अथवा, यहाँ तक कि जल भी प्रदान करे तो मैं उसे स्वीकार करूंगा। परन्तु शर्त यही है कि जो भी प्रदान किया जाए वह भक्ति भाव से हो। तब मैं उसे प्यार से अपनाऊंगा।"
इस पद में आष्वार् ने पूजा-क्रिया का एक क्रम बताया है। माला अर्पित कर पूजा की जाए; यदि वह प्राप्त नहीं हो तो मंत्रोच्चारण कर, यज्ञ क्रिया द्वारा आराधन किया जाए। यदि वह संभव नहीं हो तो नमस्कार आदि क्रियाओं से अथवा यदि

वह भी नहीं हो सका तो अष्टाक्षर आदि मंत्रों के द्वारा स्तुति की जाए। यदि इनमें से कुछ भी नहीं हो सका तो नामसंकीर्तन द्वारा जिसके लिए किसी भी साधन की अपेक्षा नहीं होगी, भगवान की आराधना की जाए। अर्थात् भगवान की पूजा—आराधना के लिए भक्ति-भावना सर्वोपरि है।

इकहत्तर

भक्त आष़्वार् अपने मन से याचना करते हैं कि वह किसी भी स्थिति में भगवद् भक्ति से विलग न हो।

नन्रु पिणि मूप्पुक् कैयहट्रि नान्कुषि
निन्रु निलमुषुदुम् आण्डालुम् - एन्रुम्
विडलाषि नेञ्जमे वेण्डिनेन् कण्डाय्
अडल् आषि कोंडान् माट्टन्बु।।

शब्दार्थ अन्वयसहित

आषि नेञ्जे! = हे समुद्र की तरह गंभीर मन! (भगवान में लीन रे मन!)
पिणि मूप्पु नन्रु कै अहट्रि = व्याधि एवं जरा को भली भांति दूर कर
नान्कु ऊषि निन्रु = चारों युगों-सत्य, त्रेता, द्वापर एवं कलि युगों में स्थिर रहकर
निलम् मुषुदुम् आण्डालुम् = भूमि सहित अखिल् विश्व पर शासन करने के बावजूद
अडल् आषि कोण्डान् माट्टु = आश्रित विरोधियों से युद्ध करने के उद्देश्य से सुदर्शन चक्र धारण करनेवाले भगवान नारायण के प्रति
एन्रुम् = कभी भी
अन्बु विडल् = भक्ति को मत छोड़ो।
वेण्डिनेन् कण्डाय् = यह मेरी याचना है

भावार्थ

भगवद् भक्ति में लीन हे गंभीर मन! भले ही तुम शारीरिक व्याधि एवं जरा से मुक्त होकर चारों युगों में भूमि सहित समस्त विश्व पर शासन करने का अधिकार प्राप्त कर लो; फिर भी आश्रितवत्सल सुदर्शन चक्रधारी भगवान नारायण की भक्ति को कभी मत त्यागो—यह मेरी याचना है।

व्याख्या

1. भक्त, पूर्ण स्वास्थ्य के साथ सर्वदा अखिल विश्व पर भले ही शासन कर ले; शारीरिक एवं भौतिक संपदाओं का अधिकारी भले ही हो जाए फिर भी उसे भगवद् भक्ति से हटना नहीं चाहिए। समस्त बाह्य सुख की उपलब्धि हो सकती है। परन्तु भक्ति सुलभ नहीं है। अतः किसी भी स्थिति में भक्ति से हटना नहीं है।
2. यहाँ आष़्वार् ने व्याधि एवं जरा का उल्लेख कर मृत्यु आदि शरीर धर्मों की ओर संकेत किया है। इन शरीर धर्मों का ध्यान ही आत्मानुभव अथवा भगवद् भक्ति के मार्ग का शत्रु है। भगवान नारायण तमाम शरीर धर्मों से मुक्ति प्रदान करते हैं। यहाँ गीता श्लोक स्मरणीय है:-

"जरामरण मोक्षाय मामाश्रित्य यतन्ति ये।
ते ब्रह्म तद्विदुः कृत्स्नमध्यात्मं कर्म चाखिलम्।।"

(भगवद् गीता 7/29)

(मानव, जरा एवं मरण से मुक्ति प्राप्त करने के लिए भगवान की शरण में जाता है। भगवान मानव को इन शरीर धर्मों से मुक्त करते हैं; यही कैवल्य की स्थिति का आधार है। उसी व्यक्ति को ब्रह्म ज्ञान अर्थात् अध्यात्म ज्ञान तथा कर्मयोग की जानकारी मिलती है।)

कैवल्य सिद्धि हो और अखिल विश्व का शासनाधिकार भी प्राप्त हो जाए–फिर भी भगवद् भक्ति में लीन रहना सर्वोपरि है। यहाँ संत कबीरदास की यह उक्ति स्मरणीय है–

"माल मुलुक हरि देत है, हरिजन हरि ही देत।"

क्योंकि भौतिक संपत्ति नश्वर है। जरा, व्याधि, मरण आदि शरीर-धर्म हैं। उनके लिए भगवान नारायण को विस्मृत करना अर्थात् शाश्वत सनातन भक्ति को त्यागना मूर्खता है। अतः नितराम् आवश्यक है भगवद् भक्ति।

बहत्तर

भक्त की समस्त इन्द्रियाँ तथा मन सर्वदा भगवत्स्मरण, कीर्तन तथा सेवन में ही रत हैं–इस तथ्य का निरूपण आष़्वार् का निम्न पद करता है।

अन्बु आषियानै अणुहु एन्नुम् ना अवन् तन्
पण्बु आषित्तोळ् परवियेत्तेन्नुम् - मुन्बूषि
काणानैक् काणेन्नुम् कण् चेवि केळेन्नुम्
पूणारम् पूण्डान् पुहष्।।

शब्दार्थ अन्वयसहित

अन्बु = भक्त मन

आषियानै अणुहु एन्नुम् = कहता है कि सुदर्शन चक्रधारी भगवान नारायण के पास चलो

['अन्बु' शब्द का अर्थ है स्नेह। यहाँ 'अन्बु' से स्नेह पूर्ण भक्त मन का अर्थ लिया जाता है। यह कारणवाची संज्ञा है।]

ना अवन् तन् पण्बु आषि तोळ् परवि एत्तु एन्नुम् = जिह्वा कहती है कि स्नेह-गद्गद् होकर भगवान नारायण के अति सुन्दर स्कन्ध की स्तुति करो।

मुन्बु ऊषि काणानै काण् एन्नुम् कण् = आँखें कहती हैं कि पूर्व समय पर ध्यान न देनेवाले भगवान नारायण के दर्शन करो

(यहाँ पूर्व समय से उस समय की ओर संकेत है जब भक्त के द्वारा कोई अपराध हुआ हो।)

चेवि पूण् आरम् पूण्डान् पुहष् केळ् एन्नुम् = कान कहते हैं कि हाराभरण पहने हुए भगवान नारायण की कीर्ति का श्रवण करो।

['आरम्' (माला) = संस्कृत शब्द 'हार' का तमिल रूप है]

भावार्थ

मन कहता है कि सुदर्शन चक्रधारी भगवान नारायण के पास चलो। जिह्वा भगवान के सौन्दर्य तथा गुणों की स्तुति करने का आदेश देती है। आँखें भक्त द्वारा अनादि काल से किये गये अपराधों पर ध्यान न देनेवाले भगवान नारायण के दर्शन करने का आदेश देती हैं। कान माला से अलंकृत भगवान के गुणों तथा कीर्ति का श्रवण करने के लिए कहते हैं।

व्याख्या

1. इस पद में प्रयुक्त वाक्यांश 'पण्बु आषित्तोळ् परवि एत्तु' के शब्दों – पण्बु, आषि, तोळ्-का अर्थ दो प्रकार से लिया जा सकता है।

पण्बु + आषि = पण्बाषि अथवा पण्पाषि

इनका अर्थ होगा = पण्बु आषि = सौन्दर्य का सागर

पण् पाषि = सुन्दर एवं सशक्त

तोळ् = स्कन्ध = कंधा

इस प्रकार उक्त वाक्यांश का अर्थ होगा–अत्यन्त सुन्दर (सौंदर्यसागर) स्कन्ध की स्तुति करो अथवा सुन्दर तथा सशक्त स्कन्ध की स्तुति करो

2. 'अन्बु' (स्नेह) शब्द से स्नेहभरित अर्थात् स्नेहपूर्ण मन का अर्थ लिया जाता है। यहाँ ब्रह्मसूत्र(2.3-29) का यह सूत्र स्मरणीय है,

"तद्गुणसारत्वात्तु तद् व्यपदेशः प्राज्ञवत्"

(गुण से गुणी का प्रतिपादन होता है। गुण गुणवान् का प्रतिनिधि है)

साथ ही तैत्तिरीयोपनिषत् के मंत्र 'विज्ञानं यज्ञं तनुते' (2-5) (ज्ञानमय आत्मा को ज्ञान ही कहा जाता है) की प्रतिपादन-रीति भी यही है।

तिहत्तर

चंचल मन भगवान नारायण की स्तुति करे अथवा निन्दा करे, आदर करे या अनादर करे–भगवान की गुणातिशयता पर कोई प्रभाव नहीं पड़नेवाला है।

आष्वार् निम्न पद में इस तथ्य का विश्लेषण करते हैं।

पुहष्वाय् पषिप्पाय् नी पून्तुष़ायानै
इहष्वाय् करुदुवाय् एन् नेञ्जे - तिहष्नीर्
कडलुम् मलैयुम् इरुविशुम्बुम् काट्रुम्
उडलुम् उयिरुम् एट्रान्।।

शब्दार्थ अन्वयसहित

एन् नेञ्जे! = हे मेरे मन नी = तुम

पूम् तुष़ायानै = सुन्दर तुलसी मालाधारी भगवान नारायण की

पुहष्वाय् = चाहे स्तुति करो या

पषिप्पाय् = निन्दा करो अथवा

इहष्वाय् = अनादर करो या

करुदुवाय् = ध्यान करो

तिहष् नीर् कडलुम् मलैयुम् इरुविशुम्बुम् काट्रुम् = वे तो जल, सागर, पर्वत, व्यापक आकाश एवं वायु

उडलुम् उयिरुम् एट्रान् = शरीर तथा शरीरस्थित प्राणों अथवा आत्मा को धारण करनेवाले हैं

भावार्थ

आष्वार् अपने मन से कहते हैं कि हे मन! तुम चाहे जो कुछ भी करो–चाहे सुन्दर तुलसी मालाधारी भगवान नारायण की स्तुति करो या निन्दा करो; चाहे उनका आदर करो या अनादर करो अथवा ध्यान करो–फिर भी वे ही हैं जो सबके कारणभूत हैं और कार्य-कारण रूपी प्राकृतिक वस्तुओं–सागर, पर्वत, आकाश एवं वायु, शरीर तथा सनातन आत्मा को अपने में समाहित किये हुए हैं।

(अंश–अंशी के रूप में विद्यमान भगवान नारायण ही तो हैं; तुम जो चाहो, समझो और करो।)

व्याख्या

भगवान नारायण जड़-चेतनमय विश्व, पंचभूतों, ज्ञानेन्द्रियों तथा कर्मेन्द्रियों, शरीर एवं आत्मा को अपने में अंतर्निहित किये हुए विद्यमान हैं। सबके आधार वही हैं। वही कारण हैं और कार्य भी; अर्थात् वही शेष-शेषी अर्थात् अंश-अंशी हैं। इसी को भगवद् गीता में क्षेत्र-क्षेत्रज्ञ के द्वारा अभिहित किया गया है।

"क्षेत्रज्ञं चापि मां विद्धि सर्व क्षेत्रेषु भारत।
क्षेत्रक्षेत्रज्ञयोर्ज्ञानं यत्तत् ज्ञानं मतं मम।।"

(भगवद् गीता -13/2)

चाहे कोई भगवान के बारे में कुछ भी समझे अर्थात् उनकी स्तुति करे या अस्तुति, निन्दा करे या आदर करे, वे तो सनातन हैं और सबके आधारभूत हैं।

चौहत्तर

भगवान नारायण शिवजी या रुद्र के भी रक्षक हैं–इस तथ्य को दोनों की तुलना करते हुए भक्त आष्वार् निम्न पद में स्थापित करते हैं।

एट्रान् पूळ्ळून्र्दान् एयिलेरित्तान् मार्विडन्त्तान्
नीट्रान् निष्ल् मणि वण्णत्तान् - कूट्रोरुपाल्
मंगैयान् पूमहळान् वार् शडैयान् नीणमुडियान्
गंगैयान् नीळ्कष़लान् काप्पु।।

शब्दार्थ अन्वयसहित

शिवजी कौन और कैसे हैं?

एट्रान् = वृषभवाहन, एयिल् एरित्तान् = त्रिपुर दहन करनेवाले

नीट्रान् = विभूतिधारी

कूरु ओरु पाल् मंगैयान् = अर्धनारीश्वर

[कूरु = शरीर; ओरु पाल् = एक तरफ; मंगैयान् = नारी को रखनेवाले;

शिवजी ने अपने शरीर के अर्धभाग में पार्वती को रख लिया हैं = अतः अर्धनारीश्वर हुए]

वार् शडैयान् = जटाधारी (संस्कृत शब्द 'जटा' का तमिल रूप है 'शडै')

गंगैयान् = अपने सिर पर गंगा को धारण करनेवाले हैं।

भगवान नारायण कौन और कैसे हैं? भगवान नारायण हैं –

पुळ् ऊर्न्दान् = गरुड़वाहन
मार्बु इडन्दान् = (भक्त प्रह्लाद की रक्षा के लिए) हिरण्यकशिपु के वक्षस्थल को विदीर्ण करनेवाले
निष़ल् मणि वण्णत्तान् = शीतल नील मणिवत् श्यामल
पू महळान् = कमलासना लक्ष्मी के नाथ
नीळ् मुडियान् = दीर्घ किरीटधारी
नीळ् कष़लान् = सुदीर्घ चरणयुक्त जहाँ से गंगा का उदय होता है
काप्पु = (शिवजी भी भगवान नारायण की) रक्षा में अथवा आश्रय में स्थित हैं।

भावार्थ

वृषभवाहन, त्रिपुरारि, विभूतिधारी, अर्धनारीश्वर, जटाधारी एवं गंगाधर शिवजी के भी रक्षक हैं भगवान नारायण जो गरुड़वाहन हैं; जिन्होंने भक्त प्रह्लाद की रक्षा के लिए नृसिंहावतार लेकर हिरण्यकशिपु का संहार किया था; जो नीलमणि की तरह वर्णयुक्त हैं; कमलासना देवी लक्ष्मी को अपने वक्ष में लिये हुए हैं ओर किरीटधारी हैं। साथ ही वे दीर्घ चरणयुक्त हैं जहाँ से गंगा का उद्भव हुआ।

व्याख्या

1. इस पद में प्रयुक्त "पूमहळ्" के दो अर्थ लिये जा सकते हैं।
पू = पुष्प/कमल महळ् = देवी = पूमहळ् = कमलासना देवी लक्ष्मी
पू = भू = पृथ्वी = पूमहळ् = भू देवी
भगवान नारायण की देवियाँ हैं लक्ष्मी एवं भू देवी। यहाँ दोनों देवियों का अर्थ लिया जा सकता है।
जैसे कहा गया है –

'अस्य ईशाना जगतो विष्णु पत्नी' (तैत्तिरीय संहिता 4-4-12)
(इस जगत की अधिष्ठात्री भगवान विष्णु की पत्नी) और
'ईश्वरीं सर्वभूतानां तामिहोपह्वये श्रियम्' (श्री सूक्तम्)
(समस्त भूतों की अधिष्ठात्री लक्ष्मी)

2. गंगैयान् एवं नीळ् कष़लान् से क्रमशः गंगाधर शिवजी तथा दीर्घचरण अर्थात् प्रसंगानुसार 'हरिपदपाद्यतरंगिणी' का अर्थ लिया जाता है।
पुराणों के अनुसार शिवजी के मस्तक पर गंगा विराजमान हैं और भगवान विष्णु के चरण से गंगा का उद्भव हुआ है। पुराणों में यह भी कहा गया है कि अपने को परिशुद्ध करने के लिये भगवान विष्णु के चरणों से उद्भूत गंगा को शिवजी ने अपने सिर पर उठा लिया और तब जाकर वे वास्तव में शिव बने।

"यच्चौच निः सृतसरित्प्रवरोदकेन
तीर्थेन मूर्ध्नि विधृतेन शिवः शिवोऽभूत्।।"

और

"पावनार्थं जटामध्ये दधार शिरसा हरः"।।

3. भगवान विष्णु के पादों के लिए 'दीर्घ' विशेषण दिया गया है; इसमें वामनावतार के संदर्भ का संकेत है।
4. इस पद में आष़्वार् ने भगवान नारायण को शिवजी के भी रक्षक कहकर, नारायण के ब्रह्मत्व का

प्रतिपादन किया है। जैसे नारायणसूक्तम् में कहा गया है

"विश्वं नारायणं देवं अक्षरं परमं पदं।"
"नारायण परं ब्रह्म तत्वं नारायणः परः।।"

पचहत्तर

भगवान नारायण की आराधना करनेवालों के मुक्तिमार्ग के सारे विघ्न अपने आप दूर होंगे–इसपर बल देते हुए आऴ्वार् कहते हैं–

काप्पुन्नै युन्नक् कऴियुम् अरुविनैहळ्
आप्पुन्नै युन्न अविऴ्न्दोऴियुम् - मूप्पुन्नैच्
चिन्दिप्पार्किल्लै तिरुमाले निन्नडियै
वन्दिप्पार् काण्बर् वऴि।।

शब्दार्थ अन्वयसहित

तिरुमाले ! = हे लक्ष्मीपति भगवान नारायण !
उन्नै उन्न = आपका ध्यान करने से
काप्पु कऴियुम् = समस्त नियंत्रक देवता हट जाएंगे अर्थात् प्रतिबंधक शक्तियाँ दूर चली जाएंगी।
अरुविनैहळ् = समस्त पाप कर्म उन्नै उन्न = आपके ध्यान मात्र से
आप्पु अविऴ्न्दु ओऴियुम् = बंधनमुक्त होकर नष्ट होंगे
(आप्पु = बंधन) उन्नै चिन्दिप्पार्कु = आपका ध्यान करनेवालों के लिए
मूप्पु इल्लै = वृद्धावस्था नहीं है
निन् अडियै वन्दिप्पार् = आपके चरणों पर वन्दन करनेवाले अर्थात् आपके चरणों का आश्रय लेनेवाले
वऴि काण्बर् = मुक्ति मार्ग प्राप्त करेंगे।
(वऴि = पथ,मार्ग; प्रसंगानुसार 'मुक्ति मार्ग' का अर्थ लिया जाता है)

भावार्थ

हे भगवान नारायण! आपका ध्यान करने मात्र से यम आदि समस्त नियंत्रक देवताओं का नियंत्रण हट जाएगा; पाप कर्मों का बंधन टूट जाएगा; आपका ध्यान करनेवाले जरा आदि विकारों के शिकार नहीं होंगे; और आपके चरणों का आश्रय लेनेवालों को अर्चादि मार्ग अर्थात् मुक्तिमार्ग की प्राप्ति होगी यानी भगवच्चरणों का आश्रय लेनेवाले जीवन्मुक्त होंगे।

व्याख्या

1. इस पद में प्रयुक्त 'काप्पु' के अनेक अर्थ हैं। एक है रक्षा या रक्षक। दूसरा अर्थ है इस पद के संदर्भ में नियंत्रक या प्रतिबंधक देवता।
   भगवान नारायण के आराधक भक्तों पर इन देवताओं का नियंत्रण नहीं रहेगा; क्योंकि भगवद् भक्तों के कर्म पुण्यमय होंगे।
2. भगवद् भक्त पाप कर्म-बंधन से मुक्त होंगे। वे लोग अज्ञान, अन्यथा ज्ञान, विपरीत ज्ञान आदि से मुक्त होकर जन्म, जरा, मृत्यु आदि विकारों से दूर रहेंगे–वे जीवन्मुक्ति के अधिकारी होंगे।

छिहत्तर

भगवान नारायण के परम भागवत भक्त मोक्ष के अधिकारी होंगे–निम्न पद में आष़्वार् इस तथ्य को प्रस्तुत करते हैं।

वषि़ निन्रु निन्नैत् तोषुवार् वषुवा
मोषि़ निन्र मूर्तियरे आवर् - पषुदोन्रुम्
वाराद वण्णमे विण् कोडुक्कुम् मण्णळन्द
शीरान् तिरुवेंकटम्।।

शब्दार्थ अन्वयसहित

वषि़ निन्रु = भक्तिमार्ग पर स्थिर रहकर
निन्नैत् तोषुवार = आपकी आराधना करनेवाले
वषुवा मोषि़ निन्र् मूर्तियरे आवर् = वेद निरूपित स्वरूप के अधिकारी होंगे।
['वेद' को 'वषुवा मोषि़' कहा गया है। क्योंकि वह अमर वाणी है। अर्थात् वेदों की उक्ति भ्रष्ट या विचलित नहीं होगी; अमर होगी। 'वषुवा मोषि़' का शब्दार्थ है 'अविचलित' अर्थात् सनातन उक्ति/वाणी]
मण् अळन्द शीरान् = (वामनावतार में) समस्त पृथ्वी को नापनेवाले परमात्मा का
तिरुवेंकटम् = श्रीवेंकट पर्वत (तिरुपति)
विण् कोडुक्कुम् = भक्त को इस प्रकार परम पद या जीवन्मुक्ति प्रदान करेगा कि (विण् = स्वर्ग, आकाश, मेघ; प्रसंगानुसार परम पद या जीवन्मुक्ति)
पषुदु ओन्रुम् वाराद वण्णमे = उसे कोई दोष न लगे

भावार्थ

जो परम भागवत भक्त अपने मार्ग पर अविचलित रहकर आपकी पूजा-आराधना करेंगे वे वेदोक्त स्वरूप के अधिकारी होंगे अर्थात् 'अमृतस्य पुत्राः' बनेंगे। भगवान नारायण के पवित्र स्थल श्रीवेंकट पर्वत (तिरुपति) के सांनिध्य मात्र से वे भक्त निर्दोष होंगे और परम पद अर्थात् जीवन्मुक्ति के अधिकारी होंगे।

व्याख्या

भगवान नारायण के भक्त भक्ति मार्ग पर अटल रहकर जब भगवान की आराधना करते हैं तब वे वेदनिरूपित स्वरूप के अधिकारी होंगे। आष़्वार् के इस कथन की समांतर अभिव्यक्ति छांदोग्य उपनिषत् के मंत्र में पायी जाती है–

"एवमेवैष संप्रसादोऽस्मात् शरीरात् समुत्थाय
परं ज्योतिः उपसंपद्य स्वेन रूपेण अभिनिष्पद्यतेः"

(छांदोग्य उपनिषत् 8-12-2)

(यह जीव इस शरीर से निकलकर ज्योतिस्वरूप भगवान नारायण के सांनिध्य में पहुँचकर तदाकार हो जाता है।)
भगवदाराधन के फलस्वरूप भक्त भगवान का सांनिध्य प्राप्त कर तदाकार हो जाता है।

भगवदाराधन कैसे किया जाना चाहिए? भक्ति मार्ग पर अटल रहकर किया जाना चाहिए। भक्ति मार्ग पर अटल रहने का तात्पर्य है नवधा भक्ति का संबल लेना। नवधा भक्ति इस प्रकार है

"श्रवणं कीर्तनं विष्णोः स्मरणं पादसेवनम्।
अर्चनं वन्दनं दास्यं सख्यं आत्मनिवेदनम्।।"

(भागवत 10-5-23)

इस पद में आष्वार् पहले भक्तियोग की महत्ता--जीवन्मुक्ति को प्रतिपादित करते हैं। तदनन्तर जीवन्मुक्ति के साधन के रूप में भगवान नारायण के दिव्य देश श्रीवेंकट पर्वत के निवास की महिमा का वर्णन करते हैं। उनकी स्थापना है कि इस दिव्य देश के निवास से धर्म, अर्थ, काम, मोक्ष—इन चारों पुरुषार्थों की सिद्धि होगी।

सतहत्तर

इस पद में आष्वार् भगवान नारायण के दिव्य देशों की महिमा का गान करते हैं

**वेंकटमुम् विण्णहरुम् वेःहावुम् अःहाद
पूंकिडंगिन् नीळ् कोवल् पोन्नहरुम् - नान्गिडत्तुम्
निन्रान्, इरुन्दान्, किडन्दान्, नडन्दाने
एन्राल् केडुमाम् इडर्।।**

शब्दार्थ अन्वयसहित

वेंकटमुम् = श्रीवेंकट पर्वत; विण्णहरुम् = श्रीवैकुंठ;
वेःहावुम् = तिरुवेःहा
अःहाद पूम् किडंगिन् = विकसित पुष्पों से भरी खाई से घिरा हुआ
नीळ् कोवल् पोन् नहरुम् = सुन्दर एवं आकर्षक नगर तिरुक्कोवलूर
नान्गिडत्तुम् = इन चारों दिव्य देशों में (भगवान नारायण क्रमशः)
निन्रान्, इरुन्दान्, किडन्दान्, नडन्दाने एन्राल् = खड़े रहते हैं, विराजमान रहते हैं, शयन करते हैं और चलते हैं; यदि कोई इन स्थितियों का वर्णन करे तो
इडर् केडुम् आम् = उसके समस्त पाप नष्ट होंगे।

भावार्थ

भगवान नारायण श्रीवेंकट पर्वत पर खड़े रहते हैं; श्रीवैकुंठ में निवास करते हैं; तिरुवेःहा में शयन करते हैं और पुष्प भरित सुन्दर खाई से आवृत तिरुक्कोवलूर में चलते हैं; इन चारों दिव्य देशों में भगवान नारायण की इन स्थितियों का यदि कोई वर्णन करे तो उसके समस्त पाप नष्ट हो जायेंगे।

व्याख्या

भगवान नारायण के चार प्रमुख दिव्य देश हैं—श्रीवेंकटाद्रि, श्रीवैकुंठ, तिरुवेःहा और तिरुक्कोवलूर। भक्त आष्वार् का यह निश्चित मत है कि इन चारों दिव्य देशों में निवास करने का गौरव भले ही प्राप्त न हो, फिर भी उनका ध्यान कर लिया जाए, या उनके बारे में बात भी कर ली जाए अथवा उनका नामोच्चारण भी कर लिया जाए तो समस्त पाप धुल जाएंगे और भगवत्प्राप्ति का अनुग्रह भी प्राप्त होगा।

अठहत्तर

आष्वार् अपने मन को समझते हैं कि भगवान नारायण की आराधना करने से समस्त कष्ट धुल जाएंगे।

इडरार् पडुवार् एषु नेञ्जे! वेषम्
तोडर्वान् कोडु मुदलै शूष्न्द - पडमुडेय
पैन्नाहप् पळ्ळियान् पादमे कै तोषुदुम्
कोय् नाहप्पूम् पोदु कोण्डु।।

शब्दार्थ अन्वयसहित

नेञ्जे! = हे मन! एषु = उठो

वेषम् तोडर्वान् कोडु मुदलै शूष्न्द = भक्त गजेन्द्र को निगलने के लिए उसके पीछे आये अत्यन्त क्रूर मगर को नष्ट करनेवाले

(वेषम् = गज मुदलै = मगर)

पडम् उडैय पै नाहम् पळ्ळियान् = सहस्रफण आदिशेष की शय्या पर शयन करनेवाले भगवान नारायण के

(पडम् = फण; नाहम् = नाग सर्प, आदिशेष/अनंत)

पादमे = श्री चरणों पर

नाहम् कोय् पूम् पोदु कोण्डु = नागकेसर वृक्ष से तोड़े गये पुष्पों को लिये हुए

(नाहम् = नागकेसर या नाग चंपा वृक्ष)

कै तोषुदुम् = हम पूजा करेंगे

आर् इडर् पडुवार्? = (इस प्रकार पूजा करने पर) किसे कष्ट होगा

(इडर् = कष्ट)

[नाहम् = संस्कृत शब्द नाग (सर्प); नाग या पुन्नाग (सदाबहार या नागकेसर वृक्ष) का तमिल रूप है।]

भावार्थ

सहस्रफण आदिशेष की शय्या पर विराजमान भगवान नारायण ने भक्त गजेन्द्र को मगर के ग्रास से बचाया था। हे मन! उठो; हम उन भगवान नारायण के श्री चरणों पर नाग पुष्पों से पूजा करेंगे। इस प्रकार पूजा करने पर, कौन शारीरिक एवं मानसिक कष्टों का शिकार हो सकता है!

व्याख्या

भक्त गजेन्द्र को भयानक मगर की पकड़ में आने से भगवान नारायण ने बचाया। भक्त-रक्षण भगवद् धर्म है; भगवान की प्रवृत्ति है। अतः भगवान की पूजा करनेवाले भक्तों को कोई भी कष्ट कैसे हो सकता है? भगवान नारायण तो आश्रितवत्सल हैं।

उन्नासी

भक्तों के निमित्त निन्दा को भी स्वीकार करनेवाले कृपालु भगवान नारायण की महिमा का वर्णन है निम्न पद में।

कोंडानै यल्लाल् कोडुत्तारै यार् पषिप्पार्
मण् ता एन इरन्दु मावलियै - ओण्तारै

नीर् अंकै तोय निमिर्न्दिलैये नीळ् विशुम्बि
लारंकै तोय अडुत्तु।।

शब्दार्थ अन्वयसहित

मण् ता एन = तीन पादों की भूमि का दान करो–इस प्रकार

मावलियै इरन्दु = राजा बलि से याचना कर

ओण् तारै नीर् अं कै तोय = उसके द्वारा प्रदत्त दान जल की धारा को अपने सुन्दर हाथ में लेते ही (आपने) [तारै = संस्कृत शब्द 'धारा' का तमिल रूप है]

अडुत्तु निमिर्न्दिलैये? = तत्काल अपने स्वरूप को व्यापक बना लिया न! जिससे कि

नीळ् विशुम्बिलार् अंकै तोय = व्यापक आकाश में रहनेवाले ब्रह्मादि देवताओं के सुन्दर हाथों को आपके चरणों का स्पर्श सुख मिल सके।

कोण्डानै (पषिप्पार्) अल्लाल् = कुछ लोग निज वस्तु को अपना बनानेवाले भगवान की निन्दा करते हैं और

कोडुत्तारै यार् पषिप्पार? = जो निज वस्तु नहीं है अर्थात् परायी वस्तु को अपना बनाकर, उसी को उसके अधिकारी को दान में देने का जो अभिमान करते हैं उनकी कौन निन्दा करे?

भावार्थ

भगवान नारायण ने वामनावतार लेकर राजा बलि से तीन पादों की नाप की भूमि दान में माँगी तो राजा ने उनके हाथ में दान जल प्रदान कर भूमि दान में दी। तत्काल भगवान ने त्रिविक्रम बनकर अपना आकार बढ़ा लिया (और समस्त ब्रह्माण्ड को अपने दो पादों से नाप लिया और तीसरा पाद बलि के सिर पर रखकर उसे पाताल में भेज दिया)। उनका आकार इतना बड़ा और व्यापक हो गया था कि आकाश में स्थित ब्रह्मादि देवता भी उनके पादों को स्पर्श कर सके।

भगवान नारायण ने अपनी ही वस्तु 'भूमि' को राजा बलि से दान में माँगा–फिर भी सांसारिक लोग उनकी निन्दा करते हैं। परन्तु भगवान की ही संपत्ति 'भूमि' को बलात् लेनेवाले राजा बलि ने, भगवान नारायण के माँगने पर उन्हें उन्हीं की वस्तु को अभिमानपूर्वक दान में दिया–फिर भी सांसारिक लोग उसकी निन्दा क्या, उलटे उसकी प्रशंसा करते हैं।

व्याख्या

भूमि तो भगवान की ही सृष्टि है। उसे राजा बलि ने अपने वश में बलपूर्वक ले लिया था। भगवान ने अपनी ही सृष्टि 'भूमि' की रक्षा करने के उद्देश्य से वामनावतार लेकर, ब्राह्मण रूप में जाकर राजा बलि से उसी भूमि को दान में माँगा तो राजा बलि ने उन्हीं की अपनी वस्तु को अहंकार अर्थात् अभिमान से उन्हें दान में देने का साहस किया।

सांसारिक लोग यह कहते हुए भगवान की निन्दा करते हैं कि वामन के रूप में आकर दान माँगा और जैसे ही बलि ने दान-जल दिया, भगवान ने त्रिविक्रम रूप में व्यापक आकार लेकर अखिल ब्रह्माण्ड को वश में ले लिया। जिसने दान दिया उसी को कंगाल बनाया और पाताल में पहुँचा दिया। यह भी कोई बात है!

परन्तु वे सांसारिक लोग यह भूल जाते हैं कि राजा बलि ने भगवान की वस्तु को अपना बना लिया था। उसने उसी वस्तु को उसके अपने ही यजमान को दान में देने का साहस किया था। पर कोई उसे अभिमानी या दूसरे की संपत्ति को अपने वश में करने का अपराधी कहकर उसकी निन्दा नहीं करते।

यह क्या विपरीत स्थिति है!

गुणियों की निन्दा करना और निर्गुणियों की प्रशंसा करना तो सांसारिकों का स्वभाव बन गया है। आष़्वार् इस बात पर चिढ़ जाते हैं।

अस्सी

भगवान नारायण की आश्रितवत्सलता का एक उदाहरण निम्न पद में आष़्वार् प्रस्तुत करते हैं।

अडुत्त कडुम् पहैञर्कु आट्रेन् एन्रोडि
पडुत्त पेरुम् पाषि शूष़न्द - विडत्तरवै
वल्लाळन् कै कोडुत्त मामेनि मायवनुक्कु
अल्लादुम् आवरो आळ्।।

शब्दार्थ अन्वयसहित

अडुत्त कडुम् पहैञर्कु = यह कहते हुए कि जन्मजात भयानक शत्रु गरुड़ है
आट्रेन् एन्रु ओडि = मैं जीवित नहीं रह सकता– सर्प सुमुख शरणार्थी बन दौड़कर आया
पडुत्त पेरुम् पाषि शूष़न्द = और भगवान नारायण की व्यापक शय्या के रूप में विद्यमान आदिशेष को चारों तरफ़ से घेर लिया
(पाषि = शय्या; सेज)
विडुत्त अरवै = उस विषैले सर्प सुमुख को, (भगवन नारायण ने)
वल्लाळन् कै कोडुत्त = उसकी रक्षा करने के लिए शक्तिमान गरुड़ के हाथ ही सौंपा था
[वल्लाळन् = शक्तिशाली; यहाँ प्रसंगानुसार गरुड का अर्थ लिया जाता है]
मा मेनि मायवनुक्कु अल्लादुम् = उस सुन्दर शरीरी मायामय भगवान को छोड़कर किसी दूसरे का
आळ् आवरो ? = क्या कोई भक्त बनेगा ?

भावार्थ

नागदैत्य सुमुख अपने शत्रु गरुड से भयभीत होकर भागा-भागा शेषशायी भगवान नारायण की शरण में आया और सहायता माँगते हुए आदिशेष की शय्या को घेर लिया। भगवान ने उसी सुमुख की रक्षा करने का दायित्व गरुड़ को सौंपा। (शत्रु के हाथ ही सुमुख को सौंपकर भगवान नें मित्र एवं शत्रु के बीच सामंजस्य स्थापित कर दिया था)। उस मायामय आश्रितवत्सल भगवान नारायण को छोड़कर किसी इतर देवता की भक्ति कोई क्यों करेगा ?

व्याख्या

इस पद में प्रयुक्त कथा इस प्रकार है–
पातालस्थित नागदैत्य सुमुख को खाद्य बनाने की इच्छा की गरुड ने। यह बात जानकर डर के मारे सुमुख भगवान नारायण के आश्रय में आया। तब गरुड ने शक्तिहीन भीरु सुमुख की निन्दा की। यह देख भगवान ने सुदर्शन चक्र को उठाने का आदेश गरुड को दिया। गरुड उसे उठा नहीं सका और विफल होकर भगवान की शरण में आकर अपने किये पर क्षमा माँगी। भगवान नारयाण ने उसे क्षमा कर उसीको सुमुख की रक्षा का दायित्व सौंपा।
मित्र एवं शत्रु के बीच मित्रता स्थापित करने की भगवान की भी क्या विचित्र लीला है !

इक्यासी

भवसागर से मुक्ति के प्रमुख साधन हैं भगवान नारायण के नामों का स्मरण तथा जपन—इस बात पर ज़ोर देते हुए आष्वार् कहते हैं।

आळमर् वेन्रि अडुकळत्तुळ् अज्ञान्रु
वाळमर् वेण्डि वरै नट्टु - नीळरवैच्
चुट्रिक् कडैन्दान् पेयरन्रे तोल् नरकैप
पट्रिक् कडत्तुम् पडै।।

शब्दार्थ अन्वयसहित

आळ् अमर् वेन्रि अडुकळत्तुळ् = योद्धाओं से भरे हुए, वैरियों पर विजय दिलानेवाले युद्ध-स्थल में
(अमर् = युद्ध; कळम् = स्थल = युद्धस्थल)
आळ् = व्यक्ति; यहाँ प्रसंगानुसार 'योद्धा' का अर्थ लिया जाता है।
अज्ञान्रु = (अ + ज्ञान्रु = उस समय/दिन) उन दिनों
(जब असुर देवताओं को अपार कष्ट पहुँचाते थे)
वाळ् अमर् वेण्डि = तीव्र युद्ध करने के विचार से (जिसमें देवताओं की विजय हो); वाळ् = महत्वपूर्ण; तीव्र
वरै नट्टु = (वरै = पर्वत) मंदर पर्वत को मथनी बनाकर
नीळ् अरवै चुट्रि = (अरवु = साँप) लंबे वासुकी सर्प को रस्सी बनाकर
नीळ् = लंबा
कडैन्दान् = जिसने समुद्र मंथन किया था उस भगवान नारायण के
पेयर् = नाम
पट्रि = चेतन जीवों को बलपूर्वक पकड़कर
तोळ् नरकै कडत्तुम् पडै अन्रे ! = अनादि काल से चले आनेवाले संसार-नरक को पार कराने के साधन हैं
['नरक' = यह संस्कृत शब्द है। यहाँ 'नरक' से 'भव सागर' का अर्थ लिया जाता है जो नरक तुल्य है।
पडै = साधन; सेना]

भावार्थ

उन दिनों जब असुर लोग देवताओं को अपार कष्ट पहुँचाते थे, युद्धभूमि में देवताओं को विजय दिलाने के उद्देश्य से भगवान नारायण ने मंदर पर्वत को मथनी और सर्प वासुकी को रस्सी बनाकर अमृत लाभ के लिए समुद्र-मंथन किया था। उसी भगवान के नाम, चेतन प्राणियों को भवसागर या नरक पार कराने के साधन हैं। अर्थात् भगवान नारायण के नाम-स्मरण तथा जपन से मानव मात्र भवसागर को पार कर सकेंगे।

व्याख्या

भगवान नारायण ने स्वयं तो समुद्र-मंथन नहीं किया था। परन्तु वे ही थे जिन्होंने सुरों एवं असुरों को समुद्र मंथन का उपाय बताया था और समुद्र-मंथन में सहायता दी थी। अतः आष्वार् ने समुद्र-मंथन के कारणभूत भगवान को कर्ता के रूप में प्रस्तुत किया है। उनके बिना समुद्र-मंथन कैसे होता और अमृत भी कैसे सुलभ होता !

बयासी

आऴ्वार् भक्तों के आराध्यस्थल 'श्रीवेंकट पर्वत' की गौरव-गाथा प्रस्तुत करते हैं।

पडैयारुम् वाळ् कण्णार् पारसि नाळ् पैम्पून्
तोडैयलोडु एन्दिय धूपम् - इडैयिडैयिल्
मीन् माय माशूणुम् वेंकटमे मेलोरु नाळ्
मान् माय एय्दान् वरै।।

शब्दार्थ अन्वयसहित

पडै आरुम् वाळ् कण्णार् = खड्ग की तरह तीक्ष्ण एवं उज्ज्वल नयनोंवाली नारियाँ
पारसि नाळ् = द्वादशी के दिन
पै पू तोडैयलोडु धूपम् एन्दिय = सुन्दर पुष्प माला एवं धूप लिये जा रही हैं। उन धूपों से निकलता हुआ धुआँ
इडै इडैयिल् मीन् माय = बीच बीच में रह-रहकर टिमटिमानेवाले नक्षत्रों को छिपा देता है
माशु ऊणुम् = इस प्रकार आकाश को ही धूमित या धुंधला कर देनेवाला
वेंकटमे वरै = श्रीवेंकटगिरि ही वह पर्वत है जहाँ
मेलोरु नाळ् = बहुत पहले
मान् माय एय्दान् = भगवान ने (रामावतार में) स्वर्णमृग मारीच को मारने के लिए तीर चलाया था

भावार्थ

सुन्दर नारियाँ द्वादशी के दिन हाथों में पुष्प माला तथा धूप लिये हुए श्रीवेंकट पर्वत पर भगवान नारायण की आराधना करने चली हैं। उन धूपों से निकलता हुआ धुआँ रह रहकर टिमटिमानेवाले नक्षत्रों को छिपा देता है। इस प्रकार सारे आकाश को धुंधला कर देता है श्रीवेंकट पर्वत। यह वही स्थल है जहाँ श्री रामचन्द्र ने सीता-माता की इच्छा पूरी करने के लिए, छल से स्वर्णमृग के रूप में आये मारीच का वध किया था।

व्याख्या

1. एकादशी के दिन उपवास व्रत करने के बाद द्वादशी के पावन दिन में प्रातः काल नारियाँ पुष्प माला तथा धूप लिये हुए भगवान नारायण की पूजा करने जाती हैं श्रीवेंकट पर्वत में। यह तड़के का समय है; अतः इक्के दुक्के नक्षत्र ही आकाश में चमकते हैं। धूप से निकलता धुआँ उन नक्षत्रों को आवृत कर आकाश को धुंधला कर देता है। उसी पर्वत में रामावतार के समय श्री राम-सीता का आवास था जब स्वर्णमृग बन आये मारीच का वध हुआ था।
2. द्वादशी के दिन प्रातः काल का समय सत्वगुणपूर्ण सर्वश्रेष्ठ पूजाकाल माना जाता है। भगवान नारायण के परम भागवत भक्त पिछली रात एकादशी व्रत पूरा करने के बाद द्वादशी के दिन उक्त समय पर भगवान की विशेष पूजा करने जाते हैं। यह परम्परागत रीति है।
3. धूपम्—संस्कृत शब्द है,
   पारसि—संस्कृत शब्द 'द्वादशी' प्राकृत भाषा में 'बारसी' होता है। वही शब्द तमिल में 'पारसि' के रूप में प्रयुक्त होता है।

तिरासी

भगवान नारायण की आश्रितवत्सलता का वर्णन करते हुए आष़्वार् कहते हैं–

वरै कुडै तोळ् काम्बाह आनिरै कात्तु आयर्
निरै विडै एष् शेट्रूवार् एन्ने? - उरवुडैय
नीराषियुळ् किडन्दु नेरा निशाचरर् मेल्
पेराषि कोण्ड पिरान्।।

शब्दार्थ अन्वयसहित

उरवु उडैय नीर् आषियुळ् किडन्दु = सशक्त वीचियुक्त दुग्ध समुद्र में विराजमान और
नेर् आम् निशाचरर् मेल् = वैरी बनकर आये राक्षस मधु-कैटभ पर
पेर् आषि कोण्ड पिरान् = सुदर्शन चक्र का प्रयोग कर उन्हें नष्ट कर देनेवाले भगवान नारायण ने
वरै कुडै = गोवर्धन पर्वत को छत्र की तरह उठाकर, तथा
तोळ् काम्बु आह = अपने कंधे को अथवा करों को छत्र-दंड की तरह बनाकर
आ निरै कात्तु = गौओं की रक्षा की थी और
आयर् निरै विडै एष् शेट्र आरु, एन्ने ! = गोपालकों के सात बड़े-बड़े ऋषभों को नष्ट कर दिया था। ये कैसी विचित्र लीलायें थीं !
[निशाचर = राक्षस = यह संस्कृत शब्द है। यहाँ मधु एवं कैटभ नाम के राक्षसों की ओर संकेत है]

भावार्थ

दुग्ध समुद्र में विराजमान भगवान नारायण ने सुदर्शन चक्र का प्रयोग कर दो राक्षसों–मधु तथा कैटभ को विनष्ट किया था। वैरियों के अंतक भगवान आश्रितों की रक्षा कैसे करते हैं ! इन्द्र के प्रकोप से वृन्दावनवासी लोगों, गौओं, आदि की रक्षा करने के लिए भगवान ने गोवर्धन पर्वत को छाते की तरह उठाया और अपने कंधे या करों को छत्र-दंड की तरह इस्तेमाल किया। उन्होंने गोपालकों के सात बड़े-बड़े भयंकर ऋषभों को भी अपने वश में कर नष्ट किया। आश्रित-रक्षण के लिए कैसी कैसी विचित्र लीलायें कीं भगवान नारायण ने !

व्याख्या

1. यहाँ सात भयंकर ऋषभों को नष्ट करने का जो वृत्तांत है वह इस प्रकार है।
   नप्पिन्नै गोपकुल की कन्या थी। कृष्ण ने गोपकन्या नप्पिन्नै से विवाह करना चाहा तो उसके वंश के गोपालक लोगों ने यह शर्त लगा दी थी कि उन लोगों के पास जो सात भयंकर खूंखार ऋषभ थे उनके साथ युद्ध कर उन्हें नियंत्रण में लाने पर ही नप्पिन्नै से विवाह हो सकता है। भगवान कृष्ण उन ऋषभों से युद्ध कर न केवल उन्हें नियंत्रण में लाये, वरन् उनको नष्ट भी कर दिया। तब जाकर देवी नप्पिन्नै के साथ कृष्ण का विवाह संपन्न हुआ।
2. भगवान की आश्रितवत्सलता तथा भक्तवत्सलता के प्रमाणों के साथ इस पद में आष़्वार् मधु-कैटभ नाश के द्वारा, वैरियों को नष्ट कर विश्व-रक्षा करने के भगवान के संकल्प की ओर भी संकेत करते हैं।

चौरासी

भगवद् महिमा को, भगवान को छोड़ और कौन समझ पायेगा? आष़्वार् के निम्न पद में इस तथ्य का संक्षिप्त वर्णन है।

पिरान् उन् पेरुमै पिरर् आर् अरिवार्
उराय् उलहळन्द नान्रु - वराहत्
तेयिट्रळवु पोदावा रेन् कोलो एन्दै
अडिक्कळवु पोन्द पडि।।

शब्दार्थ अन्वयसहित

पिरान्! = हे भगवान!

उराय् उलहु अळन्द नान्रु = (वामनावतार में) जब आपने अनायास भूमि को नापा था

एन्दै अडिक्कु अळवु पोन्द पडि = तब आपके पादों की नाप की जो भूमि थी वह

वराहत्तु एयिरु अळवु पोदा आरु एन् कोल्! = वराहवतार मे आपके दाँत के एक भाग के लिए भी अपर्याप्त कैसे हो गयी थी!

उन् पेरुमै पिरर् आर् अरिवार् = आपकी इस महिमा को आपको छोड़ और कौन समझ पायेगा?

विशेष

1. 'उराय्' का अर्थ 'अनायास' लिया गया है। 'उराय्' का दूसरा अर्थ है 'संचार करना' यदि उसे 'उलाय्' का परिवर्तित रूप माना जाए; संस्कृत के 'रलयोरभेदः' के अनुसार 'र' और 'ल' में कोई अंतर नहीं है; यदि इस सिद्धांत का पालन किया जाए तो 'उराय्' बन सकता है 'उलाय्'।

उस स्थिति में अर्थ होगा–

उराय् उलहु अळन्द नान्रु = ऊपर-नीचे संचार कर सारे ब्रह्माण्ड को जब आपने नापा था।

2. एन्दै = एन् तन्दै = मेरे पिता; यहाँ 'भगवान' का अर्थ है,

पडि = भूमि; एयिरु = दाँत

भावार्थ

हे भगवान नारायण! आपने वामनावतार में अनायास अपने पादों से सारी भूमि को नाप डाला था। परन्तु वराहावतार में वही विस्तृत भूमि कैसे वराह के दाँत के एक भाग के लिये भी अपर्याप्त रह गयी थी! अपनी इस महिमा को आप ही समझ सकते हैं; और कौन समझ पायेगा?

पचासी

मन कैसे भगवान नारायण को समझे? उसके लिए पंचेन्द्रियों को निर्यंत्रित कर भगवान का आराधन किया जाना चाहिए, निम्न पद में आष़्वार् का यह सन्देश रूपायित हुआ है।

पडि कण्डरिदिये पाम्बणैयिनान् पुळ्
कोडि कण्डरिदिये कूराय् - वडिविल्
पोरि ऐन्दुम् उळ्ळडक्कि पोदोड्डु नीरेन्दि
नेरि निन्र नेञ्जमे नी।।

शब्दार्थ अन्वयसहित

वडिवु इल् पोरि ऐन्दुम् उळ अडक्कि = रूपविहीन पंचेन्द्रियों को नियंत्रित अर्थात् आत्मविलीन कर
पोदोडु नीर् एन्दि = पुष्प और पवित्र तीर्थ लिये हुए
नेरि निन्र नेञ्जमे नी = समुचित मार्ग पर स्थित रे मन! तुम
कूराय् = बताओ
पाम्बु अणैयिनान् कण्डु अरिदिये = तुम आदिशेष की शय्या पर विराजमान भगवान के दिव्य शरीर के दर्शनों से तृप्त हुए! अथवा
पुळ् कोडि कण्डु अरिदिये = भगवान के गरुडध्वज को देखकर तृप्त हुए!
[पडि = शरीर; पिछले पद में 'पडि का अर्थ था 'भूमि']

भावार्थ

पंचेन्द्रियों को नियंत्रित अर्थात् आत्मविलीन कर पुष्प एवं तीर्थ लिये हुए भगवान के आराधन के पवित्र मार्ग पर स्थित हे भक्त मन! बताओ! तुमने किसकी सेवा की या किससे तृप्त हुए? शेषशायी भगवान नारायण के दिव्य शरीर के दर्शन कर उनकी सेवा की या गरुडारूढ़ भगवान की सेवा कर तृप्त हुए?

छियासी

तिरुक्कोवलूर के मंदिर की देहली पर देवीसमेत भगवान नारायण के दर्शन कर आष्ववार् पुलकित होते हैं।

नीयुम् तिरुमहळुम् निन्रायाल् कुन्रेडुत्तुप्
पायुम् पनिमरैत्त पण्बाळा - वाशल्
कडैकषिया उळ् पुहा कामर् पूं कोवल्
इडै कषिये पट्रि इनि।।

शब्दार्थ अन्वयसहितः

कुन्रु एडुत्त = गोवर्धन पर्वत को छत्र की तरह उठाकर
पायुम् पनि मरैत्त पण्बाळा! = मूसलाधार वर्षा को रोकते की कृपा करनेवाले हे भगवान नारायण!
वाशल् कडै कषिया = द्वार से न बाहर जाकर
उळ् पुहा = न भीतर भी जाकर
कामर् पूं कोवल् इडै कषिये पट्रि = अतिशय सुन्दर तिरुक्कोवलूर मंदिर की देहली पर
नीयुम् तिरुमहळुम् इनि निन्रायाल् = श्रीदेवीसमेत आप विराजमान हैं।
[यह कैसा सौन्दर्य है! कितना बड़ा आश्चर्य है!]

भावार्थ

हे भगवान नारायण! कृष्णवतार में आपने गोवर्धन पर्वत को छत्र की तरह उठाकर, मूसलाधार वर्षा को रोककर सबको बचाया। आज आप श्रीदेवी के साथ सुन्दर तिरुक्कोवलूर मंदिर के बाहर नहीं, भीतर भी नहीं; परन्तु देहली पर विराजमान हो दर्शन दे रहे हैं—यह कितना बड़ा आश्चर्य है! यह सौन्दर्य भी कैसा?

व्याख्या

यहाँ प्रथम आष़्वार् पोय्कै, अन्य दो परवर्ती भूतत्ताष़्वार् तथा पेयाष़्वार् के साथ भगवान नारायण के सामीप्य का जो आनन्द प्राप्त हुआ था उसकी सांकेतिक परिकल्पना कर रहे हैं। तिरुक्कोवलूर में वर्षा के एक दिन तमावृत कक्ष में तीनों आष़्वारों ने जब शरण ली थी तब भगवान भी भक्तों के बीच आ गये थे वर्षा से बचने के लिए। तीनों आष़्वारों को पता नहीं था कि भगवान नारायण उनके बीच आये हैं। परन्तु उन्हें भगवान के सामीप्य की अनुभूति अवश्य हुई। अब इस पद में श्रीदेवी एवं भगवान नारायण के समन्वित दर्शनों का आनन्द प्राप्त कर पूर्व घटना का, आष़्वार् स्मरण कर रहे हैं।

आष़्वार् देहली में श्रीदेवी एवं भगवान नारायण के विराजमान होने का जो वर्णन कर रहे है उसके मूल में तात्पर्य निम्न प्रकार है।

मंदिर के बाहर भवसागर में उलझे हुए सांसारिक लोग रहते हैं और मंदिर के अन्दर निवास करते हैं योगी याने साधक। अतः भगवान न बाहर रहते हैं और न भीतर ही; परन्तु विराजमान हैं मध्य स्थल पर अर्थात् देहली में ताकि बाहर रहनेवाले सांसारिकों को दर्शन लाभ प्राप्त हो और भीतर रहनेवाले साधकों को उनकी साधना का फल—साध्य प्राप्त हो।

सत्तासी

भगवच्चरणों में सर्मर्पित जंबूद्वीप के निवासियों को भगवद्-सामीप्य का सौभाग्य प्राप्त है। अतः उन्हें यमदूतों से भयभीत होने की आवश्यकता नहीं है। इस बात का वर्णन आष़्वार् किस प्रकार करते हैं—देखिये निम्नलिखित पद में।

इनियार् पुहुवार् एषु नरक वाशल्
मुनियादु मूरि ताळ् कोमिन् - कनि शायक्
कन्रेरिन्द तोळान् कनै कष़्ले काण्बदर्कु
नन्करिन्द नावलञ्चूष़् नाडु।।

शब्दार्थ अन्वयसहित

कनि शाय = कठबेर फल के रूप में आये असुर का नाश कर

कन्रु एरिन्द तोळान् = बछड़े के रूप में आये वत्सासुर को दूर फेंक देनेवाले सशक्त स्कन्धयुक्त भगवान नारायण के

कनै कष़्ले काण्बदर्कु = नूपुर ध्वनियुक्त पादों का सेवन करना

अन् नावल् शूष़् नाडु = सुन्दर जामुन वृक्षों से भरे जम्बूद्वीप में रहनेवाले लोग

नन्गु अरिन्द = भली भांति समझते हैं।

इनि = (ऐसी स्थिति में) अब आगे

एषु नरक वाशल् यार पुहुवार = सप्त नरकों के द्वार में कौन प्रवेश करेंगे!

मुनियादु = (हे यमकिंकर! अब कोई आपके यहाँ नही आयेंगे अतः) बिना क्रोध किये

मूरि ताळ् कोमिन् = (उन दरवाज़ों पर) सशक्त ताला लगा दीजिए (द्वार बंद कर दीजिये)

भावार्थ

भगवान नारायण ने कृष्णवतार में कंस के द्वारा भेजे गये, कठबेर फल के रूप में वृक्ष में स्थित असुर को,

और बछडों के बीच बछड़ा बनकर आये वत्सासुर को उठाकर, पटककर मार डाला था। उस भगवान नारायण का पाद-सेवन करना जंबू द्वीप के निवासी लोग खूब जानते हैं। भगवान के कृपा-पात्र वे भक्त लोग सप्त नरकों में नहीं जाएंगे। अतः आष्वार् का कहना है कि हे यमकिंकर! क्रोध मत कीजिए और सप्त नरकों के द्वारों पर ताला लगा दीजिए; क्योंकि अब वहाँ कोई जानेवाला नहीं है।

व्याख्या

1. यहाँ संकेत किये गये सात नरक इस प्रकार हैं–तामिस्र, महारौरव, महानरक, तपन, संहात, कुड्मल, शाल्मली (वैसे तो नरक 21 माने जाते हैं; उनमें से प्रमुख 7 यहाँ दिये गये हैं)
2. नावल् नाडु–जामुन के पेड़ों से भरा हुआ देश 'जम्बू द्वीप'। यहाँ 'नावल नाडु' से वहाँ रहनेवाले लोगों की ओर संकेत है। पुराणों के अनुसार भारतवर्ष को 'जम्बू द्वीप' कहा गया है। उस प्रदेश में रहनेवाले भागवत भक्तों का यहाँ उल्लेख है।
3. यहाँ कृष्ण के द्वारा मारे गये दो असुरों का उल्लेख है। कृष्ण को मारने के लिए कंस के द्वारा भेजा गया एक असुर आया था कठबेर फल के रूप में और फलों के बीच में छिपकर बैठा था। दूसरा असुर वत्सासुर कृष्ण के द्वारा चराये गये बछड़ों के बीच बछड़ा बनकर छिपकर बैठा था। कृष्ण ने उस वत्सासुर को उठाया और कठबेर फल की ओर फेंका और इस प्रकार दोनों असुरों को नष्ट किया।
4. भगवान के कृपा पात्र एवं प्रपन्न भक्तों को नरक-प्राप्ति नहीं होगी। इस तथ्य पर आष्वार् इस पद में ज़ोर देते हैं।

अट्ठासी

मनसा, वाचा एवं कर्मणा भगवदाराधन करना ही मेरा धर्म है–भक्त आष्वार् का यह सुनिश्चित निर्णय है।

नाडिलुम् निन्नडिये नाडुवन् नाडोरुम्
पाडिलुम् निन् पुहषे पाडुवन् - शूडिलुम्
पोन्नाषि एन्दिनान् पोन्नडिये शूडुवेर्कु
एन्नाहिल् एन्ने एनक्कु।।

शब्दार्थ अन्वयसहित

नाडिलुम् = यदि मैं ध्यान करूँ तो
निन्नडिये नाडुवन् = केवल आपके पादों का ध्यान करूंगा
नाडोरुम् = नाळ् तोरुम = प्रतिदिन
पाडिलुम् = यदि मैं गाऊं तो
निन् पुहषे पाडुवन् = केवल आपकी कीर्ति का गान करूंगा
शूडिलुम् = यदि मैं किसी वस्तु से अपने सिर को अलंकृत करना चाहूं तो
पोन् आषि एन्दिनान् पोन्नडिये शूडुवेर्कु = स्वर्णिम सुदर्शन चक्र को धारण करनेवाले भगवान नारायण के सुन्दर पादों को ही सिर पर उठाऊंगा (वे ही मेरे सिर के अलंकार होंगे।)
एनक्कु एन् आहिल् एन् = उसके बाद चाहे कुछ भी हो, मुझे कोई चिन्ता नहीं होगी।

भावार्थ

भक्त आष़्वार् का यह सुनिश्चित निर्णय है कि वे केवल भगवान नारायण का ध्यान करेंगे; उन्हींका यशोगान करेंगे और उनके ही पादों को अपने सिर पर धारण करेंगे। उसके बाद चाहे कोई भी स्थिति क्यों न हो, उन्हें कोई चिन्ता नहीं होगी।

व्याख्या

यहाँ आष़्वार् भक्त-धर्म का विश्लेषण करते हैं। भक्त को चाहिए कि वह अपने त्रिकरणों अर्थात् मन, वाक् तथा काया से भगवदाराधन करे। ध्यान करे मन से भगवान नारायण का; वाक् से उनकी स्तुति गाये और सिर पर भगवान के पादों को धारण करे अर्थात् काया से दास्य भक्ति करे।

भक्ति की इस पराकाष्ठा की स्थिति अर्थात् प्रपत्ति की तुलना में इह लोक एवं परलोक का कोई महत्व नहीं रहता। शरणागति के बाद किसी और स्थिति की चिन्ता क्यों होनी है!

नवासी

अति सामान्य वस्तुओं में भी भगवान नारायण के दर्शनों का जो सौभाग्य मुझे प्राप्त हुआ है वह किसी और को कैसे मिले!

एनक्कावार् आरोरुवरे एम्पेरुमान्
तनक्कावान् ताने मट्रल्लाल् - पुनक्कायाम्
पू मेनि काणप् पोदिय विषुम् पूवैप्पू
मामेनि काट्टुम् वरम्।।

शब्दार्थ अन्वयसहित

पुनम् कायाम् का मेनि = पहाड़ी वनों के जंगली पुष्पों का रंग तथा

काण पोदि अविषुम् पूवैप् पू मा मेनि वरम् काट्टुम् = देखते देखते खिलनेवाले वन-पुष्पों का रंग भी भगवान नारायण के नील-श्यामल वर्ण के शरीर के दर्शन कराते है

एनक्कु आर् ओरुवरे आवार्? = इन दर्शनों का सौभाग्य प्राप्त मेरे समान कोई दूसरा हो सकता है क्या?

एम्पेरुमान् ताने तनक्कु आवान् = भगवान नारायण स्वयं अपने लिए उपमान हैं—आत्मतुल्य हैं।

मट्रु अल्लाल् = कोई दूसरा उनके समान नहीं है।

भावार्थ व्याख्यासहित

भगवान नारायण का सुन्दर नील-श्याम वर्ण पहाड़ी वनों के जंगली पुष्पों के रंग के समान है। उन पुष्पों को देखकर भगवान के सुन्दर शरीर के दर्शनों का सौभाग्य मुझे प्राप्त हुआ है। मेरी तरह ऐसा कौन भाग्यशाली होगा! (कोई नहीं)

इन पुष्पों को देखने पर मुझे इनसे अधिक भगवान के सौन्दर्य के ही दर्शन होते हैं। अतः मुझसे अधिक भाग्यशाली और कौन हो सकता है? ज्ञान मार्ग से भगवान को कुछ लोग प्राप्त करते हैं; परन्तु आंखों से भी उनके दर्शनों का लाभ केवल मुझे प्राप्त है; अतः मैं सबसे बड़ा भाग्यवान हूं।

यहाँ आष़्वार् का अहंकार नहीं; परन्तु भक्त की अति भावुकता तथा गद्गद् भावात्मक भक्ति-गहनता का संकेत है। संक्षेप में तात्पर्य इस प्रकार है।

अन्य लोग ऐसे पुष्पों को जंगली पुष्प कहकर उनकी अवहेलना करते हैं जब कि वे वास्तव में अपने रंग से भगवान नारायण के दर्शन कराते हैं।

भगवान भी स्वयं आत्मतुल्य हैं; किसी और के साथ उनकी तुलना कैसे की जाए?

नब्बे

नृसिंह के रूप में अवतरित होकर आश्रितवत्सल भगवान नारायण ने आश्रित विरोधी का संहार किया। इस तथ्य की व्याख्या आष्वार् के निम्न पद में देखें।

वरत्ताल् वलि निनैन्दु माधव निन् पादम्
शिरत्ताल् वणंगानाम् एन्रे - उरत्तिनाल्
ईररियाय् नेर् वलियोन् आय इरणियनै
ओररियाय् नी इडन्ददु ऊन्।।

शब्दार्थ अन्वयसहित

माधव = हे भगवान नारायण!
ईर् अरियाय् = भयानक शत्रु के रूप में
नेर् वलियोन् आय = समक्ष आकर युद्ध करने में सक्षम
इरणियनै ऊन् = हिरण्यकशिपु के शरीर को
ओर् अरि आय् = विशेष शत्रु अर्थात् अद्भुत नृसिंह बनकर
(यहाँ 'ओर्' से 'विशेष' या 'अद्भुत' का अर्थ लिया जाता है। क्योंकि यह नृसिंह अन्य सिंहों की तरह नहीं है; परन्तु मनुष्य-पशु के रूप में भगवान का अवतार है।)
उरत्तिनाल् नी इडन्ददु = अपने बल से आपने विदीर्ण किया था
वरत्ताल् वलि निनैन्दु = ब्रह्मादि देवताओं के वरदान से अपनी ताकत का गर्व करते हुए
शिरत्ताल् निन् पादम् वणंगानाम् एन्रे ?-उसने आपके पादों पर
सिर नहीं नवाया था = क्या इसलिए?
[माधव(नारायण), अरि(शत्रु) = ये दोनों संस्कृत शब्द हैं]

भावार्थ व्याख्यासहित

हे माधव! भयानक शत्रु बनकर आये और समक्ष खड़े होकर युद्ध करने में सक्षम राक्षस हिरण्यकशिपु के शरीर को नृसिंहावतार लेकर आपने विदीर्ण किया था। क्या वह इसलिए कि ब्रह्मादि देवताओं से प्राप्त वरों के कारण अपनी शक्ति का गर्व करते हुए उसने आपके पादों पर सिर नहीं नबाया था? (नहीं, वह तो आपने परम भागवत भक्त प्रह्लाद के प्रति वात्सल्य के कारण, हिरण्यकशिपु के अन्याय के विरोध में किया था।) [एक तो हिरण्यकशिपु अहंकारी था; अपनी ताकत का उसे गर्व था। साथ ही उसने अपने पुत्र भगवद् भक्त प्रह्लाद को अपार कष्ट दिया था। अतः भक्तवत्सल भगवान ने नृसिंहावतार लेकर हिरण्यकशिपु को दंड दिया था। उन्हें इस बात की कतई चिन्ता नहीं थी कि हिरण्यकशिपु उनके पादों पर सिर नवाये या नहीं।]

इक्यानबे

विषय वासनाओं से मुक्त होकर भगवदाराधन करनेवाले भक्तों को परमपद अथवा मुक्ति प्राप्त होगी–इस तथ्य पर ज़ोर देते हुए आष्वार् कहते हैं।

ऊनक् कुरम्पैयिन् उळ् पुक्कु इरुळ् नीक्कि
ज्ञानच्चुडर् कोळीइ नाडोरुम् - एनत्तु
उरुवाय उलहिडन्द ऊषियान् पादम्
मरुवादार्कु उण्डामो वान्?

शब्दार्थ अन्वयसहित

ऊनक् कुरम्पैयिन् उळ् पुक्कु = मांसमय शरीर की कुटिया में प्रवेश कर
[ऊन् = मांस; कुरम्पै = कुटी; झोंपड़ी]
इरुळ् नीक्कि = शरीर संबंधी अज्ञान-तम को हटाकर
ज्ञानच्चुडर कोळीइ = ज्ञान की ज्योति जगाकर,
एनत्तु उरु आय् = वराहावतार में
उलहु इडन्द = पृथ्वी को बाहर लाकर
ऊषियान् = प्रलय काल में विश्व की रक्षा करनेवाले भगवान नारायण के
पादम् = पादों पर
नाडोरुम् = नाळ् तोरुम् = प्रतिदिन
मरुवादार्कु = समर्पण न करनेवालों को
वान् उण्डामो? = परम पद या मुक्ति की प्राप्ति होगी क्या?
(उत्तर है = नहीं; उन्हीं को मुक्ति मिलेगी जो भगवान के पादों पर भक्तिपूर्वक अपने को अर्पित करते हैं।)

भावार्थ

जो लोग मांसमय शरीर की वासनाओं से उत्पन्न अज्ञान को दूर कर, और ज़ान का प्रकाश जगाकर, वराहावतार लेकर पृथ्वी की रक्षा करनेवाले भगवान नारायण की भक्ति नहीं करते हैं और उनके पादों पर अपने आप को समर्पित नहीं करते हैं वे मुक्ति के अधिकारी नहीं होंगे।

व्याख्या

सामान्य मानव, शरीर की वासनाओं के शिकार हो पड़े रहते हैं और उन्हीं को सत्य समझकर तमावृत हो वास्तविकता से दूर रहते हैं।

नश्वर शरीर की अनित्यता को जब तक वे नहीं समझ पायेंगे और भगवान के प्रति प्रपत्ति भाव से आत्मनिवेदन नहीं कर पायेंगे तब तक वे परम पद अर्थात् मुक्ति से दूर रहेंगे।

इसी तथ्य को पुरुष सूक्तम् का मंत्र 7 प्रतिपादित करता है

"नान्यः पन्था अयनाय विद्यते।"

(मुक्ति के लिए दूसरा कोई पथ नहीं है।)

बयानबे

भगवान नारायण की अपारता, अद्वितीयता, परब्रह्मत्व, साथ ही भक्तवत्सलता का गौरव-गान करते हैं निम्न पद में आऴ्वार्।

वानाहित् तीयाय् मरिकडलाय् मारुतमाय्
तेनाहिप् पालाम् तिरुमाले - आनाय्च्चि
वेण्णेय् विषुंग निरैयुमे मुन्नोरुनाळ्
मण्णै उमिष्न्द वयिरु।।

शब्दार्थ अन्वयसहित

वान् आहि = आकाश ती आय् = अग्नि
मरि कडलाय् = लहरानेवाले समुद्र एवं
मारुतमाय् = वायु आदि भूतों के रूप में ब्रह्माण्ड-व्यापी
तेन् आहि = (नित्य मुक्तों के लिए) मधु तथा
पाल् आय् = दुग्ध की भांति मधुर बनकर विद्यमान
तिरुमाले = हे श्रीपति!
आन् आय्च्चि = गोपमाता यशोदा का (आन् = गाय;
आय्च्चि = गोपी)
वेण्णेय् विषुंग = मक्खन खाने से,
मुन् ओरु नाळ् = बहुत पहले
मण्णै उमिष्न्द वयिरु निरैयुमो? = सारी पृथ्वी को निगलकर बाद में उगल देने के पश्चात् आपका जो उदर खाली हो गया था क्या वह भर पायेगा!

भावार्थ

जल, वायु, आकाश तथा सागर आदि भूतों के रूप में अखिल ब्रह्मांड में व्याप्त रहनेवाले और नित्य मुक्तों के अंतस् में मधु एवं दुग्ध की तरह माधुर्य भाव को भर देनेवाले हे श्रीपति! आपने पहले प्रलय काल में भूमि की रक्षा करने के निमित्त उसे निगल लिया था; बाद में उसे बाहर लाकर प्रस्तुत कर दिया था। इस कारण आपका पेट जब खाली हो गया था तो उसे भरने के लिए क्या यशोदा माता का दिया हुआ मक्खन पर्याप्त होगा?

व्याख्या

भगवान नारायण भूतमय हैं, भूतात्मा हैं—मुक्त जीवियों के लिए शाश्वत ब्रह्म हैं। 'रसो वै सः'—उपनिषत् वाक्य के अनुसार वे रसमय हैं। वे भक्तवत्सल हैं।

पृथ्वी को निगलनेवाला उदर इतना बृहद् है कि उसमें थोड़े से मक्खन का क्या प्रयोजन? फिर भी उसे निगला। क्योंकि वह माता यशोदा का दिया हुआ था। पेट भरने के लिए थोड़े ही उन्होंने मक्खन खाया था! माँ का—भक्तिन का मन रखने के लिए खाया था। यह भगवान नारायण की भक्तवत्सलता का प्रमाण है।

तिरानबे

भगवान नारायण ने नृसिंहावतार लेकर भक्त प्रह्लाद के विरोधी राक्षस हिरण्य कशिपु का वक्षस्थल विदीर्ण कर आश्रितवत्सलता का जो प्रमाण प्रस्तुत किया था उसका विवरण भक्त आष्वार् निम्न पद में दे रहे हैं।

वयिरषल वाळुरुवि वन्दानै अञ्ज
एयिरु इलह वाय् मडुत्तदु एन् नी - पोरि उहिराल्
पू वडिवै ईडु अषित्त पोन्नाषिक्कैया निन्
शेवडिमेल ईडषियच् चेट्रु।।

शब्दार्थ अन्वयसहित

पू वडिवै ईडु अषित्त पोन् आषिक्कैया = पुष्पों के सौन्दर्य को
भी मात कर देनेवाले सुन्दर एवं उज्ज्वल चक्र को धारण करनेवाले करयुक्त हे भगवान नारायण
वयिरु अषल = अपने भक्तों के अन्तस्थल को व्यग्र करते हुए
वाळ् उरुवि वन्दानै = खड्ग हाथ में लेकर आये राक्षस हिरण्यकशिपु को भी
अञ्ज = भयभीत करने की मुद्रा में
निन् शेवडि मेल् = अपने पादों पर डालकर (आपने)
पोरि उहिराल् = रंग-बिरंगे नखों से
ईडु अषिय चेट्रु = चीर-फाड़कर खतम करने के बाद भी
एयिरु इलह नी वाय् मडुत्तदु एन्? = अपना मुँह ऐसा क्यों बंद किया कि आपके चमकते दाँत बाहर दिखें।

भावार्थ

हे भगवान नारायण! आपके कर पुष्पों से भी सुन्दर हैं एवं आकर्षक सुदर्शन चक्र को लिये हुए हैं। आपके विरुद्ध खड्ग लेकर दौड़ा आया राक्षस हिरण्यकशिपु। उसे देखकर भक्तों का अंतस्थल अतिशय व्यग्र हुआ। तब आपने नृसिंहावतार लेकर उस राक्षस को अपने पादों पर डालकर तीक्ष्ण नखों से उसके वक्षस्थल को विदीर्ण कर निर्मूल कर दिया था। उसके बाद भी आपका क्रोध शांत नहीं हुआ। उसी मुद्रा में आपने अपना मुँह तो बंद किया; फिर भी आपके उज्ज्वल दाँत बाहर दिख रहे थे। ऐसा क्यों?

व्याख्या

भगवान नारायण आश्रित-विरोधी के प्रति अतिशय क्रुद्ध होते हैं और आश्रित-रक्षण के लिए उसके विरोधी का तत्काल विनाश करते हैं। उसके बाद भी भगवान का उग्र क्रोध कम नहीं होता। वह इसलिये कि भगवान सोचते हैं कि कोई दूसरा तो नहीं है भक्त विरोधी! भक्तों के प्रति भगवान की दया भी अपरिमित है। परम भागवत आष्वार् प्रश्न के साथ पद समाप्त करते हैं। परन्तु उस प्रश्न में ही उत्तर भी समाहित है।

चौरानबे

भगवान नारायण अपने आश्रितों को अपना विश्वरूप-दर्शन कराते हैं। भगवान की महिमा को समझनेवाले, भगवान के कृपा पात्र भक्त जन ही तो उनके परब्रह्मत्व एवं सर्वव्यापकत्व को आत्मसात् कर सकते हैं।

चेट्रु एषुन्दु ती विषित्तु चेन्र इन्द एषुलहम्
मट्रु इवै आ एन्रु वाय् अंगान्दु - मुट्रुम्
मरैयवर्कुक् काट्टिय मायवनै अल्लाल्
इरैयेनुम् एत्तादु एन् ना।।

शब्दार्थ अन्वयसहित

चेट्रु एषुन्दु = (भगवान नारायण ने कृष्णावतार में) क्रोधित होकर
ती विषित्तु = (दुर्योधनादि को) इस प्रकार देखा कि आंखों से मानों आग उगल रही थी
चेन्र इन्द एषु उळहम् मट्रु इवै = जिन सातों लोकों को प्रलयकाल में मैंने निगल लिया था वे लोक ये हैं (यह कहते हुए उन्होंने)
आ एन्रु वाय् अंगान्दु मुट्रुम् मरैयवर्कुक् काट्टिय = मुँह खोलकर उन सातों लोकों को दिखाया भीष्म, द्रोण आदि वेदविदों को,
मायवनै अल्लाल् = उस मायामय भगवान कृष्ण को छोड़कर
एन् ना = मेरी जिह्वा
इरैयेनुम् एत्तादु = (किसी दूसरे की) ज़रा भी स्तुति नहीं करेगी।

भावार्थ

भगवान नारायण कृष्णावतार में (जब वे दुर्योधन के राजप्रासाद में पांडवों के दूत बनकर गये तब) अन्यायी दुर्योधन आदि पर अतिशय क्रुद्ध हुए और अपनी तीक्ष्ण दृष्टि से उनकी ओर गुस्से से देखा—ऐसा लगा कि उनकी आंखों से मानों आग उगल रही थी जिसमें दुर्योधन आदि आततायी जल-भुनकर नष्ट हो जाते। प्रलय काल में भगवान नारायण ने सातों लोकों को निगल लिया था। अपने उदर में स्थित उन सातों लोकों को मुँह खोलकर मायामय भगवान ने वेदविद् ज्ञानी भीष्म, द्रोण आदि आचार्यों को दिखाया था।
आष्ज़्वार् कहते हैं कि उस भगवान को छोड़कर मेरी जिह्वा किसी दूसरे देवता की स्तुति नहीं करेगी।

व्याख्या

1. यहाँ आष्ज़्वार् महाभारत की कथा का विवरण दे रहे हैं। दुर्योधन आदि कौरवों के सभागृह में पांडवों का दूत बनकर जब भगवान कृष्ण गये तब कौरवों के दुर्व्यवहार से क्रोधित होकर उनकी ओर कृष्ण ने आग उगलनेवाली दृष्टि से देखा। यह भक्तों के प्रति भगवान के अनुग्रह का परिचायक है। तदनन्तर भगवान कृष्ण ने अपना जो विश्वरूप प्रस्तुत किया उसे वेदविद् भीष्म, द्रोण आदि आचार्यों ने देखा। उन्होंने विश्व रूप में क्या दिखाया! जिन सात लोकों को प्रलय काल मे भगवान ने उदरस्थ कर लिया था वे सातों लोक उनके भीतर विद्यमान थे। इससे अर्जुन के अतिरिक्त उन मनीषियों को भी भगवान नारायण की अपरम्पार महिमा का भान हुआ। यहाँ गीता के अध्याय 11 में वर्णित कृष्ण का विश्वरूप भी स्मरणीय है।
2. इस पद में महाभारत के आरण्य पर्व तथा मार्कंडेय पुराण की कथा का भी संकेत है। वह कथा इस प्रकार है।

   प्रलयकाल में भगवान नारायण ने सातों लोकों को निगलकर उदरस्थ कर लिया था। तपस्या के बल पर भक्त मार्कंडेय ने काल की सीमा पार कर सर्वदा सोलह वर्ष का नवयुवक बनकर दीर्घकाल तक रहने का वर प्राप्त कर लिया था। उसने भगवान से पुरातन प्रलय काल के दर्शन कराने की प्रार्थना की। मायामय

भगवान ने अपनी माया शक्ति से प्रलय की सृष्टि की। उस प्रलय में मार्कंडेय भी फंसकर बहने लगा और तब प्रलय जल-प्रवाह में शिशु रूप में वटपत्रशायी भगवान नारायण को देखकर उस शिशु के उदर में प्रवेश कर मार्कंडेय ने वहां अखिल चराचर व्याप्त ब्रह्माण्ड को देखा और चकित रह गया।

3. इस पद में आष्वार् ने भगवान कृष्ण को 'मायवन्' (मायावी; मायामय) कहा है। क्योंकि भगवान कृष्ण ने अपनी माया शक्ति से ही मार्कंडेय को और अन्य वेदविदों को विश्वरूप दर्शन कराने की अजीब घटना प्रस्तुत की। अतः वे मायामय अथवा मायापति हैं।

पंचानबे

मोक्ष प्राप्त करने के लिए बड़े बड़े ग्रंथों का पठन आवश्यक नहीं है। केवल अष्टाक्षर मंत्र 'ओम् नमो नारायणाय' का जपन पर्याप्त है। इस बात पर आष्वार् बल देते हुए कहते हैं।

ना वायिलुण्डे नमो नारणावेन्रु
ओवादु उरैक्कुम्, उरैयुण्डे - मूवाद
माक्कदिक्कण् शेल्लुम् वहैयुण्डे एन्नोरुवर्
तीक्कदिक्कण् शेल्लुम् तिरम्।।

शब्दार्थ अन्वयसहित

ना वायिलुण्डे = भगवान की स्तुति का साथन 'जिह्वा' अपने पास—मुँह में ही है
ओवादु उरैक्कुम् नमो नारणा एन्रु उरै उण्डे = निरन्तर अनायास जपन करने के लिए 'ओम् नमो नारायणाय' मंत्र भी है!
मूवाद मा कदिक्कण् शेल्लुम् वहै उण्डे = जहां से लौटना नहीं है उस परमपद अथवा मोक्ष की प्राप्ति के लिए अर्चादि मार्ग हैं
[मूवाद = जहां से प्रत्यावर्तन नहीं है]
ती कदिक्कण् ओरुवर् शेल्लुम् तिरम् एन्? = फिर भी बुरे मार्ग पर किसीके जाने का कारण क्या है? (या कोई क्यों जाए?)
(कदि = संस्कृत शब्द 'गति' का तमिल रूप है।
नमो नारणा = 'ओम् नमो नारायणाय' = संस्कृत के इस अष्टाक्षर मंत्र का तमिल प्रयोग है।)

भावार्थ

भगवान की स्तुति करने के लिए हमारे पास अपने मुँह में ही जिह्वा है। निरन्तर बिना आयास के जपन करने के लिए अष्टाक्षर मंत्र 'ओम् नमो नारायणाय' उपलब्ध है। सहस्रनाम इत्यादि का पाठ करने की आवश्यकता नहीं है। आराम से मोक्ष प्राप्त करने के लिए भगवान का अर्चन, वन्दन आदि सरल प्रपत्ति के अनेक मार्ग हैं। फिर भी उन सबको छोड़कर—सन्मार्ग का सहारा लिये बिना कोई असत् मार्ग पर क्यों जाए? आष्वार् यहाँ ऐसे लोगों पर आश्चर्य करते हैं जो सरल एवं शुभ मार्ग का परित्याग कर घोर नरक में पहुँचानेवाले असत्मार्ग को ग्रहण करते हैं।

छियानबे

आष़्वार् का कहना है कि संसार के लोग भले ही असत्मार्ग को स्वीकार करें, परन्तु मेरा मन इह-पर के आधारभूत, सर्वमय एवं सर्वव्यापी भगवान नारायण का ही ध्यान करेगा।

तिरम्बादेन् नेञ्जमे शेंकण् माल् कण्डाय्
अरम् पावम् एन्रु इरण्डुम् आवान् - पुरन्तानिम्
मण् तान् मरि कडल् तान् मारुतम् तान् वान् ताने
कण्डाय् कडैक्कट् पिडि।।

शब्दार्थ अन्वयसहित

एन् नेञ्जमे! = हे मेरे मन!
शेम् कण् माल् = कमलनयन भगवान नारायण
अरम् पावम् एन्रु इरण्डुम आवान् = पुण्य, पाप = दोनों प्रकार के कर्मों के निर्वाहक हैं।
इम् मण् तान् = यह भूमि
मरि कडल् तान् = लहरानेवाला समुद्र
मारुतम् तान् = वायु
वान् = आकाश = ये तमाम भूत और
पुरम् तान् = इन सबसे भिन्न जीव, मन, अहंकार आदि प्रकृति तत्व अर्थात् महत्तत्व भी
ताने कण्डाय् = वही भगवान नारायण हैं
तिरम्बादु कडैक्कण् पिडि = (इस तथ्य को) बिना विस्मृत
किये अंत तक आत्मसात् करो।
[पावम् और मारुतम् = संस्कृत शब्द 'पाप' एवं 'मरुत्' के क्रमशः तमिल रूप हैं]

भावार्थ

भक्त आष़्वार् अपने मन को संबोधित कर कहते हैं—हे मन! कमलनयन भगवान नारायण तमाम पाप-पुण्य कर्मों के निर्वाहक हैं; वे ही पृथ्वी, समुद्र, वायु, आकाश आदि भूत तथा जीव, मन, अहंकार आदि महत्तत्व भी हैं। उस सर्वमय भगवान नारायण का निरन्तर ध्यान करो।

व्याख्या

परम भक्त आष़्वार् यह सोचकर कि सांसारिक लोग जैसे भी रहें या जो भी करें, अपने मन से कहते हैं कि हे मन! तुम सर्वमय भगवान नारायण की महिमा का निरन्तर ध्यान एवं स्तुति करो।

यहाँ आष़्वार् एक तरफ़ आंतरिक रूप से उन लोगों के बारे में सोचकर दुख करते हैं जो भगवदाराधन को त्यागकर असत्कर्मों में लीन रहते हैं। साथ ही वे अपने मन को भी सचेत करते हैं कि वह भूतात्मा, सर्व-कारणभूत एवं प्रकृति के महत्तत्वों के निर्वाहक भगवान नारायण का निरन्तर ध्यान एवं स्तुति करे जिससे कि संसार के सामने एक प्रतिमान प्रस्तुत हो।

आष़्वार् कृपालु हैं, करुणामय हैं; अतः सांसारिकों के कल्याण तथा हित की उन्हें चिन्ता है।

सत्तानबे

गंगा स्वयं पवित्र है और अन्यों को भी पवित्र कर देनेवाली है; परन्तु उसकी पवित्रता का कारण भगवान नारायण का पादसेवन ही है—इस पर आष़्वार् का वक्तव्य देखें।

पिडि शेर् कळिरळित्त पेराळा उन्रन्
अडि शेरन्दरुळ पेट्राळ् अन्रे - पोडि शेर
अनर्कंगै येट्रान् अविर् चडै मेल् पायन्द
पुनर् गंगै येन्नुम पेर् पोन्।।

शब्दार्थ अन्वयसहित

पिडि शेर् कळिरु अळित्त पेराळा! = हथनी के साथ वासनाग्रस्त होकर विषय लीन रहनेवाले गजेन्द्र की भी रक्षा करनेवाले हे भगवान नारायण!
पोडि शेर् = भस्मधारी और
अनर्कु अम् कै एट्रान् = अग्नि को हाथ में धरनेवाले शिवजी की
अविर् चडै मेल् पायन्द पुनल् = उज्ज्वल जटा में बहती हुई जल धारा
गंगै एन्नुम् पेर् पोन् = गंगा के नाम से सर्वोत्तम नदी बनकर
उन्दन् अडि शेर्न्दु = आपके चरणों में पहुँची और तब
अरुळ् पेट्राळ् अन्रे = आपके अनुग्रह की पात्र हुई न!

भावार्थ

हथनी के साथ विषय-वासना-लीन हो लीला करनेवाला गजेन्द्र परम भागवत भक्त था। अतः उसकी रक्षा करने के लिए पधारे भगवान नारायण। उन्हें संबोधित करते हुए आष़्वार् कहते हैं कि पवित्रतम गंगा, भस्मधारी और अग्नि को हाथ में रखनेवाले शिवजी की जटा में विराजमान थी; वही गंगा, हे भगवान नारायण! आपके चरणों में पहुँचकर आपके अनुग्रह की पात्र हुई।

व्याख्या

इस पद में गजेन्द्र मोक्ष की कथा की ओर संकेत है। पावनतम नदी गंगा शरीर में भस्म लगाये हुए और हाथ में अग्नि को धरनेवाले शिवजी की जटा में विद्यमान है और वही गंगा भगवान नारायण के चरणों में आश्रय लेकर उनकी कृपा-पात्र एवं परम पावनी बनी।

पावनतम गंगा पापियों को भी तारने की क्षमता रखती है। कहा जाता है कि वही गंगा जो शिवजी की जटा में विराजमान है, भगवान नारायण के चरणों से निकलती है और भगवान की कृपा की पात्र बनती है। अतः वह पुनीततम हो गयी है।

शिवजी की जटा में रहकर गंगा उनको पावन करती है। भगवान नारायण के चरणों से उद्भूत होकर वह अत्यन्त पुनीत हो जाती है और पापात्माओं को भी पुण्यात्मा बना देती है।

इस पद में आष़्वार् की यह भी स्थापना है कि यदि विषयी व्यक्ति भी भक्त हो तो उसे पुण्यात्मा के रूप में भगवान स्वीकार करते हैं और उसकी रक्षा करने के लिए तत्पर रहते हैं।

अट्ठानबे

शिवजी अथवा रुद्र यदि शरीर हैं तो भगवान नारायण शरीरी हैं–इस तथ्य को आष़्वार् स्पष्ट करते हैं निम्न पद में।

> **पोन् तिहषुम् मेनिप् पुरि शडैयम् पुण्णियनुम्**
> **निन्रुलहम् ताय नेडुमालुम् - एन्रुम्**
> **इरुवर् अंगत्ताल तिरिवरेलुम ओरुवन्**
> **ओरुवनंग त्तेन्रुम् उळन्।।**

शब्दार्थ अन्वयसहित

पोन् तिहषुम् मेनि = स्वर्णिम स्वरूपयुक्त
पुरि शडै = जटाधारी, तथा
अम् पुण्णियनुम् = पुण्य हेतु तपस्या करनेवाले शिवजी और
निन्रु उलहम् ताय नेडुमालुम् = (वामनावतार में) समस्त ब्रह्माण्ड को नापनेवाले भगवान नारायण, दोनों
एन्रुम् = सर्वदा
इरुवर् अंगत्ताल् तिरिवरेलुम् = भले ही दो विभिन्न रूपों में विद्यमान रहें, फिर भी
ओरुवन् = एक (शिवजी)
ओरुवन् अंगत्तु = (दूसरे के) भगवान नारायण के शरीर में
एन्रुम् उळन् = सदा विद्यमान हैं।

भावार्थ

शिवजी का स्वरूप स्वर्णिम है। वे जटाधारी हैं। पुण्य प्राप्त करने हेतु शिवजी तपस्या-रत हैं। वामनावतार में अखिल ब्रह्माण्ड को अपने पगों से नापनेवाले भगवान नारायण और शिवजी सर्वदा दो विभिन्न रूपों में विद्यमान हैं। फिर भी तप-निरत शिवजी भगवान नारायण का शरीर बनकर स्थित हैं अर्थात् शिवजी शरीर हैं तो भगवान नारायण शरीरी हैं।

यहाँ क्षेत्र-क्षेत्रज्ञ का संबंध स्पष्ट किया गया है।

व्याख्या

1. इस पद में प्रयुक्त 'इरुवरंगत्ताल्' का दो प्रकार से अर्थ लगाया जा सकता है। एक है–'इरुवर् अंगत्ताल्'–दो विभिन्न रूपों में या दो विभिन्न शरीरों में
   [यहाँ प्रयुक्त शब्द 'अंगम्' (शरीर या अवयव) संस्कृत शब्द 'अंग' का तमिल रूप है]
   दूसरा अर्थ है – 'इरु अरंगत्ताल्' – दो क्षेत्रों में अर्थात् दो अलग-अलग प्रकारों में – नाम, रूप, वाहन, लोक, कर्म, साथी-संगी आदि के विभेदों के साथ (इनका विवरण पद 74 में द्रष्टव्य है।)
   ['अरंगम्' = संस्कृत के 'रंगः' का तमिल रूप है]
2. इस पद में भगवान नारायण के शरीरी भाव के प्रति जो संकेत किया गया है वही 'नम्माष़्वार' के 'तिरुवाय्मोषि' (4-10-4) के निम्न पद के मूल में है।

   > **"पेश निन्र् शिवनुक्कुम् पिरमन् तनक्कुम्**
   > **पिरर्कुम् नायकन् अवने।"**

   (शिवजी, ब्रह्मा एवं अन्य तमाम देवताओं के नायक हैं भगवान नारायण)

3. 'ओरुवन् ओरुवन् अंगत्तु उळन्' = अर्थात् शिवजी, भगवान नारायण के शरीर या क्षेत्र के रूप में स्थित हैं। अतः नारायण शरीरी या क्षेत्रज्ञ हैं।

निन्यानबे

भक्त आष्वार् अपने मन को संबोधित करते हुए कहते हैं कि तुम सर्वदा सर्वान्तर्यामी भगवान नारायण का ध्यान करते रहो।

उळन् कण्डाय् नन्नेञ्जे उत्तमनेन्रुम्
उळन् कण्डाय् उळ्ळुवार् उळ्ळत्तु - उळन् कण्डाय्
वेळ्ळत्तिनुळ्ळानुम् वेंकटत्तु मेयानुम्
उळ्ळत्तिनुळ्ळान् एन्रु ओर्।।

शब्दार्थ अन्वयसहित

नन्नेञ्जे = नल् नेञ्जे ! = हे भक्त मन !
उत्तमन् उळन् कण्डाय् = पुरुषोत्तम भगवान नारायण अंतस्थल में विद्यमान हैं;
एन्रुम् उळन् कण्डाय् = वे सर्वदा हमारी रक्षा के लिए प्रस्तुत हैं
उळ्ळुवार् उळ्ळत्तु उळन् कण्डाय् = वे अपने ध्यानस्थ लोगों के अंतर में निवास करते हैं;
वेळ्ळत्तिन् उळ्ळानुम् = दुग्ध समुद्र में निवास करनेवाले और
वेंकटत्तु मेयानुम् = श्रीवेंकट पर्वत पर विद्यमान भगवान नारायण
उळ्ळत्तिन् उळ्ळान् एन्रु = हमारे अंतस्थल में निवास करते हैं।
ओर् = इस तथ्य को समझो।

भावार्थ

हे भक्त मन ! इस तथ्य को समझो कि पुरुषोत्तम भगवान नारायण सर्वदा हमारे अंतस्थल में निवास करते हैं और हमारी रक्षा करने के लिए नितराम् तत्पर रहते हैं; जो लोग उनका ध्यान करते हैं उनके मन में वही वास करते हैं। दुग्ध समुद्र और श्रीवेंकट पर्वत में निवास करनेवाले भगवान हमारे अंतस में तो विराजमान हैं ही।

व्याख्या

1. इस पद में भगवान की कृपालुता का विश्लेषण है। भगवान सर्वदा भक्तों की रक्षा-हेतु उनके अंतस्थल में विराजमान रहते हैं। क्योंकि भक्तों अर्थात् आश्रितों का कल्याण ही चाहते हैं भगवान।

   परन्तु यहाँ यह प्रश्न उठ सकता है कि जब आष्वार् अपने मन को संबोधित करते हैं, फिर कैसे कहते हैं कि भगवान अंतस्थल में विराजमान हैं। मन और अंतस्थल—दोनों एक ही तो हैं। इसका उत्तर यही है कि भक्त आष्वार् मन को 'अन्य पुरुष' में लेकर यह कहना चाहते हैं कि मन को कभी अन्यथा नहीं सोचना है और यह भी नहीं भूलना है कि भगवान सर्वदा उसी में विद्यमान हैं। अतः कहते हैं कि रे मन ! यह मत भूलो कि भगवान तुम्हारे भीतर ही विराजमान हैं।

   साथ ही यह उत्तर भी दिया जा सकता है कि भक्त आष्वार् अपने मन को संबोधित करने के व्याज से समस्त मानव-मन को समझाने का प्रयास करते हैं।

2. भगवान को 'उत्तमन्' कहा गया है; क्योंकि वे पुरुषोत्तम हैं। सिद्धान्त यह है कि जो व्यक्ति हिंसा को ही अपना लक्ष्य बनाये हुए है वह अधमाधम है। अपने स्वार्थ की पूर्ति करने के लिए हिंसा करनेवाला अधम है। स्वार्थ त्यागकर दूसरों की रक्षा करनेवाला मध्यम है और दूसरों के हित का ही ध्यान कर उसीमें लीन रहनेवाला उत्तम है। यही कारण है कि भगवान को यहाँ उत्तम कहा गया है; क्योंकि भक्तों का रक्षण ही उनका एकमात्र लक्ष्य है।

3. 'वेळ्ळत्तिनुळ्ळानुम् वेंकटत्तु मेयानुम् उळ्ळत्तिनुळ्ळान्'
इसी तथ्य को पेरियाष्वार् तिरुमोषि के निम्न पदों में देखा जा सकता है।

"पनिक्कडलिल् पळ्ळिकोळैप् पषहविट्टु ओडिवन्दु एन्
मनक्कडलिल वाषवल्ल मायमणाळ नम्बी।"

(दुग्ध समुद्र के आवास को विस्मृत कर मेरे हृदय सागर में आवास करनेवाले हे भगवान श्रीपति!)

"वडतटमुम् वैकुंतमुम् मदिळ् तुवरापतियुम् इडवहैहळ्
इहषृन्दिट्टु एन्पाल् इडनहै कोण्डनैये।"

(हे भगवान! आप दुग्ध समुद्र, वैकुंठ, एवं द्वारका आदि का त्याग कर कृपापूर्वक मेरे अंतस्थल में आकर विराजमान हुए।)

नम्माष्वार् ने भी 'तिरुवाय्मोषि' (3-8-2) में 'नेञ्जमे नीळ् नहर् आह इरुन्द एन् तञ्जने...' (मेरे हृदय स्थल को अपना आवास बनाया भगवान नारायण ने) के द्वारा इसी भगवत्कृपा तथा भक्तों के प्रति उनकी अपार करुणा की ओर संकेत किया है।

सौ

करुणामय भगवान नारायण को कैसे प्राप्त किया जाए—इसका उत्तर भक्त आष्वार् दे रहे हैं।

ओरडियुम् शाडुदैत्त ओण्मलर् शेवडियुम्
ईरडियुम् काणलाम् एन्नेञ्जे - ओरडियिल्
तायवनैक् केशवनैत् तण्डुषाय् मालैशेर्
मायवनैये मनत्तु वै।।

शब्दार्थ अन्वयसहित

एन् नेञ्जे! = हे मेरे मन!
ओरडियिल् तायवनै = एक पग से समस्त विश्व को नापनेवाले
केशवनै = अश्व के रूप में आये असुर केशी के संहारक
तण् तुषाय् मालै शेर् = तुलसी माला से अलंकृत एवं
मायवनैये मनत्तु वै = मायामय भगवान नारायण का ध्यान करो—ऐसा करने से
ओर् अडियुम् = विश्व को नापनेवाले पाद, तथा
शाडु उदैत्त ओण् मलर् शे अडियुम् = शकट के रूप में आये
असुर को धक्का देनेवाले पुष्प-सम कोमल एवं सुन्दर पाद, अर्थात्

ईरडियुम् = भगवान नारायण के उन दोनों पादों के
काणलाम् = तुम दर्शन कर सकते हो
(अर्थात् भगवान नारायण का पाद सेवन सुलभ होगा।)

भावार्थ

भगवान नारायण ने एक पग से (वामनावतार में) समस्त विश्व को नाप डाला था और (कृष्णावतार में) अश्व के रूप में आये असुर केशी का संहार किया था। परमप्रिय तुलसी माला से अलंकृत हैं भगवान– रे मन! उनकी सारी अद्भुत लीलाओं का ध्यान करो। ऐसा करने से तुम भगवान के उन पुष्प-सम कोमल तथा सुन्दर दोनों पादों के दर्शन कर सकते हो जिनमें से एक ने सारे विश्व को नाप डाला था (वामनावतार में) और दूसरे ने (कृष्णावतार में) शकटासुर को धक्का देकर नष्ट कर दिया था।

व्याख्या

1. भगवान को प्राप्त करने का उपाय क्या है? वास्तव में भगवान प्राप्य अर्थात् उपेय हैं और वे ही उपाय भी हैं; क्योंकि उनकी कृपा से ही भक्ति का प्रसाद प्राप्त हो सकता है। उनकी कृपा भी भक्ति से ही प्राप्त हो सकती है। श्री वैष्णव सिद्धान्त तो यही है न!
   'तदनुग्रहः'–भगवद्भक्ति भगवदनुग्रह से ही प्राप्य है। अतः भगवत् प्राप्ति का उपाय भगवान स्वयं हैं। अर्थात् साधन एवं साध्य–दोनों भगवान नारायण ही हैं।
2. भगवान के पादों की विशेषता इस प्रकार है–वे एक ओर ब्रह्माण्ड के रक्षक हैं वामनावतार में; आततायियों के संहारक हैं कृष्णावतार में। उन पादों का सेवन भक्त का चरम साध्य है।

।। प्रथम दिव्य आन्तादि समाप्त ।।

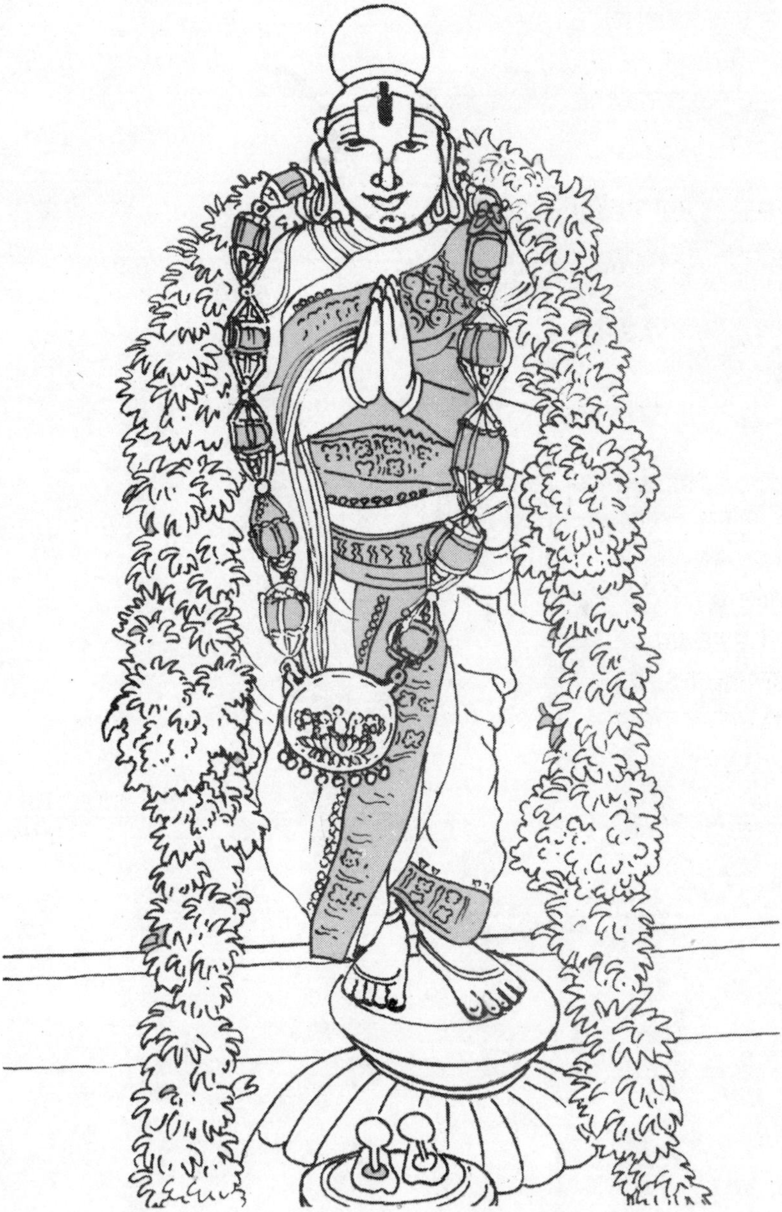

भूतत्ताष्वार् कृत

'इरण्डाम् तिरुवन्तादि'

द्वितीय दिव्य अन्तादि

भूतत्ताष्वार् कृत
‘इरण्डाम् तिरुवन्तादि’
द्वितीय दिव्य अन्तादि

द्वितीय आष़्वार्—भूतत्ताष़्वार्

एवं उनकी कृति 'इरण्डाम् तिरुवन्तादि' (द्वितीय दिव्य अन्तादि)
की आचार्य श्रीरामानुज के शिष्य तिरुक्कुरुहैप् पिरान् पिळ्ळान्
द्वारा प्रस्तुत प्रशस्ति (तनियन्)

एन् पिरवि तीर इरैंजिनेन् इन्नमुदा
अन्बे तहळि अळित्तानै–नन् पुहष़् शेर
शीतत्तार् मुत्तुक्कळ् शेरुम् कडल् मल्लैप्
पूतत्तार् पोन्नङ् कष़ल् ।।

शब्दार्थ अन्वय सहित

इन् अमुदा अन्बे तहळि अळित्तानै = भूतत्ताष़्वार् ने 'अन्बे तहळि' अर्थात 'स्नेह अर्थात् भक्ति का दीया' से प्रारम्भ होनेवाली मधुर अमृतमय कृति 'द्वितीय दिव्य अन्तादि' का प्रस्तुतीकरण किया।
नल् पुहष़् शेर = जो विशेष प्रसिद्धि प्राप्त है।
शीतत्तु आर् मुत्तुक्कळ् शेरुम् कडल् मल्लै = शीत मुक्ताओं से सुशोभित समुद्र तट पर स्थित 'तिरुक्कडल् मल्लै' नामक दिव्य स्थल में अवतरित
पूतत्तार् पोन् अम् कष़ल् = भूतत्ताष़्वार् के अद्‌भुत श्रीचरणों की
इरैंजिनेन् = मैंने स्तुति की जिससे कि
एन् पिरवि तीर = मेरे जन्म-बन्धन टूट जायें।

विशेष

अमुदा = अमुदम्; संस्कृत शब्द 'अमृत' का तमिल रूप है।
पिरवि = जन्म; जन्म-बन्धन
इरैंजिनेन् = मैंने मन, वाक् एवं काया से स्तुति की
कष़ल् = पाद, चरण; मुत्तु = मोती
शीतत्तु आर् = शीतल; यह संस्कृत शब्द 'शीत' का तमिल रूप है।

भावार्थ व्याख्या सहित

भूतत्ताष़्वार् अपनी कृति दिव्य अन्तादि के प्रथम पद में कहते हैं कि मैंने भगवान नारायण के दर्शन करने और सांसारिकों को दर्शन कराने के निमित्त स्नेह अर्थात् भक्ति का दीया जलाकर परज्ञान का दीप प्रज्वलित किया।

आऴ्वार् अथवा हित तो चाहते हैं ही; परन्तु सांसारिकों का भी हित चाहते हैं। इसी लक्ष्य से उन्होंने अपनी भगवद् भक्ति पूरित रचना प्रस्तुत की है। भगवान नारायण के दास भक्त हैं आऴ्वार्; उनके दास हैं तिरुक्कुरुहैप् पिरान् पिळ्ळान्। वैष्णव धर्म के प्रपत्ति मार्ग के महत्त्वपूर्ण पक्ष 'दासानुदास भक्ति' का प्रमाण यह 'तनियन्' (प्रशस्ति गीत) प्रस्तुत करता है। भगवान के दासानुदास को इस बात का पूर्ण विश्वास है कि आऴ्वार् के श्रीचरणों का आश्रय लेने और उनकी स्तुति करने से जन्म-जन्मान्तरों के बन्धनों से मुक्ति मिलेगी। प्रस्तुत 'तनियन्' द्वारा तिरुक्कुरुहैप् पिरान् पिळ्ळान् इस सिद्धान्त की पुष्टि करते हैं।

भूतत्ताष्वार् कृत

इरण्डाम् तिरुवन्तादि

द्वितीय दिव्य अन्तादि

भगवद् भक्ति की तीन दशायें स्वीकृत हैं—परा भक्ति, परज्ञान तथा परमा भक्ति। परा भक्ति है भगवद् दर्शन की आतुरता; पर ज्ञान कहा जाता है भगवद् दर्शन की स्थिति को और परमा भक्ति निरन्तर भगवद् दर्शन करने की कामना होती है। आचार्यों की मान्यता है कि भगवान के संयोग तथा वियोग से होनेवाले सुख-दुख की स्थिति होती है परा भक्ति में; भगवान के पूर्ण साक्षात्कार की स्थिति है परज्ञान और निरन्तर भगवद् संगति न होने पर जल से विलग मत्स्य की तरह छटपटानेवाली स्थिति होती है परमा भक्ति। इसी को कहा गया है—

दर्शनं पर भक्तिः स्यात् परज्ञानं तु संगमः।
पुनर्विश्लेषभीरुत्वं परमा भक्तिरुच्यते।।

भक्ति की ये तीनों दशायें प्रथम तीनों आष्वारों—पोय्कै आष्वार्, भूतत्ताष्वार् और पेयाष्वार् में विद्यमान हैं। परन्तु अनुपात की दृष्टि से पोय्कै आष्वार् में पर भक्ति या परा भक्ति, भूतत्ताष्वार् में परज्ञान और पेयाष्वार् में परमा भक्ति प्रधान है; अर्थात् भक्ति के तीनों तत्व तीनों आष्वारों में विद्यमान ज़रूर थे; परन्तु प्रधानता की दृष्टि से एक तत्व की प्रमुखता थी। प्रथम आष्वार् पोय्कै ने भूमि को दीया बनाकर, सागर के जल को घी के रूप में लेकर और सूर्य को बत्ती बनाकर जाज्वल्यमान वातावरण में भगवान नारायण के चरणों में अपनी गीत-माला समर्पित की थी जिससे कि दुख-सागर से मुक्ति प्राप्त हो। उनके पदों में परा भक्ति अर्थात् भगवान के दर्शन करने की भक्त हृदय की आतुरता अर्थात् व्यग्र उत्कंठा विश्लेषित हुई है।

द्वितीय आष्वार् 'भूतत्ताष्वार्' अपनी भक्ति की 'परज्ञान' स्थिति का अर्थात् भगवान नारायण के पूर्ण साक्षात्कार की दशा का निरूपण करते हैं अपने पदों में। उनका प्रथम पद इस प्रकार है।

एक

अन्बे तहळिया(ह), आर्वमे नेय्याह
इन्बुरुहु चिन्तैयिडु तिरिया - नन्बुरुहि
ज्ञानच्चुडर् विळक्केट्रिनेन् नारणर्कु
ज्ञानत्तमिष् पुरिन्द नान्।।

शब्दार्थ अन्वयसहित

ज्ञानत्तमिष् पुरिन्द नान् = भगवद् ज्ञान प्रदान करनेवाले इस तमिल ग्रंथ की मैंने रचना की। इसके द्वारा
अन्बे तहळि आह = मैंने स्नेह को दीया बनाकर (स्नेह भक्तिसूचक है)
आर्वमे नेय् आह = परा भक्ति अथवा भक्ति की आतुरता को घी बनाकर
इन्बु उरुहु चिन्तै तिरि इडु आह = प्रेम-गद्गद हृदय को बत्ती बनाकर
नन्बु उरुह = ज्ञानमय आत्मा को द्रवीभूत कर
नारणर्कु = भगवान नारायण के लिए
ज्ञानम् शुडर् विळक्कु एट्रिनेन् = पर ज्ञान स्वरूपी उज्ज्वल दीप प्रज्वलित किया।

भावार्थ

आष्वार् का निवेदन है कि उन्होंने भगवद् ज्ञान प्रदान करनेवाले इस तमिल ग्रंथ की रचना की। इसके द्वारा उन्होंने भगवान नारायण के लिए स्नेह अथवा भक्ति को दीया बनाकार, परा भक्ति को घी बनाकर और प्रेमाकुल हृदय को बत्ती बनाकर परज्ञान स्वरूपी दीप प्रज्वलित किया जिसमें उनकी आत्मा द्रवीभूत स्थिति में विलीन थी।

व्याख्या

1. दीप जलाने के लिए दीया, घी एवं बत्ती अतिवार्य साधन हैं। आष्वार् ज्ञान-दीप जला रहे हैं जिसके लिए उन्होंने भगवदनुग्रह से प्राप्त 'स्नेहा भक्ति' के आधारों को दीया, घी एवं बत्ती के रूप में स्वीकार किया है। आष्वार् का दीप विशिष्ट है; अतः उसके साधन भी विशिष्ट हैं। यह दीप ऐसा है जिससे कि सारा जगत ज्वलित होगा; क्योंकि यह आत्मज्ञान का स्नेह-गद्गद तथा प्रोज्ज्वल दीप है।
2. इस पद में आष्वार् ने 'परज्ञान' की स्थिति का विश्लेषण किया है। 'परज्ञान' की स्थिति में हृदय एवं उसकी आधारभूत आत्मा, दोनों द्रवित होते हैं—स्नेहभरित स्थिति की विशेषता है यह। परन्तु पराभक्ति की स्थिति इससे किंचित् भिन्न है। क्योंकि उसमें केवल हृदय प्रेम गद्गद हो गलित होता है। इस तथ्य को पेरियाष्वार् ने कहा है—

   उरुहुमाल् नेञ्जम्, पेरुहुमाल् वेट्कै (तिरुवाय् मोष़ि 9-8-1)
3. 'परज्ञान' रूपी दीप के लिए सर्वप्रथम आवश्यक है दीया—वह यहाँ भक्ति है। फिर चाहिए घी और बत्ती जिनके लिए क्रमशः आष्वार् ने भक्ति की आतुरता एवं हृदय को स्वीकार किया है। भक्ति में हृदय (बत्ती) जलता है; उसे घी तीव्र बनाता है तो यहाँ भक्ति की आतुरता से हृदय की स्थिति तीव्र होती हैं। इस दीप में आत्मा द्रवीभूत स्थिति में है। इन सबसे दीप की समग्रता स्पष्ट होती है।
4. इस पद में आष्वार् ने 'स्नेहा भक्ति' की विभिन्न अवस्थाओं को निरूपित करने के लिए तीन ऐसे शब्दों का प्रयोग किया है जो समानार्थी प्रतीत होते हैं; परन्तु संदर्भानुसार भिन्नार्थवाची हैं। वे तीन शब्द हैं—
   अन्बु, आर्वम्, इन्बु
   अन्बु = स्नेह या भक्ति का सूचक है।
   आर्वम् = भक्ति की आतुरता
   इन्बु = प्रेम-गद्गद मन।
   'नन्बु' का शब्दार्थ है 'श्रेष्ठता'; यहाँ श्रेष्ठता की प्रतिनिधि 'आत्मा' का अर्थ लिया जाता है।

दो

भगवान नारायण के नाम-संकीर्तन की महिमा आष्वार् के निम्न पद में निरूपित है।

ज्ञानत्ताल् नन्गुणर्न्दु नारणन् तन् नामंगळ्
तानत्ताल् मट्रवन् पेर् शाट्रिनाल् - वानत्
तणियमरर् आक्कुविक्कुम् अःदन्रे नंगळ्
पणियमरर् कोमान् परिशु।।

शब्दार्थ अन्वयसहित

नारणन् तन् = भगवान नारायण के
नामंगळ् = रूप-गुणवाचक नामों, तथा
मट्रु अवन् पेर् = विभूतिसूचक अन्य नामों को
ज्ञानत्ताल् नन्गु उणर्न्दु = भक्तिमूलक ज्ञान से भली भांति समझकर
तानत्ताल् शाट्रिनाल् = भक्ति की पराकाष्ठा की स्थिति में विद्यमान रहकर यदि उन नामों का स्तवन किया जाए तो
नंगळ् पणि अमरर् कोमान् परिशु = हमारे बांधव अमरों के अधिपति भगवान नारायण कृपापूर्वक पुरस्कार रूप में
वानत्तु अणि अमरर् आक्कुविक्कुम् अःदु अन्रे ! = हमें भी परमपद-स्थित अमरों की तरह बनायेंगे; यही तो उनका अनुग्रह है !

भावार्थ

भगवान नारायण के रूप-गुण-विभूतिवाचक नामों का यदि भक्तिपरक ज्ञान से भली भांति समझकर भक्ति की पराकाष्ठा की स्थिति में रहकर हम भक्त लोग अनुसंधान अथवा संकीर्तन करें तो भगवान की नित्यसेवा में लीन भक्त-बांधव अमरों के अधिपति भगवान कृपापूर्वक हमें भी अमरों का स्थान प्रदान करेंगे। यह भक्तों के लिए भगवान का पुरस्कार है।

विशेष

[अमर = देवता = यह संस्कृत शब्द का तमिल रूप है।
तानम् = संस्कृत शब्द 'स्थानम्' का तमिल रूप है।
नाम, ज्ञानम्, नारण (नारायण) = ये सब संस्कृत शब्द हैं।]

व्याख्या

इस पद में भगवान नारायण के विभिन्न नामों का उल्लेख किया गया है। भगवान के कुछ नाम उनके रूप-गुण वाचक हैं जैसे श्रीपति, पुण्डरीकाक्ष, पीताम्बर, चक्रपाणि, राम, कृष्ण आदि। कुछ ऐसे नाम हैं जो उनकी विभूति के परिचायक हैं जैसे जगत्पति, सुराध्यक्ष, शेषशायी, देवादिदेव आदि।

तीन

भगवच्चरणों पर दास्य भक्तिपूर्वक जो भक्त अपने को समर्पित करते हैं उनको ब्रह्मादि देवताओं के लिए दुर्लभ परमपद प्राप्त होगा—इस तथ्य को आष्वार् के निम्न पद में देखिये।

परिशु नरुमलराल् पार्कडलान् पादम्
पुरिवार् पुहप्पेरुवर पोलाम् - पुरिवार्कळ्
तोल्लमरर् केळ्वित् तुलङ्कोळिशेर् तोट्रत्तु
नल्लमरर् कोमान् नहर्।।

शब्दार्थ अन्वयसहित

पाल्कडलान् पादम् = क्षीरसमुद्रशायी भगवान नारायण के पादों पर
नरुमलराल् = सुगंधित पुष्पों से
परिशु पुरिवार् = भक्तिपूर्वक अर्चन करनेवाले भक्तों को
पुरिवार्कळ् तोल् अमरर् = विभिन्न अनुष्ठानों द्वारा स्तवन करनेवाले ब्रह्मादि देवताओं के लिए
केळ्वि = (दर्शन-दुर्लभ) केवल श्रवणयोग्य अथवा सुना हुआ
तुलङ्कु ओळि शेर् तोट्रत्तु = जाज्वल्यमान दृश्ययुक्त
नल् अमरर् कोमान् नहर् = देवादिदेव भगवान नारायण का परमपद अर्थात् मोक्षस्थल
पुहप्पेरुवर् पोलाम् = प्राप्त होगा न! यह कितना बड़ा आश्चर्य है!

भावार्थ

देवादिदेव भगवान नारायण के परमपद अर्थात् मोक्षस्थल के बारे में ब्रह्मादि देवताओं ने केवल सुना है; उसके दर्शनों का सौभाग्य उन्हें प्राप्त नहीं हुआ है। वही परमपद क्षीरसागरशायी भगवान के पादों पर भक्तिपूर्वक पुष्पार्चन करनेवाले परम भागवतों को प्राप्त होगा। यह कितना बड़ा आश्चर्य है!

व्याख्या

1. आऴ्वार् की स्थापना है कि श्री वैकुंठ अर्थात् परमपद में स्थित भगवान नारायण भक्तों के भव-तारण के लिए उन्हीं के पास संसार में विद्यमान क्षीरसमुद्र में आकर योगनिद्रा में विराजमान हुए हैं। भक्त-परिपालन भगवान का लक्ष्य है—इस ओर इस पद में संकेत किया गया है।
2. विभिन्न कर्मकांडों के द्वारा भगवदाराधन करनेवाले ब्रह्मादि देवताओं के लिए जो परमपद दुर्लभ है वही परमपद भक्तिपूर्वक आत्मनिवेदन करते हुए पुष्पार्चन करनेवाले परम भागवत भक्तों के लिए सुलभ होता है। इसी तथ्य को कहा गया है—

   यन्न देवा न मुनयो न चाहं न च शंकरः।
   जानन्ति परमेशस्य तद्विष्णोः परमं पदम्।। (विष्णु पुराण–1-9-53)
3. यहाँ आऴ्वार् आश्चर्य क्यों प्रकट करते हैं? विभिन्न कर्मकांडों के द्वारा भगवदाराधन करनेवाले ब्रह्मादि देवताओं ने जिस परमपद के बारे में केवल सुना है, परन्तु जिसे नहीं देखा है वही परमपद भक्तों के लिए सुलभ होता है तो आश्चर्य होगा ही न! क्योंकि निकटस्थ देवताओं के लिए नैकट्य के कारण ब्रह्मज्ञान परिपूर्ण नहीं होता; किन्तु प्रपन्नों का ब्रह्मज्ञान परिपूर्ण होता है; वे भगवच्चरणों पर अपने को संपूर्णतः अर्पित कर भक्ति गद्‌गद मुद्रा में सर्वदा लीन रहते हैं। अतः उन्हें भगवदनुग्रह संपूर्णतः प्राप्त होता है तो इसमें क्या आश्चर्य है!

   हम यह भी कह सकते हैं कि विभिन्न साधना-लीन देवताओं को जो स्थान (परमपद या मुक्तिस्थल)

बड़ी कठिनाई से प्राप्त होता है वही स्थान उन भक्तों को सुलभता से मिल जाता है जो प्रपन्न हैं—भगवान नारायण को छोड़ किसी और देवता या वस्तु का ध्यान नहीं करते हैं—आत्मसंमर्पण कर भगवान के पादसेवन में ही सर्वदा लगे हुए हैं। इसमें आश्चर्य का कोई कारण नहीं है।

चार

भक्त आष़्वार् अपने हृदय-मंदिर में भगवान नारायण को प्रतिष्ठापित कर भक्ति-कमल लिये उनके चरणों पर अर्चन करते हैं।

नहरिषैत्तु नित्तिलत्तु नाण्मलर् कोण्डु आंगे
तिहषुमणि वयिरम् शेर्त्तु - निहरिल्लाप्
पैंकमल मेन्दिप् पणिन्देन् पनिमलराळ्
अंगम् वलम् कोण्डान् अडि।।

शब्दार्थ अन्वयसहित

नहर इषैत्तु = मैंने अपने हृदय को भगवान नारायण के लिए सुन्दर नगर या प्रासाद बनाया।
आंगे नित्तिलत्तु नाण् मलर् कोण्डु = वहाँ चारों तरफ़ स्नेह के मोती से अलंकृत किया जो शीतल-कोमल कमल की पंखुडियों की तरह प्रासाद को सौन्दर्यमय बनाते हैं।
तिहषुम् मणि वयिरम् शेर्त्तु = संयोग और इच्छा के चमकते माणिक तथा रत्नों से प्रासाद को विशिष्ट रूप से सजाया जो कमल के भीतरी दलों और पराग के रूप में वातावरण में खास सौन्दर्य का निर्माण करते हैं।
निहर् इल्ला पैंकमलम् एन्दि = वहाँ मैंने अनुपम एवं अतिशय सुन्दर भक्तिरूपी कमल पुष्प को हाथ में लिये हुए
पनिमलराळ् अंगम् वलम् कोण्डान् = शीतल कमल पुष्प पर
विराजमान श्रीदेवी को अपने दायें वक्षस्थल पर धारण करनेवाले भगवान नारायण के
अडि पणिन्देन् = श्री चरणों पर नमन किया।

विशेष

निस्तलम् = मोती —इस संस्कृत शब्द का तमिल रूप है 'नित्तिलम्'।
नहर—संस्कृत शब्द 'नगर' का तमिल रूप है।

भावार्थ

भक्त आष़्वार् का निवेदन है कि उन्होंने अपने हृदय को भगवान नारायण के निवास का सुन्दर प्रासाद या नगर बनाया। उसको स्नेह-मुक्ता सम पुष्प-पंखुडियों से सजाया। उसे भीतर से भी दलों तथा पराग से अर्थात् सांनिध्य तथा संयोग के चमकते माणिक और रत्नों से सजाया। मैं अपने हृदय-प्रासाद या हृदय-नगर में विराजमान और कमलासना श्रीदेवी को अपने दायें वक्षस्थल पर धारण करनेवाले भगवान नारायण के श्रीचरणों पर भक्ति-कमल हाथ में लिये हुए नमन करता हूँ।

व्याख्या

1. यहाँ भक्त हृदय की स्नेह भरित स्थिति की आलंकारिक अभिव्यक्ति है। भक्त ने अपने हृदय नगर या

प्रासाद में भगवान को बिठाया और उस प्रासाद को बाहर से भीतर तक कमल पुष्प दलों तथा सुगंधित पराग से सजाया; कमल-पुष्पों के बाह्य तथा आंतरिक पराग युक्त दलों के रूप में मोती, माणिक तथा रत्नों से भगवान के आवास को अलंकृत किया।

2. यहाँ भक्त-हृदय भगवान नारायण का आवास है। उक्त आवास व्यापक एवं गहन भक्ति से परिपूर्ण है। भक्त हृदय भगवान के प्रति स्नेहाभिभूत है और भगवान के प्रति तन्मयासक्ति की पराकाष्ठा की स्थिति में वह भगवान के सांनिध्य तथा मिलन की आकांक्षा करता है। यह भक्त हृदय की व्याकुलता, समर्पण भाव की चरम स्थिति तथा स्नेह-गद्‌गद अवस्था की व्याख्या है।

3. भक्त आष्‌वार् ने भगवद् भक्ति को कमल पुष्प की तरह प्रस्तुत किया है। कमल के बाह्य दल तथा आंतरिक किसलय अथवा कोंपल, पराग आदि भिन्न-भिन्न अवस्था-विशेष होते हैं। अतः भक्त आष्‌वार् ने भक्ति के अवस्था-भेदों के रूप में स्नेह, सांनिध्य और संगम को ध्यान में रखते हुए उन्हें मुक्ता, माणिक तथा रत्न आदि के द्वारा अभिव्यक्त किया है।

   अर्थात् भक्ति कमल है तो उसके दल, किसलय एवं पराग हैं स्नेह, सांनिध्य तथा संगम जिन्हें प्रत्यक्षतः प्रस्तुत करने के बजाय परोक्ष रूप में मोती (मुक्ता), माणिक तथा रत्न बताया है; क्योंकि वे हृदय-नगर अथवा प्रासाद को अलंकृत करते हैं।

4. यहाँ भक्त आष्‌वार् की अभिव्यक्ति आलंकारिक है। इसे काव्य शास्त्र के अनुसार रूपकालंकार कहा जाता है। रूपकालंकार अर्थालंकार है; जहाँ साधर्म्य के कारण उपमेय में उपमान का आरोप किया जाता है वहाँ रूपकालंकार होता है।

   यहाँ उपमेय है भक्ति और उसका उपमान है कमल। कमल की विभिन्न अवस्थाओं को भक्ति की विभिन्न दशाओं पर आरोपित किया गया है।

   साथ ही हृदय को उपमेय के रूप में स्वीकार कर उसके उपमान के रूप में नगर/प्रासाद को लिया गया है। तदनुसार नगर/प्रासाद के विभिन्न स्तरों के अनुरूप भक्ति-गद्‌गद हृदय के दशा-भेदों को स्थापित किया गया है।

पाँच

वामनावतार में भगवान नारायण ने जो लीला की थी उसका उल्लेख करते हुए भक्त आष्‌वार् भगवच्चरणों की महिमा का वर्णन करते हैं।

अडि मून्‌रिल् इव्वुलहम् अन्‌रळन्दाय् पोलुम्
अडि मून्‌रु इरन्दु अवनि कोण्डाय् - पडि निन्‌र
नीरोद मेनि नेडुमाले निन्‌नडियै
यारोद वल्लार् अरिन्दु।।

शब्दार्थ अन्वयसहित

पडि निन्‌र = पृथ्वी पर अवतरित
नीर् ओदम् मेनि नेडुमाले ! = समुद्रजल की भांति श्यामल वर्ण के हे भगवान नारायण !
अडि मून्‌रु इरन्दु = तीन पगों की भूमि की याचना कर,आपने
अवनि कोण्डाय् = समस्त विश्व को ले लिया था।
अन्‌रु = उस समय

इव्वुलहम् अडि मून्रिल् अळन्दाय् पोलुम् = क्या इस विश्व को आपने तीन पगों से नापा था?
निन् अडियै अरिन्दु ओद वल्लार आर्? = आपके पादों की विशिष्टता को समझकर बोलनेवाले यहाँ कौन हैं? (उत्तर है -कोई नहीं!)

विशेष

अवनि = भूमि; यह संस्कृत शब्द है।

भावार्थ

श्याम वर्ण के हे भगवान नारायण! आपने वामनावतार में राजा बलि से तीन पगों की भूमि की याचना की थी और समस्त भूमि को ले लिया था। किन्तु क्या आपने वास्तव में समस्त भूमि को तीन पगों से नापा था? (ऐसा तो नहीं हुआ; दो पगों से अखिल ब्रह्माण्ड को नापकर तीसरे पग से राजा बलि को आपने पाताल में ढकेल दिया था।) आपके पादों की उस महिमा को समझकर बोलने की क्षमता किसमें है?

व्याख्या

इस पद में भक्त आष्वार् का उक्ति वैचित्र्य द्रष्टव्य है।
"आपने तीन पगों की भूमि की याचना की; परन्तु सारा ब्रह्माण्ड दो पगों में आ गया था; फिर तीसरे पग की भूमि नहीं थी तो राजा बलि के सिर पर पैर रखा और उसे पाताल भेज दिया। माँगी थी तीन पगों की भूमि; किन्तु दो ही पगों से सारे ब्रह्माण्ड को नाप लिया। प्रारंभ में भगवान ने सोचा कुछ और बाद में किया दूसरा। क्योंकि आततायी से भूमि या ब्रह्माण्ड को बचाना था उनका उद्देश्य।" उनके पादों की इस महिमा को आम व्यक्ति क्या समझे!

छह

भगवान नारायण के भक्त-साधकों को भगवान के श्री चरणों के दर्शनों का सौभाग्य प्राप्त होगा—इस तथ्य को आष्वार् के निम्न पद में देखिये।

अरिन्दैन्दुम् उळ्ळडक्कि आय् मलर् कोण्डु आर्वम्
शेरिन्द मनत्तराय् चेव्वे - अरिन्दु अवन् तन्
पेरोदि एत्तुम् पेरुन्तवत्तोर् काण्बरे
कारोद वण्णन् कष़ल्।।

शब्दार्थ अन्वयसहित

अरिन्दु = वासनाओं की विरूपता तथा भगवद् महिमा को समझकर
ऐन्दुम् उळ् अडक्कि = पञ्चेन्द्रियों को वासनारत होने से रोककर, परन्तु भगवद् विषयों में लीन कर
आय् मलर् कोण्डु = चुने हुए सुन्दर पुष्पों को हाथ में लिये हुए
आर्वम् शेरिन्द मनत्तर् आय् = भक्ति-गद्गद मन से
शेव्वे अरिन्दु = भगवान और अपने बीच के शेष-शेषी भाव सम्बन्ध को भली भांति समझकर
अवन् तन् पेर् ओदि एत्तुम् पेरुन्तवत्तोर् = निरन्तर भगवान का नाम- संकीर्तन करनेवाले शरणागत भक्तों को
कार् ओदम् वण्णन् कष़ल् काण्बरे = समुद्र की भांति श्याम वर्ण के भगवान नारायण के श्रीचरणों का दर्शन सौभाग्य प्राप्त होगा।

विशेष

तवम् = तपस्या; = यह संस्कृत शब्द 'तप' का तमिल रूप है।

भावार्थ

भगवच्चरणों में अपने को अर्पित करनेवाले उन भक्तों को भगवान नारायण के श्रीचरणों का दर्शन-सौभाग्य प्राप्त होगा जो वासनाओं की विरूपता तथा उनकी महिमा को समझकर, पंचेन्द्रियों को वासनाओं से हटाकर भगवद् विषयों में लीन करते हैं और भगवान की पूजा के लिए सुन्दर पुष्पों को हाथ में लिये हुए भगवान और अपने बीच के शेष-शेषी सम्बन्ध को भली भांति समझकर निरंतर नाम-संकीर्तन में लगे रहते हैं।

व्याख्या

पूर्व पद में आष़्वार् ने कह दिया था कि भगवान नारायण के श्रीचरणों की महिमा को कौन समझे! इससे कहीं भक्तों के मन में निराशा या हीन भाव न आ जाए! यह सोचकर भक्त आष़्वार् इस पद में यह स्थापित करते हैं कि भगवदाराधन में अपने आपको समर्पित भक्त-साधकों को उनकी भक्ति के फल के रूप में भगवान के श्रीचरणों के दर्शन प्राप्त होंगे। भगवान नारायण तो आश्रितवत्सल हैं न!

सात

भक्त आष़्वार् अपने मन को भगवान के श्रीचरणों में अर्पित होने का संदेश देते हैं।

कष़लेडुत्तु वाय् मडित्तु कण् शुषऩ्रु माट्रार्
अष़लेडुत्त शिन्तैयराय् अञ्ज - तष़लेडुत्त
पोराष़ि एन्दिनान् पोन्मलर् चेवडिये
ओर् आष़ि नेञ्जे उहन्दु।।

शब्दार्थ अन्वयसहित

आष़ि नेञ्जे! = हे सागर की तरह गंभीर मन!
कष़ल एडुत्तु = (वामनावतार के समय) जिसने अपने पादों को ऊपर उठाया; और
माट्रार् अष़ल एडुत्त शिन्तैयराय् अञ्ज = नमुचि आदि अन्य राक्षसों के अंतर को भयभीत करते हुए (भयाग्नि के संचार से जलाते हुए)
वाय् मडित्तु = ओठों को दबाकर
कण् शुषऩ्रु = आँखें घुमाते हुए (दृष्टिमात्र से दुश्मनों को कंपायमान करते हुए)
तष़ल एडुत्त पोर् आष़ि एन्दिनान् = जो आग उगलते, मारकाट करनेवाले सुदर्शन चक्र को अपने पास रखते हैं उस भगवान नारायण के
पोन् मलर् चेवडिये = पुष्प-सम कोमल श्रीचरणों में
उहन्दु ओर् = भक्ति पूर्वक अपने को अर्पित करो।

भावार्थ

हे सागरवत् गंभीर मन! तुम अपने को उस भगवान नारायण के श्रीचरणों में भक्तिपूर्वक अर्पित करो जिसने

वामनावतार में अपने पादों को ऊपर उठाया, जिसने ओठों को दबाकर, आँखें घुमाकर नमुचि आदि अन्य राक्षसों के अन्तर में भय जगाया और जो आग उगलते और वैरियों को तहस-नहस कर देनेवाले सुदर्शन चक्र को हाथ में लिये हुए हैं।

व्याख्या

'वाय् मडित्तु', 'कण् शुष्नुरु'—ओंठों को दबाना, आँखें घुमाना—ये क्रोध की अतिशयता के संकेत हैं। इस पद में वामनावतार की लीलाओं का उल्लेख है।

आठ

भगवान नारायण भक्ति के अधीन हैं—आश्रितवत्सल हैं और विरोधियों के नाशक हैं—इस तथ्य को भक्त आष्वार् निम्न पद में पूतना-वृत्तान्त के द्वारा प्रस्तुत करते हैं।

उहन्दुन्नै वांगि ओळिनिरंकोळ् कोंगै
अहंकुळिर उण् एन्राळ् आवि - उहन्दु
मुलै उण्बाय् पोले मुनिन्दुण्डाय् नीयुम्
अलै पण्बाल् आनमैयाल् अन्रु।।

शब्दार्थ अन्वयसहित

उहन्दु = (राक्षसी पूतना, यशोदा माता की तरह) स्नेह का अभिनय करती हुई आयी;
उन्नै वांगि = तुमको उठाया
ओळि निरं कोळ् कोंगै = (अतिशय दूध के कारण) अपने उज्ज्वल, सुन्दर स्तन को
अहंकुळिर उण् एन्राळ् = 'दिल भर पिओ' कहते हुए तुम्हारे मुँह में रखा।
आनमैयाल् = अतएव
अन्रु नीयुम् अलै पण्बाल् = उस समय तुमने भी अपार बालपन से
मुलै उण्बाय् पोले = स्तन्यपान करने के बहाने
उहन्दु = प्रसन्न होने का बहाना करते हुए
मुनिन्दु = (मन ही मन) अपार क्रोध से
आवि उण्डाय् = (उस पूतना के) प्राणों को भी पी लिया।

भावार्थ

यशोदा माता की तरह स्नेह का अभिनय करती हुई राक्षसी पूतना आयी; तुमको उठाया और मातृस्नेह का छल करती हुई अपना स्तन तुम्हारे मुँह में रखा और कहा कि 'दिल भर पिओ।' उस समय तुमने भी बाल-स्वभाव के अनुसार अतिशय प्रसन्नता का बहाना करते हुए, अपार क्रोध से स्तन्यपान के बहाने उसके प्राणों को भी हर लिया।

विशेष

इस पद में 'अलै पण्बाल्' शब्द का प्रयोग विशेष है। 'पण्बु' का अर्थ है गुण; यहाँ संदर्भ के अनुसार 'बालक-

गुण'। यानि 'बालपन' का अर्थ लिया जाता है। 'अलै' का शब्दार्थ है लहर। 'लहर' ऊपर-नीचे उठती-गिरती विभिन्न लीलायें करती है। अतः यहाँ "लीलामय अपार बालपन" का अर्थ लिया जाना चाहिए।

नौ

जहाँ पिछले पद में भक्त आष्वार् ने पूतना के छल का उल्लेख किया था वहाँ निम्न पद में बालकृष्ण के प्रति यशोदा माता के अपार वात्सल्य का वर्णन करते हैं।

अन्‌रदु कण्डञ्जाद आय्च्चि उनक्किरंगि
निन्‌रु मुलै तन्द इन्नीमैक्कु - अन्‌रु
वरन् मुरैयाल् नी अळन्द माकडल् शूष् ज्ञालम्
पेरुमुरैयाल् एय्दुमो पेर्त्तु।।

शब्दार्थ अन्वयसहित

अन्‌रु = उस दिन (जब कृष्णावतार में आपने छल से विषमय स्तन्यपान कराने के लिए आयी राक्षसी पूतना के प्राण हर लिये थे)
अदु कण्डु = उस घटना को देखकर भी
अञ्जाद आय्च्चि निन्‌रु = माता यशोदा ने बिना किसी भय के, शांत मन से
उनक्कु इरंगि मुलै तन्द इन्नीमैक्कु = आपके प्रति वात्सल्य भाव से स्तन्यपान कराया था; उस महान गुण के समक्ष
अन्‌रु वरन् मुरैयाल् नी अळन्द माकडल् शूष् ज्ञालम् = उस दिन आत्मीय सम्बन्ध से आपके द्वारा नापी गयी अपार समुद्र व्याप्त पृथ्वी भी
पेर्त्तु पेरु मुरैयाल् एय्दुमो? = बार बार तुलना किये जाने के बावजूद टिक सकती है क्या? (अर्थात्, नहीं; माता यशोदा के अतिशय वात्सल्य की तुलना में व्यापक पृथ्वी भी छोटी हो जाती है; माता का वात्सल्य अपार, अतुलनीय है।)

भावार्थः

हे भगवान नारायण! कृष्णावतार में आपने, छल से आपको विषमय स्तन्यपान कराने के विचार से आयी राक्षसी पूतना के प्राण हर लिये थे। इस भयावह घटना को देखकर भी बिना किसी भय के, शांत मन से आपके प्रति अतिशय वात्सल्य भाव से माता यशोदा ने आपको स्तन्य पान कराया था। माता यशोदा के उस गुण वैशिष्ट्य के समक्ष क्या समुद्र से घिरी हुई वह व्यापक पृथ्वी भी टिक सकती है जिसे आपने वामनावतार में नापा था? माता के अपार वात्सल्य के सामने व्यापक पृथ्वी भी छोटी हो जाती है!

विशेष

1. 'वरन् मुरैयाल्' शब्द से आष्वार् ने पृथ्वी के साथ भगवान के आत्मीय सम्बन्ध का उल्लेख किया है। क्योंकि पृथ्वी एवं भगवान का सम्बन्ध स्वत्व-स्वामी का सम्बन्ध है। यही उन दोनों के बीच का उत्तम आत्मीय सम्बन्ध है। (वरन् का अर्थ है श्रेष्ठ या उत्तम। यह संस्कृत शब्द 'वर' का तमिल रूप है।)
2. इस पद के अंतिम चरण में प्रयुक्त शब्द 'पेरुमुरैयाल्' का अर्थ है 'यह बड़ा है या वह—इस प्रकार तुलना करना'। माता के वात्सल्य एवं व्यापक पृथ्वी की तुलना किये जाने पर वात्सल्य की गुरुता के समक्ष

पृथ्वी भी टिक नहीं सकती।

3. जब आष्वार् कहते हैं कि माता यशोदा ने बिना भय के शांत भाव से स्तन्यपान कराया, तो यहाँ प्रश्न उठता है कि माता यशोदा के भय का क्या कारण हो सकता था? इसका उत्तर निम्न प्रकार है।

 पूतना ने स्तन्यपान कराने का प्रयास किया तो मृत होकर गिर पड़ी। उसे देखकर वात्सल्यमय माता यशोदा को इस बात का भय नहीं हुआ कि स्तन्यपान कराने से मेरी भी वही दशा होगी।

 दूसरा उत्तर यह भी हो सकता है।

 पूतना ने विषमय स्तन्यपान कराया तो बालकृष्ण का क्या होगा? उसका कोई अहित तो नहीं होगा न! इस प्रकार का भय यशोदा माता के मन में नहीं हुआ और वह विचलित नहीं हुई।

4. आष्वार् की स्थापना है कि भगवान नारायण ने अखिल पृथ्वी को अपने पादों से नाप डाला था। वह अवश्य बहुत बड़ा कार्य था। परन्तु माता यशोदा ने अत्यंत भयावह स्थिति में भी वात्सल्य की अतिशयता से, शांत भाव से बालकृष्ण को जो स्तन्यपान कराया था वह उससे भी बड़ा कार्य था।

 इस प्रकार भक्त आष्वार् ने माता यशोदा के, बालकृष्ण के प्रति वात्सल्य की गहनता का प्रतिपादन किया है।

दस

भक्त आष्वार् भगवान नारायण से प्रार्थना करते हैं कि मैं काफ़ी समय से विभिन्न देवताओं के पास जाता रहा हूँ और अनेक दुष्कर्म करता रहा हूँ। परन्तु अब मैं आपके चरणों में पहुँचा हूँ; कृपया मुझे अनुग्रहीत करें।

पेर्त्तनै माशकटम् पिळ्ळैयाय् मण् इरन्दु
कात्तनै पल्लुयिरुम् कावलने! - एत्तिय
नावुडैयेन् पूवुडैयेन् निन्नुळ्ळि निन्रमैयाल्
का अडियेन् पट्ट कडै।।

शब्दार्थ अन्वयसहित

कावलने! = हे सर्वरक्षक भगवान नारायण! आपने
पिळ्ळै आय् = शिशुरूप में रहकर
मा शकटम् पेर्त्तनै = शकट के रूप में आये असुर को धक्का देकर नष्ट किया!
मण् इरन्दु = महा बलि से दान में पृथ्वी माँगकर
पल्लुयिरुम् कात्तनै = समस्त जीव-राशियों की रक्षा की!
निन् उळ्ळि निन्रमैयाल् = इस प्रकार आपके रक्षकत्व का ध्यान कर
एत्तिय ना उडैयेन् = मैं आपकी ही स्तुति करनेवाली जिह्वा एवं
पू उडैयेन् = (अर्चन करने के लिए) हाथों में पुष्प लिये हुए हूँ।
अडियेन् = आपका सेवक बनने का गौरव प्राप्त मैं
पट्ट कडै का = जो जो नीच कर्म कर चुका हूँ उन सबसे मुक्त कर मेरी रक्षा कीजिये।

भावार्थ

हे सर्वरक्षक भगवान नारायण! कृष्णावतार में आपने शिशु रूप में रहकर शकटासुर को धक्का देकर नष्ट किया था। वामनावतार में राजा बलि से भूमि-दान की याचना कर समस्त जीवराशियों की रक्षा की थी। मेरी जिह्वा

आपके रक्षकत्व का ध्यान कर आपकी स्तुति करने के लिये ही है। मेरे हाथों में आपकी अर्चना करने के लिए पुष्प विद्यमान हैं। काफ़ी समय से मैं अनेकों दुष्कर्म करता आया हूँ और अलग अलग देवताओं की शरण में भी जाता रहा हूँ। परन्तु मैं आपका दास हूँ। अतः मेरे पिछले दुष्कर्मों से मुझे मुक्त कर मेरी रक्षा करने की कृपा करें!

व्याख्या

इस पद में आऴ्वार् ने 'उळ्ळि', 'एत्तिय ना' और 'पू उडैयेन' शब्दों का प्रयोग कर क्रमशः 'ध्यान', 'स्तुति' और 'अर्चन' का उल्लेख किया है जो इस तथ्य का संकेत करता है कि भक्त मनसा, वाचा एवं कर्मणा भगवद् भक्ति में लीन है। अपने पूर्व दुष्कर्मों पर पश्चात्ताप करनेवाला भक्त अखिल ब्रह्माण्ड के रक्षक भगवान नारायण से याचना करता है कि वे उसे भी पापमुक्त करें और अपनी शरण में लेकर उसकी रक्षा करें।

ग्यारह

संसार में सामान्य लोग विभिन्न देवी-देवताओं की आराधना कर स्वर्गिक सुख प्राप्त करने की आकांक्षा करते हुए, आत्मज्ञानी साधकों के लिए प्राप्य परम पद अथवा मुक्ति स्थल में पहुँचकर भगवान नारायण के सांनिध्य का सौभाग्य प्राप्त करने से वंचित रह जाते हैं।

कडैनिन् रमरर् कऴल् तोऴुदु नाळुम्
इडै निन्र इन्बत्तरावर् - पुडै निन्र
नीरोद मेनि नेडुमाले निन्नडियै
आर् ओदवल्लार् अवर्?

शब्दार्थ अन्वयसहित

अमरर् कडै निन्रु = (सांसारिक लोग) अन्यान्य देवी-देवताओं की चौखट पर खड़े होकर
नाळुम् कऴल् तोऴुदु = सर्वदा उनके पादों में गिरकर
इडै निन्र इन्बत्तर् आवर् = केवल मध्य में स्थित स्वर्गादि का सुख प्राप्त करेंगे, (परन्तु)
पुडै निन्र नीर् ओदम् मेनि नेडुमाले! = इस पृथ्वी को परिव्याप्त
रहनेवाले समुद्र की तरह श्याम वर्ण के हे भगवान नारायण!
निन्नडियै = आपके श्रीचरणों का
ओदवल्लार् अवर् आर्? = ध्यान एवं स्तुति करने का गौरव प्राप्त करनेवाले कोई हैं?
(उत्तरः कोई नहीं; इस बात का आऴ्वार् को दुख है।)

भावार्थ

सांसारिक लोग नानाविध देवी-देवताओं की चौखट पर खड़े होकर काफ़ी समय तक उनके पादों में गिरे पड़े रहते हैं। इसके परिणामस्वरूप उन्हें परमपद का परमानन्द नहीं, वरन् परमपद एवं पृथ्वी के बीच का स्वर्ग और वहाँ का सुख प्राप्त होता है। सागर की भांति श्याम वर्ण के हे सर्वेश्वर भगवान नारायण! यहाँ ऐसे कौन लोग हैं जो आपका ध्यान एवं स्तुति कर आपके 'परमपद' में पहुँचकर आपके सांनिध्य का लाभ प्राप्त कर पाते हैं? आऴ्वार् को इस बात का दुख है कि ऐसा कोई नहीं है जो इस लाभ से वंचित न हो।

व्याख्या

आष़्वार् को इस बात का दुख है कि संसार में अलग अलग देवी-देवताओं की उपासना कर सामान्य से सामान्य सुख प्राप्त करनेवाले लोग ही बहुत हैं। परन्तु ऐसे लोग नहीं हैं या बहुत कम हैं जो भगवान नारायण को ही साधन एवं साध्य दोनों रूपों में स्वीकार कर भगवदाराधन अर्थात् भगवत्कैंकर्य में लगे रहते हैं। भक्त आष़्वार् स्वर्गिक सुख एवं परमपद के आनन्द की तुलना कर परवर्ती आनन्द की सर्वोच्चता को निरूपित करते हैं। परमपद का आनन्द नित्य मुक्त साधकों के लिए प्राप्य है; वहाँ भगवान का सांनिध्य-सुख एवं भगवत्सेवा का आनन्द सुलभ होता है। यह उन्हीं को प्राप्त होगा जिनके लिए भगवान की प्राप्ति साध्य है, उसे प्राप्त करने का साधन भी भगवान का अनुग्रह ही है।

बारह

सर्वेश्वर भगवान नारायण के श्रीचरणों में आत्मसमर्पण कर छोटे-बड़े सभी उद्धार प्राप्त करेंगे—यह भक्त आष़्वार् का निर्णय है।

अवर् इवर् एन्रिल्लै अरवणैयान् पादम्
एवर् वणंगि एत्तादार एण्णिल् - पवरुम्
शेषुंकदिरोन् ओण्मलरोन् कण्णुदलोन् अन्रे
तोषुन्तहैयार् नाळुम् तोडन्दु।।

शब्दार्थ अन्वयसहित

एण्णिल् = जब हम इस बात पर विचार करते हैं कि भगवान की शरण में जाकर उनका सांनिध्य कौन प्राप्त करते हैं, (तब हम समझते हैं कि ऐसा नहीं होता कि)
अवर् इवर् एन्रु इल्लै = अमुक लोगों को वह प्राप्त हो और अमुक लोगों को नहीं
अरवु अणैयान् पादम् वणंगि एत्तादार् एवर् ? = शेषशायी भगवान नारायण के श्रीचरणों में नमन कर स्तुति न करनेवाले कौन हैं ? (कोई नहीं)
पवरुम् शेषु कदिरोन् = जगत्-व्यापी सूर्य
ओळ् मलरोन् = भगवान नारायण के नाभिकमल से उद्‌भूत ब्रह्मा एवं
कण् नुदलोन् = त्रिनयन रुद्र = ये सब देवता भी तो
नाळुम् = प्रतिदिन
तोडन्दु तोषुम् तहैयार् अन्रे ? = भगवान नारायण के आवास में पहुँचकर उनकी स्तुति करते हैं।

भावार्थ

शेषशायी भगवान नारायण के श्रीचरणों में नमन कर उनकी कुछ लोग स्तुति करते हैं और कुछ लोग नहीं—इस तरह अंतर नहीं किया जा सकता। ऐसा कोई नहीं है जो उनकी स्तुति नहीं करता हो। यहाँ तक कि जगत्-व्यापी जाज्वल्यमान सूर्य, भगवान नारायण के नाभिकमल से उत्पन्न ब्रह्मा, त्रिनयन, रुद्र—आदि सभी देवता प्रतिदिन भगवान नारायण की शरण में जाकर उनकी स्तुति करते रहते हैं।

व्याख्या

पिछले पद में आष़्वार् ने इस बात पर दुख व्यक्त किया था कि इस संसार में अन्यान्य देवी-देवताओं की

उपासना करते हुए सांसारिक लोग भगवान नारायण की आराधना या स्तुति क्यों नहीं करते। पर वे इस पद में आकर कहते हैं कि देवता, मानव आदि भगवान नारायण की सर्वदा स्तुति करते रहते हैं। ये दोनों अभिव्यक्तियां परस्पर विरोधी लगती हैं। परन्तु नहीं। पूर्व पद में—आष़्वार् ने जो दुख व्यक्त किया था वह इसलिए कि उन्होंने चाहा कि सारा विश्व भगवान नारायण की आराधना में लीन रहे, बजाय इसके कि अन्यान्य देवी-देवताओं की आराधना करते हुए परब्रह्म या परमात्मा को विस्मृत कर दे। पर इस पद में आकर वे इसीलिए कहते हैं कि सूर्य-ब्रह्मा-रुद्र आदि देवता तक भगवान नारायण की आराधना में लगे रहते हैं; फिर सामान्य मानव क्यों नहीं हो? (सामान्य मानवों को भगवदाराधन में सर्वदा विलीन रहना चाहिए—यह आष़्वार् की स्थापना है।)

तेरह

सभी लोग भगवदाराधन के अधिकारी हें। इस मार्ग में छोटे-बड़े, पशु-मानव आदि का कोई अंतर नहीं है; भगवान नारायण की शरण में कोई भी आ सकता है। इस बात को गजेन्द्र मोक्ष की पौराणिक कथा द्वारा भक्त आष़्वार् निम्न पद में निरूपित करते हैं।

तोडरेडुत्त माल् यानै शूष़ कयम्बुक् कञ्जि
पडरेडुत्त पैकमलम् कोण्डु - अन्रिडरडुक्क
आषियान् पादम् पणिन्दन्रे वानवर् कोन्
पाषि तान् एय्दिट्रुप् पण्डु।।

शब्दार्थ अन्वयसहित

तोडर् एडुत्त माल् यानै = बेडियों को तोड़कर भागनेवाला मस्त हाथी (यहाँ गजेन्द्र की ओर संकेत है)
शूष़् कयम् पुक्कु = अपार सरोवर में प्रवेश कर
पडर् एडुत्त पै कमलं कोण्डु = विकसित सुन्दर कमल पुष्पों को लिये हुए
अन्रु इडर् अडुक्क = उस हालत में (मगर की पकड़ में आकर) बडी आफ़त में फंसकर
अञ्जि = भयभीत होकर (यह सोचकर कि भगवान को अर्पित करने के लिये तोड़े गये फूलों को कहीं अर्पित न कर पाऊँ!)
आषियान् पादम् पणिन्दु अन्रे = सुदर्शन चक्रधारी भगवान नारायण के चरणों का ध्यान कर स्तुति करने लगा; तभी तो
तान् = वह गजेन्द्र
पण्डु = बहुत पहले के,
वानवर् कोन् पाषि एय्दिट्रु = देवादि देव भगवान नारायण के आवास में पहुँचा।

भावार्थ

भगवद् भक्त मस्त हाथी गजेन्द्र ने बेड़ियों को तोड़कर भागता हुआ अपार सरोवर में प्रवेश कर विकसित कमल-पुष्पों को भगवान को अर्पित करने के लिए एकत्र किया। उसी समय उसे मगर ने पकड़ लिया। तब गजेन्द्र यह सोचकर भयभीत हुआ कि वह उन पुष्पों को भगवच्चरणों में अर्पित नहीं कर पायेगा और वे फूल भी मुरझा जायेंगे। तब गजेन्द्र भगवान नारायण की स्तुति कर पुकारने लगा। उसे सुनकर भगवान नारायण भक्त की रक्षा के लिए अपने आवास श्रीवैकुंठ से भागे आये और गजेन्द्र की रक्षा की। उसके बाद गजेन्द्र को मुक्ति मिली और वह भगवान के आवास में पहुँचा।

व्याख्या

1. इस पद में गजेन्द्र मोक्ष की कथा का विवरण है। वह कथा इस प्रकार है।
   विष्णु भक्त राजा इन्द्रद्युम्न जब विष्णु पूजा कर रहा था तब उसके यहाँ अगस्त्य ऋषि का आगमन हुआ। परन्तु पूजा में लीन राजा ने ऋषि के आगमन पर ध्यान नहीं दिया और उनकी आव-भगत नहीं की। इससे क्रुद्ध हेकर ऋषि ने उसे शाप दिया कि तुमने हाथी की तरह मस्त रहकर मेरा अपमान किया; अतः तुम हाथी बनकर रहो। शापग्रस्त राजा इन्द्रद्युम्न ने हाथी होते हुए भी विष्णु पूजा में कोई कसर नहीं रखी। जब भगवान के पूजन के लिए सरोवर में हाथी (गजेन्द्र) पुष्प तोड़ने लगा तब एक मगर ने उसके पैरों को पकड़ लिया। तब भगवद् सेवा में कमी हो जाने का भय करता हुआ गजेन्द्र बड़ी ऊँची आवाज़ में भगवान नारायण की स्तुति करने लगा। तब भगवान गरुडारूढ़ होकर श्रीवैकुंठ से पधारे और सुदर्शन चक्र का प्रयोग कर मगर का संहार किया और गजेन्द्र को उसकी पकड़ से मुक्त किया। तब भगवत् कृपा से गजेन्द्र शाप मुक्त होकर भगवान के सांनिध्य में पहुँचा।
   यहाँ एक दूसरी कथा है मगर के सम्बन्ध में। मगर भी शापग्रस्त था। जब मुनि देवल तपस्या कर रहे थे तब उनके पैरों को हूहू नाम के गंधर्व ने घसीटा। तब उस मुनि ने उसे शाप देकर उसे मगर बना दिया। गजेन्द्र की रक्षा के लिए भगवान ने सुदर्शन चक्र का प्रयोग कर जब उसका संहार किया तब वह गंधर्व भी शापमुक्त होकर अपने लोक में पहुँचा।
2. भगवान नारायण भक्तों के प्रति कृपालु हैं। भगवान भक्तों में कोई अंतर नहीं करते। वे, चाहे कोई भी भक्त हों, उनकी भक्ति के अधीन हो, उनको आश्रय प्रदान करते हैं। शरणागत के प्रति भगवदनुग्रह अपार रहता है। इस तथ्य के प्रति भक्त आष्वार् का संकेत इस पद में स्पष्ट है।

चौदह

मानव मात्र सांसारिकों की स्तुति छोड़ भगवान नारायण के नामों का जपन एवं कीर्तन कर समस्त विश्व को पवित्र करे—यह भक्त आष्वार् का निवेदन है।

पण्डिप् पेरुम्पदियै याक्कि पषिपावम्
कोण्डिंगु वाष्वारैक् कूरादे - एण् तिशैयुम्
पेर्त्तकरम् नान्गुडैयान् पेरोदिप् पेदैहाळ्
तीर्थकरर् आमिन् तिरिन्दु।।

शब्दार्थ अन्वय सहित

पेदैहाळ्! = अज्ञानी लोगो
पंडियै पेरुम्पदि आक्कि = खा-खाकर पेट को बहुत बड़ा नगर बनानेवाले अर्थात् केवल पेट पालनेवाले
पषि पावम् कोण्डु = (और) जान-बूझकर और अनजाने में पाप करते हुए
इंगु वाष्वारै कूरादे = इस संसार में जीनेवाले लोगों की स्तुति मत करो
एण् तिशैयुम् पेर्त्त करम् नान्गु उडैयान् = (इसके विपरीत) अष्ट दिशाओं को पार करते हुए समस्त ब्रह्माण्ड को नापते समय व्याप्त चार भुजाओं के भगवान नारायण के

पेर् ओदि = नाम-संकीर्तन करते हुए;
तिरिन्दु = सारे विश्व में संचार करते हुए
तीर्थकरर् आमिन् = (विश्व-भर को) पावन कर दो।

भावार्थ

अज्ञानी लोगो! खा-खाकर पेट पालते हुए जान-बूझकर और अनजाने में पाप करनेवाले सांसारिकों की स्तुति करना छोड़ो। उलटे आठों दिशाओं को पार करते हुए समस्त ब्रह्माण्ड को नापते समय (वामनावतार में) व्याप्त चार भुजाओंवाले भगवान नारायण का नाम-संकीर्तत करते हुए सारे विश्व में भ्रमण कर विश्व-भर को पावन कर दो।

विशेष

1. तीर्थकरर् आमिन् = पावन करनेवाला बन जाओ–अर्थात् पावन कर दो। तीर्थंकर–यह संस्कृत शब्द है जिसका अर्थ है 'पावन करनेवाला'
2. "पंडिप् पेरुम्पदियै आक्कि" =
इप् पंडियै पेरुम्पदि आक्कि = (पंडि = पेट) पेट को बड़ा नगर बनाते हुए अर्थात् खा-पीकर बड़ा बनाते हुए; यहाँ 'पेरुम्पदियै' से 'यै' निकालकर 'पंडि' के साथ जोड़ा जाता है।
3. पष़ि पावम् कोण्डु = पष़ि = जान बूझकर किया जानेवाला दुष्कर्म जिसका पाप लगता है।
पावम् = अनजाने में किया जानेवाला पाप कर्म

व्याख्या

केवल पेट पालनेवाले सांसारिकों की निरर्थक स्तुति करनेवालों को यहाँ आष़्वार् अज्ञानी कहते हैं। साथ ही आष़्वार् विश्व-हित की कामना करते हैं; इसलिये लोगों से यह निवेदन करते हैं कि भगवान नारायण के नामों का संकीर्तन करते हुए विश्व में भ्रमण कीजिए जिससे सबका कल्याण हो और सारा विश्व पवित्र हो; साथ ही सबको भगवन्नामों के संकीर्तन का लाभ प्राप्त हो। कहा गया है कि

अतिपातक युक्तोऽपि ध्यायन् निमिषमच्युतम्।
भूयस्तपस्वी भवति पंक्तिपावन पावनः।।

(अर्थात्–अनेकानेक पापकर्म करने के बावजूद पलभर के लिए भी भगवान का नाम-स्मरण यदि कोई करे तो वह तपस्वी बनने का पुण्य प्राप्त करता है; साथ ही पापनिष्ठों को पवित्र करनेवाले पुण्यात्माओं को भी पवित्र कर देता है।)
यह तथ्य पेरियाष़्वार् की रचना तिरुमोष़ि में भी द्रष्टव्य है–

नाथनै नरसिंहनै नविन्रु एत्तुवार्हळ् उष़क्किय
पाद धूलि पडुदलाल् इवुलहम् भाग्यं शेय्ददे। (तिरुमोष़ि–4-4-6)

अर्थात् तिरुक्कोट्टियूर (पुण्य क्षेत्र) में निवास करनेवाले भगवान नरसिंह की पाद धूलि के स्पर्श मात्र से यह विश्व भाग्यशाली होगा।

पन्द्रह

परम भागवत आष़्वार् का भक्त हृदय यह सोचकर कि रामावतार तथा कृष्णावतार में भगवान नारायण को कितना कष्ट उठाना पड़ा, व्यथित होता है।

तिरिन्ददु वेञ्चमत्तुत् तेर् कडवि अन्रु
पिरिन्ददु सीतैयै मान् पिन् पोय् - पुरिन्ददुवुम्
कण् पळ्ळि कोळ्ळ अषहियेद नागत्तिन्
तन् पळ्ळि कोळ्वान् तनक्कु ।।

शब्दार्थ अन्वयसहित

वेम् शमत्तु = (कृष्णावतार के अवसर पर आपको) भयानक महाभारत युद्ध में
तेर् कडवि = (पार्थसारथी के रूप में) रथ चलाते हुए
तिरिन्ददु = इधर-उधर जाते समय; और
अन्रु = रामावतार के समय
मान् पिन् पोय् = स्वर्ण मृग के पीछे जाकर
सीतैयै पिरिन्ददु = देवी सीताजी से वियुक्त होकर
कण् पळ्ळि कोळ्ळ पुरिन्ददुवुम् = पृथ्वी पर शयन करने का कष्ट उठाना पड़ा। ये सारी लीलायें
नागत्तिन् तण् पळ्ळि कोळ्वान् तनक्कु = अनन्त शेष की शीतल शय्या पर शयन करनेवाले भगवान नारायण के लिए
अषहियदे ? = क्या उचित थीं ?

भावार्थ

भगवान नारायण ने कृष्णावतार में भयानक महाभारत युद्ध के अवसर पर अर्जुन का सारथी बनकर रथ चलाते हुए इधर-उधर घूमने का कष्ट उठाया। रामावतार के अवसर पर छल से स्वर्ण मृग बनकर आये राक्षस मारीच का पीछा किया और देवी सीताजी से बिछड़कर भगवान को धरती पर सोने का कष्ट उठाना पड़ा। यह सब क्या आदिशेष की शीतल शय्या पर शयन करनेवाले भगवान नारायण के लिए उचित था।

व्याख्या

1. रामावतार एवं कृष्णावतार में भगवान नारायण ने जो जो कष्ट उठाये थे उनका स्मरण कर भक्त हृदय व्यथित हो जाता है। विश्व कल्याण के लिए भगवान विभिन्न अवतार लेकर पृथ्वी पर आये और नानाविध कष्टों का सामना किया।

आष्वार् का भक्त हृदय द्रवित होकर यह प्रश्न करता है कि शीतल शेष शय्या पर विराजमान रहनेवाले भगवान के लिए क्या यह उचित या आवश्यक था! किन्तु आष्वार् को पता है कि भक्तवत्सल भगवान आश्रितरक्षण के लिए हर प्रकार का कष्ट उठाने के लिए सर्वदा प्रस्तुत रहते हैं।

2. इस पद में आष्वार् ने "'अषहियदे' = क्या उचित है ?" इस प्रकार एक ओर प्रश्न करते हुए यह उत्तर भी दे दिया है—"हाँ, यह औचित्यपूर्ण है"; क्योंकि भगवान कृपालु एवं आश्रितवत्सल हैं; उन्होंने विश्व-हित के लिए अवतार लिया और अवतार के उद्देश्य की पूर्ति के लिए नानाविध कष्ट भी उठाये। यह सर्वथा औचित्यपूर्ण था। यहाँ काव्यशास्त्रीय "विपरीत लक्षणा" शक्ति का प्रयोग है।

सोलह

यदि भक्त के हृदय में भगवान को पाने की तीव्र उत्कंठा हो तो वह पर्याप्त है; भगवत्प्राप्ति के लिए कोई दूसरा प्रयास आवश्यक नहीं है। भगवान को पाने के इच्छुकों को भगवान स्वयं अपना बना लेते हैं। इस तथ्य का वर्णन आष्वार् के निम्न पद में देखिये।

तनक्कडिमैप् पट्टदु तान् अरियानेलुम्
मनत्तडैय वैप्पदाम् मालै - वनत्तिडरै
एरियाम् वण्णम् इयट्रुम् इदुवल्लाल
मारियार् पेय्किर्पार् मट्रु।।

शब्दार्थ अन्वयसहितः

तनक्कु अडिमै पट्टदु = चेतन मानव अपने शेषत्व की वास्तविकता को
तान् अरियान् एलुम् = स्वयं भले ही समझने में असमर्थ हो; किन्तु
मनत्तु अडैय मालै वैप्पदु आम् = (भगवान नारायण स्वयं) उसके अंतस्तल में विराजमान हों–यह उत्कंठा उसमें विद्यमान हो; तब (यदि भक्त के अंतस्तल में भगवान को पाने की केवल उत्कंठा हो तो) भगवान उसे स्वयं प्राप्त होंगे; जैसे
वनम् तिडरै = जंगलों से भरी ऊँची भूमि को
एरि आम् वण्णम् इयट्रुम् इदु अल्लाल् = वर्षा के पानी को रोक रखने के लिए, खोदकर झील बनायी जा सकती है;
मट्रु मारि पेय्किर्पार् यार्? = परन्तु वर्षा कैसे हो? वर्षा करानेवाले कौन हैं? (भगवत्संकल्प के बिना वर्षा होगी कैसे?)

भावार्थ

भगवान नारायण शेषी हैं ओर चेतन मानव शेष है। यदि चेतन मानव अपने इस शेषत्व को समझने में भले ही असमर्थ हो, फिर भी भगवान नारायण को अपने अंतस्तल में पाने की उसकी उत्कंठा मात्र पर्याप्त है– भगवान उसे स्वयं प्राप्त होंगे। भगवान का आश्रय पाने की इच्छा मात्र पर्याप्त है–भगवान उसे स्वयं मिल जायेंगे। यह होता है भगवान के संकल्प मात्र से।
जैसे, कोई जंगलों से भरी ऊँची भूमि को खोदकर झील बना सकता है ताकि वर्षा का जल रोका जा सके। परन्तु वर्षा होने पर ही तो इसका लाभ हो सकता है। वर्षा हो कैसे? करायेगा कौन? भगवत्संकल्प इसके लिए आवश्यक है।

व्याख्या

भगवान एवं चेतन मानव के बीच शेषी-शेष का सम्बन्ध है। इसे समझे बिना केवल भक्ति गद्गद् होकर मानव यदि भगवान का आश्रय पाना चाहे तो भगवान उसे अपना बना लेंगे। भगवान को पाने की भक्त की इच्छा भगवान को पाने का सबसे महत्त्वपूर्ण साधन है। उसे कोई दूसरा प्रयत्न करने की आवश्यकता नहीं है। अज्ञान के कारण अपने और भगवान के बीच के निकटतम सम्बन्ध को भले ही मानव न समझे; फिर भी उसके मन में यदि भगवत्प्राप्ति की उत्कंठा हो तो भगवान उसे स्वयं मिलेंगे। इस तथ्य को समझाने के लिए

भक्त आष्वार् ने एक उपमान या उदाहरण प्रस्तुत किया है। वह उदाहरण इस प्रकार है -

वर्षा जल को रोके रखने के लिए मनुष्य झाड़-झंखाड़ से भरी हुई ऊँची भूमि को खोदकर झील बना सकता है। अर्थात् उसने एक उद्देश्य को लेकर प्रयास तो कर दिया है। परन्तु वर्षा का होना भगवान के संकल्प पर निर्भर है। आष्वार् की स्थापना यह है कि मनुष्य ने यदि प्रयास किया है तो भगवान उसपर कृपालु होंगे और वर्षा करायेंगे; तब झील पानी से भर जायेगी। उसी प्रकार यदि मानव के मन में भगवान को पाने की केवल इच्छा हो तो भगवान स्वयं उसे अपना बना लेंगे।

इस तथ्य को तिरुमषिशै आष्वार् ने भी अपनी कृति 'नान्मुखन् तिरुवन्तादि' के पद 23 में कहा है।

"वित्तुम् इड वेण्डुङ् वेण्डुम् कोलो विडैयडर्त्त
पत्ति उष्वन् पषम् पुनत्तु..."

अर्थात् भगवान नारायण स्वयं इस बात के लिए प्रयास करते हैं कि चेतन मानव के अंतस्तल में भक्ति उपजे। क्या इसके लिए भक्त को संसार में कोई प्रयत्न करना होगा? (उत्तर है 'नहीं')। भगवान स्वयं भक्त को अपने आश्रय में ले लेते हैं।

सत्रह

आश्रित वत्सल भगवान नारायण को छोड़ किसी दूसरे देवता का आश्रय कोई क्यों ग्रहण करे?—भक्त आष्वार् इस बात पर ज़ोर देते हैं निम्न पद में।

मट्रार् इयल् आवार् वानवर्कोन् मामलरोन्
शुट्रुम् वणंगुम् तोषिलानै - ओट्रैप्
पिरैयिरुन्द शेञ्चडैयान् पिन् शेन्रु मालैक्
कुरैयिरन्दु तान् मुडित्तान् कोण्डु।।

शब्दार्थ अन्वयसहित

वानवर्कोन् = देवों के अधिपति इन्द्र और

मामलरोन् = पद्मनाभ ब्रह्मा

शुट्रुम् वणंगुम् तोषिलानै मालै = चारों तरफ़ खड़े होकर भगवान नारायण की स्तुति कर रहे हैं।

कोण्डु = (उनका) ध्यान करते हुए

ओट्रैप् पिरै इरुन्द शेम् चडैयान् = केवल एक कला से युक्त चन्द्र को अपनी रक्तिम जटा में धारण करनेवाले रुद्र ने

पिन् शेन्रु इरन्द = (भगवान नारायण के) पीछे पीछे जाते हुए, याचना कर

कुरै = अपने ऊपर लगे ब्रह्महत्या-पाप से

तान् मुडित्तान् = अपने को बचा लिया। (अतः)

इयल् आवार् मट्रु आर्? = आश्रय प्रदान करने की पात्रता भगवान नारायण को छोड़ और किस देवता में है!

विशेष

चडै = संस्कृत शब्द 'जटा' का तमिल रूप है।

भावार्थ

देवेन्द्र और पद्मनाभ ब्रह्मा भगवान नारायण के अगल-बगल में खड़े होकर उनकी स्तुति कर रहे हैं। चन्द्रचूड, जटाधारी शिवजी अर्थात् रुद्र ने उनके पीछे पीछे जाकर भक्तिपूर्वक याचना की और अपने ऊपर लगे ब्रह्महत्या-पाप से भगवान नारायण की कृपा से मुक्त हुए। ऐसी दशा में कृपालु भगवान नारायण के सिवाय किस देवता का आश्रय लिया जा सकता है?

व्याख्या

1. तैंतीस करोड़ देवताओं के अधिपति इन्द्र, भगवान विष्णु के नाभिकमल से उत्पन्न ब्रह्मा और एक कलायुक्त चन्द्र को जटा में धारण करनेवाले शिवजी भगवान नारायण की स्तुति कर रहे हैं। शिवजी तो भगवान नारायण के पीछे पीछे जाकर अपने ऊपर लगे ब्रह्महत्या-पाप से मुक्त करने की याचना कर उनकी कृपा से पापमुक्त हुए।
   ऐसे आश्रितरक्षक तथा समस्त देवों के भी आश्रयदाता भगवान नारायण को छोड़ किसी और देवता की स्तुति कोई क्यों करे?
2. चन्द्र की षोडश कलायें स्वीकृत हैं। दक्ष प्रजापति के शाप के कारण चन्द्र की कलायें क्षीण हुईं और उसकी एक कला शेष रही और चन्द्र ने उस दशा में शिवजी की शरण ली। शिवजी ने उसे अपनी जटा में आश्रय दिया। अतः शिवजी को एक कलायुक्त चन्द्रचूड कहा जाता है।

अठारह

ब्रह्मादि देवताओं की पूजा एवं स्तुति के बावजूद भगवान नारायण अपने को दुखाकर भी दासों की रक्षा करेंगे।

कोण्ड दुलहम् कुरळुरुवाय् कोळरियाय्
ओण् तिरलोन् मार्वत् तुहिर् वैत्तदु - उण्डदुवुम्
तान् कडन्द एषुलहे तामरैक्कण् मालोरुनाळ्
वान् कडन्दान् शेय्द वष़क्कु।।

शब्दार्थ अन्वयसहित

कुरळ् उरुवाय् उलहम् कोण्डदु = भगवान नारायण ने वामन स्वरूप लेकर महाबलि से याचना कर अखिल ब्रह्माण्ड को दान में ले लिया था।
कोळ् अरि आय् = (उन्होंने) शक्तियुक्त नृसिंह बनकर
ओण् तिरलोन् मार्वत्तु = महाबली हिरण्यकशिपु के वक्षःस्थल को
उहिर् वैत्तदु = अपने नखों से विदीर्ण किया था
ओरु नाळ् = एक दिन (उन्होंने)
तान् कडन्द एष़ उलहे उण्डदुवुम् = अपने द्वारा नापे गये सप्त लोकों को (महा प्रलय में) अपने उदर में रख लिया था।
वान् कडन्दान् तामरै कण् = आकाश को भी शायद नाप लिया जाए; परन्तु कमलनयन भगवान नारायण की महिमा नापी नहीं जा सकती; वह अपरम्पार है।
माल् शेय्द वष़क्कु = भगवान नारायण की उपर्युक्त सारी लीलायें उनकी अपनी स्वाभाविक लीलायें हैं।

भावार्थ व्याख्या-सहित

वामन रूप लेकर भगवान नारायण ने महाबलि से याचना कर समस्त ब्रह्माण्ड को दान में ले लिया था। नृसिंह बनकर महाबली हिरण्यकशिपु के वक्षःस्थल को अपने नखों से विदीर्ण कर दिया था। अपने ही द्वारा वामनावतार में नापे गये समस्त लोकों को महाप्रलय के अवसर पर अपने उदर में सुरक्षित रख लिया था। भगवान नारायण ने आश्रित-रक्षण तथा सर्वस्वामित्व को सिद्ध करने के लिए ये सारी लीलायें की थीं। इस प्रकार भगवान नारायण की महिमा अपरम्पार है। शायद आकाश को भी हम नाप लें; परन्तु भगवान की महिमा नापी नहीं जा सकती।

इस पद में भगवान नारायण के वामनावतार, नृसिंहावतार तथा कूर्मावतार की लीलाओं का विश्लेषण किया गया है जो भगवान की आश्रितवत्सलता तथा अपार कृपालुता का निदर्शन प्रस्तुत करता है।

उन्नीस

भगवान नारायण ने विभिन्न अवतारों में विश्वरक्षण के लिए जो जो लीलायें की थीं वे एक ओर चिन्ताजनक हैं और दूसरी ओर औचित्यपूर्ण भी प्रतीत नहीं होतीं। इस भाव को आष़्वार् के निम्न पद में देखिये। (यहाँ संदर्भ कृष्णावतार का है।)

वष़क्कन्रु कण्डाय् वलि शकटं शेट्राय्
वष़क्केन्रु नी मदिक्क वेण्डा - कुष़क्कन्रु
ती विळविन् काय्क्केरिन्द तीमै तिरुमाले
पार् विळंगच् चेय्दाय् पष़ि।।

शब्दार्थ अन्वयसहित

तिरुमाले! नी = हे भगवान नारायण! आपने
वलि शकटं शेट्राय् = मज़बूत शकट को धक्का देकर तोड़ डाला था
वष़क्कु अन्रु कण्डाय् = यह आपके लिए उचित नहीं था
वष़क्कु एन्रु नी मदिक्क वेण्डा = यह मत सोचिये कि आपके लिए यह उचित अवश्य था। (इन साहसी कृत्यों के अलावा आपने बहुत कुछ और किया)
कुष़ कन्रु = बछड़े के रूप में आये असुर को (पकड़कर)
ती विळविन् काय्क्कु एरिन्द = कपित्थ के रूप में आये असुर को मारने के लिए उसकी ओर फेंका।
तीमै = यह बुरा कृत्य
पार् विळंग = समस्त विश्व को मालूम हो = इस प्रकार
पष़ि चेय्दाय् = (आपने) गलत काम किया।

भावार्थ

हे भगवान नारायण! कृष्णावतार में आपने शकट के रूप में आये शकटासुर को धक्का देकर ध्वस्त किया। यह उचित नहीं था। इस साहसपूर्ण कृत्य को उचित मत समझिये। इसके अलावा आपने बछड़े के रूप में आये वत्सासुर को पकड़कर कपित्थ फल के रूप में आये असुर को मारने के लिए उसकी ओर फेंका और इस प्रकार दोनों असुरों को नष्ट किया। यह भयावह कृत्य संसार में प्रसिद्ध हुआ। परन्तु यह गलत काम था;

क्योंकि भक्तों को इस बात की चिन्ता हुई कि आपको किस प्रकार का कष्ट हुआ होगा।
ऐसे भयावह कृत्यों से भक्तों को आपके कल्याण की अतीव चिन्ता होती है।

व्याख्या

भक्त आष्वार् भगवान नारायण की लीलाओं को औचित्यपूर्ण नहीं मानते हैं तो हमें आश्चर्य होता है। आश्रित-रक्षण और असुर विनाश तो भगवद् धर्म हैं; फिर असुरों का नाश आष्वार् की दृष्टि में क्यों औचित्यपूर्ण नहीं है!

इसका उत्तर इस प्रकार है—भक्त को भगवान की चिन्ता है। भगवद् कल्याण उसका ध्येय है। अतः उसे इस बात की चिन्ता होती है कि कहीं असुर-विनाश से उसके आराध्य को कोई कष्ट नहीं हो।

अतः भक्त आष्वार् की अभिव्यक्ति 'विरोधाभास' अलंकार के अंतर्गत आती है। 'विरोध' जैसा लगता है; परन्तु विरोध है नहीं।

बीस

शास्त्रीय रीति से भगवान नारायण की स्तुति करनेवालों को जो परमानन्द प्राप्त होता है वही परमानन्द भावुक भक्तों को भी सुलभ होता है। इस तथ्य को आष्वार् के पद में देखिये।

पषि पावम् कैयकट्रिप् पल्कालुम् निन्नै
वषि आष्वार् वाष्वराम् मादो - वषुविन्रि
नारणन् तन् नामंगळ् ननगुणर्न्दु नन्गेत्तुम्
कारणंगळ् तामुडैयार् ताम्।।

शब्दार्थ अन्वयसहितः

पषि = आरोप या अपयश तथा
पावम् = जान बूझकर किये जानेवाले पाप कर्मों को
कै अहट्रि = हटाकर
पल्कालुम् निन्नै वषि आष्वार् = सर्वदा शास्त्रोक्त रीति से आपकी अर्थात् भगवान नारायण की स्तुति करनेवाले लोग और
नारणन् तन् नामंगळ् नन्गु उणर्न्दु = भगवान नारायण के नामों को भली भांति समझकर
वषु इन्रि = बिना किसी त्रुटि के
नन्गु एत्तुम् कारणंगळ् ताम् उडैयार् ताम् = उनकी स्तुति करने के तमाम उपकरणों से युक्त भक्त लोग
वाष्वराम् = प्रसन्न जीवन यापन करेंगे
मादो = इसमें कोई आश्चर्य नहीं है!

भावार्थ

अज्ञात रूप से किये गये कर्मों के परिणामस्वरूप होनेवाले अपयश तथा जान-बूझकर किये जानेवाले पाप कर्मों से बचकर सर्वदा शास्त्रोक्त रीति से भगवान नारायण की स्तुति करनेवाले लोग प्रसन्नतापूर्वक जीवन यापन करते हैं। ऐसा ही प्रसन्न जीवन उन लोगों को भी प्राप्त होता है जो भगवान नारायण के नामों को

अच्छी तरह समझकर, भक्तिवश होकर भक्ति के नानाविध उपकरणों अर्थात् भजन, दर्शन, पुण्यकर्म आदि का अनुपालन करते हुए भगवान की स्तुति में लीन रहते हैं।
अर्थात् दोनों प्रकार के लोग समान रूप से प्रसन्न जीवन के अधिकारी होते हैं। इसमें आश्चर्य की कोई बात नहीं है; क्योंकि दोनों, भगवद् ध्यान में—भगवद् भक्ति में ही लीन रहते हैं।

व्याख्या

1. भक्त आष्वार् इस पद में यह स्थापित करते हैं कि विश्व में भगवान की स्तुति करनेवाले दो प्रकार के लोग हैं। एक वे लोग हैं जो शास्त्रविधि के अनुसार विभिन्न प्रकार के पाप कर्मों से दूर, भगवान की स्तुति निरन्तर करते रहते हैं। दूसरे प्रकार के लोग वे हैं जो भक्त हैं; भगवन्नामों का जपन करते रहते हैं और भगवद् भजन, उनके दर्शन तथा नाना प्रकार के पुण्य कर्मों में लीन रहते हैं। भले ही शास्त्रीय पद्धति का उन्हें ज्ञान न हो; फिर भी वे भक्ति गद्गद हैं; भक्ति लीन हैं, दोनों प्रकार के लोग, समान रूप से भगवत्प्रसाद के अधिकारी होते हैं।
2. भक्त आष्वार् की स्थापना है कि कर्म-ज्ञान-भक्ति योगों का विधिवत् पालन कर सर्वदा भगवदाराधन करनेवालों को जो भगवत्प्रसाद प्राप्त होता है वही उन लोगों को भी प्राप्त होता है जो नाम-स्मरण, नाम-जपन तथा नाम-संकीर्तन द्वारा प्रपत्तिमार्ग से भगवत्कृपा के अधिकारी होने की उत्कंठा रखते हैं। इसमें कोई आश्चर्य नहीं है; क्योंकि दोनों प्रकार के लागों का अंतिम लक्ष्य एक ही है—वह है भक्ति, प्रपत्ति एवं तन्मयीभूत आसक्ति।

इक्कीस

भगवान नारायण के प्रति भक्ति करने के तमाम साधनों के रहते हुए कोई भी व्यक्ति नरक की ओर क्यों जाये? इस तथ्य को आष्वार् के निम्न पद में देखिये।

तामुळरे तम्मुळ्ळम् उळ्ळुळदे तामरैयिन्
पूवुळदे एत्तुम् पोषुदुण्डे - वामन्
तिरुमरुवु ताळ्मरुवु शेन्नियरे शेव्वे
अरुनरकम् शेर्वदु अरिदु।

शब्दार्थ अन्वयसहित

ताम् उळरे = (सभी सांसारिक लोग भगवान की सेवा में अर्पित होने योग्य) चेतन तत्व से परिपूर्ण हैं;
तम् उळ्ळम् उळ् उळदे = भगवान के बारे में सोचनेवाला मन कहीं बाहर नहीं, भीतर ही तो है
तामरैयिन् पू उळदे = (भगवान नारायण के श्रीचरणों में समर्पित
करने के लिए सरोवरों में) कमल भरे पड़े हैं।
एत्तुम् पोषुदु उण्डे = भगवान की स्तुति करने के लिए उपयुक्त बहुत सारा समय है,
वामन् तिरुमरुवु ताळ् = वामन के रूप में अवतरित भगवान नारायण के श्रीचरणों पर
मरुवु शेन्नियरे = प्रणिपात होने के लिए प्रस्तुत भक्तों के सिर हैं,
शेव्वे अरुनरकम् शेर्वदु अरिदु = (इतना सब होने के कारण) सीधे, लोगों का नरक में जाना असंभव ही है।

भावार्थ

संसार के तमाम लोग भगवद्भक्ति योग्य चेतन प्राणी हैं। उनके भीतर भगवान के बारे में सोचनेवाला मन विद्यमान है। चारों तरफ़ सरोवरों में पंकज पुष्प भरे पड़े हैं जो भगवान के श्रीचरणों में चढ़ाये जा सकते हैं। भगवान का आराधन करने के लिए बहुत सारा समय यहाँ है। वामन के रूप में पृथ्वी पर अवतरित श्री नारायण के श्रीचरणों पर प्रणिपात होने के लिए प्रस्तुत भक्तों के सिर हैं।

इतनी सारी अनुकूल स्थितियों के होते हुए भयानक नरक में लोगों का जाना असंभव है।

व्याख्या

1. यदि भक्ति के अनुकूल स्थितियां नहीं होतीं तो स्वाभाविक है कि सांसारिक मानव घोर नरक में पहुँच जाते। किन्तु यहाँ भक्ति का उपयुक्त वातावरण है; तदर्थ आवश्यक सुविधायें भी भरी पड़ी हैं; तब भक्ति के पुण्यमार्ग के होते हुए मानव घोर नरक में जाये क्यों?
2. इतनी अनुकूलताओं के बावजूद मानव भगवदाश्रय में पहुँचे बिना अन्यान्य पाप कर्म करते हुए नरक में पहुँचते हैं। इससे बड़ा आश्चर्य और क्या हो सकता है!
3. भगवान नारायण ने मानव को शरीर दिया; मन दिया; सरोवरों में सुन्दर कमल पुष्पों को भर दिया। बहुत सारा समय दिया; श्रीचरणों पर झुकने के लिए सिर दिया। भगवान के आश्रय में पहुँचने के लिए सारा अनुकूल वातावरण प्रस्तुत है। फिर भी मनुष्य इन सबका उचित उपयोग किये बिना पाप कर्म क्यों करे और घोर नरक में क्यों जाए! यह वास्तव में विचित्र स्थिति है!
4. इसी बात को प्रथम आऴ्वार् पोय्कै आऴ्वार् ने मुदल् तिरुवन्तादि (प्रथम दिव्य अन्तादि) के पद 95 में इस प्रकार कहा है, "भगवान की स्तुति करने के लिए हमारे पास जिह्वा है; निरन्तर जपन करने के लिए अष्ठाक्षर मंत्र 'ओम् नमो नारायणाय' उपलब्ध है। आराम से मोक्ष प्राप्त करने के लिए भगवान का अर्चन, वन्दन आदि, प्रपत्ति के अनेक सरल मार्ग हैं। फिर भी उन सबको छोड़कर—सन्मार्ग का सहारा लिये बिना कोई असत्मार्ग पर क्यों जाये?

बाईस

पूर्व पद में आऴ्वार् ने यह कहा कि जिन लोगों के पास भक्ति के तमाम साधन हैं उन्हें भगवत्कृपा सहज रूप से उपलब्ध होगी; वे नरक के नहीं; वरन् पुण्य के अधिकारी होंगे। प्रस्तुत पद में आऴ्वार् का कहना है कि भले ही भगवान को पाने के साधन न हों, फिर भी यदि भक्त अपना भार भगवान को सौंप दे अर्थात् यदि वह संपूर्ण रूप से भगवान के आश्रय में पहुँच जाए तो उसके लिए मोक्ष भी सुलभ होगा।

अरिय देळिदाहुम् आट्रलाल् माट्रि
पेरुह मुयल्वारैप् पेट्राल् - करियदोर्
वेण्कोट्टु माल्यानै वेन्रि मुडित्तन्रे
तण् कोट्टु मामलराल् ताऴ्न्दु।।

शब्दार्थ अन्वयसहित

आट्रलाल् = अपनी शक्ति से

माट्रि = चेतन व्यक्तियों के प्रयासों को हटाकर

पेरुह मुयल्वारै = (चेतन व्यक्तियों के हित का सारा भार अपने ऊपर लेकर) प्रयास करनेवाले भगवान नारायण को

पेट्राल् = यदि मानव ने प्राप्त कर लिया तो

अरियदु एळिदु आहुम् = असंभव भी संभव हो जाएगा अर्थात् आसानी से मोक्ष प्राप्त होगा। (इसका एक उदाहरण लीजिये।)

वेण् कोडु माल् करियदु ओर् यानै = शुभ्र दांतों से युक्त बृहद् आकार के काले रंग के श्रेष्ठ गजराज (गजेन्द्र) को

वेन्रि मुडित्तु = (मगर को) जीतकर तथा नष्ट कर

तण् कोट्टु मा मलराल् = शीतल सरोवर में विकसित सुन्दर कमल पुष्पों को लेकर

ताष्न्दु अन्रे = भगवान नारायण के श्रीचरणों की दास्यता करने का सौभाग्य प्राप्त हुआ न!

भावार्थ

चेतन भक्त मानव को प्रयास करने की कोई आवश्यकता नहीं है। उसका सारा भार भगवान नारायण अपने ऊपर ले लेते हैं और अपनी शक्ति से उसका सारा कार्य कर देते हैं। जब चेतन भक्त को इस प्रकार भगवान नारायण प्राप्त हो जाते हैं तब उसके लिए कोई कार्य असंभव नहीं होगा और मोक्ष-प्राप्ति सुलभ हो जाएगी। जैसे, भक्त गजेन्द्र को भगवान विष्णु ने मगर की पकड़ से बचाया और उसे ऐसा अवसर प्रदान किया कि वह भगवान के श्रीचरणों पर सुन्दर कमल पुष्प अर्पित कर सके। भक्त के प्रति भगवान की कृपा का यह प्रसाद है। इसे प्राप्त करने पर असंभव भी संभव हो जाता है।

व्याख्या

1. इस पद में प्रयुक्त 'कोडु' शब्द के दो अर्थ हैं। एक है हाथी का दांत और दूसरा है सरोवर।
2. इस पद का मूल भाव यह है कि गजेन्द्र की तरह भगवद्भक्ति तथा भगवदनुग्रह पर ही निर्भर रहने पर चेतन भक्त मानव को परमपद की प्राप्ति सुलभ होगी अर्थात् 'नारायण परायण' भक्त के लिए असंभव कुछ भी नहीं होगा। यहाँ प्रपत्ति का वैशिष्ट्य बताया गया है। भगवदनुग्रह के होते हुए भक्त के प्रयासों का कोई महत्त्व नहीं रहता। जब भक्त पर भगवान की कृपा रहती है और भक्त भगवान के आश्रय का अधिकारी होता है तब भक्त को कुछ करना नहीं होता है और भगवान भक्त के हित का ध्यान रखते हैं। यह पद प्रपन्न भक्त और प्रपत्ति के वशीभूत भगवान नारायण के आत्मीयतापूर्ण संबन्ध को प्रतिपादिन करता है।

तेईस

भगवान के आश्रय में आकर भक्ति लीन रहनेवालों की तमाम बाधाओं को हटाकर उनकी रक्षा का दायित्व भगवान नारायण अपने ऊपर लिये हुए हैं। इस तथ्य को आष्वार् के निम्न पद में देखिये।

ताष्न्दु वरङ् कोण्डु तक्क वहैकळाल्
वाष्न्दु कषिवारै वाष्विक्कुम् - ताष्न्द
विळङ्कनिक्कुक् कन्रे रिन्दु वेट्रुरुवाय् ञालम्
अळन्तडिक् कीष् कोण्ड अवन्।।

शब्दार्थ अन्वयसहित

ताष्न्द = फलों के भार से झुके हुए

विळङ्कनिक्कुक् = कपित्थ वृक्ष से फल गिराने के लिए
कन्रु एरिन्दु = बछड़े को उठाकर जिसने वृक्ष पर फेंका, और
(भगवान नारायण ने कृष्णावतार में कपित्थ फल का रूप लेकर आये असुर को, बछड़े के रूप में आये वत्सासुर को उठाकर उस वृक्ष की ओर फेंककर मार डाला। इस कथा की ओर यहाँ संकेत है।)
वेरु उरु आय् = दूसरा आकार अर्थात् याचक वामन का रूप लेकर
ञालम् अळन्दु = भूमि को नापते हुए जो
अडि कीष् कोण्ड = अपने पादों के नीचे सारी भूमि को लाये
अवन् = वे परमात्मा नारायण
ताष्न्दु = अपने श्रीचरणों पर नत होनेवाले
वरम् कोण्डु = अपनी कृपा का प्रसाद प्राप्त करनेवाले, और
तक्क वहैकळाल् वाष्न्दु = अपनी अपनी स्थिति के अनुसार संपत्ति, कैवल्य अथवा भगवदाश्रय को प्राप्त कर
कषिवारै = और अधिक सुख पाने की इच्छा करनेवाले अधिकारियों को
वाष्विक्कुम् = अनुग्रह प्रदान करेंगे।

भावार्थ

बछड़े के रूप में गोपों के बछड़ों के बीच आये वत्सासुर को उठाकर कपित्थ वृक्ष पर कृष्ण ने फेंका जिससे कपित्थ फल के रूप में आया असुर कपित्थासुर मारा गया। वामन का रूप लेकर याचक बनकर आये भगवान नारायण ने राजा बलि से तीन पग की भूमि माँगी और इस प्रकार सारी पृथ्वी को उन्होंने नाप डाला और अत्याचारी बलि का नाश किया। उस भगवान नारायण का अनुग्रह उन तमाम लोगों को प्राप्त होगा जो उनके श्रीचरणों पर नत होते हैं, उनकी कृपा या अनुग्रह के पात्र होते हैं और अपनी अपनी परिस्थिति के अनुसार धन-दौलत, कैवल्य अथवा भगवदाश्रय को प्राप्त कर और अधिक सुख पाने की इच्छा करते हैं। अर्थात् भक्त जैसा अनुष्ठान करते हैं और भक्तों की जैसी रुचि होती है उसके अनुसार उन्हें भगवान नारायण उनके कामित फल प्रदान करते हैं।

व्याख्या

भक्त की फल प्राप्ति में यदि कोई बाधा आये तो क्या होगा? इसीके उत्तर में कृष्णावतार एवं वामनावतार में की गयी भगवान नारायण की लीलाओं का वर्णन किया गया है। फल प्राप्ति के मार्ग में आनेवाली बाधाओं का भी भगवान निराकरण करते हैं ताकि भक्त की इच्छाओं की पूर्ति हो।
भक्त के हित में भगवान अपनी शक्ति का प्रयोग करते हैं। इससे भक्त का कल्याण सुनिश्चित होता है।

चौबीस

सर्वगत सर्वेश्वर भगवान नारायण की महिमा से आष्वार् अपने मन को अवगत कराते हैं निम्न पद में।

अवन् कण्डाय् नन्नेञ्जे आररुळुम् केडुम्
अवन् कण्डाय् ऐम्पुलनाय् निन्रान् - अवन् कण्डाय्
काट्रुत्ती नीर् वान् करुवरै मण् कारोदच्
शीट्रत्ती आवानुम् शेन्रु।।

शब्दार्थ अन्वयसहित

नल् नेञ्जे ! = हे श्रेष्ठ मन ! (समझो कि)
आर् अरुळुम् = कृपा के फलस्वरूप होनेवाला मोक्ष, और
केडुम् = पापों के कारण आनेवाला सांसारिक जीवन, दोनों
अवन् कण्डाय् = भगवान नारायण ही हैं।
ऐम्पुलन् = पंच इन्द्रियाँ और
काट्रु, ती, नीर्, वान्, मण् आय् निन्रान् अवन् कण्डाय् =
वायु, अग्नि, जल, आकाश, पृथ्वी अर्थात् पंच भूत और उनसे बना शरीर भी वही भगवान नारायण हैं।
करु वरै = कृष्ण वर्ण के पर्वत भी (वही हैं।)
शेन्रु = (इस प्रपंच को नष्ट करने का) जब मन आया तब
कार् ओदम् शीट्रम् ती आवानुम् अवन् कण्डाय् = कृष्ण सागर को जला देनेवाली बडवाग्नि भी भगवान नारायण ही हैं

भावार्थ

भक्त आष्वार् अपने मन को समझाते हैं कि समस्त प्रपंच, प्रपंच के कार्य, प्रपंच के आधार---पंचभूत और उनसे बना शरीर और शरीरगत पंच इन्द्रियाँ, अर्थात् सृष्टि के आधारभूत तमाम तत्व, प्रलयकाल की बडवाग्नि जो प्रलयकाल में समस्त सागर को जला देती है, सांसारिक जीवन तथा मोक्ष आदि भगवान नारायण ही हैं।

व्याख्या

भक्त आष्वार् की स्थापना यह है कि भगवान नारायण सर्वगत हैं; सर्वेश्वर हैं। संसार भी वही हैं; सांसारिकता भी वही हैं। पंचभूत, पंचभूतात्मक शरीर, पंचेन्द्रियाँ, तमाम प्रकृति आदि समस्त तत्व वही भगवान नारायण हैं। यहाँ नारायण सूक्तम् का कथन स्मरणीय है।

"विश्वं नारायणं देवं अक्षरं परमं पदम्।
यच्च किंचित् जगत्सर्वं दृश्यते श्रूयतेऽपि वा।
अन्तर्बहिश्च तत्सर्वं व्याप्य नारायणः स्थितः।..."

(तैत्तिरीय आरण्यकम् 10/13)

जब भक्त आष्वार् कहते हैं कि संसार भी वही हैं, सांसारिकता भी वही हैं और मोक्ष भी वही हैं तब श्वेताश्वतर उपनिषद् का यह मंत्र ध्यातव्य है—"संसार बंध स्थिति मोक्षहेतुः" (6/16)
सृष्टि से लेकर लय तक की सारी स्थितियाँ जब भगवान नारायण के अधीन हैं तब भगवान के आश्रितरक्षकत्व में आश्चर्य क्यों हो सकता है ! यदि समस्त चराचरमय ब्रह्माण्ड भगवान नारायण हैं, तो उसकी रक्षा करने का भार भी उन्हीं का है।
अतः आष्वार् अपने मन को भगवान नारायण की सर्वमयता का परिज्ञान कराते हुए भगवदाश्रित होने की महत्ता का संदेश देते हैं।

पच्चीस

संकल्प मात्र से समस्त कार्यों को करने की क्षमता के बावजूद स्वयं मानव-रूप में अवतरित होकर मानवीय कष्टों का सामना करते हुए साधुओं का परित्राण करने के विचार से भगवान नारायण श्री वेंकट पर्वत पर आकर विराजमान हैं—इस बात को आष्वार् के इस पद में देखिये।

शेन्र दिलंकैमेल् शेव्वे तन् शीट्रत्ताल्
कोन्र दिरावणनैक् कूरुङ्काल् - निन्रदुवुम्
वेयोङ्गु तण् चारल् वेंकटमे विण्णवर् तम्
वायोङ्गु तोल् पुहषान् वन्दु।।

शब्दार्थ अन्वयसहित

विण्णवर् तम् वाय् ओङ्गु तोल् पुहुषान् = भगवान नारायण ने जिनके श्रेष्ठ शाश्वत गुणों की स्तुति करते रहते हैं देवता लोग
शेव्वे शेन्रदु इलंकै मेल् = (भूलोक में) सीधे अपनी सेना के साथ जाकर लंका पर चढ़ाई कर दी थी, और
तन् शीट्रत्ताल् कोन्रदु इरावणनै = अपने भयानक क्रोध से नष्ट किया था रावण को
कूरुङ्काल् = यह कहना औचित्यपूर्ण है।
वन्दु निन्रदुवुम् = (साधुओं अर्थात् भक्तों की रक्षा करने के लिए) आकर जहाँ भगवान रुके और
वेय् ओङ्गु तण् चारल् = बांस के घने जंगल से परिव्याप्त, शीतल छायायुक्त जो क्षेत्र है, वह
वेंकटमे = श्री वेंकट पर्वत है।

भावार्थ

देवता लोग गोलोकवासी भगवान नारायण के सर्वश्रेष्ठ कल्याणमय गुणों की स्तुति करते हैं। वे भगवान नारायण भूलोक में राम के रूप में अवतरित हुए; सीधे भारी सेना के साथ जाकर लंकापुरी पर चढ़ाई की और भयानक क्रोध से वैरी रावण का संहार किया। वे ही भगवान नारायण बांस के वनों से परिव्याप्त सायेदार श्रीवेंकट पर्वत पर आकर विराजमान हैं ताकि भक्तों का रक्षण तथा साधुओं का परित्राण हो।

व्याख्या

1. संकल्प मात्र से दुष्टों का निग्रह करना भगवान के लिए अत्यन्त साधारण कार्य है। किन्तु मानव मात्र को यह जताने के लिए कि भगवान भक्त-रक्षण तथा साधु-परित्राण के लिए मानव का रूप धारण कर तमाम कठिनाइयों को सहन करते हुए पृथ्वी पर विराजमान रहते हैं, भगवान श्री वेंकट पर्वत पर आकर, वैभवमूर्ति बनकर विराजमान हैं।
2. यहाँ भगवद् गीता का श्लोक (अध्याय 4 का श्लोक 8) स्मरणीय है।

   परित्राणाय साधूनां विनाशाय च दुष्कृताम्।
   धर्मसंस्थापनार्थाय संभवामि युगे-युगे।।

   भक्तों एवं साधुओं के परित्राण के लिए भगवान मानव रूप में अवतरित होते हैं और मानव के समान व्यवहार करते हुए उसे होनेवाले सभी कष्टों को स्वयं भी उठाते हैं।
3. भगवान नारायण रामावतार में भारी सेना लेकर गये और लंकापुरी तथा अन्यायी रावण को नष्ट किया। जहाँ

रावण श्री राम की अनुपस्थिति में सीताजी का अपहरण करके गया वहाँ श्री राम (भगवान नारायण) भारी सेना लेकर गये और सबकी उपस्थिति में लंका पर चढ़ाई की और रावण का संहार किया। इससे भक्तों तथा आश्रितों के मन में भगवान की अपार शक्ति का विश्वास दृढ़ होता है।

छब्बीस

परम भागवत वैष्णव भक्तों को भगवान नारायण द्वारा दिया गया सर्वश्रेष्ठ उपहार है श्री वेंकट पर्वत–इस तथ्य को भक्त आष्वार् के पद में देखें।

वन्दित्तवनै वषि निन्र् ऐम्भूतम्
ऐन्दुम् अहत्तडक्कि आर्वमाय् - उन्दिप्
पडियमरर् वेलैयान् पण्डमरर् कीन्द
पडियमरर् वाषुम् पदि।।

शब्दार्थ अन्वयसहित

पडि अमरर् = पृथ्वी पर विद्यमान अमर लोग अर्थात् वैष्णव भक्त
वाषुम् पदि = जहाँ वास करते हैं वह स्थल = तिरुपति अर्थात् श्रीवेंकट पर्वत
वषि निन्र् = (भगवद् भक्ति के मार्ग में) बाधा बनकर रहनेवाले
ऐम्भूतम् ऐन्दुम् = पृथ्वी, अप्, तेजस्, वायु एवं अग्नि–इन
पाँचों भूतों को; साथ ही पंच इन्द्रियों को (आँख, कान, नाक, जिह्वा एवं चर्म)
अहत्तु अडक्कि = (बहिर्गत न होने देते हुए) भीतर ही नियंत्रित कर
अवनै वन्दित्तु = भगवान नारायण का वन्दन करते हुए
आर्वम् आय् = भक्ति वश होकर
उन्दि पडि = एक दूसरे को धक्का देते हुए आगे बढ़कर भगवान के चरणों पर पहुँचनेवाले
अमरर् वेलैयान् = देवताओं के निमित्त दुग्ध समुद्र में
विराजमान भगवान नारायण द्वारा
पण्डु अमरर्कु इन्द = परमपद में स्थित सिद्ध पुरुषों अथवा अमरों के लिए प्रदत्त उपहार है।

भावार्थ

भूदेवता, अर्थात् वैष्णव भक्त लोगों का निवास स्थल श्रीवेंकट पर्वत (तिरुपति), भक्तिमार्ग में बाधक पंचभूतों तथा पंचेन्द्रियों को नियंत्रित कर, भक्तिवश होकर एक दूसरे को धक्का देते हुए भगवान के चरणों पर पहुँचने के लिए आतुर देवताओं के निमित्त दुग्ध समुद्र में विराजमान भगवान नारायण द्वारा परमपद में (श्रीवैकुंठ में) स्थित सिद्धों के लिए प्रदत्त उपहार है।

व्याख्या

1. वन्दित्तु (वन्दन या नमन कर)–संस्कृत शब्द 'वन्दन' का तमिल प्रयोग है।
   अमरर् एवं वेलै–संस्कृत शब्द 'अमर' एवं 'वेला' (तट) के तमिल रूप हैं। यहाँ वेलै का अर्थ 'तट' तो है; पर उससे सागर या समुद्र का अर्थ लिया जाता है।

पडि का अर्थ है 'भूमि'; अतः 'पडि अमरर्' से भू देवता अर्थात् ब्राह्मण अथवा वैष्णव का अर्थ लिया जाता है।

2. 'परमपद या श्री वैकुंठ में स्थित सिद्ध अमरों' के बारे में आष्वार् ने जो कहा है वह पुरुष सूक्तम् की उक्ति 'यत्र पूर्वे साध्याः सन्ति देवाः' का स्मरण दिलाता है। (पुरुष सूक्तम् 7)
3. आष्वार् की स्थापना है कि परम भागवत वैष्णवों के लिए भगवान नारायण पृथ्वी पर तिरुपति स्थल में आकर विराजमान है। यह स्थल श्रीवैकुंठवासी अथवा परमपद में निवास करनेवाले अमर सिद्ध पुरुषों के लिए भगवान नारायण का उपहार है।

अर्थात् तिरुपति अर्थात् श्री वेंकट पर्वत पृथ्वीगत वैष्णवों तथा परमपदवासी सिद्ध पुरुषों के लिए भगवान नारायण का उपहार है। क्योंकि भगवान नारायण के सौलभ्य, सौशील्य, वात्सल्य, कारुण्य आदि गुणों का अनुभव श्रीवैकुंठ में नहीं, वरन् पृथ्वी पर ही तिरुपति में हो सकता है। अतः भूदेवता ही नहीं, वरन् पुरातन काल से श्रीवैकुंठ में भगवत्-सांनिध्य में रहनेवाले अमर या देवता लोग भी इन भगवद् गुणों का अनुभव करने के लिए पृथ्वी के इस पावन स्थल में आकर निवास करते हैं।

इसी बात को तिरुमषिशै आष्वार् ने अपने ग्रंथ 'नान्मुखन् तिरुवन्तादि' के पद 45 में कहा है—"तण्णरुवि वेंकटमे वानोर्कुम् मण्णोर्कुम् वैप्पु"

(शीतल निर्झरों से अलंकृत श्री वेंकट पर्वत स्वर्गस्थ देवताओं तथा भूदेवताओं अर्थात् श्री वैष्णवों का पवित्र तीर्थ है)।

नम्माष्वार् के 'तिरुवाय् मोषि' के पद 1-8-3 में भी इसी तथ्य का प्रतिपादन हुआ है।

"कण्णावान् एन्रुम् मण्णोर् विण्णोर्कुत् तण्णार् वेंकट विण्णोर् वेर्पने।"

(भूदेवताओं तथा स्वर्गिक देवताओं के लिए समान रूप से नयन बनकर विराजमान हैं श्री वेंकट पर्वत में स्थित भगवान नारायण)

टिप्पणी—'तिरुपति'—यह शब्द संस्कृत के श्रीपति या लक्ष्मीपति का तमिल रूप है। भगवान लक्ष्मीपति का निवास स्थल होने के कारण, स्थल का नाम ही 'तिरुपति' हो गया है।

सत्ताईस

पूर्व पद में भक्त आष्वार् ने तिरुपति या तिरुमलै की प्रशस्ति की। प्रस्तुत पद में उनका कहना है कि भगवान नारायण के वात्सल्य, कारुण्य आदि गुणों का अनुभव करने के बावजूद उनकी समग्रता का अनुभव करने के लिए उनका मन परमपद या श्रीवैकुंठ में विराजमान भगवान को खोजते हुए बड़ी तेज़ी से अग्रसर हो रहा है।

पदि यमैन्दु नाडिप् परुत्तेषुन्द चिन्तै
मतियुरिंजि वान् मुहडु नोक्कि - गति मिहुन्दु अम्
कोल् तेडियोडुम् कोषुन्ददे पोन्रदे
माल् तेडियोडुम् मनम्।।

शब्दार्थ अन्वयसहित

पदि अमैन्दु नाडि = तिरुपति अर्थात् श्री वेंकट पर्वत में रहकर, विचारते हुए
परुत्तु एषुन्द चिन्तै = गंभीर एवं विकसित भावोद्रेक के साथ
मतियुरिंजि = चन्द्रलोक पार कर

वान् मुहड्ड नोक्कि = आकाश की ऊँचाई को देखते हुए
माल् तेडि = भगवान नारायण अर्थात् वैकुंठपति की खोज में
गति मिहुन्दु ओडुम् मनम् = तीव्र गति से चलता हुआ मेरा मन
अम् कोल् तेडि ओडुम् = ऊँची शाखा की तलाश में ऊपर ऊपर चढ़ती हुई जानेवाली
कोषुन्दु अदु योन्रदु = लता की तरह है।

विशेष

चिन्तै, गति, मनम्—संस्कृत शब्द चिन्ता (चिन्तन), गति एवं मन के तमिल प्रयोग हैं।

भावार्थ

श्री वेंकट पर्वत में निवास करते हुए सोच विचार कर गहरी भक्ति के साथ मेरा मन चन्द्रलोक को पार कर आकाश की ऊँचाई को स्पर्श करता हुआ तेज़ी से भगवान नारायण अर्थात् श्री वैकुंठपति की खोज में चल पड़ा। मेरे मन की स्थिति उस लता की तरह है जो ऊपर ऊपर वृक्ष की शाखा की खोज में पसरती हुई बढ़ती जाती है।

व्याख्या

1. आश्चर्य है—श्रीवैकुंठ निवासी—भगवान के पास रहनेवाले देवता लोग पृथ्वी पर श्रीवेंकटपर्वत में आकर भगवान नारायण के अर्चावतार की महिमा का आनन्द लेना चाहते हैं। इसके विपरीत श्रीवेंकट पर्वत में निवास करनेवाले वैष्णव भक्त का मन परमपदनाथ—श्रीवैकुंठपति भगवान नारायण को तलाशता हुआ परमपद की ओर अग्रसर है।

   इस तथ्य को नम्माष्वार् के तिरुवाय्मोषि (9-3-7) में देखियेः-

"माक वैकुन्तम् काण्बदर्कु एन् मनम्
एकमेन्नुम इराप्पहल् इन्रिये।"

(आष्वार् का मन दिन-रात सर्वदा केवल वैकुंठ (परमपद) का ध्यान करता रहता है।)

अट्ठाईस

पूर्व पद में भक्त आष्वार् ने भगवान नारायण के परमपद की प्राप्ति की अपनी इच्छा तथा तत्सम्बन्धी प्रयास का विवरण दिया था। अब निम्न पद में आष्वार् का कहना है कि भगवान नारायण—देवादिदेव अपनी इच्छा से आष्वार् के अंतस्तल में आकर विराजमान हैं।

मनत्तुळ्ळान् वेंकटत्तान् माकडलान् मट्रुम्
निनैप्परिय नीळरंगत्तुळ्ळान् - एनैप् पलरुम्
देवादि देवनेनप्पडुवान् मुन्नोरु नाळ्
मावाय् पिळन्द महन्।।

शब्दार्थ अन्वयसहित

एनै पलरुम् देवादिदेवन् एनप् पडुवान् = असंख्य वेदविदों के द्वारा देवादिदेव कहलानेवाले
माकडलान् = दुग्ध समुद्रशायी

मुन् ओरु नाळ् = बहुत पहले (कृष्णावतार के समय)
मावाय् पिळन्द महन् = अश्व के रूप में आये असुर
केशी का मुँह फाड़कर उसका संहार करनेवाले बालकृष्ण
मट्रुम् = साथ ही
वेंकटत्तान् = श्रीवेंकट पर्वतवासी एवं
निनैप्पु अरिय नीळ् अरंगत्तु उळ्ळान् = अकल्पनीय रूप से सर्वश्रेष्ठ मन्दिर में विराजमान भगवान नारायण
मनत्तु उळ्ळान् = मेरे अन्तस्तल में निवास करते हैं।

भावार्थ

भगवान नारायण वेदविदों के द्वारा देवादिदेव कहलाते हैं; दुग्ध समुद्र में शयन करते हैं। (कृष्णावतार के समय) घोड़े के रूप में आये असुर केशी का मुँह फाड़कर उसका विनाश किया था बालकृष्ण ने। सुन्दर वनों से आवृत तिरुपति मंदिर में विराजमान हैं; श्रीवेंकट पर्वतवासी हैं। वे भगवान नारायण अब मेरे अन्तस्तल में निवास करते हैं।

व्याख्या

1. देवों के देव भगवान नारायण जगत्-रक्षण के निमित्त दुग्ध समुद्र में आकर विराजे। बाद में सांसारिकों के हित के लिए तिरुपति अर्थात् तिरुमलै में विराजमान हुए। अब वे स्थायी रूप से मेरे अंतस्तल में आकर निवास कर रहे हैं। भगवान नारायण की आश्रितवत्सलता की गहनता की ओर यहाँ संकेत है।

भगवान नारायण श्रीवैकुंठ, दुग्ध समुद्र, विभवस्थलों, अर्चास्थलों आदि का त्याग कर भक्त के मन में आकर विराजमान हैं–इसी तथ्य की ओर परम भागवत पेरियाष़्वार ने "....इडवहैहळ् इहष़्न्दिट्टु एन्पाल् इडवहै कोण्डनैये।"* (तिरुमोषि़ 5-4-10) में और नम्माष़्वार ने "...उळ् पुहुन्दु नींगान् अडियेनदु उळ्ळत्तहम्"** (पेरिय तिरुवन्तादि 68) में संकेत किया है।

2. देवादिदेवन्–संस्कृत शब्द 'देवादिदेव' का तमिल रूप है।

उनतीस

असुर केशी के संहार का स्मरण करते हुए भक्त आष़्वार् कृष्णावतार की एक महत्त्वपूर्ण लीला–पूतनावध की याद करने लगे। साथ ही, पूर्व अवतार 'रामावतार' के समय की गयी लंका–नाश-लीला का भी स्मरण करते हैं।

महनाहक् कोण्डेडुत्ताळ् माण् पाय कोंगै
अहन् आर उण्बन् एन्रु उण्डु - महनैत्ताय्
तेराद वण्णम् तिरुत्तिनाय् तेन्निलंकै
नीराह एय्दषि़त्ताय् नी।।

शब्दार्थ अन्वयसहित

नी तेन् इलंकै नीरु आह एयदु अषि़त्ताय् = हे भगवान नारायण! सुन्दर लंकापुरी को आपने तीर चलाकर

[* श्रीवैकुंठ आदि परमपदों का त्याग कर मेरे मन में आकर तूने निवास किया;
** मेरे अंतस्तल में आकर स्थायी रूप से निवास करने लगे।]

भस्मीभूत कर दिया था रामावतार में;
महन् आह कोण्डु एडुत्ताळ् = (कृष्णावतार में) पुत्र के रूप में
(दुग्धपान कराने के व्याज से) हाथ में पूतना ने आपको उठाया
माणपु आय कोंगै = तब उसके सुन्दर स्तन से
'अहन् आर उप्बन्' एनरु उण्डु = यह सोचते हुए कि पेट भर
स्तन्यपान करूँगा, दूध के साथ साथ उसके प्राणों को भी आपने हर लिया था।
महनै ताय् तेराद वण्णम् तिरुत्तिनाय् = यह देखकर आपकी माता यशोदा के मन में पुत्र के संदर्भ में अविश्वास उत्पन्न हो गया।

भावार्थ

हे भगवान नारायण! रामावतार में आपने बाण चलाकर लंकापुरी को ध्वस्त कर दिया था। कृष्णावतार में स्तन्यपान कराकर आपका नाश करने के उद्देश्य से आयी राक्षसी पूतना का स्तन्यपान करते हुए उसके प्राणों को भी आपने हर लिया था। यह देखकर माता यशोदा के मन में पुत्र के सम्बन्ध में अविश्वास उत्पन्न हो गया था।

व्याख्या

1. 'अहम्' शब्द का अर्थ है 'पेट/उदर'। यहाँ उसका प्रयोग 'अहन्' के रूप में हुआ है।
2. तेन् इलंकै से सुन्दर लंकापुरी और दक्षिण की लंका–दोनों प्रकार के अर्थ लिये जा सकते हैं; क्योंकि तेन् का अर्थ मधुर, प्रसंगवशात् सुन्दर भी है; साथ ही 'दक्षिण दिशा' का भी अर्थ लिया जा सकता है।
3. रामावतार में भगवान ने यौवन-अवस्था में आकर लंका को ध्वस्त किया एवं अन्य वीरतापूर्ण लीलाएँ कीं; तब माता आदि को पुत्र के संदर्भ में भय या कोई भी आशंका नहीं हुई। परन्तु कृष्णावतार में बालकृष्ण ने जब पूतना का वध किया तब माता यशोदा को आशंका होने लगी कि आगे और क्या होगा! माँ के मन में पुत्र की रक्षा के बारे में आशंका होना ऐसे संदर्भ में स्वाभाविक ही तो है।

तीस

पूर्व पदों में रामावतार एवं कृष्णावतार की बात करते करते आष्वार् प्रस्तुत पद में वामनावतार, वराहावतार एवं कूर्मावतार की लीलाओं की महिमा का गान करते हैं।

नी अन्रु उलहळन्दाय् नीण्ड तिरुमाले
नी अन्रु उलहिडन्दाय् एन्बराल् - नीयन्रु
कारोदम् मुन् कडैन्दु पिन् अडैत्ताय् माकडलै
पेरोद मेनिप् पिरान्।।

शब्दार्थ अन्वयसहित

पेर् ओदम् मेनि पिरान् ! = व्यापक समुद्र की भांति नीलवर्ण के शरीर युक्त हे भगवान नारायण!
नीण्ड तिरुमाले! = अपार गुणयुक्त हे श्रीपति!

नी अन्रु उलहु अळन्दाय् = आपने उस दिन वामनावतार में पृथ्वी को नाप डाला था।
नी अन्रु उलहु इडन्दाय् = दूसरे संदर्भ में अर्थात् वराहवातार में आप पृथ्वी को उखाड़कर बाहर लाये
नी अन्रु = आपने उस दिन
कार् ओदम् मुन् कडैन्दु = श्याम समुद्र का पहले मंथन किया था
मा कडलै पिन् अडैत्ताय् = बाद में उसी बृहत् समुद्र को बांध बनाकर पाट दिया था;
एन्बर् आल् = इस प्रकार मुनि-मर्हषि लोग चकित होकर कहते हैं।

भावार्थ

समुद्र की भांति नील वर्ण के हे भगवान नारायण! अपार-असंख्य गुणयुक्त हे श्रीपति! आपने वामनावतार में सारी पृथ्वी को नाप डाला था। वराहावतार में आपने प्रलयमग्न पृथ्वी को उखाड़कर बाहर लाकर प्रतिष्ठित किया था; मुनि-मर्हषि लोगों का कहना है कि आपने ही समुद्रमंथन किया था और (रामावतार में) बांध बनाकर समुद्र को पाट भी दिया था। ये कैसी अद्‌भुत लीलायें हैं!

व्याख्या

प्रस्तुत पद में भगवान विष्णु के विभिन्न अवतारों—वामन, वराह, कूर्म एवं राम के द्वारा की गयी अद्‌भुत लीलाओं की ओर संकेत है। वे लीलायें इस प्रकार हैं—वामनावतार लेकर भगवान ने राजा बलि से तीन पगों की पृथ्वी का दान माँगकर, दो पगों से अखिल ब्रह्माण्ड को नापकर तीसरा पग बलि के सिर पर रखा और उसे पाताल में पहुँचा दिया।
प्रलय में डूब गयी पृथ्वी को वराहावतार लेकर, उखाड़कर बाहर लाये भगवान।
समुद्रमंथन के समय सागर में जब मंदर पर्वत धंसने लगा तो कूर्मावतार लेकर भगवान विष्णु ने अपनी पीठ पर पर्वत को उठाते हुए भीतर धंसने नहीं दिया।
रामावतार में भगवान ने सेनासहित समुद्र पार कर लंका में पहुँचने के लिए विभीषण की सलाह पर समुद्रराज की स्वीकृति से समुद्र पर बांध बनाया।
भगवान नारायण की लीलाओं पर आष्वार् चकित हैं।

इकतीस

भगवान नारायण के श्रीचरणों पर पुष्पों से पूजा करनेवाले भक्त लोग भगवान के सान्निध्य का गौरव प्राप्त करते हैं। इस तथ्य को आष्वार् के प्रस्तुत पद में देखिए।

पिरानेन्रुम् नाळुम् पेरुम् पुलरि एन्रुम्
कुरानल् शेषुम्पोदु कोणडु - वराहत्तु
अणि उरुवन् पादम् पणियुमवर् कण्डीर्
मणि उरुवम् काण्बर् महिष्न्दु।।

शब्दार्थ अन्वयसहित

पिरान् एन्रुम् = भक्त हितकारी भगवान कहते हुए
पेरुम् पुलरि एन्रुम् = यही तो अद्‌भुत प्रभात है = इस प्रकार बोलते हुए

नाळुम् = प्रतिदिन
नल् शेषु कुरा पोदु कोण्डु = सुगन्धित एवं विकसित कुरवक पुष्प हाथ में लेकर
वराहत्तु अणि उरुवन् पादम् = वराह के रूप में अवतरित भगवान नारायण के श्रीचरणों पर
पणियुमवर कण्डीर् = विनत होनेवाले भक्त लोग
मणि उरुवम् महिष्न्दु काण्बर् = भगवान के दिव्य स्वरूप का सान्निध्य प्राप्त कर पादसेवन से आनन्द-विभोर होंगे।

विशेष

कुरा = कुरवक पुष्प; सुगंधित पुष्प
पोदु = पुष्प या कली
मणि उरुवम् = दिव्य मंगल स्वरूप
अणि उरुवम् = सुन्दर स्वरूप

भावार्थ

भक्तों के हितकारी भगवान कहते हुए और यह बोलते हुए कि इससे अद्भुत प्रभात क्या हो सकता है, सुगंधित एवं विकसित कुरवक पुष्पों को हाथ में लेकर वराह के रूप में अवतरित भगवान नारायण के श्रीचरणों पर प्रतिदिन विनत होकर पूजा करनेवाले भक्त लोग भगवान के दिव्य स्वरूप का सान्निध्य प्राप्त कर आनन्द-विभोर होंगे।

व्याख्या

सारा जीवन विभिन्न कार्यकलापों में लीन रहकर व्यर्थ करने के बाद भगवान का पादसेवन करने का सौभाग्य आज ही तो मिला है; अतः भक्तों का कहना है कि इससे बढ़कर गौरवपूर्ण प्रभात और क्या हो सकता है! इसीलिए आष़्वार् ने 'पेरुम् पुलरि एन्रुम्' के वाक्यांश का प्रयोग किया है। पुलरि का शब्दार्थ है प्रभात या प्रातःकाल। यहाँ विष्णु पुराण की यह उक्ति स्मरणीय है।
"सुप्रभाता च मे निशा" (आज ही मेरी रात्रि भली भांति समाप्त होकर सुप्रभात का उदय हुआ हैं; क्योंकि आज ही तो भगवत्पूजा में विलीन होकर भगवदाराधन करने का सौभाग्य मुझे प्राप्त हुआ है।)

बत्तीस

भक्त आष़्वार् का कहना है कि उनके तीनों साधन—मन, वाक् एवं काया--भगवान के आराधन में तन्मय होकर अपार आनन्द का अनुभव करते हैं।

महिष्न्ददु चिन्तै तिरुमाले मट्रुम्
महिष्न्ददुन् पादमे पोट्रि - महिष्न्ददु
अष़लाषि शंखम् अवैपाडि आडुम्
तोषि़लाहम् शूष्न्दु तुणिन्दु।।

शब्दार्थ अन्वयसहित

तिरुमाले! = हे भगवान नारायण! श्रीपति!

चिन्तै महिष्न्ददु = मेरा मन आपका स्मरण एवं ध्यान कर प्रसन्न हुआ।
मट्रुम् = मन के पश्चात्, मेरी वाणी
उन् पादमे पोट्रि महिष्न्ददु = आपके श्रीचरणों की स्तुति कर आनन्दित हुई।
आहम् = मेरी काया अर्थात् शरीर
अष़ल् आष़ि = वैरियों पर आग उगलनेवाले आपके सुदर्शन चक्र,
शंखम् = पाँचजन्य शंख और
अवै = अन्य दिव्य शस्त्रों की
पाडि आडुम् तोष़िल् तुणिन्दु महिष्न्ददु = प्रशस्ति कर गाते-नाचते हुए आनन्दित हुआ।

भावार्थ

आष़्वार् भगवान नारायण को संबोधित करते हुए कहते हैं; हे श्रीपति! मैं भक्ति-वश होकर मनसा, वाचा एवं कर्मणा आपके ही ध्यान में, स्तुति करता हुआ प्रमुदित होकर गाता हुआ, एवं नाचता हुआ आनन्दित हो रहा हूँ।

मेरा मन आपका स्मरण एवं ध्यान कर आनन्दित है। मेरी वाणी आपके श्रीचरणों की स्तुति कर प्रसन्न हो रही है। मेरा शरीर आपके सुदर्शन चक्र, पाँचजन्य शंख और अन्यान्य आयुधों की प्रशस्ति में नाचता-गाता हुआ आनन्दानुभव कर रहा है।

व्याख्या

प्रस्तुत पद में मनसा, वाचा एवं कर्मणा भगवदाराधन में विलीन भक्त की गहन भावातिशयता की अभिव्यक्ति हुई है।

विशेष

अष़ल् = अग्नि
शंखम् = 'पाँचजन्य' शंख का संदर्भानुसार अर्थ लिया जाता है।
आष़ि = सुदर्शन चक्र

तैंतीस

इस पद में भी भक्त आष़्वार् अपने तीनों साधनों द्वारा भगवान नारायण का आराधन किये जाने की स्थिति पर ज़ोर देते हैं।

तुणिन्ददु चिन्तै तुषायलंगल् अंगम्
अणिन्दवन् पेर् उळ्ळत्तुप् पल्हाल् - पणिन्ददुवुम्
वेय् पिरंगु शारल् विरल् वेंकटवनैये
वाय् तिरंगळ् शोल्लुम् वहे।।

शब्दार्थ अन्वयसहित

चिन्तै = मेरा मन
तुष़ाय् अलंगल् (अंगम्) अणिन्दवन् पेर् = तुलसी माला
से अलंकृत शरीर युक्त भगवान के नामों का

पल्हाल् = अनवरत
उळ्ळत्तु तुणिन्ददु = ध्यान करता रहता है।
अंगम् = मेरा शरीर
वेय् पिरंगु शारल् विरल् वेंकटवनैये = बांस के वनों से आवृत श्रीवेंकट पर्वत पर विराजमान शक्तिशाली भगवान नारायण को ही
पणिन्ददु = नमन करता रहता है।
वायुम् = मेरा मुँह भी
तिरंगळ् शोल्लुम् वहै तुणिन्ददु = निरंतर भगवान के ही गुणों का वर्णन करने में लगा रहता है।

विशेष

तुष़ाय = तुलसी
अलंगल् = माला, विरल् = शक्तिशाली, वेय् = बांस
शारल् = पर्वत का छोर,
तिरम् = गुण, तिरंगळ् = तिरम् का बहुवचन

भावार्थ

मेरा मन निरन्तर तुलसी माला धारण करनेवाले भगवान नारायण के विभिन्न नामों का ध्यान करता रहता है। मेरा शरीर बांस के वनों से आवृत श्रीवेंकट पर्वत में विराजमान शक्तिशाली भगवान को ही निरन्तर नमन करता रहता है। मेरा मुँह भी अनवरत भगवान नारायण के गुणों का ही वर्णन करता रहता है।

व्याख्या

ध्यान, वर्णन एवं पादसेवन क्रमशः मन, वाक् एवं शरीर के धर्म हैं। आष़्वार् मन से भगवान नारायण के नामों का ध्यान करते हैं; वाणी या वाक् का उपयोग भगवान के गुणों का वर्णन करने के लिए करते हैं; उनकी काया शक्तिशाली भगवान को नमन करती रहती है।
मनसा, वाचा एवं कर्मणा भक्त आष़्वार् भगवान नारायण की गंभीर भक्ति में निमज्जित हैं।

"यत् हि मनसा ध्यायति तत् वाचा वदति, तत् कर्मणा करोति"

–इस वेदवाक्य के अनुरूप है भक्त आष़्वार् की भक्ति की गहनता (जिसका ध्यान मन से होता है उसी का वर्णन वाणी करती है और शरीर नानाविध कर्मों से उसकी अभिव्यक्ति करता है।)

चौंतीस

भक्त भगवान नारायण का अर्चन-वन्दन करते हैं। वे भगवान के दास बने रहते हैं। यह केवल भगवान की कृपादृष्टि के कारण संभव हुआ है। इसको आष़्वार् के निम्न पद में देखिये।

वहैयाल् अवनि इरन्दळत्ताय् पादम्
पुहैयाल् नरुमलराल् मुन्ने–मिह वायन्द
अन्बाक्कि एत्ति अडिमैप्पट्टेन् उनक्कु
एन् भाग्यत्ताल् इनि।।

शब्दार्थ अन्वयसहित

मुन्ने = बहुत पहले (आपने)

वहैयाल् = अपने ढंग से

अवनि इरन्दु अळन्ताय् पादम् = भूमि को (बलि से) दान में माँगकर अपने पादों से नाप डाला था; आपके उन पादों की

पुहैयाल् = धुएं से = धूप से

नरुमलराल् = सुगन्धित पुष्पों से

मिह वायन्द अन्बु आक्कि, एत्ति = गहन भक्तिपूर्वक, स्तुति करता रहता हूँ।

इनि = शेष सारा समय (मैं)

एन् भाग्यत्ताल् = अपने भाग्य के कारण अर्थात् आपकी कृपा दृष्टि का जो सौभाग्य मुझे प्राप्त हुआ है उसकी वजह से

उनक्कु अडिमैप् पट्टेन् = आपका दास बना रहता हूँ।

भावार्थ

हे भगवान नारायण! बहुत पहले आपने वामनावतार लेकर राजा बलि से तीन् पग की भूमि दान में माँगकर समग्र पृथ्वी को अपने दो पादों से नाप डाला था। मैं उन पादों की भक्तिपूर्वक पूजा एवं अर्चना करता रहा हूँ। शेष सारा समय आपका दास बने रहने का सौभाग्य मुझे प्राप्त है। यह सौभाग्य तो आपकी कृपा दृष्टि का ही परिणाम है।

विशेष

पुहैयाल् का शब्दार्थ है धुएँ से। परन्तु प्रसंग के अनुसार धूप अथवा कर्पूर का अर्थ लिया जाता है।

व्याख्या

इस पद में आऴ्वार् यह स्थापित करने का प्रयास करते है कि भगवान की भक्ति भगवत् कृपा के कारण ही संभव है। भक्त भगवान का दास होता है; यह भगवान की कृपा दृष्टि के परिणामस्वरूप ही होता है। यहाँ मध्यकालीन वैष्णव संत-आचार्य वल्लभ के 'पुष्टिमार्ग' का पुष्टि तत्व स्मरणीय है। भगवदनुग्रह या भगवत्कृपा ही पुष्टि है। जैसे कहा गया है "पुष्टिः तदनुग्रहः"। भगवदनुग्रह अर्थात् पुष्टि के कारण ही भक्ति का प्रसाद प्राप्त होता है। इसी तत्व को आऴ्वार् ने इस पद में प्रतिपादित किया है।

पैंतीस

भगवान नारायण के प्रति भले ही कोई गहन भक्ति न कर सके; फिर भी थोड़ी-बहुत भक्ति तो की जा सकती है। यह तथ्य इस प्रस्तुत पद में निरूपित है।

इनिदेन्बर् कामम् अदनिलुम् आट्र
इनिदेन्बर् तण्णीरुम् एन्ताय् - इनिदेन्रु
कामनीर् वेळादु निन् पेरुमै वेट्परेल्
शेमनीराहुम् शिरिदु।।

शब्दार्थ अन्वयसहित

एन्ताय्! = हे मेरे स्वामी!

कामम् इनिदु एन्बर् = (अज्ञानी लोग) विषय वासनाओं को मधुर एवं भोग्य कहेंगे।

तण्णीर् अदनिलुम् आट्रवुम् इनिदु एन्बर् = (विरक्त लोग) उन विषय वासनाओं से अधिक भोग्य वस्तु के रूप में जल, सांकेतिक रूप से भोजन को मधुर कहेंगे।

कामम् नीर् इनिदु एन्रु वेळादु = जो लोग उपर्युक्त वासनाओं और जल अर्थात् भोजन को भोग्य समझकर उनमें लीन हुए बिना

निन् पेरुमै शिरिदु वेट्परेल् = आपकी महिमा की थोड़ी भी अनुभूति करेंगे उन्हें

शेमम् नीर् आहुम् = समस्त कल्याण प्राप्त होंगे (सभी स्थितियों में उनकी रक्षा होगी)

भावार्थ

हे मेरे स्वामी! वास्तविकता से अपरिचित अज्ञानी लोग विषय-वासनाओं को मधुर एवं भोग्य समझकर उनमें लीन रहते हैं। अन्य लोग जो इन वासनाओं से दूर विरक्त होकर रहते हैं, भोजन-प्रिय होकर जीवन यापन करते हैं, परन्तु जो लोग इन सबको त्यागकर आपकी महिमा की थोड़ी भी अनुभूति करते हैं उनकी सारी स्थितियों में रक्षा होगी। अर्थात् आऴ्वार् का कहना है कि भगवान नारायण के प्रति ज़रा भी भक्ति हो तो उससे भक्त का जीवन मंगलमय होगा।

व्याख्या

1. शब्द, स्पर्श, रूप, रस, गन्धादि विषय-वासनाओं के अधीन रहते हैं कुछ लोग। कुछ लोग इन सबसे विरक्त होते हुए भी भोजन आदि विषय वस्तुओं को विस्मृत नहीं कर पाते। काश, ऐसे लोग इन तमाम भोग्य वस्तुओं के आधारभूत परमात्मा नारायण की भक्ति करते और उसी भक्ति में तल्लीन होकर रहते। फिर तो उनकी रक्षा अनायास हो जाती।
2. विषय वस्तुएँ कभी आनन्द प्रदान करती हैं और कभी कष्ट। कभी वे सुख देती हैं और कभी दुख। सामान्य लोग इन्हीं विषयों के वशीभूत होकर जीवन यापन करते हैं। कोई ऐसी वस्तु इस विश्व में नहीं है जो सर्वदा दुख ही देती हो या सुख ही देती हो। यह द्विधा सांसारिक जीवन की प्रकृति है। इन सबसे अलग सर्वदा आनन्द प्रदान करनेवाली वस्तु एक ही है जो भगवद् भक्ति है।

जैसे विष्णुपुराण में कहा गया है–

तदेव प्रीतये भूत्वा पुनर्दुःखाय जायते।
तदेव कोपाय यतः प्रसादाय च जायते।
तस्मात् दुःखात्मकं नास्ति न च किंचित् सुखात्मकम्।।

(विष्णु पुराण 2-6-46/47)

परन्तु सर्वदा सुखप्रद हैं केवल भगवान नारायण और उनकी भक्ति। इसी बात की ओर गीता श्लोक संकेत करता है–

वासुदेवस्सर्वमिति स महात्मा सुदुर्लभः।

(भगवद् गीता 7-19)

ऐसी स्थिति में भक्ति को छोड़कर वासनाओं का शिकार होकर कोई क्यों रहे? इस बात पर आऴ्वार् शोक करते हैं। उन्हें मानव की वासना निर्भरता अर्थात् वासना विवशता पर दुख है।

विशेष

इस पद में प्रयुक्त संस्कृत शब्द–

काममु् = इच्छा, वासना; प्रसंगानुसार कामद वस्तुओं की ओर संकेत है।
संस्कृत शब्द 'क्षेम' का तमिल रूप है शेमम्।
अतः शेमनीर् का अर्थ हुआ 'कल्याण गुण की महिमा'।
नीर् = गुण, महिमा, जल

छत्तीस

आष्वार् निम्न पद में दृढ़ निश्चय से कहते हैं कि जो लोग भगवान नारायण का आश्रय लेते हैं वे इस संसार में निर्भय होकर रह सकेंगे। वे अपने मन को संबोधित कर उसे इस तथ्य से अवगत कराते हैं।

शिरियार् पेरुमै शिरिदिन् कण् एयदुम्
अरियारुम् ताम् अरियारावर् - अरियामै
मण् कोण्डु, मण् उण्डु मण्णुमिष्न्द मायनेन्रु
एण् कोण्डु एन् नेञ्जे इरु।।

शब्दार्थ अन्वयसहित

शिरियार् पेरुमै शिरिदिन् कण् एयदुम = प्रकृत्या जो सांसारिक लोग अहंकारवश होकर गर्व करते हैं उनका वही अहंकार उन्हें अत्यन्त नीच बना देगा।
अरियारुम् ताम् अरियार् आवर् = भले-बुरे क विवेक जिनमें नहीं होता है वे भले ही अपने आपको सर्वज्ञ समझते फिरें, फिर भी अविवेकी ही रहकर खतम हो जायेंगे।
एन् नेञ्जे! = हे मेरे मन!
अरियामै = दूसरों के लिए अज्ञात रहकर (जिसने)
मण् कोण्डु = (वामनावतार में बलि से) भूमि दान में ली
मण् उण्डु = प्रलय काल में उस भूमि को निगलकर उसे बचाया
मण् उमिष्न्द = बाद में उसी भूमि को उगलकर बाहर लाकर रखा
मायन् एन्रु एण् कोण्डु = उस मायामय भगवान नारायण का निरन्तर ध्यान करते हुए
इरु = (उनके आश्रय में रहने से हमें कोई कष्ट नहीं होगा—यह सोचकर) निर्भीक होकर रहो।

भावार्थ

जो सांसारिक लोग अहंकरी होकर यह सोचते हुए कि हमारे समान कोई नहीं है, गर्व करते हैं उनका वही अहंकार उन्हें अत्यन्त नीच बना देगा। जो सांसारिक लोग भले-बुरे के विवेक के बिना अपने आपको सर्वज्ञ समझते फिरें तो उनका वही अविवेक उन्हें गिरा देगा।
हे मेरे मन! भगवान नारायण ने वामनावतार में राजा बलि से भूमि दान में ली थी; बाद में प्रलय काल में प्रलय से बचाने के लिए भगवान ने भूमि की निगलकर उसे पेट में रख लिया था; उसी भूमि को बाद में भीतर से उगलकर बाहर लाकर खड़ा कर दिया था। उस मायापति भगवान नारायण का निरन्तर ध्यान करते रहो और यह सोचकर, निर्भीक होकर रहो कि भगवान नारायण के आश्रय में रहने से हमें कोई कष्ट नहीं होगा।

व्याख्या

1. 'अरियामै' (अज्ञान) का हमने अर्थ दिया है 'दूसरों के लिए अज्ञात रहकर'। क्योंकि भगवान नारायण का

वामन बनकर आना और राजा बलि से दान में भूमि माँगना पहले किसी को मालूम नहीं था। इस प्रकार दूसरों के लिए अज्ञात रहकर भगवान ने वामनावतार की लीला की। बाद में ही वह लीला प्रकट हुई। प्रलय काल में उस भयावह प्रलय से भूमि की भगवान ने रक्षा की। बाद में प्रलय के बाद उसी भगवान ने भूमि को बाहर लाकर रख दिया था। ये सब मायापति भगवान नारायण की लीलायें थीं। ये सारी लीलायें सांसारिकों के लिए अज्ञात एवं अज्ञेय थीं।

2. छोटे लोग अहंकारी होकर और छोटे होकर फिरते हैं। अविवेकी लोग उसी अविवेक के शिकार होकर गिर जाते हैं। अतः अपने मन से आष्वार् कहते हैं कि तुम इन सांसारिकों से अलग रहकर भगवान नारायण का ध्यान करते हुए निर्भीक होकर रहो।

इसी बात की ओर तिरुमंगै आष्वार् ने "पेरिय तिरुमोषि" में संकेत किया है-

पेराळन् पेरोदुम् पेरियोर् (7-4-4)

(महात्मा वे हैं जो गौरवपूर्ण भगवन्नामों का कीर्तन करते रहते हैं अर्थात् निरन्तर भगवत् महिमा का ध्यान करते हैं।)

सैंतीस

भक्त आष्वार् के अनुसार भगवान की शरण में रहना ही जीवन का प्रयोजन है; भक्तिरहित जीवन निरर्थक ही रहेगा। इस बात को आष्वार् के निम्न पद में देखें।

इरुन्दण् कमलत् तिरुमलरिनुळ्ळे
तिरुन्दु दिशैमुखनैत् तन्दाय् - पोरुन्दिय निन्
पादंगळ् एत्तिप् पणियावेल् पलपिरप्पुम्
एदंगळ् एल्लाम् एमक्कु।।

शब्दार्थ अन्वयसहित

इरु तण् कमलत्तु इरुमलरिन् उळ्ळे = शीतल एवं गौरवपूर्ण नाभिकमल में
तिरुन्दु दिशैमुखनैत् तन्दाय् = सक्षम चतुर्मुख ब्रह्मा को आपने जन्म दिया। (हे भगवान नारायण!)
पोरुन्दिय = समस्त चराचर जगत के लिए शरण्य तथा कल्याणकारी
निन् पादंगळ् एत्तिप् पणियावेल् = आपके श्रीचरणों की स्तुति कर उनमें अवनत न हों तो
एमक्कु पल् पिरप्पुम् एल्लाम् = हमारे विभिन्न प्रकार के तमाम जन्म
एदंगळ् = निष्प्रयोजन अर्थात् निरर्थक हो जाएंगे।

भावार्थ

हे भगवान नारायण! आपने अपने शीतल नाभिकमल में चतुर्मुख ब्रह्मा की सृष्टि की। समस्त चराचर जगत को शरण देनेवाले आपके श्रीचरणों की स्तुति करते हुए यदि हम उनमें अवनत न हों अर्थात् अपने को आपके चरणों पर समर्पित न करें तो हमारा तमाम जन्म निरर्थक होगा।

अर्थात् जीवन की सफलता भगवच्चरणों में भक्तिपूर्वक अपने आपको समर्पित करने में ही है।

व्याख्या

1. भगवान नारायण अर्थात् विष्णु ने चराचर जगत के सृष्टिकर्ता चतुर्मुख ब्रह्मा को अपने नाभिकमल में जन्म दिया। चारों वेदों के ज्ञाता एवं प्रवक्ता हैं ब्रह्मा; अतः चतुर्मुख हैं। चारों दिशाओं में परिव्याप्त सृष्टिधर्म निभानेवाले हैं ब्रह्मा; इसलिए भी चतुर्मुख हैं। ऐसे सक्षम ब्रह्मा को जन्म देनेवाले भगवान नारायण सर्वलोक शरण्य हैं। चराचर जग के सृष्टिकर्ता ब्रह्मा को अपने नाभिकमल में शरण दी भगवान विष्णु ने। अतः वे सारे विश्व के लिए शरण्य हैं। इस तथ्य को श्वेताश्वतर उपनिषत् में कहा गया है।

यो ब्रह्माणं विदधाति पूर्वं यो वै वेदांश्च प्रहिणोति तस्मै
तं ह देवं आत्मबुद्धिप्रकाशं मुमुक्षुर्वै शरणमहं प्रपद्ये।।

(श्वेताश्वतर उपनिषत् 6-18)

अर्थात् जो भगवान विष्णु ब्रह्मा को जन्म देते हैं और उन्हें चारों वेदों को प्रदान करते हैं उनकी शरण में मोक्षार्थी मैं पहुँच गया हूँ।

इसका यह अर्थ हुआ कि चराचर जगत के सृष्टिकर्ता चतुर्मुख को शरण देनेवाले भगवान नारायण सारे विश्व के लिए शरण्य हैं।

आष्वार् की यह स्थापना है कि सर्वलोक शरण्य भगवान नारायण के श्रीचरणों में यदि हम अपने को समर्पित न करें तो जंगम, स्थावर, देवता आदि के रूपों में, विभिन्न प्रकार से जन्म लेने के बावजूद वह सारा जन्म व्यर्थ ही होगा।

अर्थात् जीवन की सफलता भगवान नारायण के श्रीचरणों की भक्ति तथा अवनत होकर उनकी स्तुति करने में ही है।

2. संस्कृत शब्द चतुर्मुख को यहाँ दिशैमुखन् कहा गया है; अर्थात् चारों दिशाओं की ओर उन्मुख चतुरानन को दिशैमुखन् अर्थात् दिशामुख के द्वारा अभिहित किया गया है।

कमलम् = पंकज = यह संस्कृत शब्द है।

'एदम्' के शब्दार्थ हैं दुख, कष्ट, नाश, ग्लानि–यह संस्कृत शब्द 'खेद' का परिवर्तित रूप है। प्रसंगानुसार यहाँ 'एदम्' से "निष्प्रयोजन, निरर्थक या व्यर्थ" का अर्थ लिया जाता है।

अड़तीस

प्रस्तुत पद में आष्वार् का कहना है कि धन का अहंकार त्यागकर भगवान का ध्यान करना एवं नाम संकीर्तन करना ही सबका धर्म है।

एमक्केनरु इरु निदियम् एमान्दु इरादे
तमक्केनरुम् शार्वम् अरिन्दु - नमक्केनरुम्
माधवने एन्नम् मनम् पडैत्तु मट्रवन् पेर
ओदुवदे नाविनाल् ओत्तु।।

शब्दार्थ अन्वयसहित

इरु निदियम् = भारी धन या संपत्ति को
एमक्कु एन्रु = अपना समझकर

एमान्दु इरादे = अहंकारी होकर नहीं रहना!
तमक्कु एन्रुम् शार्वम् अरिन्दु = सर्वदा अपने रक्षक के रूप में रहनेवाले को भली भांति समझकर
नमक्कु एन्रुम् माधवने एन्नम् मनम् पडैत्तु = इस तथ्य का ध्यान करते हुए कि सर्वदा हमारा सर्वस्व केवल भगवान नारायण (माधव) हैं,
मट्रु = तदनंतर
अवन् पेर् ओदुवदे = भगवान के नामों का संकीर्तन करना ही
नाविनाल् ओत्तु = अपनी जिह्वा के लिए वेदवत् उच्चरणीय एवं उपयुक्त है।

भावार्थ

धन का गर्व किये बिना, सर्वदा अपने रक्षक के रूप में विद्यमान भगवान नारायण का ध्यान करते हुए और इस तथ्य को भली भांति समझते हुए कि भगवान नारायण ही हमारा एकमात्र सर्वस्व हैं, भगवान का नाम संकीर्तन करना ही सर्वोत्तम धर्म है चूंकि हमारी जिह्वा के लिए उच्चरणीय भगवान के नाम वेदवत् पवित्र एवं पावन हैं।

व्याख्या

1. आष्वार् का भक्त के लिए सन्देश है; नश्वर धन का गर्व नहीं करना है। क्योंकि शाश्वत सर्वस्व एवं रक्षक केवल भगवान नारायण हैं। जैसे कहा गया है—मनः पूर्वो वागुत्तरः" (पहले मन सोचता है; उसे बाद में वाणी कहती है); पहले शाश्वत रक्षक एवं सर्वस्व भगवान का ध्यान करना है; तदनंतर उनके नामों का संकीर्तन करना है चूंकि भगवान के नाम वेदवत् पवित्र हैं।
आष्वार् भक्त को यह समझाते हैं कि भक्ति के क्षेत्र में पहले किसका त्याग करना है और अनन्तर किसे स्वीकार करना है।
अर्थात् त्याज्य है बाह्य नश्वर संपत्ति और स्वीकार्य हैं भगवान नारायण एवं उनके विविध नाम।
आष्वार् यह स्थापित करते हैं कि भगवान के नानाविध नाम वेदतुल्य हैं और उनका जपन तथा कीर्तन ही जिह्वा का धर्म है। भक्त के लिए भगवान का ध्यान, मनन, जपन तथा कीर्तन परम आवश्यक हैं।
2. निदियम् एवं माधवन—संस्कृत शब्द 'निधि' (संपत्ति) एवं माधव के तमिल प्रयोग हैं।
ओत्तु का विशेषार्थ है वेद। इसका अर्थ 'पठन' भी है।
शार्वम् = आधार, रक्षक, सहायक (मूल शब्द है शार्व)

उनतालीस

प्रस्तुत पद में आष्वार् का कहना है कि वेदज्ञाता लोग वेदोक्त भक्तिमार्ग पर चलकर भगवान नारायण को प्राप्त करें। दूसरे लोग जो वेदज्ञ नहीं हैं, भगवान नारायण का नाम-संकीर्तन करें।

ओत्तिन् पोरुळ मुडिवुमित्तनैये उत्तमन् पेर
एत्तुम तिरमरिमिन् एषैहाळ् - ओत्तदनै
वल्लीरेल नन्रदनै माट्टीरेल् माधवन पेर
शोल्लुवदे ओत्तिन् शुरुक्कु।।

शब्दार्थ अन्वयसहित

उत्तमन् पेर् एत्तुम् तिरम् इत्तनैये = पुरुषोत्तम भगवान नारायण के नामों की स्तुति करना ही
ओत्तिन् पोरुळ् मुडिवुम् = वेदसिद्धांत का सार है।
ओत्तु अदनै वल्लीरेल् = यदि आप लोग वेदसिद्धांत को समझ सकते हों तो
अरिमिन् = (भगवान की स्तुति करने की रीति को) समझ लीजिये।
एषैहाळ् ! = अज्ञानी लोगो !
नन्रु अदनै माट्टीरेल् = यदि आप लोग वेदसिद्धांत को नहीं समझ सकते हों तो
माधवन् पेर् शोल्लुवदे = भगवान नारायण का नाम-संकीर्तन करना ही,
ओत्तिन् शुरुक्कु अरिमिन् = समझ लीजिये कि वेदोक्त सिद्धांत का सार है।

भावार्थ

पुरुषोत्तम भगवान नारायण के नामों की स्तुति करना अर्थात् भगवान का नाम-संकीर्तन वेद-विहित भक्ति सिद्धांत का सार है। अतः वेदवित् लोग भगवान की स्तुति करने की वेदोक्त रीति को समझ लें और उसका अनुपालन करें। यदि वेदज्ञाता नहीं हों तो वे भगवान नारायण के प्रचलित नामों का जपन एवं कीर्तन कर लें—यही वेदोक्त भक्ति सिद्धांत का तात्पर्य है।

व्याख्या

1. हालांकि वेदों में इन्द्रादि देवताओं की महिमा एवं पूजा-विधि बतायी गयी है; परन्तु आष़्वार् केवल भगवान नारायण को पुरुषोत्तम एवं परम पूज्य कहते हैं; शेष देवताओं की स्तुति को महत्त्व नहीं देते हैं। इसका केवल यही कारण है कि भगवान नारायण परब्रह्म हैं और इन्द्रादि अन्य सभी देवता उनके अंग मात्र हैं। यहाँ शेष-शेषी सिद्धांत पर बल दिया गया है। वेद-विहित सिद्धांत का मात्र यही भाव है कि भगवान नारायण ही एकमात्र पूज्य तथा उपासनीय हैं और मुमुक्षुओं के लिए प्राप्य भी वही हैं।

वेदों में इन्द्रादि देवताओं के लिए प्रयुक्त तमाम शब्द प्रत्यक्षतः एवं उन देवताओं के अन्तर्यामी होने के कारण परोक्षतः भगवान विष्णु अर्थात् नारायण की ओर ही संकेत करते हैं। इस तथ्य को बताया गया है इस प्रकार—

वेदाक्षराणि यावन्ति पठितानि द्विजातिभिः।
तावन्ति हरिनामानि कीर्तितानि न संशयः।।

अर्थात् ब्राह्मण लोग जितने वेदाक्षरों का पाठ करते हैं उन तमाम अक्षरों से भगवान नारायण के ही नामों का पाठ होता है।

यही कारण है कि वेदपाठ प्रारंभ करने के पहले सर्वदा 'हरिःओम्' का पाठ किया जाता है।

तमाम वेद हरि-गुण ही गाते हैं। वेदों के द्वारा ज्ञातव्य केवल हरि अर्थात् भगवान नारायण ही हैं। अतः भगवद् गीता में कहा गया है—

वेदैश्च सर्वैरहमेव वेद्यः (तमाम वेदों के द्वारा ज्ञातव्य मैं ही हूँ।)

(भगवद् गीता 15-15)

आष़्वार् प्रस्तुत पद में नाम संकीर्तन की महिमा का वर्णन करते हैं। इसी तथ्य की ओर संकेत करते हुए कहा गया है—

ध्यानन् कृते यजन् यज्ञैः त्रेतायां द्वापरेऽर्चयन्।
यदाप्नोति तदाप्नोति कलौ संकीर्त्य केशवम्।।

अर्थात् कृतयुग में ध्यान करने से, त्रेतायुग में यज्ञ करने से और द्वापर युग में अर्चन करने से जो पुण्य मिलता है वही पुण्य कलि युग में नाम-संकीर्तन से प्राप्त होता है।

इसी तथ्य की ओर आष्ट्वार् का सुनिश्चित संकेत है।

2. उत्तमन् एवं माधवन्–ये दोनों शब्द संस्कृत के 'उत्तम' एवं 'माधव' शब्दों के तमिल रूप हैं।

चालीस

शब्द स्पर्श रूप रस गन्ध आदि वासनाओं से ग्रस्त रहने से भक्ति एवं मुक्ति की कहाँ गुंजाइश है! अतः उनसे दूर रहकर लक्ष्मीपति भगवान नारायण के श्रीचरणों की शरण में पहुँचें। समय रहते यह किया जाना चाहिए। वरना, समय निकलते देर नहीं होती। इस तथ्य को आष्ट्वार् के प्रस्तुत पद में देखिये।

शुरुक्काह वांगिच् चुलावि निन्रु ऐयार्
नेरुक्कामुन् नीर् निनैमिन् कण्डीर् - तिरुप्पोलिन्द
आहत्तान् पादमरिन्दुम् अरियाद
भोगत्ताल् इल्लै पोरुळ्।।

शब्दार्थ अन्वयसहित

ऐयार् = कफ अर्थात् श्लेष्मा या बलगम
शुरुक्काह वांगि = शरीर को सिकोड़कर और
चुलावि निन्रु = सारे शरीर में व्याप्त रहकर
नेरुक्का मुन् = (प्राण निकलने से पहले गले तक पहुँचकर) घोट दे; उससे पहले
तिरु पोलिन्द आहत्तान् पादम् = लक्ष्मी समेत नारायण के श्रीचरणों का
नीर् निनैमिन् कण्डीर् = आप ध्यान करें।
अरिन्दुम् = भगवद् विषय के ज्ञाता होने के बावजूद
अरियाद भोगत्ताल् = आपको अज्ञान के गर्त में डुबो देनेवाली विषय-वासनाओं के भोग से
पोरुळ् इल्लै = कोई प्रयोजन नहीं है।

भावार्थ

शरीर को सिकोड़कर और सारे शरीर में व्याप्त रहकर प्राण निकलने से पहले गले तक पहुँचकर कफ या श्लेष्मा गला घोट दे–उससे पहले श्रीपति के चरणों का आप ध्यान करें। आप भगवद् विषय के ज्ञाता हो सकते हैं, परन्तु विषय-वासनाओं का भोग आपको अज्ञान के गर्त में डुबो देगा–अतः इससे बचना चाहिए।

व्याख्या

1. विषय-वासनाओं से दूर रहकर भगवद् ध्यान में लीन रहें–आष्ट्वार् का यह सन्देश है। कोई भी व्यक्ति भगवद् विषय का ज्ञाता हो सकता है; परन्तु वासना ग्रस्त रहने से जीवन निरर्थक अर्थात् व्यर्थ हो जाएगा। जब कफ गले तक पहुँचकर गले को दबा दे या घोट दे उसके बाद भगवान का ध्यान करने से क्या लाभ होगा! अतः आष्ट्वार् का कहना है कि प्राणान्त होने से पहले श्रीपति के श्रीचरणों का ध्यान किया जाए। जीवन वासनामुक्त रहे; मनुष्य विषय बन्धन से दूर रहे; भगवान नारायण के श्रीचरणों में भक्तिपूर्वक समर्पित हो।

इसी बात को कुलशेखर आष्ट्वार् की कृति 'मुकुन्द माला' में देखिये।

"प्राण प्रयाण समये कफवातपित्तैः
कंठावरोधनविधौ स्मरणं कुतस्ते।"

(प्राण निकलते समय जब कफ, वात एवं पित्त आदि तत्व गले तक पहुँच गले का अवरोधन करते हैं तब आपका स्मरण या ध्यान कैसे होगा?)

इस पद में आष़्वार् का यह कहना है कि मनुष्य का जीवन अल्प समय का है। इस बीच उसे सावधान होना चाहिए और विषय बन्धन से दूर भगवद् भक्ति में लीन रहकर भगवान नारायण के आश्रय में पहुँच जाना चाहिए। इसीमें उसका कल्याण है।

इकतालीस

पूर्व पद में आष़्वार् ने 'भोगत्ताल् इल्लै पोरुळ्' कहकर यह सिद्ध किया कि काम से अर्थात् भोग से कोई प्रयोजन नहीं है। अब प्रस्तुत पद में कहते हैं कि अर्थ भी निरर्थक है। आष़्वार् अपने मन को संबोधित कर कहते हैं कि रे मन! तुम भगवान नारायण के श्रीचरणों का निरन्तर ध्यान करते रहो। वही श्रेयस्कर है।

पोरुळाल् अमरुलहम् पुक्कियलल् आहादु
अरुळान् अरमरुळुम् अन्रे - अरुळाले
मामरैयोर्कीन्द मणिवण्णन् पादमे
नी मरवेल् नेञ्जे, निनै।।

शब्दार्थ अन्वयसहित

पोरुळाल् अमरुलहम् पुक्कु इयलल् आहादु = धन से देवलोक में प्रवेश करने का प्रयास करना निरर्थक है।
अरुळान् = करुणामय भगवान नारायण
अरम् = पुण्य कर्मों के फलस्वरूप प्राप्त होनेवाले देवलोक को
अरुळुम् अन्रे = कृपा भाव से प्राप्त कराते हैं।
नेञ्जे! = हे मेरे मन!
अरुळाले मामरैयोर्कु ईन्द मणिवण्णन् पादमे = कृपापूर्वक वेदवित् लोगों को निज को ही अर्पित करनेवाले नील मणिमय भगवान नारायण के श्रीचरणों को
नी मरवेल् = तुम (कथमपि) विस्मृत मत करो;
निनै = उनका (सर्वदा) ध्यान करते रहो।

भावार्थ

अर्थ (धन) से देवलोक में प्रवेश करने का साहस व्यर्थ है। देवलोक पुण्य कर्मों से प्राप्त होता है; उसे करुणामय भगवान नारायण कृपा भाव से प्राप्त कराते हैं। किन्तु रे मन! वेदविद् ज्ञानियों को कृपापूर्वक निज को ही अर्पित करनेवाले भगवान नारायण के श्रीचरणों को कभी विस्मृत मत करो; सर्वदा उनका ध्यान करते रहो।

व्याख्या

1. भक्त आष़्वार् काम, अर्थ–इन दोनों पुरुषार्थों की निरर्थकता की ओर संकेत करते हैं। इनसे अमरों का लोक आदि प्राप्त नहीं होंगे–इस कथन के द्वारा आष़्वार् यह सिद्ध करते हैं कि मोक्ष की प्राप्ति इन पुरुषार्थों से कथमपि नहीं होगी।

भक्त आष्वार् अपने मन को समझाते हैं कि उक्त दोनों पुरुषार्थों की बात छोड़ो; केवल करुणामय एवं कृपालु भगवान नारायण के पादों में अपने को समर्पित करो। उनका ध्यान करते रहो भक्तिपूर्वक और उन्हें कभी विस्मृत मत करो।

अब तक आष्वार् भगवद् भक्ति का संदेश अन्य लोगों को देते थे; अब इस पद में अपने को दे रहे हैं।

2. विशेष

अरम् का शब्दार्थ है धर्म; यहाँ धार्मिक कृत्यों एवं उनके फलस्वरूप प्राप्त होनेवाले लाभ का प्रसंगवश अर्थ किया जाता है।

अरुळ् = कृपा, करुणा

धर्म, अर्थ, काम, मोक्ष = इन चार पुरुषार्थों के तमिल शब्द हैं–अरम्, पोरुळ्, इन्बम्, वीडु

मामरै = महत्त्वपूर्ण वेद; मरै = वेद

अमरुलहम् = अमर् +उलहम् = अमरों (देवों) का लोक

3. **'अरुळ् इल्लार्कु अव्वुलहम् इल्लै'** (तिरुक्कुरळ् 247)

(जिनके प्रति भगवान की कृपा नहीं रहती उन्हें वह संसार नहीं मिलेगा)

आष्वार् का प्रस्तुत पद हमें कुरळ् के उपर्युक्त कथन का स्मरण दिलाता है।

बयालीस

पूर्व पद में भक्त आष्वार् ने अपने मन से भगवान नारायण के आश्रय में रहने और उनका सर्वदा ध्यान करने के लिए कहा। प्रस्तुत पद में आष्वार् का कहना है कि जिन लोगों को भगवदाश्रय प्राप्त हुआ वे लोग इस जन्म में वासना-सुख का परित्याग कर जन्म-जन्मान्तर की निरन्तरता से मुक्ति प्राप्त करेंगे।

निनैप्पन् तिरुमालै नीण्डतोळ् काण
निनैप्पार् पिरप्पोन्रुम् नेरा - मनैप्पाल्
पिरन्दार् पिरन्देयदुम् पेरिन्बम् एल्लाम्
तुरन्दार् तोषुदार् अत्तोळ्।।

शब्दार्थ अन्वयसहित

तिरुमालै नीण्डतोळ् काण निनैप्पन् = मैं लक्ष्मीपति भगवान नारायण की दीर्घ भुजाओं का ध्यान करता हूँ।

निनैप्पार् ओन्रु पिरप्पुम् नेरा = इस प्रकार ध्यान करनेवालों का कोई भी जन्म नहीं होगा।

अत्तोळ् तोषुदार् = उन दीर्घ भुजाओं का ध्यान करनेवाले लोग

मनैप्पाल् पिरन्दार् पिरन्दु एयदुम् पेरिन्बम् एल्लाम् तुरन्दार् = इस संसार में जन्म लेने पर प्राप्त होनेवाले तमाम विषय सुखों का परित्याग करेंगे।

भावार्थ

मैं निरन्तर श्रीपति भगवान नारायण की दीर्घ भुजाओं का ध्यान करता हूँ। इस प्रकार ध्यान करनेवालों का किसी भी प्रकार का जन्म नहीं होगा। वे लोग समस्त सांसारिक विषय-वासनाओं तथा नश्वर सुखों का परित्याग करेंगे।

व्याख्या

1. आष्ट्वार् की स्थापना है कि श्रीपति भगवान नारायण का निरन्तर ध्यान करनेवाले भक्तों को मुक्ति प्राप्त होगी। संसार में जन्म लेने पर प्राप्त होनेवाले वासना–सुखों से दूर रहकर ऐसे भक्त लोग जन्म जन्मान्तरों से मुक्ति प्राप्त करेंगे। इस प्रकार के भक्त लोग जीवन्मुक्त अर्थात् नित्यमुक्त स्थिति के अधिकारी होंगे।

आष्ट्वार् ने दो बातों पर यहाँ ज़ोर दिया है। एक तो यह कि उन भक्तों का पुनर्जन्म नहीं होगा; अर्थात् वे जन्म-मृत्यु के पाश से मुक्त रहेंगे। दूसरा यह कि वे लोग इस जन्म में भी विषय वासनाओं का परित्याग कर विरक्त जीवन-यापन करेंगे।

इसी तथ्य को पेयाष्ट्वार् के "मून्राम् तिरुवन्तादि" के पद 14 में इस प्रकार बताया गया है। "मार्पाल् मनं शुषिप्प, मंगैयर् तोळ् कै विट्टु" अर्थात् भगवान नारायण की भक्ति में जब मन लीन होता है तब काम-वासनाओं का परित्याग हो जाता है।

नम्माष्ट्वार् के तिरुवाय् मोष़ि के पद 8-2-8 में इसी सिद्धान्त को दूसरे ढंग से कहा गया है–

"कडैयर्प पाशंगळ् विट्ट पिन्नै यन्रि
अवनवै काण् कोडाने"

अर्थात् संपूर्णतः बिषय-संग का परित्याग किये बिना भगवदनुग्रह प्राप्त नहीं हो सकता और (वैकुंठ, तिरुमलै अर्थात् श्रीवेंकट पर्वत आदि) दिव्य देशों के दर्शन नहीं होंगे।

इस पद के अंतिम दो चरणों का अर्थ दो प्रकार से लिया जा सकता है। पहला अर्थ इस प्रकार है। वासना सुख से विरक्त लोग ही भगवद्दर्शन का सुख प्राप्त करने के अधिकारी होते हैं।

दूसरा अर्थ इस प्रकार हो सकता है। भगवान नारायण के सौन्दर्य के दर्शन करनेवाले लोग ही ऐहिक वासना सुख से विरक्त हो सकते हैं।

दोनों संदर्भों में ऐहिक वासना सुख के त्याग तथा भगवदाश्रय की महिमा पर ही ज़ोर दिया जाता है।

2. यहाँ प्रयुक्त शब्द 'पेरिन्बम्' का वाच्यार्थ है महान सुख। परन्तु यहाँ विपरीत लक्षणा शक्ति के आधार पर विपरीत लक्ष्यार्थ 'शिट्रिन्बम्' अर्थात् "अत्यंत निकृष्ट काम वासना सुख" लिया जाता है। इसे तमिल काव्य शास्त्र में 'एदिर्मरै इलक्कणै' (वाच्यार्थ से भिन्न विपरीत लक्ष्यार्थ) कहा गया है।
3. 'पेरिन्बम' का संधिविच्छेद कर यदि पेर् + इन्बम कहा जाए तो अर्थ होगा "केवल नाम मात्र के लिए सुख" (पेर् = नाम, इन्बम् = सुख) अर्थात् जो वास्तव में सुख नहीं है वह सुख जो मिथ्यामय है। ऐहिक वासना सुख, जो नश्वर है, 'शिट्रिन्बम' के नाम से अभिहित है।

अतः भक्त आष्ट्वार् कहते हैं कि ऐहिक नश्वर वासना सुख का परित्याग कर भगवान नारायण के श्रीचरणों की आराधना से प्राप्य महान शाश्वत सुख प्राप्त किया जाए।

तैंतालीस

भगवान के श्रीचरणों की आराधना करनेवाले भक्तों के पादों का सेवन करना उत्तम है–भक्त आष्ट्वार् के इस गौरवपूर्ण सिद्धांत को निम्न पद में देखिये।

तोळिरण्डु एट्टेषुम् मूनरुम् मुडियनैत्तुम्
ताळिरण्डुम् वीषच् चरन्तुरन्दान् - ताळिरण्डुम्
आर् तोषुवार् पादम् अवै तोषुवदन्रे एन्
शीर् केषु तोळ् शेय्युम् चिरप्पु।।

शब्दार्थ अन्वयसहित

तोळ् इरण्डु एट्टु एषुम् मून्रुम् = (रावण की) बीस भुजाओं
(इरण्डु -दो, एट्टु = आठ, एषु- सात और मून्रु = तीन = ब्रीस)
मुडि अनैत्तुम् = समस्त शिरों और
ताळ् इरण्डुम् = दोनों पैरों को
वीष़ शरम् तुरन्दान् = बाण चलाकर भगवान नारायण ने (रामावतार में) मार गिराया।
ताळ् इरण्डुम् तोषुवार् आँर् = (उस भगवान नारायण के) दोनों श्रीचरणों की जो लोग आराधना करते हैं
पादम् अवै तोषुवदु अन्रे = (उनके) पादों का पूजन अर्थात् सेवन करना ही
एन् शीर् केषु तोळ् शेय्युम् चिरप्पु = मेरी भुजाओं का गौरवपूर्ण कार्य होगा।

विशेष

शरम् (बाण) संस्कृत शब्द 'शर' का तमिल प्रयोग है।

भावार्थ

भगवान नारायण ने रामावतार में बाण चलाकर रावण की बीस भुजाओं, समस्त सिरों और दोनों पैरों को नष्ट किया था। उस भगवान नारायण के पादों की जो भक्त लोग आराधना करते हैं उनके पादों का सेवन करना ही मेरी भुजाओं का गरिमामय कार्य होगा।

व्याख्या

आष़्वार् भक्त की गौरव गाथा यहाँ प्रस्तुत करते हैं। उनका यह सुनिश्चित मत है कि चाहे भक्त किसी भी जाति, कुल, चरित्र या ज्ञान के क्यों न हों, यदि वे भगवान नारायण के श्रीचरणों का सेवन करते हों तो उनके पादों का सेवन करना हमारे लिए उत्तम है अर्थात् श्रेयस्कर है। आष़्वार् का यह सिद्धांत ध्यातव्य है। भगवान से बढ़कर भागवत भक्त होता है; उसका सेवन भगवदाराधन से भी अधिक विशिष्ट है।
भक्ति के क्षेत्र में यह स्वीकृत तथ्य है—भगवान की सेवा करने से मोक्ष मिले या न मिले; परन्तु भगवान के दासों की सेवा करने पर अवश्य मोक्ष प्राप्त होगा।

"सिद्धिर्भवति वा नेति संशयोऽच्युतसेविनाम्।
न संशयोऽस्ति तद्भक्त परिचर्यारतात्मनाम्।।"

इसी तथ्य को मध्यकालीन संतभक्त कवि कबीरदास की वाणी में सुनिये।

"हरि से जनि तू हेत कर, कर हरिजन से हेत।
माल मुलुक हरि देत है, हरिजन हरि ही देत।।"

इसी बात को 'नान्मुखन् तिरुवन्तादि' में तिरुमषिशै आष़्वार् कहते हैं,

"वेराह एत्ति इरुप्पारै वेल्लुमे, मट्रवरैच्
चार्त्तियिरुप्पार् तवम्।"

भगवान नारायण की प्रशस्ति करनेवाले दासानुदासों का सेवन गौरवपूर्ण है। अर्थात् आष़्वार् की यह स्थापना है कि भगवान के पादसेवन से अधिक महत्त्वपूर्ण है भगवद् भक्तों का पाद सेवन।

चवालीस

भगवान नारायण के नाम-संकीर्तन की गरिमा का उल्लेख करते हुए भक्त आष़्वार् अपना यह हढ़ विचार प्रस्तुत करते हैं कि जो लोग भगवान के नामों को विस्मृत कर देते हैं, उन्हें वे मनुष्य-वर्ग में स्वीकार नहीं करेंगे।

शिरन्दार्कु एषु तुणैयाम् शेंकणूमाल् नामम्
मरन्दारै मानिडमा वैयेन् - अरन्तांगुम्
माधवने एन्नुम् मनम् पडैत्तु मट्रु अवन् पेर्
ओदुवदे नाविनाल् उळ्ळु।।

शब्दार्थ अन्वयसहित

शिरन्दार्कु एषु तुणै आम् = परम श्रेष्ठ वैष्णवों के उद्धार के लिए सहायक
शेम् कण् माल् = कमलनयन भगवान नारायण के
नामम् मरन्दारै = नामों को जो लोग भूल गये हैं उन्हें
मानिडम् आ वैयेन् = (मैं) मनुष्य-वर्ग में स्वीकार नहीं करूँगा।
अरम् तांगुम् माधवने एन्नुम् मनम् पडैत्तु = "हे धर्मस्थापक या धर्मपरिपालक माधव"—इस प्रकार संबोधित करते हुए पूरे मन के साथ
मट्रु अवन् पेर् नाविनाल् ओदुवदे उळ्ळु = भगवान के नाम का संकीर्तन करना ही सर्वोत्तम है।

भावार्थ

श्री वैष्णवों के सहायक कमलनयन भगवान नारायण के नामों को जो लोग विस्मृत कर गये हैं उन्हें मैं मानव-वर्ग में स्वीकार नहीं करूँगा भले ही वे मनुष्य के रूप में जन्मे क्यों न हों। हे मन! धर्मपालक या धर्मस्थापक माधव कहकर भगवान को संबोधित करो और यही निर्णय लेकर चलो कि भगवान का नाम-संकीर्तन ही हमारे लिए सर्वोपरि है।

व्याख्या

पिछले पद में भगवद्भक्तों की आराधना का गौरव बताया गया। अब इस पद में उन लोगों की अवहेलना की गयी है जो भगवदाराधन नहीं करते और भगवान के नाम-संकीर्तन से विलग रहते हैं। इसी बात को तिरुमंगै आष़्वार के पेरिय तिरुमोषि के निम्न पद में देखा जा सकता है।

"मानिडवर् अल्लर् एन्रु एन् मनत्तै वैत्तेने" (11-7-9)

(भगवदाराधन न करनेवाले मनुष्य-वर्ग में नहीं आते हैं—यह मेरा दृढ़ सिद्धांत है।)

इसी तथ्य को ऋग्वेद के विष्णुसूक्तम् में दूसरे ढंग से–सकारात्मक रूप से कहा गया है।

"ध्रुवासो अस्य कीरियो जनासः"

अर्थात् भगवान विष्णु का नाम संकीर्तन करनेवाले परम भागवत भक्त अमर रहते हैं।
भगवान कृष्ण भी गीता में कहते हैं–

"ज्ञानी तु आत्मैव मे मतम्" (7-18)

(ज्ञानी याने भगवदाराधक मेरी आत्मा हैं'–यह मेरा दृढ़ निश्चय है।)
अतः आष्वार ने अपने इस पद में भागवत भक्तों–भगवान की आराधना करते हुए नाम संकीर्तन करनेवाले प्रपन्नों की गौरव गाथा प्रस्तुत की है।

पैंतालीस

भगवान नारायण के आश्रय में रहनेवाले भक्त लोग अन्यान्य विषयों से होनेवाले सुख-दुख को समान रूप में समझते हैं। उनके लिए अस्थिर वासनाओं का सुख-दुख समान होता है। जैसे स्थित प्रज्ञ के बारे में गीता में कहा गया है–"दुःखेषु अनुद्विग्नमनाः सुखेषु विगतस्पृहः" (दुखों से चंचल नहीं होते; सुखों से उछल नहीं पड़ते); क्योंकि भक्तों के लिए प्रपत्ति ही नितराम् काम्य है।

उळदेन्रु इरुमावार्, उण्डिल्लै एन्रु
तळर्दल् अदनरुहुम् शारार् - अळवरिय
वेदत्तान् वेंकटत्तान् विण्णोर् मुडितोयुम्
पादत्तान् पादम् पयिन्रु।।

शब्दार्थ अन्वयसहित

अळवु अरिय वेदत्तान् = अनंत-असीम वेदों द्वारा प्रतिपादित होनेवाले
वेंकटत्तान् = श्रीवेंकटाद्रि वासी,
विण्णोर् मुडि तोयुम् पादत्तान् = भगवान नारायण के
अर्थात् जिनके पादों पर अमर लोग भी सिर लगाये हुए हैं,
पादम् पयिन्रु = श्रीचरणों के आश्रय में रहनेवाले भक्त लोग
उळदु एन्रु इरुमावार् = इस बात का गर्व नहीं करेंगे कि उनके पास संपत्ति है
उण्डु इल्लै एन्रु = कल तक रही संपत्ति आज नहीं है–यह सोचकर
तळर्दल् अदन् अरुहुम् शारार् = व्यथित होने की स्थिति तक नहीं पहुँचेंगे भी।

भावार्थ

जो भगवद् भक्त लोग वेदवेद्य एवं श्रीवेंकट पर्वत में स्थित उन भगवान नारायण के श्रीचरणों के आश्रय में रहते हैं जिनके पादों पर अमर देवता लोग अपने सिर लगाये हुए विद्यमान हैं, वे लोग संपत्ति के रहते गर्व नहीं करेंगे और संपत्ति के चले जाने से व्यथित एवं शिथिल नहीं हो जाएंगे।

व्याख्या

भगवान नारायण अपार एवं अनंत वेदों द्वारा प्रतिपादित हैं; जैसे कहा गया है गीता में–

वेदैश्च सर्वैरहमेव वेद्यः (भगवद् गीता 15-15)

(वेदों द्वारा प्रतिपादित मैं ही हूँ। अर्थात् वेदों द्वारा ज्ञातव्य हैं भगवान स्वयं।)

वे भक्तों के हित के लिए धरती पर श्रीवेंकट पर्वत पर आकर विराजमान हैं। देवता लोग उनके श्रीचरणों पर समर्पित हैं। उन भगवान नारायण के चरणों के आराधक भक्त लोग ऐहिक सुख-संपत्ति पर गर्व नहीं करते और सुख-संपत्ति के विनष्ट होते, शिथिल नहीं हो जाते।

वेदों द्वारा प्रतिपादित भगवान नारायण के बारे में पढ़ते हैं एवं सुनते हैं भक्त। परन्तु वे भगवान् के दर्शन करने की अभिलाषा करते हैं। उसे पूर्ण करने के लिए भगवान स्वयं धरती पर श्रीवेंकट पर्वत में आकर विराजमान हैं। यह भक्तों के प्रति भगवान के वात्सल्य भाव का द्योतक है।

आऴ्वार् के इस पद में भक्तों की स्थितप्रज्ञता की व्याख्या है। भगवद्भक्ति के अमर आनन्द के भोगी भक्तों के लिए नश्वर ऐहिक सुखों का कोई महत्त्व नहीं रहता; वे लोग ऐहिक सुख-दुख से प्रभावित नहीं होते; क्योंकि वे पारमार्थिक आनन्द के भोक्ता हैं। अपार भक्ति-सुख के भोक्ता नश्वर भौतिक सुख के जाल से सर्वथा मुक्त रहते हैं। इस तथ्य की ओर आऴ्वार् का संकेत मननीय है।

छियालीस

भक्तों के हित के लिए भगवान नारायण–श्रीवैकुठपति धरती पर अन्यान्य पुण्य स्थलों में आकर विराजमान हैं ताकि भक्त लोगों को भगवान का सांनिध्य सर्वदा उपलब्ध हो और भगवदनुग्रह भक्तों को सर्वदा प्राप्त होता रहे–इस तथ्य को आऴ्वार् के निम्न पद में देखिये।

पयिन्‌रदु अरंगम् तिरुक्कोट्‌टि पन्नाळ्
पयिन्‌रदुवुम् वेंकटमे पन्नाळ् - पयिन्‌रदु
अणि तिहऴुम् शोलै अणिनीर् मलैये
मणि तिहऴुम् वण् तडक्कै माल्।।

शब्दार्थ अन्वयसहित

मणि तिहऴुम् = नील रत्न अर्थात् इन्द्रनीलवत् अलंकृत
वण् तड कै = दीर्घ भुजायुक्त
माल = भगवान नारायण
पयिन्‌रदु अरंगम् तिरुक्कोट्‌टि = नित्य निवास करते हैं श्रीरंगम् और तिरुक्कोट्‌टि स्थलों में;
पन्नाळ् पयिन्‌रदुवुम् वेंकटमे = अनादिकाल से श्रीवेंकट पर्वत में निवास करते हैं
(पल् नाळ् = पन्नाळ् = लंबी अवधि; अनादि काल)
पल् नाळ् पयिन्‌रदु अणि तिहऴुम् शोलै अणि नीर् मलै = काफ़ी समय से विराजमान हैं सुन्दर वनों से अलंकृत तिरुनीर्मलै में।

भावार्थ

दीर्घ भुजायुक्त इन्द्रनील रत्न की तरह नीलवर्ण के भगवान नारायण अनादि काल से विराजमान हैं श्रीरंगम्, तिरुक्कोट्‌टि, श्रीवेंकट पर्वत, तिरुनीर्मलै आदि विभिन्न तीर्थस्थलों में। (तिरुनीर्मलै वन-वनांतरों से अलंकृत एवं पवित्र नद-नदियों से मंडित पर्वतस्थल है।)

व्याख्या

यहाँ चार तीर्थ स्थानों का उल्लेख है—वे हैं श्रीरंगम्, तिरुक्कोट्टि, श्रीवेंकट पर्वत एवं तिरुनीर्मलै। धरती पर भगवान नानाविध तीर्थस्थलों में विराजमान हैं जिनकी ओर भक्त आष्वार् ने इन चार प्रमुख तीर्थों के उल्लेख द्वारा संकेत किया है।

सैंतालीस

भक्तों के प्रति कृपापूर्वक अनुग्रह करने के लिए धरती पर विभिन्न तीर्थों में विराजमान भगवान नारायण की आराधना करने का उपदेश दे रहे हैं भक्त आष्वार् मानवमात्र को।

मालै अरि उरुवन पादमलर् अणिन्दु
कालै तोषु देषुमिन् कैकोलि - ञालम्
अळन्दु इडन्दु उण्डु उमिष्न्द अण्णलै मट्रल्लाल्
उळम् किडन्द आट्राल् उणर्न्दु।।

शब्दार्थ अन्वयसहित

अण्णलै = समस्त विश्व के स्वामी भगवान नारायण ने
ञालम् अळन्दु = (वामनावतार में) समस्त ब्रह्माण्ड को नाप डाला था।
इडन्दु = (वराहवतार में) पृथ्वी को उखाड़कर बाहर लाये थे
उण्डु = महाप्रलयकाल में पृथ्वी को निगल लिया था और
उमिष्न्द = पश्चात् उसे उन्होंने उगल दिया था अर्थात्
सृष्टि काल में बाहर लाकर प्रस्तुत किया था।
(इस प्रकार भगवान नारायण ने नाना प्रकार से पृथ्वी का और पृथ्वी पर निवास करनेवालों का रक्षण किया था)
मट्रु अल्लाल् = उपर्युक्त रक्षण के अलावा
उळम् किडन्द आट्राल् = भक्तों के अंतस्तल में विराजमान रहनेवाले उन भगवान का
उणर्न्दु = ध्यान करते हुए मालै = सन्ध्या काल में,
अरि उरुवन् = (भक्त प्रह्लाद की रक्षा के लिए) नरसिंह बनकर आये भगवान विष्णु के
पादम् मलर् अणिन्दु = श्रीचरणों पर पुष्प चढ़ाकर और
कालै = प्रातः काल के समय
कैकोलि तोषुदु = हाथ जोड़कर नमन करतें हुए
एषुमिन् = आत्मोद्धार कर लें!
('मालै' शब्द का अर्थ पुष्पमाला भी है। अतः ऐसा भी अर्थ लिया जा सकता है---नृसिंह या नरसिंह बनकर अवतरित भगवान विष्णु के श्रीचरणों को पुष्पमालाओं से अलंकृत करते हुए प्रातः काल के समय हाथ जोड़कर नमन करें और आत्मोद्धार कर लें।)

भावार्थ

आष्वार् मानव मात्र से अनुरोध करते हैं कि जिस भगवान नारायण ने वामनावतार में समस्त ब्रह्माण्ड को नाप लिया था, प्रलय काल में समस्त पृथ्वी को निगलकर उदरस्थ कर लिया था, बाद में सृष्टि काल में

वराहावतार लेकर पृथ्वी को उखाड़कर बाहर लाये थे और प्रलय के पश्चात् पृथ्वी को अपने उदर से बाहर लाकर रखा था—इस तरह विभिन्न प्रकार से पृथ्वी की रक्षा की थी वे भगवान नारायण भक्तों के अंतस्तल में कृपापूर्वक विराजमान रहते हैं। उनका जिन्होंने भक्त रक्षण के लिए नृसिंहावतार लिया था, निरन्तर प्रातः काल में भक्त ध्यान करते हुए उनके श्रीचरणों पर पुष्प मालायें अर्पित करें; हाथ जोड़कर नमन करते हुए आत्मोद्धार कर लें।

व्याख्या

प्रातः काल में भगवदाराधन का सन्देश देने का कारण है प्रातः काल का सात्विकत्व अर्थात् सत्वगुणमय होना।

भगवान नारायण ने विभिन्न समय पर अलग अलग प्रकार से पृथ्वी का रक्षण किया था। उस भगवान के गुणों, कर्मों तथा रक्षण के प्रकारों का ध्यान करें भक्त—यह आष्वार् का अनुरोध है। पद के अंत में आकर आष्वार् भक्त प्रह्लाद के रक्षक नृसिंहावतार का स्मरण करते हैं और उनके श्रीचरणों पर माला चढ़ाकर नमन करने का संदेश दे रहे हैं भक्तों को।

भगवान नारायण के विभिन्न अवतारों और उनके द्वारा की गयी लीलाओं की ओर नम्माष्वार् ने भी अपने तिरुवाय् मोषि में निम्न प्रकार संकेत किया है।

उण्डुम्, उमिष्न्दुम्, कडन्दुम् इडन्दुम् किडन्दुम् निन्रुम्
कोण्ड कोलत्तोडु वीट्रिरुन्दुम् मणं कूडियुम्
कण्ड आट्राल् तनदे उलहु एन निन्रान् तन्नै

(4-5-10)

नम्माष्वार् का उक्त पद भी भगवान की उन विभिन्न लीलाओं की ओर संकेत करता है जिनका विवरण भूतत्ताष्वार् के उपर्युक्त पद में दिया गया है।

इन अवतारों और उनके समय की गयी लीलाओं के विश्लेषण से भक्त आष्वार् ने भगवान के 'शेषी' भाव की ओर संकेत किया है।

इस प्रकार भक्त आष्वार् मानव मात्र को नाना प्रकार से भगवान नारायण का ध्यान तथा आराधन करने का संदेश दे रहे हैं।

अड़तालीस

मानव मात्र के लिए भगवान नारायण के सौलभ्य की ओर संकेत करते हैं अपने निम्न लिखित पद में परम भागवत आष्वार्।

उणन्दाय् मरै नान्गुम् ओदिनाय् नीति
मणन्दाय् मलर् महळ् तोळ माले - मणन्दाय् पोय्
वेयिरुम् चारल् वियलिरु ञालम् शूष्
मायिरुम् शोलै मलै।।

शब्दार्थ अन्वयसहित

माले ! = हे श्रीपति भगवान नारायण !

मरै नान्गुम् उणन्दाय् = आपने चारों वेदों को हर प्रलय काल में अपने भीतर रखते हुए बाद में प्रकट किया है

नीति ओदिनाय् = (उन वेदों को व्याख्यायित करनेवाली) स्मृतियों को मनु, पराशर आदि तत्वदर्शियों द्वारा प्रस्तुत किया है

मलर् महळ् तोळ् मणन्दाय् = कमलासना श्रीदेवी के साथ अविभक्त रूप में आप विराजमान हैं; (और अब)

वेय् इरुम् चारल् = बांस के वनों से भरी पर्वत श्रेणी से आवृत

वियल् = अद्भुत और

इरु ञालम् शूष् = समस्त विश्व के लोगों की परिक्रमा के आधारभूत

मायिरुम् शोलै मलै पोय् मणन्दाय् = "तिरुमालिरुं शोलै" के नाम से विश्रुत पर्वत क्षेत्र में कृपापूर्वक आकर आप विराजमान हैं।

भावार्थ

हे सर्वेश्वर भगवान नारायण! हर प्रलय के समय आप ही चारों वेदों को अपनी स्मृति में आत्मसात् कर अनन्तर उन्हें प्रकट करते हैं। उन वेदों की व्याख्या करनेवाले स्मृति, पुराण, इतिहास आदि को मनु, पराशर, व्यास, वाल्मीकि आदि तत्वदशी मनीषियों के द्वारा आप ही प्रस्तुत करते हैं। आप कमलासना श्रीदेवी के साथ आसीन हैं।

आप विश्व के हित के लिए धरती में तिरुमालिरुं शोलै में आकर विराजमान हैं। यह तीर्थ बांस के वनों से भरी पर्वतश्रेणी से आवृत है। इस अद्भुत तीर्थ की परिक्रमा तमाम विश्व के लोग करते रहते हैं।

व्याख्या

1. अनंत कृपालु भगवान नारायण—श्रीवैकुंठपति मानव मात्र के हित के लिए अनुग्रहपूर्वक तिरुमालिरुं शोलै में आकर विराजमान हैं। वे भगवान नारायण कौन हैं? उसके उत्तर में आष्वार् का कहना है कि वे ही हैं जिन्होंने हर प्रलय में चारों वेदों को अपने में समाहित कर बाद में प्रकट किया है। वे ही हैं जिन्होंने मनु, पराशर आदि मुनि-महर्षियों द्वारा उन वेदों को व्याख्यायित करनेवाली स्मृतियों, पुराणों, इतिहासों आदि की संरचना करायी है।
2. प्रस्तुत पद में आष्वार् ने 'उणर्न्दाय्' (अपने अंतर में समाहित कर बाद में प्रस्तुत किया) कहकर वेदों के अपौरुषेयत्व को दर्शाया है। 'नीति ओदिनाय्' अर्थात् नीतिशास्त्र आदि को प्रस्तुत किया—इसके द्वारा आष्वार् यही कहना चाहते हैं कि विभिन्न मुनि-महर्षियों द्वारा वेदों की व्याख्यायें—स्मृति, पुराण, इतिहास आदि—भगवान नारायण ने प्रस्तुत करवायीं। यह भी अंतर्यामी भगवान की लीला ही है।
3. भगवान नारायण वेदवित् हैं—वेद संरक्षक हैं—ब्रह्मा को चारों वेदों की शिक्षा देनेवाले हैं। परन्तु वे ही हैं जो सांसारिकों के हितार्थ अनुग्रहपूर्वक धरती पर तिरुमालिरुं शोलै में आकर विराजमान हैं।

उनचास

परम भागवत आष्वार् अपने मन को समझाते हैं कि बिना इस बात की चिन्ता किये कि हमारे अनादि-अनन्त पाप कर्म भक्ति-मार्ग में बाधक होंगे, ऊँची आवाज़ में भगवान नारायण के नामों की घोषणा कर उन्हें पुकारो (तुम्हें उनका आश्रय प्राप्त होगा।)

मलै एषुम् मानिलंगळ् एषुम अदिर
कुलै शूष् कुरै कडल्हळ् एषुम् - मुलै शूष्न्द
नञ्जुरत्तुप पेण्णै नविन्रुण्ड नावनेन्रु
अञ्जादेन् नेञ्जे अषै।।

शब्दार्थ अन्वयसहित

एन् नेञ्जे! = हे मेरे मन!
मलै एषुम् = सातों पर्वतो में
मानिलंगळ् एषुम् = सातों द्वीपों में और
कुलै शूष् कुरै कडल्हळ् एषुम् = व्यापक तीरों से आवृत एवं वीचियों के ध्वनन से युक्त सातों समुद्रों में
अदिर = प्रतिध्वनित करते हुए (बड़ी ऊँची आवाज़ में)
मुलै शूष्न्द नञ्जु उरत्त पेण्णै = विषैले स्तनवाली राक्षसी पूतना का
नविन्रु उण्ड नावन् एन्रु = तुतली बोली बोलते हुए, स्तन्यपान करनेवाली जिह्वा युक्त हे भगवान नारायण कहकर
अञ्जादु = बिना किसी भय के
अषै = पुकारो।

भावार्थ

हे मेरे मन! बिना किसी भय या चिन्ता के विषैले स्तनवाली राक्षसी पूतना का, बीच बीच में तुतली बोली बोलते हुए, स्तन्यपान करनेवाले भगवान नारायण का नाम लेकर बड़ी ऊँची आवाज़ में पुकार मचाओ ताकि सातों पर्वतों, सातों द्वीपों और व्यापक तीरों से आवृत एवं लहरों की आवाज़ से ध्वनित होनेवाले सातों समुद्रों में गूंज उठे–प्रतिध्वनित हो।

व्याख्या

1. पूर्व पदों में भक्त आष्वार् ने नाना प्रकार से मानव-मात्र का उपकार करनेवाले भगवान नारायण की महिमा का गायन किया। अब प्रस्तुत पद में वे अपने मन को समझाते हुए, इस बहाने मानव-मात्र को समझा रहे हैं कि ऐसे उपकारी एवं अनुग्रही भगवान के उपकारों का ध्यान किये बिना कैसे रहा जाए! अतः उनका कहना है कि हे मानव! राक्षसी पूतना का विषैला स्तन्यपान करते हुए उसके प्राणों को भी हरनेवाले बालकृष्ण (भगवान नारायण) का नाम लेकर ऐसी ऊँची आवाज़ में पुकारो कि वह अखिल ब्रह्माण्ड में प्रतिध्वनित हो उठे।
2. आष्वार् के कतिपय विशेष शब्द-प्रयोगों पर ध्यान दें।
   नविन्रु–तुतली बोली में बोलना। बच्चे माता का स्तन्यपान करते समय आनन्दातिरेक में बीच बीच में अपनी तुतली बोली में कुछ न कुछ बोलते हैं। इसे 'नविन्रु' शब्द से कहा गया है।
   नावन्–ना–जिह्वा
   नावन–जिह्वा युक्त व्यक्ति अर्थात् वह व्यक्ति जिसकी ऐसी जिह्वा हो
3. सात पर्वत–निषध, हेमकूट, नील, श्वेत, श्रृंगी, माल्यवान् और गंधमादन (विष्णु पुराण, भाग 2, अध्याय 2, श्लोक 10, 17, 26)

सात द्वीप—जम्बू द्वीप, प्लक्षद्वीप, शाल्मलि द्वीप, कुश द्वीप, क्रौंचद्वीप, शाकद्वीप और पुष्कर द्वीप (विष्णु पुराण, भाग 2, अध्याय 2, श्लोक 5)

सात समुद्र—उपर्युक्त सात द्वीप सात समुद्रों से घिरे हुए हैं—वे सात समुद्र क्रमशः इस प्रकार हैं; लवण समुद्र, इक्षु रस समुद्र, सुरा समुद्र, घृत समुद्र, दधि समुद्र, दुग्ध समुद्र और शुद्ध जल समुद्र। (विष्णु पुराण, भाग 2, अध्याय 2, श्लोक 6)

पचास

गोप कुल के लोग स्नेहवश होकर कृष्ण को अनेकानेक नामों से पुकरते थे। वैसे ही भक्त आष़्वार् भी कहते हैं कि मैं भी भगवान नारायण याने कृष्ण को सबके समक्ष विभिन्न नामों से पुकारूंगा। इस आशय का पद देखिये।

अषैप्पन तिरुमालै आंगु अवर्कळ् शोन्न
पिषैप्पिल् पेरुम्पेयरे पेशि - इषैप्परिय
आयवने, यादवने एन्रवनै यार् मुहप्पुम्
मायवने एन्रु मदित्तु।।

शब्दार्थ अन्वयसहित

इषैप्पु अरिय आयवने ! = हे अद्वितीय गोप बालक !
यादवने ! = हे यदुकुल जात वासुदेव !
एन्रु = इस प्रकार संबोधित कर
मायवने एन्रु मदित्तु = हे मायामय ! कहकर ध्यान करते हुए
आंगु अवर्हळ् शोन्न, पिषैप्पु इल् पेरुम् पेयरे पेशि = गोपकुल के लोग निरन्तर जो निर्दोष याने श्रेष्ठ नाम लेकर पुकरते थे उन्हीं नामों को लेकर*
तिरुमालै अवनै = श्रीपति भगवान नारायण को (मैं भी)
यार् मुहप्पुम् = सबके समक्ष
अषैप्पन् = पुकारा करूँगा।

भावार्थ

गोपकुल के लोग स्नेह-गद्गद् होकर भगवान नारायण अर्थात् कृष्ण को गोप बालक, यादव वासुदेव, मायामय आदि श्रेष्ठ नामों से पुकारते थे। उसी प्रकार मैं भी सबके समक्ष ऐसे ही नामों से भगवान को पुकारा करूँगा।

व्याख्या

1. 'आयवन्' का अर्थ है गोप बालक। 'आयन्' गोप को कहा जाता है। यह 'अहीर' का पर्याय है।
यादवन् = यदुवंशी, यदुकुल जात का तमिल शब्द है।
मायवन् = आश्चर्यमय गुणों से युक्त एवं आश्चर्यमय कर्म करनेवाला; मायामय, मायावी, मायी, मायिन् का तमिल प्रयोग है।

---

* 'पिषैप्पु' का अर्थ 'जीवित रहना' भी है। तब "पिषैप्पु इल् पेरुम्पेयर्" का अर्थ होगा 'ऐसा नाम जिसको लिये बिना जीवन जिया नहीं जा सकता'।

पिषैप्पु = दोष; इल् = रहित; पिषैप्पु इल् = निर्दोष अर्थात् दोषरहित या विशुद्ध या श्रेष्ठ
अर्थात् ऐसे ही बड़े अच्छे नाम लेकर जिनका उच्चारण किये बिना जीवन सार्थक नहीं होगा, मैं भगवान नारायण को पुकारा करूँगा।

इक्यावन

मनसा, वाचा एवं कर्मणा भगवान नारायण की भक्ति की जाए—इसे भक्त आष्वार् के पद में देखिये।

मदिक्कण्डाय नेञ्जे, मणिवण्णन् पादम
मदिक्कण्डाय् मट्रवन् पेर् तन्नै - मदिक्कण्डाय
पेराषि निन्रु पेयन्र्दु कडल् कडैन्द
नीराषि वण्णन् निरम्।।

शब्दार्थ अन्वयसहित

नेञ्जे! = रे मन!
मणिवण्णन् पादम् मदि कण्डाय् = नीलवर्ण के भगवान नारायण के पादों का ध्यान किया करो।
मट्रु = अलावा इसके
अवन् पेर् तन्नै मदि कण्डाय् = उनके नामों का ध्यान किया करो; दूसरे शब्दों में, उनके नामों का संकीर्तन किया करो।
पेर् आषि निन्रु पेयन्र्दु = व्यापक दुग्ध सागर से योगनिद्रा से उठकर
कडल् कडैन्द = समुद्रमंथन करनेवाले
नीराषि वण्णन् निरम् = नील समुद्रवत् नील वर्ण के भगवान नारायण के शरीर वर्ण का
मदि कण्डाय् = ध्यान किया करो; दूसरे शब्दों में भगवान नारायण के शरीर वर्ण के ध्यान के साथ उसकी आराधना किया करो।

भावार्थ व्याख्यासहित

रे मन! नील वर्ण के भगवान नारायण के श्रीचरणों का ध्यान किया करो। उनके पवित्र नामों का संकीर्तन किया करो और दुग्ध सागर से, योग निद्रा से उठकर देवताओं के हित के लिए अमृत प्राप्त करने हेतु समुद्र-मंथन करनेवाले नील समुद्रवत् नील वर्ण के भगवान नारायण के शरीर की आराधना किया करो।
भक्त आष्वार् मनसा, वाचा एवं कर्मणा भगवान नारायण की—ध्यान, संकीर्तन तथा आराधना से—भक्ति करने का संदेश देते हैं।
भगवान नारायण ने स्वयं तो समुद्रमंथन नहीं किया था। परन्तु उनके अनुग्रह के कारण ही देव-दानव समुद्र-मंथन कर सके; अन्यथा वे यह कर नहीं पाते। अतः निमित्त होने के कारण भगवान नारायण पर 'कर्तृत्व' का आरोप है।

बावन

आश्रितवत्सल श्रीपति नारायण करुणामूर्ति हैं और वे विरोधियों के प्रति भी करुणा दर्शाते हैं। उनकी अतिशय कृपालुता की असीमता को समझ पाना सहज नहीं है। इस तथ्य को आष्वार् के निम्नलिखित पद में देखिये।

निरङ् करियन् शेय्य नेडुमलराळ् मार्वन्
अरम् पेरियन् आरदु अरिवार् - मरम् पुरिन्द
वाळरक्कन् पोल्वानै वानवर् कोन् तानत्तु
नीळ् इरुक्कैक्कु उय्त्तान् नेरि।।

शब्दार्थ अन्वयसहित

निरम् करियन् = वारिदवत् श्याम वर्ण के और
शेय्य नेडुमलराळ् मार्वन् = रक्तिम पंकज पर निवास करनेवाली श्रीदेवी को अपने वक्ष स्थल पर धारण करनेवाले श्रीपति नारायण
अरम् पेरियन् = अतिशय कृपालु हैं, (उन्होंने)
मरम् पुरिन्द वाळरक्कन् पोल्वानै = शत्रुता का व्यवहार करनेवाले खड्गधारी राक्षस रावण के समान विद्यमान राजा बलि को
वानवर् कोन् तानत्तु = (रावण की तरह शिरच्छेद किये बिना) देवों के अधिपति देवेन्द्र के स्वर्गलोक के समान विलक्षण पाताल लोक में
नीळ् इरुक्कैक्कु = लंबी अवधि तक रहने के लिए
उय्त्तान् = भेज दिया था (भगवान नारायण की)
अदु नेरि = उस कृपालुता को अथवा उस अनुग्रहपूर्ण व्यवहार को
आर् अरिवार् = कौन समझ पायेगा?
(अर्थात् कोई नहीं; क्योंकि भगवान की कृपा या अनुग्रह अपरम्पार है—अवर्णनीय है)

भावार्थ

भगवान श्रीपति नील वर्ण के हैं। उनके वक्षस्थल में विराजमान हैं कमलासना श्रीदेवी। वे कृपालु हैं। उन्होंने शत्रु बनकर युद्ध स्थल में आये खड्गधारी राक्षस रावण का शिरच्छेद किया था; परन्तु उन्होंने राजा बलि को शिरच्छेद किये बिना देवेन्द्र के स्वर्ग की तरह विलक्षण पाताल लोक में भेज दिया था। यह उनकी कृपालुता का निदर्शन था। उसकी गहनता को समझेगा कौन?

व्याख्या

देवी माता का अपहरण करने का महापाप किया था रावण ने। इन्द्रादि देवताओं को हराकर उनके लोकों को उसने हर लिया था। उसे अपने पापों की सीमा का पता नहीं था। पापी होने के बावजूद भगवान से शत्रुता का व्यवहार करते हुए भगवान विष्णु (रामावतार में) से युद्ध करने के लिए सन्नद्ध हुआ तो भगवान ने (श्री राम ने) उसका वध कर दिया। परन्तु महाबलि भगवान के समक्ष शत्रु बनकर नहीं आया। दानी बनकर उपस्थित हुआ था। परन्तु उसने भी अमरों से शत्रुता की थी और समस्त विश्व में आतंक फैला दिया था। इस कारण एक ओर वह भगवान की कृपालुता का पात्र बना और दूसरी ओर भगवान ने उसे दंड तो दिया; परन्तु रावण की तरह नहीं; बल्कि इन्द्रलोक के समान विलक्षण पाताल लोक में उसे पहुँचा दिया था। यह भगवान नारायण की अतिशय कृपालुता का प्रतिमान था।
यह भगवान नारायण के आनृशंस्य अर्थात् करुण व्यक्तित्व का नमूना है। जैसे वाल्मीकि रामायण के सुन्दर कांड में कहा गया है, 'आनृशंस्यं परो धर्मः' (रामायण; सुन्दर कांड 38-41)

विशेष

'अरक्कन' और 'तानम्' संस्कृत शब्द 'राक्षस' और 'स्थान' के तमिल रूप हैं।

तिरपन

इस प्रकार राक्षसों के प्रति भी कृपादृष्टि रखनेवाले भगवान नारायण का सांनिध्य और दर्शन मानव मात्र को प्राप्त हों—इस कारण भगवान धरती पर श्रीवेंकट पर्वत पर आकर विराजमान हैं। अतः भक्तों का तीर्थ वही है। इस बात को आष़्वार् निम्न लिखित पद में प्रस्तुत करते हैं।

नेरियार् कुष़ल्कट्रै मुन्निन्रु पिन ताष़्न्दु
अरियादु इळङ् किरि एनरु एण्णि - पिरियादु
पूंकोडिहळ् वैहुम् पोरु पुनल् कुन्रेन्नुम्
वेंकटमे याम विरुम्बुम वेर्पु।।

शब्दार्थ अन्वयसहित

नेरियार् अरियादु = धर्मनिष्ठ भागवत भक्तों को बिना समझे

कुष़ल् कट्रै मुन्निन्रु पिन् ताष़्न्दु = उनके केशपाशों (बाल के गुच्छों) को जो सिर के अग्रभाग में उपजकर पीछे की तरफ़ फैले हुए हैं,

इळम् किरि एन्रु एण्णि = छोटी सी पहाड़ी समझकर

पूंकोडिहळ् = पुष्प भरित लतायें; पिरियादु = वहाँ से बिना हटे

वैहुम् पोरु पुनल् कुनरु एन्नुम् वेंकटम् = वहीं पड़ी रहती हैं; लहराती झीलों से भरा वह पर्वत श्रीवेंकटाद्रि ही

याम् विरुम्बुम् वेर्पु = वह पर्वत है जो हमारा प्रिय स्थल है

विशेष

किरि = संस्कृत शब्द 'गिरि' (पर्वत/पहाड़/पहाड़ी) का तमिल रूप है।

वेर्पु = पर्वत, पहाड़

भावार्थ

धर्मनिष्ठ परम भागवत वैष्णव लोग श्रीवेंकट पर्वत में जाने के रास्ते पर बैठे रहते हैं। उनके सिर के अग्रभाग में उपजकर पीछे की ओर फैले हुए हैं बालों के गुच्छ। उन्हें भ्रम से छोटी सी पहाड़ी समझकर लतायें उनको आवृत किये हुए रहती हैं। लहराती झीलों से भरा वह श्रीवेंकट पर्वत ही हमारा परम प्रिय स्थल है।

व्याख्या

1. इसी बात को कुल शेखर आष़्वार् ने भी अपने 'पेरुमाळ तिरुमोषि' (4-8) में कहा है—

'वेरियार् तण् शोलै तिरुवेंकट मलै मेल्
नेरियाय् किडक्कुम् निलै उडैयेन् आवेने।'

अर्थात् श्रीवेंकट पर्वत में जाने के पथों पर श्रीवैष्णव भक्त लोगों की उपस्थिति से वे पथ पवित्र हो गये हैं। उन पथों पर पड़े रहने का सौभाग्य मुझे भी प्राप्त हो।

2. प्रस्तुत पद में भक्त आष़्वार् का कहना यह है कि श्रीवेंकट पर्वत पर जाने के मार्ग पर वैष्णव भक्त लोग ध्यानमग्न होकर अचल बैठे रहते हैं। अतः लतायें उन्हें और उनके केश-गुच्छों को भ्रमवश छोटी सी पहाड़ी समझकर उन्हें आवृत किये हुए रहती हैं। जैसे, ध्यानमग्न तपस्वी वाल्मीकि के सारे शरीर पर बांबी व्याप्त हो गयी थी। चूंकि परम भागवत भक्त लोग पथ पर अचल अर्थात् बिना हिले-डुले ध्यानमग्न बैठे रहते हैं और उनके केश गुच्छ आगे से पीछे तक सिर पर फैले हुए हैं अतः उन्हें अविचलित रहने के कारण अचेतन पहाड़ी या चट्टान समझकर लतायें उन पर फैली हुई रहती हैं। यह लताओं का भ्रम है। इससे भक्तों की ध्यानमग्न स्थिति का परिचय प्राप्त होता है।

चौवन

आष़्वार् तिरुमलै (तिरुमालिरुं शोलै/श्रीवेंकट पर्वत) को चाहते हैं; परन्तु श्रीपति भक्त हृदय—आष़्वार् के हृदय में बसना चाहते हैं। तब आष़्वार् भगवान नारायण से प्रार्थना करते हैं कि यह तो बहुत अच्छी बात है कि आप मेरे हृदय मे आवास करें; परन्तु दुग्ध समुद्र आदि अपने मूल आवास स्थलों को न छोड़ें। यह भक्त हृदय की कृतज्ञता भाव का द्योतक है। सुनिये आष़्वार् के उक्त पद को।

वेर्पेन्र् इरुंशोलै वेंकटमेन्रु इव्विरण्डुम्
निर्पेन्रु नी मदिक्कुम् नीमैं पोल् - निर्पेन्रु
उळम् कोयिल् उळ्ळम वैत्तु उळ्ळिनेन वेळ्ळत्तु
इळम् कोयिल् कैविडेल् एन्रु।।

शब्दार्थ अन्वयसहित

वेर्पु एन्र् इरुंशोलै वेंकटम् एन्रु इव्विरण्डुम् = तिरुमालिरुं शोलै और श्रीवेंकट पर्वत—ये दोनों पर्वत तीर्थ
निर्पु एन्रु = हमारे आवास हैं—इस प्रकार
नी मदिक्कुम् नीमैं पोल् = मानने की बड़ी कृपा की आपने; उसी तरह
उळम् कोयिल् निर्पु एन्रु = मेरे हृदय मंदिर को भी आपने अपने निवास स्थल की तरह
उळ्ळम् वैत्तु = माना है; स्वीकार किया है (परन्तु)
वेळ्ळत्तु इळं कोयिल् = दुग्ध समुद्र के बालालय अर्थात् अपने मूल आवास को
कै विडेल् एन्रु = आप त्यक्त न करें (न छोड़ें)
उळ्ळिनेन् = यह मेरी प्रार्थना है।

भावार्थ

हे भगवान नारायण! आपने तिरुमालिरुं शोलै और श्रीवेंकट पर्वत को अपना आवास स्वीकार करने की कृपा की। साथ ही मेरे हृदय-मंदिर को भी आपने अपना निवास स्थल माना। यह आपकी कृपा है। परन्तु मेरी प्रार्थना है कि आप कृपया अपने मूल निवास स्थल दुग्ध समुद्र को भी न छोड़ें।

व्याख्या

1. इस पद में आष़्वार् ने दुग्ध समुद्र को 'इळं कोयिल्' अर्थात् मूल आवास याने प्रारंभिक आवास कहा है। भगवान ने दुग्ध समुद्र आदि मूल आवासों को छोड़कर धरती पर तिरुमालिरुंशोलै एवं श्रीवेंकट

पर्वत–इन दोनों तीर्थों को और भक्त आष़्वार् के हृदय मंदिर को आवास बनाया। अर्थात् भगवान ने आष़्वार् के विचार के अनुसार अपने मूल स्थलों को त्यक्त कर दिया है। आष़्वार् पहले श्रीवैकुंठ, दुग्ध समुद्र आदि परमपदों में विराजमान भगवान नारायण के आश्रय में थे। वे परम पद आष़्वार् के लिए भगवद् भक्ति के साधना स्थल थे। अतः आष़्वार् उन स्थलों के प्रति कृतज्ञ है। साथ ही आष़्वार् स्वार्थरहित हैं। वे नहीं चाहते हैं कि भगवान परम पदों का परित्याग कर उनके हृदय में आकर विराजें। उनकी केवल यह इच्छा है कि भगवान नारायण परम पदों का त्याग न करें; हां, धरती के तीर्थ स्थलों में, साथ ही उनके अपने हृदय में भी विराजें।

यहाँ भक्त का हृदय मंदिर बृहत् अर्थात् व्यापक स्थल है जिसे पेरुङ्कोयिल् अर्थात् बड़ा मंदिर माना गया है। यही कारण है कि दुग्ध समुद्र के लिए 'इळं कोयिल्' (लघु मंदिर) की संज्ञा दी गयी है। इळं कोयिल् का शब्दार्थ भले ही लघु मंदिर हो, फिर भी यहाँ पूर्व स्थल अर्थात् मूल स्थल के रूप में इस शब्द का प्रयोग माना जा सकता है। भगवान नारायण भक्त के व्यापक हृदय मंदिर में आकर विराजमान हैं। किन्तु भक्त के मन में भक्ति भाव की स्थापना दुग्ध समुद्र में विराजमान भगवान नारायण से ही प्रारंभ हुई। अतः वही भगवान का मूल आवास है; अतः कृतज्ञता–भाव से आष़्वार् भगवान से याचना करते हैं कि वे अपने उस मूल स्थल का त्याग न करें। हाँ, आष़्वार् को इस बात का परमानन्द है कि भगवान उनके मन मंदिर में आसीन हैं; परन्तु वे नहीं चाहते हैं कि भगवान अपने मूल आवास को छोड़कर केवल उनके मन में निवास करें। यह भक्त हृदय की कृतज्ञता का प्रदर्शन करता है।

2. यहाँ पेरियाष़्वार् तिरुमोषि का निम्नलिखित पद मननीय है।

पनिक्कडलिल् पळ्ळि कोळैप् पष़हविट्टु ओडि वन्दु एन्
मनक्कडलिल् वाष़वल्ल मायमणाळ नम्बी
तनिक्कडले तनिच्चुडरे तनि उलहे एनरेनरु
उनक्किडमाय् इरुक्क एन्नै उनक्कु उरित्तु आक्किनैये।

(पेरियाष़्वार् तिरुमोषि 5-4-9)

(शीतल दुग्ध समुद्र का त्याग कर मेरे हृदय सागर में आकर विराजमान हे मायामय भगवान नारायण! आपके अनुग्रह की महिमा अवर्णनीय है; परमपदों का त्याग कर मेरे हृदय को आवास बनाने का अनुग्रह आपने किया–मुझे इस प्रकार अपना बनाने के आपके अनुग्रह का वर्णन मैं कैसे करूँ!)

इस पद में पेरियाष़्वार् की जो स्थापना है वह भूतत्ताष़्वार् के व्याख्यायित प्रस्तुत पद के नितराम् अनुरूप है। इसी प्रकार की अभिव्यक्ति नम्माष़्वार् के तिरुवाय् मोषि (10-4-4), तिरुमषिशै आष़्वार् के नान्मुखन् तिरुवन्तादि (36) और नम्माष़्वार् के पेरिय तिरुवन्तादि (68) में भी द्रष्टव्य है।

3. भक्त आरष़्वार् के इसी सिद्धांत को पिळ्ळै लोकाचार्य ने अपने 'श्री वचन भूषणम्' के निम्न सूत्रों में व्याख्यायित किया है।

अ. **"अंगुत्तै वासम् साधनम्; इंगुत्तै वासम् साध्यम्."** (सूत्र 175)

आ. **"इळं कोयिल् कैविडेल् एन्रु इवन् पिरार्तिक्क वेण्डुम्बडियाय् इरुक्कुम्"** (सूत्र 177)

इ. **"प्राप्य प्रीति विषयत्वत्तालुम् कृतज्ञतैयालुम् पिन्बु अवै अभिमतंगळायिरुक्कुम्"** (सूत्र 178)

इन सूत्रों की व्याख्या निम्न प्रकार है।

[अ. वहाँ मंदिरों में निवास साधन है। चूंकि उन मंदिरों में रहने से भगवान भक्तों के अंतर को अपनी ओर आकर्षित कर पाते हैं, अतः वे मंदिर साधन हैं। यहाँ भक्तों के अंतर अथवा मन में निवास करना साध्य है।

आ. पूर्व स्थल या मूल निवास अर्थात् प्रसंगानुसार 'अस्थायी निवास स्थल' (जिसे 'बालालय' कहा जाता है) का, हे भगवान! आप त्याग न करें–इस प्रकार भक्त को भगवान से प्रार्थना करनी होगी। यहाँ अस्थायी निवास स्थल के रूप में दुग्ध सागर की ओर भी भक्त का संकेत है। धरती पर स्थित मंदिरों अर्थात् विभिन्न तीर्थों की ओर भी भक्त का संकेत माना जा सकता है।

इ. भक्त का यह भी मानना है कि मंदिरों में विराजमान भगवान प्यार से या स्नेह से कृपापूर्वक भक्त को अपनी ओर आकर्षित करते हैं। अतः उन मंदिरों के प्रति भगवान कृतज्ञ हैं; इस कारण वे भगवान के प्रिय स्थल हैं। यहाँ मंदिरों की जगह मूल स्थल दुग्ध सागर तथा अन्य परम पदों का भी अर्थ लिया जा सकता है। उन मूल स्थलों के प्रति भगवान भी कृतज्ञ हैं और भक्त भी कृतज्ञ हैं। क्योंकि भगवान भक्त को उन स्थलों में विराजमान रहकर आकर्षित करते हैं। भक्त की अंतश्चेतना भगवान के प्रति भक्ति गद्‌गद हुई उन्हीं मूल स्थलों में; अनन्तर ही भगवान भक्त के हृदय-मंदिर में आकर विराजमान हुए। अतः भक्त का कृतज्ञता-भाव है उन बालालयों के प्रति।]

पचपन

तमावृत इस विश्व में आष़्वार् को भगवद्-ध्यान करने का अवसर प्राप्त हुआ–यह भगवत्कृपा का परिणाम है। इस संदर्भ में आष़्वार् भगवान नारायण से यह प्रार्थना करते हैं कि आपने अपना ध्यान करने का अवसर मुझे प्रदान किया; साथ ही भगवत्प्राप्ति की भी सुखानुभूति प्रदान करने की कृपा करें। आष़्वार् के इस गंभीर भक्ति भाव को उनके प्रस्तुत पद में देखें।

एन्‌रुम् मरन्दरियेन् एष़् पिरप्पम् एप्पोषुदुम्
निन्‌रु निनैप्पोष़िया नीर्मैयाल् - वेन्‌रि
अडलाषि कोण्ड अरिवने इन्‌बक्
कडलाष़ि नी अरुळिक् काण्।।

शब्दार्थ अन्वयसहित

वेन्‌रि = सफलतापूर्वक
अडल् = वैरियों का सामना करनेवाले प्रखर
आष़ि कोण्ड अरिवने ! = सुदर्शन चक्र को धारण करनेवाले हे सर्वज्ञ भगवान नारायण !
नी = आप
एष़् पिरप्पुम् = तमाम जन्मों में
एप्पोषुदुम् = सभी स्थितियों में
निन्‌रु निनैप्पु ओष़िया नीर्मैयाल् = स्थिर रहकर निरन्तर मेरा स्मरण करते रहते हैं
एन्‌रुम् मरन्दु अरियेन् = अतः मैं आपको कदापि विस्मृत नहीं करूँगा (सर्वदा आपका ध्यान करता रहूंगा)
इन्‌बक् कडल् आष़ि अरुळिक् काण् = साथ ही आप मुझे अपार आनन्दानुभूति प्राप्त कराने की भी कृपा करें।

भावार्थ

प्रखर सुदर्शन चक्रधारी हे सर्वज्ञ भगवान नारायण ! समस्त जन्मों में तमाम स्थितियों में आप निरन्तर मेरा स्मरण करते हैं। मैं भी आपको कदापि विस्मृत नहीं करूँगा। (आपका सर्वदा ध्यान करता रहूंगा)। साथ ही, मेरे प्रति इतनी कृपा करें कि मुझे भगवत्प्राप्ति की अपार आनन्दानुभूति प्राप्त होती रहे।

व्याख्या

1. भगवान नारायण सर्वज्ञ हैं। वे भक्त का उसके सभी जन्मों में—जन्म-जन्मातरों में और सभी स्थितियों में, स्मरण करते हैं। जब उनको भक्त का सर्वदा ध्यान रहता है, भक्त भी भगवान का सर्वदा ध्यान करता रहेगा। भक्त की भगवान से यह प्रार्थना रहती है कि वे उसे सांसारिकता से विलग मोक्ष की अपार आनन्दानुभूति प्राप्त करायें।
भक्त क्रमशः श्रवण, मनन एवं निदिध्यासन करते हुए भगवद् ध्यान में लीन रहता है। भगवान भी उसे कथमपि विस्मृत नहीं करते। भक्त की सबसे बड़ी इच्छा भगवन्मय हो जाने की है। उसी में अपार आनन्द है, वही मोक्ष है। मुक्ति सुख अपार है और मधुरतम है, इसीलिए भक्त आष़्वार् ने 'इन्बक् कडल् आष़ि' शब्द का प्रयोग किया है। इसका अर्थ है 'आनन्द का अपार सागर'। इन्बम्—आनन्द कडल्—आष़ि—समुद्र/सागर। 'सागर' अर्थवाची दो शब्दों का एक साथ प्रयोग कर आष़्वार् ने 'आनन्द की अपरिमितता' का संकेत किया है।
2. एष़् पिरप्पुम्—परम्परा से 'सात जन्म' कहने की प्रथा है। परन्तु इस प्रकार का प्रयोग जन्म-जन्मान्तरों के लिए किया जाता है।
3. भगवान नारायण को 'सर्वज्ञ' कहकर आष़्वार् ने इस तथ्य की ओर संकेत किया है कि भगवान नारायण यह जानते हैं कि मेरे लिए इष्ट क्या है एवं अनिष्ट क्या है। आष़्वार् का यह भी संकेत है कि अज्ञानी तथा अशक्त मैं आपको कैसे प्राप्त करूँ! आप ही सर्वज्ञ होने के कारण यह भली भांति जानते हैं कि मेरा इष्ट क्या है। आप ही उसे प्रदान कर सकते हैं। ज्ञान भी आप ही से प्राप्त होगा—उस ज्ञान का मोक्ष फल भी आपके ही अनुग्रह से प्राप्त होगा। उसी में आनन्दानुभूति है; वह भगवत्प्रसाद ही है।

छप्पन

पूर्व पद में भगवत्प्राप्ति की अपार आनन्दानुभूति प्राप्त कराने की कृपा की माँग की आष़्वार् ने भगवान से। यह तो एक प्रकार से भगवान पर दबाव डालने का प्रयास जैसा लगता है। परन्तु प्रस्तुत पद में आष़्वार् इस बात का स्पष्टीकरण दे रहे हैं। उनका कहना है कि यह दबाव नहीं है; परन्तु भगवत्प्राप्ति की अपरिमित इच्छा का परिणाम है। अगर यह इच्छा पूरी नहीं हुई तो इसका दुख करने की आवश्यकता नहीं है। क्योंकि भगवान के पास विराजमान श्रीदेवी मातृवात्सल्य भाव से भक्त को भगवान के दर्शन करा देंगी—भगवान के अनुग्रह के पहले माँ का अनुग्रह सहायक होगा भगवत्प्राप्ति में। उक्त पद इस प्रकार है।

काणक् कष़ि कादल् कै मिक्कुक् काट्टिनाल्
नाणप् पडुमेन्राल् नाणुमे - पेणिक्
करुमालैप् पोन् मेनि काट्टा मुन् काट्टुम्
तिरुमालै नंगळ् तिरु।।

शब्दार्थ अन्वयसहित

तिरुमालै काणक् कष़ि कादल् = भगवान नारायण के दर्शन की अपरिमित इच्छा
कैमिक्कु काट्टिनाल् = यदि बहुत अधिक बढ़ जाती है तो
नाणप् पडुमेन्राल् नाणुमे? = अपने को शांत रखना चाहिए; किन्तु शांत रखूँ कैसे? परन्तु

करुमालै पोन् मेनि काट्टा मुन् = नीलमेघ वर्ण के भगवान अपने सुन्दर आकार के दर्शन करायें–उससे भी पहले नंगळ् तिरु पेणि काट्टुम् = भगवान को हमारी सिफ़ारिश करनेवाली देवी स्नेहपूर्वक उनके सौन्दर्य रूप के दर्शन करा देंगी।

भावार्थ

आष्वार् का कहना है कि जब भगवान नारायण के दर्शन करने की अपार इच्छा बढ़ती जाती है तो अपने को मैं कैसे रोक पाऊंगा! (परन्तु भक्त इसकी चिन्ता क्यों करे?) भगवान, भक्त को अपने अद्भुत आकार के दर्शन कराने में भले ही विलंब करें; फिर भी वात्सल्यमयी देवी, माँ बनकर पुत्रवत् भक्त को स्नेहपूर्वक भगवान के दर्शन करायेंगी–माँ पिता से पुत्र की सिफ़ारिश अथवा संस्तुति करे तो इसमें आश्चर्य ही क्या है?

व्याख्या

भक्त को, भगवान की प्राप्ति की उत्कट कामना है। किन्तु भक्त तो परतंत्र है–भगवान के अधीन है। वह भगवान पर दबाव कैसे डाले! इस शंका के समाधान के रूप में प्रस्तुत पद में आष्वार् ने यह स्थापित किया है कि माता के रहते संतान की इच्छा कीं पूर्ति कैसे नहीं हो पायेगी? माँ तो पिता से संतान की ओर से संस्तुति तो करेगी ही। उस हालत में भक्त को क्यों चिन्ता हो? तब भक्त की परतंत्रता नहीं रह जाती है। उसे भगवद् दर्शन याने भगवत्प्राप्ति सुलभ हो जाती है।

विशेष

1. इस पद में प्रयुक्त शब्द 'कषि' का अर्थ है 'अत्यधिक'। अतः 'काणक् कषि कादल्'–इस प्रयोग का अर्थ है 'दर्शनों की अत्यधिक इच्छा'। दूसरा अर्थ यह हो सकता है–बिना दर्शन के जो इच्छा पूरी नहीं हो सकती। उस स्थिति में 'कषि' का अर्थ है 'पूरा न होनेवाला' या 'खतम न होनेवाला'।
   'काणक् कषि कादल' = यहाँ 'काण' का दो बार प्रयोग करें अर्थात् 'काणक् काण' कहें तो, अर्थ होगा 'जितना भी देखो या देखते रहने पर भी'। (अर्थात् जितना भी देखो, दर्शन की इच्छा कम नहीं होती, वरन् बढ़ती जाती है।)
2. नंगळ् = हमारा
3. तिरु = लक्ष्मी, श्रीदेवी
4. तिरुमाल् = लक्ष्मीपति; भगवान नारायण

सत्तावन

मनसा, वाचा एवं कर्मणा भगवदाराधन करने का संदेश मानव मात्र को आष्वार् अपने प्रस्तुत पद में दे रहे हैं।

तिरुमंगै निन्ररुळुन् देय्वम् ना वाष्त्तुम्
करुमम् कडैप् पिडिमिन् कण्डीर् - उरिमैयाल्
एत्तिनोम् पादम् इरुन्तडक्कै एन्दै पेर्
नाट्रिशैयुम् केट्टीरे नाम्।।

शब्दार्थ अन्वयसहित

तिरुमंगै = श्रीदेवी

निन्रु अरुळुम् देय्वम् = जिनके साथ सर्वदा विराजमान हैं उन भगवान नारायण की

ना वाष्त्तुम् करुमम् कडैप् पिडिमिन् कण्डीर् = अपनी जिह्वा से, स्तुति करने का कार्य निरन्तर कीजिए।

नाम् = हम लोग (भक्त लोग)

इरु तड कै एन्दै पादम् पेर् उरिमैयाल् एत्तिनोम् = दीर्घ भुजा युक्त अपने जनक भगवान नारायण के श्रीचरणों पर उनके नाम संकीर्तन द्वारा आराधन करते रहे अधिकारपूर्वक;

नाल् दिशैयुम् = नाट्रिशैयुम् केट्टीरे = (इस बात को) चारों दिशाओं के लोगों ने सुना ही है।

भावार्थ

आष्वार् मानव मात्र से कहते हैं कि वह श्रीदेवीसहित भगवान नारायण की अपनी जिह्वा से स्तुति करता रहे। आष्वार् बाद में अपने बारे में कहते हैं कि हम तो अधिकारपूर्वक दीर्घ भुजा युक्त अपने जनक भगवान नारायण के पादों पर उनका नाम-संकीर्तन करते हुए आराधन करते रहे हैं–इस तथ्य को चारों दिशाओं के लोगों ने सुना ही है।

व्याख्या

1. इस पद के प्रथम दो पादों में आष्वार् ने जन सामान्य को बताया कि वह निरन्तर भगवान नारायण की स्तुति करता रहे। इस प्रकार दूसरों को उपदेश देनेवाले भक्त आष्वार् परवर्ती पादों में यह बताते हैं कि वे स्वयं भी भगवदाराधन करते रहे हैं निरन्तर।

   इस प्रकार भक्त आष्वार् यह बताते हैं कि भगवान नारायण की आराधना समस्त विश्व को करनी चाहिए। समस्त विश्व में विश्व तो शामिल है ही; साथ ही भक्त स्वयं भी शामिल है। इसीलिए आष्वार् "नाट्रिशैयुम्" अर्थात् नाल् तिशैयुम्–चारों दिशाओं के लोगों को ऊँची आवाज़ में सुना रहे हैं कि उनका अपना कर्तव्य क्या है। अपना कार्य एवं कर्तव्य बताते हुए आष्वार् ने सबके धर्म की ओर संकेत किया है।

2. विशेष

अ. 'उरिमैयाल्' शब्द का प्रयोग विशिष्ट है। इसका अर्थ है 'अधिकारपूर्वक'। इसका दूसरा अर्थ यह भी हो सकता है---

'अपने विशिष्ट आधिकारिक सम्बन्ध के कारण' भक्त का विशिष्ट सम्बन्ध परमात्मा के साथ है। वह उसका अधिकार है। इस अधिकार से भक्त भगवान के पादों पर आराधना करता है और उनके पवित्र नामों का संकीर्तन करता है।

भगवान नारायण यजमान हैं; भक्त दास है अर्थात् उनका अपना है। यह भगवान एवं भक्त का आधिकारिक सम्बन्ध है। यह सम्बन्ध भक्त का अधिकार है। इसीलिए आष्वार् ने 'उरिमैयाल्' अर्थात् 'अधिकारपूर्वक' कहा है।

आ. देय्वम् = संस्कृत शब्द 'दैव' का तमिल रूप है।

करुमम् = संस्कृत शब्द 'कर्म' (कार्य) का तमिल प्रयोग है।

एन्दै = एन् तन्दै = मेरे पिता या जनक

दिशै = संस्कृत शब्द 'दिशा' का तमिल रूप है।

अट्ठावन

भगवत्कृपा का ही प्रसाद है कि आष़्वार् को वाग्देवी सरस्वती का अनुग्रह प्राप्त हुआ और वे भगवद् विषय पर काव्य रचना कर सके। इस बात को आष़्वार् के प्रस्तुत पद में देखिये।

नाम् पेट्र नन्मैयुम् नामंगै नन्नेञ्जत्तु
ओम्बि इरुन्द एम्मै ओदुवित्तु - वेम्बिन्
पोरुळ् नीर्मैयायिनुम् पोन्नाषि़ पाडेन्रु
अरुळ् नीर्मै तन्द अरुळ्।।

शब्दार्थ अन्वयसहित

वेम्बु पोरुळ् इन् नीर्मै आयिनुम् = (भगवान के बारे में गायन करना) नीम की प्रकृति के अनुसार प्रारंभ में भले ही कड़ुवा हो; फिर भी

पोन् आषि़ पाडु एन्रु = चमकते सुदर्शन चक्रधारी भगवान नारायण की प्रशस्ति का गायन करो–ऐसा कहते हुए

नामंगै = देवी सरस्वती या वाग्देवी ने

नल् नेञ्जत्तु ओम्बि इरुन्द = हमारे हृदय में विराजमान होकर

एम्मै ओदुवित्तु = (भगवद् विषय की) हमें शिक्षा देकर

नाम् पेट्र नन्मैयुम् = हमें काव्य रचना करने की शक्ति प्रदान की।

अरुळ् नीर्मै तन्द अरुळ् = यह वरदान भगवान नारायण की कृपा का परिणाम है।

भावार्थ

भगवान की स्तुति में गायन करना प्रारंभ में नीम की तरह भले ही कड़ुवा प्रतीत हो। फिर भी वाग्देवी ने हमें सुदर्शन चक्रधारी भगवान नारायण की प्रशस्ति का गान करने का आदेश दिया; साथ ही वाग्देवी ने हमारे हृदय में निवास करते हुए हमें काव्य रचने की शक्ति एवं शिक्षा भी प्रदान की। वाग्देवी का यह प्रसाद कृपालु भगवान नारायण के अनुग्रह का ही परिणाम है।

व्याख्या

भक्त आष़्वार् भगवद् विषय पर कविता रचते हैं। किन्तु पहले भगवान की स्तुति नीम की तरह कड़ुवी लगती थी। परन्तु भक्त के प्रति कृपालु भगवान नारायण के अनुग्रह का ही यह परिणाम है कि वाग्देवी भक्त के हृदय में निवास करने लगी और उसे भगवद् विषय पर काव्य रचने का आदेश ही नहीं, वरन् शिक्षा तथा शक्ति भी प्रदान की।

विशेष

वेम्बु = नीम

अरुळ् = कृपा, अनुग्रह, प्रसाद

पोन्नाषि़ = पोन् आषि़ = सुन्दर या चमकता सुदर्शन चक्र अथवा सुन्दर या चमकता सुदर्शन चक्र धारण करनेवाले भगवान नारायण

उनसठ

जैसे माता-पिता सहज भाव से सन्तान के प्रति वात्सल्य भाव दर्शाते हैं वैसे ही भगवान नारायण अपने भक्तों के प्रति सहज वात्सल्य पूर्वक अनुग्रह करते हैं; उस अनुग्रह के फलस्वरूप मैंने यह स्वीकार कर कि उनके श्रीचरणों को छोड़कर कोई दूसरी शरण नहीं है, उनके श्रीचरणों पर अपनी आत्मा को भी समर्पित कर दिया है। इस तत्व को आऴ्वार् के निम्नलिखित पद में देखें।

अरुळ् पुरिन्द चिन्तै अडियार् मेल् वैत्तुप्
पोरुळ् तेरिन्दु काण्कुट्र अप्पोदु - इरुळ् तिरिन्दु
नोक्किनेन् नोक्कि निनैन्देन् अदु ओण् कमलम्
ओक्किनेन् एन्नैयुम् अंगु ओर्न्दु।।

शब्दार्थ अन्वयसहित

अरुळ् पुरिन्द चिन्तै = अनुग्रहपूर्ण कृपा भाव से (आपने)
अडियार् मेल् वैत्तु = हम दासों को अभिभूत किया,
पोरुळ् तेरिन्दु = आपने हम जैसे अपदार्थों को पदार्थ निष्ठ बनाया अर्थात् हम जैसे सामान्य लोगों को असामान्य बनाया
काण्कुट्र अप्पोदु = ईस प्रकार आपने हमपर कृपा दृष्टि बरसायी
इरुळ् तिरिन्दु = तब अज्ञान का अन्धकार मिटा
नोक्किनेन् = हमने जीव-ब्रह्म सम्बन्ध को समझा
नोक्कि = इस प्रकार के शेष-शेषी सम्बन्ध को समझने पर
ओण् कमलम् अदु निनैन्देन् = आपके सुन्दर चरण कमलों को प्राप्य समझा एवं स्वीकार किया
ओर्न्दु = यह समझकर कि उन चरण कमलों को छोड़ कोई दूसरी शरण नहीं है,
एन्नैयुम् अंगु ओक्किनेन् = हमने अपनी आत्मा को भी आपके श्रीचरणों पर अर्पित कर दिया।

भावार्थ

हे भगवान नारायण! आपने अनुग्रहपूर्ण कृपा भाव से हम दासों को अभिभूत किया और हम अज्ञानियों को ज्ञानवान बनाने की कृपा की। परिणामतः हमारा अज्ञान-तम मिटा और हमने आपके और अपने बीच के शेष-शेषी सम्बन्ध को समझा। तदनन्तर हमने आपके श्रीचरणों का आश्रय लिया और उनपर अपनी आत्मा को भी समर्पित कर दिया; क्योंकि हमने समझा कि उन श्रीचरणों के सिवाय कोई दूसरा आधार या सहारा नहीं है।

व्याख्या

1. भक्त आऴ्वार् प्रस्तुत पद में 'नोक्किनेन्', 'निनैन्देन्' और 'ओक्किनेन्' की, उत्तम पुरुष में अभिव्यक्ति कर, लगता है कि अपने बारे में कह रहे हैं। किन्तु 'अडियार्' याने 'दास' कहकर उन्होंने अपनी बात कहते हुए उसे तमाम भक्तों पर लागू कर दिया।
2. अज्ञान के तम से आवृत भक्त के प्रति भगवान नारायण ने अपनी कृपा दृष्टि बरसायी तो उसका अज्ञान मिटा; वह समझ पाया कि भक्त और भगवान का सम्बन्ध शेषी एवं शेष का है; सामान्य व्यक्ति असामान्य भक्त के रूप में ज्ञानी बना; सत्य को समझा; अपनी तुच्छता एवं भगवान की अपरम्पारता का आभास पाया;

भगवान के श्रीचरणों की शरण ली और आत्मिक रूप से अपने आपको उन चरणों पर समर्पित कर दिया। इस प्रकार अन्धकार से प्रकाश की ओर व्यक्ति की सफल यात्रा का प्रतिमान भक्त आष्वार् ने प्रस्तुत किया है।

3. यहाँ नम्माष्वार् के 'तिरुवाय् मोषि' का निम्न पद स्मरणीय है–

"पोरुळल्लाद एन्नैप् पोरुळाक्कि अडिमै कोण्डाय्।" (5-7-3)

(मुझ तमावृत को तेजोमय बनाकर आपने अपना दास बना लिया–अज्ञान तिमिरावृत सामान्य व्यक्ति को असामान्य ज्ञानमय भक्त के रूप में आपने परिणत कर दिया।)

4. इस पद में भक्त आष्वार् ने जीव-ब्रह्म के प्रापक-प्राप्य सम्बन्ध के दर्शन को प्रतिपादित किया है।

साठ

भगवान नारायण के आश्रित-पारतंत्र्य स्वरूप की विशिष्टता का उल्लेख प्रस्तुत पद में किया गया है। आश्रित भक्तों के भक्ति भाव के अधीन हैं भगवान नारायण–यही उनका विशिष्ट व्यक्तित्व है। सुनिये इस तथ्य को आष्वार् के निम्न लिखित पद में।

ओरुरुवन् अल्लै ओळि उरुवम् निन्नुरुवम्
ईरुरुवन् एन्बर् इरुनिलत्तोर - ओरुरुवम्
आदियाम् वण्णम् अरिन्दारवर् कण्डीर्
नीदियाल् मण् काप्पार् निन्रु।।

शब्दार्थ अन्वयसहित

ओर् उरुवन् अल्लै = (हे भगवान नारायण!) आपका स्थायी या श्रेष्ठ रूप, केवल आपका अपना नहीं है।
ओळि उरुवम् निन् उरुवम् = ज्योतिर्मय आपका स्वरूप भक्ताधीन है; अर्थात् आश्रित पारतंत्र्य का है।
इरुनिलत्तोर् ईर् उरुवन् एन्बर् = परन्तु इस व्यापक भूमंडल के लोग आपके परत्वस्वरूप–श्रेष्ठ एकल स्वरूप का उल्लेख करते हैं।
ओर् उरुवम् आदि आम् वण्णम् अरिन्दारवर् कण्डीर् = (किन्तु) जो लोग आपके 'आश्रित वत्सल याने आश्रित परतंत्र' स्वरूप को आपका मूल स्वरूप जानते हैं,
नीदियाल् निन्रु मण् काप्पार् = वे ही स्थिर रहकर संसार की रक्षा करेंगे

भावार्थ

हे भगवान नारायण! आपका स्वरूप स्वत्वाधीन नहीं है। वह आश्रित-परतंत्र है। परन्तु जो लोग आपके ज्योतिर्मय स्वरूप को स्वीकार कर कहते हैं कि आपका परत्व भाव ही आपका वास्तविक रूप है, वे वास्तविकता से अनभिज्ञ हैं। किन्तु जो लोग आपके आश्रित वत्सल अर्थात् आश्रित-परतंत्र स्वरूप को आपका सुनिश्चित रूप समझते हैं वे ही संसार की रक्षा करेंगे। (यह सारा संसार उन्हीं के बल पर स्थिर रहेगा जो भगवान नारायण के आश्रित वत्सल रूप को समझते हैं; परन्तु इस संसार मे ऐसे बहुत लोग हैं जो परमात्मा के इस 'शेषी' तत्व को समझे बिना उनके स्वाधीन नित्य चेतन स्वरूप को ही सर्वश्रेष्ठ मानते हैं।

व्याख्या

आष्वार् समझते हैं कि भगवान नारायण के स्वतंत्र और परतंत्र–दोनों रूप हैं। भगवान का ज्योतिर्मय स्वरूप स्वाधीन तो है ही; किन्तु उनका आश्रित वत्सल–आश्रितों के अधीन रहने का परतंत्र स्वरूप गौरवपूर्ण है; आश्रितों अथवा भक्तों के प्रति भगवान की जो कृपादृष्टि होती है वही उनका असली स्वरूप है।
जब चेतन प्राणी अपने को भगवान के अधीन बनाना चाहता है तब उसका कर्म उसके आड़े आ सकता है। किन्तु भगवान जब चेतन प्राणी को कृपापूर्वक अपना बनाना चाहते हैं तब उस मार्ग में कोई रोक नहीं है। अतः वही रूप अर्थात् भक्तवत्सल या भक्ताधीन रूप ही भगवान का नित्य रूप है।
कुछ लोग भगवान की प्राप्ति को दुर्लभ कहकर चेतन मानव को भगवान से दूर रखने की कोशिश करते हैं। परन्तु आष्वार् भगवान को भक्ति सुलभ कहकर चेतन मानवों को भगवान के निकट लाते हैं; उन्हें भगवान के आश्रय की महिमा से परिचित कराते हैं। ऐसे ही भक्तों से धर्म की तथा संसार की रक्षा होगी। इसीको आष्वार् ने कहा 'मण् काप्पार्'–संसार की या धरती की रक्षा करेंगे
नम्माष्वार् ने भी तिरुवाय् मोषि के निम्न लिखित पद में इसी बात को स्पष्ट किया है-

"वैयम् मन्नि वीट्रिरुन्दु विण्णुम् आळ्वर् मण्णूडे।" (4-3-11)

(भक्त लोग इस भूमंडल में चिरकाल तक रहकर इसी पृथ्वी पर परम पद की स्थापना करेंगे)
यहाँ भक्त आष्वार् भगवान नारायण के दो रूपों अर्थात्–परवासुदेव तथा अवतार विग्रहों में, अवतार विग्रह को महत्त्व देते हैं; क्योंकि उसीसे समस्त ब्रह्माण्ड भगवान का कृपापात्र होकर उज्जीवित होता है। इस तथ्य को समझनेवाले धर्मस्थापक भक्तों से ही संसार सुरक्षित रहता है।

विशेष

भगवान नारायण के स्वरूप को आष्वार् ने **"ओळि उरुवम् निन् उरुवम्"** (आपका ज्योतिर्मय स्वरूप) कहकर कठोपनिषत् के मंत्र **'तमेव भान्तमनुभाति सर्वं, तस्य भासा सर्वमिदं विभाति'** (अर्थात् तेजोमय है ब्रह्म; उन्हीं के तेज का प्रतिबिंब है प्रकाशमान सारा ब्रह्माण्ड।) के तत्व को प्रतिपादित किया है। क्योंकि भगवान नारायण परब्रह्म हैं जिनके द्वारा ही सारा विश्व जाज्वल्यमान रहता है।

इकसठ

भगवान नारायण आश्रितवत्सल हैं, उनकी तमाम लीलायें आश्रितों के रक्षण के लिये हैं। प्रस्तुत पद में आष्वार् भगवान के वामनावतार की लीला के वर्णन द्वारा इस तथ्य को प्रमाणित कर रहे हैं।

निन्रदोर् पादम् निलम् पुदैप्प नीण्डतोळ्
शेन्रळन्ददु एन्बर् दिशैयेल्लाम् - अन्रु
करुमाणियाय् इरन्द कळ्वने उन्नैप्
प्रमाणित्तार् पेट्र पेरु।।

शब्दार्थ अन्वयसहित

अन्रु = बहुत पहले
करु माणि आय् = श्याम वर्ण के ब्रह्मचारी के रूप में जाकर
इरन्दु कळ्वने ! = (महा बलि से) तीन पगों की भूमि दान में माँगने की प्रवंचना की आपने; ऐसे हे प्रवंचक !

निन्रदु ओर् पादम् निलम् पुदैप्प = खड़े खड़े एक पाद से समस्त भूमंडल को नाप डाला था आपने
नीण्ड तोळ् दिशै एल्लाम् शेन्रु अळन्ददु एन्बर् = फिर आपके व्यापक स्कन्ध ने सारी दिशाओं को व्याप्त कर स्वर्लोकों को नाप लिया था = इस प्रकार ज्ञानी लोग कहते हैं।
उन्नै प्रमाणित्तार् पेट्र पेरु = (आपकी यह लीला) आपके अनुग्रह पर विश्वास करनेवाले सभी भक्तों के प्रति आपकी कृपा का निदर्शन है।

भावार्थ

हे प्रवंचक भगवान नारायण! आपने शतियों पहले श्याम वर्ण के ब्रह्मचारी के रूप में राजा महाबलि के पास जाकर तीन पगों की भूमि दान में माँगने की प्रवंचना की थी। फिर (तत्काल बृहत् आकार लिया और) एक पग से समस्त भूमंडल को नाप डाला था। अनन्तर आपके व्यापक स्कन्ध ने सारी दिशाओं में फैलकर स्वर्लोकों को नाप लिया था। आपकी यह लीला आपके सभी भक्तों के लिए आपकी महती कृपा का निदर्शन है।

व्याख्या

1. यहाँ आष्वार् ने भगवान नारायण को प्रवंचक (कळ्वन्) कहा है तो यह निन्दास्तुति है। अज्ञानी लोग कहेंगे कि भगवान ने वामनावतार लेकर राजा महाबलि से तीन पगों के नाप की भूमि माँगी दान में। दान माँगा था लघु आकार के ब्रह्मचारी ने। परन्तु फिर उन्होंने अपना आकार बहुत बड़ा कर लिया था और एक पग से सारा भूमंडल नाप डाला था। दूसरे पग से स्वर्लोको को नाप लिया था। तीसरे पग के लिए कोई स्थान नहीं था तो बलि के सिर पर पग रखकर उसे पाताल में पहुँचा दिया था। यह प्रवंचना या धोखा जैसा लगता है। पर यह धोखा नहीं था। क्योंकि राजा बलि ने भगवान की सारी सृष्टि को अपने वश में कर लिया था। देवेन्द्र से उसके स्वर्लोकों को हर लिया था। उन सबको भगवान नारायण ने बलि के चंगुल से वामनावतार में मुक्त कर दिया था। यह तो अन्यायी के अन्याय से तमाम लोकों और लोकवासियों को संरक्षित करने का भगवान का महत्कार्य था। अतः यह धोखा या प्रवंचना नहीं; वरन् अन्यायी या आततायी से विश्व की रक्षा करने की भगवान की लीला थी। अतः भगवान को जब आष्वार् 'प्रवंचक' कहकर संबोधित करते हैं तब उसे 'निन्दास्तुति' के रूप में लेना चाहिए। निन्दा के रूप में लगता है; परन्तु यह निन्दा नहीं, वरन् न्याय-संस्थापक भगवान नारायण की स्तुति है।
2. आष्वार् इस पद द्वारा यह सिद्ध करते हैं कि भगवान दान माँगते हैं; वामन बनकर अपने आकार को कुंचित कर लेते हैं; आततायी को दंड देने और उससे भक्तों की रक्षा करने के लिए विभिन्न प्रकार की लीलायें—सांसारिकों की दृष्टि से भले-बुरे कार्य करते हैं। इनके द्वारा वे भक्तों के मन में इस बात का विश्वास पैदा करते हैं कि भगवान हर स्थिति में भक्त-रक्षक हैं। करुणामय भगवान का अनुग्रह सर्वदा आश्रितों को उपलब्ध है। उन्हें किसी भी स्थिति में चिन्ता करने की आवश्यकता नहीं है।
3. भगवान नारायण दासों के दास हैं। उनकी रक्षा के धर्मपालन के लिये वे सर्वदा तत्पर रहते हैं। इस बात को प्रस्तुत पद में आष्वार् ने निरूपित किया है।
4. अपने व्यापक स्कन्ध द्वारा सारी दिशाओं में व्याप्त होकर स्वर्लोकों को भगवान ने नाप लिया था। आष्वार् के इस कथन का यही अर्थ निकलता है कि एक पग से अखिल भूमंडल को नाप लेने के बाद भगवान ने ऊपर के तमाम लोकों को दूसरे पग से नाप लिया था। यह प्रसंगानुसार भक्त आष्वार् की अभिव्यक्ति का वैशिष्ट्य है।

विशेष

'माणि' = ब्रह्मचारी; छात्र

प्रमाणम् = श्रद्धा; भगवान पर विश्वास

(इस शब्द के कई अर्थ हैं; मूलतः यह संस्कृत शब्द है)।

बासठ

भगवान नारायण की आश्रितवत्सलता का विवेचन करते हुए भक्त आऴ्वार् प्रस्तुत पद में देवी नप्पिन्नै के उदाहरण द्वारा यह सिद्ध करते हैं कि भगवान, भक्त को अनुग्रहपूर्वक पाप-मुक्ति कर अपनी शरण में स्वीकार करेंगे।

पेरोन्रु मुन्नरियेन् पेट्ररियेन् पेदैमैयाल्
मारेन्रु शोल्लि वणङ्गिनेन् - एरिन्
पेरुत्तेरुत्तम् कोडोशियप् पेण्णशैयिन् पिन् पोय्
एरुत्तिरुत्त नल्लायर् एरु।।

शब्दार्थ अन्वयसहित

पेण् नशैयिन् पिन् पोय् = देवी नप्पिन्नै के प्रेम के वशीभूत होकर

एरिन् पेरुत्त एरुत्तम् कोडु ओशिय = ऋषभों के सुडौल कूबर और सींग को तोड़कर

एरुत्तु इरुत्त नल् आयर् एरु = ऋषभों की गरदन को मरोड़ देनेवाले गोप बालक कृष्ण

मारु एन्रु शोल्लि वणङ्गिनेन् = (हमारे सभी पापों के) शत्रु हैं—यह मानकर (मैंने) उनकी आराधना की

मुन् पेरु ओन्रु अरियेन् = इससे पहले यह नहीं समझा था कि उनकी आराधना का यह सुपरिणाम होगा;

पेदैमैयाल् पेट्रु अरियेन् = अपनी मूर्खता अथवा अज्ञान के कारण अब तक मैं इस लाभ को गंवा बैठा था।

भावार्थ

भगवान नारायण के भक्त का पश्चात्ताप प्रस्तुत पद में स्पष्ट है। भगवान कृष्ण ने देवी नप्पिन्नै के प्रेम के कारण उन्हें पाने के लिए शर्त के रूप में निर्धारित सप्त ऋषभों के कूबर एवं सींग को तोड़कर उनकी गरदन को मरोड़ दिया था। वे ही हमारे पापों को दूर करनेवाले हैं—यह मानकर मैं उनकी आराधना करने लगा। इससे पहले मैं इस तथ्य से अनभिज्ञ था और अज्ञानवश होकर इतने समय तक भगवद् भक्ति के लाभ से सर्वथा वंचित था।

व्याख्या

1. भक्त को इस बात का दुख है कि वह काफ़ी समय तक भगवान नारायण की भक्ति किये बिना सांसारिकता में उलझा रहा। अब उसे महसूस हुआ है कि भगवान नारायण ही पापहर्ता हैं; भक्तों को पापों एवं उनके परिणामों से बचानेवाले हैं। जैसे देवी नप्पिन्नै के प्रेम के कारण उनको पाने के लिए शर्त के रूप में निर्धारित ऋषभों को कृष्ण ने मारकर देवी को प्राप्त कर लिया था वैसे ही करुणावश या कृपापूर्वक आराधक भक्त को पापों से मुक्त कर भगवान अपनी शरण में ले लेते हैं। इससे भगवदाराधन की गरिमा का निरूपण हुआ है।

भगवान कृपापूर्वक भक्त को अपनी शरण में लेते हैं। भक्त को पापमुक्त करते हैं भगवान ही। जब भगवान को भक्त पा लेता है तब प्रकृति अर्थात् त्रिणुणात्मिका माया से वह पूर्णतः मुक्त हो जाता है। यहाँ भगवद् गीता का यह श्लोक मननीय है।

"दैवी ह्येषा गुणमयी मम माया दुरत्यया।
मामेव ये प्रपद्यन्ते मायामेतां तरन्ति ते।।" (भगवद् गीता 7-14)

विशेष

पेरु = परिणाम या सुपरिणाम
एरु = ऋषभ; एरुत्तु = गरदन, ग्रीवा
एरुत्तम् = कूबर, कूबड़
नशै = प्रेम, प्यार, स्नेह
पेदैमै = अज्ञान, मूर्खता
मारु = शत्रु, शत्रुता

तिरसठ

प्रस्तुत पद में आष्वार् का कहना है कि रुद्र को भी ब्रह्महत्या पाप से मुक्त करनेवाले भगवान विष्णु अर्थात् नारायण का ही आश्रय ग्रहण करना है–वे ही सबके आश्रयणीय हैं।

एरेषुम् वैन्रडर्त्त एन्दै एरि उरुवत्तु
एरेरि पट्ट विडु शापम् - पारेरि
उण्डतलै वाय् निरैयक् कोट्टंगै ओण् कुरुदि
कण्ड पोरुळ् शोल्लिल् कदै।।

शब्दार्थ अन्वयसहित

एरु एषुम् वेन्रु अडर्त्त एन्दै = सप्त ऋषभों को जीतकर नष्ट किया था मेरे स्वामी भगवान नारायण ने कृष्णावतार में। (उन्होंने)
एरि उरुवत्तु एरु एरिपट्ट = अग्निरूप ऋषभवाहन रुद्र या शिवजी को
विडु शापम् = ब्रह्मा द्वारा दिये गये शाप से मुक्त करने के लिए
पारु एरि उण्ड तलै वाय् निरैय = मांसाहारी चीलों से आवृत (उनके हाथ में स्थित) कपाल को भर दिया था
कोडु अम् कै ओण् कुरुदि = मुड़े हुए हाथ से वक्ष चीरकर उससे निकली रक्त धारा से
कण्ड पोरुळ् शोल्लिल् = (इससे कपाल फटकर गिर पड़ा) तब जो देखा गया उसका विवरण देने लगें तो
कदै = वह (महाभारत की तरह) बहुत बड़ी कथा हो जाएगी।

भावार्थ

कृष्णावतार में भगवान नारायण ने देवी नप्पिन्नै को पाने के लिए सप्त ऋषभों को जीतकर नष्ट किया था। उसी भगवान नारायण ने अग्निरूप ऋषभवाहन शिवजी या रुद्र को ब्रह्मा द्वारा दिये गये शाप से मुक्त करने के लिये उनके हाथ में विद्यमान कपाल को जिसके चारों ओर चील मंडरा रहे थे, अपना ही वक्षःस्थल चीरकर उससे निकली रक्त धारा से भर दिया था। यदि हम उस घटना का वर्णन करने लगें तो वह बहुत बड़ी कथा हो जाएगी।

व्याख्या

यहाँ वामन पुराण में दी हुई कथा का विवरण दिया गया है। वह कथा इस प्रकार है।

रुद्र अर्थात् शिवजी के हाथों ब्रह्मा का एक सिर कट गया था। अतः ब्रह्मा ने रुद्र को शाप दिया कि वह उस कटे हुए सिर का कपाल हाथ में लिये भिक्षा माँगता फिरे। देवों एवं मुनि-महर्षियों को इससे भारी चिन्ता हुई। जब शिवजी भगवान विष्णु के पास गये और शापमुक्त करने की प्रार्थना की तो भगवान ने अपना ही वक्षःस्थल चीरकर उससे निकली रक्त धारा कपाल में भर दी। तब कपाल टूट गया अलग अलग टुकड़ों में। इस प्रकार शिवजी ब्रह्मशाप से मुक्त हुए। (वामन पुराण, अध्याय 3)

विशेष

शिवजी रक्तवर्ण के हैं। अतः यहाँ उन्हें अग्निरूप (एरि उरुवम्)

कहा गया है। एरि = अग्नि

पारु = चील; मांसाहारी पक्षी

ओण् कुरुदि = उज्ज्वल रक्त धारा

कुरुदि = रक्त

'कथा' शब्द से बृहत्कथा 'महाभारत' का संकेत है।

एन्दै = एन् तन्दै = संधि में यह एन्दै बनता है। अर्थ है 'मेरे पिता, जनक या स्वामी'

उरुवम् = संस्कृत शब्द 'रूप' का तमिल प्रयोग है।

शापम्, कदै = संस्कृत शब्द शाप एवं कथा के तमिल रूप हैं।

चौसठ

भक्त आष्वार् भगवान नारायण से प्रार्थना करते हैं कि वेदस्वरूपी भगवान के मंगलकर नामों का संकीर्तन करने का सौभाग्य उन्हें प्राप्त हो।

कदैयिन् पेरुम् पोरुळुम कण्णा निन् पेरे
इदयम् इरुन्दवैये एत्तिल् - कदैयुम्
तिरुमोषियाय् निन्र् तिरुमाले उन्नैप्
परुमोष़ियाल् काणप् पणि ।।

शब्दार्थ अन्वयसहित

कण्णा ! = हे कृष्ण !

कदैयिन् पेरुम् पोरुळुम् = यदि इतिहासों तथा पुराणों के मूल भाव और

इदयम् = उनके तात्पर्य को

इरुन्दवैये एत्तिल् = मूलतः समझकर स्तुति-पाठ किया जाए तो

निन् पेरे = वे सब आपके पावन नाम ही तो हैं।

कदैयुम् तिरुमोषि आय् निन्र् तिरुमाले = इतिहासों, पुराणों एवं वेदों के रूप में विद्यमान हे श्रीपति ! मुझे उन्नै परुमोष़ियाल् काणप् पणि = गौरवपूर्ण वेद शब्दों द्वारा आपको देखने एवं समझने की शक्ति मिले—ऐसी कृपा करें।

भावार्थ

हे कान्ह ! यदि इतिहासों और पुराणों के मूल तत्व तथा उनके तात्पर्य को भली भांति समझकर स्तुति की जाए तो वे सब आप ही के पवित्र नाम होते हैं। इतिहासों, पुराणों एवं वेदों के रूप में विद्यमान हे भगवान श्रीपति नारायण! कृपापूर्वक मुझे ऐसी शक्ति प्रदान करें जिससे कि मैं वेदस्वरूपी आपको वेदशब्दों के मनन एवं पठन द्वारा अच्छी तरह देख और समझ सकूँ।

व्याख्या

भगवद् गीता की स्थापना **'वेदैश्च सर्वैरहमेव वेद्यः। वेदान्तकृत् वेदविदेव चाहम्।'** (15-15) आष़्वार् के प्रस्तुत पद के मूल में है। यदि रामायण, महाभारत आदि इतिहासों, विष्णु पुराण, पद्म पुराण आदि विभिन्न पुराणों तथा उनके मूलभूत वेदों का मनन तथा अनुसंधान किया जाए तो उनके द्वारा प्रतिपाद्य 'भगवन्नामों' की जानकारी प्राप्त होगी।

भगवान से आष़्वार् यही प्रार्थना करते हैं कि वे उनको वेदशब्दों, पुराणों तथा इतिहासों आदि को गहराई से समझने तथा उनका पठन-मनन करने की शक्ति प्रदान करने की कृपा करें।

आष़्वार को भली-भांति ज्ञात है कि वे स्वयं अपने बल पर भगवान के नामों का अनुसंधान नहीं कर पायेंगे। और, उनको यह भी मालूम है कि भगवत्कृपा से ही यह संभव हो सकता है। अतः आष़्वार् भगवत्कृपा तथा उनके अनुग्रह की याचना करते हैं।

विशेष

तिरुमोषि़ तथा पेरुमोषि़ = श्रीवचन तथा बृहद् वचन या शब्द

इन दोनों शब्दों से वैदिक शब्दों, वेद-वाक्यों तथा वैदिक अभिव्यक्तियों के अर्थ लिये जाते हैं।

पणि = सेवा, कार्य, कृपा

पैंसठ

भक्त आष़्वार् भगवान नारायण की भक्ति किस प्रकार या किन-किन विधाओं में करते हैं–प्रस्तुत पद में देखिये।

पणिन्देन् तिरुमेनि पैंकमलम् कैयाल्
अणिन्देन् उन् शेवडिमेल् अन्बाय् - तुणिन्देन
पुरिन्देत्ति उन्नैप् पुहलिडम् पार्त्तु आंगे
इरुन्देत्ति वाषुम् इदु ।।

शब्दार्थ अन्वयसहित

तिरुमेनि पणिन्देन् = हे श्रीपति! मैंने आपके स्वरूप को नमन किया, और

उन् शे अडिमेल् पै कमलम् अन्बु आय् कैयाल् अणिन्देन् = आपके श्रीचरणों पर प्रेमपूर्वक अपने हाथों से सुन्दर कमल पुष्प चढ़ाये।

उन्नै पुरिन्दु एत्ति = आप की स्नेहपूर्वक स्तुति करते हुए

पुहल् इडम् पार्त्तु = श्रीवैकुंठ अर्थात् परमपद पहुँचकर

आंगे इरुन्दु एत्ति वाषुम् इदु तुणिन्देन् = वहीं सर्वदा भक्तिपूर्वक निवास करने का मैंने निर्णय किया।

भावार्थ—हे भगवान नारायण! मैंने आपके स्वरूप को नमन किया। आपके श्रीचरणों पर प्रेमपूर्वक सुन्दर कमल चढ़ाये। मैंने यह भी निर्णय किया कि आगे आपकी स्नेहपूर्वक स्तुति करता हुआ श्रीवैकुंठ अर्थात् परम पद पहुँचूँ और वहीं सर्वदा भक्तिपूर्वक निवास करूँ।

व्याख्या

1. आष्वार् ने प्रस्तुत पद के पहले दो चरणों में यह बताया कि अब तक भक्ति के मार्ग में उनको क्या मिला! कितना लाभ हुआ। आगे के दो चरणों में वे यह कहते हैं कि आगे के जीवन में वे क्या अपेक्षा करते हैं। आष्वार् भगवान नारायण का वन्दन और पूजा करते रहे हैं। आगे वे चाहते हैं कि भक्ति की पराकाष्ठा की स्थिति में उन्हें परमपद अर्थात् श्रीवैकुंठ की प्राप्ति हो और वहाँ से सांसारिक जीवन में कभी उनका प्रत्यावर्तन न हो।

   भक्तिपूर्वक सांसारिक जीवन व्यतीत करते हुए, अंत में भक्त को भगवान का पूर्ण सांनिध्य अर्थात् वैकुंठवास का सौभाग्य प्राप्त होता है।
2. श्रीवैकुंठ अर्थात् परमपद को प्रस्तुत पद में 'पुहलिडम्' कहा गया है जिसका अर्थ होता है; "प्रवेश करने का स्थान"; यहाँ दो अर्थ हो सकते हैं—एक तो यह कि भगवत् सांनिध्य पाने के लिए भक्त के प्रवेश का स्थान। दूसरा अर्थ यह हो सकता है कि अवतार-लीलाओं की समाप्ति के बाद भगवान के वापस जाने का स्थान। दोनों संदर्भों में श्रीवैकुंठ या परमपद की ओर संकेत है। नम्माष्वार् के 'तिरुवाय् मोषि' (10-9-9) में इसी बात को कहा गया है—**"वैकुंतम् पुहुवदु मण्णवर् विधिये"** (श्रीवैकुंठ में प्रवेश, पृथ्वी में निवास करनेवाले मनुष्यों का सौभाग्य है)। वहीं भक्त लोग नित्यमुक्तों के बीच रहते हुए भगवान की स्तुति करते रहें—प्रत्यावर्तित न हों सांसारिकता में—यह परम भागवत भक्त की शाश्वत कामना है।

छियासठ

आष्वार् अपने मन को समझाते हैं कि सांसारिक जीवन के कष्टों को भली भांति समझकर जब हम उसकी ओर आकर्षित हुए बिना रहें तो तमाम बाधायें हटेंगी और भगवान नारायण मिलेंगे।

इदु कण्डाय् नन्नेञ्जे! इप्पिरवि यावदु
इदु कण्डाय् एल्लाम् नामुट्रदु - इदु कण्डाय्
नारणन् पेर् ओदि नरकत् तरुकणैया
कारणमुम् वल्लैयेल् काण्।।

शब्दार्थ अन्वयसहित

नल् नेञ्जे (संधि के कारण = नन्नेञ्जे) = हे मेरे शुद्ध मन!

इप् पिरवि आवदु इदु कण्डाय् = यह सांसारिक जीवन इस प्रकार का है—इस प्रकार अनेकों कष्टों से भरा हुआ है—यह समझ लो।

नाम् उट्रदु एल्लाम् इदु कण्डाय् = (इस संसार में) हमने जो जो कष्ट उठाये हैं—जो जो भोगा है उन्हें समझ लो

नारणन् पेर् ओदि = भगवान नारायण के नामों का उच्चारण करते हुए,

नरकत्तु अणैया कारणमुम् इदु कण्डाय। = यह समझ लो कि संसार नरक समान है; उसके पास भी हमें रहना

नहीं चाहिए—इस प्रकार संसार में हमारे न रहने का कारण भी सांसारिक दोष ही हैं।

वल्लै एल् काण् = (मुझे हर दोष का विवरण देने की ज़रूरत नहीं है।) तुम स्वयं ही उन्हें समझने की शक्ति रखते हो—अतः सांसारिक जीवन की वास्तविकता को समझ लो।

भावार्थ

आष़्वार् अपने मन को समझाते हुए कहते हैं—तुम स्वयं समझ लो कि यह संसार किस प्रकार का है—यह किस प्रकार के कष्टों से भरा हुआ है। हमने इस संसार में कैसी कैसी तकलीफ़ें उठायी हैं। यह सब समझ लो। भगवान नारायण के नामों का स्तवन करते रहो। यह भी समझ लो कि संसार नरक के समान है। उसके पास भी हमें नहीं रहना चाहिए। इस प्रकार संसार से नफ़रत करने का कारण सांसारिक दोष ही हैं। परन्तु हे मन! मुझे इन बातों के बारे में विस्तार से कहने की आवश्यकता नहीं है। तुम स्वयं समझ सकते हो कि यह सांसारिकता कितनी गर्हित है! (तभी समस्त बाधाओं से मुक्त होना और भगवान का सांनिध्य प्राप्त करना संभव है।)

व्याख्या

भक्त आष़्वार् भगवत्-सांनिध्य प्राप्त करने का मार्ग बताते हुए कहते हैं कि सांसारिक जीवन के बंधनों से मुक्त होने पर ही यह संभव है। वे कहते हैं कि हमें ऐसी मानसिकता का निर्माण करना चाहिए कि सांसारिक दोषों से बचकर रहें और मानसिक असंतुलनों से दूर भगवान के श्रीचरणों पर अपने को अर्पित कर दें। विष्णु पुराण का यह श्लोक यहाँ स्मरणीय है।

"मन एव मनुष्याणां कारणं बंधमोक्षयोः।
बन्धाय विषयासंगी मुक्त्यै निर्विषयं मनः।।"

(विष्णु पुराण 6-7-28)

(अर्थात् मनुष्यों का मन ही सांसारिकता के बंधन और उससे मुक्ति का भी कारण है। विषय-वासनाओं में डूबा हुआ मन संसारबंधन का और विषयों से दूर अर्थात् निरासक्त मन मुक्ति का कारण है।)

सड़सठ

भगवान नारायण के अद्भुत दर्शन मात्र से सर्वथा विषय वासनाओं से विरति होती है—इस बात को भक्त आष़्वार् प्रस्तुत पद में अत्यंत आनन्द से प्रस्तुत करते हैं।

कण्डेन् तिरुमेनि यान् कनविल् आंगवन्कैक्
कण्डेन् कनलुम् शुडराष़ि - कण्डेन्
उरुनोय् विनै इरण्डुम् ओट्टुवित्तुप् पिन्नुम्
मरुनोय् शेरुवान् वलि।।

शब्दार्थ अन्वयसहित

यान् कनविल् तिरुमेनि कण्डेन् = मैंने स्वप्नवत् दशा में
भगवान नारायण के दिव्य एवं मंगलमय स्वरूप के दर्शन किये।

आंगु अवन् कै = तब मैंने उनके हाथ में

कनलुम् शुडर् आषि कण्डेन् = आग उगलनेवाले ज्योतिर्मय सुदर्शन चक्र के दर्शन किये तब

उरुनोय् विनै इरण्डुम् ओट्टुवित्तु = (आत्मा को) बीमारी की तरह प्रभावित किये हुए रहनेवाले पाप एवं पुण्य–दोनों प्रकार के कर्मों को विनष्ट कर,

पिन्नुम् मरुनोय् शेरुवान् वलि कण्डेन् = साथ ही, कर्मफलों के रूप में बढ़ती रहनेवाली–बार बार विषय-संग से उत्पन्न होनेवाली इन बीमारियों को दूर करनेवाले भगवान की शक्ति को भी देखा अथवा शक्ति का भी अनुभव किया।

भावार्थ

भक्त आष्वार् का कहना है कि मैंने स्वप्नवत् मानसिक अनुभव की दशा में भगवान के दिव्य-मंगल स्वरूप के दर्शन किये। साथ ही उनके कर-कमल में अग्नि उगलनेवाले ज्योतिर्मय सुदर्शन चक्र को भी देखा। मैंने कर्मफलों के रूप में आत्मा को प्रभावित किये हुए रहनेवाले पाप-पुण्यों को दूर कर, बार-बार विभिन्न विषय-वासनाओं के प्रभावस्वरूप अंतस्तल में उपजनेवाली कर्म-व्याधियों को नष्ट करनेवाली भगवान की शक्ति का भी अनुभव किया।

व्याख्या

यहाँ आष्वार् का कहना है कि उन्होंने भगवान के स्वरूप के दर्शन किये स्वप्नवत् मानसिक अनुभव की दशा में। यह इन्द्रिय ज्ञान से सर्वथा भिन्न स्वानुभवदशा है–आत्मानुभव की स्थिति है। यह स्वप्नदशा नहीं, स्वप्नवत् केवल आंतरिक अनुभूति की स्थिति में होनेवाली स्वानुभव दशा की स्थिति है। इसी बात को मनुस्मृति (12-22) में कहा गया है **"स्वप्नधी गम्यम"**।

आष्वार् यह भी कहते हैं कि भगवान नारायण के दिव्य-मंगलमय स्वरूप तथा उनके हाथ में विद्यमान ज्योतिपुंज सुदर्शन चक्र के दर्शन मात्र से आत्मा को प्रभावित करनेवाले पाप-पुण्यमय कर्मफल नष्ट हो गये हैं। साथ ही, विषयेच्छाओं तथा वासना रति से, बार बार नष्ट होकर पुनः पुनः सिर उठानेवाले पाप-पुण्यादि कर्मफलों को भक्त की भक्ति के कारण अनुग्रहपूर्वक भगवान सर्वथा नष्ट कर देते हैं।

कर्म पुण्यमय हों या पापमय; वे तब तक आत्मा को नहीं छोड़ते हैं जब तक मनुष्य कर्मसंग से मुक्त नहीं हो जाता। कर्म-द्विधा से मुक्त होना–सांसारिक कर्मबंधन का त्याग करना नितराम् आवश्यक है। यह तभी संभव है जब भगवान का अनुग्रह भक्त को प्राप्त हो। वासनाओं से मुक्ति हो सकती है; फिर भी निरन्तर कर्म करते रहने से वासनाओं के प्रति आकर्षण पुनः पुनः जाग सकता है। उससे मुक्ति केवल भगवत्कृपा से मिल सकती है।

विशेष

नोय् = व्याधि, बीमारी–यहाँ पाप-पुण्यादि कर्मफलों के प्रति संकेत है।

उरु नोय् = आत्मा से लगी रहनेवाली बीमारी–यह पाप-पुण्य है।

मरु नोय् = बार बार जाग उठनेवाली बीमारी अर्थात् पाप-पुण्यादि कर्मफल

वलि = शक्ति

अड़सठ

सहायता के लिए आश्रय में आये देवों के हित के लिए अमृतमंथन किया भगवान नारायण ने। यह उनके आश्रित-वात्सल्य का निदर्शन है। इस तथ्य को आष्वार् के पद में देखें।

वलिमिक्क वाळ एयिट्रु वाळवुणर् माळ
वलिमिक्क वाळ वरै मत्ताह - वलिमिक्क
वाणाहम् चुट्रि मरुहक् कडल् कडैन्दान
कोणाहम् कोम्बोशित्त को।।

शब्दार्थ अन्वयसहित

वलिमिक्क = शक्तिशाली
वाळ् एयिरु = तलवार की तरह घोर दांतोंवाले और
वाळ् अवुणर् = खड्गधारी असुरों के
माळ = विनाश के लिए
वलिमिक्क वाळ् वरै मत्तु आह = सशक्त एवं तेजोमय मन्दर पर्वत को मथानी बनाकर, और
वलिमिक्क वाळ् नाहम् चुट्रि = ओजस्वी और तेजोमय वासुकि सर्प को रस्सी के रूप में बनाकर
कडल् मरुह कडैन्दान् = समुद्र का ऐसा मंथन किया था जिससे कि फेन छलक पड़े (वह कौन था)
कोळ् नाहम् कोम्बु ओशित्त को = मस्त हाथी कुवलयापीड के दंतों को तोड़नेवाले हमारे स्वामी भगवान नारायण ही तो थे!

भावार्थ

अपार शक्तिशाली और तलवार की तरह घोर दांतोंवाले खड्गधारी असुरों का नाश कर (देवताओं की रक्षा के लिए) सशक्त एवं उज्ज्वल मंदर पर्वत को मथानी बनाकर और ओजस्वी तेजोमय वासुकि सर्प को रज्जु बनाकर समुद्र का मंथन किया था हमारे स्वामी भगवान नारायण ने जिन्होंने कृष्णावतार में मदमस्त हाथी कुवलयापीड़ को उसके दंत को तोड़कर मार डाला था।

विशेष

1. इस पद में 'वाळ्' शब्द का प्रयोग चार बार हुआ है–पहले, वाळ् एयिट्रु और वाळ् अवुणर् में प्रयुक्त वाळ् शब्द का अर्थ खड्ग या तलवार है। बाद में प्रयुक्त हैं वाळ् वरै और वाळ् नाहम्; यहाँ दोनों संदर्भों में 'वाळ्' का अर्थ है प्रकाशमय या तेजस्वी।
2. कोळ् नाहम्–मदमस्त हाथी (कुवलयापीड़) नाहम्–संस्कृत शब्द 'नाग' का तमिल रूप है जिसके अनेक अर्थ हैं जैसे हाथी, नाग या सर्प।

व्याख्या

अमृत पाने के लिए समुद्र मंथन किया गया जिससे, असुरों से देवताओं की रक्षा हो। देवता लोग आश्रय माँगते हुए भगवान विष्णु के पास आये। अतः देवताओं की रक्षा के निमित्त भगवान ने कूर्मावतार लेकर समुद्र मंथन में सहायता की। आश्रितों के प्रति भगवान नारायण के वात्सल्य भाव का यह निदर्शन है।

समुद्र मंथन देवताओं और दानवों ने मिलकर किया था। किन्तु यहाँ कहा गया है कि भगवान विष्णु ने मंथन किया था। वह कैसे! उसकी कहानी इस प्रकार है।

बहुत पहले की बात है। एक विद्याधर कन्या ने विष्णु लोक में जाकर श्रीदेवी की प्रशस्ति की। उससे प्रसन्न होकर देवी ने कन्या को एक पुष्प माला प्रसाद रूप में प्रदान की। वह कन्या प्रसन्न मुद्रा में चल रही थी। तब पथ पर मुनिवर दुर्वासा से मिली और उन्हें वह माला प्रदान की। दुर्वासा मुनि प्रसन्नतापूर्वक उस माला को लिये हुए देव लोक में पधारे। उस समय ऐरावत हाथी पर सवार इन्द्र से मिले और उन्हें वह माला अर्पित की। अहंकारी इन्द्र ने उस माला को गज की गरदन पर डाल दिया। उस गज को उस माला की महिमा क्या मालूम थी! उसने उसे पैरों के नीचे डालकर कुचल दिया। अतः मुनीश्वर अपार क्रोधी हुए और इन्द्र को शाप दिया कि तुमने जिस धन-दौलत के अहंकार से ऐसा गर्हित कार्य किया वह धन-दौलत समुद्र में डूब जाएगी। इसके परिणामस्वरूप इन्द्र और सभी देवता कंगाल हो गये। बाद में असुरों ने देवों को युद्ध में हरा दिया, तब वे सब भगवान विष्णु के पास जाकर याचना करने लगे कि भगवान कृपापूर्वक उनकी रक्षा करें। भगवान विष्णु ने उनको सान्त्वना देते हुए कहा कि वे लोग असुरों की सहायता से दुग्ध समुद्र में मंथन कर अमृत प्राप्त करें जिससे कि उनका सारा कष्ट दूर होगा। तब देवता एवं असुर लोग मंदर पर्वत को मथानी बनाकर और सर्प वासुकि को रस्सी बनाकर मंथन करने लगे। तब अकस्मात् मंदर पर्वत समुद्र में धंसने लगा तो देवताओं की प्रार्थना पर भगवान विष्णु ने कूर्मावतार लिया; और कूर्म बनकर समुद्र में मंदर पर्वत के नीचे गये और पर्वत को अपनी पीठ पर उठाकर धंसने नहीं दिया। साथ ही, जब वासुकि सर्प को रस्सी के रूप में दोनों तरफ़ से पकड़कर देवता और दानव मंथन करने लगे तो दोनों पक्ष अशक्त होकर रस्सी को (वासुकि को) खींच नहीं सके। तब भगवान विष्णु ने विशेष रूप लेकर देवों और दानवों के पक्ष में रहकर दोनों ओर से वासुकि को दायीं-बायीं ओर से खींचने लगे। तब जाकर बराबर समुद्र मंथन हो सका।

(महाभारत, आदि पर्व; अध्याय 17,18)

यद्यपि देवों और दानवों ने ही मिलकर समुद्र मंथन किया था फिर भी उनको बीच में हुई कठिनाइयों से भगवान विष्णु ने बचाया और समुद्र मंथन में सहायता प्रदान की। अतः समुद्र मंथन में हुई सफलता के लिए भगवान विष्णु ही महत्त्वपूर्ण साधन या निमित्त थे। इसलिए यहाँ कहा गया है कि भगवान विष्णु ने समुद्र मंथन किया था। अर्थात् कारण को कार्य के रूप में भक्त आष्वार् ने प्रस्तुत किया है।

उनहत्तर

पूर्व पद में भक्त आष्वार् ने कहा कि देवता लोग भगवान नारायण के आश्रय में रहकर उनकी कृपा के पात्र बने। अब प्रस्तुत पद में उनका कहना है कि धरती के राजा-महाराजा भी भगवत्कृपा से ही अपना अपना गौरवपूर्ण पद प्राप्त कर विराजमान रहते हैं।

कोवाहि मानिलङ् कात्तु नङ्कण् मुहप्पे
मावेहिच् चेलहिनर मन्नवरुम् - पू मेवुम्
शेंकमलनाभियान् शेवडिक्के एष् पिरप्पुम्
तण् कमल मेयन्दार् तमर्।।

शब्दार्थ अन्वयसहित

को आहि = शासक बनकर
मानिलम् कात्तु = व्यापक भूतल की रक्षा करते हुए
नम् कण् मुहप्पे = हमारी आँखों के सामने
मा एहि शेलुहिनरः = घोड़ों पर सवार होकर घूमनेवाले
मन्नवरुम् = राजा-महाराजा भी
शेम् कमलम् पू मेवुम् नाभियान् = कमलनाभ भगवान नारायण के (लाल कमल पुष्प से आवृत नाभियुक्त भगवान के)
शे अडिक्के = श्रीचरणों पर
एष् पिरप्पुम् = जन्म-जनांतरों से
तण् कमलम् एयन्दार् तमर् = शीतल कमल पुष्पों को अर्पित करनेवाले भागवत भक्त ही हैं।

भावार्थ

शासक बनकर समस्त भूमंडल पर राज करते हुए घोड़ों पर चढ़कर परिभ्रमण करनेवाले राजा-महाराजा भी सर्वदा कमलनाभ भगवान नारायण के श्रीचरणों पर कमल पुष्प अर्पित करनेवाले परम भागवत भक्त ही हैं।

विशेष

को = शासक; मा = घोड़ा, अश्व
तमर् = भक्त; बंधु; मन्नवर् = राजा-महाराजा
नाभि = संस्कृत शब्द है।
नाभियान् = नाभियुक्त भगवान विष्णु

व्याख्या

1. भक्त आष्वार् की स्थापना है कि राजा-महाराजा या चक्रवर्ती बनकर अश्वारूढ़ हो भ्रमण करनेवाले लोग भी भगवत्कृपा के कारण ही गौरवपूर्ण स्थान प्राप्त कर सके हैं। देवताओं की तरह भगवान के आश्रित होने के फलस्वरूप ही उनको शासक का पद प्राप्त हुआ है।
2. 'कमलम् एयन्दार् तमर्'--इस वाक्यांश का दो प्रकार से अर्थ लिया जा सकता है। पहला अर्थ यह है: (शासक भी) भक्तिपूर्वक कमल पुष्प अर्पित करनेवाले भक्त हैं।
   दूसरा अर्थ इस प्रकार है–(भगवान के श्रीचरणों पर पुष्प अर्पित करनेवाले भक्तों की सेवा करने के फलस्वरूप ही वे चक्रवर्ती हुए हैं।

सत्तर

जैसे भगवान दिव्य, पवित्र स्थलों पर विराजमान रहते हैं वैसे ही अपने आश्रित भक्तों के अंतस्तल में भी निवास करते हैं।

तमरुळ्ळम् तञ्जै तलैयरंगम् तण् काल्
तमरुळ्ळत् तण् पोरुप्पु वेलै - तमरुळ्ळुम्
मामल्लै कोवल् मदिळ् कुडन्दै एन्बरे
एवल्ल एन्दैक् किडम्।।

शब्दार्थ अन्वयसहित

ए वल्ल एन्दैक्कु इडम् एन्बर् = (भागवत भक्तों के विरोधियों पर) धनुष चलाने में सक्षम मेरे स्वामी भगवान नारायण के निवास स्थल इस प्रकार कहलाते हैं।

तमर् उळ्ळम् = भक्तों का हृदय

तञ्जै = तञ्जै स्थल (का मंदिर)

तलै अरंगम् = श्रेष्ठ दिव्य देश श्रीरंगम्

तण् काल् = तीर्थ स्थल 'तिरुत्तण् काल्'

तमर् उळ्ळुम् तण् पोरुप्पु = भक्तों के ध्यान में सर्वदा स्थित 'तिरुपति' स्थल

वेलै = दुग्ध समुद्र

तमर् उळ्ळुम् मा मल्लै = भक्तों के हृदय में विद्यमान 'तिरुक्कडल् मल्लै'

कोवल् = 'तिरुक्कोवलूर', और

मदिल् कुडन्दै = कुंभकोणम् जिसके चारों तरफ़ परकोटा लगा है।

भावार्थ

ज्ञानियों की स्थापना है कि आश्रित-विरोधियों के विरुद्ध धनुष चलानेवाले भगवान नारायण के निवास स्थल निम्न प्रकार हैं:- भक्तों का हृदय; तंजै, श्रीरंगम्, तिरुत्तण्काल्, भक्तों के ध्यान में सर्वदा स्थित श्रीवेंकट पर्वत (तिरुमलै), दुग्ध समुद्र, भक्तों के हृदय में विद्यमान तिरुक्कडल्मल्लै, तिरुक्कोवलूर, और कुंभकोणम् (जिसके चारों तरफ़ परकोटा लगा है) के मंदिर।

व्याख्या

भगवान नारायण के दिव्य निवास स्थल बहुत सारे हैं—वे चारों तरफ़ फैले हुए हैं। परन्तु यहाँ भक्त आऴ्वार् केवल कुछेक स्थलों का उल्लेख कर रहे हैं। ये केवल निदर्शन मात्र हैं। इनसे यह नहीं लेना चाहिए कि सर्वव्यापी भगवान नारायण के दिव्य तीर्थ इतने ही हैं। वस्तुतः आऴ्वार् द्वारा उल्लिखित तीर्थ केवल नमूने के रूप में हैं।

परन्तु इन तीर्थों के साथ 'भक्त हृदय' को भी सम्मिलित कर आऴ्वार् ने यह सिद्ध किया है कि बाह्य तीर्थों से अधिक प्रिय तीर्थ भगवान के लिए भक्तों का हृदय है। 'भक्त हृदय' के लिए यहाँ प्रयुक्त शब्द है 'तमर् उळ्ळम्' जिसका अर्थ है "आत्मीयों का अंतस्तल" अर्थात् भगवान नारायण के लिए सर्वाधिक प्रिय हैं अर्थात् आत्मीय हैं भक्त। अतः उनका अंतस्तल या हृदय भगवान नारायण का सर्वथा प्रिय आवास है।

इसीलिये आऴ्वार् ने प्रस्तुत पद में सभी तीर्थों के पहले 'भक्त हृदय' का उल्लेख किया है।

इसी बात को नम्माऴ्वार् के 'तिरुवाय्मोऴि' (3-8-2) में कहा गया है—

"नेञ्जमे नीळ् नहर् आह इरुन्द एन् तञ्जने!"

(अंतस्तल को ही बहुत बड़ा नगर समझकर उसी में अपना आवास बना लेनेवाले मेरे स्वामी भगवान नारायण!)

इकहत्तर

परम भागवत भक्त लोग भगवान नारायण की सेवा में सर्वदा तत्पर रहते हैं—इस तथ्य को आऴ्वार् के प्रस्तुत पद में देखिये।

इडंकै वलम्पुरि निन्रार्प एरि कान्रु
अडंकार् ओडुंगुवित्तदु आऴि - विडम् कालुम्
तीवाय् अरवमणै मेल् तोन्रल् दिशै अळप्पान्
पूवार् अडि निमिर्त्त पोदु।।

शब्दार्थ अन्वयसहित

विडम् कालुम् = विष उगलनेवाले,
ती वाय् अरवु अणै मेल् तोन्रल् = भयंकर मुखवाले सर्पराज आदिशेष की शय्या पर आसीन भगवान नारायण ने
दिशै अळप्पान् = समस्त दिशाओं को नापने के उद्देश्य से
पू आर् अडि निमिर्त्त पोदु = पुष्पसम कोमल चरणों को जब उठाया था तब
वलम्पुरि इडंकै निन्रु आर्प = उनके बायें कर में विद्यमान पाँचजन्य शंख की ध्वनि गूंज उठी और
आऴि एरि कान्रु अडंकार् ओडुंगुवित्तदु = सुदर्शन चक्र ने आग उगलते हुए, नमुचि आदि शत्रुओं को निष्क्रिय बना दिया।

भावार्थ

विष उगलनेवाले भयंकर मुखवाले सर्पराज आदिशेष की शय्या पर विराजमान भगवान नारायण ने जब समस्त दिशाओं को नापने के उद्देश्य से पुष्प-सम कोमल चरणों को उठाया था तब उनके बायें कर में विद्यमान पाँचजन्य शंख ध्वनित हो उठा और दायें कर में विराजमान सुदर्शन चक्र ने आग उगलते हुए नमुचि आदि शत्रुओं को निरस्त कर दिया अर्थात् निष्क्रिय बना दिया।

विशेष

1. अडंकार् = शत्रु
2. वैष्णव परम्परा में पाँचजन्य शंख, सुदर्शन चक्र एवं आदिशेष को भगवान नारायण के दासों के रूप में स्वीकार किया गया है।

व्याख्या

1. उपर्युक्त वैष्णव परम्परा के अनुसार यहाँ आऴ्वार् ने कहा है कि वामनावतार की लीलाओं से तथा, साथ ही भगवान द्वारा आततायियों के निरस्त हो जाने की स्थिति से प्रसन्नतापूर्वक पाँचजन्य शंख बज उठा, सुदर्शन चक्र ने आग उगलकर शत्रुओं को भयभीत कर दिया और आदिशेष के भयंकर मुख से भी आग की लपटें प्रज्वलित हुईं।
2. प्रस्तुत पद में सुदर्शन चक्र द्वारा राक्षस नमुचि के मारे जाने की जो कथा है वह पद्मपुराण के सृष्टि खंड में द्रष्टव्य है। तदनुसार नमुचि दानवराज हिरण्याक्ष का सेनापति था। उसने इन्द्र को भयानक युद्ध में अचेत कर दिया और इन्द्र का हाथी ऐरावत भी निष्क्रिय हो गया। उसके बाद नमुचि ने अपनी माया-शक्ति

से अनेक प्राणियों की सृष्टि की। परन्तु भगवान विष्णु ने अपने सुदर्शन चक्र के द्वारा उन सभी प्राणियों को नष्ट कर दिया। अंत में इन्द्र ने नमुचि को मार डाला। (पद्मपुराण, सृष्टि खंड)

बहत्तर

श्रीवेंकट पर्वत में निवास करनेवाले वानर भी भगवान नारायण की सेवा एवं पूजा करते हैं—फिर हम मानव क्यों न करें? इस तथ्य को आष्वार् के पद में देखिए।

पोदरिन्दु वानरंगळ् पून्जुनै पुक्कु आंगलर्न्द
पोदरिन्दु कोण्डेत्तुम् पोदु उळ्ळम् - पोदुम्
अणि वेंकडवन् मलरडिक्के शेल्ल
अणि वेंकडवन् पेर् आयन्दु।।

शब्दार्थ अन्वयसहित

वानरंगळ् = वानर लोग
पोदु अरिन्दु = यह जानकर कि प्रातः काल हो गया है, सुबह-सुबह उठकर
पून्जुनै पुक्कु = पुष्प-व्याप्त सरोवर में प्रवेश कर (स्नान करने के बाद)
आंगु अलर्न्द पोदु अरिन्दु कोण्डु = वहाँ से, विकसित पुष्पों को तोड़कर, उन्हें (भगवान की सेवा में) समर्पित करते हुए
एत्तुम् = पूजा करते हैं
उळ्ळम् = (तब) हे मेरे मन
पोदु = चलो (तुम भी ऐसा ही करो)
अणि वेंकडवन् पेर् आयन्दु = सुन्दर वेंकट पर्वत पर विराजमान भगवान नारायण के नामों का ध्यान करते हुए
वेंकडवन् मलर् अडिक्के शेल्ल = श्रीवेंकटपति भगवान के श्रीचरणों पर
पोदुम् अणि = पुष्पों को समर्पित करो।

भावार्थ

श्रीवेंकट पर्वत के निवासी वानर लोग तड़के उठकर सरोवर में स्नान करने के बाद वहाँ से विकसित पुष्पों को ले जाकर उन्हें भगवान की सेवा में अर्पित करते हैं। (तब हम मानवों को क्या करना है!) आष्वार् अपने मन में कहते हैं, रे मन, तुम भी ऐसा ही करो। श्रीवेंकट पर्वतवासी भगवान नारायण के नामों का ध्यान करो और उनके श्रीचरणों पर पुष्प अर्पित करो।

व्याख्या

प्रातः काल में ब्राह्म मुहूर्त का समय सात्विक समय होता है; अतः वह समय भगवदाराधन का सर्वश्रेष्ठ समय माना जाता है। उस समय पर उठकर तिरुमलै (श्रीवेंकट पर्वत) में निवास करनेवाले वानर जब भगवान की पूजा किया करते हैं तब मानव पीछे क्यों रहेगा! अतः आष्वार् अपने मन को समझाने के व्याज से मानव मात्र को समझाते हैं कि वे भी ऐसा ही करें; भगवान नारायण के नामों का ध्यान तथा उच्चारण करें और भगवान के श्रीचरणों पर पुष्प चढ़ायें।

अर्थात् वे मनसा, वाचा एवं कर्मणा भगवदाराधन में लीन हों। यहाँ आष़्वार् मनसा भगवान के नामों का ध्यान करने, वाचा उनकी स्तुति करने और कर्मणा भगवान के श्रीचरणों पर पुष्पाराधन करने का संदेश देते हैं।

विशेष

1. प्रस्तुत पद में 'पोदु' शब्द का प्रयोग चार बार हुआ है। पहले चरण में उसका अर्थ 'समय' है; दूसरे और चौथे स्थानों में प्रयुक्त 'पोदु' का अर्थ 'पुष्प' है, तृतीय स्थान में प्रयुक्त 'पोदु' का अर्थ है 'चलो' या 'निकलो'।
2. 'अणि' शब्द का प्रयोग दो बार हुआ है।
   'अणि वेंकडवन्' = सुन्दर श्रीवेंकट पर्वत में वास करनेवाले भगवान नारायण
   'पोदुम् अणि' = पुष्पों से अलंकृत करो अर्थात् पुष्प अर्पित करो।
   इसमें 'अणि' का वाच्यार्थ है अलंकृत करना' प्रसंगवशात् 'श्रीचरणों पर समर्पित करने' का लक्ष्यार्थ लिया जाता है।
3. अलर्न्द = मलर्न्द = विकसित
4. सुनै = सरोवर
5. आय्न्दु = ध्यान कर/चिन्तन कर

तिहत्तर

प्रस्तुत पद में भक्त आष़्वार् का कहना है कि वे भगवत्कैंकर्य में सर्वदा लीन रहने का निर्णय कर चुके हैं चूंकि भगवदाराधन ही उनका आजीवन लक्ष्य है।

आय्न्दुरैप्पन् आयिरम् पेर् आदि नड्डु अन्दि वाय्
वाय्न्द मलर् तूवि वैहलुम् - एय्न्द
पिरैक्कोट्टु शेंकण् करि विडुत्त पेम्मान्
इरैक्काट्पडत् तुणिन्द यान्।।

शब्दार्थ अन्वयसहित

पेम्मान् = सर्वेश्वर
इरैक्कु = भगवान नारायण का
पिरै एय्न्द कोडु = जिन्होंने चन्द्रकला सम दंतयुक्त
शेंकण् करि विडुत्त = रक्तिम नयनवाले गजेन्द्र को मगर की पकड़ से मुक्त किया था
आळ्पड तुणिन्द यान् = दास्य करने का मैंने निर्णय कर लिया था (अतः मैं)
आदि नड्डु अन्दि वाय् वैहलुम् = प्रातः, मध्यान्ह तथा सन्ध्या काल में अर्थात् सर्वदा
वाय्न्द मलर् तूवि = उपलब्ध पुष्पों को चढ़ाकर
आयिरम् पेर् आय्न्दु उरैप्पन् = भगवान के सहस्र नामों का ध्यानपूर्वक संकीर्तन करूँगा।

भावार्थ

आष़्वार् कहते हैं कि मैंने सर्वेश्वर भगवान नारायण का, जिन्होंने भक्त गजेन्द्र को मगर की पकड़ से मुक्त

किया था, दास्य करने का दृढ़ निश्चय कर लिया था। अतः मैं प्रातः, मध्यान्ह तथा सन्ध्या काल में अर्थात् सर्वदा उपलब्ध पुष्पों को भगवान नारायण के श्रीचरणों पर चढ़ाकर उनके सहस्र नामों का ध्यानपूर्वक संकीर्तन करता रहूंगा।

विशेष

आदि = प्रातः काल; नड्डु = मध्यान्ह काल
अन्दि = सन्ध्या काल; वैहलुम् = सर्वदा (समय)
कोड्डु = दंत; पिरै = चन्द्र/चन्द्रकला
करि = हाथी/गज (यह संस्कृत शब्द है)

व्याख्या

1. भक्त आष्वार् गजेन्द्र की कथा का उल्लेख कर भगवदनुग्रह की महिमा का संकेत करते हुए यह सिद्ध करना चाहते हैं कि यदि गजेन्द्र की तरह हम भी भक्ति करें तो भगवान नारायण के अनुग्रह के पात्र हम भी बन पायेंगे; और सर्वदा भगवान के श्रीचरणों पर पुष्प चढ़ाकर उनके सहस्र नामों का ध्यान तथा संकीर्तन करते रहेंगे।
2. वायन्द मलर् तूवि–उपलब्ध पुष्प चढ़ाकर।
   इसके द्वारा आष्वार् का कहना है कि भगवान को इस बात की चिन्ता नहीं है कि भक्त कौन-सा पुष्प चढ़ाते हैं। केवल भक्तिपूर्वक पुष्प चढ़ाये जाने की आवश्यकता है। अतः जो भी पुष्प परिस्थितिवशात् उपलब्ध हो, वह चढ़ाया जा सकता है; भगवान के लिए वही प्रधान है।
3. हाथी के दंत के लिए अमावास्या के तीन दिन बाद की चन्द्रकला की उपमा देना कवि परम्परा है। क्योंकि हाथी का दांत शुभ्र, उज्ज्वल तथा वक्र होता है। चन्द्र की सोलह कलायें होती हैं। पूर्णिमा के दिन समस्त कलाओं से युक्त गोलाकार चांद निकल आता है। किन्तु अन्य दिनों में चन्द्र की कलायें कम होती हैं। तमिल में अमावास्या के बाद तीसरे दिन निकलनेवाले चन्द्र को 'पिरै चन्द्रन्' कहा जाता है जो उज्ज्वल और शुभ्र होता है; और साथ ही वक्र भी होता है। हाथी के दंत की तुलना उसी 'पिरैचन्द्रन्' के साथ की जाती है।
4. 'शेंकण् करि'–लाल आँखवाला हाथी।
   हाथी की आँखें लाल नहीं होती हैं; किन्तु यहाँ मगर की पकड़ में आने के कारण क्रुद्ध हुए गजेन्द्र का उल्लेख है। इसी क्रोध के कारण उसकी आँखें लाल हैं।
5. 'करि विडुत्त पेम्मान्'–भगवान नारायण जिन्होंने हाथी को मुक्त किया।
   यहाँ गजेन्द्र की कथा का उल्लेख है। अलावा इसके, यह भी कहा जा सकता है कि यहाँ आष्वार् का संकेत भगवान कृष्ण के प्रति है जिन्होंने कंस द्वारा प्रेषित मस्त गज कुवलयापीड़ का नाश किया था। क्योंकि 'विडुत्त' शब्द के अर्थ हैं 'छुड़ाया गया' (मुक्त किया गया) और 'नष्ट किया गया'।

चौहत्तर

प्रस्तुत पद में आष्वार् कहते हैं कि मनसा, वाचा एवं कर्मणा भगवान नारायण का कैंकर्य या दास्य करने का सौभाग्य प्राप्त होने से, उनकी गरिमा के अनुसार मैंने काव्य रचना करने का पुण्य प्राप्त किया।

याने तवम् शेय्देन् एष् पिरप्पुम् एप्पोष्दुम्
याने तवमुडैयेन् एम्पेरुमान् - याने
इरुन्तमिष् नल् मालै इणैयडिक्के शोन्नेन्
पेरुन्तमिषन् नल्लेन् पेरिदु।।

शब्दार्थ अन्वयसहित

एम्पेरुमान्! = हे मेरे स्वामी भगवान नारायण!
एष् पिरप्पुम् एप्पोषुदुम् = जन्म-जन्मान्तरों में–सारी स्थितियों में
तवम् शेय्देन् याने = तपस्या की मैंने
तवम् उडैयेन् याने = उस तपस्या का फल मुझीको प्राप्त हुआ
इरु तमिष् नल् मालै = मधुर तमिल भाषा में श्रेष्ठ गीत माला बनाकर, उसे
इणै अडिक्के शोन्नेन् = आपके ही श्रीचरणों पर चढ़ाया
पेरु तमिषन् पेरिदु नल्लेन् याने = इस प्रकार सुन्दर तमिल कलाओं में अद्‌भुत सामर्थ्य पानेवाला भी मैं ही था

विशेष

तवम् = संस्कृत शब्द 'तप' का तमिल प्रयोग है।
इरुन्तमिष् = इरु तमिष् = श्रेष्ठ/सुन्दर तमिल भाषा

भावार्थ

हे मेरे प्रभु भगवान नारायण! मैंने समस्त जन्मों में निरन्तर तपस्या की। उस तपस्या का सुपरिणाम मुझीको प्राप्त हुआ। अतः मधुर तमिल भाषा में सुमधुर गीतों की माला बनाकर आपके श्रीचरणों पर उसे चढ़ाने का सौभाग्य मुझे प्राप्त हुआ। इसीका परिणाम था कि मैं तमाम तमिल कलाओं में अद्‌भुत सामर्थ्यवान् बना।

व्याख्या

1. 'इरुन्तमिष् नन्मालै शोन्नेन्'–सुन्दर तमिल भाषा में गीत-माला बनाकर उसे आपके श्रीचरणों पर चढ़ाया। यहाँ आष्वार् का संकेत इस प्रकार है–मैंने अद्‌भुत, मधुर तथा साहित्य संपन्न तथा जन सामान्य की भाषा तमिल में श्रेष्ठ गीतों की माला बनाकर उसे भगवान को अर्पित किया।
2. 'पेरु तमिषन्' के द्वारा आष्वार् ने भगवद् भक्त श्रेष्ठ तमिष् कवि की ओर संकेत किया है। इस कथन से यह नहीं समझना चाहिए कि आष्वार् अहंकार से अपने आप को श्रेष्ठ कवि कह रहे हैं। इसके विपरीत यह समझना चाहिए कि जो व्यक्ति भगवान नारायण के महान भक्त होते हैं वे भगवत्कृपा के परिणाम-स्वरूप महान कवि होते ही हैं। अतः परम भागवत भक्त आष्वार् का महान कवि होने में आश्चर्य ही क्या है!
3. 'तमिषन्' शब्द का अर्थ है 'तमिल भाषी'; पर यहाँ संदर्भानुसार 'तमिल कवि' का अर्थ लिया जाता है। 'पेरुन्तमिषन्' का अर्थ है 'पेरुमैयान तमिषन्'–श्रेष्ठ तमिल कवि; गौरवपूर्ण तमिल कवि। संधिविच्छेद करने पर यह–'पेरु + तमिषन्' होता है।
4. इस बात की ओर नम्माष्वार् के तिरुवाय्मोषि के निम्नलिखित पदों में भी संकेत किया गया है।

"कैहळ् आरत् तोषुदु, शोल् मालैहळ् एट्र नोट्र्कु" (4-5-1)

(करों से निरन्तर पुष्पाराधन कर गीत-मालायें समर्पित कर भगवान को प्रसन्न करने का भाग्य प्राप्त मुझे)

"शोल् मालैहळ् नन्रु शूट्टुम् विधि एय्दिनम्" (4-5-7)

(गीता मालायें बनाकर भगवान को अर्पित करने का सौभाग्य मुझे प्राप्त हुआ)

"शोल् मालैहळ् शोल्लुमारु अमैक्कवल्लेर्कु
इनि यावर् निहर् अहल् वानत्ते?" (4-5-8)

(श्रेष्ठ गीत माला समर्पित करने का जो गौरव या भाग्य मुझे प्राप्त हुआ है उसकी बराबरी स्वर्गस्थित देवता लोग भी नहीं कर सकते!)

विशेष

'शोल् मालै' का अर्थ है 'शब्दों की माला'; प्रसंगानुसार यहाँ 'गीतों की माला' का अर्थ लिया जाता है।

पचहत्तर

'तिरुमलै' अर्थात् श्रीवेंकट पर्वत में देवी समेत भगवान नारायण विराजमान हैं। प्रस्तुत पद में भक्त आष्वार् उस पर्वत की विशेषता का गौरव-गान कर रहे हैं।

पेरुहु मदवेष़म् माप्पिडिक्कु मुन् निन्रु
इरुकण् इळमूंगिल् वाङ्गि - अरुहिरुन्द
तेन् कलन्दु नीट्टुम् तिरुवेंकटम् कण्डीर्
वान् कलन्द वण्णन् वरै।।

शब्दार्थ अन्वयसहित

पेरुहुम् मदम् वेष़म् - मस्त हाथी जिसकी कनपटी से मदजल बह रहा है

मा पिडिक्कु मुन् निन्रु = उत्तम् हथिनी के समक्ष खड़ा होकर

इरु कण् इळ मूंगिल् वाङ्गि = दो गांठोंवाले नरम बांस की कोंपल को तोड़कर

अरुहु इरुन्द तेन् कलन्दु = उसे पास में रहनेवाले शहद में चुपड़कर

नीट्टुम् = (हथिनी को खिलाने के लिए) उसकी ओर आगे कर रहा है।

तिरुवेंकटम् कण्डीर् वान् कलन्द वण्णन् वरै = यह वही श्रीवेंकट पर्वत है जहाँ नील मेघ श्यामल भगवान नारायण विराजमान हैं।

भावार्थ

यह पवित्र श्रीवेंकट पर्वत है जहाँ श्रीदेवी समेत भगवान नारायण विराजमान हैं। यहाँ का वातावरण स्नेहमंडित है। यहाँ मस्त हाथी जिसकी कनपटी से मदजल बह रहा है, नरम नरम बांस की कोंपल को तोड़कर उसे शहद में चुपड़कर प्यार से हथिनी की ओर आगे कर रहा है।

विशेष

वेष़म् = हाथी; पिडि = हथिनी

वान् = आकाश; मेघ

वरै = पर्वत

व्याख्या

भगवान नारायण श्रीवेंकट पर्वत में विराजमान रहकर देवों और मानवों की रक्षा करते हैं। वैसे ही इस पर्वत में रहनेवाले पशु भी अपने बांधवों का रक्षण करते हैं; जैसे मदमस्त हाथी बड़े स्नेह से हथिनी को नरम नरम बांस की कोंपल को शहद में चुपड़कर खिला रहा है।

यही वर्णन तिरुमंगै आष्वार् की कृति 'पेरिय तिरुमोषि' की निम्न पंक्तियों में द्रष्टव्य है।

"वरै शेय् माक्कळिरु इळवेदिर् वळर् मुळै
अळै मिहु तेन् तोय्त्तु पिरशवारि तन् इळं पिडिक्कु अरुळ् शेय्युम्"

(1-2-5)

(इस पद में भी हाथी द्वारा अतिशय स्नेह से नरम नरम बांस की कोंपल को मधु में चुपड़कर हथिनी के खिलाये जाने का वर्णन है।)

छिहत्तर

इस पद में आष्वार् की यह स्थापना है कि मानव मात्र के लिए पृथ्वी पर आकर विराजमान भगवान नारायण की सेवा या आराधन से ही आत्मा का हित होगा अर्थात् भगवत्कैंकर्य से ही चेतन मानव की आत्मा का कल्याण होगा।

वरैच् चन्दनक् कुषम्बुम् वान् कलनुम् पट्टुम्
विरैप् पोलिन्द वेण् मल्लिकैयुम् - निरैत्तुक् कोण्डु
आदिक् कण् निनर् अरिवन् अडियिणैयै
ओदिप् पणिवदु उरुम्।।

शब्दार्थ अन्वयसहित

वरै चन्दन कुषम्बुम् = मलय पर्वत में उत्पन्न चन्दन का सार
वान् कलनुम् = सुन्दर आभूषण
पट्टुम् = पीताम्बर
विरै पोलिन्द वेण् मल्लिकैयुम् = सुगंधित शुभ्र मल्लिका माला
निरैत्तुक् कोण्डु = (आदि को) जुटाकर
आदिक् कण् निनर् अरिवन् = आदि काल से ही सारे जगत् के कारणभूत सर्वज्ञ भगवान नारायण के
अडि इणैये = दोनों श्रीचरणों की
ओदि = स्तुति करना एवं
पणिवदु = शीश झुकाकर उनका आराधन करना ही
उरुम् = चेतन मानव के कल्याण या हित के लिए उपयुक्त होगा।

भावार्थ

मलय पर्वत के चन्दन का सार, सुन्दर आभूषण, पीतांबर तथा सुगंधित मल्लिका पुष्पों की माला आदि जुटाकर जगत के कारणभूत तथा सर्वज्ञ भगवान नारायण के श्रीचरणों की स्तुति एवं आराधन करना ही चेतन मानव की आत्मा के कल्याण के लिए उपयुक्त होगा।

व्याख्या

यहाँ भगवान नारायण की जगत्कारणभूतता का उल्लेख श्वेताश्वतर-उपनिषत् के वक्तव्य "यो ब्रह्माणं विदधाति पूर्वं यो वै वेदांश्च प्रहिणोति तस्मै। तं ह देवं आत्मबुद्धि प्रकाशं मुमुक्षुर्वै शरणमहं प्रपद्ये" (6-18) का स्मरण दिलाता है। (उक्त मंत्र का तात्पर्य इस प्रकार है। ब्रह्मा आदि देवताओं तथा वेदों के कर्ता भगवान नारायण स्वयंप्रकाश हैं और मुमुक्षुओं के लिए उपास्य तथा शरण्य हैं।)

उस भगवान नारायण के श्रीचरणों की स्तुति कर उनमें अपने को समर्पित करना ही चेतन मानव का धर्म है—उसीमें उसकी आत्मा का कल्याण है। भागवत भक्त की आत्मा तभी पवित्र होगी जब वह निखिल जगत की श्रेष्ठतम वस्तुओं अर्थात् पुष्पों, आभूषणों, चन्दन आदि को जुटाकर उन्हें भगवान के चरणों में हृदय से समर्पित करे—भाव विट्वल हो अपने आपको भगवच्चरणों में अर्पित करे।

संक्षेप में, भक्त की आत्मा का भगवन्मय होना उसके हित का एकमात्र आधार है।

सतहत्तर

भक्त आष़्वार् अपने मन को समझाते हैं कि हर प्रकार से भगवान नारायण की शरण में रहना, उनकी आराधना करना तथा उनके सहस्र नामों का स्मरण तथा संकीर्तन करना ही उसका धर्म है और उसीमें उसका आनन्द है।

उरुङ् कण्डाय् नन्नेञ्जे! उत्तमन् नर् पादम्
उरुङ् कण्डाय् ओण् कमलन् तन्नाल् - उरुङ् कण्डाय्
एत्तिप् पणिन्दवन् पेर् ईरैञ्रूरु एप्पोषुदुम्
शाट्रि उरैत्तल् तवम्।।

शब्दार्थ अन्वयसंहित

नल् नेञ्जे (नन्नेञ्जे) = हे शुद्ध मन! (समझो)
उत्तमन् नल् पादम् = परम पुरुषोत्तम भगवान के श्रीचरणों की
उरुम् कण्डाय् = (शरण ग्रहण करना ही)उत्तम है।
ओण् कमलन् तन्नाल् = (उन चरणों का) सुन्दर कमल पुष्पों से आराधन करना ही
उरुम् कण्डाय् = श्रेष्ठ है
शाट्रि, पणिन्दु, एत्ति = पुष्पार्चन कर, सिर झुकाकर और स्तुति कर
अवन् पेर् ईर् ऐञ्रूरु = उनके सहस्र नामों का
एप्पोषुदुम् उरैत्तल् तवम् = सर्वदा स्तवन करना ही तप है;
उरुङ् कण्डाय् = वही सर्वथा उपयुक्त है; यह बात समझ लो।

विशेष

तवम् = संस्कृत शब्द 'तप' का तमिल रूप है। 'उत्तमन्' (सर्वश्रेष्ठ पुरुषोत्तम), कमलन् (कमल पुष्प)—ये मूलतः संस्कृत शब्द हैं।
ऐञ्रूरु = पाँच सौ; ईर् ऐञ्रूरु = दो पाँच सौ अर्थात् सहस्र अर्थात् हज़ार
उरुम् कण्डाय् = श्रेष्ठ/उपयुक्त/उचित समझो या देखो।

भावार्थ

हे शुद्ध मन! तुम यह समझ लो कि पुरुषोत्तम भगवान नारायण के श्रीचरणों की शरण में पहुँचना सर्वोत्तम है। सुन्दर कमल पुष्पों से उन श्रीचरणों की पूजा करना श्रेष्ठ है। सिर नवाते हुए विनम्रतापूर्वक पुष्पार्चन तथा स्तुति कर, भगवान नारायण के सहस्र नामों का सर्वदा स्तवन करने की तपस्या सर्वथा उपयुक्त है।

व्याख्या

मन, वाक् तथा काया से भगवान नारायण का आराधन करने का उपदेश, भक्त आष्वार् अपने मन को देते हैं। भगवान का निरन्तर नाम-स्मरण तथा नाम-संकीर्तन करना तपस्या-समान ही है। इस तपस्या पर बल देते हैं आष्वार्।

भक्त आष्वार् चंचल मन को भगवद् भक्ति में अचंचल या अविचलित हो, प्रतिष्ठित करने की तपस्या में लीन होने का संदेश देते हैं।

अठहत्तर

पूर्वोक्त प्रकार से तपस्या कर भगवान नारायण के पवित्र चरणों की शरण प्राप्त की केवल चतुर्मुख अर्थात् ब्रह्मा ने। इस कथा को आष्वार् के प्रस्तुत पद में देखिये।

तवम् शेयदु नान्मुखने पेट्रान् तरणि
निवन्दळप्प नीट्टिय पोर्पादम् - शिवन्ददन्
कैयनैत्तुम् आरक् कषुविनान् गंगैनीर्
पेयदु अनैत्तुप् पेर् मोषिन्दु पिन्।।

शब्दार्थ अन्वयसहित

तरणि अळप्प निवन्दु = सारी पृथ्वी को नापने के लिए (वामनावतार में) ऊपर उठाये गये
नीट्टिय पोर् पादम् (पोर् पादम् = पोन् पादम) = और आगे बढ़ाये गये सुन्दर श्रीचरणों को,
गंगै नीर् पेयदु = कमण्डल के तीर्थ को पवित्र गंगा जल के रूप में परिणत कर, उसका उपयोग कर,
अनैत्तु पेर् मोषिन्दु = भगवान के समस्त नामों का संकीर्तन करते हुए
पिन् = अनन्तर
तन् शिवन्द कै अनैत्तुम् आर = अपने तमाम सुन्दर करों के अस्तित्व को सफल बनाते हुए
कषुविनान् नान्मुखने = प्रक्षालित करनेवाले ब्रह्मा को ही
तवम् शेयदु पेट्रान् = तपस्या का शुभ फल प्राप्त हुआ।

विशेष

तरणि, गंगै नीर् = ये दोनों क्रमशः संस्कृत के शब्दों—धरणी और गंगा-नीर के तमिल प्रयोग हैं।

भावार्थ

चतुरानन ब्रह्मा को ही पूजा, आराधन, नाम संकीर्तन आदि की तपस्या का शुभ फल प्राप्त हुआ; क्योंकि उन्होंने ही वामनावतार में सारी धरती को नापने के लिए ऊपर उठाकर आगे बढाये गये भगवान नारायण के

श्रीचरणों को, अपने कमंडल के तीर्थ को गंगाजल के रूप में परिणत कर उसके उपयोग द्वारा, उनके सहस्र नामों का संकीर्तन कर प्रक्षालित किया था जिससे कि उनके सारे हाथ सफल तथा सार्थक हुए।

व्याख्या

'गंगै नीर् पेयदु' द्वारा निम्नलिखित पौराणिक कथा की ओर संकेत किया गया है। ब्रह्मा ने अपने कमंडल के तीर्थ से भगवान विष्णु का पाद-प्रक्षालन किया। वही तीर्थ भगवान के चरण-स्पर्श से गंगा बनकर प्रवाहित हुआ। अतः उक्त वाक्यांश का अर्थ बनता है—बाद में गंगा-तीर्थ बननेवाला कमंडल-जल बहाकर।"

चतुर्मुख ब्रह्मा को नाम संकीर्तन की तपस्या का शुभ परिणाम प्राप्त हुआ—इस स्थापना के द्वारा भक्त आऴ्वार् 'नाम संकीर्तन' की महिमा का बखान करते हैं; नाम संकीर्तन भक्त की भक्ति की गंभीरता तथा निरन्तर तन्मयासक्ति के कारण तपस्या के समान है; यह तपस्या चतुरानन ब्रह्मा ने की और उसका शुभ परिणाम उनको प्राप्त हुआ; साथ ही भगवान नारायण का पूजन-आराधन करने का सौभाग्य प्राप्त कर ब्रह्मा के तमाम कर चरितार्थ हुए। यह भगवान नारायण के आराधन तथा नाम संकीर्तन का शुभ परिणाम है।

उन्नासी

प्रस्तुत पद में भक्त आऴ्वार् उपमा अलंकार द्वारा यह सिद्ध करते हैं कि भगवान नारायण ने रामावतार में श्री राम बनकर धर्मपालन के निमित्त जो वनवास किया था वह वामनावतार में उनके द्वारा सारे ब्रह्माण्ड के नापे जाने की लीला के समान ही है। अर्थात् वामन ने अखिल ब्रह्माण्ड को नाप डाला था; इस महती लीला की तुलना श्री राम द्वारा किये गये अद्भुत वनवास से ही की जा सकती है।

पिन् निन्रु तायिरप्पक् केळान् पेरुम्पणैत्तोळ्
मुन् निन्रु तानिरप्पाळ् मोयमलराळ् - शोल् निन्र
तोळ् नलन्तान् नेरिल्लात् तोन्रल् अवन् अळन्द
नीळ् निलन्तान् अत्तनैक्कुम् नेर्।।

शब्दार्थ अन्वयसहित

ताय् पिन् निन्रु इरप्प = माता कौशल्या ने राम का पीछा करते हुए याचना की (कि श्री राम उनको छोड़कर न जायें)

केळान् = (माँ की उस याचना को) श्री राम ने स्वीकार नहीं किया।

पेरु पणै तोळ् मोय् मलराळ् तान् मुन् निन्रु इरप्पाळ् = कमलासना श्रीदेवी की अंशभूत सीताजी ने जिनके स्कंध वंशवत् स्वस्थ हैं, आगे बढ़कर अपने को भी वन में साथ ले जाने की जो याचना की (उसे भी श्री राम ने पहले स्वीकार नहीं किया था)

शोल् निन्र् = पिता दशरथ के वचन पालन में स्थिर रहते हुए

तोळ् नलम् तान् = स्वस्थ भुजबल युक्त

नेर् इल्ला तोन्रल् = अतुल भगवान श्री राम ने

अत्तनैक्कुम् = (वनवास की भयानकता की चिन्ता किये बिना वनवास की) जो लीला की थी

अवन् अळन्द नीळ् निलम् तान् नेर् = (उसकी तुलना) भगवान नारायण द्वारा वामनावतार में समस्त ब्रह्माण्ड को नापने की जो लीला की गयी थी उसके साथ ही की जा सकती है।

विशेष

नेर् = समानता/तुलना

भावार्थ

रामावतार में भगवान नारायण ने श्री राम बनकर माता कौशल्या की, वेनवास न करने की याचना को अस्वीकार किया था। फिर कमलासना श्रीदेवी की अंशभूत पत्नी सीता ने अपने को भी वनवास में साथ ले जाने की जो प्रार्थना की थी उसे भी पहले श्री राम ने स्वीकार नहीं किया था। श्री राम पिता दशरथ जी के वचन की रक्षा में स्थिर रहे। श्री राम की इस लीला की तुलना केवल भगवान नारायण द्वारा वामनावतार में की गयी ब्रह्माण्ड को नाप लेने की लीला के साथ ही की जा सकती है।

व्याख्या

1. पुरुषोत्तम भगवान नारायण सुकुमार हैं; सुकोमल हैं। परन्तु अपनी सुकुमारता तथा सुकोमलता के विपरीत वामनावतार में उन्होंने ब्रह्माण्ड को नापने का अपार कठिन कार्य किया था। बाद में रामावतार में भी माता की याचना को स्वीकार किये बिना पिता दशरथ के वचन की रक्षा के एकमात्र उद्देश्य से अर्थात् धर्म के रक्षण के निमित्त भगवान ऊबड़-खाबड़ वन में वास करने के लिए चल पड़े। अतः ये दोनों घटनायें परस्पर तुलनीय हैं।
2. वाल्मीकि रामायण में माता कौशल्या एवं पत्नी सीता के संदर्भ में दिये गये निम्नलिखित श्लोक इस संदर्भ में स्मरणीय हैं–

कौशल्या : **न त्वानुजानामि न मां विहाय**
सुदुःखितामर्हसि गन्तुमेवम्।
(रामायण, अयोध्या कांड 21-52)

सीता : **यदि त्वं प्रस्थितो दुर्गं वनमद्यैव राघव।**
अग्रतस्ते गमिष्यामि मृद्नती कुशकण्टकान्।।
(रामायण, अयोध्या कांड 27-6)

3. अपनी शरण में आये इन्द्र के रक्षण-धर्म के पालन में वामन अटल थे। वही अटलता पितृवाक्य पालन के धर्म की रक्षा के प्रति श्री राम में विद्यमान थी। अतः आष्वार् यहाँ भगवान नारायण के दोनों अवतारों की लीलाओं की समानता तथा तुलनीयता का वर्णन कर रहे हैं।
4. वामन की लीला राम लीला के समान है। यहाँ भगवान नारायण के दोनों अवतारों की लीलाओं की तुलना की गयी है। इस प्रकार साधर्म्य के कारण उपमेय में उपमान का आरोप किया गया है। आलंकारिक शैली में यह रूपक अलंकार है।

अस्सी

भक्त आष्वार् भगवान नारायण के श्रीचरणों की सेवा एवं आराधन की विशेषता तथा गरिमा की व्याख्या प्रस्तुत पद में करते हैं।

नेर्न्दन् अडिमै निनैन्देन् अदोण् कमलम्
आॅर्न्देन् उन् शेवडिमेल् अन्बाय् - आर्न्द
अडिक्कोलम् कण्डवर्कु एन् कोलो मुन्नेप्
पडिक्कोलम् कण्ड पहल्।।

शब्दार्थ अन्वयसहित

अडिमै नेर्न्देन् = हे भगवान! आपके श्रीचरणों की दास्यता करने का सौभाग्य मुझे प्राप्त हुआ
ओण् कमलम् अदु निनैन्देन् = सुन्दर कमल पुष्पों की तरह कोमल तथा सुन्दर श्रीचरणों का मैंने ध्यान किया
उन् शे अडि मेल् अन्बु आय् आर्न्देन् = आपके उन श्रीचरणों की भक्ति में परिपूर्ण प्रेम से तल्लीन हुआ
आर्न्द अडि कोलम् कण्डवर्कु = अखिल ब्रह्माण्ड को नापनेवाले श्रीचरणों के सौन्दर्य दर्शनों का सौभाग्य जिनको मिला
पडि कोलम् कण्ड मुन्नेप् पहल् एन् कोलो? = उनके बराबर का सौभाग्य क्या उन लोगों का है जिन्होंने अनेकानेक आभूषणों से मंडित भगवान के शरीर-सौन्दर्य के दर्शन तथा सेवा करने का अवसर पाया था।

विशेष

1. 'ओण् कमलम् अदु निनैन्देन्' में हम रूपकातिशयोक्ति अलंकार को देखते हैं। क्योंकि 'कमलवत् चरण' को 'कमल' ही कहा गया है। (उपमेय का लोप कर केवल उपमान के उल्लेख मात्र से उपमेय का सांकेतिक अर्थ लिया जाता है।) आऴ्वार् कमल का ध्यान नहीं, वरन् कमलवत् सुन्दर, कोमल चरणों का ध्यान करते हैं। परन्तु केवल 'कमल' कहकर 'कमलवत् चरण' का अनुमानित अर्थ अभिव्यंजित किया गया है। अतः यह शैली रूपकातिशयोक्ति अलंकार के अंतर्गत आती है।
2. 'पहल्' शब्द का अर्थ यहाँ 'समय' है। इसका अर्थ 'दिन' भी होता है।

भावार्थ व्याख्यासहित

हे भगवान! आपके श्रीचरणों का कैंकर्य करने का सौभाग्य मुझे प्राप्त हुआ। सर्वदा मैं उन्हीं चरणों का ध्यान करता रहा और उन्हींकी भक्ति में प्रेमपूर्वक तल्लीन रहा। ये वे ही चरण हैं जिनसे आपने अखिल ब्रह्माण्ड को वामनावतार में नाप लिया था। आभरणों से अलंकृत, आपके सुन्दर शरीर एवं पादों के दर्शनों का जो सौभाग्य दूसरों को प्राप्त हुआ था क्या वह हमें प्राप्त सौभाग्य के बराबर हो सकता है?
(आऴ्वार् यहाँ यह कहना चाहते हैं कि बाह्य अलंकारहीन श्रीचरणों से भगवान ने वामनावतार में ब्रह्माण्ड को नाप डाला था। वह अद्भुत दृश्य था; उन चरणों के दर्शन अभूतपूर्व थे। भक्त की भावना के अनुसार सरल-सहज पादों के दर्शन दुर्लभ हैं। वे ही दर्शन भक्त को प्राप्त हुए। देवताओं तथा अन्य लोगों को पूर्वकाल में भगवान के अलंकृत शरीर तथा चरणों के जो दर्शन मिले थे वे वामनावतार के समय के श्रीचरणों के दर्शनों की तुलना में अति सामान्य हैं। यह भक्त की सहजा भक्ति की अभिव्यक्ति है।)

इक्यासी

भक्त आऴ्वार् सर्वदा, हर स्थिति में भगवान नारायण के दर्शन करते हैं; उनके ज्योतिर्मय शरीर, एवं श्रीचरणों के दर्शनों के सौभाग्य पर वे परम प्रसन्न हैं। उनकी इस हर्ष-पुलक स्थिति को प्रस्तुत पद में देखें।

पहल् कण्डेन् नारणनैक् कण्डेन् कर्नाविल्
मिहक् कण्डेन् मीण्डु अवनै मेय्ये - मिहक् कण्डेन्
ऊन् तिहषुम् नेमि ओळि तिहषुम् शेवडियान्
वान् तिहषुम् शोदि वडिवु।।

शब्दार्थ अन्वयसहित

पहल् कण्डेन् = मैंने (सर्वदा) दिन देखा
नारणनैक् कण्डेन् = उस समय कभी न अस्त होनेवाले आदित्य के रूप में भगवान नारायण को देखा
मीण्डु = पुनः
कनविल् मिह मेय्ये अवनै कण्डेन् = स्वप्न में अर्थात् मानसिक ध्यान की स्थिति में वास्तव में उनके दर्शन किये।
ऊन् तिहषुम् नेमि = हाथ में उज्ज्वल सुदर्शन चक्र लिये हुए
ओळि तिहषुम् शे अडियान् = भगवान के ज्योतिर्मय श्रीचरणों को, और
वान् तिहषुम् शोदि वडिवु = परम पद (श्री वैकुंठ) में विराजमान भगवान के प्रकाशपुंज शरीर को
मिहक् कण्डेन् = और अच्छी तरह से देखा।

विशेष

'कनविल्' शब्द का अर्थ है 'स्वप्न में'। यहाँ संदर्भानुसार निम्न प्रकार का अर्थ लिया जाता है। दिन में तो देखते ही हैं। परन्तु रात में भी देखते हैं। दिन और रात भक्तों के लिए एक समान हैं। क्योंकि भगवान की सेवा का समय भक्तों के लिए सर्वदा दिन की तरह प्रकाशमय है। भक्त भगवान के दर्शन निरन्तर करते रहते हैं। वही उनके लिए सबसे बड़ी उपलब्धि है। जागृति, निद्रा एवं स्वप्न की हर स्थिति में भक्ति लीन रहनेवाले परम भागवत भक्त कथमपि भगवान नारायण के दर्शनों से विलग नहीं रहते। अतः "कनविल्" से ध्यान-स्थिति का अर्थ लिया जाता है–सांसारिकता से बाहर मानसिक चिन्तन एवं ध्यान की स्थिति में भगवान नारायण ही ध्यातव्य हैं–चिन्तनीय तथा दर्शनीय हैं।

भावार्थ

मैंने सर्वदा दिन देखा–उस समय कभी न अस्त होनेवाले सूर्य के रूप में चमकते भगवान नारायण के दर्शन किये। (मेरे लिए भक्ति के संदर्भ में दिन और रात में कोई अंतर नहीं था।) अतः मैंने स्वप्न में–ध्यान की स्थिति में उन्हीं के दर्शन किये। ज्योतिपुंज सुदर्शन चक्रधारी भगवान नारायण के प्रकाशमय श्रीचरणों और परमपद में विराजमान भगवान के तेजोमय शरीर के अद्भुत दर्शन किये। (कभी कोई ऐसा समय नहीं था जब भगवान नारायण एवं उनकी छवि मेरी दृष्टि से-ध्यान से-चिन्तन से दूर रही हो।)

व्याख्या

1. इसके पहले भी पद 67 में आष्वार् ने इसी प्रकार का आशय व्यक्त किया था। वहाँ भी उन्होंने कहा था–कण्डेन् तिरुमेनि यान् कनविल् (मैंने स्वप्न में अर्थात् मानसिक ध्यान की दशा में भगवान नारायण के दिव्य मंगल स्वरूप के दर्शन किये।) स्वप्न दशा स्वानुभव अर्थात् आत्मानुभव की दशा है। इसी तथ्य को मनुस्मृति (12-22) में 'स्वप्नधी गम्यम्' के द्वारा संकेतित किया गया है।

2. प्रस्तुत पद में प्रयुक्त शब्द 'पहल्' (दिन) से 'भगवद् ध्यान के समय' का अर्थ लिया जाता है। अतः आष्वार् को चूंकि वे सर्वदा भगवद् ध्यान में मग्न हैं, भगवान नारायण की भक्ति में लीन हैं, उन्हीं के दर्शनों का सौभाग्य प्राप्त है।
3. 'ऊन्' शब्द का अर्थ है 'शरीर'; पर यहाँ संदर्भानुसार 'कर' या 'हाथ' का अर्थ लिया जाता है। 'वान्' का अर्थ है 'आकाश'; परन्तु भगवान नारायण के आवास के रूप में 'परमपद' अर्थात् 'श्रीवैकुंठ' का अर्थ यहाँ लिया जाता है।
4. आष्वार् ने इस पद में चार बार 'कण्डेन्' (देखा अर्थात् 'दर्शन किये') शब्द का प्रयोग किया है। इससे सर्वदा, निरन्तर होनेवाले दर्शन का संकेत है। आष्वार्, दिन हो या रात, जागृति हो या स्वप्न—हर स्थिति में भगवान के ही दर्शन करते हैं—यह उनकी भक्ति की पराकाष्ठा की स्थिति है।

बयासी

प्रस्तुत पद में आष्वार् कहते हैं कि मैंने श्रीपति भगवान नारायण के दर्शन किये। उस संदर्भ में भूदेवी भी वहाँ विराजमान थीं और भगवान की सौन्दर्यानुभूति में वे भी विलीन थीं।

वडिक्कोल वाळ् नेडुंकण् मामलराळ् शेव्विप्
पडिक्कोलम् कण्डहलाळ् पन्नाळ् - अडिक्कोलि
ज्ञालत्ताळ् पिन्नुम् नलम् पुरिन्ददु एन् कोलो?
कोलत्ताल् इल्लै कुरै।।

शब्दार्थ अन्वयसहित

वडि कोलम् = अप्रतिम रूप से सुन्दर
वाळ् नेडु कण् = उज्ज्वल एवं दीर्घ नयन युक्त
मामलराळ् = कमलासना श्रीदेवी
शेव्वि पडि कोलम् कण्डु = भगवान नारायण के अपार सौन्दर्य को देखते हुए
पल् नाळ् अहलाळ् = उनसे क्षण मात्र के लिए भी अलग हुए बिना सर्वदा साथ ही रहती हैं।
पिन्नुम् = इसके बावजूद
ज्ञालत्ताळ् = भूदेवी
अडिक्कोलि = स्नेह-गद्गद् होकर
नलम् पुरिन्ददु एन् कोलो? = आसक्त रहती हैं; उसका परिणाम क्या होगा? (कुछ नहीं; क्योंकि)
कोलत्ताल् कुरै इल्लै = भगवान नारायण का सौन्दर्य अपार है; जितने भी लोग उनपर आसक्त हों, उनके सौन्दर्य अथवा स्नेह में कमी नहीं होगी।

भावार्थ

अपार सुन्दर तथा उज्ज्वल दीर्घ नयन युक्त कमलासना श्रीदेवी भगवान नारायण के अप्रतिम सौन्दर्य को देखते हुए पल भर के लिए उनसे विलग हुए बिना सर्वदा साथ ही रहती हैं। श्रीदेवी की इस स्थिति के बावजूद भूदेवी भी स्नेहातुरा होकर भगवान के प्रति आसक्त रहती हैं। क्या यह संभव होगा! इसका क्या परिणाम

होगा! इसके उत्तर में आष्वार् कहते हैं कि भगवान का सौन्दर्य अपार एवं असीम है; जितने भी लोग उनके प्रति आसक्त हों, उनके सौन्दर्य तथा स्नेह में कोई कमी नहीं होगी।

विशेष

पन्नाळ् = पल् + नाळ् = बहुत समय; संदर्भ के अनुसार अर्थ होता है, 'सर्वदा'; 'कभी भी'; 'पल भर के लिए भी'।
कोलम् = सौन्दर्य; कुरै = कमी

व्याख्या

आष्वार् यह स्थापित करना चाहते हैं कि सर्वव्यापी भगवान नारायण अर्थात् ब्रह्मतत्व के प्रति आकृष्ट हैं समस्त जीवराशियाँ। मायामय ब्रह्म के प्रति भूदेवी भी आसक्त हैं, प्रसंगानुसार समस्त जीव राशियाँ आसक्त हैं; अपनी मूलभूत अपरिमितता के कारण वे सबके अपने हो जाते हैं। सभी जीव ब्रह्मलीन हो जाते हैं—उस तन्मयासक्ति की स्थिति में किसी प्रकार की कमी नहीं होती अथवा कोई व्यवधान नहीं होता।

तिरासी

भक्त आष्वार् ने 74वें पद में अप्रतिम परमात्मा भगवान नारायण की गरिमा को गाने का सौभाग्य प्राप्त कर अपने आपको श्रेष्ठ तमिल कवि घोषित किया है। यह गर्वोक्ति नहीं, वरन् भक्त की स्वाभाविक स्थिति का परिचय है। अब प्रस्तुत पद में आष्वार् भक्ति-परवशता की स्थिति में श्रीदेवी समेत भगवान के सांनिध्य के बावजूद उपयुक्त काव्य पाठ करने की अपनी असमर्थता पर दुख व्यक्त करते हैं।

कुरैयाह वेञ्चोर्कळ् कूरिनेन् कूरि
मरैयांगॅन उरैत्त मालै - इरैयेनुम्
ईयुंकोल् एन्रे इरुन्देन् एनैप्पहलुम्
मायन् कण् शेन्र वरम्।।

शब्दार्थ अन्वयसहित

मरै आंगु एन उरैत्त मालै = जिस भगवान के बारे में वेदों ने प्रत्यक्षतः नहीं, वरन् परोक्षतः यह कहा कि वे उस प्रकार के हैं (अर्थात् वे अपरिमित हैं अथवा उनके बारे में निश्चित रूप से यह नहीं कहा जा सकता है कि वे ऐसे ही हैं) इस प्रकार के हैं इत्यादि;
कुरै आह वेम् शौर्कळ् कूरिनेन् = त्रुटिपूर्वक कठोर या निरर्थक शब्दों से मैंने उनके बारे में कहा
कूरि = कहने के बाद; (केवल कहा ही नहीं; परन्तु)
मायन् कण् शेन्र् वरम् = उस भगवान के उत्तम अनुग्रह भाव में से
इरै एनुम् ईयुम् कोल् एन्रे = थोड़ा सा अंश हमें भी प्रदान किया जाय
एनैप्पहलुम् इरुन्देन् = (यह सोचता हुआ) बहुत समय से प्रतीक्षाकुल था।

भावार्थ

भगवान के बारे में वेदों ने प्रत्यक्ष रूप से नहीं, परोक्ष रूप से ही बात की है और कहा है कि वे विभिन्न

प्रकार के हैं। मैंने भी अपनी अल्प बुद्धि के कारण उनके बारे में कठोर या निरर्थक शब्दों का ही प्रयोग किया है। इतना ही नहीं; मैंने प्रतिफल के रूप में यह भी अपेक्षा की है कि भगवान के अपरिमित अनुग्रह में से उसका थोड़ा सा अंश भी मुझे प्राप्त हो।

व्याख्या

भगवान नारायण परब्रह्म-परमात्मा हैं। वेदों ने उनके बारे में 'नेति' 'नेति' ही कहा है। यह भी कहा गया है कि जिनके बारे में मन सोच नहीं पाता है और वाणी जिनका बखान करने के प्रयास में विफल हो लौट जाती है अर्थात् जो मन एवं वाक् के लिए अगोचर है **(यतो वाचो निवर्तन्ते अप्राप्य मनसा सह—तैत्तिरीयोपनिषत्; आनन्दवल्ली-4)**

उस भगवान के बारे में, आऴ्वार् को दुख है कि उन्होंने कठोर शब्दों का प्रयोग किया है—भगवान की गुणातिशयता के अनुरूप उन्होंने काव्य रचना नहीं की है। इस बात के अनुताप के अलावा आऴ्वार् को इस बात का भी अनुताप है कि अति सामान्य काव्यरचना करने के बावजूद भगवान से अपनी रचना के प्रतिफल या पुरस्कार के रूप में उन्होंने उनके अनुग्रह की कामना की है।

आऴ्वार् का अनुताप उनकी गंभीर भक्ति का परिणाम है। भक्त भगवान की प्रशस्ति में बहुत कुछ कहना चाहता है। पर, वह जितना भी कहे, उसके लिए कम ही लगता है। भगवान के बारे में श्रेष्ठ कविता ही भक्त ने प्रस्तुत की है। फिर भी उसे ऐसा प्रतीत होता है कि वह भगवान की अपरिमित शक्ति एवं वात्सल्य भाव की तुलना में अत्यन्त सामान्य ही है। अतः भक्त अनुतप्त होता है।

चौरासी

भगवान नारायण के श्रीचरण और उनमें प्रपत्ति ही अमृतवत् मधुर हैं। इस तथ्य को आऴ्वार् के प्रस्तुत पद में देखें।

वरम् करुदि तन्नै वणंगाद वन्मै
उरम् करुदि मूर्खत्तवनै - नरम् कलन्द
सिंगमायक् कीण्ड तिरुवन् अडियिणैये
अङ्कण्माञालत्तु अमुदु।।

शब्दार्थ अन्वयसहित

वरम् करुदि = देवताओं से प्राप्त नानाविध वरों के कारण
तन्नै वणंगाद = (गर्व से) भगवान के चरणों में नमन न करनेवाले, और
वन्मै उरम् करुदि = अपनी मानसिक तथा शारीरिक शक्ति का गर्व करनेवाले
मूर्खत्तवनै = मूर्ख हिरण्यकशिपु को
नरम् कलन्द सिंगमाय् कीण्ड = नरसिंह का अवतार लेकर नष्ट करनेवाले
तिरुवन् अडि इणैये = लक्ष्मीपति नारायण के दोनों श्रीचरण ही
अम् कण् मा ञालत्तु = इस सुन्दर संसार में
अमुदु = अमृत तुल्य अर्थात् मधुर हैं।

विशेष

तिरुवन् = तिरु = लक्ष्मी; अतः "तिरुवन्" का अर्थ है लक्ष्मीपति अथवा श्रीपति; श्रीधर
ञालम् = संसार; ब्रह्माण्ड
मूर्ख, सिंगम् = ये दोनों शब्द संस्कृत के 'मूर्ख' और 'सिंह' के तमिल रूप हैं।
अमुदु = संस्कृत शब्द 'अमृत' का तमिल रूप है।

भावार्थ

राक्षस हिरण्यकशिपु देवताओं से प्राप्त नानाविध वरों के गर्व से भगवान नारायण के श्रीचरणों में नमन नहीं करता था। उसे मन और शरीर के बल का अत्यंत घमंड था। उसे भगवान ने नरसिंह का अवतार लेकर, वक्षस्थल को विदीर्ण कर नष्ट कर दिया था। उस लक्ष्मीपति नारायण के श्रीचरण ही इस संसार में अमृतवत् मधुर हैं।

व्याख्या

परम भागवत भक्त के लिए भगवान नारायण के श्रीचरणों को छोड़ अमृतवत् मधुर वस्तु और क्या हो सकती है?

पचासी

प्रस्तुत पद में आष्वार् का कहना है कि भगवान नारायण से संबंधित मधुर विषय का बखान करने से उनके कठोर अथवा निरर्थक शब्द भी मधुर गीतमाला बन गये हैं।

अमुदेन्रुम् तेनेन्रुम् आषियान् एन्रुम्
अमुदन्रु कोण्डुहन्दान् एन्रुम् - अमुदन्न
शोल् मालै एत्तित् तोषुदेन् शोलप्पट्ट
नन्माले एत्ति नविन्रु।।

शब्दार्थ अन्वयसहित

अमुदु एन्रुम् = अमृत की भांति मधुर हैं;
तेन् एन्रुम् = मधु की तरह मीठे हैं;
आषियान् एन्रुम् = सुदर्शन चक्रधारी हैं
अन्रु अमुदु कोण्डु उहन्दान् एन्रुम् = पूर्वकाल में समुद्र-मंथन कर देवताओं को अमृत प्रदान कर प्रसन्न हुए
एत्ति शोलप्पट्ट नल् मालै = इस प्रकार (शास्त्रों द्वारा) प्रशंसित भगवान नारायण की मैंने
अमुदु अन्न शोल् मालै एत्ति नविन्रु तोषुदेन् = इन अमृतमय मधुर गीत-मालाओं से स्तुति कर उनका आराधन किया।

भावार्थ

भगवान नारायण की, शास्त्रों ने प्रशंसा करते हुए घोषित किया है कि वे अमृत एवं मधु की तरह मधुर हैं (उनका नाम मधुर है; उनका वात्सल्य मधुर है। उनका अनुग्रह भी मधुर है।) वे भक्तरक्षणार्थ सुदर्शन चक्र धारण किये हुए हैं। यह भी शास्त्रों में कहा गया है कि समुद्र-मंथन कर प्राप्त अमृत उन्होंने देवताओं को उपलब्ध कराया। आष्वार् कहते हैं कि मैंने उस भगवान नारायण की स्तुति अपनी मधुर गीत-मालाओं के द्वारा करते हुए उनका आराधन किया।

व्याख्या

भक्त आष़्वार् की भगवद्भक्ति अहंकार-ममकार रहित है। अतः वे प्रपन्न होकर, उनके श्रीचरणों में अपने को अर्पित कर सुन्दर एवं मधुर गीत-मालाओं से उनकी स्तुति करते हैं। भक्त आष़्वार् के लिए भगवान का नाम, उनकी लीलायें एवं उनका अनुग्रह—सब मधुर हैं। उस माधुर्य का रसास्वादन भक्त के लिए अद्भुत प्रसाद है।
यह वेदवाक्य 'रसों वै सः' की सारपूर्ण अभिव्यक्ति है।

छियासी

भक्त आष़्वार् की स्थापना है कि भगवद्दर्शन के लाभ की कामना से तपस्या आदि करनेवालों को भगवान के दर्शन नहीं मिलेंगे। यदि ऐसे मिल भी जाएँ तो भी वे उन दर्शनों के बराबर नहीं होंगे जो, निर्हेतुक भाव से भक्ति करनेवालों को भगवान प्राप्त कराते हैं।

नविन्रुरैत्त नावलर्कळ् नाण्मलर् कोण्डु आंगे
पयिन्रदनाल् पेट्र पयन् एन् कोल्? - पयिन्रार्तम्
मेय्त्तवत्ताल् काण्बरिय मेघमणिवण्णनै यान्
एत्तवत्ताल् काण्बन् कोल् इन्रु?

शब्दार्थ अन्वयसहित

नविन्रु उरैत्त = (लाभ की प्रतीक्षा करते हुए भगवान की प्रशस्ति में) काव्य रचना करनेवाले
नावलर्कळ् = महान कवि लोग
नाण् मलर् कोण्डु = अभी अभी खिले हुए पुष्पों को लेकर
आंगे पयिन्रु = भगवान के पास पहुँचकर (उनकी शरण में जाकर पूजा करते हैं तो)
अदनाल् पेट्र पयन् एन् कोल्? = उससे उन्हें क्या लाभ प्राप्त होगा? (जब तक भगवान स्वयं अनुग्रहपूर्वक कृपा नहीं करेंगे तब तक नानाविध प्रयासों से भी कौन-सा लाभ मिल सकेगा?)
पयिन्रार् तम् मेय् तवत्ताल् काण्बु अरिय = विभिन्न साधनायें करनेवाले साधक लोग अपने शरीर को तपाते हुए भले ही तपस्या करें, फिर भी भगवान के दर्शन उनके लिए दुर्लभ हैं
मेघ मणिवण्णनै = नील मेघ एवं नील मणि (इन्द्रनील) के समान विद्यमान श्यामल भगवान नारायण के
यान् = मैं; इन्रु = आज
एत्तवत्ताल् काण्बन् कोल्? = किस तपस्या के फलस्वरूप दर्शन प्राप्त करता हूँ?
(अर्थात् मैं किसी तपस्या के फलस्वरूप नहीं, परन्तु केवल भगवान के अनुग्रह के कारण ही उनके दर्शन प्राप्त करता हूँ; अर्थात् वे कृपापूर्वक मुझे स्वयं अपने दर्शन कराते हैं।)

विशेष

नावलर् = वाणी के अधिपति श्रेष्ठ कवि
तवम् = तपस्या
मेय् = शरीर
मेय् तवम् = शरीर को तपाकर की जानेवाली तपस्या

भावार्थ

भगवान नारायण का आश्रय प्राप्त करने के अलावा अन्य लाभों की प्रतीक्षा करते हुए उनका नाम संकीर्तन करनेवाले महान कवि लोग नव विकसित पुष्पों को लेकर भले ही भगवदाराधन करें; उससे उन्हें कौन-सा लाभ प्राप्त होगा? भगवान जब तक अनुग्रहपूर्वक अपने दर्शन नहीं करायेंगे तब तक सहेतुक साधना करने से लाभ क्या होगा? सहेतुक साधना से भगवद्दर्शन दुर्लभ हैं।

साधक लोग भले ही शरीर को तपाकर घोर तपस्या करें, फिर भी भगवान के दर्शन संभव नहीं होंगे। उस नील मेघ एवं रत्न के समान नीलवर्ण के भगवान नारायण के दर्शन मुझे किस तपस्या के फलस्वरूप प्राप्त होते हैं? वास्तव में मैंने कोई तपस्या नहीं की; यह मेरे ऊपर भगवान की महती कृपा है जिसके परिणामस्वरूप मुझे उनके दर्शन-सौभाग्य की प्राप्ति हुई है।

व्याख्या

साधना तो लाभकर है; परन्तु भगवदनुग्रह की तुलना में उसका महत्त्व कम है। भगवान को पाना; भगवान के दर्शन करना; अनेकानेक सांसारिक लाभ प्राप्त करना—इन उद्देश्यों को लेकर यदि कोई साधक साधना करे तो उससे भगवत्प्राप्ति सुलभ नहीं होगी जब तक भगवान स्वयं अनुग्रह न करें। भगवान की भक्ति सबसे बलवती होती है। उसीके फलस्वरूप भगवान भक्त पर अनुग्रह करते हैं और उसे अपने आश्रय में ले लेते हैं। भगवान की कृपा एवं अनुग्रह से ही भगवान की प्राप्ति होती है—अर्थात् कारण भी वही हैं और कार्य भी वही; साधन और साध्य—दोनों भगवान नारायण स्वयं हैं। वे ही आधार हैं, आधेय भी।

सत्तासी

प्रस्तुत पद में आष्ऴ्वार् का कहना है कि मैं गर्भवास के समय ही भगवद् भक्ति रस का अनुभव करने लगा हूँ; मेरे लिए यह भक्ति आज की नहीं है; जन्म लेकर पृथ्वी में आने के पूर्व से ही है। जन्म-पूर्व स्थिति से लेकर सारा जीवन भक्ति-अनुभूति के रस से आपूर्ण है।

इन्ऱा अरिहिन्ऱेन् अल्लेन् इन्निलत्तैच्
चेन्ऱांगळन्द तिरुवडियै - अन्ऱु
करुक्कोट्टियुळ् किडन्दु कै तोषुदेन् कण्डेन्
तिरुक्कोट्टि एन्दै तिरम्।।

शब्दार्थ अन्वयसहित

अन्ऱु करुक्कोट्टियुळ् किडन्दु = पहले जब मैं गर्भस्थान में था तभी मैंने
तिरुक्कोट्टि एन्दै तिरम् कण्डेन् = तिरुक्कोट्टियूर् में विराजमान भगवान की विशेषताओं को देखा (और उनका अनुभव किया)
कै तोषुदेन् = भगवान की आराधना की; (साथ ही)
इन् निलत्तै आंगु शेन्ऱु अळन्द तिरु अडियै = इस धरती को (वामनावतार में) चारों तरफ़ जाकर नापनेवाले श्रीचरणों को

इन्रा अरिहिन्रेन् अल्लेन् = यह नहीं कि केवल आज ही मैंने समझा हो
(अर्थात् मैं गर्भ-समय से लेकर सर्वदा भगवान का स्मरण, दर्शन एवं आराधन करता रहता हूँ।)

विशेष

करु = गर्भ

कोट्टि = स्थान; संस्कृत शब्द 'गोष्ठी' का तमिल रूप है।

एन्दै = एन्+तन्दै = मेरे पिता भगवान नारायण

भावार्थ व्याख्यासहित

पहले जब मैं गर्भ स्थान में था तभी मैंने तिरुक्कोट्टियूर के पावन स्थल में विराजमान भगवान नारायण की विशेषताओं को देखा, समझा और उनका रसानुभव तथा आराधन किया। भगवान नारायण ने चारों तरफ़ से समग्र धरती को जिन श्रीचरणों से वामनावतार में नापा उन्हें–उनकी गरिमा को केवल आज मैंने नहीं समझा। यह तो सनातन सम्बन्ध है। गर्भवास के समय से ही लेकर मैं भगवान की भक्ति में लीन रहा हूँ। मेरी यह परमा भक्ति पृथ्वी में आने के पूर्व से ही चली आ रही है। यह कल-परसों या आज की उपलब्धि नहीं है। यह सर्वदा, निरन्तर अक्षुण्ण रूप से चली आ रही है।
यहाँ महाभारत के शांति पर्व का निम्नलिखित श्लोक स्मरणीय है।

जायमानं ही पुरुषं यं पश्येत् मधुसूदनः।
सात्विकः स तु विज्ञेयः स वै मोक्षार्थचिन्तकः।।

(महाभारत, शांति पर्व 358-73)

(गर्भवास के समय जिसे भगवान नारायण दर्शन देते हैं वह सात्विक है और मोक्ष का अधिकारी होता है।) भक्त आऴ्वार् अपने गर्भवास के समय अर्थात् धरती पर आने के पूर्व से ही भगवान की गुणातिशयता के प्रति आकर्षित हुए; भक्ति-गद्गद् हो भगवान के श्रीचरणों का आराधन करने लगे; यह सब भगवदनुग्रह का पुण्यफल है।

अट्ठासी

भगवान नारायण कृपाभाव से अनुग्रहपूर्वक जिसे अपना आश्रय प्रदान करेंगे वही उसका अधिकारी होगा। अपनी साधना के बल पर, बिना भगवान के अनुग्रह के, यदि कोई भगवान को पाने का प्रयास करे तो उसे भगवान नहीं मिलेंगे। पूर्व पदों में अभिव्यक्त इसी तथ्य पर पुनः आऴ्वार् प्रस्तुत पद में ज़ोर दे रहे हैं।

तिरम्बिट्रु इनि अरिन्देन् तेन्नरंगत्तु एन्दै
तिरम्बा वऴि शेन्रार्कल्लाल् - तिरम्बाच्
चेडिनरकै नीक्कित् ताम् शेल्वदन् मुन् वानोर्
कडि नगर वाशर् कदवु।।

शब्दार्थ अन्वयसहितं

तेन् अरंगत्तु एन्दै = अद्भुत श्रीरंग स्थल में विराजमान भगवान नारायण के

तिरम्बा वऴि = सुनिर्धारित मार्ग पर (उन्हींके आश्रय पर)

शेन्रार्कु अल्लाल् = जानेवाले भागवत भक्तों को छोड़कर (शेष लोगों के लिए)
ताम् तिरम्बा चेडि नरकै नीक्कि शेल्वदन् मुन् = स्वयं अकाट्य झाड़दार संसार-नरक को तोड़कर निकलने से पहले ही
वानोर् कडि नगरम् = देवताओं के, खंदक से परिव्याप्त श्रीवैकुंठ नगर का
वाशल् कदवु = कपाट
तिरम्बिट्रु = बंद हो जाएगा;
इनि अरिन्देन् = इस बात को अब मैं समझ पाया हूँ।

भावार्थ

जो भक्त लोग पवित्र श्रीरंग तीर्थ में विराजमान भगवान नारायण के अनुग्रहपूर्ण आश्रय पर चलते हैं उन्हें छोड़कर बाकी लोगों के लिए, जब तक वे भयानक नरक जैसे संसार का त्याग कर बाहर निकल नहीं जाते उसके पहले ही खंदक से परिव्याप्त देवताओं के श्रीवैकुंठ का कपाट बंद हो जोएगा।
आष्वार् कहते हैं कि वे इस तथ्य को आज समझ पाये हैं।

व्याख्या

भगवान का सांनिध्य उन्हींको प्राप्त होगा जिनपर भगवान की कृपा है—अनुग्रह है। देवताओं का श्रीवैकुंठ भगवान का पवित्र आवास है। वहीं भगवान का सांनिध्य उपलब्ध है। जिन्हें भगवान का अनुग्रह प्राप्त है वे ही श्रीवैकुंठ के द्वार में प्रवेश कर सकते हैं।
शेष लोगों के लिए भयानक सांसारिकता के बंधन को तोड़कर निकलने के पहले ही वैकुंठ द्वार बंद हो जाएगा। भगवान जिसपर कृपालु होते हैं उन्हींको भगवान का सांनिध्य मिलेगा। अन्य लोगों के लिए जिन्हें अपनी साधनाओं की शक्ति का गर्व है, भगवान का सांनिध्य स्वप्नवत् है।
यही सिद्धान्द श्रीवल्लभाचार्य के "पुष्टिमार्ग" के मूल में है। भगवान की अनुग्रह-शक्ति अपरम्पार है; भक्त की सबसे बड़ी उपलब्धि भगवदनुग्रह ही है।

नवासी

भक्त आष्वार् प्रस्तुत पद में तीन विशिष्ट घटनाओं का उल्लेख कर रहे हैं जो भगवान नारायण के दो प्रमुख गुणों का प्रतिपादन करती हैं। वे गुण हैं—आश्रित विरोधियों का नाश और आश्रितों का हित-संपादन।

कदविक् कदम् शिरन्द कंजनै मुन् कायन्दु
अदविप्पोर् यानै ओशत्तु - पदवियायप्
पाणियाल् नीरेट्रुप् पण्डोरुकाल् मावलियै
माणियायक् कोण्डिलैये मण्।।

शब्दार्थ अन्वयसहित

मुन् = बहुत पहले
कदम् शिरन्द कंजनै = क्रोधी कंस को
कदवि कायन्दु = क्रुद्ध होकर नष्ट किया था आपने।

पोर् यानै = नष्ट करने के लिए आये 'कुवलयापीड़' हाथी को
ओशत्तु = दांत तोड़कर
अंदवि = मार डाला था आपने।
पण्डु ओरुकाल् = बहुत पहले (आपने)
पदवियाय् = ऋजु मार्ग से अर्थात् सीधे मार्ग से;
माणियाय् = विनम्र होकर ब्रह्मचारी बनकर (गये और)
मावलियै = राजा बलि से
पाणियाल् नीर् एट्रु = हाथ में दान नीर लेकर
मण् कोण्डिलैये! = धरती को दान में प्राप्त किया था न!

विशेष

पदवि = ऋजुता, विनम्रता
माणि = ब्रह्मचारी
पाणि = हाथ (संस्कृत शब्द)

भावार्थ

हे भगवान! आपने क्रोधी कंस को नष्ट किया; युद्ध करने आये हाथी कुवलयापीड का दांत तोड़कर उसका विनाश किया; विनम्र ब्रह्मचारी बनकर राजा बलि से दान में सारी धरती को प्राप्त किया।

व्याख्या

भगवान नारायण ने आश्रितों की रक्षा करने के लिए और आश्रित-विरोधियों का नाश करने के निमित्त ये लीलायें की थीं। कृष्णावतार में भगवान ने आततायी कंस का नाश कर साधुजनों की रक्षा की। उन्होंने ही अपने को नष्ट करने के लिए कंस के द्वारा भेजे गये हाथी कुवलयापीड़ को खतम किया। इन्द्र एवं देवताओं का रक्षण करने के लिए भगवान नारायण वामन बनकर राजा बलि के पास गये और उससे धरती को दान में माँगकर उसीको पाताल भेज दिया और इस प्रकार भगवान नारायण ने आश्रितों का रक्षण किया और उनके विरोधियों का संहार किया। इसी तथ्य को नम्माष्वार् के तिरुवाय्मोषि के निम्नलिखित पद में देखिये।

"साधुशनत्तै नलियुं कंजनैच् चादिप्पदर्कु
आदियंजोतियुरुवै अंगु वैत्तु इंगुप् पिरन्द
वेद मुदल्वन्..." (3-5-5)

(सात्विक लोगों को कष्ट देनेवाले कंस को दंडित करने के लिए नित्य ज्योतिर्मय स्वरूप के साथ धरती पर जन्मे वेदविहित आदिपुरुष परमात्मा)

नब्बे

प्रस्तुत पद में आष्वार् का कहना है कि हे भगवान! आपकी शरण में आते ही तमाम दुर्लभ वस्तुयें सुलभ हो जाती हैं। उससे आगे पाने के लिए कुछ शेष नहीं रह जाता है।

मण्णुलहम् आळेने वानवर्कुम् वानवनाय्
विण्णुलहम् तन्नहत्तु मेवेने - नण्णित्
तिरुमालैच् चेंकण् नेडियानै एंगळ्
पेरुमानैक् कैतोषुद पिन्।।

शब्दार्थ अन्वयसहित

तिरुमालै = लक्ष्मीपति
चेंकण् नेडियानै = कमलनयन सर्वेश्वर और
एंगळ् पेरुमानै = अपने स्वामी भगवान नारायण का
कै तोषुद पिन् = अंजलिबद्ध होकर आराधन करने के बाद
मण् उलहम् आळेने = इस समग्र पृथ्वीलोक का शासक नहीं बनूँ मैं! साथ ही,
वानवर्कुम् वानवनाय् = देवताओं का भी स्वामी बनकर
विण् उलहम् तन् अहत्तु मेवेने = स्वर्गिक सुख मैं प्राप्त न करूँ!
(अर्थात् भगवान नारायण की शरण में आये भक्त के लिए तमाम ऐहिक तथा पारमार्थिक सुख प्राप्त होगा—इहलोक के सुख और पारलौकिक मोक्ष की प्राप्त होगी।)

विशेष

मण् उलहम् = मण्णुलहम् = पृथ्वी; धरती, इहलोक
विण् उलहम् = विण्णुलहम् = स्वर्ग, देवलोक; परलोक

भावार्थ

जब मैं लक्ष्मीपति, कमलनयल सर्वेश्वर तथा स्वामी भगवान नारायण का अंजलिबद्ध हो आराधन करूँगा तब क्या मैं समग्र पृथ्वी का स्वामी न बनूं और साथ ही देवताओं का भी अधिपति बनकर स्वर्गिक सुख प्राप्त न करूँ! (अर्थात् भगवान नारायण का भक्त इहलोक एवं परलोक के तमाम सुखों तथा उपलब्धियों का स्वामी बनेगा।)

व्याख्या

यहाँ भक्त आष्वार् की यह स्थापना है कि भगवान नारायण की भक्ति से तमाम ऐहिक सुखों तथा पारलौकिक आनन्द अथवा मोक्ष की प्राप्ति होगी। परन्तु इन तमाम सुखों का आधार तो भगवद् भक्ति है। उसके रहते सांसारिक भोगों और पारलौकिक मोक्ष का क्या महत्त्व है! वे सब तो अपने आप उपलब्ध हो जाएंगे! इस प्रकार भक्ति का गौरव स्थापित करते हैं आष्वार्।

इक्यानबे

आष्वार् केवल अपना नहीं, बल्कि सांसारिकों का भी कल्याण चाहते हैं। यहाँ से शुरू कर चार पदों में आष्वार् मानव-मात्र को समझाते हैं कि काम-क्रोधादि से आवृत सांसारिक जीवन के वशीभूत होकर रहने से मृत्यु के अनन्तर भयानक नरक से बचना असंभव है। अतः नरक से बचना हो तो भगवान के श्रीचरणों के आश्रय में पहुँचना परम आवश्यक है।

पिन्नाल् अरुनरहम् शेरामल् पेदुरुवीर्
मुन्नाल् वणंग मुयल्मिनो - पन्नूल्
अळन्दानैक् कार् कडल्शूष् ज्ञालत्तै एल्लाम्
अळन्दान् - अवन् शेवडि।।

शब्दार्थ अन्वयसहित

पिन्नाल् अरु नरकम् शेरामल् पेदुरुवीर्! = शरीर त्याग के बाद भयानक नरक में कैसे न पहुँचें! इस प्रकार की चिन्ता में मग्न लोगो!
पल् नूल् (पन्नूल्) अळन्दानै = नानाविध शास्त्रों के द्वारा सुनिश्चित एवं प्रतिपादित तथा
कार् कडल् शूष् ज्ञालत्तै एल्लाम् अळन्दान् अवन् = श्याम सागर से आवृत सारी धरती को नापनेवाले भगवान नारायण के
शे अडि = सुन्दर श्रीचरणों पर
मुन्नाल् = पहले से ही
वणंग मुयल्मिन् = नमन करने का प्रयास कीजिए।

भावार्थ

जो लोग इस प्रकार की चिन्ता में डूबे रहते हैं कि उन्हें मृत्यु के बाद भयानक नरक में न जाना पड़े, उन लोगों को संबोधित कर आष्वार् कहते हैं कि आप लोग नानाविध शास्त्रों द्वारा प्रतिपादित भगवान के उन श्रीचरणों के आश्रय में, जिन्होंने सागर से आवृत धरती को वामनावतार में नाप लिया था, समय रहते एवं अंतिम समय आने के पूर्व ही, जाने तथा उनका आराधन करने का प्रयास करें।

व्याख्या

1. मानव अपने सांसारिक जीवन के नित्य कर्मों में उलझे रहते हैं। अतः उन्हें सर्वदा चिन्ता रहती है कि इन कर्मों का परिणाम तो नरक-प्राप्ति होगी। उससे कैसे बचा जाए? ऐसे चिन्ता-ग्रस्त लोगों को आष्वार् का उपदेश है कि अंत-समय में पहुँचकर नहीं, परन्तु उससे पहले ही वे भगवद् भक्ति में लीन हों, उनके श्रीचरणों पर सिर झुकाकर नमन करें और इस प्रकार सांसारिकता से दूर भगवान नारायण की आराधना, समय रहते करने लगें। आष्वार् का निश्चय है कि जैसे ही मानव भगवदाराधन करने का प्रयास करने लग जाएगा, उसके लिए नरक का मार्ग बंद हो जाएगा—नरक से उसे मुक्ति मिलेगी। ऐहिक कष्टों और पारलौकिक नरक से बचने का एकमात्र मार्ग आष्वार् के अनुसार भगवद्-भक्ति या भगवदाश्रय ही है।
2. आष्वार् भगवान नारायण के बारे में जब यह कहते हैं कि वे नानाविध शास्त्रों द्वारा सुनिश्चित रूप से प्रतिपादित हैं—वे वेदविहित तथा शास्त्र निरूपित हैं तो वह हमें वैदिक मंत्र का स्मरण दिलाता है :

"वेदाहमेतं पुरुषं महान्तम्, आदित्यवर्णं तमसः परस्तात्"

(पुरुष सूक्तम्-8)

(मैं इस वेदपुरुष को जानता हूँ, वे महान हैं; साथ ही अंधकार से दूर सूर्यमय अर्थात् ज्योतिर्मय हैं।)
उसी पुरुष सूक्तम् में यह भी कहा गया है कि वे चारों तरफ़ से समग्र धरती को आवृत किये हुए हैं।

"स भूमिं विश्वतो वृत्वा" (पुरुष सूक्तम्-1)

इसी बात की ओर आष़्वार् का संकेत है जब वे कहते हैं कि सागर से आवृत धरती को नापनेवाले हैं भगवान नारायण। हाँ, वामनावतार की लीला का उल्लेख यहाँ अवश्य है। साथ ही पुरुष सूक्तम् के द्वारा प्रतिपादित नारायण की महिमा को भी आष़्वार् की स्थापना निरूपित करती है।

उसी भगवान नारायण के आराधन से मानव नरक आदि तमाम अनिष्टों से मुक्त हो सकेगा। इससे बढ़कर मुक्ति-प्राप्ति का सरल मार्ग और क्या हो सकता है!

3. इस संदर्भ में पेरियाष़्वार् की कृति 'तिरुमोषि' का यह पद स्मरणीय है।

"अप्पोदैक्कु इप्पोदे शोल्लिवैत्तेन्
अरंगत्तरवणैप् पळ्ळियाने" (4-10-1)

(हे श्रीरंगपति! शरीर की शिथिल स्थिति में आपका स्मरण करने में शायद कठिनाई हो; अतः अभी से आपका स्मरण एवं ध्यान करने लगा हूँ।)

बयानबे

भगवत्स्मरण एवं नाम-संकीर्तन से भक्त की सारी मनोकामनायें पूरी होंगी—इस तथ्य को आष़्वार् के प्रस्तुत पद में देखिये।

अडियाल् मुन् कञ्जनैच् चेट्रु अमररेत्तुम्
पडियान् कोडिमेल् पुळ् कोण्डान् - नेडियान् तन्
नाममे एत्तुमिन्कळ् एत्तिनाल् ताम् वेण्डुम्
काममे काट्टुम् कडिदु।।

शब्दार्थ अन्वयसहित

मुन् = (कंस से कोई तकलीफ़ हो, उससे भी) पहले

अडियाल् कञ्जनैच् चेट्रु = भगवान कृष्ण ने कंस को अपने पादों से नष्ट कर दिया।

अमरर् एत्तुम् पडियान् = देवता लोग उनकी स्तुति कर रहे हैं

कोडि मेल् पुळ कोण्डान् = उनके ध्वज में गरुड विराजमान हैं

नेडियान् तन् = वे भक्तों के बारे में निरन्तर सोचनेवाले परमेश्वर हैं।

नाममे एत्तुमिन्कळ् = उनके नामों का संकीर्तन करें।

एत्तिनाल् = इस प्रकार नाम संकीर्तन करने से

ताम् वेण्डुम् कामम् = भक्तों की मनोकामनायें

कडिदु काट्टुम् = शीघ्र पूरी होंगी।

विशेष

कंस को तमिल में 'कञ्जन्' कहा जाता है।

कोडि = ध्वज; पुळ् = पक्षी; यहाँ 'गरुड' प्रसंगानुसार है

कामम् = इच्छा (संस्कृत शब्द है 'काम')

भावार्थ

जिन भगवान नारायण ने कृष्णावतार में कंस को, इससे पहले कि वह कोई कष्ट दे, धक्का देकर मार डाला; जिनकी देवता लोग निरन्तर स्तुति करते रहते हैं; जिनके ध्वज में गरुड विद्यमान है; जो भक्तों के हित की सर्वदा चिन्ता करते रहते हैं, उन सर्वेश्वर भगवान के नामों का संकीर्तन करें। इससे भक्तों की सारी मनोकामनायें शीघ्र ही पूरी होंगी। अर्थात् नाम संकीर्तन मात्र से सारे पुरुषार्थ उपलब्ध होंगे।

व्याख्या

पिछले पद में कहा गया कि भगवान का आश्रय लेने से अनिष्ट का निवारण होगा। प्रस्तुत पद में कहा गया है कि भगवान का नाम संकीर्तन करने से इष्ट की प्राप्ति होगी। धर्म, अर्थ, काम, मोक्ष–इनमें से जिस पुरुषार्थ की कामना भक्त करेगा उसकी पूर्ति नाम-संकीर्तन मात्र से होगी।

तिरानबे

भयावह नरक में पहुँचने के पूर्व तमाम कठिनाइयों का निवारण करनेवाले भगवान की स्तुति करें–भक्तों को आष्वार् का यह संदेश है।

कडिदु कोड्डु नरकम् पिर्कालुम् शेय्कै
कोडिदेन्रदु कूडा मुन्नम् - वडि शंखम्
कोण्डानैक् कून्दल् वाय् कीण्डानै कोंगै नञ्जु
उंडानै एत्तुमिनो उट्रु।।

शब्दार्थ अन्वयसहित

कोडु नरकम् कडिदु = भयावह नरक अत्यंत घोर होता है।
पिर्कालुम् शेय्कै कोडिदु एन्रु = उससे अधिक कठोर होता है यमदूतों का कृत्य–इस बात को समझकर
अदु कूडा मुन्नम् = उस भयानक दशा से पहले ही
वडि शंखम् कोण्डानै = तीक्ष्ण आकार के पाँचजन्य शंख को धरनेवाले
कून्दल् वाय् कीण्डानै = राक्षस केशी का मुँह फाड़कर उसका संहार करनेवाले और
कोंगै नञ्जु उंडानै = राक्षसी पूतना का विषैला स्तन्य-पान कर उसका नाश करनेवाले भगवान कृष्ण के पास
उट्रु एत्तुमिन् = पहुँचकर उनकी स्तुति कीजिए।

विशेष

"कून्दल् वाय् कीण्डानै" का प्रसंगानुसार अर्थ है अश्व के रूप में कृष्ण को मारने के लिए आये राक्षस केशी का मुँह फाड़कर संहार करनेवाले (भगवान नारायण–कृष्णावतार)

यहाँ काव्य शास्त्रीय शब्द शक्ति 'लक्षणा' का प्रयोग हुआ है। लक्षणा शक्ति से शब्द के सामान्य अर्थ से भिन्न अर्थ लिया जाता है–अर्थात् वाच्यार्थ से भिन्न अभिप्रेत अर्थ लिया जाता है। इसका एक और भेद है लक्षित लक्षणा; इस शब्द शक्ति से एक विशेष अभिप्रेत अर्थ अर्थात् शब्द के मूल अर्थ से भिन्न लक्षितार्थ गृहीत होता है।

इस प्रसंग में 'कून्दल्' शब्द का मूल अर्थ संस्कृत में 'केश' (बाल) है–प्रसंगानुसार केश से 'केशी' का भाव लिया जाता है। तमिल शब्द 'कून्दल्' से संस्कृतार्थ 'केश' और प्रसंगानुसार राक्षस 'केशी' का अर्थ गृहीत होता है। यह कवि-परम्परा की विशेषता है।

भावार्थ

भयावह नरक अतिशय घोर होता है। वहाँ के यमदूतों द्वारा मृत प्राणियों को जो कष्ट दिया जाता है वह असहनीय होता है। मानव इस भयानकता को समझ ले और उससे बचने के लिए भगवान नारायण अर्थात् कृष्ण की शरण में पहुँचकर उनकी स्तुति करे। ये कृष्ण शंखहस्त हैं, केशी संहारक हैं और पूतना का विषमय स्तन्यपान कर उसका नाश करनेवाले हैं।

व्याख्या

भगवान नारायण के कर में तीक्ष्ण पाँचजन्य शंख विद्यमान है। वे केशी, पूतना जैसे असुरों एवं आततायियों का संहार करनेवाले हैं। अतः नरक की भयावहता तथा यमदूतों की यातनाओं से बचानेवाले केवल भगवान नारायण हैं। इसलिये आऴ्वार् भक्तों को अथवा मानव मात्र को उनकी स्तुति करने का संदेश देते हैं ताकि वे इन यातनाओं से बच सकें।

चौरानबे

भक्त आऴ्वार् मानव-मात्र को पुनः यह सन्देश देते हैं कि जैसे मेरा अंतस्तल भगवान नारायण की स्तुति या आराधना करता है वैसे ही आप लोग भी उनकी स्तुति या आराधना कर रक्षक भगवान का आश्रय ग्रहण कर लीजिये।

उट्रु वणंगित् तोषुमिन् उलहेषुम्
मुट्रुम् विषुंगुम् मुहिल्वण्णन् - पट्रिप्
पोरुन्दादान् मार्बिडन्दु पूम्पाटकत्तुळ्
इरुन्दाने एत्तुम् एन् नेञ्जु।।

शब्दार्थ अन्वयसहित

उलहु एषुम् मुट्रुम् विषुंगुम् = जिन्होंने सातों लोकों को अर्थात् अखिल ब्रह्माण्ड को प्रलय से बचाने के लिएं निगल लिया था (और बाद में उगलकर प्रतिस्थापित किया था);
मुहिल् वण्णन् = जो नीलमेघवत् श्यामल वर्णयुक्त हैं;
पोरुन्दादान् पट्रि मार्बु इडन्दु = अपने से विरोध करनेवाले हिरण्यकशिपु को पकड़कर उसके वक्षःस्थल को जिन्होंने विदीर्ण किया था
पू पाटकत्तुळ् इरुन्दानै = जो तिरुप्पाटकम् नामक सुन्दर तीर्थ में विराजमान हैं, (उन भगवान नारायण का)
एन् नेञ्जु एत्तुम् = मेरा मन आराधन करता है।
उट्रु वणंगि तोषुमिन् = (आप लोग भी) उनकी शरण में जाकर उनकी स्तुति एवं आराधना करें।

भावार्थ

भगवान नारायण ने सातों लोकों को अर्थात् अखिल ब्रह्माण्ड को प्रलय से बचाने के लिए निगल लिया था और बाद में पुनः बाहर लाकर स्थापित कर दिया था। नीलमेघ-श्यामल भगवान ने विरोधी हिरणयकशिपु को पकड़कर उसके वक्षःस्थल को विदीर्ण कर दिया था और वे अब (भक्तों के हित के लिए) तिरुप्पाटकम् नामक सुन्दर तीर्थ में आकर विराजमान हैं। उनका ही मेरा मन आराधन करता है। आऴ्वार् लोगों को समझाते हैं कि आप लोग भी उनकी शरण में जाएं और उनकी स्तुति तथा आराधन करें।

विशेष

'तिरुप्पाटकम्' भगवान नारायण के पावन तीर्थ स्थलों में एक है। यह पुण्य स्थल कांचीपुरम के पास है। यहाँ के मंदिर का नाम है पांडव पेरुमाळ् मंदिर। क्योंकि यहाँ विराजमान अर्चावतार हैं भगवान विष्णु जो कृष्णावतार में पांडवों के दूत बनकर कौरवों के प्रासाद में गये थे।

व्याख्या

भगवान नारायण रक्षक हैं—आश्रितों का रक्षण उनका लक्ष्य है। इस लक्ष्य की पूर्ति के लिए उन्होंने ब्रह्माण्ड को बचाया था और दानव हिरण्यकशिपु का संहार कर भक्त प्रह्लाद की रक्षा की थी। उस रक्षक की शरण में जाकर उसकी स्तुति और आराधन करने से भक्त की अनायास रक्षा होगी। अतः मानव-मात्र को भक्त आष्वार् यह समझाते हैं कि जैसे वे स्वयं भगवदाराधन में लगे हैं वैसे ही वह भी भगवान की आराधना करे।

भक्त आष्वार् जब कहते हैं कि भगवान नारायण ने प्रलय काल में सारे ब्रह्माण्ड को उसकी रक्षा के लिए उदरस्थ कर लिया था तब यह सिद्ध होता है कि कोई भी स्थान छूट नहीं गया था; अर्थात् सारा ब्रह्माण्ड रक्षित हुआ था। इसी बात को नम्माष्वार् की कृति 'तिरुवाशिरियम' के पद 7 में देखा जा सकता है। वहाँ कहा गया है—

"ओरु पोरुळ् पुरप्पाडिन्रि मुषुवदुम् अहप्पड"

(कोई भी स्थान छूट न जाए—इस प्रकार सारे ब्रह्माण्ड को उदरस्थ कर दिया था भगवान ने)

इससे भगवान के सर्वरक्षकत्व का निरूपण होता है।

पंचानबे

आष्वार् भक्तिवश होकर प्रस्तुत पद में अपनी स्थिति का प्रतिपादन कर रहे हैं। उनका कहना है कि समग्र सृष्टि के कारणभूत और आश्रितवत्सल भगवान नारायण मेरे अंतस्तल में ही नहीं, बल्कि समग्र शरीर में विद्यमान हैं।

एन् नेञ्जम् मेयान् एन् शेन्नियान् दानवनै
वल् नेञ्जम् कीण्ड मणिवण्णन् - मुन्नम् शेय्
ऊषियान् ऊषिपेयर्त्तान् उलहेत्तुम्
आषियान् अत्तियूरान्।।

शब्दार्थ अन्वयसहित

दानवनै वल् नेञ्जम् कीण्ड = भगवान नारायण ने दानव हिरण्यकशिपु के कठोर वक्षःस्थल को विदीर्ण कर दिया था।

मणिवण्णन = वे नील मणिवत् नील वर्ण के हैं।

मुन्नम् शेय् ऊषियान् = पहले प्रलय काल में (सारे ब्रह्माण्ड को उदरस्थ कर) सर्वात्म अर्थात् सर्वमय रहे

ऊषि पेयर्त्तान् = (समग्र सृष्टि का रक्षा के लिये) प्रलय के अवसर पर उन्होंने सबका लय कर दिया था ताकि नयी सृष्टि का निर्माण हो सके।

(ऊषि = युगान्त; प्रलय काल)

उलहु एत्तुम् आषियान् = समग्र विश्व जिनकी स्तुति कर रहा है वे दुग्ध सागर पर योग निद्रा में लीन हैं

अत्तियूरान् = वे तिरुवत्तियूर नाम से विश्रुत तीर्थस्थल में विराजमान हैं।

एन् नेञ्जम् मेयान् = वे भगवान नारायण मेरे अंतस्तल में आसीन हैं।

एन् शेन्नियान् = साथ ही, वे मेरे सिर पर, प्रसंगानुसार मेरे समग्र शरीर में विद्यमान हैं।

विशेष

आषि = सागर; प्रसंगानुसार दुग्ध सागर

दानवन् = असुर; यह संस्कृत शब्द का तमिल प्रयोग है।

ऊषियान् = प्रलयकाल में भी अविनाशी भगवान

भावार्थ

वे भगवान नारायण न केवल मेरे अंतःस्तल में, बल्कि समग्र शरीर में विराजमान हैं, जिन्होंने भक्त रक्षण के लिए दानवराज हिरण्यकशिपु के वक्षःस्थल को विदीर्ण कर दिया था; जिनका वर्ण नीलमणि की तरह है; जो प्रलय काल में सारे ब्रह्माण्ड को उदरस्थ कर सर्वमय होकर रहे और जिन्होंने उस अवसर पर सबका लय किया ताकि नयी सृष्टि का निर्माण हो सके; जो दुग्ध सागर पर योग निद्रा में लीन हैं और जिनकी स्तुति सारा विश्व कर रहा है और जो 'तिरुवत्तियूर' के नाम से विश्रुत पावन तीर्थस्थल में विराजमान हैं।

व्याख्या

1. भक्त आष्वार् पिछले पदों में मानव-मात्र को संदेश अर्थात् उपदेश देते रहे ताकि तमाम मानव भगवान नारायण की भक्ति, स्तुति एवं आराधना कर जीवन को सार्थक एवं सफल बना लें। आष्वार् ने प्रस्तुत पद में आत्मानुभव का निरूपण किया है।
2. आष्वार् जब कहते हैं कि पहले भगवान नारायण प्रलय काल में सारे ब्रह्माण्ड को उदरस्थ कर सर्वात्म अर्थात् सर्वमय रहे (मुन्नम् शेय् ऊषियान्), तो छान्दोग्य उपनिषत् का प्रस्तुत मंत्र स्मरणीय है -

"सदेव सोम्य इदमग्र आसीत्" (छांदोग्य, 6-2-1)

(आरंभ में यह सारा जगत सत् अर्थात् ब्रह्म ही रहा)

3. यहाँ आष्वार् ने जिस क्रम से भगवान नारायण का वर्णन किया है वह सृष्टि-क्रम का निरूपण करता है।

मुन्नम् शेय् ऊषियान = पहले प्रलय काल में अखिल ब्रह्माण्ड को उदरस्थ किया था।

ऊषि पेयर्त्तान् = प्रलय काल के अंत में ब्रह्माण्ड को पुनःस्थापित करनेवाले भगवान नारायण

उलहु एत्तुम् आषियान् = दुग्ध सागर पर योगनिद्रा में लीन भगवान नारायण जिनकी स्तुति समस्त लोक करता है।

भगवान नारायण ने प्रलय से बचाकर सारे ब्रह्माण्ड को अपने उदर में रख लिया था; अनन्तर उसे बाहर लाकर पुनः स्थापित किया था। वे पहले बिना नाम-रूप के, सर्वव्यापी होकर रहे; समस्त चेतनाचेतनमय विश्व को प्रलय के पश्चात् बाहर लाकर पुनः स्थापित किया भगवान ने। जैसे वेद वाक्य है "एकोऽहं बहु स्याम्" (एक हूँ मैं और अनेक बन जाता हूँ)। ब्रह्माण्ड की रक्षा करनेवाले भगवान नारायण की, समस्त विश्व स्तुति करता है। वही भगवान नारायण दुग्ध सागर पर योगनिद्रा में लीन रहते हैं। वे ही विश्वरक्षण के लिए–ब्रह्माण्ड के कल्याण के लिए नरसिंह बने और दानवपति हिरण्यकशिपु का संहार किया और साथ ही लोकहित के निमित्त 'तिरुवत्तियूर' में आकर विराजमान हुए। इतना ही नहीं; वे भक्तों के मन में और समग्र शरीर में विद्यमान हैं। भगवदनुग्रह से भक्तों को भगवन्मय बन जाने का बहुत बड़ा सौभाग्य प्राप्त है। भक्तों के भगवन्मय बन जाने की जो विशेष स्थिति होती है उसे नम्माष्वार् ने तिरुवाय्मोषि (10-6-6) में कहा है

"तलै मेल् ताळिणैकळ्...निलैपेरान् एन् नेञ्जत्तु"

(भक्त का कहना है कि भगवान मेरे शिर पर विद्यमान हैं–अर्थात् मेरे संपूर्ण अस्तित्व पर भगवान नारायण का अनुग्रह है–कृपा है।)

यह पद भक्त आष्ऱ्वार् की भक्ति परवशता एवं भगवन्मय हो जाने की स्थिति का निरूपण करता है।

4. संस्कृत शब्द 'हस्ति' तमिल में 'अत्ति' बनता है। अतः 'अत्तियूर्' का अर्थ है 'हस्तिक्षेत्र' अर्थात् वह क्षेत्र जहाँ दिग्गज आकर भगवान की आराधना करते हैं।

छियानबे

अत्तियूर् अर्थात् हस्ति क्षेत्र में आकर विश्व-रक्षण के लिए विराजमान भगवान नारायण का वर्णन आष्ऱ्वार् के प्रस्तुत पद में देखिये।

अत्तियूरान् पुळ्ळैयूर्वान् अणिमणियिन्
तुत्तिशेर् नागत्तिन् मेल् तुयिल्वान् - मुत्ती
मरैयावान् माकडल् नञ्जुण्डान् तनक्कुम्
इरैयावान् एंगळ् पिरान्।।

शब्दार्थ अन्वयसहित

पुळ्ळै ऊर्वान् = गरुडवाहन

अणिमणियिन् तुत्ति शेर् नागत्तिन् मेल् तुयिल्वान् = सुन्दर माणिक्यरत्नों से मंडित, और अग्निकण उगलनेवाले फणयुक्त आदिशेष (अनन्त) की शय्या पर आसीन

मुत्ती मरै आवान् = गार्हपत्य, आहवनीय एवं दक्षिणाग्नि—इन तीन प्रकार की अग्नियों का विश्लेषण करनेवाले वेदों द्वारा आराध्य और

मा कडल् नञ्जु उण्डान् तनक्कुम् इरै आवान् = व्यापक सागर से निकले विष का भी पान करनेवाले रुद्र के भी स्वामी तथा

एंगळ् पिरान् = हमारे आराध्य भगवान नारायण

अत्तियूरान् = तिरुवत्तियूर क्षेत्र में आकर विराजमान हैं।

विशेष

पुळ् = पक्षी; प्रसंगानुसार गरुड

तुत्ति = अग्निकण अर्थात् चिनगारी उगलनेवाले सर्प-फण

मुत्ती = अग्नि के तीन प्रकार—गार्हपत्य, आहवनीय, दक्षिणाग्नि

गार्हपत्य = परिवार में वंशक्रम से चली आनेवाली अग्नि जो गृहस्थ द्वारा यज्ञ में प्रयुक्त की जाती है।

आहवनीय = आहुति देने योग्य; अग्नि जिसमें आहुति की जाती है

दक्षिणाग्नि = वह अग्नि जो गार्हपत्य अग्नि के दक्षिण में रखी जाती है।

मरै = वेद; श्रुति; उपनिषत्

इरै = स्वामी, भगवान

भावार्थ

तिरुवत्तियूर क्षेत्र में विराजमान भगवान नारायण की विशेषतायें इस प्रकार हैं। वे गरुडवाहन हैं; आदिशेष की शय्या पर आसीन हैं जिनका फण माणिक्य रत्नों से मंडित है और जो अग्निकण उगलता है; तीन प्रकार की यज्ञाग्नियों का विश्लेषण करनेवाले वेदों द्वारा आराध्य हैं; समुद्र से अमृत मंथन के समय निकले विष का पान

करनेवाले रुद्र के भी स्वामी हैं और वे हमारे आराध्य भगवान हैं।

व्याख्या

1. भक्तों के प्रति कृपापूर्वक तथा संसार की रक्षा के लिए तिरुवत्तियूर अर्थात् हस्ति क्षेत्र में विराजमान हुए हैं भगवान नारायण। यह भगवान के अनुग्रह तत्व का प्रमाण है। वे वेदों द्वारा आराध्य हैं। आष़्वार् की यह स्थापना गीता श्लोक (15-15) "वेदैश्च सर्वेरहमेव वेद्यः" का स्मरण दिलाती है।
2. 'मुत्ती मरैयावान्'—तीन प्रकार की अग्नियों का विश्लेषण करनेवाला वेद। 'मुत्ती' का पाठान्तर है 'मुत्ति' जो संस्कृत शब्द 'मुक्ति' का तमिल प्रयोग है। पाठान्तर के अनुसार इस वाक्यांश का अर्थ होगा चतुर्विध पुरुषार्थ का विश्लेषण करने के बावजूद अंतिम पुरुषार्थ 'मुक्ति' अर्थात् मोक्ष की विशेष व्याख्या करनेवाले वेदों द्वारा आराध्य भगवान नारायण।

सत्तानबे

प्रस्तुत पद में भक्तों के प्रति अनुग्रहपूर्वक कुंभकोणम्—तीर्थस्थल में आकर विराजमान भगवान नारायण का वर्णन करते हैं भक्त आष़्वार्।

एंगळ् पेरुमान् इमैयोर् तलैमहन् नी
शेंकण् नेडुमाल् तिरुमार्बा - पोंगु
पडमूक्किन् आयिरवायप् पाम्बणैमेल् शेन्दाय्
कुडमूक्कुक् कोयिलाक् कोण्डु।।

शब्दार्थ अन्वयसहित

तिरुमार्बा! = श्रीदेवी को वक्षःस्थल पर धरनेवाले हे भगवान नारायण!
शेंकण् नेडुमाल् = रक्तनयन हे सर्वेश्वर!
इमैयोर् तलै महन् = देवताओं के अधिपति!
एंगळ् पेरुमान् नी = हमारे स्वामी! आपने
कुडमूक्कु = कुंभकोण क्षेत्र को
कोयिल् आ कोण्डु = मन्दिर की तरह स्वीकार किया
पोंगु पडम् मुक्किन् आयिरवाय् पाम्बु अणै मेल् = (और वहाँ) आप व्यापक फण, नासिका एवं सहस्रमुख-युक्त आदिशेष की शय्या पर
शेर्न्दाय् = विराजमान हुए।

विशेष

आष़्वार् ने इस पद में 'कुंभकोण' क्षेत्र के लिए 'कुडमूक्कु' शब्द का प्रयोग किया गया है। उक्त क्षेत्र का प्राचीन नाम 'कुडमूक्कु' था। बाद में वह 'कुंभकोणम्' कहलाने लगा। 'कुडम्'—तमिल शब्द का संस्कृत शब्द 'कुंभ' है। 'मूक्कु' का अर्थ है 'नाक'; साथ ही किसी भी घट या प्याले का नासिका के आकार का भाग; इसे 'कोणम' कहा जाता है संस्कृत में; अतः 'कुडमूक्कु' का अर्थ हुआ 'कुंभकोणम्' (यह संस्कृत शब्द है)। 'कुडमूक्कु' शब्द का प्रयोग शैव संत तिरुज्ञानसंबन्धर् ने अपने 'तिरुक्कुडमूक्कु पदिकम्' के 11 पदों में किया है।

भावार्थ

तीर्थस्थल 'तिरुवत्तियूर्' के वर्णन के बाद आष्वार् ने 'कुंभकोणम्' क्षेत्र का प्रस्तुत पद में वर्णन किया है। आष्वार् कहते हैं कि भगवान नारायण श्रीदेवी को वक्षःस्थल पर धारण किये हुए हैं। वे रक्तनयन, देवताओं के अधिपति और हमारे स्वामी हैं। उन्होंने 'कुंभकोण' क्षेत्र को पवित्र मंदिर की तरह स्वीकार कर वहाँ सहस्रफण आदिशेष की शय्या पर विराजमान हैं।

व्याख्या

कुंभकोण क्षेत्र में भगवान नारायण सहस्रफण आदिशेष की शय्या पर उसी रूप में विराजमान हैं जिस रूप में दुग्ध समुद्र में विराजमान रहते हैं। आश्रितवत्सल भगवान लोकहित के लिए धरती पर अलग अलग क्षेत्रों में आवास बनाये हुए हैं। उन क्षेत्रों में कुंभकोणम् का एक विशेष स्थान है। तिरुवत्तियूर् क्षेत्र में भगवान की मूर्ति खड़ी मुद्रा में है। 'कुंभकोणम्' में भगवान शयन मुद्रा में हैं। धरती पर भगवान का भिन्न भिन्न क्षेत्रों में आवास उनके अनुग्रह तत्व का प्रमाण है।

अट्ठानबे

आश्रितवत्सल भगवान नारायण की अद्‌भुत लीलाओं का वर्णन आष्वार् प्रस्तुत पद में कर रहे हैं।

कोण्डु वळर्क्कक् कुषवियाय् तान् वळर्न्ददु
उण्डदु उलहेषुम् उळ्ळोडुंग - कोण्डु
कुडमाडिक् कोवलनाय् मेवि एन् नेञ्जम्
इडमाहक् कोण्ड इरै।।

शब्दार्थ अन्वयसहित

कोवलन् आय् = गोप के रूप में जन्म लेकर तथा
कुडम् कोण्डु आडि = घडों को सिर और हाथों में लेकर नर्तन करते हुए, उसी लीलामुद्रा में
एन् नेञ्जम् मेवि = मेरे अंतस्थल में पहुँचकर
इडम् आहक् कोण्ड इरै = वहीं अपना आवास बना लिया मेरे स्वामी ने।
कोण्डु वळर्क्क कुषवि आय् तान् वळर्न्ददु = लोग लाड़-प्यार से हाथ में लेकर पुचकारें—इस तरह का शिशु बनकर वे विराजमान हुए। उस स्थिति में
उळ् ओडुंग उण्डदु उलहु एषुम् = भोजन के रूप में उस शिशु ने सातों लोकों को निगल लिया—अपने उदर में रख लिया (यह कैसी विचित्र लीला है!)

विशेष

'गोपालन्' = 'कोवलन्' बना है। मूलतः यह संस्कृत शब्द है। संस्कृत शब्द है 'गोपाल'।
कुडमाडि = कुडम् आडि = घड़ों के साथ किया जानेवाला नृत्य जिसे घटनृत्य कहा जाता है। इस नृत्य में नर्तक अपने सिर पर और कंधों पर भी अनेकों घड़े रखते हुए, दोनों हाथों से घड़ों को उछाल-उछालकर फेंकते पकड़ते हुए नृत्य करते हैं एकाग्रता के साथ; अतः घड़े इधर-उधर नहीं होते; नीचे नहीं गिरते। यह एक प्रकार का लोकनृत्य है जो नर्तकों की ध्यानस्थ स्थिति का प्रमाण है। उत्तर के वृन्दावन में और दक्षिण के गाँवों में प्राचीन काल से घटनृत्य की यह लोकनृत्य परम्परा चली आ रही है।

भावार्थ

गोप कुल में जन्म लेकर घटनृत्य की लीला करते हुए मेरे अंतस्तल को अपना आवास बनाकर विराजमान हुए मेरी स्वामी भगवान नारायण। आश्चर्य है, सबके लाड़-प्यार का पात्र बनने योग्य शिशु के रूप में अवतरित मेरे भगवान ने सातों लोकों अर्थात् समस्त ब्रह्माण्ड को भोजन के रूप में अपने उदर में रख लिया। (यह कैसी लीला है! शिशु स्वाधीन तो नहीं हो पाता। वह पराधीन रहता है। यहाँ यह कैसे हुआ कि भगवान नारायण ने शिशु के रूप में रहकर लोकरक्षण के लिए समस्त ब्रह्माण्ड को उदरस्थ कर लिया था!)

व्याख्या

प्रलयकाल में परिव्याप्त जलधारा में वटपत्रशायी शिशु बनकर भगवान नारायण बहने लगे। उस समय सारा ब्रह्माण्ड उस शिशु ने अपने उदर में रख लिया था। प्रलय में सारा ब्रह्माण्ड नष्ट न हो जाए–इस अनुग्रह भाव से भगवान ने अपने अन्दर, उसे निगलकर रख लिया था। (तदनन्तर प्रलय के पश्चात् अर्थात् युगान्तर में ब्रह्माण्ड को बाहर लाकर पुनः स्थापित कर दिया था।)

पुराणों में स्वीकृत इस घटना का उल्लेख कर भक्त आष़्वार् ने भगवान के अनुग्रह, कृपाभाव एवं अपरिमित शक्तिमत्ता का प्रमाण प्रस्तुत किया है।

इसी बात को नम्माष़्वार् के तिरुवाय्मोष़ि में कहा गया है।

1. **"बालनाय् एष़ुलहुण्डु परिविन्रि आलिलै**
   अन्नवशम् शेय्युम् अण्णलार्" (4-2-1)
2. **"अडियार्त्त वैयमुण्डु आलिलै अन्नवशम्**
   शेय्युम् पडियादुमिल् कुष़वि" (3-7-10)

[1. शिशु के रूप में रहकर सप्त लोकों को अनायास उदरस्थ करते हुए वटपत्र पर शयन करनेवाले मेरे भगवान नारायण।

2. वामनावतार में अपने पादों से समस्त विश्व को भगवान ने नाप लिया था। उस विश्व को प्रलयकाल में उदरस्थ कर वटपत्र पर शयन करनेवाले अद्भुत चमत्कारी शिशु रूपी भगवान नारायण।]

प्रथम आष़्वार्–पोय्कै आष़्वार् ने भी भगवान की इस लीला का वर्णन अपने मुदल् तिरुवन्तादि के पद 69 में किया है।

निन्यानबे

प्रस्तुत पद में भक्त आष़्वार् ने इस तथ्य की स्थापना की है कि भगवान नारायण अपने परम भागवत भक्तों की रक्षा करने के साथ साथ सामान्य फलों की आकांक्षा करनेवाले देवताओं का भी हित साधते हैं। भगवान नारायण के विविध अवतारों के बावजूद द्वितीय आष़्वार्–भूतत्ताष़्वार् वामनावतार एवं कृष्णावतार के प्रति समर्पित हैं–इस तथ्य का निरूपण प्रस्तुत पद तथा अगले याने अन्तादि के अंतिम पद में किया गया है।

इरै एम्पेरुमान् अरुळ एन्रु इमैयोर्
मुरै निन्रु मोय्म् मलर्हळ् तूव - अरैकष़ल्
शेवडियान् शेंकण् नेडियान् कुरळुरुवाय्
मा वडिविन् मण् कोण्डान् माल् ।।

शब्दार्थ अन्वयसहित

इमैयोर् = ब्रह्मा, शिव आदि देवता लोग (भगवान नारायण से)
एम्पेरुमान् इरै अरुळ् एन्रु = प्रार्थना करते हैं कि हे स्वामी, सर्वेश्वर! हमपर कृपा करें!
मुरै निन्रु = वे लोग दास बनकर (श्रीचरणों पर)
मोय् मलर्हळ् तूव = सुन्दर पुष्प अर्पित करते हैं।
अरै कष़ल् शे अडियान् = जिनके सुन्दर पाद घुंघरू से अलंकृत हैं
शेम् कण् नेडियान् = जो रक्तनयन और सर्वश्रेष्ठ हैं
माल् = उस भगवान नारायण ने
कुरळ् उरुवाय् = वामन का रूप लेकर
मा वडिविन् = बृहत् आकार लेकर
मण् कोण्डान् = सारी पृथ्वी को नाप डाला।

विशेष

कष़ल् = नूपुर, घुंघरू, पाद-आभरण
कुरळ् = वामन, छोटे आकार का–2 फुट का व्यक्ति। तमिल का एक तरह का छंद जिसका प्रयोग तिरुवळ्ळुवर ने अपने तिरुक्कुरळ् में किया है।

भावार्थ

ब्रह्मा, शिव आदि देवता लोग भगवान नारायण का दास्य करते हुए उनके श्रीचरणों पर सुन्दर पुष्प चढ़ाते हैं और प्रार्थना करते हैं कि हे स्वामी! सर्वेश्वर! हमपर कृपा करें। भगवान नारायण के पाद घुंघरू से अलंकृत हैं। वे रक्तनयन (आश्रित-वात्सल्य भाव के कारण) और सर्वश्रेष्ठ अर्थात् सबके अधिपति हैं। उन्होंने वामनावतार लेकर राजा बलि से दान में तीन पगों की पृथ्वी माँगी और पश्चात् बृहत् आकार लेकर सारी पृथ्वी को नाप डाला।

व्याख्या

1. यहाँ भगवान नारायण को 'सर्वश्रेष्ठ' (नेडियान्) कहकर आष़्वार् श्वेताश्वतर उपनिषत् के मंत्र का स्मरण दिलाते हैं। वह मंत्र इस प्रकार है : **"तमीश्वराणां परमं महेश्वरं तं देवतानां परमं च दैवतम्"** (6-7) (सभी ईश्वरों के ईश्वर और समस्त देवताओं के देवता या अधिपति–अतः सर्वश्रेष्ठ हैं भगवान)
2. 'मा वडिविन् मण् कोण्डान्' का पाठान्तर है 'मावलियै मण् कोण्डान्'। पाठान्तर का अर्थ है–राजा महाबलि से दान में समग्र पृथ्वी को ले लिया।
3. देवता लोग भी भगवान नारायण के श्रीचरणों के आश्रय में रहकर निज-हित की पूर्ति की कामना करते हैं। भगवान नारायण भी उनका हित साधते हैं। उसी प्रकार भगवादाश्रय की कामना सामान्य मानव भी करते हैं। उनकी भक्ति की पराकाष्ठा की स्थिति में वात्सल्यपूरित भगवान उनपर भी अपना अनुग्रह बरसाते हैं।
4. यहाँ आष़्वार् जब कहते हैं कि ब्रह्मा, शिव आदि देवता लोग भी भगवान नारायण के दास बनकर उनके अनुग्रह की प्रार्थना करते हैं तब भगवान नारायण का ब्रह्मतत्व–सर्वमयत्व–सर्वेश्वरत्व निरूपित होता है। यह तथ्य नारायण सूक्तम् के निम्नलिखित मंत्रों की परिभाषा प्रस्तुत करता है।

"सहस्त्रशीर्षं देवं विश्वाक्षं विश्वशंभुवम्
विश्वं नारयणं देवं अक्षरं परमं पदम्।
- - - - - - - - - - - - - - - - -
स ब्रह्म स शिवः स हरिः सेन्द्रः सोऽक्षरः परमः स्वराट्।।"

यही तथ्य नम्माष़्वार् के तिरुवाय्मोषि में इस प्रकार कहा गया है। **'वेळ्ळेरन् नान्मुखन् इन्दिरन् वानवर् ... कष़ल् पणिन्दु एत्तुवर्** (2-2-10)

(ऋषभवाहन शिव, चतुर्मुख ब्रह्मा, इन्द्र एवं तमाम देवता लोग भगवान नारायण के श्रीचरणों पर सिर नवाकर उनकी स्तुति करते हैं।)

सौ

भगवान नारायण के प्रति भक्त आष़्वार् की भक्तिपरवशता अर्थात् अपरिमित भक्ति का निरूपण प्रस्तुत पद में हुआ है। भगवान से आष़्वार् की याचना है कि हे भगवान! आपके प्रति मन में असीम भक्ति के कारण, मैं अपने आपको संभाल नहीं पा रहा हूँ। कृपया ऐसा करें कि मेरी असीम भक्ति मुझे विचलित न होने दे; मेरे मन को डगमगाने न दे; उसमें ज़रा भी अस्थिरता न पैदा करे।

माले नेडियाने कण्णने विण्णवर्कु
मेला वियन् तुष़ाय् कण्णियने - मेलाल्
विळविन् काय् कन्रिनाल् वीष़्त्तवने एन्रन्
अळवन्राल् यानुडैय अन्बु।।

शब्दार्थ अन्वयसहित

माले! = हे भक्तप्रिय! नेडियोने! = असीम शक्तिमान परमेश्वर!
विण्णवर्कु मेला! = हे देवताओं के अधिपति!
वियन् तुषाय् कण्णियने! = श्रेष्ठ तुलसी-माला से अलंकृत
कण्णने! = हे श्रीकृष्ण!; मेलाल् = बहुत पहले
विळविन् काय् कन्रिनाल् वीष़्त्तवने! = कपित्थ फल के रूप में
आये असुर को, वत्स के रूप में आये असुर को उछालकर गिरा देनेवाले हे भगवान नारायण!
यान् उडैय अन्बु एन्तन् अळवु अन्रु = आपके प्रति
मेरी भक्ति मुझमें समा नहीं पाती; इतनी कृपा करें कि वह उमड़कर बाहर छलक न जाये।

भावार्थ

आष़्वार् की भगवान नारायण से याचना है कि हे भक्त प्रिय! हे असीम शक्तिमान, देवताओं के अधिपति, तुलसी मालाधारी कृष्ण! कपित्थ फल बनकर वृक्ष में छिपे रहे असुर (कपित्थासुर) की ओर आपने गोप बालकों के बछड़ों के बीच छल से बछड़ा बनकर छिपे रहनेवाले वत्सासुर के पांव पकड़कर उछालकर फेंका और दोनों को नष्ट किया। आपके प्रति दास्यतापूर्ण मेरी असीम भक्ति अंतस्तल में समा नहीं पाती। कृपया उसे उमड़कर बाहर छलकने न दें।

व्याख्या

भगवान नारायण ने असुरों का नाश किया। देवताओं की रक्षा की। उनका हित पूर्ण किया। उसी प्रकार, भगवान से भक्त आष्वार् प्रार्थना करते हैं कि आपके प्रति मेरी जो असीम भक्ति अंतस्तल में उमड़ती रहती है उसे कभी छलकने न दें अर्थात् कम न होने दें।

प्रसंगानुसार भक्त आष्वार् का यह मानना है कि मेरी असीम भक्ति भगवान नारायण के प्रति है ही। इसी प्रकार की अपार भक्ति मानव-मात्र में हो—सभी लोग भक्ति-परवश हों।

भक्त आष्वार् ने भक्ति का दीया जलाया; मन, वाक्, काया एवं आत्मा को घोलकर भगवान नारायण के लिए ज्योति जगायी और भक्ति-ज्ञानमय अपना यह सुन्दर तमिल काव्य भगवान को अर्पित किया। उनकी भगवान से यही याचना है कि वे उनकी अपरिमित भक्ति को सर्वदा परिपूर्ण रहने दें और इधर-उधर छलकने न दें।

।। द्वितीय दिव्य अन्तादि समाप्त ।।

पेयाष्वार् कृत
'मून्राम् तिरुवन्तादि'
तृतीय दिव्य अन्तादि

पेयाष्‌वार् कृत

'मून्‌राम् तिरुवन्तादि'

तृतीय दिव्य अन्तादि

तृतीय आष्वार्—पेयाष्वार्

एवं उनकी कृति 'मूनराम् तिरुवन्तादि' (तृतीय दिव्य अन्तादि)
की आचार्य नाथमुनि के शिष्य और गुरु नाथमुनि से भक्ति योग का
उपदेश प्राप्त कुरुहै कावलप्पन् द्वारा प्रस्तुत प्रशस्ति (तनियन्)

शीरारुम् माडत् तिरुक्कोवलूर् अदनुळ्
कारार् करु मुहिलैक् काणप्पुक्कु–ओरात्
तिरुक्कण्डेन् एन्रुरैत्त शीरान् कष़ले
उरैक् कण्डाय् नेञ्जे उहन्दु ।।

शब्दार्थ अन्वय सहित

नेञ्जे ! = हे मेरे मन !
शीर् आरुम् माडम् तिरुक्कोवलूर् अदनुळ् = सुन्दर भवनों से सुशोभित तिरुक्कोवलूर वसति में
कार् आर् करु मुहिलै काण पुक्कु = श्याम मेघवत् श्यामल वर्ण के भगवान नारायण के दर्शनों के लिए प्रवृत्त होकर
ओरा = अन्तर्दृष्टि से उनका अनुसंधान करनेवाले, और
तिरु कण्डेन् एन्रु उरैत्त शीरान् कष़ले = 'श्रीपति के दर्शन किये' इन शब्दों के साथ प्रारम्भ कर सौ पदों की रचना करनेवाले भागवत भक्त पेयाष़्वार् के श्रीचरणों की
उहन्दु उरै = प्रफुल्लित होकर, स्तुति करो।

विशेष

माडम् = भवन, प्रासाद, अट्टालिका
मुहिल् = मेघ, तिरु = श्री; श्रीपति
उहन्दु = आनन्दित/प्रफुल्लित होकर

भावार्थ व्याख्या सहित

भक्त कुरुहै कावलप्पन् अपने मन से कहते हैं कि हे मेरे मन! परम भागवत भक्त पेयाष़्वार् के श्रीचरणों की आनन्द से स्तुति करो जो सुन्दर भवनों से सुशोभित निरुक्कोवलूर वसति में श्याम मेघवत् श्यामल वर्ण के भगवान नारायण के दर्शनों के लिए पहुँचे; अन्तर्दृष्टि से उनका अनुसंधान किया और, अनन्तर परम आनन्द से 'श्रीपति के दर्शन किये'—इन शब्दों से प्रारम्भ कर सौ पदों की रचना की।
स्वयं भगवान नारायण के दर्शन करने के बाद उस सौन्दर्यमय दृश्य का आनन्द अन्यों को भी उपलब्ध हो–यह सोचकर परम भागवत भक्त पेयाष़्वार् सांसारिकों को समझाते हैं कि परब्रह्म भगवान नारायण के

श्रीचरणों का आन्तरिक रूप से अनुसंधान करें और प्रफुल्लित होकर उनका स्तवन करें।

तिरुक्कोवलूर में वर्षा के समय एक छोटे-से कक्ष में जब तीनों आऴ्वारों ने शरण ली तो उन तीनों को चौथे व्यक्ति की उपस्थिति का आभास हुआ। तब भक्त मानस को पता चल गया था कि वह कोई और नहीं; परन्तु श्रीदेवीयुत भगवान नारायण स्वयं भक्तों की संगति का आनन्द लेने के लिए वहाँ पधारे हैं। तभी पेयाऴ्वार् ने 'तिरुकण्डेन्' (श्रीपति के दर्शन किये)–इन शब्दों के साथ प्रारम्भ कर प्रफुल्लित भाव से सौ पदों की रचना की। उसी परम भागवत आऴ्वार् के पादों की स्तुति करने का उपदेश अपने मन को कुरुहै कावलप्पन् इस 'तनियन्' (प्रशस्ति पद) में दे रहे हैं।

कुरुहै कावलप्पन् के इस पद द्वारा पेयाऴ्वार् की भक्ति की पराकाष्ठा तथा उनकी कृति 'तृतीय दिव्य अन्तादि' की प्रशस्ति-गाथा प्रस्तुत हुई है।

पेयाष़्वार् कृत

मून्राम् तिरुवन्तादि

तृतीय दिव्य अन्तादि

एक

प्रथम एवं द्वितीय आष़्वारों (पोय्कै आष़्वार् एवं भूतत्ताष़्वार्) ने अपने अपने दिव्य अन्तादि द्वारा भक्ति तथा ज्ञान की ज्योति जगाकर भगवान नारायण को अर्पित किया। उस ज्योति से अज्ञान-तम हटा; निरसित हुआ। तब तृतीय आष़्वार्-पेयाष़्वार् को उस ज्योतिर्मय वातावरण में भगवान नारायण के दर्शनों एवं आराधन का सौभाग्य प्राप्त हुआ; उस सौभाग्य का वर्णन आष़्वार् इस प्रथम पद में करते हैं।

तिरुक् कण्डेन् पोनमेनि कण्डेन् तिहषुम्
अरुक्कन् अणिनिरमुम् कण्डेन् - शेरुक्किळरुम्
पोन्नाष़ि कण्डेन् पुरिशंखम् कैक्कण्डेन्
एन्नाष़ि वण्णन् पाल् इन्रु।।

शब्दार्थ अन्वयसहित

इन्रु = आज (प्रथम दो आष़्वारों द्वारा निर्मित ज्योतिर्मय वातावरण में)
एन् आष़ि वण्णन् पाल् = समुद्रवत् नील वर्ण के भगवान नारायण के साथ
तिरु कण्डेन् = श्री देवी के दर्शन किये,
पोन् मेनि कण्डेन् = उनके सुन्दर स्वर्णिम शरीर को देखा;
तिहषुम् अरुक्कन् अणि निरमुम् कण्डेन् = ज्योतिपुंज सूर्य की भांति चमकता हुआ प्रकाश देखा;
शेरु किळरुम् पोन् आष़ि कै कण्डेन् = युद्धस्थल पर चीरकर (विरोधियों का नाश करनेवालें) स्वर्णिम सुदर्शन चक्र को उनके दायें कर में देखा; और
पुरि शंखम् कण्डेन् = उनके दूसरे कर में पाँचजन्य शंख के दर्शन किये।

विशेष

तिरु = श्रीदेवी; लक्ष्मी
अरुक्कन् = सूर्य; संस्कृत शब्द 'अर्क' का तमिल रूप है।
पुरिशंखम् = दायीं ओर से मुड़ा हुआ पाँचजन्य शंख
आष़ि वण्णन् = समुद्र जलवत् नील वर्ण के भगवान नारायण

भावार्थ

भक्त आष्‌वार् भगवान के दर्शनों से प्रफुल्लित होकर गद्‌गद स्थिति में कहते हैं कि मैंने समुद्रवत् नीलवर्ण के भगवान के पास श्रीदेवी के दर्शन किये; भगवान का सुन्दर स्वर्णिम शरीर देखा जो ज्योतिपुंज सूर्य की भांति चमक रहा था; उनके दायें कर में युद्धस्थल पर विरोधियों का दिल दहलानेवाला सुदर्शन चक्र और दूसरे कर में पाँचजन्य शंख को देखा। (वाह! केसा सौभाग्य है! भक्त का अंतस्तल भगवान के इन अद्‌भुत दर्शनों से गद्‌गद हो उठा।)

व्याख्या

1. समुद्रजलवत् नीलवर्ण के भगवान का सुन्दर स्वर्णिम शरीर आष्‌वार् ने देखा तो यह शंका उठती है कि नील वर्ण का शरीर स्वर्णिम कैसे हुआ! इसका समाधन इस प्रकार है। श्रीदेवी स्वर्ण वर्ण की हैं। जैसे श्री सूक्तम् में कहा गया है, **"हिरण्यवर्णां हरिणीम्"** उनके साथ भगवान विराजमान हैं। तब उनके शरीर की कांति भगवान के नील वर्ण को प्रभावित करती है। तब भगवान के शरीर की कांति स्वर्णिम लगती है।
2. "पुरिशंखम् कै..." का सामान्य अर्थ है, दायीं तरफ़ मुड़ा हुआ शंख 'वलम्पुरि शंख' कहलाता है। वह पाँचजन्य शंख है। वह भगवान के बायें कर में विराजमान है। दूसरा अर्थ यह भी हो सकता है; पुरि—स्फुरित; प्रकाशमान शंख अर्थात् पांचजन्य शंख

दो

मन भगवद् भक्ति में लीन रहे और भक्त भगवान के श्रीचरणों पर अपने को अर्पित करे। तब सांसारिकता से मुक्ति मिलेगी और जन्म-जन्मान्तर का क्रम नहीं बना रहेगा। इस तथ्य को आष्‌वार् के शब्दों में देखें।

इन्‌रे कष़ल् कण्डेन् एष़् पिरप्पुम् यानरुत्तेन्
पोन् तोय् वरै मार्बिल् पून्तुष़ाय् - अन्‌रु
तिरुक्कण्डु कोण्ड तिरुमाले उन्नै
मरुक्कण्डु कोण्डेन् मनम्।।

शब्दार्थ अन्वयसहित

पोन् तोय् = स्वर्णिम आभूषणों से अलंकृत
वरै मार्बिल् = पर्वत की तरह उदात्त वक्षःस्थल पर
पून्तुष़ाय् = सुन्दर तुलसी माला धरनेवाले
अन्‌रु = उस समय अर्थात् समुद्र मंथन के समय
तिरु कण्डु कोण्ड तिरुमाले! = श्रीदेवी के साथ विराजमान हे लक्ष्मीपति!
एन् मनम् = मेरा मन
उन्नै मरुक्कण्डु कोण्डु = आपमें लीन हुआ;
यान् इन्‌रे कष़ल् कण्डेन् = अतः मैंने आपके श्रीचरणों के दर्शन कर उनपर अपने को समर्पित किया।
एष़् पिरप्पुम् अरुत्तेन् = इससे जन्म-जन्मान्तरों से भी मुक्त हुआ।

भावार्थ

स्वर्णिम आभूषणों से अलंकृत, पर्वत की तरह उदात्त वक्षस्थल पर सुन्दर तुलसी माला को धरनेवाले और अमृतमंथन (समुद्रमंथन) के समय श्रीदेवी के साथ विराजमान हे लक्ष्मीपति, भगवान नारायण! मेरा मन आपके ही ध्यान में सतत लगा रहा; अतः आपके श्रीचरणों पर अपने आपको मैंने समर्पित किया; इससे मैं जन्म जन्मान्तरों से मुक्त हुआ अर्थात् मुझे जन्म-बन्धन से पूर्णतः मुक्ति प्राप्त हुई।

व्याख्या

1. निरन्तर भगवदनुभव अथवा भगवद्भक्ति में लीन रहने पर भविष्य के जन्म-जन्मान्तरों से मुक्ति प्राप्त होगी—भगवान के श्रीचरणों पर निज को अर्पित करने से सर्वथा सांसारिकता खतम हो जाती है—यही तो जीवन्मुक्ति का लक्षण है। आष्वार् का यह सिद्धान्त प्रस्तुत पद की भूमिका में विद्यमान है।
2. पिछले पद में आष्वार् ने भगवान की नानाविध विशेषताओं के दर्शन करने की बात की। अब इस पद में उनका कहना है कि इन दर्शनों के परिणामस्वरूप जन्म-परम्परा के तमाम बंधन टूट गये।

तीन

पूर्व पद में आष्वार् ने भगवद् ध्यान में अपने मन के लीन होने की बात कही। अब प्रस्तुत पद में उनका कहना है कि भगवान उनके मन में आकर स्वयं विराजमान हुए जहाँ से उनको कोई हटा नहीं सकता। भगवान की आश्रितवत्सलता का यह निदर्शन है।

मनत्तुळ्ळान् माकडल् नीरुळ्ळान् मलराळ्
तनत्तुळ्ळान तण्डुषाय् मार्बन् - शिनत्तुच
चेरुनरुहच् चेट्रुहन्द तेङ् कोद वण्णन्
वरुनरकम् तीर्कुम् मरुन्दु।।

शब्दार्थ अन्वयसहित

माकडल् नीर् उळ्ळान् = दुग्ध समुद्र में योगनिद्रा में लीन
मलराळ् तनत्तु उळ्ळान् = श्रीदेवी के संयोग में विराजमान
तण् तुषाय् मार्बन् = वक्षःस्थल पर शीतल तुलसी माला धारण करनेवाले
चेरुनर् उह शिनत्तु चेट्रुँ उहन्द = शत्रुओं को आतंकित करनेवाले क्रोध से उनका संहार कर प्रसन्न होनेवाले
तेङ्गु ओदम् वण्णन् = व्यापक सागर की भांति नील वर्ण से युक्त, और
वरु नरकम् तीर्कुम् मरुन्दु = निरन्तर जारी रहनेवाले सांसारिक जीवन जैसे नरक से बचानेवाली औषधि जैसे भगवान नारायण
मनत्तु उळ्ळान् = मेरे अंतस्तल में आकर विराजमान हैं।

विशेष

चेरुनर् = शत्रु; उह = आतंकित हो; आतंकित कर
मलराळ् = श्रीदेवी; ओदम् = सागर

भावार्थ

भक्त आष्वार् प्रसन्नतापूर्वक कहते हैं कि दुग्ध समुद्र में योग निद्रा में लीन, श्रीदेवी के साथ विराजमान, वक्षःस्थल पर तुलसी माला धारण करनेवाले, शत्रुओं को आतंकित करनेवाले क्रोध से उनका संहार कर प्रसन्न होनेवाले और सागर की भांति नील वर्ण के भगवान नारायण जो जन्म-जन्मान्तरों के नरक से बचानेवाली औषधि हैं, मेरे अंतस्तल में आकर बसे हैं।

व्याख्या

पूर्व पद में भक्त आष्वार् ने भगवद् ध्यान में अपने मन के लीन होने की बात कही। प्रस्तुत पद में उनका कहना है कि दुग्ध समुद्र, आदि से हटकर भगवान नारायण उनके अपने अंतस्तल में आकर विराजमान हैं। इसके मूल में भक्त आष्वार् की तन्मयासक्ति–भगवान के सतत सांनिध्य की कामना विद्यमान है। सांसारिकता से मुक्ति अर्थात् जन्म-जन्मान्तरों के नरक से बचाव की स्थिति भक्ति की पराकाष्ठा का परिणाम है–इस तथ्य पर भी आष्वार् बल दे रहे हैं। "विष्णु सहस्रनाम" में भगवान के लिए दिये गये विशेषण हैं; "निर्वाणं भेषजं भिषक्" अर्थात् भगवान नारायण हैं वैद्य भी; औषधि भी। भक्त को जन्म-जन्मान्तरों अर्थात् सांसारिक जीवन के नरक की व्याधि से बचानेवाले भगवान कर्ता (वैद्य) भी हैं और कर्ता के साधन (औषधि) भी हैं।

भक्त आष्वार् जब अतिशय प्रसन्नतापूर्वक कहते हैं कि भगवान उनके अंतस्तल में आकर बसे हैं तो तिरुवाय्मोषि (10-7-8) में परम भागवत नम्माष्वार् का यह कथन द्रष्टव्य है

"...एनदु उयिरे, मनमे, वाक्के, करुममे
ओरु मानोडियुम् पिरियान् एन् ऊषि मुदल्वन् ओरुवने"

(मेरी आत्मा, मन, वाक्, कर्म आदि में, क्षण भर के लिए अलग हुए बिना निरन्तर बसे हुए हैं एकमात्र भगवान नारायण।)

चार

भक्त आष्वार् के लिए सर्वरक्षक भगवान नारायण के श्रीचरण ही सांसारिक जीवन की मुक्ति के उपाय भी हैं और उपेय भी। इस तथ्य को उनके पद में देखिये।

मरुन्दुम् पोरुळुम् अमुदमुम् ताने
तिरुन्दिय शेंकण्माल् आंगे - पोरुन्दिय
निन्रुलहुम् उण्डुमिष्न्दुम् नीरेट्रुम् मूवडियाल्
अन्रुलहम् तायोनडि।।

शब्दार्थ अन्वयसहित

तिरुन्दिय शेंकण् माल् = श्री पति भगवान नारायण के कमलवत् सुन्दर नयन यह समझाते हैं कि वे ही सर्वेश्वर तथा सर्वगत परमात्मा हैं।

आंगे निन्रु पोरुन्दिय = वे सर्वदा ब्रह्माण्ड की रक्षा में लीन रहते हैं

उलहम् उण्डु, उमिष्न्दु = महा प्रलयकाल में ब्रह्माण्ड नष्ट न हो जाए; इस इरादे से उसे अपने उदर में उन्होंने

रख लिया था और बाद में उसे बाहर लाकर प्रतिस्थापित किया था।

अन्रु नीर् एट्रु मूवडियाल् उलहम् तायोन् = **प्राचीन काल में उन्होंने ही वामनावतार में महा बलि का दान-नीर लेकर समग्र पृथ्वी को अपने तीन पगों से नाप डाला था।**

अडि ताने = उनके श्रीचरण ही

मरुन्दुम् = सांसारिक जीवन की व्याधि को दूर करनेवाली औषधि हैं;

पोरुळुम् = संपत्ति की तरह तमाम प्राप्य वस्तुओं को दिलानेवाले हैं, और

अमुदमुम् = अमृत की तरह मधुर अर्थात् अमरत्व प्रदान करनेवाले हैं।

भावार्थ

तमाम विश्व को भगवान नारायण के कमल-नयन यह समझाते हैं कि वे ही सर्वगत हैं—परमात्मा हैं। वे ही तो हैं जो समस्त विश्व की रक्षा में सर्वदा लीन रहते हैं। उन्होंने कैसे कैसे विश्व की रक्षा की थी; देखिये। महाप्रलय में संपूर्णतः नष्ट होने से बचाने के लिए भगवान ने समग्र ब्रह्माण्ड को उदरस्थ कर लिया था। प्रलय के पश्चात् उसे बाहर लाकर प्रतिस्थापित किया था। साथ ही, उन्होंने ही वामनावतार में समग्र पृथ्वी को अपने वश में लेकर बैठे हुए राजा बलि के पास जाकर उनका दिया हुआ दान-नीर हाथ में लेकर बाद में तीन पगों से पृथ्वी को नाप लिया था; इस प्रकार बलि के चंगुल से पृथ्वी की रक्षा की थी।

उसी भगवान नारायण के श्रीचरण ही मेरे लिए सांसारिक जीवन की व्याधि से बचानेवाली औषधि हैं; सर्वस्व दिलानेवाले हैं और मधुमय अमरत्व प्रदान करनेवाला अमृत भी है।

व्याख्या

भक्त-परिपालन अर्थात् आश्रित रक्षण भगवान नारायण का धर्म है = भक्त आष़्वार् की स्थापना है कि उसी भगवान नारायण के श्रीचरण ही सांसारिकता से तप्त मानव के लिए दवा हैं, तमाम सुख-सुविधायें—बाह्य तथा आंतरिक संपत्ति प्रदान करनेवाले हैं और साथ ही अमृतवत् मधुमय तथा अमरत्व दिलानेवाले भी हैं।

भक्त आष़्वार् अपनी बात कहते हुए प्रसंगानुसार विश्व मानव के कल्याण की कामना करते हुए उसे समझाते हैं कि भगवान के श्रीचरणों पर समर्पण करने से मानव मात्र सांसारिकता के कष्टों से मुक्त होगा; उसे भक्ति का सार-सर्वस्व प्राप्त होगा और साथ ही अमृतमय मधुरत्व का लाभ होगा।

भगवान के आश्रितरक्षकत्व को सिद्ध करने के लिए भक्त आष़्वार् ने वटपत्रशायी बनकर भगवान ने संसार की जो रक्षा की थी, उसका तथा वामनावतार लेकर की गयी उनकी लीला का उदाहरण प्रस्तुत किया है।

पाँच

अखिल ब्रह्माण्ड को तीन पगों से नापनेवाले वामन की लीला का विवरण देते देते भक्त आष़्वार् उनकी सौन्दर्यानुभूति को अभिव्यंजित करने लगे। देखिये पद—

अडि वण्णम् तामरै अन्रुलहम् तायोन्
पडि वण्णम् पार्कडल् नीर् वण्णम् - मुडि वण्णम्
ओराष़ि वेय्योन् ओळियुमहदन्रे
आराष़ि कोण्डार्कु अष़्हु ।।

शब्दार्थ अन्वयसहित

अन्रु उलहम् तायोन् = वामनावतार लेकर समस्त लोकों को नापनेवाले भगवान नारायण के

अडि वण्णम् तामरै = श्रीचरणों का वर्ण कमल की भांति रक्तिम है;

पडि वण्णम् पार् कडल् नीर् वण्णम् = उनके तन का वर्ण पृथ्वी को घेरे हुए सागर के जल के रंग की तरह श्यामल है;

मुडि वण्णम् ओर् आषि वेय्योन् = उनके किरीट का सौन्दर्य एकचक्र रथ में चलनेवाले उज्ज्वल सूर्य की भांति है;

ओळियुम् अह्दु अन्रे = उनका तेज सूर्यकांतिवत् है;

आर् आषि कोण्डार्कु अषहु = इस प्रकार सुदर्शन चक्रधारी भगवान विष्णु (नारायण) का सौन्दर्य अद्भुत है।

भावार्थ

भगवान नारायण के अपरिपित सौन्दर्य पर मुग्ध होकर भक्त आष्वार् कहते हैं कि वामनावतार लेकर समस्त विश्व को तीन पगों से नाप लेनेवाले भगवान के श्रीचरणों का रंग कमलवत् रक्तिम है; उनके शरीर का वर्ण समुद्रजल की भांति श्यामल है; उनके किरीट का वर्ण एकचक्र-रथ में चलनेवाले उज्ज्वल सूर्य की तरह है; उसी सूर्य की जाज्वल्यमान किरणों की तरह उनकी तेजस्विता है। सुदर्शन चक्रधारी भगवान नारायण का सौन्दर्य इस प्रकार अप्रतिम एवं अद्भुत है।

व्याख्या

भगवान नारायण के अपरिमित तथा अप्रतिम सौन्दर्य पर मुग्ध होकर आष्वार् अपना आश्यर्च व्यक्त कर रहे हैं। इस संदर्भ में भगवद्गीता का यह श्लोक स्मरणीय है।

"दिवि सूर्यसहस्रस्य भवेद्युगपदुत्थिता
यदि भाः सदृशी सा स्यात् भासस्तस्य महात्मनः।।"

(भगवद्गीता 11/12)

(सहस्र सूर्यों की कांति भी सर्वशक्तिमान परमात्मा के तेज के बराबर शायद ही हो सकती है।)

इसी प्रकार की अभिव्यक्ति पेरियाष्वार् तिरुमोषि (4-1-1) में द्रष्टव्य है।

'कदिर् आयिरम् इरवि कलन्दु एरित्ताल् ओत्त नीळ् मुडियन्'

(सूर्य की सहस्र किरणें एक साथ प्रोंज्ज्वल हों; उनके बराबर की कांतियुक्त किरीटधारी भगवान नारायण) भक्त आष्वार् अपार कांतियुक्त तेजोमय भगवान के प्रति समर्पित हैं।

छह

अनंत भगवान नारायण के वर्ण, कर्म तथा श्रीचरणों के सौन्दर्य पर मुग्ध आष्वार् उनकी प्रशस्ति में गा रहे हैं।

अषहन्रे आषियार्कु आषि नीर् वण्णम्
अषहन्रे अण्डम् कडत्तल् - अषहन्रे
अंगै नीर् एट्रार्कु अलर् मेलोन् काल् कषुव
गंगै नीर् कान्र कषल्।।

शब्दार्थ अन्वयसहित

आषियार्कु आषि नीर् वण्णम् = सुदर्शन चक्रधारी भगवान नारायण का वर्ण समुद्र-जल की भांति श्यामल है
अष़्हु अन्रे ! = जो सौन्दर्य का सार है !
अण्डम् कडत्तल् अष़्हु अन्रे ! = समस्त लोकों को तीन पगों से नाप लेने की उनकी लीला अति सुन्दर है न !
अम् कै नीर् एट्रार्कु = सुन्दर हाथ में राजा बलि का दान नीर लेनेवाले भगवान नारायण के
अलर् मेल्वोन् काल् कषुव = पादों का, पद्मनाभ ब्रह्मा ने जब तीर्थजल से प्रक्षालन किया तब
गंगै नीर् कान्र कष़ल् अष़्हु अन्रे ! = उनके श्रीचरणों से गंगा तीर्थ निकल पड़ा; वह कितना सुन्दर एवं अद्भुत था !

विशेष

अलर् मेलोन् = ब्रह्मा (जो विष्णु के नाभिकमल से पैदा हुए)
अलर् = पुष्प; प्रसंगानुसार पद्म, कमल
मेलोन् = ऊपर रहनेवाला

भावार्थ व्याख्यासहित

भक्त आष़्वार् भगवान नारायण के विभिन्न प्रकार के सौन्दर्यों पर मुग्ध होकर कहते हैं कि उनका शरीर वर्ण सुन्दर है; लीला अद्भुत है और गंगा का उदगम स्थल उनका श्रीचरण सौन्दर्य का प्रतिरूप है।
भगवान नारायण का समुद्रजलवत् श्यामल वर्ण का तन अपार सुन्दर है ! वामनावतार लेकर राजा बलि से दान के रूप में प्राप्त कर तीन पगों से सारी पृथ्वी को भगवान ने नाप डाला था–उनकी यह लीली अति अद्भुत है ! भगवान के नाभिकमल से उत्पन्न ब्रह्मा ने उनके पादों का तीर्थ से जब प्रक्षालन किया तब उनके श्रीचरण से गंगा तीर्थ का उद्भव हुआ। यह कैसा अद्भुत चमत्कार है ! सुन्दर लीला है !
इस प्रकार आष़्वार् गद्गद् होकर भगवान नारायण के शरीर, कर्म एवं लीला के अत्यंत अद्भुत सौन्दर्य का निरूपण कर रहे हैं।
भगवान नारायण का सब कुछ सुन्दर है–रसमय भगवान के संदर्भ में कुछ भी नीरस नहीं हो सकता। संत वल्लभाचार्य के शब्द में–

"मथुराधिपतेः अखिलं मधुरम्।"

सात

भक्त आष़्वार् नाना प्रकार से अपरिमित सौन्दर्य के अधिपति भगवान नारायण का गौरव-गान करने के पश्चात् अपने मन को समझाते हैं कि रे मन ! उस परमात्मा के श्रीचरणों में अपने आप को अर्पित कर दो।

कष़ल् तोषुदुम् वा नेञ्जे कार् कडल् नीर् वेलै
पोषुलळन्द पुळ्ळूर्दिच् चेल्वन् - एषिलळन्दङ्गु
एण्णर्कु अरियानै एण्पोरुट्कुम् शेयानै
नण्णर्कु अरियानै नाम्।।

शब्दार्थ अन्वयसहितः

नेञ्जे ! = रे मन !
कार् कडल् नीर् वेलै पोषिल् अळन्द = श्यामल समुद्रजल से घिरी हुई पृथ्वी को नापनेवाले,
पुळ् ऊर्दि = गरुडवाहन एवं
चेल्वन् = श्रीदेवी समेत भगवान नारायण के
अंगु एषिल् अळन्दु एण्णर्कु अरियानै = सौन्दर्य की सीमा अकल्पनीय है
एप्पोरुट्कुम् शेयानै = वे समस्त चेतन-अचेतन वस्तुओं से परे विद्यमान हैं
नण्णर्कु अरियानै = वे प्रयत्नसाध्य या सुलभ नहीं हैं
कषल् नाम् तोषुदुम् वा = आओ ! उनके श्रीचरणों पर हम नमन करें !

विशेष

पोषिल् = लोक, संसार, भूमंडल
एषिल् = सौन्दर्य; कषल् = श्रीचरण, पाद

भावार्थ व्याख्यासहित

भक्त आष्वार् अपने मन को समझाते हैं कि हे मन ! समुद्र से घिरे हुएँ समग्र भूमंडल को वामनावतार में भगवान नारायण ने तीन पगों से नाप लिया था। श्रीदेवी समेत भगवान गरुडवाहन हैं। उनका सौन्दर्य अपार एवं अप्रतिम है। वे समस्त चेतन-अचेतन वस्तुओं से परे विद्यमान हैं और प्रयत्नसाध्य अर्थात् सुलभ नहीं हैं। उनके श्रीचरणों पर हम अपने आपको सर्मर्पित करें।

यहाँ भगवान की, आश्रितों के प्रति कृपा, वात्सल्य भाव तथा अनुग्रह शक्ति का निरूपण भक्त आष्वार् करते हैं। चेतन-अचेतन वस्तुओं से परे कहकर भगवान की अपारता, सर्वगतता तथा ब्रह्मत्व की पुष्टि की गयी है। साथ ही, जब आष्वार् कहते हैं कि वे प्रयत्नसाध्य अर्थात् सुलभ नहीं हैं तब यही अर्थ लेना है कि भगवान के अनुग्रह के बिना वे सुलभ नहीं हो सकते। वे प्रयत्नसाध्य नहीं हैं। बाह्य प्रयत्नों से भगवान को पाना असंभव है। केवल उनके अनुग्रह से ही भक्त के लिए वे प्राप्य हैं। तदर्थ भक्त को उनके श्रीचरणों का आश्रय ग्रहण करना चाहिए।

आठ

भक्त आष्वार् पुनः अपने मन से कहते हैं कि समस्त इन्द्रियों के आधारभूत होने से वह परिपूर्ण रूप से भगवान का आराधन एवं अनुसंधान करे।

नामम् पल शोल्लि नारायणा एन्रु
नामङ् कैयाल् तोषुदुम् नन्नेञ्जे - वा मरुवि
मण्णुलहम् उण्डु उमिष्न्द वण्डरैयुम् तण् तुषाय्
कण्णनैये काण्ग नम् कण् ।।

शब्दार्थ

नन्नेञ्जे ! = नल् नेञ्जे ! = मेरे श्रेष्ठ मन !
पल् नामम् शोल्लि = भगवान के नानाविध नामों का उच्चारण करते हुए

नारायणा एन्रु = सर्वोत्तम नाम 'नारायण' का पाठ कर
अम् कैयाल् नाम् तोषुदुम् = सुन्दर करों से हम उनका स्तवन करें।
मरुवि वा = तुम इसे स्वीकार करो
मण् उलहम् उण्डु उमिष्न्द = जिस भगवान नारायण ने प्रलय काल में प्रलय से बचाने के लिए समस्त लोकों को उदरस्थ कर बाद में उन्हें बाहर लाकर पुनः स्थापित कर दिया था
वण्डु अरैयुम् तण् तुष़ाय् = और जो भ्रमरों की ध्वनि से आकर्षक शीतल तुलसी माला धारण किये हुए हैं।
कण्णनैये नम् कण् काण्ग = उस भगवान कृष्ण के ही दर्शन हमारे नयन करें।

भावार्थ

भक्त आष़्वार् अपने मन को फिर से निम्न प्रकार समझाते हैं।

रे मन! भगवान के नानाविध नामों का उच्चारण कर, सर्वोत्तम नाम 'नारायण' का हम पाठ करें और अपने सुन्दर करों से उनका स्तवन करें।

भगवान नारायण ने प्रलय काल में प्रलय के सर्वनाश से बचाने के लिए समस्त भूमंडल को उदरस्थ कर उसे बाद में बाहर लाकर प्रतिस्थापित कर दिया था। वे सुन्दर तुलसी माला धारण किये हुए हैं। उस माला के चारों तरफ़ मंडरानेवाले भ्रमरों की ध्वनि से वातावरण ध्वनित है। रे मन! उस भगवान कृष्ण अथवा नारायण के दर्शन हमारे नयन करें।

व्याख्या

यहाँ आष़्वार् समस्त इन्द्रियों द्वारा भगवान नाराथण का आराधन किये जाने की बात का विवरण दे रहे हैं। मनसा, वाचा एवं कर्मणा उनका आराधन किया जाए। नारायण आदि सहस्र नामों का पाठ जिह्वा करे। कर अंजलिबद्ध होकर पुष्पाराधन करें। आँखें उसी परमात्मा के सौन्दर्य के दर्शन करें। इन तमाम इन्द्रियों का आधारभूत मन समस्त इन्द्रियों द्वारा भगवान का स्तवन-आराधन करते हुए उन्हीं के ध्यान में लीन रहे। इन्द्रियों के कर्म का आधार तो मन है; अतः समग्र मन से भगवदाराधन किया जाए। यह आष़्वार् की स्थापना है।

नौ

भक्त आष़्वार् भगवान नारायण के अपरिमित सौन्दर्य पर मुग्ध होकर उस सौन्दर्यानुभूति एवं उस अनुभूति से प्राप्त आनन्द का वर्णन कर रहे हैं–

कण्णुम् कमलम् कमलमे कैत्तलमुम्
मण्णळन्द पादमुम् मंट्रवैये - एण्णिल्
करुमा मुहिल् वण्णन् कार्कडल् नीर् वण्णन्
तिरुमा मणि वण्णन् तेशु।।

शब्दार्थ अन्वयसहित

करु मा मुहिल् वण्णन् = यदि हम भगवान नारायण के श्याम मेघवत् वर्ण के स्वरूप,
कार् कडल् नीर् वण्णन् = श्याम वर्ण के सागरजल की तरह रंग, और
तिरु मा मणि वण्णन् = श्रेष्ठ नील रत्न की भांति सुन्दर एवं श्यामल सौन्दर्य की

तेशु एण्णिल् = तेजस्विता पर ध्यान दें तो पायेंगे कि
कण्णुम् कमलम् = उनके नयन कमल के समान हैं;
कैत्तलमुम् कमलमे = उनके पावन कर भी कमल हैं;
मट्रु = साथ ही
मणळन्द पादमुम् अवैये = समस्त भूमंडल को नापनेवाले उनके श्रीचरण भी कमल के समान ही सुन्दर हैं।

विशेष

तेशु = संस्कृत शब्द 'तेज' का तमिल रूप है।

भावार्थ

भगवान नारायण नील मेघ, नील सागर जल तथा नीलमणि की भांति श्याम वर्ण के हैं। यदि हम उनके स्वरूप, रंग तथा सौन्दर्य की तेजोमयता का ध्यान करें तो पायेंगे कि उनके, नयन, करँ एवं भूमंडल को वामनावतार में नापनेवाले श्रीचरण कमल की भांति अतीव सुन्दर हैं, आकर्षक हैं और अनिर्वचनीय हैं।

व्याख्या

आष़्वार् भक्ति प्रवण स्थिति में भगवान के श्यामल रूप, रंग तथा सौन्दर्य पर मुग्ध हैं। इस तेजोमय स्वरूप की तुलना वे किसके साथ कर पायेंगे! वे यही कह पाते हैं कि भगवान कमलनयन हैं, उनके कर पंकजवत् हैं और पाद भी कमलवत् सुन्दर तथा आकर्षक हैं। अतुलनीय भगवत् सौन्दर्य की तुलना करें तो किससे कर पायेंगे, बस केवल कमल उपमान हो सकते हैं, उनके अपरिमित तथा अतुल सौन्दर्य के कारण। इसीलिए तो हर भाषा में भक्त कवि भगवान के सौन्दर्य तथा तेजोस्विता के लिए कमल का उपमान देते हैं। जैसे राम भक्त संत कवि तुलसीदासजी ने कहा श्रीराम के सौन्दर्य की तुलना कंज से करते हुए,

"श्री रामचन्द्र कृपालु भज मन हरण भवभय दारुणम्
नव कंज लोचन, कंज मुख, कर कंज पद कंजारुणम्"

(कंज = कमल)

यहाँ नम्माष़्वार् की कृति 'तिरुविरुत्तम्' की निम्नलिखित पंक्तियाँ द्रष्टव्य हैं।

"कण्णुम् शेन्तामरै कैयुम् अवै अडियो अवैये" (44)

नम्माष़्वार् की कृति तिरुवाय्मोषि की निम्नांकित पक्तियाँ भी इसी तथ्य को प्रस्तुत करती हैं।

"शेन्तामरै त्तडङ्कण् शेंकनि वाय् शेंकमलम् शेंतामरै अडिहळ्..." (2-5-1)

दस

"भगवान नारायण का नाम संकीर्तन करने के विचार मात्र से तमाम भौतिक तथा आध्यात्मिक विशेषतायें भक्त के पास स्वयमेव अनायास पहुँचेंगी"—भक्त आष़्वार् का यह निश्चय निम्नांकित पद में देखिये।

तेशुम् तिरलुम् तिरुवुम् उरुवमुम्
माशिल् कुडिप् पिरप्पुम् मट्रवैयुम् - पेशिल्
वलम् पुरिन्द वान् शंखम् कोण्डान् पेरोद
नलम् पुरिन्द शेन्रु अडैयुम् नन्गु।।

शब्दार्थ अन्वयसहित

वलम् पुरिन्द वान् शंखम् कोण्डान् पेर् ओद् पेशिल् = शुभ्र पाँचजन्य शंख को धारण करनेवाले भगवान नारायण का नाम संकीर्तन करने का विचार करने मात्र से

तेशुम् = शारीरिक तेज, तिरलुम = दूसरों को जीतने की शक्ति, तिरुवुम् उरुवमुम् = धन तथा सुन्दर रूप और

माशिल कुडिपिरप्पुम = श्रेष्ठ उत्तम वंश में जन्म

मट्रवैयुम = और अन्य सारी विशेषतायें

नलम् पुरिन्दु नन्गु शेन्रु अडैयुम् = स्वयमेव जाकर भक्त को पहुँचेंगी।

विशेष

तिरल् = जीतने की शक्ति; तिरु = संपति, धन;

माशु इल = दोषरहित; निर्दोष।

भावार्थ

पाँचजन्य शंखधारी भगवान नारायण के नाम संकीर्तन के विचार मात्र से तमाम भौतिक तथा आध्यात्मिक विशेषतायें, जैसे शारीरिक तेज या ओजस्विता, शत्रुओं को जीतने की शक्ति, धन तथा सुन्दर रूप आदि अपने आप भक्त के पास पहुँच जाएंगी—इन्हें पाने का कोई प्रयास भक्त को नहीं करना होगा।

व्याख्या

दूसरों को आकर्षित करनेवाला शारीरिक तेज, शत्रुओं पर विजय पाने की ताकत, सुन्दर आकर्षक स्वरूप, पवित्र वंश में जन्म आदि नाना प्रकार की विशेषतायें भगवान के नाम संकीर्तन के विचार मात्र से भक्त को प्राप्त होंगी। इसी बात को मध्यकालीन संत कवि कबीरदासजी ने **'माल-मुलुक हरि देत है'** कहकर सांकेतिक रूप से समझाया है। प्रस्तुत पद में आऴ्वार् ने 'अन्य सारी विशेषतायें' कहकर तमाम मानसिक, वाचिक एवं कायिक विशेषताओं की ओर संकेत किया है।

ग्यारह

वेदवेद्य भगवान नारायण स्थूल ज्ञान से समझने का प्रयास करनेवालों के लिए अविज्ञेय हैं—अर्थात् केवल सूक्ष्म ज्ञानी के लिए उनको समझना संभव है—इस परम तत्व को आऴ्वार् के प्रस्तुत पद में देखिये।

नन्गोदुम् नाल् वेदत्तुळ्ळान् नरविरियुम्
पोन्गो दरुविप्पुनल् वण्णन् - शंखोदप्
पार्कडलान् पाम्बणैयिन् मेलान् पयिन्ऱुरैप्पार्
नूर्कडलान् नुण्णरिविनान्।।

शब्दार्थ

नन्गु ओदुम् नाल् वेदत्तु उळ्ळान = विशुद्ध रूप से पाठ किये जानेवाले चारों वेदों के द्वारा प्रतिपाद्य,

नरवु इरियुम् = मधु से भी अधिक मधुर,

पोंगु ओदम् अरुवि पुनल् वण्णन् = सागर एवं झरने की धारा की भांति श्याम वर्ण के शरीर युक्त,

शंखु ओंदम् पाल् कडलान् = नानाविध शंखों के साथ लहरानेवाली वीचियों वाले दुग्ध समुद्र में विराजमान
पांबु अणैयिन् मेलान् = शेषशायी और
पयिन्रु उरैप्पार् नूल् कडलान् = वेदाध्यायी वैदिकों के शास्त्र सागर द्वारा प्रतिपाद्य भगवान नारायण
नुण् अरिविनान् = उन लोगों के लिए विज्ञेय हैं जो सूक्ष्म ज्ञान से उनको समझने का प्रयास करते हैं (स्थूल ज्ञानियों के लिए अप्राप्य अर्थात् असाध्य हैं।)

भावार्थ

भगवान नारयण वेदवेद्य हैं, मधु से भी मधुर हैं; सागर एवं झरने की धारा की भांति श्यामवर्ण के हैं; नानाविध शंखों के साथ लहरानेवाले तरंगायित दुग्ध समुद्र में विराजमान एवं शेष शय्या पर योगनिद्रा में विद्यमान हैं और वेदाध्ययन करनेवाले वैदिकों के शास्त्रों द्वारा प्रतिपादित किये जानेवाले हैं।
उन्हें समझना सूक्ष्म ज्ञानियों के लिए संभव है; किन्तु स्थूल प्रयासों द्वारा उन्हें समझने का प्रयास करनेवालों के लिए असाध्य अर्थात् अविज्ञेय हैं।

व्याख्या

भगवान नारायण को वही समझ सकता है जिसको भगवान का अनुग्रह प्राप्त है। भौतिक साधनों के द्वारा–स्थूल ज्ञान की सहायता से उस भगवान को समझने का प्रयास निरर्थक है जो चारों वेदों तथा अन्यान्य शास्त्रों द्वारा प्रतिपाद्य हैं। भगवद् गीता में कहा गया है–**"वेदैश्च सर्वैरहमेव वेद्यः"** (15/15)। उसी परम्परा में कबीरदास ने भी कहा–**"पोथी पढ़ि पढ़ि जग मुवा, पंडित भया न कोई। ढाई आखर प्रेम का, पढ़ै सो पंडित होय।"** अर्थात् सूक्ष्म भगवद्भक्ति का रस जिसे प्राप्त है वही सूक्ष्म ज्ञानी पंडित कहलाता है, केवल बाह्य रूप से नानाविध पोथियों को पढ़ने मात्र से कोई ज्ञानी पंडित नहीं हो जाता, और उसके लिए भगवान अप्राप्य अथवा अविज्ञेय हैं। भक्त आष़्वार् की यही स्थापना है कि भगवदनुग्रह और भगवान के प्रति सर्वथा समर्पित भक्ति से ही भगवान की प्राप्ति संभव है।

बारह

वेदाध्यायी, वेदज्ञाता एवं विषय-वासनाओं से इन्द्रियों को रोक रखनेवाले अर्थात् इन्द्रियनियंत्रक ज्ञानी भक्त ही भगवान को प्राप्त कर सकते हैं–इस तथ्य को भक्त आष़्वार् के प्रस्तुत पद में देखिये।

अरिवेन्नुम् ताळ् कोळुवि ऐम्पुलनुम् तम्मिल्
शेरिवेनुम् तिण् कदवम् शेम्मि - मरै येन्रुम्
नन्गोदि नन्गुणर्वार् काण्बरे नाडोरुम्
पैंगोद वण्णन् पडि।।

शब्दार्थ अन्वयसहित

एन्रुम् मरै नन्गु ओदि = निरन्तर भली भांति वेदों का अध्ययन तथा पाठ कर
अरिवु एन्नुम् ताळ् कोळुवि = आत्मज्ञान का ताला लगाकर
ऐम्पुलनुम् तम्मिल् शेरिवु एन्नुम् तिण् कदवम् शेम्मि = पाँचों इन्द्रियों को भीतर ही भीतर, नियंत्रण का भारी द्वार लगाकर, रोकते हुए

नन्गु उणर्वार् = भगवान का भली भांति ध्यान करनेवाले भक्त लोग ही
पैंगोदम् वण्णन् पडि = श्याम वर्ण के सागर की भांति श्यामल भगवान नारायण के मँहत्व को
नाडोरुम् काण्बर् ए = प्रतिदिन देख और समझ पायेंगे।

विशेष

नाळ् तोरुम् = (संधि) नाडोरुम् = प्रतिदिन
पैंगोदम् वण्णन् = (संधि) पै+इंगु+ओदम् = सौन्दर्य का केन्द्र सागर; उस सागर के वर्णयुक्त भगवान नारायण
ताळ् = ताला; ऐम्पुलनुम् = पंच इन्द्रियां
शेरिवु = आत्मनियंत्रण; नियंत्रण
अरिवु = ज्ञान, बुद्धि; आत्मज्ञान

भावार्थ

वे ही भक्त सागरजलवत् श्याम वर्ण के भगवान नारायण के महत्व को देख और समझ पायेंगे जो वेदों का निरन्तर अध्ययन तथा पाठ करते हैं; नियंत्रण के भारी द्वार पर आत्मज्ञान का ताला लगाकर पाँचों इन्द्रियों को विषय-वासनाओं की ओर जाने नहीं देते हैं और भली भांति भगवान का ध्यान करते हैं।

व्याख्या

वेदों के अध्ययन तथा योग साधना के द्वारा ही शुद्ध मन से भगवान का ध्यान किया जा सकता है; उसी माध्यम से भगवान ज्ञेय हैं। जैसे विष्णु पुराण में कहा गया है;

"स्वाध्याययोगसंपत्या परमात्मा प्रकाशते" (6-6-2)

इन्द्रियदमन के लिए योगसाधना की आवश्यकता है। वेदाध्ययन अध्यात्मज्ञान का मार्ग है; अध्यात्मज्ञान की संपूर्ति के लिए चित्तवृत्ति निरोधक योगसाधना आवश्यक है। इसी बात को गीताकार ने कहा है--

"तानि सर्वाणि संयम्य युक्त आसीत मत्परः।" (2/6)

(उन तमाम इन्द्रियों को संयमित कर योगसाधना द्वारा मुझमें अर्थात् परमात्मा के ध्यान में लीन हो जाए)
प्रस्तुत पद में भक्त आष्वार् सामान्य मानव को भगवद् ध्यान का मार्ग बताते हैं।
"पंचेन्द्रियों को वासनाओं की ओर दौड़ने न दिया जाए। मन को संयमित किया जाए। उसके लिए योगसाधना का पालन आवश्यक है। योग-स्थिति में चंचलता न आये–उसके लिए वेदाध्ययन किया जाए जिससे प्रमाण-प्रमेय का अनुसंधान हो सके। इसी पवित्र मन के द्वारा परमात्मा का विशुद्ध ध्यान हो सकता है।"

तेरह

भगवान नारायण के सर्वव्यापी स्वरूप का ध्यान कर भक्त आष्वार् उसपर आश्चर्य करते हैं।

पडि वट्टत् तामरै पण्डुलहम् नीरेट्रु
अडि वट्टत् तालळप्प नीण्ड - मुडि वट्टम्
आहायम् ऊडरुत्तु अण्डम् पोय् नीण्डदे
माकायमाय् निन्र् मार्कु।।

शब्दार्थ अन्वयसहित

पण्डु = बहुत पहले
उलहम् नीर् एट्रु = (महाबलि से) समस्त भूमंडल को दान में लेकर
तामरै पडि वट्टम् = विकसित कमल पुष्प की भांति गोलाकार भूमि को
अडि वट्टत्ताल् अळप्प = श्रीचरणवृत्त से नापने के लिए
मा कायम् ओय् निन्र मार्कु = बृहत् तथा दीर्घ शरीर लेकर (त्रिविक्रम बनकर) खड़े रहे भगवान नारायण का
नीण्ड मुडि वट्टम् = दीर्घ गोलाकार शिर
आहायम् ऊडु अरुत्तु = आकाश के बीच से गुज़रकर
अण्डम् पोय् नीण्डदे = ब्रह्माण्ड (अंतरिक्ष) को पार कर गया = यह कितना बड़ा आश्चर्य है!

विशेष

मा कायम् = बृहत्/दीर्घ शरीर
कायम् = संस्कृत शब्द 'कायः' का तमिल रूप है।
वट्टम् = गोल, वृत्त, वृत्ताकार; पडि वट्टम् = गोलाकार भूमि
अडि वट्टम् = गोल चरण/चरणवृत्त; मुडि वट्टम् = गोल शिर

भावार्थ

भक्त आऴ्वार् भगवान नारायण के वामनावतार की लीला की याद कर आश्चर्य कर रहे हैं। बहुत पहले भगवान नारायण ने राजा महाबलि के पास जाकर उनसे दान में समस्त भूमंडल को प्राप्त किया। फिर उन्होंने पुष्पित कमलवत् गोलाकार भूमि को नापने के लिए बृहत् शरीर ग्रहण किया। तब भगवान नारायण का दीर्घ गोलाकार शिर आकाश से गुज़रता हुआ ब्रह्माण्ड (अंतरिक्ष) को चीरकर उस पार पहुँचा। भगवान के उस विश्वरूप पर आऴ्वार् अतिशय आश्चर्य चकित हैं।

व्याख्या

भगवान नारायण की सर्वव्यापिता एवं विश्व को भी अतिक्रमित कर रहने की स्थिति का, आऴ्वार् का वर्णन पुरुष सूक्तम् के मंत्र

"स भूमिं विश्वतो वृत्वा अत्यतिष्ठत् दशाङ्गुलम्"

(भगवान विष्णु अर्थात् नारायण अखिल विश्व को व्याप्त कर उससे भी आगे बहुत दूर अतिक्रमित कर गये--पुरुष सूक्तम्-1) का स्मरण दिलाता है।
भगवान नारायण की अपरिमित शक्ति की जानकारी होते हुए भी भक्त आऴ्वार् का मानव-मन उनके विश्वरूप पर—अंतरिक्ष को भी अतिक्रमित कर व्याप्त रहने की स्थिति पर आश्चर्य करता है।

चौदह

भक्ति गद्गद् होकर भगवान नारायण के श्रीचरणों का आश्रय लेने से वासनाओं से मुक्ति तथा वेद-शास्त्रों का अनुसंधान सरल होगा। भक्त आऴ्वार् प्रस्तुत पद में इस सिद्धांत का निरूपण करते हैं।

मार्पाल् मनञ्चुषिप्प मंगैयर तोळ् कै विट्टु
नूर् पाल् मनम् वैक्क नोय्विदाम् - नार्पाल्
वेदत्तान् वेंकटत्तान् विण्णोर् मुडि तोयुम्
पादत्तान् पादम् पणिन्दु।।

शब्दार्थ अन्वयसहित

नार्पाल् वेदत्तान् = जो चारों वेदों द्वारा प्रतिपाद्य हैं; और
वेंकटत्तान् = श्रीवेंकट गिरि पर विराजमान हैं और
विण्णोर् मुडि तोयुम् पादत्तान् = जिनके श्रीचरणों पर अमरों के किरीट नमित हैं
पादम् पणिन्दु माल् पाल् मनम् चुषिप्प = उस भगवान नारायण के पादों पर झुककर उस सर्वेश्वर का मानसिक रूप से संपूर्ण ध्यान करने पर
मंगैयर तोळ कै विट्टु = कामुकता वश स्त्रियों के सम्पर्क में रहने की इच्छा से मुक्त होकर
नूल पाल् मनम् वैक्क = वेद-शास्त्रों में ध्यान लगाना
नोय्विदु आम् = सरल होगा।

व्याख्या

विषय-वासनाओं से दूर वेद-शास्त्र-विहित साधना में लीन होना तभी संभव तथा सरल होगा जब वेद प्रतिपाद्य, श्रीवेंकट गिरि पर विराजमान तथा अमरों द्वारा पूजित भगवान नारायण के ध्यान तथा भक्ति में मन लीन होगा। जब बाह्य वासनाओं से मुक्ति होगी तभी वेद-शास्त्रों में ध्यान की संभावना होगी। इसीसे विशुद्ध भक्त मन भगवच्चरणों में अर्पित होगा। इसीका परिणाम होगा मोक्ष अर्थात् जीवन्मुक्ति।
यही तथ्य द्वितीय आष्वार् के पद 42 में प्रस्तुत है।

"पिरन्दार् पिरन्देयदुम् पेरिन्बमेल्लाम्
तुरन्दार् तोषुदार् अत्तोळ्।।"

(भगवान की आराधना करनेवाले भक्त सामान्य जीवन की विषय-वासनाओं से विरक्त होंगे।)

पन्द्रह

शेषशायी भगवान नारायण तन्मयासक्त भक्तों के मन में आकर विराजमान हैं—देखिये इस तथ्य को आष्वार् के पद में।

पणिन्दुयर्न्द पौवप् पडुतिरैहळ मोदप्
पणिन्द फणमणिहळाले - अणिन्दु अंगु
अनन्तन् अणैक् किडक्कुम् अम्मान् अडियेन्
मनन्तन् अणैक् किडक्कुम् वन्दु।।

शब्दार्थ अन्वयसहित

पणिन्दु उयर्न्द = गिरकर-उठकर लहरानेवाली
पौवम् पडुतिरैहळ् = सागर की वीचियां
मोद = जब चारों तरफ़ से उछलती हैं तब

पणिन्द फणम् मणिहळाले अणिन्द अनन्तन् अणै किडक्कुम् अम्मान् = (पानी के छींटे भगवान के शरीर पर न पड़ें) = इस कारण छाते की तरह झुके हुए फणों से युक्त तथा उन फणों में विद्यमान माणिक्य रत्नों से अलंकृत आदिशेष की शय्या पर विराजमान भगवान विष्णु (नारायण)
अंगु वन्दु = वहाँ से निकलकर
अडियेन् तन् मनम् अणै किडक्कुम् = मुझ दास भक्त के मन की शय्या में आकर विराजमान हैं।

विशेष

अनन्तन् = आदिशेष; यह संस्कृत शब्द है।
अणै = शय्या
पौवम् = पव्वम् = समुद्र

भावार्थ

भगवान नारायण दुग्ध समुद्र पर अनन्त की शय्या पर शयन कर रहे हैं। अनन्त भगवान की सेवा में रत हैं। लहरानेवाली समुद्र की वीथियों से जल के छींटे भगवान के शरीर पर न पड़े—इसलिए अनन्त (आदि शेष) अपने फणों को छाते की तरह झुकाये हुए हैं। उन फणों में विद्यमान माणिक्य रत्नों से अलंकृत उज्ज्वल शय्या है भगवान की सेवा के लिए। भक्त के प्रति भगवान का अनुग्रह देखिए। वे उस शय्या से निकलकर पृथ्वी पर आकर भक्त के मन की शय्या पर विराजमान हैं।

व्याख्या

इससे पूर्व भक्त आष्वार् ने साधना से भगवत् प्राप्ति का पथ दिखाया। किन्तु प्रस्तुत पद में वे यह स्थापित करते हैं कि भगवान कृपालु हैं; भक्त के प्रति उनका अनुग्रह अपार है; अतः वे स्वयं निर्हेतुक भाव से भक्त के मन में आकर विराजमान होते हैं।
आष्वार् अपने प्रति भगवान के अनुग्रह की बात करते हुए यह सिद्ध करते हैं कि भगवत् कृपा इसी प्रकार मानव-मात्र के लिए उपलब्ध होगी। करुणा सागर भगवान नारायण आश्रितवत्सल हैं और भक्तों के हितकारी हैं।

सोलह

'तिरुवल्लिक्केणि' के तीर्थस्थल के सौन्दर्य का वर्णन करते हुए भक्त आष्वार् कहते हैं कि वहाँ विराजमान भगवान नारायण मेरे स्वामी हैं (अर्थात् मैं उनका दास हूँ।) [तिरुवल्लिकेणि का पार्थसारथी मंदिर अति प्रसिद्ध तीर्थ स्थल है।]

वन्दुदैत्त वेण्डिरैहळ शेम्पवळ वेण् मुत्तम्
अन्दि विळक्कु मणि विळक्काम् - एन्दै
ओरुवल्लित् तामरैयाळ् ओन्रिय शीर् मार्बन्
तिरुवल्लिक्केणियान् शेन्रु।।

शब्दार्थ अन्वयसहित

ओरु अल्लि तामरैयाळ् शेन्रु ओन्रिय शीर् मार्बन् = अनुपम एवं
सुन्दर दलों से युक्त कमल पुष्प में आसीन श्रीदेवी जिनके वक्षस्थल पर विराजमान हैं और

वेण् तिरैहळ् वन्दु उदैत्त शेम् पवळम् वेण् मुत्तुम्
आन्दि विळक्कुम् अणिविळक्काम् तिरुवल्लिक्केणियान् = जो उस तिरुवल्लिक्केणि क्षेत्र में विराजमान हैं जो सागर तट पर है और जहां सागर की शुभ्र लहरें लाल प्रवालों और सफ़ेद मोतियों को तट पर लाकर बिछा देती हैं–जो सन्ध्याकाल के मंगल दीपों की भांति प्रकाशमान हैं।
एन्दै = वे ही पार्थसारथी (भगवान नारायण; गीताचार्य) मेरे स्वामी हैं (पिता हैं/ मालिक हैं)

विशेष

पवळम् = संस्कृत शब्द 'प्रवाल' का तमिल रूप है।
संस्कृत शब्द 'मुक्ता' और 'सन्ध्या' के तमिल रूप हैं क्रमशः 'मुत्तु' और 'अन्दि'।

भावार्थ

पद्मासना श्रीदेवी भगवान नारायण के वक्षस्थल पर विराजमान हैं। वे भगवान 'पार्थसारथी' के रूप में 'तिरुवल्लिक्केणि' तीर्थ स्थल में विद्यमान हैं। यह तीर्थ स्थल सागर तट पर है और सागर की लहरें उछल उछलकर रक्त वर्ण के प्रवालों और शुभ्र वर्ण के मोतियों को तट पर लाकर बिछा देती हैं, जो सन्ध्या काल के मंगल दीपों की भांति जाज्वल्यमान हैं।
तिरुवल्लिक्केणि-स्थित वे भगवान नारायण–पार्थसारथी मेरे स्वामी हैं–पिता हैं–मालिक हैं।

व्याख्या

भक्तवत्सल भगवान नारायण अनुग्रहपूर्वक दुग्ध समुद्र से निकलकर भक्त के मन में आकर आसीन होने के पूर्व, पथ पर तिरुवल्लिक्केणि तीर्थ में रुके। इस तीर्थ का सौन्दर्य अपार है। यहाँ के सागर तट पर लहरें सागर के लाल लाल प्रवालों तथा सफ़ेद मोतियों को बहाकर लाती हैं और बिछा देती हैं। उनकी कांति से सारा वातावरण प्रकाशमान रहता है मानों वे प्रवाल तथा मोती उज्ज्वल दीप हों जिनके प्रकाश से सर्वदा सन्ध्याकाल का सौन्दर्य सर्वत्र व्याप्त रहता है।

सत्रह

यदि सर्वदा भगवान के श्रीचरणों का स्तवन तथा संकीर्तन किया जाए तो सारा समय–भूत, वर्तमान तथा भविष्यत् पवित्र होगा। इस तथ्य को आष्वार् के प्रस्तुत पद में देखिये।

शेन्र नाळ् शेल्लाद शेंकण्माल् एंगळ् माल्
एन्र नाळ् एन्नाळुम् नाळाहुम् - एन्रुम्
इरवाद एन्दै इणैयडिक्के आळाय्
मरवादु वाष्त्तुह एन् वाय्।।

शब्दार्थ अन्वयसहित

शेंकण्माल् एंगळ् माल् एन्र नाळ् = "कमलनयन भगवान नारायण हमारे प्रति अनुग्रही अथवा कृपालु हैं"– इस प्रकार यदि हम किसी दिन कह सकते हैं तो
शेन्र नाळ्, शेल्लाद (नाळ्) = हमारा भूतकाल तथा भविष्यत् काल

एन्नाळुम् नाळ् आहुम् = सारा काल या सारा समय अच्छा ही होगा।
एन्रुम् इरवाद एन्दै = अतः अक्षर पुरुषोत्तम मेरे भगवान के
इणै अडिक्के आळ् आय्—दोनों श्रीचरणों के अधीन रहकर
मरवादु एन् वाय् वाष्त्तुह = मेरा मुँह निरन्तर बिना भूले उनका स्तवन तथा संकीर्तन करता रहे!

विशेष

इरवाद = अक्षर, अमर एन्दै = मेरे स्वामी; मेरे भगवान

भावार्थ व्याख्या सहित

आष्वार् उस दिन को सर्वश्रेष्ठ तथा महत्वपूर्ण कहते हैं जब हम यह कह सकते हों कि भगवान नारायण हमारे प्रति कृपालु तथा अनुग्रही हैं। क्योंकि जिस दिन हम यह कह पायेंगे वह दिन तो पवित्र होगा ही; साथ ही उसके पूर्व गुज़रे हुए दिन और उसके बाद आनेवाले तमाम दिन भी पवित्र ही होंगे। अतः हमारा सारा जीवन—भूत, वर्तमान तथा भविष्यत् पवित्र हो और उत्तम हो—उसके लिए हमें अक्षर पुरुषोत्तम—परब्रह्म—भगवान नारायण की निरन्तर स्तुति करनी होगी। कोई समय व्यर्थ न जाए बिना भक्ति के। हमारा मुँह भगवान का नाम संकीर्तन करता रहे निरन्तर—बिना व्यवधान के।
यद्यपि वाचा, नाम संकीर्तन करने की विशेषता का यहाँ उल्लेख किया गया है फिर भी इससे हमें यही तात्पर्य लेना होगा कि न केवल वाचा, अपितु मनसा तथा कर्मणा भी भगवत्कैंकर्य नितराम् आवश्यक है। समग्र जीवन का सार्थक्य इसीमें निहित है।

अठारह

भगवान नारायण से आष्वार् की प्रार्थना है कि वे उन्हें नित्य कैंकर्य का अवसर प्रदान करें और भक्ति मार्ग पर शत्रु बनकर स्थित सांसारिकता के भय से मुक्ति प्राप्त हो।

वाय् मोषिन्दु वामननाय् मावलि पाल् मूवडिमण्
नी अळन्दु कोण्ड नेडुमाले - ताविय निन्
एञ्जा इणैयडिक्के एष् पिरप्पुम् आळाहि
अञ्जादिरुक्क अरुळ्।।

शब्दार्थ अन्वयसहित

वामनन् आय् = वामन बनकर
मावलि पाल् वाय् मोषिन्दु = महा बलि के पास जाकर अपनी मधुर वाणी से
मू अडि मण् अळन्दु कोण्ड नेडुमाले! = दान में तीन पग की
पृथ्वी माँगकर सारी वसुधा को नाप लेनेवाले हे सर्वेश्वर!
एञ्जा ताविय निन् इणै अडिक्के = व्यापक अखिल विश्व को नापनेवाले आपके दोनों श्रीचरणों पर
एष् पिरप्पुम् आळ् आहि = समस्त जन्मों में मैं दास बनकर रहूं; और
अञ्जादु इरुक्क = संसार सागर के भय से मुक्त हो जाऊं;
नी अरुळ् = इसके लिए आपके अनुग्रह की याचना है।

भावार्थ व्याख्यासहित

भगवान नारायण ने वामनावतार में महाबलि के पास जाकर दान में तीन पगों की भूमि माँगी और अनंतर बृहद् आकार लेकर सारे लोकों को नाप डाला। भगवान नारायण के उन श्रीचरणों पर जन्म-जन्मान्तरों में दास बने रहने और संसार-भय से मुक्त होकर जीने की याचना भक्त आष्वार् करते हैं। संसार से मुक्ति और भगवदाश्रय प्राप्त करने के लिए भगवान का अनुग्रह आवश्यक है। अतः भक्त, भगवान से अनुग्रह की प्रार्थना करते हैं।

भक्त आष्वार् जन्म-जन्मान्तरों में भगवान के श्रीचरणों के दास बने रहने की जो कामना करते हैं वह नम्माष्वार् के निम्नलिखित पद का स्मरण दिलाती है।

'ओषिविल् कालमेल्लाम् उडनाय् मन्नि
वषुविला अडिमै शेयय वेण्डुम् नाम।'

(तिरुवाय् मोषि–3-3-1)

(सर्वदा, सभी स्थितियों में उत्तम भगवत् कैंकर्य करने का सौभाग्य प्राप्त हो।)

उन्नीस

भक्त के प्रति भगवान की कृपा कभी कम नहीं हो सकती। सर्वशक्तिमान भगवान यह नहीं देखते हैं कि भक्त अनुग्रह का पात्र है या नहीं; वे केवल उसके भक्ति गद्गद् हृदय को देखते हैं; भक्त हृदय भगवान की कृपा का सर्वदा पात्र है; इस तथ्य को आष्वार् के निम्न पद में देखिये।

अरुळा दोषियुमे आलिलैमेल् अन्रु
तेरुळाद पिळ्ळैयाय् शेन्दान् - इरुळाद
चिन्तैयराय् शेवडिक्के शेम्मलर् तूय्क् कै तोषुदु
मुन्तैयराय् निर्पार्क्कु मुन्।।

शब्दार्थ अन्वयसहित

इरुळाद चिन्तैयर् आय् = जिन भक्तों का हृदय अज्ञान के अंधकार से मुक्त रहता है;
शे अडिक्के शेम् मलर् तूय् कै तोषुदु मुन्दैयर् आय् निर्पार्क्कु = वे लोग भगवान के श्रीचरणों पर सुन्दर पुष्प चढ़ाकर अंजलि बद्ध हो भगवद् भक्ति में सर्वदा आगे रहते हैं। उन भक्तों पर
अन्रु तेरुळाद पिळ्ळै आय् आल् इलै मेल् शेन्दान् = प्राचीन काल में शिशु प्रलय-धारा में के रूप में वटपत्रशामी होकर विद्यमान भगवान
मुन् अरुळादु ओषियुमे! = क्या कृपा नहीं करेंगे अर्थात् क्या कृपालु नहीं बनेंगे।

भावार्थ व्याख्यासहित

अज्ञान के तमावरण से मुक्त मन से भगवान नारायण के श्रीचरणों पर अपने आपको समर्पित कर, जो भक्त लोग अंजलिबद्ध हो पुष्पाराधन करते रहते हैं उनके प्रति क्या कभी भगवदनुग्रह कम होगा? उत्तर है–नहीं। अतः आष्वार् मन को समझाते हैं कि प्रलयकाल में समस्त ब्रह्माण्ड को नष्ट होने से बचाने के लिए उसे उदरस्थ कर प्रलय-जल धारा में वटपत्रशायी शिशु बनकर विराजमान भगवान शुद्ध-पवित्र मन से भगवद् भंक्ति करनेवाले लोगों पर कृपालु नहीं बनेंगे क्या? तात्पर्य यह है कि पूर्वकाल में प्रलय की स्थिति में जिस

भगवान ने कृपा की—अनुग्रह किया वे अवश्य सर्वदा मनस्वी भक्त के प्रति कृपालु होंगे ही।

अज्ञान-तम से आवृत मन इधर-उधर भटकता ही रहेगा; वह सत्य को देख नहीं पायेगा। देखने के लिए प्रकाश की आवश्यकता होगी। यहाँ ज्ञान-प्रकाश का तात्पर्य लिया जाना चाहिए। राजसिक-तामसिक गुणों से विरक्त सात्विक गुणमय भक्त मन ही प्रकाश पुंज भगवान नारायण के स्पष्टतः दर्शन कर सकता है। तभी उसमें ज्ञान-ज्योति जगमगा उठती है। वही भक्त भगवान की आराधना करता है—स्तवन करता है और उसीके प्रति भगवान अनुग्रही होते हैं।

बीस

भगवान नारायण के सर्वशक्तिमान स्वरूप का निरूपण करते हैं भक्त आष़्वार्।

मुन्नुलहम् उण्डु उमिष्न्दायक्कु अव्वुलहम् ईरडियाल्
पिन्नळन्दु कोडल् पेरिदोन्रे - एन्ने
तिरुमाले! शेंकण् नेडियाने! एंगळ्
पेरुमाने! नी इदनैप् पेशु।।

शब्दार्थ अन्वयसहित

मुन् = प्राचीन काल में

उलहम् उण्डु उमिष़्दाय्ककु = अखिल ब्रह्माण्ड को उदरस्थ कर, बाद में उसे बाहर लाकर आपने स्थापित किया था;

पिन = बाद में (वामनावतार-काल में) आपने

ईरडियाल् अळन्दु कोडल् = दो पगों से उसी ब्रह्माण्ड को नाप लिया था।

पेरिदु ओन्रे ! = यह कोई बहुत बड़ा काम है क्या? (नहीं) तिरुमाले! हे श्रीपति!

शेंकण् नेडियाने! एंगळ् पेरुमाने! रक्तिम नयनयुक्त हे मेरे स्वामी!

नी इदनै पेशु = मुझे इस बात को समझाइये!

एन्ने! = यह कैसा आश्चर्य है!

भावार्थ व्याख्यासहित

पहले भगवान विष्णु (नारायण) ने समस्त ब्रह्माण्ड को प्रलय से बचाने के लिए उदरस्थ कर लिया था। बाद में उन्होंने उसे बाहर लाकर पुनः स्थापित किया था। उसी ब्रह्माण्ड को अपने दो पगों से वामनावतार में भगवान नारायण ने नाप लिया था।

भक्त आष़्वार् आश्चर्य करते हैं इस बात पर—कभी भगवान के उदर में सारा ब्रह्माण्ड विद्यमान था। बाद में उसी ब्रह्माण्ड को—अखिल चराचर जगत को—समग्र धरती को उन्होंने दो पगों से नाप लिया था। पहली घटना वटपत्र शायी की थी। दूसरी घटना वामनावतार की थी। यह कैसे हुआ!

भगवान से भक्त आष़्वार् पूछते हैं कि इतनी बड़ी आश्चर्य चकित कर देनेवाली लीलायें आपने कैसे कीं! आष़्वार् को विदित है कि भगवान नारायण के लिए तो ये सारी लीलायें हैं। सर्वशक्तिमान सर्वव्यापी एवं सर्वगत परुमात्मा के लिए असंभव क्या है!

इस प्रकार सामान्य मानव को आष़्वार् भगवान नारायण की अपार शक्ति का परिचय दे रहे हैं।

इक्कीस

भगवान नारायण की गुणातिशयता का वर्णन जितना भी किया जाए वह परिपूर्ण नहीं हो सकता। चाहे तमाम गुणों का वर्णन किया जाए या कुछेक गुणों का। फिर भी वे सब भगवान के ही तो हैं—अतः जितना भी कहा जाए वह पूर्ण ही होगा। भगवान पूर्ण हैं—भगवान के गुण पूर्ण हैं—उनमें कमी-बेशी की बात नहीं होती। आइये, भक्त आष़्वार् के पद में इस तथ्य को देखें।

पेशुवार् एव्वळवु पेशुवार् अव्वळवे
वास मलर् तुष़ाय् मालैयान् - तेशुडैय
चक्रत्तान् शंगिनान् शार्ङ्गत्तान् पोंगर
वक्करनैक् कोन्रान् वडिवु।।

शब्दार्थ अन्वयसहित

वासम् मलर् तुष़ाय् मालैयान् = सुगंधित एवं विकसित पुष्पों से भरी तुलसी माला धारण करनेवाले
तेशु उडैय चक्रत्तान् = तेजोमय सुदर्शन चक्रधारी,
शंगिनान् शार्ङ्गत्तान् = पाँचजन्य शंख तथा शार्ङ्ग धनुष को हाथ में लिये हुए, और
पोंगु अरवम् वक्करनैक् कोन्रवन् = क्रोध से चिल्लाते हुए आये दंतवक्र का नाश करनेवाले भगवान नारायण के वडिवु पेशुवार् एव्वळवु पेशुवार् अव्वळवे = गुणों के बारे में जो भी जितना भी बोले उतने में वे समा जाएंगे।

भावार्थ

सुगंधित तुलसी माला धारण करनेवाले, सुदर्शन चक्र, पाँचजन्य शंख तथा शार्ङ्ग धनुष लिये हुए और दंतवक्र के संहारक भगवान नारायण के गुणों का जो भी जितना भी वर्णन करे उसीमें वे सब समा जायेंगे।

व्याख्या

अपनी अपनी क्षमता, योग्यता तथा ज्ञान-शक्ति के आधार पर लोग भगवान का गुण-वर्णन करेंगे। भगवान अपने भक्तों के वर्णन के अनुसार अपने गुणों, तथा स्वरूप को उसी अनुपात में बना लेते हैं; सीमित कर लेते हैं। अपरिमित शक्तिमान, तेजोमय तथा सर्वमय भगवान की तमाम विशेषताओं का बयान करना सबके लिए संभव नहीं है। अपनी अपनी शक्ति की सीमा के अन्दर हर कोई भगवान के गुणों का वर्णन करता है। इसका यह अर्थ नहीं है कि भगवान के गुण या विशेषतायें उनकी शब्द-सीमा के भीतर सीमित हैं। सर्वशक्तिमान भगवान के सर्वेश्वरत्व का संपूर्ण वर्णन कोई क्या कर सकेगा? फिर भी भगवान भक्तों के प्रति अनुग्रह के कारण अपनी शक्तिमत्ता को सीमित कर लेते हैं।

बाईस

भक्त आष़्वार् अपने मन को भक्ति गद्गद् होकर भगवान नारायण की सेवा करने का संदेश देते हैं।

वडिवार् मुडिकोट्टि वानवर्कळ् नाळुम्
कडियार् मलर् तूविक् काणुम् - पडियानै
शेम्मैयाल् उळ्ळुरुहिच् चेव्वने नेञ्जमे
मेय्म्मैये काण विरुम्बु।।

शब्दार्थ अन्वयसहित

नेञ्जमे ! = रे मन !

वानवर्कळ् वडिवु आर् मुडि कोट्टि = अमर लोग सुन्दर किरीट से अलंकृत अपने शीर्ष को नवाकर और कडि आर् मलर् नाळुम् तूवि = सर्वदा सुन्दर पुष्प चढ़ाकर

काणुम् पडियानै = जिस भगवान नारायण के भक्तिपूर्वक दर्शन एवं पूजा करते रहते हैं उनकी

शेम्मैयाल = सही ढंग से

उळम् उरुहि = भाव गद्गद् होकर

शेव्वने = उचित व ठीक रास्ते पर

मेय्म्मैये काण विरुम्बु = यथास्थिति संपूर्ण सेवा या स्तवन करने की इच्छा करो।

भावार्थ

भक्त आष्वार् अपने मन को समझाते हैं कि अमर लोग सिर नवाकर पुष्प चढ़ाकर सर्वदा भगवान नारायण की भक्ति पूर्वक पूजा करते रहते हैं; तुम भी भाव विभोर होकर सही ढंग से उनकी सेवा अर्थात् स्तवन करने की इच्छा करो।

व्याख्या

अमरगण निरन्तर भगवान नारायण के श्रीचरणों की पूजा करते रहते हैं; जैसे विष्णु सूक्तम् में कहा गया है–

"तद्विष्णोः परमं पदं सदा पश्यन्ति सूरयः।"

उस भगवान की सेवा एवं पूजा, भक्ति गद्गद् होकर–भाव-विभोर होकर परिपूर्ण भाव से करना नितराम् आवश्यक है। परिपूर्ण भाव से भगवद् भक्ति करने का तात्पर्य यह है कि भक्त किसी फल की प्रतीक्षा किये बिना केवल उनके दर्शन मात्र की इच्छा से उनका स्तवन करे–यही परिपूर्ण भक्ति है। यही समर्पण भाव अर्थात् प्रपत्ति है। उस स्थिति में भगवान स्वयं भक्त को अपने दर्शन कराते हैं। यह तन्मयासक्ति का सफल परिणाम है।

तेईस

जैसे ही आष्वार् ने मन को समझाया कि तुम भगवान के दर्शनों की इच्छा करो, तत्काल उनका मन भगवान के श्रीचरणों पर तन्मय होकर–पूर्ण आसक्ति से पड़ा रहा। इस तथ्य को आष्वार् के पद में देखिए:-

विरुम्बि विण् मण्णळन्द अञ्जिरैय वण्डार्
शुरुम्बु तुळैयिल् शेन्रूद - अरुम्बुम्
पुनन्तुषाय् मालैयान् पोन्नङ् कषर्के
मनन्तुषाय् मालाय् वरुम्।।

शब्दार्थ अन्वयसहित

वण्डार् = वण् तार् = सुन्दर पुष्प माला में स्थित

अम् शिरैय शुरुम्बु = आकर्षक पंखों से युक्त भ्रमर

तुळैयिल् शेन्रु ऊद = जब उन पुष्पों के कणों में फूंक लगाते हैं तब

अरुम्बुम् पुनन्तुषाय् मालैयान् = कलियां खिल उठती हैं; उन खिले हुए पुष्पों से अलंकृत तुलसी माला को पहने हुए भगवान नारायण के,

विरुम्बि विण् मण् अळन्द पोन् अम् कष़ले = स्वयं दान में माँगकर स्वर्ग लोक तथा भूलोक को नापनेवाले सुन्दर श्रीचरणों पर

मनम् तुष़ाय् माल् आय् वरुम् = मेरा मन प्रसन्न होकर तन्मयीभूत स्थिति में मूर्च्छित हो पड़ा रहा।

विशेष

वण्डार् = वण् तार् = सुन्दर पुष्प-माला

शुरुम्बु = भ्रमर; अरुम्बु = कली

पुनम् तुष़ाय् = पुष्पित तुलसी; तुष़ाय् = प्रसन्न होकर; तन्मयीभूत स्थिति में रहकर

कष़ल् = चरण

भावार्थ

भक्त आष़्वार् का मन भगवान नारायण के उन श्रीचरणों पर मुग्ध होकर तन्मयीभूत स्थिति में पड़ा रहा जिन्होंने वामनावतार में आकाश अर्थात् स्वर्ग तथा पृथ्वी को अर्थात् अखिल ब्रह्माण्ड को नाप लिया था। आष़्वार् भगवान के शरीर पर विद्यमान तुलसी माला के सौन्दर्य का वर्णन करते हुए कहते हैं कि उस माला में अनेकानेक कलियां विद्यमान हैं; उनके चारों तरफ़ भ्रमर मंडराते हुए फूंक लगाते हैं जिससे कि वे कलियां खिल उठती हैं। इससे भगवान का शरीर अपरिमित सौन्दर्य से विभूषित रहता है।

व्याख्या

भगवान के प्रति भक्त की तन्मयासक्ति का परिणाम है भगवान के श्रीचरणों पर भक्त मन का मूर्च्छित होकर पड़ा रहना। इसके लिए भक्त आष़्वार् भ्रमर का उदाहरण दे रहे हैं। भ्रमर कलियों के मधु का सेवन करने की कामना से उनके सूक्ष्म छेदों में फूंक लगाते हैं जिससे कलियां विकसित हो जाती हैं और तब भ्रमर उनके मधु का सेवन कर मुग्ध हो उनमें मूर्च्छित पड़े रहते हैं।

यहाँ 'वण्डार' का दूसरा अर्थ भी लिया जा सकता है। वण्डु-आर - वण्डार अर्थात् भ्रमरी के साथ मुग्ध होकर रहनेवाला 'शुरुम्बु' अर्थात् भ्रमर जो मदमत्त होकर मधु का सेवन करने की इच्छा से कलियों में फूंक लगाते हैं। इससे कलियां विकसित हो जाती हैं और भ्रमरी समेत भ्रमर मधु सेवन करते हुए उन्हीं पुष्पों में मूर्च्छित हो पड़े रहते हैं।

चौबीस

भक्त आष़्वार् पुनः अपने मन को समझाते हैं कि भगवान के श्रीचरण भक्तों के दास्य भक्तिपूर्ण मन को वशीभूत कर लेते हैं और तुम भी उन्हीं श्रीचरणों के आश्रय में सर्वदा रहना।

वरुंकाल् इरुनिलनुम् माल् विशुम्बुम् काट्रुम्
नेरुंगुती नीरुरुवुमानान् - पोरुन्दुम्
शुडराष़ि ओन्रुडैयान् शूष़्कष़ले नाळुम्
तोडराष़ि नेञ्जे तोषुदु।।

शब्दार्थ अन्वयसहित

आषि नेञ्जे ! = सागर की भांति हे गंभीर मन !
इरु निलनुम् = व्यापक धरती,
माल् विशुम्बुम् = अपार आकाश
काट्रुम् = वायु; नेरुंगु ती = घनी तेजोमय अग्नि
नीर् उरुवुम् आनान् = जल-इन पंचभूतों के अंतर्यामी, और
पोरुन्दुम् शुडर् आषि ओन्रु उडैयान् = सर्वदा साथ रहनेवाले तेजस्वी सुदर्शन चक्र को धारण करनेवाले भगवान नारायण के,
शूष् कषले = दासों को वशीभूत करनेवाले श्रीचरणों की,
वरुंकाल् नाळुम् = आगामी तमाम जीवन में
तोषुदु तोडर् = पूजा करते रहो और उनके आश्रय में ही रहो।

विशेष

शूष् कषल् = दासों को अपने अधीन करनेवाले श्रीचरण
आषि = सागर, चक्र (सुदर्शन चक्र)

भावार्थ

आष्वार् अपने मन को संबोधित कर कहते हैं कि हे सागरवत् गंभीर मन ! पंच भूतों—धरती, आकाश, वायु, अग्नि एवं जल—के अंतर्यामी सुदर्शन चक्रधारी भगवान नारायण के श्रीचरणों का, भावी जीवन में सर्वदा आश्रय ग्रहण करो और उनकी निरन्तर पूजा करते रहो !

व्याख्या

1. आष्वार् की स्थापना है कि भगवान नारायण परमात्मा हैं, परब्रह्म हैं जो पंचभूतों—पृथ्वी, अप्, तेज, वायु एवं आकाश—के अंतर्यामी हैं—आधारभूत हैं। जैसे नारायण सूक्तम् में कहा गया है –

"विश्वं नारायणं देवं अक्षरं परमं पदम्...
नारायणपरो ज्योतिः आत्मा नारायणः परः।"

प्रकृतिगत वस्तुओं (पंचभूत) तथा अप्राकृत वस्तुओं (उदाहरण—सुदर्शन चक्र) के आधारभूत परमात्मा नारायण के आश्रय में रहकर उनकी पूजा एवं स्तवन में अपने को अर्पित करना ही भगवद् भक्तों का लक्षण है।

2. आष्वार् अपने मन को संबोधित कर याचना करते हैं कि रे मन ! अब तक तुम जैसे भी रहे हो; किन्तु तुम्हारा आगामी जीवन भगवान के आश्रय में रहकर उनके पूजा-स्तवन में ही गुज़रना चाहिये।
भक्त आष्वार् अपने मन को समझाने के व्याज से मानव मात्र को यह समझा रहे हैं कि तुम्हारा जो भी जीवन पहले रहा हो, कम से कम आगे का जीवन भगवान की शरण में—उनकी आराधना—सेवा में गुज़रना चाहिये।

पच्चीस

भगवदाराधन करने से कभी कोई कष्ट हो सकता है क्या? उत्तर है 'नहीं'। सुनिये इस तथ्य को आष्वार् के प्रस्तुत पद में।

तोषुदाल्   पषुदुण्डे   तूनीर्   उलहम्
मुषुदुण्डु मोय् कुष़लाळ् आयच्चि - विषुदुण्ड
वायानै   माल्   विडैयेष्   चेट्रानै   वानवर्कुम्
शेयानै   नेञ्जे   शिरन्दु।।

शब्दार्थ अन्वयसहित

नेञ्जे ! = रे मन !
तू नीर् उलहम् = पवित्र जल के सागर सहित तमाम संसार को
मुषुदु उण्डु = पूर्णतः उदरस्थ करनेवाले (प्रलय काल की लीला है यह)
मोय् कुष़लाळ् आयच्चि = घने अलकयुक्त गोपी मां यशोदा का
विष़दु उण्ड वायानै = नवनीत खा लेनेवाले मुख युक्त
माल् विडै एष् चेट्रानै = (नप्पिन्नै से विवाह करने के लिए शर्त के रूप में रखे गये) सात मांसल ऋषभों को खत्म कर देनेवाले, और
वानवर्कुम् शेयानै = ब्रह्मादि देवताओं के लिए भी अप्राप्य भगवान नारायण की
शिरन्दु तोषुदाल् पषुदु उण्डे ! = विशेष आराधना करने पर क्या कोई कष्ट हो सकता है ! (उत्तर है : नहीं)

विशेष

विडै = ऋषभ,; विषुदु = मक्खन, नवनीत
पषुदु = बुराई, कष्ट, कमी

भावार्थ व्याख्या सहित

आष़्वार् अपने मन को (प्रकारान्तर से मानव-मात्र को) पुनः समझाते हैं कि अखिल ब्रह्माण्ड को (सागर सहित सारी धरती को) प्रलय काल में बचाने के लिए भगवान नारायण ने उदरस्थ कर लिया था; इतना महान कार्य करने के बावजूद माता यशोदा का नवनीत चुराकर उन्होंने खा लिया था; उन्होंने नप्पिन्नै देवी से विवाह करने के लिए शर्त के रूप में रखे गये सात मांसल वृषभों को हराकर खत्म कर दिया था। वे ब्रह्मादि देवताओं के लिए भी दुर्लभ हैं। उनकी आराधना एवं स्तवन करने पर क्या कोई तकलीफ़ हो सकती है ! कभी नहीं ! भगवान नारायण विश्व रक्षक हैं; अतः अखिल ब्रह्माण्ड को महा प्रलय से बचाने के उद्देश्य से उदरस्थ कर लिया था। वे स्नेह गद्‌गद हैं—स्नेहाधीन हैं—अतः माता यशोदा द्वारा रखा गया नवनीत चुराकर खा लिया था। वे भक्त सेवक तथा शक्ति संपन्न हैं। नप्पिन्नै से विवाह करने के लिए सात बड़े बड़े ऋषभों को हराकर उनका संहार कर दिया था। वे ब्रह्मादि देवताओं के लिए दुर्लभ हैं; परन्तु दीन सुलभ हैं। ऐसे भक्त सुलभ, स्नेह गद्‌गद एवं आश्रित रक्षक भगवान नारायण की आराधना करने पर जीवन में कोई कष्ट नहीं आ सकता—कोई बाधा नहीं आ सकती—जीवन निर्बाध होकर आनन्दमय बना रहेगा।

छब्बीस

भगवान नारायण आदिशेष की शय्या पर विराजमान हैं; साथ ही वे अन्यान्य तीर्थस्थलों में भी आवास करते हैं। फिर भी उनका सर्वोत्तम आवास स्थल भक्तों का अंतस्तल है। इस तथ्य को आष़्वार् के निम्न पद में देखिए।

शिरन्द एन् चिन्तैयुम् शेंकण् अरवुम्
निरैन्द शीर् नीळ् कच्चियुळ्ळुम् - उरैन्ददुवुम्
वेंकटमुम् वेह्कावुम् वेळुक्कै पाडियुमे
ताम् कडवार् तण् तुषायार्।।

शब्दार्थ अन्वयसहित

तण् तुषायार् ताम् कडवार् उरैन्ददुवुम् = शीतल तुलसीमाला धारी हमारे स्वामी भगवान नारायण सर्वदा निम्न स्थलों में आवास करते हैं।
शेम्कण् अरवुम = रक्तिम नयन युक्त आदिशेष
शिरन्द एन् चिन्तैयुम् = सर्वश्रेष्ठ मेरा अंतस्तल
निरैन्दशीर् नीळ् = विशिष्ट धन संपन्न एवं व्यापक
कच्चियुळ्ळुम् = कांची, वेंकटमुम् = श्री वेंकट गिरि,
वेह्कावुम् = तिरुवेह्का और
वेळुक्कैप् पाडियुमे = तिरुवेळुक्कै और तिरुवाय् पाडि।

विशेष

चिन्तै = विचार, भावना; प्रसंगानुसार अंतस्तल का अर्थ लिया जाता है।
अरवु = सर्प; प्रसंगानुसार 'आदिशेष'
पाडि = नगर, स्थल; प्रसंगानुसार 'तीर्थस्थल'
वेळुक्कै पाडि से दो तीर्थों का भी = वेळुक्कै और तिरुवाय्पाडि = अर्थ लिया जा सकता है।
तिरुवेह्का, तिरुवेळुक्कै और तिरुवाय् पाडि = ये तीनों तीर्थ कांची में स्थित हैं।

भावार्थ व्याख्यासहित

आष्वार् का कहना है कि आश्रितवत्सल भगवान नारायण विराजमान हैं कांची, श्री वेंकटाद्रि, तिरुवेह्का, वेळुक्कै एवं तिरुवाय् पाडि आदि तीर्थ-स्थलों में, आदिशेष की शय्या पर और सबसे बढ़कर मेरे अंतस्तल में।
'शिरन्द एन् चिन्तै' अर्थात् सबसे बढ़कर अथवा 'विशेष रूप से मेरा अंतस्तल' कहकर आष्वार् यह सिद्ध करते हैं कि भक्तरक्षक एवं आश्रितवत्सल होने से भगवान का सबसे प्रिय आवास-स्थल भक्त हृदय है जो आदिशेष की शय्या तथा अन्य तीर्थ-स्थलों से बढ़कर है।
भगवान का सबसे प्रिय आवास भक्त हृदय है—इसी बात को नम्माष्वार् ने भी कहा है—

नेञ्जमे नीळ् नहराह इरुन्द एन् तञ्जने (तिरुवाय्मोषि 3-8-2)

(मेरे अंतस्तल को ही आवास बनाकर उसमें विराजमान हे मेरे स्वामी!)
यही तथ्य पेरियाष्वार् ने अपनी कृति 'तिरुमोषि' में इस प्रकार कहा है—

एन् मनन्दनुळ्ळे वन्दु वैहि
एन् मनक्कडलिल् वाष वल्ल
शुडरोळियाय् नेञ्जिनुळ्ळे तोन्रुम् एन् शोदि नम्बि

(तेजस्वी के रूप में मेरे हृदय स्थल में भासमान मेरे स्वामी)

(पेरियाष्वार् तिरुमोषि 5-4-8,9,10)

सत्ताईस

भगवद् भक्तों से भले ही पाप कर्म हो जाएं—फिर भी वे उनका परिणाम नहीं भुगतते हैं—इस तथ्य को आष़्वार् के निम्न पद में देखिये।

आरे तुयरुष़न्दार् तुन्बुट्रार् आण्डैयार्
कारे मलिन्द करुङ् कडलै - नेरे
कडैन्दानैक् कारणनै नीरणै मेल् पळ्ळि
अडैन्दानै नाळुम् अडैन्दु।।

शब्दार्थ अन्वयसहित

कार् मलिन्द करुङ् कडलै नेरे कडैन्दानै = घने मेघ से व्याप्त श्याम वर्ण के सागर का स्वयं आगे रहकर मंथन करनेवाले,
कारणनै = अखिल जगत के कारणभूत, और
नीर् अणै मेल् पळ्ळि अडैन्दानै = दुग्ध समुद्र में आदिशेष की शय्या पर शयन करनेवाले भगवान की
अडैन्दु = शरण में रहनेवालों में से
नाळुम् तुयर् उष़न्दार् आर् = कौन ऐसे हैं जिनको कभी भी दुःख हुआ हो? (उत्तर है—कोई नहीं)
तुन्बु उट्रार् आण्डैयार्? = ऐसे दुख का अनुभव करनेवाले कहाँ हैं? (उत्तर है—कहीं नहीं हैं)

विशेष

आण्डै = वह स्थान

भावार्थ व्याख्या सहित

भगवान नारायण ने अपने शरणार्थी देवों की रक्षा के निमित्त अमृत प्राप्त कराने के लिए घने मेघ से व्याप्त समुद्र का मंथन किया था। वे ही अखिल जगत के कारण भूत हैं। आश्रितों के रक्षण के लिए परमपद से निकलकर दुग्ध समुद्र में आकर आदिशेष की शय्या पर योग निद्रा में आसीन हैं, जो लोग उस भगवान नारायण की शरण में आते हैं उनकी रक्षा भगवान करते हैं; अतः भले ही उन भक्तों ने पाप कर्म किये हों, फिर भी उन्हें कोई दुख नहीं होता; कहीं भी भगवान के शरणार्थी भक्त दुख का अनुभव करते हुए नहीं पाये जायेंगे।
यह भक्तों के प्रति भगवान के वात्सल्य का परिणाम है।

अट्ठाईस

शेषशायी एवं भक्त पांडवों के हित के लिए महाभारत युद्ध में भाग लेनेवाले शक्तिशाली भगवान स्नेहाधीन हैं; स्नेह विनत भक्त के समक्ष भगवान नादान हो जाते हैं। इस बात को आष़्वार् के पद में देखिये—

अडैन्ददु अरवणै मेल् ऐवर्क्काय् अन्रु
मिडैन्ददु भारत वेम्पोर् - उडैन्ददुवुम्
आयच्चि पाल् मत्तुक्के अम्मने वाळेयिट्रुप्
पेयच्चि पाल् उणड पिरान्।।

शब्दार्थ अन्वयसहित

वाळ् एयिट्रु पेय्च्चि पाल् उण्ड पिरान् = खड्गवत् तीक्ष्ण दाँतों से युक्त पूतना का दुग्ध-पान कर उसका संहार करनेवाले भगवान नारायण

अडैन्ददु = विराजमान हुए

अरवु अणै मेल् = आदिशेष की शय्या पर,

अन्‌रु ऐवर्क्कु आय् वेम् भारतम् पोर् = पुराने काल में कृष्णावतार के समय पाँच पांडवों के लिए भयानक महाभारत युद्ध में;

मिडैन्ददु = उन्होंने भाग लिया; परन्तु

उडैन्ददुवुम् आय्च्चि पाल् मत्तुक्के = भयभीत हुए गोप माता यशोदा की मथानी से।

अम्मने ! = यह कितना अजीब है ?

विशेष

पेय्च्चि = राक्षसी पूतना

आय्च्चि = गोप माता यशोदा

ऐवर् = पाँच लोग; यहाँ पांडवों के प्रति संकेत है।

वेम् पोर् = भयानक युद्ध; यहाँ 'महाभारत युद्ध' के प्रति संकेत है।

मत्तु = मथानी

भावार्थ व्याख्या सहित

तीक्ष्ण अर्थात् प्रखर दाँतों से युक्त राक्षसी पूतना का (कृष्णावतार में) दुग्ध-पान करते हुए उसके प्राणों को हर लिया था भगवान नारायण ने। भक्तवत्सल भगवान आश्रितों के रक्षण के लिए दुग्ध सागर में आकर आदिशेष की शय्या पर विराजमान हुए। कृष्णावतार के समय आश्रित पांडवों की रक्षा के लिए महाभारत युद्ध तक में भाग लिया। ऐसे निर्भय और भक्तों के भयहर भगवान नारायण–(बालकृष्ण के रूप में अवतरित होकर माखन की चोरी करते हुए पकड़े जाने पर मार खाने की आशंका में) माता यशोदा की मथानी से भयभीत हुए। यह कितना अजीब है ! सर्वशक्तिमान भगवान भक्तों की रक्षा के लिए हर स्थिति में उनकी सहायता के लिए तत्पर रहते हैं; भक्तों को भय-मुक्त करते हैं। परन्तु स्नेह-सिक्त एवं सहज स्वभाव युक्त भक्त का मन रखने के लिए स्वयं भयभीत होने का बहाना भी करते हैं।

भगवान नारायण की तमाम लीलायें उनके, भक्त-रक्षण, आश्रितवत्सलता तथा स्नेहाधीनता के स्वभावों के निदर्शन हैं।

उनतीस

कृष्ण के प्रति माता यशोदा की स्नेहातिशयता का वर्णन देखिए भक्त आष़्वार् के प्रस्तुत पद में।

पेय्च्चि पालुण्ड पेरुमानैप् पेन्र्देडुत्तु
आय्च्चि मुलै कोडुत्ताळ् अञ्जादे - वाय्त्त
इरुळार् तिरुमेनि इन्पवळच् चेव्वाय्
तेरुळा मोषियानैच् चेन्र्दु।।

शब्दार्थ अन्वयसहित

पेय्च्चि पाल् उण्ड पेरुमानै = राक्षसी पूतना का स्तन्यपान करनेवाले सर्वेश्वर तथा

वाय्त्त इरुळ् आर् तिरुमेनि = तमवत् श्यामल शरीर के,

इन् पवळम् शेम् वाय् = सुन्दर प्रवाल के समान रक्तिम अधर-युक्त एवं

तेरुळा मोषियानै = अस्फुट तुतली बोली बोलनेवाले बालकृष्ण को

चेन्दु, पेन्दु एडुत्तु = निकट जाकर दोनों हाथों से लेकर

आय्च्चि अञ्जादे मुलै कोडुत्ताळ् = गोप माता यशोदा ने बिना किसी प्रकार के भय के स्तन्यपान कराया।

भावार्थ व्याख्या सहित

बालकृष्ण सुन्दर हैं; उनका शरीर तमवत् श्यामल है। सुन्दर प्रवाल की तरह रक्तिम अधर है उनका। वे अस्फुट रूप से तुतली बोली बोलते हैं। उस बालकृष्ण ने राक्षसी पूतना का स्तन्यपान कर उसका संहार किया। वे सर्वेश्वर हैं।

स्नेहिल माता यशोदा ने पूतना का मृत शरीर देखकर भी बिना भय के बालकृष्ण को दोनों हाथों से गोद में लेकर स्तन्यपान कराया।

माता यशोदा को केवल बालकृष्ण की चिन्ता है। उसे आसपास के वातावरण का ध्यान ही नहीं है। राक्षसी पूतना का मृत शरीर धरती पर पड़ा है; उसके बावजूद बिना भय या चिन्ता के वह बालकृष्ण को स्तन्यपान कराती है। यह मातृस्नेह की पराकाष्ठा का निदर्शन है।

भक्त आष्वार् बालकृष्ण के अपरिमित सौन्दर्य तथा माता यशोदा के स्नेहातिरेक पर मुग्ध हैं।

तीस

कृपालु एवं करुणामूर्ति भगवान नारायण सर्वत्र विराजमान हैं; परन्तु भागवत भक्तों की दृष्टि से उनके विशिष्ट आवास-स्थल कौन से हैं–देखिए भक्त आष्वार् के निम्नलिखित पद में।

शेन्दे तिरुमाल् कडल् कुडन्दै वेंकटम्
नेन्दे एन् शिन्दै निरै विशुम्बुम् - वायन्द
मरै पाटकम् अनन्तन् वण् तुषाय्क् कण्णि
इरै पाडियाय इवै ।।

शब्दार्थ अन्वयसहित

कडल् = दुग्ध समुद्र

कुडन्दै वेंकटम् = कुंभकोणम् एवं श्रीवेंकट पर्वत

नेन्दे एन् शिन्दै = मेरा सहज अंतस्तल

निरै विशुम्बुम् = परिपूर्ण परमपद अर्थात् श्री वैकुंठ

वायन्द मरै = अपौरुषेय वेद

पाटकम् = पाटक तीर्थस्थल

अनन्तन् = आदिशेष की शय्या

आय इवै = ये तमाम स्थान

वण् तुषाय् कण्णि तिरुमाल् शेन्दं इरै पाडि = सुन्दर तुलसी माला धारण करनेवाले भगवान विष्णु (नारायण) की राजधानी हैं।

विशेष

पाटकम् = कांचीपुरम के निकट रहनेवाला क्षेत्र पाटकम् जहां भगवान नारायण पांडवों के दूत बनकर कौरवों की सभा में जानेवाले भगवान कृष्ण के रूप में विराजमान हैं।
विशुम्बु = आकाश; प्रसंगानुसार परमपद श्री वैकुंठ का अर्थ लिया जाता है। अन्य अर्थ हैं: स्वर्ग, देवलोक
मरै = वेद; इरै पाडि = राजधानी; प्रसंगानुसार है भगवान का आवास

भावार्थ व्याख्यासहित

भगवान नारायण के विशिष्ट आवास हैं—परमपद अर्थात् श्रीवैकुंठ, दुग्ध समुद्र, आदिशेष की शय्या, अपौरुषेय वेद, कुंभकोणम्, श्रीवेंकट गिरि एवं पाटकम् आदि तीर्थ स्थल और आऴ्वार् का अपना भक्त हृदय।
वेदवेद्य भगवान नारायण—श्रीवैकुंठ वासी परमात्मा मानव-मात्र के प्रति अनुग्रहपूर्वक दुग्ध समुद्र में आकर आदिशेष की शय्या पर विराजमान हैं; यही नहीं; सामान्य मानव के प्रति वात्सल्य भाव से स्नेहपूर्वक अनेकानेक तीर्थ स्थलों में भी आकर निवास करते हैं। सबसे बढ़कर परम भागवत भक्त आऴ्वार् के अंतस्तल में भक्तिवश होकर आवास करते हैं। उनकी महती कृपा का वर्णन कैसे किया जाए! वे भक्तों के अपने हैं। अतः ज्ञानसार वेदों द्वारा प्रतिपादित भगवान, भक्तों के प्रति करुणापूर्ण होकर उनके हृदय को निज आवास बनाकर वहाँ विराजमान रहते हैं। परम शक्तिमान भगवान नारायण सहज रूप से भक्त की भक्ति के वशीभूत होकर उसके अंतस्तल को अपना प्रियतम आवास बना लेते हैं।

इकतीस

आश्रितविरोधियों के संहारक एवं आश्रितरक्षक भगवान नारायण के आवास-स्थलों पर आऴ्वार् इस पद में ज़ोर देते हैं।

इवैयवन् कोयिल् इरणियनदु आहम्
अवै शेयदु अरि उरुवमानान् - शेवि तेरिया
नाहत्तान् नाल् वेदत्तुळ्ळान् नरवेट्रान्
पागत्तान् पार्कडलुळान्।।

शब्दार्थ अन्वयसहित

इरणियनदु आहम् अवै शेयदु = हिरण्यकशिपु के वक्षस्थल को अनेक टुकड़ों में विदीर्ण करने के लिए
अरि उरुवमानान् = नृसिंह का अवतार लेनेवाले
शेवि तेरिया नाहत्तान् = आँख से ही कान का भी काम लेनेवाले सर्प अर्थात् आदिशेष की शय्या पर विराजमान
नाल् वेदत्तुळ्ळान् = चारों वेदों द्वारा प्रतिपादित होनेवाले
नरवेट्रान् पागत्तान् = मधुर गंगा को सिर पर रखनेवाले शिवजी को अपने तन में स्थान देनेवाले और
पार्कडलुळान् = दुग्ध समुद्र में विराजमान
अवन् कोयिल् इवै = उस भगवान नारायण के आवास हैं पूर्व पद में उल्लिखित तमाम तीर्थ।

विशेष

इरणियन् = हिरण्यकशिपु; आहम् = वक्षस्थल
अरि = शत्रु; प्रसंगानुसार नृसिंह
शेवि तेरिया = सांप के कान नहीं होते; आँख से ही वह कान का भी काम लेता है। अतः प्रसंगानुसार 'आदिशेष- नाग का अर्थ लिया जाता है। 'सांप' को संस्कृत में इस कारण चक्षुः श्रवाः और तमिल में 'कट्चेवि' कण्शेवि = आँख ही जिसका कान भी है, कहा जाता है।
नरवु = मधु; प्रसंगानुसार मधुवत् मधुर जलधारा युक्त 'गंगा' का अर्थ लिया जाता है।
नरवु एट्रान = गंगा को सिर पर धारण करनेवाले गंगाधर अर्थात् शिवजी या रुद्र
दूसरा अर्थ निम्न प्रकार भी हो सकता है।
एरु = ऋषभ = रुद्र का वाहन। अतः नरवु एट्रान् = गंगाधर एवं ऋषभवाहन रुद्र
नरवु का अर्थ 'मधु' अर्थात् शराब भी है। यह माना जाता है कि रुद्र श्मशान में निवास करते हैं। वे मधुपान करते हें। अतः "मधुपायी और ऋषभवाहन रुद्र" का भी अर्थ हो सकता है।

भावार्थ व्याख्या सहित

भगवान नारायण ने आश्रित प्रह्लाद की रक्षा के लिए नृसिंहावतार लेकर, हिरण्यकशिपु का वक्षस्थल फाड़कर संहार किया था। वे ही चारों वेदों के सारभूत तथा उनके द्वारा प्रतिपाद्य हैं। वे दुग्ध समुद्र में आदिशेष की शय्या पर विराजमान हैं। गंगाधर एवं ऋषभवाहन रुद्र को अपने तन में उन्होंने आश्रय देकर आश्रितरक्षण का अपना धर्म सिद्ध किया है। उन्हीं भगवान नारायण के आवास स्थल हैं पिछले पद में उल्लिखित सारे तीर्थ–कुंभकोणम्, श्रीवेंकट पर्वत, श्रीवैकुंठ, (परमपद या देवलोक), चारों वेद, पाटकम्, मेरा या भक्त का अंतस्तल।
श्रीवैकुंठ पति भगवान नारायण ब्रह्मा आदि देवताओं को दर्शन देने के लिए दुग्ध समुद्र में आकर विराजमान हैं।
वे पृथ्वी पर रहनेवाले मानव-मात्र के कल्याण के लिए श्रीवेंकट गिरि, कुंभकोणम् आदि तीर्थों में आकर निवास करते हैं। भक्तों के भक्त हैं भगवान; अतः उनके अंतस्तल को अपना आवास बनाये हुए हैं। इस पद में भक्त आष्वार् ने भगवान के दो स्वभावों का उल्लेख किया है; वे स्वभाव हैंः आश्रितविरोधियों का संहार एवं आश्रितरक्षण अर्थात् आश्रित संश्लेषण।

बत्तीस

भगवान नारायण के विभिन्न आवास स्थलों का विवरण देखिए आष्वार् के प्रस्तुत पद में।

पार्कडलुम् वेंकटमुम् पाम्बुम् पनिविशुम्बुम्
नूर्कडलुम् नुण्णूल तामरै मेल् - पार्पट्
टिरन्दार् मनमुम् इडमाहक् कोण्डान्
कुरुन्दोशित्त गोपालकन्।।

शब्दार्थ अन्वयसहित

कुरुन्दु ओशित्त गोपालकन् = कुरुण्ड वृक्ष के रूप में आये असुर को नष्ट कर गायों एवं बछड़ों की रक्षा करनेवाले गोपाल कृष्ण ने

पाल् कडलुम् = पार्कडलुम् = दुग्ध समुद्र,
वेंकटमुम् = श्रीवेंकट पर्वत, पाम्बुम् = आदिशेष की शय्या,
पनि विशुम्बुम् = सांसारिक कष्टों से दूर हिमवत् शीतलता प्रदान करनेवाला श्रीवैकुंठ,
नूल कडलुम् = सागर की भांति व्यापक श्रुति, स्मृति, इतिहास, पुराण आदि एवं
नुण् नूल तामरै मेल् पाल् पट्टिरुन्दार् मनमुम् = सूक्ष्म तत्वों के प्रतिपादक शास्त्रों में विहित प्रकार से अपने हृदय-कमल में समस्त इन्द्रियों को नियंत्रित कर योग-स्थिति में रहनेवाले योगियों के हृदय को
इडम् आह कोण्डान् = अपना आवास बना लिया।

भावार्थ व्याख्यासहित

गोकुल में कुरुण्ड वृक्ष के रूप में आये असुर को नष्ट कर गायों और बछड़ों की रक्षा की, गोपाल कृष्ण ने। उन्होंने अर्थात् भगवान नारायण ने दुग्ध समुद्र, श्रीवेंकट पर्वत, आदिशेष की शय्या, श्रीवैकुंठ, नानाविध शास्त्रों तथा शास्त्रों द्वारा विहित प्रकार से समस्त इन्द्रियों को नियंत्रित कर योग साधना में विलीन रहनेवाले योगियों के हृदय को अपना आवास बना लिया।

सर्वव्यापी भगवान नारायण कहाँ कहाँ विराजमान हैं—देखिये।

भगवान नारयण दुग्ध समुद्र पर योग निद्रा में विराजमान हैं। श्रीवैकुंठपति पृथ्वी पर मानव-हित के लिए श्रीवेंकट पर्वत पर आकर आसीन हैं। श्रुति, स्मृति, इतिहासों एवं पुराणों द्वारा व्याख्यायित होनेवाले भगवान नारायण ध्यान एवं निदिध्यासन के मार्ग से साधना द्वारा समाधि में पहुँचनेवाले योगियों के अंतस्तल में विराजमान हैं। योगियों की साधना के साध्य भगवान स्वयं हैं।

तेतीस

अनिष्टों को हटाकर इष्ट प्रदान करनेवाले हैं भगवान नारायण। देखिये; वे किस प्रकार इस धर्म का निर्वाह करते हैं।

बालकनाय् आलिलै मेल् पैय उलहेल्लाम्
मेलोरुनाळ् उण्डवने मेय्म्मैये - मालवने
मन्दरत्ताल् मानीर् कडल् कडैन्दु वानमुदम्
अन्तरत्तार्कु ईन्दाय् नी अन्रु

शब्दार्थ अन्वयसहित

मेल् ओरु नाळ् = बहुत पहले कभी आपने
बालकन् आय् = शिशु का रूप लेकर
आल् इलै मेल् = वट पत्र पर शयन करते हुए
उलहु एल्लाम् = समस्त लोकों को
पैय मेय्म्मैये उण्डवने = धीरे से वस्तुतः उदरस्थ कर लिया था
मालवने नी ! = ऐसे महान कार्य करनेवाले आपने
अन्रु = फिर एक बार
मन्दरत्ताल् मानीर् कडल् कडैन्दु = मन्दर पर्वत को मथानी बनाकर, व्यापक जलाशय सागर का मंथन कर
अन्तरत्तार्कु वान् अमुदम् ईन्दाय् = देवताओं को श्रेष्ठ अमृत प्रदान किया।

विशेष

अन्तरत्तार् = अमर अर्थात् देवता

'ई' धातु का अर्थ है 'देना'

ईन्दाय् = दिया

मालवन् = परम सत्ता; भगवान ('माल्' का भी यही अर्थ है)

भावार्थ व्याख्यासहित

हे भगवान नारायण! आप परमात्मा हैं; सर्वशक्तिमान हैं। आपने बहुत पहले समस्त लोकों को महा प्रलय से बचाने के लिए उदरस्थ कर शिशु के रूप में वटपत्रशायी हो विराजमान थे। ऐसे महान शक्तिशाली आपने पुनः मन्दर पर्वत को मथानी बनाकर सागर का मंथन किया, अमृत का उद्‌भव हुआ और उसे आपने देवताओं को प्रदान किया। यह कैसा आश्चर्य है!

पहले आपने समस्त लोकों को प्रलय के अनिष्ट से बचाया। बाद में आपने ही अमरों को इष्ट वस्तु—अमृत प्रदान किया; तदर्थ मन्दर पर्वत को मथानी के रूप में लेकर समुद्र का मंथन किया था।

किसी भी प्रकार के अनिष्ट से रक्षण करना और इष्ट अर्थात् काम्य प्रदान करना—यह सर्वशक्तिमान भगवान नारायण के लिए ही संभव है।

चौंतीस

'हे मन! भगवान नारायण का स्मरण करो'—आष्वार् निज मन को समझाते हैं।

अन्रु इव्वुलहम् अळन्द अशवे कोल्!
निन्रुरिन्दु वेळुक्कै नीळ् नहर्वाय् - अन्रु
किडन्दानैक् केडिल् शीरानै मुन् कञ्जैक्
कडन्दानै नेञ्जे काण्॥

शब्दार्थ अन्वयसहित

नेञ्जमे! = हे मन!

अन्रु = बहुत पहले कभी भगवान नारायण ने

निन्रु = खड़े रहकर

इव्वुलहम् अळन्द अशवे कोल्! = समस्त विश्व को नापा था; शायद उससे हुई थकावट के कारण

वेळुक्कै इरुन्दु = 'तिरुवेळुक्कै' तीर्थ में वे बैठने की मुद्रा में विराजमान हुए!

नीळ् नहर् वाय् अन्रु किडन्दानै = तदनन्तर 'तिरुवेह्का' नाम के तीर्थ में वे शयन मुद्रा में विराजमान हुए!

केडु इल् शीरानै = कभी न खत्म होनेवाले अर्थात् अनन्त कल्याण गुणों से युक्त भगवान नारायण का

मुन् कञ्जै कडन्दानै = जिन्होंने बहुत पहले कंस का संहार किया था

काण् = अनुसन्धान करो।

भावार्थ व्याख्यासहित

भक्त आष्वार् अपने मन को संबोधित कर कहते हैं कि हे मन! भगवान नारायण 'तिरुवेळुक्कै' में आसीन मुद्रा

में और 'तिरुवेह्का' में शयन मुद्रा में विराजमान हैं; शायद इसका कारण यह रहा हो कि बहुत पहले उन्होंने खड़े खड़े समस्त विश्व को नाप जो दिया था (वामनावतार में) इस कारण थक गये हों। उस भगवान नारायण का जिन्होंने आततायी कंस का संहार किया था, और जो अनन्त कल्याण गुण-संपन्न हैं, स्मरण एवं ध्यान करो। इसी प्रकार का वर्णन तिरुमषिशै आष्वार् की कृति 'नान्मुखन् तिरुवन्तादि' के पद 35 में देखिये।

"ताळाल् उलहम् अळन्द अशवे कोल्!
वाळा किडन्दरुळुम् वाय् तिरवान् "

(तिरुवल्लिकेणि तीर्थ में आदिशेष की शय्या पर बिना हिले-डुले शयन मुद्रा में भगवान नारायण विराजमान हैं; इसका कारण शायद समस्त विश्व को श्रीचरणों से नापने से हुई थकावट तो नहीं!)

पैंतीस

भक्त आष्वार् की समस्त इन्द्रियाँ भगवदाराधन में विलीन रहती हैं; इस तथ्य को उनके निम्नांकित पद में देखिये।

काण् काण् एन विरुम्बुम् कण्गळ् कदिरिलहु
पूण्डारहलत्तान पोन मेनि - पाण् कण्
तोषिल् पाडि वण्डरैयुम् तोंगलान् शेम् पोन्
कषल् पाडि याम् तोषुदुम् कै।।

शब्दार्थ अन्वयसहित

कण्गळ् = मेरी आँखें
कदिर् इलहु = अपार तेजोमय पूण्, तार् अहलत्तान् = आभूषणों और तुलसी माला को वक्षस्थल पर धारण करनेवाले भगवान नारायण का
पोन्/ मेनि = सुन्दर तन
काण् काण् एन विरुम्बुम् = देखें, देखें, बार बार देखें = इस प्रकार इच्छा करती रहती हैं।
वण्डु अरैयुम् तोंगलान् तोषिल् = भ्रमरों की ध्वनि से मंडित पुष्पमाला धारण करनेवाले भगवान की लीलाओं को
पाण् कण् पाडि = रागों में बाँधकर गाते हुए
शेम् पोन् कषल् = उनके स्वर्णवत् तेजोमय श्रीचरणों की
याम् कै पाडि तोषुदुम् = हम हाथों से पूजा कर आराधना करें।

भावार्थ व्याख्यासहित

आष्वार् का कहना है कि मेरी आँखें तेजोमय आभूषणों और तुलसी माला को धारण करनेवाले भगवान नारायण के सुन्दर शरीर को बार-बार देखने की इच्छा करती हैं। हम भगवान की लीलाओं को मधुर रागों में बाँधकर गाते रहें; इस प्रकार अपनी वाणी का उपयोग करें। साथ ही हाथों से भगवान के तेजस्वी श्रीचरणों की पूजा एवं आराधना करें!
भक्त आष्वार् अपनी तमाम इन्द्रियों से भगवान की आराधना करने की कामना करते हैं। आँखें भगवद्दर्शन करें, वाणी भगवान की लीलाओं को राग-रागिनी में बाँधकर गाती रहे और हाथ भगवान के श्रीचरणों की सर्वदा पूजा-आराधना करते रहें।
आष्वार् यहाँ अपने बारे में कहते हुए मानव-मात्र को निरन्तर मनसा, वाचा एवं कर्मणा भगवदाराधन करने का संदेश देते हैं।

छत्तीस

भगवान नारायण आश्रित-रक्षण तथा आश्रित विरोधियों के संहार के लिए सभी प्रकाँर से संनद्ध हैं—भगवान के पास कौन-कौन से शस्त्र विद्यमान हैं—देखिये।

कैय कनवाषि कार्कडल् वाय् वेण् शंखम्
वेय्य कदै शाङर्गम् वेञ्जुडर् वाळ् - शेय्य
पडै परवै पाषि पनि नीरुलहम
अडियळन्द मायर् अवर्कु।।

शब्दार्थ अन्वयसहित

पनि नीर् उलहम् अडि अळन्द मायर् अवर्कु = शीतल जल भरे समुद्र से व्याप्त समस्त लोकों को श्रीचरणों से नापने की अतिशय लीला करनेवाले भगवान नारायण के

कैय कनल् आषि = हाथों में आग उगलनेवाला सुदर्शन चक्र,

कार् कडल् वाय् वेण् शंखम् = श्याम वर्ण के सागर से उद्भूत पाँचजन्य शंख,

वेय्य कदै शार्ङगम् = तेज़ दंड एवं शाङर्ग धनुष, और

वेम् शुडर् वाळ् = तीक्ष्ण और तेजोमय कौमोदकी गदा;

शेय्य पडै = ये सभी दिव्य शस्त्र विद्यमान है।

परवै पाडि = दुग्ध समुद्र उनके लिए सेज है।

विशेष

कदै = संस्कृत शब्द 'गदा' का तमिल रूप हे।

शंखम्, शाङर्गम् = ये दोनों संस्कृत शब्दों के (शंख, शाङ्र्ग) तमिल रूप हैं।

भावार्थ व्याख्यासहित

भगवान नारायण मायामय हैं। उनकी लीलायें अद्भुत हैं। एक लीला वह भी थी जो उन्होंने वामनावतार लेकर महाबलि से विश्व की रक्षा करने के लिए तीन पगों की भूमि माँगकर दो पगों से ही समस्त लोकों को नापकर की थी। भक्त रक्षण के लिए और आश्रित-विरोधियों के संहार हेतु भगवान नारायण के पास नाना प्रकार के ओजस्वी एवं तेजस्वी दिव्य अस्त्र-शस्त्र हैं—जैसे सुदर्शन चक्र, पाँचजन्य शंख, शाङ्र्ग धनुष एवं कौमादकी गदा। वे समस्त ब्रह्माण्ड के हित के लिए दुग्ध समुद्र की सेज में विराजमान हैं।

भक्त आष्वार् मायामय, भक्तवत्सल तथा करुणामय भगवान नारायण के आयुधों का वर्णन कर जीवराशियों के प्रति उनकी करुणा का प्रकारान्तर से निरूपण करते हैं।

सैंतीस

भक्त भगवान में लीन हैं तो भगवान भी भक्तों को अन्दर-बाहर, सभी प्रकार से अपनाये हुए हैं। अर्थात् भगवान स्वयं भक्तों के भक्त हैं; दासों के दास हैं; भक्त की प्रपत्ति के वशीभूत हैं—इस महान तथ्य को आष्वार् के प्रस्तुत पद में देखिये।

अवर्कु अडिमैप् पट्टेन् अहत्तान् पुरत्तान्
उवर्कुम् करुङ्कडल् नीरुळ्ळान् - तुवर्कुम्
पवळवाय्प् पूमहळुम् पन्मणिप्पूण् आरम्
तिहषुम् तिरु मार्वन् तान् ।।

शब्दार्थ अन्वयसहित

अवर्कु अडिमैप् पट्टेन् = उस भगवान नारायण का मैं दास हूँ।
अवर्कुम् करुङ् कडल् नीर् उळ्ळान् = क्षार एवं श्यामल समुद्र जल में शयन करनेवाले तथा,
तुवर्कुम् पवळम् वाय् पू महळुम् = रक्त वर्ण के प्रवाल की तरह मुखवाली कमलासना श्रीदेवी तथा
पल् मणि पूण् आरम् तिहषुम् तिरुमार्बन् तान् = नानाविध रत्नखचित आभूषणों एवं हारों को वक्ष स्थल पर धारण करनेवाले भगवान नारायण
अहत्तान् पुरत्तान् = मुझे अन्दर-बाहर, सर्वत्र, चारों तरफ़ से अपनाये हुए हैं।

भावार्थ व्याख्यासहित

भक्त आष़्वार् का कहना है कि मैं भगवान का दास हूँ- आश्रित हूँ। इसके पूर्व पद 35 में आष़्वार् ने मनसा, वाचा एवं कर्मणा भगवान की आराधना करने का उल्लेख किया था। उसीके अनुक्रम में यहाँ अपनी दास्यता का निरूपण कर रहे हैं। भगवान नारायण क्षार एवं श्यामल समुद्र जल में शयन कर रहे हैं। उनका वक्षस्थल सर्वाभरणों से तथा कमलासना श्रीदेवी से अलंकृत है। भक्त आष़्वार् को इस बात का विश्वास है कि भक्तवत्सल भगवान उनको अन्दर, बाहर, सर्वत्र-चारों तरफ़ से अपनाये हुए हैं।
भक्त जब भगवल्लीन होता है, तब भगवान भी भक्त के दास बन जाते हैं। यह प्रपत्ति की पराकाष्ठा की स्थिति है। प्रपन्न भक्त के लिए भगवान से भिन्न किसी भी वस्तु या स्थिति के साथ कोई संबंध नहीं रहता। इसी प्रकार भगवान भी दासानुदास हो जाते हैं। भक्त ने भगवान को भक्ति से बाँधा है। भगवान भी भक्त को अनुग्रह भाव से अपनाये हुए हैं। इसी बात को नम्माष़्वार् की कृति में देखिये।

**"नाळ्तोरुम् एन्नुडैय आक्कैयुळ्ळुम्
आवियुळ्ळुम् अल्ल पुरत्तिनुळ्ळुम्
नीक्कमिन्रि एङ्गुभ् निन्राय्"**

(सर्वदा मेरे शरीर में और आत्मा में, साथ ही तमाम इन्द्रियों में, सर्वत्र व्याप्त रहनेवाले भगवान नारायण)

—तिरुवाय्मोषि 4-7-6

प्रस्तुत पद में आष़्वार् जब कहते हैं कि भगवान नारायण क्षार एवं श्यामल समुद्र जल में शयन करते हैं तब यह परम्परा के विरुद्ध लगता है। क्योंकि परम्परानुसार—पुराणों के अनुसार भगवान क्षीर समुद्रशायी हैं जिसका जल मधुर एवं शुभ्र होता है। परन्तु भगवान ने जो सृष्टि की वह समुद्र की ही थी; उसका जल मूलतः क्षारमय या नमकीन ही था। पर भगवान परमपद से आकर जब लोक कल्याण के लिए समुद्र में विराजमान हुए तब से वह समुद्र क्षीर समुद्र हुआ; अर्थात् क्षार समुद्र क्षीर समुद्र बना। अतः यहाँ कोई विरोध नहीं है। भगवान नारायण क्षीर समुद्र, अर्थात् मूलतः क्षार समुद्र में ब्रह्मादि देवताओं तथा विश्व के हित के लिए विराजमान हुए। इस संदर्भ में पौराणिक रीति से सात समुद्रों का स्मरण करना उपयुक्त होगा।

**"जम्बूप्लक्षाह्वयौ द्वीपौ शाल्मलिश्चापरो द्विज।
कुशः क्रौञ्चः तथा शाकः पुष्करश्चैव सप्तमः।।**

एते द्वीपाः समुद्रैस्तु सप्त सप्तभिरावृताः।
लवणेक्षुसुरासर्पिर्दधिदुग्धजलैः सम्म्।।"

(विष्णु पुराण 2-2-5/6)

सप्त द्वीप-जम्बू, प्लक्ष, शाल्मलि, कुश, क्रौञ्च, शक तथा पुष्कर—क्रमशः सात समुद्रों—लवण, इक्षु, सुरा, सर्पि, दधि, दुग्ध एवं जल समुद्रों से घिरे हुए हैं।

अड़तीस

सर्वभूत सर्वात्म भगवान नारायण निरुपम हैं; उपमानरहित हैं; अपने लिए स्वयं उपमान हैं। इस आध्यात्मिक सिद्धांत को आष्वार् के निम्नलिखित पद में देखिये।

ताने तनक्कु उवमन् तन्नुरुवे एव्वुरुवुम्
ताने तववुरुवुम् तारकैयुम् - ताने
एरिशुडरुम् माल्वरैयुम् एण्डिशैयुम् अण्डत्तु
इरु शुडरुम् आय इरै।।

शब्दार्थ अन्वयसहित

एव् उरुवम् तन् उरुवे = तमाम स्वरूप उनके अपने ही स्वरूप हैं अथवा सारी वस्तुयें उनके शरीर हैं।
तवम् उरुवुम् तारकैयुम् ताने = तपस्या कर दिव्य शरीर प्राप्त ब्रह्मादि देवता और नक्षत्र भी वही हैं—या उनके ही स्वरूप हैं।
एरि शुडरुम् = तेजोमय अग्नि
माल् वरैयुम् = बड़े बड़े पर्वत
एण् तिशैयुम् = अष्ट दिशाएँ, और
अण्डत्तु इरु शुडरुम् = ब्रह्माण्ड में विद्यमान सूर्य और चन्द्र
ताने आय इरै = उनके अपने ही शरीर हैं; अतः भगवान नारायण
तनक्कु ताने उवमन् = अतुलनीय हैं; अनुपम हैं। अपने लिए स्वयम् उपमान हैं। अर्थात् उपमान भी वही हैं; उपमेय भी वही हैं।

विशेष

उरुवम्, तारकै, तिशै, अण्डम्, उवमन् = संस्कृत शब्दों—रूप, तारक, दिशा, अण्ड, उपमान—के तमिल रूप हैं।

भावार्थ

समस्त विश्व में विद्यमान सारी चेतन-अचेतन वस्तुयें, तपस्या के द्वारा दिव्य शरीर प्राप्त ब्रह्मा आदि देवता, नक्षत्र, अग्नि, पर्वत, सारी दिशायें, सूर्य-चन्द्र—ये सब भगवान नारायण के ही शरीर हैं। भगवान नारायण अनुपम हैं—स्वयं उपमान हैं और उपमेय भी हैं; वे शरीर भी हैं, शरीरी भी वही हैं।

व्याख्या

नारायणोपनिषत् की स्थापना है कि नारायण नित्य हैं; ब्रह्मा, शिव आदि देवता नारायण हैं; काल, दिशायें, समस्त ब्रह्माण्ड नारायण हैं। वे सर्वमय हैं; सर्वभूत हैं।

"अथ नित्यो नारायणः; ब्रह्मा नारायणः; शिवश्च नारायणः; कालश्च नारायणः; दिशश्च नारायणः; नारायण एवेदग् सर्वम् यद्भूतं; यच्च भव्यम् ..." (नारायणोपनिषत)

विष्णु पुराण का भी कहना है—ये सब भगवान नारायण के ही शरीर हैं—**'तत् सर्वं वै हरेस्तनुः'** (1-22-37)

भक्त आष्वार् ने भगवान नारायण की सर्वमयता का जो निरूपण किया है वह वेदों एवं पुराणों द्वारा प्रतिष्ठित भगवत्तत्व के अनुरूप है। भक्त आष्वार् सर्वत्र अपने आराध्य नारायण के ही दर्शन करते हैं। समस्त ब्रह्माण्ड भगवान के ही शरीर हैं; वे स्वयं शरीरी हैं; वे अतुल हैं; उनकी तुलना किसी और के साथ नहीं की जा सकती है। जब वे शरीरी हैं—सर्वान्तर्यामी हैं अर्थात् उनके बिना ब्रह्माण्ड का अस्तित्व ही नहीं है, तब यह सिद्ध है कि उनके बराबर का कोई नहीं है; वे स्वयं अपने लिए उपमान हैं।

इसे अलंकार शास्त्र में 'अनन्वयालंकार' कहा जाता है। (यह ऐसी काव्याभिव्यक्ति है जहां किसी वस्तु की तुलना किसी और वस्तु से नहीं; परन्तु उसी वस्तु से की जाती है, अर्थात् उपमेय एवं उपमान दोनों एक ही हैं। इस शैली से वर्णित वस्तु की अतुलनीयता स्थापित होती है।)

उनतालीस

वही सर्वान्तर्यामी भगवान नारायण श्री वेंकट पर्वत पर विराजमान हैं। वही सर्वभूत भगवान भक्त आष्वार् के अंतस्तल में भी समासीन हैं।

इरैयाय् निलनाहि एण् तिशैयुम् तानाय्
मरैयाय् मरैप्पोरुळाय् वानाय् - पिरै वायन्द
वेळ्ळत्तरुवि विळंगोलिनीर् वेंकटत्तान्
उळ्ळत्तिनुळ्ळे उळन् ।।

शब्दार्थ अन्वयसहित

इरै आय् = सबके स्वामी,
निलन् आहि = धरती के अंतर्यामी
एण् तिशैयुम् तान् आय् = आठों दिशाओं में, तमाम वस्तुओं में परिव्याप्त
मरै आय् = वेद प्रवर्तक
मरै पोरुळ् आय् = वेदवेद्य
वान् आय् = स्वर्ग अथवा परमपद श्रीवैकुंठ के अधिपति और
पिरै वायन्द = चन्द्र मण्डल तक परिव्याप्त
वेळ्ळम् अरुवि विळंगु ओलि नीर् वेंकटत्तान् = बहती जल धाराओं वाले निर्झरों से परिपूर्ण तथा लहरों की ध्वनि से गुंजरित श्रीवेंकट पर्वत में विराजमान भगवान नारायण
उळ्ळत्तिन् उळ्ळे उळन् = मेरे अंतस्तल में समासीन हैं।

भावार्थ

भगवान नारायण समस्त ब्रह्माण्ड के स्वामी हैं; धरती एवं धरती में स्थित चेतन-अचेतन वस्तुओं के अंतर्यामी हैं, वेदों के प्रवर्तक तथा वेदवेद्य हैं; परमपद अर्थात् श्रीवैकुंठ के निर्वाहक हैं; चन्द्र मंडल को भी स्पर्श करनेवाले उत्तुंग एवं वीचियों की ध्वनि से गुंजरित निर्झरों से परिपूर्ण श्री वेंकट पर्वत पर विराजमान हैं। वे परमात्मा भगवान नारायण मेरे अंतस्तल में समासीन हैं।

व्याख्या

1. सर्वान्तर्यामी भगवान नारायण वेद प्रवर्तक हैं और वेदसार अर्थात् वेदवेद्य भी हैं। यही तथ्य भगद्गीता के निम्नलिखित श्लोक द्वारा प्रतिपादित हुआ है।

वेदैश्च सर्वैः अहमेव वेद्यः
वेदान्तकृत् वेदविदेव चाहम् (15-15)

2. धरती तथा धरती में स्थित तमाम जड़-चेतन वस्तुओं के अंतर्यामी हैं भगवान नारायण। वेदों तथा विभिन्न शास्त्रों द्वारा अभिव्यक्त यही सिद्धान्त भारतीय दर्शन-परम्परा का सार है। दार्शनिक पथ विभिन्न हो सकते हैं; परन्तु उन तमाम पथों की मंज़िल एक ही है। वह मंज़िल आष़्वार् के अनुसार भगवान नारायण ही है।
3. श्रीवैकुंठपति भगवान नारायण मानव-मात्र के हित के लिए धरती पर सुन्दर श्रीवेंकट पर्वत में आकर विराजमान हैं। और, वे भक्तों के भक्त हैं; अतः भक्तों के अंतस्तल में भी समासीन हैं।

चालीस

भक्त के अंतस्तल को अपना प्रियतम आवास बनानेवाले भगवान नारायण की भक्त वत्सलता तथा अनुग्रहधर्मिता का सांकेतिक वर्णन आष़्वार् के प्रस्तुत पद में देखिये।

उळन् कण्डाय नन्नेञ्जे उत्तमनेनरुम्
उळन् कण्डाय् उळ्ळुवारुळ्ळत्तु - उळन् कण्डाय
विण्णोडुंगक् कोडुयरुम् वींगरुवि वेंकटत्तान्
मण्णोडुंगत् तानळन्द मन्।।

शब्दार्थ अन्वयसहित

नल् नेञ्जे (नन्नेञ्जे)! = हे श्रेष्ठ मन! (चूंकि भगवान का आवास है)
विण् ओडुंग कोडु उयरुम् = श्री वेंकट पर्वत के शिखर इतने ऊँचे हैं कि ऊपर रहनेवाले स्वर्ग आदि तमाम लोकों को भी वे पार कर जाते हैं।
वींगु अरुवि = वहाँ नानाविध निर्झर परिव्याप्त हैं
वेंकटत्तान् = उस वेंकट पर्वत पर विराजमान भगवान नारायण
मण् ओडुंग तान् अळन्द मन् = (वामनावतार के समय) सारी धरती को अपने पग में समाहित कर नापनेवाले स्वामी हैं;
उळन् कण्डाय् = वे भक्तों के अंतस्तल में विद्यमान हैं—इस बात को समझो।
उत्तमन् एनरुम् उळन् कण्डाय् = यह भी समझो कि पुरुषोत्तम भगवान नारायण सर्वदा हमारी रक्षा के लिए ही अंतस्तल में विराजमान हैं।
उळ्ळुवार् उळ्ळत्तु उळन् कण्डाय् = यह भी समझ लो कि जो लोग भगवान का स्मरण करते हैं उनके मन में वे नित्य वास करते हैं।

विशेष

कोडु = पर्वत का शिखर

मन् = स्वामी, राजा, अधिपति

नन्नेञ्जे ! = नल् + नेञ्जे ! की जब संधि होती है तब उसका समन्वित रूप है नन्नेञ्जे !

नेञ्जु = मन, अंतस्तल

नेञ्जे = यह संबोधन रूप है।

भावार्थ व्याख्यासहित

भक्त आष्वार् अपने मन को समझाते हुए कहते हैं कि रे मन! भगवान नारायण श्री वेंकट पर्वत पर विराजमान हैं जिसके शिखर इतने उत्तुंग हैं कि वे आकाश–स्थित तमाम लोकों को भी पार कर जाते हैं; और जहां नानाविध निर्झर परिव्याप्त हैं। उस भगवान नारायण ने वामनावतार में समग्र धरती को अपने पग के नीचे लाकर नाप लिया था। यह अच्छी तरह से समझ लो कि ऐसे अंतर्यामी स्वामी भगवान भक्तों के अंतस्तल में उनकी रक्षा के लिए सर्वदा विराजमान हैं। भगवान का निरन्तर स्मरण करनेवाले भक्तों के अंतस् में सर्वदा उनका आवास रहता है।

प्रस्तुत पद में भक्त आष्वार् यह निरूपित करना चाहते हैं कि भगवान की कृपा भक्तों के प्रति अपरम्पार है; वे भक्तों के प्रति अतिशय वात्सल्यपूर्ण हैं; वे अपने अनन्य भक्तों के अंतस्तल में सर्वदा विराजमान रहते हैं। इसी तथ्य को नम्माष्वार् के शब्दों में देखिये–

"नेञ्जमे नीळ् नहराह इरुन्द एन् तञ्जने!" (तिरुवाय् मोषि 3-8-2)

(मेरे अंतस्तल को ही आवास बनाकर उसमें विराजमान हे मेरे स्वामी!)

इकतालीस

सर्वव्यापी ब्रह्ममय भगवान नारायण की गुण-गाथा सुनिये आष्वार् के प्रस्तुत पद में।

मन्नु मणिमुडि नीण्डु अण्डम् पोय् एण्डिशैयुम्
तुन्नु पोषिलनैत्तुम् शूष् कषले - मिन्नै
उडैयाहक् कोण्डु अन्रु उलहळन्दान् कुन्रम्
कुडैयाह आत्त को।।

शब्दार्थ अन्वयसहित

कुन्रम् कुडै आह = गोवर्धन पर्वत्र को छत्र बनाकर

आ कात्त को = गायों की रक्षा की थी भगवान ने;

अन्रु = बहुत पहले

मन्नु मणि मुडि नीण्डु अण्डम् पोय् = रत्नखचित किरीट ऊपर तक पहुँचकर ब्रह्माण्ड की भित्ति को भी स्पर्श करे;

एण्डिशैयुम् = एण् तिशैयुम् = आठों दिशाओं में

तुन्नु पोषिल् अनैत्तुम् शूष् कषले = जीवराशियों से परिव्याप्त समस्त भूमंडल को श्रीचरण व्यापे;

मिन्नै उडै आह कोण्डु उलहु अळन्दान् = इस प्रकार भगवान नारायण ने (वामनावतार में) विद्युत को पीताम्बर की भांति पहनते हुए सकल लोकों को नापा था।

विशेष

एण्डिशै = संधि में एण् + तिशै बनते हैं एण्डिशै

कुन्रम् = पर्वत; मिन् = विद्युत, बिजली

आ = गाय; को = स्वामी, मालिक, भगवान

पोषि़ल् = भूमि, भूमंडल

भावार्थ व्याख्यासहित

भगवान नारायण ने कृष्णावतार में गोवर्धन पर्वत को छत्र बनाकर इन्द्र के प्रकोप से सात दिन तक हुई मूसलाधार वर्षा से गायों, बछड़ों और गोप समाज को बचाया था। उन्होंने वामनावतार में राजा बलि से दान में तीन पगों की भूमि माँगी; जब उसने दान दिया तो भगवान ने वामन से बदलकर बृहत् आकार ग्रहण किया और आठों दिशाओं में जीवराशियों से परिव्याप्त समस्त ब्रह्माण्ड को नाप डाला। उस समय वे इतने ऊँचे हो गये थे कि उनका रत्नखचित किरीट ब्रह्माण्ड की भित्ति को भी स्पर्श कर गया था। आकाश से पाताल तक व्याप्त बृहद् आकार के भगवान नारायण के लिए पीताम्बर बना विद्युत।

विद्युत को भगवान नारायण का पीताम्बर कहकर आष़्वार् ने भगवान की सर्वव्यापकता और ब्रह्ममयता को निरूपित किया है; यह भक्त कवि की अभिव्यक्तिकुशलता का प्रमाण है। भगवान कृष्ण ने इन्द्र के प्रकोप से सात दिन तक भयानक रूप से बरसती मूसलाधार वर्षा से गोवर्धन गिरि को छत्र की भांति उठाकर वृन्दावनवासियों, गायों, बछड़ों आदि की रक्षा की थी। इस प्रकार इन्द्र को परास्त करनेवाले भगवान नारायण ने वामनावतार में राजा बलि से भूमि दान में लेकर उसे इन्द्र को सौंपा; इस प्रकार भगवान ने इन्द्र की सहायता की। दोनों प्रकार से भगवान नारायण ने अपने आश्रितवत्सल स्वरूप को सिद्ध किया।

बयालीस

भक्त रक्षक तथा आश्रितवत्सल भगवान की प्रशस्ति आष़्वार् के प्रस्तुत पद में सुनिये।

कोवलनाय् आनिरैहळ् मेय्त्तुक् कुषलूदि
मावलनाय्क् कीण्ड मणिवण्णन् - मेवि
अरि उरुवमाहि इरणियनदु आहम्
तेरि उहिराल् कीण्डान् शिनम् ।।

शब्दार्थ अन्वयसहित

कोवलन् आय् आ निरैहळ् मेय्त्तु = (भगवान कृष्ण ने) गोपालक होकर गायों एवं बछड़ों को वन-वनांतरों में चराया था;

कुष़ल् ऊदि = वंशी बजाकर उन सबको इकट्ठा किया था;

मा वलन् आय् कीण्ड मणिवण्णन् = अश्व के रूप में आये असुर केशी को शक्तिमान होकर चीर डाला था नीलमणिवत् श्यामल वर्ण के कृष्ण ने।

मेवि अरि उरुवम् आहि = (भगवान ने) सशक्त नृसिंह का रूप लेकर

इरणियनदु आहम् उहिराल् कीण्डान् = हिरण्यकशिपु के वक्षस्थल को विदीर्ण कर दिया था;

शिनम् तेरि = (हे मन! आश्रितवत्सल भगवान नारायण के) उस क्रोध को समझ लो!

विशेष

आ = गाय; कोवलन् = गोपालक

कुषल् = वंशी, मुरली;   वलन् = शक्तिशाली

मा = पशु; प्रसंगानुसार अश्व के रूप में आये असुर केशी का अर्थ लिया जाता है,

अरि = शत्रु सिंह; प्रसंगानुसार नृसिंह;   शिनम् = क्रोध;

भावार्थ् व्याख्यासहित

कृष्णावतार में भगवान नारायण ने गोपालक बनकर गायों एवं बछड़ों को वन-वनांतारों में चराया था; वहाँ चारों तरफ़ फैली गायों आदि को वंशी बजाकर इकट्ठा किया था। कंस के द्वारा भेजे गये और अश्व के रूप में आये असुर केशी का कृष्ण ने संहार किया था। साथ ही नृसिंहावतार में भगवान ने भक्त प्रहलाद की रक्षा के लिए असुर हिरण्यकशिपु का वक्षस्थल विदीर्ण कर दिया था।

भक्त आष्वार् अपने मन को बताते हैं कि हे मन! भक्तवत्सल भगवान नारायण के, आततायियों तथा आश्रितविरोधियों के प्रति, क्रोध का यह स्वरूप देखो। एक ओर भगवान भक्तों की रक्षा का धर्म निभाते हैं और दूसरी ओर भक्त विरोधी तत्वों का संहार भी करते हैं। ये सब भगवान की लीलायें हैं।

तैंतालीस

भगवान न केवल भक्तों का रक्षण करते हैं, अपितु अपने संकल्प मात्र से सारे जगत की भी रक्षा करते हैं। इस गंभीर तत्व को आष्वार् के प्रस्तुत पद में देखें।

शिनमा मदकळिट्रिन् तिण् मरुप्पैच् चायत्तु
पुनमेय भूमियदनै - धनमाहप्
पेरहलत् तुळ्ळोडुक्कुम् पेरारम् मार्वनार्
ओरहलत्तुळळदु उलहु।।

शब्दार्थ अन्वयसहित

शिनम् मा मदम् कळिट्रिन् = क्रुद्ध एवं मदमस्त गज कुवलयापीड के

तिण्मरुप्पै चायत्तु = कठिन दंत को तोड़नेवाले

पुनम् मेय भूमि अदनै = कृषियोग्य क्षेत्रों से युक्त तमाम भूमि को

धनम् आह = अमूल्य संपत्ति की तरह

पेर् अहलत्तुळ् ओडुक्कुम् = विस्तृत उदर में (विपरीत लक्षणा शक्ति के आधार पर लघु उदर में) रख लेनेवाले (वटपत्रशायी का संदर्भ है) और

पेर् आरम् मार्वनार् = सुन्दर मालाओं से अलंकृत वक्षस्थलवाले

ओर् अहलत्तु उलहु उळ्ळदु = (भगवान नारायण के) संकल्प ज्ञान के एक भाग में सारा जगत विद्यमान है।

विशेष

अहलम् = व्यापक अथवा विस्तृत वस्तु; वक्षस्थल; हृदय या मन जिसका धर्म 'संकल्प' है। अतः प्रस्तुत पद में दो अलग अलग अर्थ लिये गये हैं। एक तो है 'विस्तृत उदर' और दूसरा अर्थ है 'संकल्प'।

कळिरु = हाथी, गज (प्रसंगानुसार कुवलयापीड)
पुनम् = कृषियोग्य भूमि
धनम् = संपत्ति (संस्कृत शब्द)
मार्बनार् = वक्षस्थल युक्त; मार्वु = वक्षस्थल
आरम् = माला (संस्कृत शब्द 'हार' का तमिल रूप)

भावार्थ व्याख्यासहित

भगवान नारायण ने, क्रोध के साथ आगे बढ़े मदमस्त गज कुवलयापीड का दंत तोड़कर संहार किया था। वटपत्रशायी भगवान ने सारी भूमि को संपत्ति की तरह बचाकर अपने उदर में रख लिया था। उनका वक्षस्थल सुन्दर मालाओं से अलंकृत है। सारा जगत भगवान के संकल्प ज्ञान के एक भाग में विराजमान है। अर्थात् परब्रह्म स्वरूपी भगवान के नानाविध अंशों में से एक अंश में सारा जगत विद्यमान है। इसी तथ्य को विष्णुपुराण में इस प्रकार कहा गया है

"यस्यायुतायुतांशांशे विश्वशक्तिरियं स्थिता।
परं ब्रह्मस्वरूपं यत् प्रणमामस्तमव्ययम्।।"

(विष्णुपुराण 1-9-52)

भगवद्गीता का निम्नलिखित श्लोक इस संदर्भ में मननीय है।

"विष्टभ्याहं इदं कृत्स्नं एकांशेन स्थितो जगत्" (भगवद्गीता 10-42)

(मैं अपनी यौगिक शक्ति के एक अंश द्वारा सारे जगत को धारण किये हुए हूँ।)

चवालीस

भक्त आष्वार् समस्त जगत के आधारभूत् परब्रह्म–भगवान नारायण के श्रीचरणों में अपने को संपूर्णतः समर्पित करने का संदेश अपने मन को दे रहे हैं।

उलहमुम् ऊष़ियुम् आष़ियुम् ओण् केष़्
अलर् कदिरुम् शेन्तीयुम् आवान् - पल कदिर्कळ्
पारित्त पैम्पोन् मुडियान् अडियिणैक्के
पूरित्तु एन् नेञ्जे पुरि।।

शब्दार्थ अन्वयसहित

एन् नेञ्जे! = हे मेरे मन!
उलहमुम्, ऊष़ियुम्, आष़ियुम् = समस्त लोक, प्रलय काल (प्रलय काल समस्त लोकों के विनाश का काल अवश्य है, परन्तु प्रलय काल में लोक स्थूल रूप से भले ही विनष्ट हों; किन्तु सूक्ष्म रूप से अवश्य सुरक्षित रहते हैं), समुद्र
ओण् केष़् अलर् कदिरुम् = सुन्दर किरणों से युक्त सूर्य-चंद्र
शेम् तीयुम् आवान् = और रक्तिम अग्नि बनकर विद्यमान हैं (भगवान नारायण)
पल कदिर्हळ् पारित्त पै पोन् मुडियान् = अनेकानेक किरणों से जाज्वल्यमान सुन्दर स्वर्णिम किरीटधारी उस भगवान नारायण के
अडि इणैक्के पूरित्तु पुरि = श्रीचरणों में परिपूर्णतः भक्ति करो।

विशेष

कदिर् = किरण; प्रसंगानुसार सूर्य और चन्द्र का अर्थ लिया जाता है।
पूरित्तु पुरि = पूर्णतः तन्मय हो जाओ; अर्थात् भक्ति करो।

भावार्थ व्याख्यासहित

भक्त आऴ्वार् अपने मन को समझाते हैं कि हे मन! समस्त लोकों, प्रलयकाल में सूक्ष्मतः विद्यमान लोकों, समुद्र सूर्य-चन्द्र और अग्नि को अपने में समाहित किये हुए रहनेवाले उज्ज्वल किरीटधारी भगवान नारायण के श्रीचरणों में पूर्णतः भक्ति करो।

यहाँ भगवान नारायण की ब्रह्ममयता का निरूपण किया गया है। तमाम सृष्टि, सारी प्रकृति, पंचभूत, सूर्य, चन्द्र आदि भगवान नारायण में ही स्थित हैं। वे सर्वात्म हैं; सर्वभूत हैं। यहाँ नारायणसूक्तम् का निम्नलिखित सूक्त मननीय है।

"नारायण परं ब्रह्म तत्वं नारायणः परः।"

पैंतालीस

भगवान नारायण के पवित्र आवास 'तिरुमलै' (श्री वेंकटपर्वत) की विशेषता देखिये।

पुरिन्दु मदवेष़म् माप् पिडियोडु ऊडि
तिरिन्दु शिनत्ताल् पोरुदु - विरिन्द शीर्
वेण् कोट्टु मुत्तु उदिर्कुम् वेंकटमे मेलोरु नाळ्
मण् कोट्टुक् कोण्डान् मलै।।

शब्दार्थ अन्वयसहित

मदम् वेष़म् = मदमस्त हाथी
मा पिडियोडु पुरिन्दु, ऊडि = सुन्दर हथिनी से प्यार कर, बाद में उससे रूठकर
तिरिन्दु = उससे अलग हो इधर-उधर घूमता हुआ
शिनत्ताल् पोरुदु = क्रोध के मारे पहाड़ से टकराता है।
वेण् कोडु विरिन्द शीर् मुत्तु उदिर्कुम् वेंकटमे = तब उसके शुभ्र दंत से आकर्षक मोती टूटकर गिर पड़ते हैं वेंकट पर्वत पर
मेल् ओरु नाळ् = बहुत पहले वराह रूप में जो भगवान नारायण
मण् कोडु कोण्डान् = अपने घोर दाँत पर भूमि को उठाकर लाये थे उन्हीं का
मलै = आवास है यह श्री वेंकट पर्वत।

विशेष

वेष़म् = हाथी
पिडि = हथिनी, मादा हाथी
कोडु = घोर दंत

भावार्थ व्याख्यासहित

श्री वेंकट पर्वत हाथी दाँत से घर्षित दशा में बिखरते आकर्षक मोतियों से भरा है। क्योंकि मदमस्त नर हाथी हथिनी से प्यार कर, बाद में उससे रूठकर अलग हो इधर-उधर घूमता हुआ क्रोध के मारे पर्वत की चट्टान से सिर दे मारता है; तब उसके शुभ्र दंत से मोती गिर पड़ते हैं। वही श्री वेंकट पर्वत भगवान नारायण का आवास है जो बहुत पहले प्रलय के पश्चात् वराह बनकर अपने घोर दाँत पर भूमि को उठाकर बाहर लाये थे। परम्परा से यह स्वीकार किया गया है कि तिरुमलै में जो श्री वेंकट पर्वत है, पहले वराह मंदिर—वराह रूप में भगवान नारायण के अवतार का मंदिर था; बाद में वह श्रीपति का आवास बन गया है। मूलतः वराह मंदिर और श्रीपति मंदिर में कोई अंतर नहीं है। दोनों भगवान नारायण के ही रूप हैं—उन्हीं का वहाँ मंदिर है चाहे उसे वराह मंदिर कहा जाए या श्रीपति मंदिर। इसी तथ्य की ओर आष्ऱ्वार् ने प्रस्तुत पद में संकेत किया है।

छियालीस

भक्त आष्ऱ्वार् ने पूर्व पदों में भगवान नारायण के विभिन्न अवतारों तथा उनकी लीलाओं का वर्णन किया है। प्रस्तुत पद में भगवान के कूर्मावतार और उस संदर्भ में, अमृत मंथन के अवसर पर की गयी लीला का चित्रण किया गया है।

मलै मुहड्डु मेल् वैत्तु वासुकियैच् चुट्रि
तलै मुहड्डु तान् ओरु कै पट्रि - अलै मुहट्टु
अण्डम् पोय् नीर् तेरिप्प अन्रु कडल् कडैन्दान्
पिण्डमाय् निन्र् पिरान्।।

शब्दार्थ अन्वयसहित

पिण्डम् आय् निन्र् पिरान् = सारे जगत के उपादान कारण—सूक्ष्म चिदचिद्विशिष्ट भगवान नारायण ने
अन्रु = बहुत पहले
मुहड्डु मलै मेल् वैत्तु = शिखरयुक्त मन्दर पर्वत को (कूर्मावतार में) अपनी पीठ पर धारण करते हुए
वासुकियै चुट्रि = वासुकि सर्प को रस्सी की तरह पर्वत के चारों तरफ़ लपेटकर
तलै मुहड्डु तान् ओरु कै पट्रि = और उसके शिखरवत् सिर को स्वयं एक हाथ में पकड़कर (इस प्रकार)
कडल् कडैन्दान् = समुद्र का मंथन किया कि
अलै मुहट्टु नीर् अण्डम् पोय् तेरिप्प = समुद्र की वीचियों से निकली जल की बूंदें छलककर ब्रह्माण्ड की दीवार को भी छू गयी थीं।

विशेष

मुहड्डु = शिखर
पिण्डम् = उपादान या समवायी कारण

भावार्थ

भगवान नारायण सारे जगत के उपादान कारण हैं—सूक्ष्म हैं; चिदचिद्विशिष्ट हैं। बहुत पहले वे कूर्मावतार लेकर समुद्र मंथन के समय मन्दर पर्वत को समुद्र में डूबने से बचाने के लिए अपनी पीठ पर उठाकर बाहर लाये। उन्होंने वासुकि सर्प को रस्सी की तरह मन्दर पर्वत के चारों तरफ़ लपेटकर उसके सिर को हाथ में

पकड़कर इस प्रकार तेज़ी से समुद्र का मंथन किया कि समुद्र की लहरों की बूंदें छलककर ब्रह्माण्ड की दीवार को भी मानों छू गयी थीं।

व्याख्या

'पिण्डमाय् निन्र् पिरान्' कहकर भक्त आष्वार् ने भगवन नारायण की सर्वव्यापकता अर्थात् ब्रह्ममयता का निरूपण किया है। 'पिण्डम् और अण्डम्' क्रमशः शरीर तथा संसार या जगत के द्योतक शब्द हैं। किन्तु एकमात्र शब्द 'पिण्डम' का प्रयोग हुआ है; अतः हम इसका अर्थ 'जगत' या 'संसार' के रूप में लेते हैं। जड़ चेतनमय संसार के आदिम उपादान कारण भगवान नारायण हैं। **'नारायण परं ब्रह्म'** (नारायण सूक्तम्) का आध्यात्मिक तत्व आष्वार् के उपर्युक्त कथन से अभिप्रेत है।

सैतालीस

भगवान नारायण ने जैसे देवताओं का अनिष्ट दूर कर उन्हें इष्ट प्रदान किया वैसे ही वे हम मानवों के भी कष्ट हटाकर इष्ट प्रदान करनेवाले हैं—इस तथ्य को आष्वार् के प्रस्तुत पद में देखिये।

निन्र् पेरुमाने नीरेट्रु उलहेल्लाम्
शेन्र् पेरुमाने शेंकण्णा - अन्रु
तुरगवाय् कीण्ड तुषाय् मुडियाय् नङ्गळ्
नरकवाय् कीण्डायुम् नी।।

शब्दार्थ अन्वयसहित

नीर् एट्रु निन्र् पेरुमाने!, राजा बलि का दान-नीर लेकर उपस्थित रहनेवाले हे परमात्मा!
उलहु एल्लाम् शेन्र् पेरुमाने = (बृहद आकार लेकर) सारे जगत को अपने पगों से नाप लेनेवाले हे भगवान!
शेम् कण्णा! = हे कमल नयन!
अन्रु तुरगवाय् कीण्ड, तुषाय् मुडि आय्! = बहुत पहले (कृष्णावतार में) अश्व के रूप में आये असुर केशी का मुँह फाड़ देनेवाले और तुलसी माला से अलंकृत किरीटधारी हे भगवान!
नङ्गळ् नरकवाय् कीण्डायुम् नी = हमारे भवजीवन के नरक मार्ग को नष्ट कर देनेवाले भी आप ही तो हैं!

विशेष

तुरगम् = अश्व = यह संस्कृत शब्द है जिसका मूल अर्थ है तेज़ दौड़नेवाला घोड़ा।

भावार्थ व्याख्यासहित

हे परमात्मा! आपने राजा बलि के हाथ से दान नीर लिया। फिर बृहद् आकार लेकर आपने सारे जगत को नाप डाला। हे कमल नयन! तुलसीमाला से अलंकृत किरीटधारी आपने अश्व का रूप लेकर आये असुर केशी का मुँह फाड़ डाला। हे भगवान! हमारे सांसारिक जीवन के नरक का मार्ग नष्ट कर देनेवाले भी आप ही तो हैं! भगवान ने इन्द्र का अनिष्ट दूर किया राजा बलि के चंगुल से ब्रह्माण्ड को बचाकर और उसे उसकी वस्तु—सारी पृथ्वी—उपलब्ध करायी। केशी का संहार कर भगवान ने वृन्दावनवासियों का कष्ट दूर किया। उसी प्रकार वे ही भगवान नारायण हैं जो कृपापूर्वक भक्तों को सांसारिक जीवन के नरक से बचाते हैं अर्थात् उनका अनिष्ट दूर कर उन्हें इष्ट (मुक्ति) प्रदान करते हैं।

अड़तालीस

प्रस्तुत पद में भक्त आष्वार् भगवान नारायण की विभिन्न लीलाओं का वर्णन कर उसके द्वारा उनकी शक्ति संपन्नता एवं उसके परिणाम के रूप में भक्तरक्षण की क्षमता का निरूपण कर रहे हैं।

नीयन्रे नीरेट्रु उलहम् अडि अळन्दाय्
नीयन्रे निन्रु निरै मेय्त्ताय् - नीयन्रे
मावाय् उरम् पिळन्दु मामरुदिनूडुपोय्
देवासुरम् पोरुदाय् शेट्रु।।

शब्दार्थ अन्वयसहित

नीर् एट्रु = महाबलि के हाथ से दान नीर लेकर
उलहम् अडि अळन्दाय् नी अन्रे? = सारे जगत को अपने पगों से नाप लेनेवाले तो आप ही थे न?
निन्रु निरै मेय्त्ताय् नी अन्रे? = रक्षा धर्म का पालन करते हुए गायों को चरानेवाले भी आप ही थे न?
मा वाय् उरम् पिळन्दु = अश्व के रूप में आये असुर केशी का मुख फाड़नेवाले
मा मरुदिन् ऊडु पोय् = बहुत बड़े अर्जुन वृक्षयुगल के बीच जाकर (उसे तोड़ देनेवाले) और
देवासुरम् शेट्रु पोरुदाय् नी अन्रे? = देवासुर युद्ध में असुरों का नाश करने के लिए युद्ध करनेवाले भी तो आप ही थे न?

विशेष

निरै = पशु समुदाय; गायों का समुदाय
मा = जानवर; प्रसंगानुसार अश्वासुर केशी; श्रेष्ठ, बड़ा
मरुदु = अर्जुन वृक्ष; ऊडु- बीच में
पोर् = युद्ध ; पोरुदु = युद्ध करना

भावार्थ व्याख्यासहित

भक्त आष्वार् भगवान नारायण की विभिन्न अवतारों में की गयी लीलाओं पर आश्चर्य करते हैं। वे चकित मुद्रा में भगवान से पूछते हैं। राजा महाबलि से दान नीर लेकर सारे जगत को आपने ही तो अपने पगों से नाप डाला था! (वामनावतार में) (कृष्णावतार में) आपने ही तो गायें चरायीं और अश्वासुर केशी का मुख फाड़कर उसका संहार किया था! साथ ही, अर्जुन वृक्ष युगल के बीच में जाकर उसे उखाड़ डाला था आपने ही न! अमृतमंथन के समय देवासुर युद्ध के अवसर पर असुरों का आपने ही तो नाश किया था!
भगवान नारायण वामन बनकर राजा बलि के पास आये; तीन पग की भूमि दान में माँगी। जब बलि ने दान देने का वादा किया तो भगवान ने वामन से बदलकर विश्वरूप ले लिया और बलि के चंगुल से भूमि की रक्षा की। बालकृष्ण के रूप में भगवान गायों, बछड़ों आदि को चराने जंगल में गये और वहाँ अपने को मारने के लिए आये असुर केशी का संहार किया। साथ ही कृष्णावतार में ही वे मक्खन की चोरी करते हुए पकड़े गये; और माता यशोदा ने उनको ओखली से बाँध दिया था ताकि वे इधर-उधर न जायें; परन्तु उसी स्थिति में वे ओखली को घसीटते हुए, अर्जुनवृक्ष युगल के बीच में से गये। तब ओखली वृक्ष के बीच में से नहीं निकल सकी तो कृष्ण ने ज़ोर देकर निकालने का प्रयत्न किया। तब वृक्ष टूटकर गिर पड़ा। उसमें से शापग्रस्त नलकूबर और मणिग्रीव नाम के दो देवता बाहर आये और कृष्ण की कृपा से शाप मुक्त होकर अपने लोक में लौटे।

इस प्रकार, भगवान नारायण अशक्त जैसे भी हैं; परन्तु शक्तिमान का कार्य भी करते हैं। परम शक्तिमान भगवान के बारे में कहाँ तक यह उचित है—कैसे संभव है? किन्तु ये भगवान की लीलायें हैं; वे जैसी परिस्थिति में होते हैं उसके अनुरूप उनकी लीला होती है। इसमें औचित्य का प्रश्न नहीं उठता। आष्वार् का भक्त हृदय भगवान की ऐसी नानाविध लीलाओं पर आश्चर्य करता है।

उनचास

भगवान की अन्य नानाविध लीलाओं का वर्णन भक्त आष्वार् के प्रस्तुत पद में देखिये।

शेट्रदुवुम् शेरा इरणियनैच् चेन्रेट्रुप्
पेट्रदुवुम् मानिलम् पिन्नैक्काय् - मुट्रल्
मुरियेट्रिन् मुन्निनरु मोयम्बु ओषित्ताय् मूरिच्
चुरियेरु शंखिनाय् शूष्न्दु।।

शब्दार्थ अन्वयसहित

पिन्नैक्काय् = देवी नप्पिन्नै को प्राप्त करने के लिए
मुट्रल् = सबल और, मुरि = चंचल अर्थात् इधर-उधर दौड़नेवाले
एट्रिन् मुन् निन्रु = सात ऋषभों के समक्ष खड़ा रहकर
शूष्न्दु मोयम्बु ओषित्ताय् = उन्हें घेरकर और उनकी ताकत का गर्व तोड़कर मार डाला था आपने।
मूरि चुरि एरु शंखिनाय् = आप भीतर से मुड़े हुए पाँचजन्य शंख को हाथ में लिये हुए हैं
शेरा इरणियनै शेट्रदुवुम् = अपने से दूर रहनेवाले हिरण्यकशिपु को मार डाला आपने ही तो!
चेन्रु मानिलम् एट्रु पेट्रदुवुम् = राजा महाबलि के पास जाकर, भूमि की याचना कर उसे दान में प्राप्त किया आपने ही तो!

विशेष

एरु = ऋषभ (संबंध कारक में 'एरु' बन जाता है एट्रिन्)
शेरु = मारना (भूतकाल में यह शेट्रदु बनता है।)
पेरु = प्राप्त करना (भूतकाल में यह पेट्रदु बनता है।)

भावार्थ व्याख्यासहित

हे भगवान! आपने ही तो देवी नप्पिन्नै को प्राप्त करने के लिए शर्त के रूप में रखे गये सात ऋषभों को निर्भय होकर मार डाला था! भीतर से मुड़े हुए पाँचजन्य शंख को सर्वदा हाथ में लिये हुए हे भगवान! आपका विरोध कर आपसे दूर रहनेवाले हिरण्यकशिपु का आपने ही तो संहार किया था! राजा बलि के पास जाकर आपने ही तो याचना कर भूमि को दान में प्राप्त किया था।

भक्त आष्वार् प्रस्तुत पद में भगवान नारायण की आश्रितवत्सलता के कारण उनके द्वारा की गयी लीलाओं का विवरण दे रहे हैं। भक्त प्रह्लाद की रक्षा के लिए विरोधी हिरण्यकशिपु का भगवान ने संहार किया। इन्द्र की सहायता के लिए अपना शरीर कुंचित कर वामन बन राजा बलि से दान में भूमि की याचना की थी भगवान ने। भगवान पाँचजन्य शंख को सर्वदा हाथ में लिये हुए हैं। क्योंकि आतुर भक्तों के लिए शंख ध्वनि

का सबसे ज्यादा महत्व रहता है; क्योंकि दूर से ही शंख की ध्वनि द्वारा उन्हें भगवान के आगमन की जानकारी मिल जाती है। देवी नप्पिन्नै को पाने के लिए ऋषभों का संहार भगवान ने किया था जिससे देवी का अंतस्तल अतीव प्रसन्न हुआ।

पचास

आश्रित रक्षक भगवान नारायण की गजेन्द्र मोक्ष-लीला का वर्णन आष़्वार् के प्रस्तुत पद में देखें।

शूष़्न्द तुष़ायलङ्कल शोदि मणिमुडिमाल्
ताष़्न्द अरुवित् तडवरैवाय् - आष़्न्द
मणि नीर्च् चुनै वळर्न्द मामुदलै कोन्रान्
अणि नील वण्णत्तवन्।।

शब्दार्थ अन्वयसहित

अणि नील वण्णत्तवन् = सुन्दर नीलवर्ण के भगवान नारायण ने
शूष़्न्द तुष़ाय् अलङ्कल् = तुलसी माला धारण की है।
शोदि मणि मुडि = वे चमकते रत्नमय किरीट पहने हुए हैं।
माल् = इस प्रकार के सर्वेश्वर भगवान नारायण ने
ताष़्न्द अरुवि तडवरैवाय् = ऊपर से धरती तक बहनेवाले निर्झरों से युक्त पर्वत के मध्य में स्थित
आष़्न्द मणि नीर् चुनै वळर्न्द = गंभीर सरोवर में निवास करनेवाले
मा मुदलै कोन्रान् = बड़े मगर का संहार किया।

विशेष

तुष़ाय् = तुलसी
अलङ्कल् = माला; पुष्पमाला तडवरै = बड़ा पहाड़
अरुवि = निर्झर; नीर चुनै = सरोवर

भावार्थ व्याख्यासहित

तुलसीमाला एवं रत्नमय किरीट धारण करनेवाले नील वर्ण के सर्वेश्वर भगवान नारायण ने निर्झरों से युक्त पर्वत के बीच विद्यमान गंभीर सरोवर में निवास करनेवाले मगर का संहार किया; इस प्रकार भक्त गजेन्द्र की रक्षा की। भक्त गजेन्द्र ने भगवान को अर्पित करने के लिए सरोवर में से पुष्प निकाले। परन्तु उसके मार्ग में बाधक बना मगर। गजेन्द्र के पैर को पकड़ लिया। इससे गजेन्द्र अपार दुखी होकर चिल्लाया और भगवान को सहायता के लिए पुकारा। तब भगवान दौड़े दौड़े आये, मगर का संहार किया और गजेन्द्र की रक्षा की। गजेन्द्र भगवान के चरणों में पुष्प अर्पित कर सका।

इक्यावन

सर्वशक्तिमान भगवान नारायण ने जिस प्रकार भक्त गजेन्द्र की रक्षा की थी उसी प्रकार अन्य भक्तों की भी रक्षा करेंगे; और उनको मुक्ति प्रदान करेंगे। इस तथ्य को आष़्वार् के प्रस्तुत पद में देखिये।

अवने अरुवरैयाल् आनिरैहळ् कात्तान्
अवने अणिमरुदम् शाय्त्तान् - अवने
कलंगाप् पेरुनगरम् काट्टुवान् कण्डीर्
इलंगापुरमेरित्तान् एय्दु।।

शब्दार्थ अन्वयसहित

अरुवरैयाल् आनिरैहळ् कात्तान् अवने कण्डीर् = जो हिलाया नहीं जा सकता, ऐसे गोवर्धन पर्वत की सहायता से गोसमुदाय की रक्षा की थी भगवान नारायण ने ही!
अणिमरुदम् शाय्त्तान् अवने कण्डीर् = पास-पास रहनेवाले अर्जुन वृक्ष युगल को उखाड़ दिया था उन्होंने ही!
एयदु इलंगापुरम् एरित्तान् = बाण चलाकर लंकापुरी को जला दिया भी उन्होंने ही।
अवने कलंगा पेरुनगरम् काट्टुवान् कण्डीर् = वे ही भगवान नारायण हमें स्थायी परमपद के दर्शन करायेंगे।

विशेष

वरै = पर्वत
आनिरै = गो समुदाय

भावार्थ व्याख्यासहित

सर्वशक्तिमान भगवान नारायण के लिए सब कुछ संभव है। गोवर्धन पर्वत को उठाकर मूसलाधार वर्षा से गोसमुदाय की रक्षा की थी उन्होंने ही। अर्जुनवृक्ष युगल को उखाड़ गिराया था उन्होंने ही। बाण चलाकर लंकापुरी को जलाया था उन्होंने ही। वे ही हैं जो हमें शाश्वत परमपद उपलब्ध करा सकते हैं।
भगवान नारायण की शक्ति अपार है; अनंत है। वे ही सब कुछ कर सकते हैं। उनकी कृपा के बिना कुछ भी संभव नहीं होगा। उन्हीं के अनुग्रह से परमपद भी प्राप्त होगा; यह सिद्ध है कि सामान्य मानव से होगा कुछ नहीं। सारी सिद्धियां भगवदाश्रित हैं। चिन्तारहित एवं शाश्वत आनन्दमय स्वर्ग अर्थात् परमपद भक्त को उपलब्ध होगा केवल भगवदनुग्रह से।

बावन

भक्त आष्वार् के प्रस्तुत पद में भगवान नारायण के रामावतार की लीलाओं का वर्णन देखिये।

एय्दान् मरामरम् एषुम् इरामनाय्
एय्दान् अम् मान् मरियै एन्दिषैक्काय् - एय्ददुवुम्
तेन्निलंगैक् कोन् वीषच् चेन्रु कुरळुरुवाय्
मुन्निलम् कैक् कोण्डान् मुयन्रु।।

शब्दार्थ अन्वयसहित

इरामन् आय् = भगवान नारायण ने श्रीराम के रूप में अवतरित होकर
मरामरम् एषुम् एय्दान् = एक साथ सात शाल वृक्षों को बाण चलाकर छिन्न कर दिया था।
एन्दु इषैक्कु आय् = आभूषणों से अलंकृत देवी सीता के लिए
अम् मान् मरियै एय्दान् = मृग शावक को निशाना बनाकर तीर चलाया था श्री राम ने।

एय्ददुवुम् तेन् इलंगै कोन् वीष़ = उन्होंने और तीर चलाकर दक्षिणी लंका के पति रावण को मार गिराया था।
मुन् = बहुत पहले (भगवान नारायण ने)
कुरळ् उरु आय् शेन्रु = वामन के रूप में राजा बलि के पास जाकर
मुयन्रु = नानाविध प्रयत्न कर
निलम् कै कोण्डान् = भूमि को अपने वश में किया था।

विशेष

एन्दिषै = आभरण भूषित स्त्री; प्रसंगानुसार सीता देवी
कुरळ् = छोटा; प्रसंगानुसार वामन (तमिल का सबसे छोटा छंद कुरळ् कहलाता है जो आकार में दोहे के बराबर होता है।)
मान् मरि = मृग शावक

भावार्थ व्याख्यासहित

भगवान नारायण ने श्री राम के रूप में अवतरित होकर सुग्रीव को अपनी शक्ति का आश्वासन देने के लिए सात शाल वृक्षों को एक ही बाण से छिन्न कर दिया था। जब राक्षस मारीच मायामृग बनकर आया और सीता देवी को मुग्ध कर दिया तब सीता की प्रार्थना पर श्री राम ने मारीच को मार गिराया। उन्होंने तीर चलाकर लंकापति रावण को मार गिराया। भगवान नारायण ही थे जिन्होंने बहुत पहले वामन का अवतार लेकर राजा बलि से दान में भूमि माँगी और अन्त में सारी भूमि को अपने वश में कर बलि के चंगुल से बचाया। (इसके लिए उन्हें नानाविध प्रयास करने पड़े; जैसे वामन से त्रिविक्रम का रूप ग्रहण किया; एक पग से सारी भूमि को नाप डाला; दूसरे पग से अखिल ब्रह्माण्ड को नाप डाला; तीसरे पग के लिए जब भूमि नहीं थी तो बलि के सिर पर पग रखकर उसे पाताल भेज दिया।)

तिरपन

प्रस्तुत पद में भक्त आष़्वार् अपने मन को समझाते हैं कि रे मन! इस परम शक्तिमान परमात्मा नारायण के श्रीचरणों का आश्रय ग्रहण करो।

मुयन्रु तोषु नेञ्जे मूरि नीर् वेलै
इयन्रमरत्तालिलैयिन् मेलाल् - पयिन्रंकोर्
मण्णलंकोळ् वेळ्ळत्तु मायक् कुष़वियाय्
तण्णलंकल् मालैयान् ताळ्।।

शब्दार्थ अन्वयसहित

मूरि नीर् वेलै = अनादि जल से व्याप्त समुद्र में
इयन्र आलमरत्तु इलैयिन् मेलाल् = विद्यमान वट पत्र पर
पयिन्रु = काफ़ी समय तक शयन करते हुए
अंगु = वहाँ
मण् नलम् कोळ् वेळ्ळत्तु = भूमि-सत्व को अपहृत करनेवाली प्रलय-धारा में
ओर् मायम् कुष़वि आय् = मायामय अद्भुत शिशु बनकर

तण् अलंकल् मालैयान् = विराजमान हुए शीतल माला धारण करनेवाले भगवान नारायण।
नेञ्जे! ताळ् मुयनरु तोषु = रे मन! उनके श्रीचरणों की उत्साहपूर्वक स्तुति करो।

विशेष

अमरत्तालिलैयिन् मेलाल् -
इसका शब्द विच्छेद इस प्रकार होता है–
अमरत्तु + आल् + इलैयिन् मेलाल् -
आल् + अमरत्तु = आलमरत्तु इलैयिन् मेलाल् - वट पत्र पर
मूरि = अनादि
मण्णलम् = मण् + नलम् = भूमि का सत्व
तण्णलंकल् = तण् + अलंकल् = शीतल पुष्प माला

भावार्थ

भक्त आष़्वार् अपने मन से कहते हैं कि रे मन! अनादि जल से परिव्याप्त समुद्र में वट पत्र पर काफ़ी समय तक शयन करते हुए बाद में प्रलयकाल में भूमि कहीं नष्ट न हो जाए, इस कारण मायामय शिशु बनकर सारी भूमि को उदरस्थ कर विराजमान हुए भगवान नारायण। उनका शरीर शीतल माला से अलंकृत थी उस अवस्था में भी। उनके श्रीचरणों की, उत्साह से स्तुति करो।
इस प्रकार की अभिव्यक्ति प्रथम आष़्वार् पोय्कै के पद 69 में द्रष्टव्य है।

चौवन

भक्त आष़्वार् भगवान नारायण द्वारा विभिन्न अवतारों में की गयी अद्भुत लीलाओं का स्मरण कर रहे हैं प्रस्तुत पद में।

ताळाल् शकटम् उदैत्तुप् पहडुन्दि
कीळा मरुदिडैपोयक् केष़लाय् - मीळादु
मण्णहलङ् कीण्डंगोर मादुहन्द मार्बर्कु
पेण्णहलम् कादल् पेरिदु।।

शब्दार्थ अन्वयसहित

शकटम् ताळाल् उदैत्तु = कृष्णावतार में शकटासुर को अपने पादों से धक्का देकर जिन्होंने नष्ट किया था;
पहडु उन्दि = कुवलयापीड नाम के हाथी को धक्का देकर जिन्होंने संहार किया था;
कीळा मरुदु इडै पोय् = अर्जुन वृक्ष युगल के बीच में से जाकर जिन्होंने उन्हें उखाड़ दिया था;
केष़ल् आय् मीळादु अहलम् मण् कीण्डु = वराहवतार लेकर संकल्पित मुद्रा में, प्रलय काल में जलधारा के नीचे पड़ी रही भूमि को जो उखाड़कर बाहर लाये
अंगु ओर् मादु उहन्द मार्वर्कु = और, उस समय प्यार से जिनके वक्षस्थल पर श्री देवी विराजमान थीं उन भगवान नारायण का
पेण् अहलम् कादल् पेरिदु = भूदेवी के प्रति अपार स्नेह था

विशेष

ताळ् = श्रीचरण; शकटम् = शकटासुर; पहडु = हाथी, प्रसंगानुसार कुवलयापीड; केष़ल् = वराह

भावार्थ व्याख्यासहित

भगवान नारायग ने कृष्णावतार में शकटासुर को पैरों से धक्का देकर मार डाला था। कंस के प्रासाद की ओर जाते समय अपने को मारने आये गज-कुवलयापीड का भी उन्होंने संहार किया था। भगवान कृष्ण ने अपनी बाल्यावस्था में अर्जुन वृक्ष युगल के बीच में से गुज़रने का प्रयास करते हुए उन वृक्षों को उखाड़ दिया था। भगवान नारायण वराहावतार लेकर महा प्रलयकाल में प्रलय धारा के तल में पड़ी रही भूमि को उखाड़कर बाहर लाये थे। भगवान नारायण के वक्षस्थल में श्री देवी प्यार से विराजमान थीं। भगवान नारायण का स्नेह भू देवी के प्रति अपार था। तभी तो उन्होंने वटपत्रशायी बनकर महा प्रलय से भूमि को बचाया था और वराहावतार लेकर भूमि को बाहर लाये थे।

परम भागवत आष़्वार् भगवान की अद्‌भुत लीलाओं के प्रति मुग्ध हैं। उनका विभिन्न पदों में वर्णन करते हुए कभी नहीं थकते। भूमि के स्वामी भगवान नारायण प्रलय काल में प्रलय में धंसी रही भूमि को, वराह का रूप लेकर, उठाकर बाहर लाये। भूमि के प्रति उनका स्नेह अपार था। इस संदर्भ में नम्माष़्वार् के तिरुवाय्मोष़ि का पद 2-8-7 मननीय है। इस प्रकार भगवान की देवी की प्रशस्ति से आष़्वार् को विश्वास है कि देवी भगवान से उनके पक्ष में सिफ़ारिश करेंगी जिससे कि भगवान का अनुग्रह उन्हें प्राप्त होगा।

पचपन

नीलमेघ श्यामल भगवान नारायण के सौन्दर्य की गंभीर अनुभूति एवं उसकी अभिव्यक्ति भक्त आष़्वार् प्रस्तुत पद में कर रहे हैं।

पेरिय वरै मार्बिल् पेरारम् पूण्डु
करिय मुहलिडै मिन् पोल - तिरियुंकाल्
पाणोडुंग वण्डरैयुम् पंकयमे मट्रवन् तन्
नीणेडुंकण् काट्टुम् निरम् ।।

शब्दार्थ अन्वयसहित

पेरिय वरै मार्बिल् = भगवान नारायण पर्वत की भांति अपने बृहत् शरीर पर

पेर् आरम् पूण्डु तिरियुंकाल् = बहुत बड़ा हार पहनकर जब बाहर घूमते हैं तब ऐसा प्रतीत होता है कि

करिय मुहलिडै मिन् पोल = कृष्ण मेघ के बीच में से मानों विद्युत चमक रहा हो!

मट्रु -अलावा इसके

अवन् तन् नीळ् नेडु कण् निरम् = उनके लंबे एवं व्यापक नयनों का वर्ण

पाण् ओडुंग वण्डु अरैयुम् पंकयमे काट्टुम् = उन पंकज पुष्पों की तरह दिखता है जिनके चारों तरफ़ मधुर गायकों को भी मात करते हुए मधुर ध्वनि में गाते हुए भ्रमर मंडरा रहे हों।

विशेष

वरै = पर्वत; मुहल् = मेघ,
मिन् = विद्युत

पाण् = संगीत/संगीतकार, गायक
पंकयम् = संस्कृत शब्द 'पंकज' का तमिल रूप है।

भावार्थ व्याख्यासहित

सर्वव्यापी भगवान नारायण का शरीर पर्वत की भांति बृहत् है जिसपर हार चमक रहा है। वह नीलमेघ के बीच में से चमकते विद्युत की तरह प्रतीत हो रहा है। भगवान के नयन दीर्घ हैं और व्यापक हैं। उनका रंग उन सुन्दर पंकज पुष्पों की तरह है जिनके चारों तरफ़ मधुर गायकों को भी हरा देनेवाली मधुरतर वाणी में गानेवाले भ्रमर मंडरा रहे हों।
अखिल ब्रह्माण्ड के स्वामी भगवान नारायण सर्वमय हैं; अतः सारा ब्रह्माण्ड उनका शरीर है। इसलिए उनके शरीर की तुलना जब आष़्वार् पर्वत से करते हैं तब उसमें आश्चर्य नहीं होता है।

छप्पन

सर्वेश्वर भगवान नारायण के अपार सौन्दर्य का वर्णन देवी सरस्वती-वाग्देवी भी नहीं कर सकतीं। तब हम जैसे सामान्य मानव की शक्ति ही क्या है! इस तथ्य को आष़्वार् के प्रस्तुत पद में देखें।

निरम् वेळिदु शेय्दु पशिदु करिदु एन्रु
इरै उरुवम् यामरियोम् एण्णिल् - निरैवुडैय
नामंगै तानुम् नलम् पुहष़् वल्लळे
पूमंगै केळ्वन् पोलिवु।।

शब्दार्थ अन्वयसहित

इरै उरुवम् निरम् = सर्वेश्वर भगवान नारायण के दिव्य स्वरूप का रंग
वेळिदु, शेय्दु, पशिदु करिदु एन्रु = शुभ्र है, लाल है, हरा है या श्याम है = इस प्रकार
एण्णिल् याम् अरियोम् = यदि हम विचार करें तो भी हम समझ नहीं पाते!
निरैवु उडैय नामंगै तानुम् = सर्वज्ञानसंपन्न देवी सरस्वती भी
पू मंगै केळ्वन् पोलिवु = कमलासना श्री देवी नाथ भगवान नारायण के सौन्दर्य की
नलम् पुहष़् वल्लळे = भली भांति प्रशस्ति कर सकती हैं क्या?
(उत्तर है—नहीं!)

विशेष

ना मंगै = वाग् देवी; सरस्वती
केळ्वन् = पति
पोलिवु = सौन्दर्य

भावार्थ व्याख्यासहित

अखिल ब्रह्माण्ड के स्वामी भगवान नारायण के शरीर का वर्ण शुभ्र है या लाल, हरा है या श्याम। इस प जब हम सोचने लगते हैं तब हम समझ नहीं पाते कि वास्तविक वर्ण क्या है। यह बात नहीं कि हमीं समझ नहीं पाते। किन्तु समस्त ज्ञान की आकर वाग्देवी अर्थात् सरस्वती भी श्रीपति भगवान नारायण के सौन्दर्य क

प्रशस्ति ठीक ठीक नहीं कर पाती हैं।

चेतनाचेतनमय ब्रह्माण्ड के अधिपति भगवान नारायण वाचामगोचर हैं—वर्णनातीत हैं—शब्दों की ऐसी शक्ति नहीं हे कि उनका वर्णन किया जा सके। वे केवल अनुभवगम्य हैं।

सत्तावन

ज्ञानातीत भगवान नारायण के श्रीचरणों में अपने को अर्पित करने का संदेश आष़्वार् अपने मन को दे रहे हैं—सुनिये प्रस्तुत पद में।

पोलिन्दिरुण्ड कार्वानिल् मिन्ने पोल् तोन्रि
मलिन्दु तिरुविरुन्द मार्वन् - पोलिन्द
गरुडन् मेल् कोण्ड करियान् कष़्ले
तेरुडन् मेल् कण्डाय् तेळि।।

शब्दार्थ अन्वयसहित

तिरु = श्रीदेवी

पोलिन्दु इरुण्ड कार् वानिल् मिन्ने पोल् तोन्रि = घने श्याम रंग के वर्षाकालीन मेघ के बीच में विद्युत की भांति ज्योति बिखेरती हुई,

मलिन्दु इरुन्द मार्वन् = गंभीरतापूर्वक भगवान नारायण के वक्षस्थल पर विराजमान हैं।

पोलिन्द गरुडन् मेल् कोण्ड करियान् कष़्ले = जाज्वल्यमान गरुडवाहन श्याम वर्ण के उस भगवान के श्रीचरण ही

तेरुळ् तन् मेल् तेळि कण्डाय् = ज्ञान से बढ़कर भक्ति करने योग्य हैं = इस बात को हे मन! तुम भली भांति समझो

विशेष

तेरुडन् मेल् का संधिविच्छेद इस प्रकार है—

तेरुळ् + तन् + मेल् = तेरुडन् मेल्

तेरुळ् = ज्ञान; तेरुळ् तन् मेल् = ज्ञान से बढ़कर

प्रसंगानुसार 'ज्ञान से बढ़कर भक्ति' का अर्थ लिया जाता है।

भक्ति भी ज्ञान की अवस्था विशेष है; अतः तेरुळ् तन् मेल् का अर्थ 'भक्ति योग्य' भी हो सकता है।

भावार्थ व्याख्यासहित

जैसे घने नील वर्ण के मेघ के बीच में प्रकाशमय विद्युत चमकता है वैसे ही श्रीदेवी नीलमेघ श्यामल भगवान नारायण के वक्षस्थल पर विराजमान हैं। उज्ज्वल गरुडवाहन श्याम वर्ण के भगवान नारायण के श्रीचरण ही ज्ञान से बढ़कर भक्ति करने योग्य हैं।

हे मन! इस तथ्य को तुम भली भांति समझो (और भगवच्चरणों पर अपने को अर्पित करो।)

भगवान नीलमेघ श्यामल हैं—यह सर्वविदित है। नम्माष़्वार के 'तिरुविरुत्तम्' (29) में भी कहा गया है –

'नीलमुण्ड मिन्नन्न मेनिप् पेरुमान्।'

(नीलमेघ में प्रकाशमान बिजली की भांति भगवान के शरीर की कांति है।)

उस भगवान के प्रति भक्ति करना ज्ञानमार्ग से अधिक श्रेयस्कर है—इस तथ्य पर आष़्वार् ने प्रस्तुत पद में ज़ोर दिया है।

अट्ठावन

इस प्रकार के परमात्मा भगवान नारायण विश्व-मानव के हित के लिए तिरुमलै अर्थात् श्रीवेंकट पर्वत पर आकर विराजमान हैं। इस तथ्य को भक्त आष़्वार् के पद में देखिये।

तेळिन्द शिलातलत्तिन् मेलिरुन्द मन्दि
अळिन्द कडुवनैये नोक्कि - विळंगिय
वेण्मदियम् तावेन्नुम् वेंकटमे मेलोरु नाळ्
मण् मदियिल् कोण्डुहन्दान् वाष़्वु ।।

शब्दार्थ अन्वयसहित

तेळिन्द शिलातलत्तिन् मेल् इरुन्द मन्दि = स्वच्छ स्फटिक-शिला पर स्थित बन्दरिया
अळिन्द कडुवनैये नोक्कि = स्नेहिल बन्दर से
विळंगिय वेण् मदियम् ता एन्नुम् वेंकटमे = "गगन पर प्रकाशमान शुभ्र चन्द्र को पकड़कर दो"–(इस प्रकार याचना करती है); यह घटना श्रीवेंकट पर्वत पर हो रही है; वही पर्वत
मेल् ओरु नाळ् = बहुत पहले
मण् मदियिल् कोण्डु उहन्दान् वाष़्वु = चातुर्यमय बुद्धि से सारी भूमि को राजा बलि से दान में ले लेनेवाले भगवान नारायण का आवास है।

विशेष

तेळिन्द शिला = स्वच्छ स्फटिक शिला
मन्दि = बंदरिया; कडुवन् = बंदर
मदि = चन्द्र; मदियिल् = मति से (बुद्धि चातुर्य से)
यहाँ 'मदि', संस्कृत शब्द 'मति' का तमिल रूप है।

भावार्थ व्याख्यासहित

श्रीवेंकट पर्वत में काफ़ी संख्या में बंदर रहते हैं। अतः भक्त कवि कल्पना करते हैं कि बंदरिया स्फटिक शिला पर गगन स्थित चन्द्रमा का प्रतिबिंब देखकर स्नेहमय बंदर से कहती है कि उस शुभ्र चन्द्र को पकड़कर दो। भक्ति स्नेह का ही तो गंभीर रूप है। बन्दर-बन्दरिया का स्नेह संबंध भक्ति स्थल वेंकट पर्वत के लिए स्वाभाविक है। उसी वेंकट पर्वत में आकर भगवान नारायण जिन्होंने वामनावतार में राजा बलि से अपने बुद्धि चातुर्य से सारी भूमि दान में माँग ली थी, मानव मात्र के हित के लिए अनुग्रहपूर्वक विराजमान हैं। भगवान नारायण ने बुद्धि चातुर्य से दानी राजा बलि के पास वामन ब्राह्मण के रूप में जाकर दान में सारी भूमि ले ली थी–इसी बात को नम्माष़्वार ने 'तिरुवाय् मोषि' (1-4-3) में इस प्रकार कहा है –

'मदियनाल् कुरळ् माणाय् उलहु इरन्द कळ्वर्कु'।

श्रीवेंकट पर्वत स्नेह तथा भक्ति का आकर है। वही भक्तों का दिव्य क्षेत्र है। यही कारण है कि भगवान नारायण ने भक्तवत्सलता के कारण उसे अपना आवास बना लिया है।

उनसठ

भगवान नारायण के श्रीचरणों में प्रपन्न भाव से समर्पित होने से जीवन जीने का सही मार्ग प्राप्त होता है। देखिये इस तत्व को आष्वार् के प्रस्तुत पद में।

वाषुम् वहैयरिन्देन् मै पोल् नेडुवरै वाय्
ताषुम् अरुविपोल् तार् किडप्प - शूषुम्
तिरुमा मणिवण्णन् शेंकण् माल् एंगळ्
पेरुमान् अडिशेरप् पेट्रु।।

शब्दार्थ अन्वयसहितः

मै पाल् नेडु वरै वाय् = अंजन की तरह काले पहाड़ में
ताषुम् अरुवि पोल् = दोनों तरफ़ झरनेवाले निर्झर की तरह
तार् किडप्प = (भगवान नारायण के) नील शरीर पर विद्यमान मालाओं के
शूषुम् तिरु = सौन्दर्य को देखते हुए निरन्तर उनको श्रीदेवी घेरे रहती हैं।
मा मणि वण्णन् = नील मणि की भांति नील वर्ण के और
शेम् कण् माल् = रक्तिम नयनोंवाले उस महान
एंगळ् पेरुमान् = स्वामी के
अडि शेर् पेट्रु = श्रीचरणों पर समर्पित होकर
वाषुम् वहै अरिन्देन् = मैंने जीने का मार्ग समझा।

विशेष

मै = अंजन, सुरमा; वरै = पहाड़; तार् = माला

भावार्थ व्याख्यासहित

पहाड़ अंजन की तरह काला है। उसके दोनों तरफ़ निर्झर बह रहे हैं। नील श्यामल भगवान नारायण का शरीर वर्ण पर्वत की तरह है। उनके शरीर के दोनों तरफ़ मोती माला विद्यमान है जो पर्वत के दोनों तरफ़ बहनेवाले निर्झर की श्वेत धारा की भांति दिखाई देती है। उस अति सुन्दर शरीर को निरन्तर देखती हुई श्रीदेवी विराजमान हैं। भक्त आष्वार् की स्थापना है कि उस नील वर्ण के और रक्तिम नयनोंवाले भगवान नारायण के श्रीचरणों पर प्रपन्न भाव से समर्पित होकर मैंने जीवन जीने का मार्ग समझा।

जीवन नानाविध प्रतिबंधों से व्याकुल रहता है। उन प्रतिबंधों से कोई मुक्त कैसे हो? जीवन जीने का सही मार्ग कैसे ज्ञात हो? उत्तर देते हैं भक्त आष्वार्। जीवन को तमाम प्रतिबंधों से मुक्ति तभी मिल सकती है और सही जीवन जीने की जानकारी तभी प्राप्त हो सकती है जब हम भगवान के श्रीचरणों पर प्रपत्तिपूर्वक अपने को अर्पित करें।

समर्पण जीवन को निर्बंध एवं निर्बाध कर देता है। भगवान नारायण समर्पित भक्त को बाधाविहीन स्वस्थ जीवन मार्ग दर्शाते हैं। भक्त का धर्म उस भक्ति मार्ग पर चलना मात्र है।

साठ

तमाम बाधाओं को दूर कर समस्त जीवराशियों को अनुग्रहपूर्वक आनन्दमय जीवन प्राप्त कराते हैं भगवान नारायण। इस बात को भक्त आष्‌वार् के प्रस्तुत पद में देखिये।

पेट्रम् पिणैमरुदम् पेय् मुलै माच्चकटम्
मुट्रक् कात्तूडु पोय् उण्डु दैत्तु - शुट्रुक्
कुणिलै विळंकनिक्कुक् कोण्डेरिन्दान् वेट्रिप्
पणिलम् वाय् वैत्तुहन्दान् पण्डु।।

शब्दार्थ अन्वयसहित

पेट्रम् मुट्रक् कात्तु = कृष्णावतार में भगवान नारायण ने गौओं की समग्रतः रक्षा की;
पिणै मरुदम् ऊडु पोय् = अर्जुन वृक्ष युगल के बीच में से गये;
पेय् मुलै उण्डु = राक्षसी पूतना का स्तन्यपान किया;
मा शकटम् उदैत्तु = बड़े शकट के रूप में आये असुर को धक्का देकर मार गिराया; और
शुट्रु कुणिलै कोण्डु विळंकनिक्कु एरिन्दान् = बछड़े के रूप में आये वत्सासुर को छड़ी की तरह पकड़कर उछाला और कपित्थ फल के रूप में आये कपित्थासुर पर उसे दे मारा (इससे दोनों का नाश हुआ)
पण्डु वेट्रि पणिलम् वाय् वैत्तु उहन्दान् = (वे परमात्मा भगवान नारायण) जयनाद करनेवाले पाँचजन्य शंख को मुँह में रखकर बजाकर प्रसन्न हुए।

विशेष

पेट्रम् = गौ; गाय, बैल
कुणिल् = छड़ी; छोटा डंडा
पणिलम् = शंख; प्रसंगानुसार पाँचजन्य शंख

भावार्थ

भगवान नारायण ने कृष्णावतार में गोकुल में नाना प्रकार से गौओं की रक्षा की। माता यशोदा ने माखनचोर कृष्ण को गुस्से में ओखली से बाँध दिया। कृष्ण ओखली को खींचते हुए आंगन में रहे अर्जुन वृक्षयुगल के बीच में से गये तो वृक्षयुगल टूट गया और शापग्रस्त कुबेर के पुत्र—नलकूबर और मणिग्रीव, वृक्षों में से बाहर आये और भगवत्कृपा से शापमुक्त होकर निज लोक में गये। बालकृष्ण ने राक्षसी पूतना का स्तन्यपान कर उसके साथ ही उसके प्राण भी हर लिये। शकट के रूप में मारने के लिए कंस के द्वारा प्रेषित शकटासुर को धक्का देकर कृष्ण ने मार गिराया। कृष्ण ने बछड़ों के बीच में बछड़ा बनकर आये वत्सासुर का पैर पकड़कर छड़ी की तरह उछाला और कपित्थ फल के रूप में आये असुर की ओर फेंका जिससे कि दोनों नष्ट हुए। भक्तों को अपनी ओर आकृष्ट करने के लिए बहुत पहले भगवान नारायण ने जयनाद करनेवाले पाँचजन्य शंख को मुख में रखकर प्रसन्नतापूर्वक बजाया था।

व्याख्या

1. इस पद में भक्त आष्‌वार् ने गोकुलवासी भक्तों के जीवन में आनेवाली नानाविध कठिनाइयों का उल्लेख कर यह निरूपित किया है कि उन कठिनाइयों को भक्तवत्सल भगवान नारायण कृपापूर्वक दूर कर देते

हैं। आश्रितविरोधी आतंकित होकर भाग जायें और भक्तों को कष्ट देने से विमुख हों—इस कारण भगवान शंखनाद करते हैं। इस प्रकार आश्रितवत्सल तथा आश्रितविरोधियों का निरसन करनेवाले भगवान नारायण की लीलाओं का उल्लेख कर भक्त आष़्वार् यह बताते हैं कि भक्ति मार्ग में आनेवाली बाधाओं का भी निरसन करने का दायित्व कृपालु भगवान का ही है।

2. प्रस्तुत पद में विशेष काव्यशास्त्रीय प्रयोग द्रष्टव्य है। प्रथम चरण में जो संज्ञाएँ प्रयुक्त हैं उनके साथ संयोजित होनेवाली क्रियाओं का प्रयोग दूसरे चरण में क्रमिक रूप से किया गया है।

जैसे; पेट्रम् मुट्र् कात्तु; पिणै मरुदम् ऊडु पोय्;
पेय् मुलै उण्डु; मा शकटम् उदैत्तु

इस प्रकार के अभिव्यक्ति-वैशिष्ट्य को संस्कृत में 'यथासंख्यालंकार' (काव्य प्रकाश-10) कहा जाता है; तमिल में यह आलंकारिक प्रयोग 'निरनिरै अणि' के नाम से अभिहित है। (तोल्काप्पियम्, शब्द प्रकरण–405)
यथासंख्यालंकार का लक्षण है:

"यथासंख्यं क्रमेणैव क्रमिकाणां समन्वयः।"

इस प्रकार का आलंकारिक प्रयोग प्रथम आष़्वार् (पोय्कै) के प्रथम दिव्य अन्तादि के पद 54 में भी द्रष्टव्य है।

इकसठ

भगवान नारायण के लिए सबसे अधिक प्रिय आवास स्थल भक्त-हृदय है—इस तथ्य को आष़्वार् के प्रस्तुत पद में देखिये।

पण्डेल्लाम् वेंकटम् पार्कडल् वैकुन्तम्
कोण्डङ् कुरैवार्कुक् कोयिल्पोल् - वण्डु
वळंगिळरुम् नीळ्शोलै वण् पूङ् कटिकै
इळं कुमरन् तन् विण्णहर्।।

शब्दार्थ अन्वयसहित

वैकुन्तम् कोण्डु अंकु उरैवार्कु = वैकुंठ को अपना आवास बनाकर वहाँ नित्य वास करनेवाले भगवान नारायण के लिए
पार्कडल् वेंकटम् = दुग्ध समुद्र और श्री वेंकट पर्वत
वण्डु वळं किळरुम् नीळ् शोलै = भ्रमर समूह से परिव्याप्त व्यापक उद्यानों से अलंकृत
वण् पू कटिकै = सुन्दर एवं मधुर पहाड़ी तिरुक्कडिकै एवं
इळ कुमरन् तन् विण्णहर् = तिरु विण्णहर् तीर्थ स्थल जहां युवा रूप में भगवान विराजमान हैं (ये सारे तीर्थस्थल)
पण्डु एल्लाम् कोयिल् पोल् = पहले (मेरे अंतस्तल में निवास करने के पूर्व) भगवान के आवास तीर्थ के रूप में थे (अर्थात् अब मेरा अंतस्तल ही भगवान का दिव्य आवास हे।)

भावार्थ व्याख्यासहित

परमपद श्री वैकुंठ में आवास करनेवाले भगवान नारायण ने धरती पर दुग्ध समुद्र, श्री वेंकट पर्वत, भ्रमरों के

रींकार से संपन्न उद्यानों से पूर्ण पहाड़ी तिरुक्कडिकै और तिरु विण्णहर् (जहां भगवान युवा रूप में विराजमान हैं) को भक्तों के हित के लिए अपने आवास स्थलों के रूप में ले लिया था। किन्तु अब मेरा अंतस्तल भगवान के लिए इन सबसे अधिक महत्वपूर्ण तीर्थ बन गया है।

श्री वैकुंठपति भगवान नारायण के नानाविध आवास धरती पर विद्यमान हैं; उदाहरण के लिए दुग्ध समुद्र, श्री वेंकट पर्वत, तिरुक् कडिकै और तिरु विण्णहर्। भगवान ने इन तीर्थों को अपना आवास बनाया है मानव-मात्र के हित के लिए। परन्तु अब उन्होंने भक्त के अंतस्तल को अपना आवास बना लिया है।

सर्वदा भक्त की यह आकांक्षा रहती है कि भगवान उसके अंतस्तल में आकर विराजें ताकि वह भगवान से पल भर के लिए भी अलग न हो। यह भक्त की भगवन्मय हो जाने की तीव्र आकांक्षा का निदर्शन है।

प्रस्तुत पद में आष्वार् ने 'तिरुक्कडिकै' तीर्थ का जो उल्लेख किया है वह पहले कोळंगिपुरम्, शोष़ गंग पुरम् तथा शोष़ सिंग पुरम् के नामों से अभिहित था। जन-सामान्य को इस बात का विश्वास है कि थोड़ी देर के लिए भी यदि कोई इस तीर्थ में निवास करे तो भी उसे मुक्ति प्राप्त होगी। 'कडिकै' का अर्थ है 'थोडा समय'। वस्तुतः यह संस्कृत शब्द 'घटिका' का तमिल रूप है जिसका वाच्यार्थ है 'चौबीस मिनट'; प्रसंगानुसार 'थोड़ा सा समय'।

बासठ

भगवान नारायण के कुछ अन्य महत्वपूर्ण तीर्थों का उल्लेख आष्वार् के प्रस्तुत पद में देखें।

विण्णहरम् वेह्का विरितिरै नीर् वेंकटम्
मण्णहरम् मामाड वेळुक्कै - मण्णहत्त
तेन् कुडन्दै तेनार् तिरुवरंगम् तेन् कोट्टि
तन् कुडंकै नीरेट्रान् ताष़्वु।।

शब्दार्थ अन्वयसहित

विण्णहरम् = तिरुविण्णहरम्
वेह्का = तिरु वेह्का
विरितिरे नीर् वेंकटम् = जल संपन्न श्री वेकंट पर्वत
मण्णहरम् मा माडम् वेळुक्कै = पृथ्वी पर श्रेष्ठ नगर कहलाने योग्य और प्रासादों से सज्जित तिरु वेळुक्कै
मण् अहत्त तेन् कुडन्दै = धरती पर विद्यमान श्रेष्ठ तिरु कुडन्दै,
तेन् आर् तिरु अरंगम् = मधु भरित उद्यानों से पूर्ण श्रीरंगम्
तेन् कोट्टि = दक्षिण का तिरुकोट्टियूर्—ये तमाम तीर्थ स्थल
तन् कुडंकै नीर् एट्रान् ताष़्वु = उस भगवान के दिव्य आवास हैं जिन्होंने अपनी हथेली में दान नीर लेकर सारी पृथ्वी को दान में प्राप्त किया था। (यहाँ वामनावतार का उल्लेख है।)

विशेष

कुडंकै = हथेली; ताष़्वु = आवास स्थल

भावार्थ व्याख्यासहित

जिन भगवान नारायण ने राजा बलि से दान नीर लेकर सारी पृथ्वी को दान में प्राप्त कर लिया था उनके दिव्य

तीर्थस्थल धरती पर निम्न प्रकार हैंः-

तिरुविण्णहरम्, तिरुवेह्का, जल संपन्न तिरुमलै अर्थात् श्रीवेंकट पर्वत, तिरु वेळुक्कै जो धरती पर श्रेष्ठ नगर कहलाता है और जहां अनेकानेक प्रासाद हैं; तिरुकुडन्दै, मधुर उद्यानों से पूर्ण श्रीरंगम्, और तिरुकोट्टियूर्। भक्त आष्वार् की स्थापना है कि कृपालु भगवान नारायण मानव मात्र के हित के लिए अनुग्रहपूर्वक इन सारे तीर्थ-स्थलों में आकर विराजमान हैं। भगवान नारायण ही तो थे जिन्होंने धरती की रक्षा के लिए वामन बनकर राजा बलि से भूमि दान में प्राप्त की थी। वे ही धरती अर्थात् भूमि तथा भूमि पर रहनेवाले लोगों के हित के लिए विभिन्न तीर्थ-स्थलों में अपना आवास बनाकर विराजमान हैं।

तिरसठ

भगवान नारायण की नानाविध लीलाओं में एक महत्वपूर्ण लीला है शंकर नारायण के रूप में उनका अवतरित होना। श्रीपति अर्थात् श्रीवेंकट पर्वत में निवास करनेवाले भगवान नारायण के विशिष्ट रूप "शंकर नारायण" का वर्णन भक्त आष्वार् के प्रस्तुत पद में देखिये।

ताष् शडैयुम् नीण् मुडियुम् ओण् मषुवुम् चक्करमुम्
शूषरवुम् पोन्नाणुम् तोन्रुमाल् - शूषुम्
तिरण्डरुवि पायुम् तिरुमलै मेल् एन्दैक्कु
इरण्डुरुवुम् ओन्राय् इशैन्दु।।

शब्दार्थ अन्वयसहित

ताष् शडैयुम् = जटाधर
नीण् मुडियुम् = किरीटधारी
ओण् मषुवुम् = परशु लिये हुए
चक्करमुम् = चक्र (सुदर्शन) धारी
शूष् अरवुम् = नागसर्प का आभरण पहने हुए
पोन् नाणुम् = स्वर्णिम मेखलाधारी
इरण्डु उरुवुम् = क्रमशः शंकर एवं नारायण के दोनों रूप
शूषुम् तिरण्डु अरुवि पायुम् तिरुमलै मेल् एन्दैक्कु = चारों तरफ़ से नानाविध निर्झरों से परिव्याप्त तिरुमलै (श्रीवेंकट पर्वत) में विराजमान मेरे स्वामी का
ओन्रु आय् इशैन्दु तोन्रुम् = एकरूप बनकर विद्यमान थे।
आल्! = शंकर एवं नारायण का यह अद्वय रूप कितना आश्चर्यकारक है!

विशेष

शडै = संस्कृत शब्द 'जटा' का तमिल रूप है।
मुडि = शिखा, केश, किरीट
मषु = परशु, आयुध
अरवु = सर्प; नाण् = मेखला

भावार्थ

नानाविध निर्झरों से परिव्याप्त तिरुमलै अर्थात् श्रीवेंकट पर्वत में विराजमान भगवान नारायण 'शंकर नारायण' के रूप में विद्यमान थे। उनके बायीं तरफ़ जटाधर, परशु हाथ में लिये हुए और नाग सर्प के आभूषण से आवृत शंकर या हर का रूप था और दायीं तरफ़ नारायण या हरि का रूप था जो उच्च किरीट पहने हुए थे, सुदर्शन चक्रधारी एवं स्वर्णिम मेखला से अलंकृत थे।
भगवान नारायण का यह हरि-हर रूप अद्‌भुत तथा आश्चर्यकारक है!

व्याख्या

भगवान नारायण को आष़्वार् 'शंकर नारायण' के रूप में देखते हैं। भगवान नारायण के बायीं तरफ़ शंकर और दायीं तरफ़ हरि विद्यमान हैं; इस प्रकार शंकर एवं नारायण के अद्वय रूप का उल्लेख कर आष़्वार् भगवान नारायण के ब्रह्मत्व अर्थात् सर्वमयत्व की पुष्टि करते हैं। भगवान नारायण भक्त आष़्वार् के लिए परब्रह्म हैं जो सर्वगत तथा सर्वात्ममय हैं। अतः जगत की सृष्टि, स्थिति एवं विलय के आधारभूत ब्रह्मा, विष्णु तथा शिव के तीनों तत्वों के समाहित अर्थात् समैकित ब्रह्मतत्व के रूप में भगवान नारायण को भक्त आष़्वार् देखते हैं। जैसे विष्णु पुराण में कहा गया है –

"सर्गस्थिति विनाशानां जगतोऽस्य जगन्मयः।
मूलभूतो नमस्तस्मै विष्णवे परमात्मने।।
आधारभूतं विश्वस्यापि अणीयांसमणीयसाम्।
प्रणम्य सर्वभूतस्थं अच्युतं पुरुषोत्तमम्।।"

(विष्णु पुराण 1/2/4;5)

चौंसठ

कांचीपुरम के तीन स्थलों में शयन-स्थिति की मुद्राओं में विराजमान भगवान नारायण के प्रति भक्त हृदय की भावुकतापूर्ण स्थिति का वर्णन आष़्वार् के प्रस्तुत पद में देखिये।

इशैन्द अरवमुम् वेर्पुम् कडलुम्
पशैन्दंगु अमुदु पडुप्प - अशैन्दु
कडैन्द वरुत्तमो कच्चि वेह्काविल्
किडन्दिरुन्दु निन्‌रदुवुम् अंगु।।

शब्दार्थ अन्वयसहित

भगवान नारायण से भक्त आष़्वार् का प्रश्न है।
इशैन्द अरवमुम्, वेर्पुम्, कडलुम् पशैन्दु = वासुकि, मंदर पर्वत तथा समुद्र को अपने अपने उपयुक्त रूपों में—रस्सी, मथानी तथा भांडे के रूपों में—स्वीकार कर,
अंगु अमुदु पडुप्प = उस समुद्र में से अमृत निकालने के लिए
अशैन्दु कडैन्द वरुत्तमो? = हिल डुलकर मंथन करने के परिणामस्वरूप हुई थकावट के कारण ही तो
कच्चि = कांचीपुरम् के
वेह्काविल् किडन्दु = तिरुवेह्का में शयन की मुद्रा में

अंगु इरुन्दु, निन्रदुवुम् = उसी कांचीपुरम् में स्थित तिरुप्पाटकम् में आसीन तथा तिरुवूरहम् में खड़े रहने की मुद्रा में विराजमान हैं?

विशेष

वेर्पु = पर्वत, प्रसंगानुसार 'मंदर पर्वत'

वरुत्तम् = कष्ट, थकावट, दुख

भावार्थ

कांचीपुरम् तीर्थ में विद्यमान तीन पवित्र स्थलों में—तिरुवेह्का में शयन मुदा में, तिरुप्पाटकम् में आसीन मुद्रा में और तिरुवूरहम् में खड़ी मुद्रा में विराजमान भगवान नारायण से भक्त आष्वार् प्रश्न करते हैं। इस प्रकार विभिन्न मुद्राओं में आपके विराजमान होने का कारण, वासुकि, मंदर पर्वत तथा समुद्र का उपयोग कर अमृत निकालने के लिए आपके द्वारा किये गये परिश्रम से उत्पन्न थकावट तो नहीं!

व्याख्या

तिरुवेह्का, तिरुप्पाटकम् और तिरुवूरहम्—ये तीनों तीर्थ-स्थल कांचीपुरम् में हैं। उक्त तीन स्थलों में भगवान नारायण विराजमान हैं क्रमशः शयन करते हुए, बैठे हुए और खड़े हुए। भक्त आष्वार् को लगता है कि भगवान अमृत-मंथन के कारण हुई भारी थकावट के कारण शायद इन विभिन्न मुद्राओं में विश्राम कर रहे हों। भक्त हृदय भगवान नारायण के आयास से द्रवित होता है और सोचता है कि इस आयास के निवारण के लिए विभिन्न तीर्थों में आकर भगवान विश्राम कर रहे हैं। भक्त आष्वार् का हृदय अपने स्वामी के कष्ट का अनुभव कर विह्वल तथा गद्गद होता है। उसीकी अभिव्यक्ति प्रस्तुत पद में हुई है।

पैंसठ

भक्तों के प्रति अनुग्रही तथा विरोधियों के प्रति क्रोधी भगवान नारायण के दो अवतारों और उनकी लीलाओं का वर्णन आष्वार् के निम्नलिखित पद में देखें।

अंगर्किडरिन्रि अन्दिप् पोषुदत्तु
मंग इरणियन दाहत्तै - पोंगि
अरियुरुवमाय्प् पिळन्द अम्मानवने
करियुरुवम् कोम्बोशित्तान् कायन्दु।।

शब्दार्थ अन्वयसहित

अरि उरुवम् आय् पोंगी = नृसिंहावतार लेकर,

अंगर्कु इडर् इन्रि = पुत्रवत् भक्त प्रह्लाद को कोई कष्ट न हो = इस उद्देश्य से

अंदिप् पोषुदत्तु = सन्ध्याकाल में (जिन्होंने)

इरणियनदु आहत्तै मंग पिळन्द = हिरण्यकशिपु के वक्षस्थल को फाड़ दिया था

अम्मान् अवने = उन्हीं भगवान नारायण ने

कायन्दु = क्रोध से

करि उरुवम् कोम्बु ओशित्तान् = हाथी के रूप में (मारने के लिए) आये कुवलयापीड का दंत तोड़कर उसका संहार किया।

विशेष

अन्दिप् पोषुदु = सन्ध्या काल

करि = हाथी (यह संस्कृत शब्द है)

कोम्बु = दंत

अंगर्कु = अंग को; अंग से 'पिता का अंग' (पुत्र) लिया जाता है। भगवान नारायण का भक्त भी उनका पुत्र ही तो है। अतः निम्नलिखित दोनों प्रकार से अर्थ लिया जा सकता है = हिरण्यकशिपु के पुत्र प्रह्लाद को/भगवान नारायण के पुत्रवत् भक्त प्रह्लाद को।

भावार्थ व्याख्यासहित

जिन भगवान नारायण ने हिरण्यकशिपु के पुत्र भक्त प्रह्लाद को कष्टों से बचाने के लिए सन्ध्या-समय में हिरण्यकशिपु का वक्षस्थल फाड़कर संहार किया था उन्हीं भगवान नारायण ने हाथी के रूप में मारने के लिए आये कुवलयापीड़ का दंत तोड़कर उसका नाश कर दिया था।

भक्त के प्रति भगवान की ऐसी गहरी कृपा होती है कि वे भक्त का कष्ट ज़रा भी सहन नहीं कर सकते। अतः भक्त-विरोधी का संहार कर देते हैं। भक्त प्रह्लाद की रक्षा के लिए उसके पिता आततायी हिरण्यकशिपु का भगवान ने संहार कर दिया था। यही हुआ कुवलयापीड के साथ भी। क्योंकि उसने भगवान का शत्रु बनकर—शत्रु कंस का प्रतिनिधि बनकर भगवान को ही मारने आया था। ऐसे शत्रु को भी भगवान के क्रोध का दंड भोगना पड़ता है।

यहाँ पिल्लै लोकाचार्य (ईस्वी 1204-1311)की कृति श्री वचनभूषणम् की सूक्ति 196 द्रष्टव्य है –

"ईश्वरन् अवतरित्तुप् पण्णिन आनैत्तोषि़लह्ळ् एल्लाम्
भागवदपचारम् पोरामै एन्रु जीयर् अरुळिच् चेय्वर्"

(आचार्य परम्परा के अनुसार, चौथे आचार्य नंजीयर ने (ईस्वी 1113-1208) (रामानुज, कूरत्ताष़्वान्, एम्बार् और नंजीयर्) ने कृपापूर्वक कहा कि भगवान नारायण ने विभिन्न अवतार लेकर जो जो अप्रतिम लीलायें कीं वे सब भागवत भक्त के प्रति विरोधियों द्वारा किये गये अपचारों के संदर्भ में भगवान की असहनशीलता के प्रमाण हैं।)

छियासठ

भगवान नारायण के विरोधियों की क्या दुर्दशा होती हैं? भक्त आष़्वार् के निम्नलिखित पद में देखिये।

कायन्दिरुळै माट्रिक् कदिरलहु मामणिहळ्
एयन्द फणक्कदिर् मेल् वेव्वुयिर्प - वायन्द
मधुकैटभरुम् वयिरु उरुहि माण्डार्
अदु केडु अवर्कु इरुदि आंगु।।

शब्दार्थ अन्वयसहित

काय्न्द इरुळै माट्रि = फूत्कार से अंधकार को हटाकर

कदिर् अलहु मामणिहळ् एय्न्द = प्रकाश फैलानेवाले रत्नखचित

फणम् कदिर् मेल् = (आदिशेष के) फण के प्रकाश को पार कर

वेव्वुयिर्प = भगवान ने जब गहरी और गरम सांस ली, तब उससे

वायन्द मधुकैटभरुम् = भगवान के निकट आये दो दैत्यों का (मधु और कैटभ जो भगवान से युद्ध करने आये),

वयिरु उरुहि माण्डार् = पेट जल गया और वे दोनों मर गये।

अवर्कु आंगु अदु इरुदि केडु = उनकी वहाँ जो दशा हुई, वही नाश की दशा तमाम भगवद् विरोधियों की होगी।

विशेष

वेव्वुयिर्प = गहरी एवं गरम सांस ली

केडु = बुरी दशा/दुर्दशा

भावार्थ व्याख्यासहित

भगवान नारायण आदिशेष की शय्या पर योगनिद्रा में हैं। आदिशेष फूत्कार करते हैं जिससे आग उगलती है और परिणामस्वरूप तम-निवारण होता है। आदिशेष के रत्नखचित फण से प्रकाश फैलता है। उसे भी पारकर भगवान का गंभीर एवं उष्ण श्वास निकलता है; तब उससे, भगवान से युद्ध करने आये दैत्य मधु और कैटभ का पेट जल गया और वे दोनों मर गये। तभी तो भगवान नारायण मधुसूदन और कैटभारि कहलाने लगे। इससे यह सिद्ध होता है कि भगवान के विरोधियों की वही दुर्दशा होगी जो मधु-कैटभ की हुई। जैसे प्रकाश से तम का नाश होता है वैसे ही भगवान के निकट विरोध भाव से जानेवाले लोगों की भी दुर्दशा होगी। इससे यह भी अर्थ निकलता है कि भगवान नारायण आश्रितवस्तल एवं भक्तरक्षक हैं। अतः भक्तों के विरुद्ध यदि कोई अन्याय करे तो वह भी भगवान के क्रोध से भस्मीभूत हो जाएगा। इसी बात को पेरियाष़्वार् की कृति तिरुमोषि़ में (3-3-7) कहा गया है –

> **"एन्रुम् एन् पिळ्ळैक्कुत् तीमैहळ् शेय्वार्हळ्**
> **अङ्ङनम् आवर्हळे।"**

(मेरे बच्चे को जो भी कष्ट देंगे उनकी भी वही दुर्दशा होगी।)

सड़सठ

भक्त आष़्वार् भगवान नारायण के सौन्दर्य पर मुग्ध हैं। उस स्थिति का वर्णन देखिये।

> **आंगु मलरुम् कुवियुमाल् उन्दि वाय्**
> **ओंगु कमलत्तिन् ओण्पोदु - आंकैत्**
> **तिहिरि शुडरेन्रुम् वेण् शंखम् वानिल्**
> **पहरु मदि येन्रुम् पार्त्तु।।**

शब्दार्थ अन्वयसहित

माल् उन्दि वाय् ओंगु ओण् कमलत्तिन् पोदु = भगवान नारायण की नाभि से उत्पन्न सुन्दर कमल पुष्प

कै ओम् तिकिरि = भगवान के दायें कर में विद्यमान सुदर्शन चक्र को

शुडर् एन्रुम् = सूर्य और

वेण् शंखम् = (बायें कर में विद्यमान) शुभ्र पाँचजन्य शंख को

वानिल् पहरुम् मदि एन्रुम् = आकाश में चमकता चन्द्र

पार्त्तु = देख या समझकर
आंगु = एक ही समय पर
मलरुम् कुवियुम् = विकसित और कुंचित होता है।

विशेष

उन्दि = नाभि; तिकिरि = चक्र; प्रसंगानुसार सुदर्शन चक्र
शुडर् = ज्वाला, प्रसंगानुसार सूर्य; मदि = चन्द्र

भावार्थ

भगवान नारायण की नाभि से उत्पन्न कमल एक ही समय पर विकसता है और कुंचित होता है। क्योंकि भगवान के दायें कर में विद्यमान उज्ज्वल सुदर्शन चक्र सूर्य की तरह और उनके बायें कर में विद्यमान शुभ्र पाँचजन्य शंख, चन्द्र की तरह दिखाई देता है। अतः नाभिकमल सूर्य-चन्द्र की भ्रांति से खिलता है और कुंचित होता है एक ही समय पर। यह कैसा विचित्र है!

अड़सठ

श्रीपति नारायण के आवास तिरुमलै (श्रीवेंकट पर्वत) का सौन्दर्य देखिये आष़्वार् के प्रस्तुत पद में।

पार्त्त कडुवन् शुनै नीर् निष़ल् कण्डु
पेर्त्तोर् कडुवन् एनप् पेन्दु - कार्त्त
कळंकनिक्कुक् कै नीट्टुम् वेंकटमे मेनाळ्
विळंकनिक्कुक् कन्रु एरिन्दान् वेर्पु।।

शब्दार्थ अन्वयसहित

शुनै नीर् पार्त्त कडुवन् = जल स्रोत में झुककर देखा नर बन्दर ने;
निष़ल् कण्डु = वहाँ अपना ही प्रतिबिंब देखा; लेकिन
पेर्त्तु ओर् कडुवन् एन पेन्दु = सोचा कि वहाँ दूसरा ही नर बन्दर है; इससे भयभीत होकर वहाँ से चल पड़ा
कार्त्त कळं कनिक्कु कै नीट्टुम् = (फिर चापल्य के कारण लौटकर) उस दूसरे बन्दर से श्याम वर्ण के कपित्थ फल माँगते हुए हाथ बढ़ाया;
वेंकटमे = यह घटना हो रही है श्रीवेंकट पर्वत पर
मेल् नाळ् विळं कनिक्कु कन्रु एरिन्दान् = (इस घटना को देखकर भक्त आष़्वार् कृष्ण-लीला का स्मरण कर रहे हैं) बहुत पहले कपित्थ फल पाने के लिए, बछड़े के रूप में आये वत्सासुर को पकड़कर भगवान नारायण ने कपित्थ वृक्ष पर उछालकर फेंका था; उन्हींका आवास है यह तिरुमलै (तिरुवेंकटम् अर्थात् श्रीवेंकट पर्वत)

विशेष

कडुवन् = नर बन्दर; शुनै = जल स्रोत
निष़ल् = प्रतिबिंब, परछाईं

भावार्थ व्याख्यासहित

श्रीवेंकट पर्वत के जल स्रोत में अपना ही प्रतिबिंब देखकर नर बंदर ने सोचा कि वहाँ दूसरा ही बन्दर है। उससे भयभीत होकर वह वहाँ से चल पड़ा। फिर चपलतावश वह लौटकर आया और पानी में कपित्थ वृक्ष के फलों के प्रतिबिंब देखकर उस बन्दर से (भ्रमवश प्रतिबिंब को वास्तविक समझकर) उन फलों की माँग की। यही श्रीवेंकट पर्वत भगवान नारायण का आवास तिरुमलै है जिन्होंने कृष्णावतार में बछड़ों के बीच बछड़ा बनकर आये वत्सासुर का पैर पकड़कर उछाल फेंका कपित्थ वृक्ष पर जिससे गोप बालकों को कपित्थ फल मिल सके, और साथ ही फलों के बीच फल के रूप में छिपकर बैठ कपित्थासुर का संहार हो सके।

भक्त आष्वार् हर स्थिति में भगवान नारायण की लीलाओं का ही स्मरण करते हैं। इससे यह स्पष्ट होता है कि भक्त का कोई क्षण ऐसा नहीं होता जब वह भगवान के ध्यान में नहीं रहता हो। प्रस्तुत पद यह सिद्ध करता है कि वानर जैसे पशुओं की चेष्टाएं भी भक्त को भगवान की लीलाओं का ही स्मरण दिलाती हैं। भक्त का कोई ऐसा समय नहीं गुज़रता है जब वह भगवान की लीलाओं की याद कर आनन्द की अनुभूति नहीं करता हो।

उनहत्तर

भक्ति गद्गद स्थिति में भक्त के लिए भगवान से संबंधित वस्तुएँ, स्थान एवं स्थितियाँ ही महत्व रखती हैं; भक्त उन्हींके साथ जुड़े रहने की कामना सर्वदा करता है। प्रस्तुत पद में भक्त आष्वार् इसी तथ्य को प्रतिपादित करते हैं।

वेर्पेन्रु वेंकटम् पाडुम् वियन् तुषाय्
कर्पेन्रु शूडुम् करुंकुष़ल् मेल् - मर्पोन्र्
नीण्ड तोळ् माल् किडन्द नीळ् कडल् नीराडुवान्
पूण्ड नाळ् एल्लाम् पुहुम्।।

शब्दार्थ अन्वयसहित

वेर्पु एन्रु वेंकटम् पाडुम् = जब भी किसी पहाड़ की बात आती है तब भक्त श्रीवेंकट पर्वत की प्रशस्ति गाता है।
कर्पु एन्रु = (भक्त) ध्यान करता हुआ
करुंकुष़ल् मेल् वियन् तुषाय् शूडुम् = अपनी श्यामवर्ण की शिखा में अद्भुत तुलसी पुष्प लगाता है।
मल् पोन्र् नीण्ड तोळ् माल् किडन्द नीळ् कडल् = शक्तिशाली मल्लों को नष्ट करनेवाले सबल स्कन्धवाले भगवान नारायण जहां शयन करते हैं उस दुग्ध समुद्र में
नीराडुवान् = स्नान करने के लिए
पूण्ड नाळ् एल्लाम् पुहुम् = हर प्रातः काल प्रस्थान करता है।

भावार्थ

प्रस्तुत पद का दो प्रकार से अर्थ हो सकता है। पहला अर्थ एक भक्त के संदर्भ में है। भक्त सर्वदा भगवान नारायण के बारे में ही ध्यान करता है। वह उन्हींके बारे में सोचता है; मनन करता है।

यदि किसी पहाड़ की बात आती है तो भक्त, भगवान के आवास श्रीवेंकट पर्वत की ही प्रशस्ति गाता है। वह भगवान का ध्यान करता हुआ अपनी कृष्ण शिखा में पवित्र एवं अद्भुत तुलसी पुष्प लगाता है। हर प्रातः

काल स्नान करने के लिए दुग्ध समुद्र की ओर चल पड़ता है जहां शक्तिशाली मल्लों को नष्ट करनेवाले सबल स्कन्धवाले भगवान नारायण योग निद्रा में विराजमान रहते हैं।

दूसरा अर्थ भगवान के प्रति स्नेहातुर भक्ति-संपन्न अपनी पुत्री के बारे में माता की उक्ति के रूप में लिया जा सकता है। माँ कहती है कि मेरी पुत्री जब कभी भी किसी पर्वत की बात आती है, केवल श्रीवेंकट पर्वत के बारे में सोचती है और उसकी प्रशस्ति में गाती है। भगवान नारायण को अपना पति समझनेवाली मेरी पुत्री पतिव्रता धर्म के रूप में भगवान के लिए अत्यंत प्रिय तुलसी पुष्पों को ही अपनी कृष्ण वर्ण की वेणी में लगाती है। सर्वदा अपने प्रियतम भगवान नारायण का ध्यान करती हुई हर प्रातः काल स्नान करने के लिए दुग्ध समुद्र की तरफ़ प्रस्थान करती है; क्योंकि वहाँ सशक्त भगवान नारायण योग निद्रा में विराजमान रहते हैं।

व्याख्या

प्रथम तीन आष़्वार् (पोय्कै आष़्वार्, भूतत्ताष़्वार् और पेयाष़्वार्) प्रपत्तिपरक परम भागवत भक्त रहे। उनकी भक्ति मूलतः शरणागति मूलक दास्य भक्ति की कोटि में आती है। अतः प्रेमा भक्ति अथवा नायक-नायिका–भावमूलक भक्ति की उनमें गुंजाइश नहीं रहती। किन्तु पेयाष़्वार् का प्रस्तुत पद एक विशिष्ट अपवाद के रूप में है; क्योंकि इसमें भक्त, नायिका भाव अर्थात् आसक्ति भाव से भगवान नारायण के प्रति समर्पित है। जैसे प्रेमासक्ता नायिका सर्वदा अपने प्रियतम का ही ध्यान करती है, उसी के लिए अपने को अलंकृत करती है; उसीकी तरह अपने को बनाती है और उसीकी असक्ति में अपने को विस्मृत किये हुए रहती है वैसे ही भक्त आष़्वार् की भी दशा है। भक्त आष़्वार् को प्रेम-विह्वला पुत्री के रूप में देखती है उनकी माता और उसी रूप में उसका वर्णन करती है।

नम्माष़्वार्, तिरुमंगै आष़्वार्, आण्डाळ् आदि परवर्ती आष़्वारों में श्रृंगार रस मूलक प्रेमा भक्ति की व्यापक एवं गंभीर अभिव्यक्ति है। परन्तु दास्य भक्ति पूर्ण प्रथम तीन आष़्वारों के संदर्भ में पेयाष़्वार् का यह पद विशिष्ट अपवाद है।

सत्तर

तिरुमलै अर्थात् श्रीवेंकट पर्वत के पशु भी भगवान नारायण की सेवा में रत हैं। इस तथ्य का वर्णन आष़्वार् के प्रस्तुत पद में देखिये।

पुहु मदत्ताल् वाय् पूशिक् कीष़्ताष़्न्दु अरुवि
उहु मदत्ताल् काल् कषुविक् कैयाल् - मिहु मदत्तेन्
विण्डमलर् कोण्डु विरल् वेंकटवनैये
कण्डु वणंगुम् कळिरु।।

शब्दार्थ अन्वयसहित

कळिरु = तिरुमलैवासी गज

पुहु मदत्ताल् वाय् पूशि = मस्तक और गालों से बहकर मुँह में आनेवाले मदजल से मुखशुद्धि कर अर्थात् आचमन कर

कीष़् ताष़्न्दु अरुवि उहु मदत्ताल् काल् कषुवि = शरीर के ऊपर से नीचे तक झरने की भांति बहनेवाले मद जल से पाद शुद्ध कर, और

कैयाल् मिहु मदम् तेन् विण्ड मलर् कोण्डु = मस्त बना देनेवाले मधु से पूर्ण विकसित पुष्पों को सूंड से लेकर

विरल् वेंकटवनैये कण्डु वणंगुम् = भगवान नारायण की सेवा करता है और उनके पादों में उन्हें अर्पित करता है।

भावार्थ व्याख्यासहित

तिरुमलै निवासी हाथी भी भगवान नारायण का भक्त है। वह मस्तक और गालों से बहकर मुँह में आनेवाले मदजल से आचमन करता है; वह अपने शरीर में ऊपर से नीचे तक बहनेवाले मदजल के झरने से पाद-प्रक्षालन करता है और मधुमय एवं विकसित पुष्प, सूंड से लेकर उनसे भगवान की सेवा तथा पूजा करता है। मनुष्य भगवान की पूजा करने से पहले आचमन करता है; जल से पाद प्रक्षालन करता है; तदनन्तर पुष्पों से भगवान की आराधना करता है। भक्ति-मार्ग में मानव द्वारा अपनायी जानेवाली इस परम्परा का पालन श्रीवेंकट पर्वत-वासी हाथी भी करते हैं। इन हाथियों पर भगवान नारायण की अपार कृपा है; भगवान द्वारा ये पशु भी अनुग्रहीत हैं। अर्थात् श्रीवेंकट पर्वत वासी समस्त जीवराशियाँ भगवान नारायण का अनुग्रह प्राप्त कर उनकी आराधना एवं स्तुति में लगी रहती हैं।

चाहे पशु हो या मानव या कोई भी जीव-जन्तु—भगवान की आराधना के लिए किसी विशेष योग्यता की आवश्यकता नहीं है; केवल चाहिए भगवान के प्रति भक्ति और भगवान का अनुग्रह।

इकहत्तर

तिरुमलै अर्थात् श्रीवेंकट पर्वत की और विशेषता देखिये आष़्वार् के प्रस्तुत पद में।

कळिरु मुहिल् कुत्तक् कैयेडुत्तोडि
ओळिरु मरुप् पोशिकै याळि - पिळिरि
विष़ कोन्रु निन्रदिरुम् वेंकटमे मेनाळ्
कुष़क्कन्रु कोण्डेरिन्दान् कुन्रु।।

शब्दार्थ अन्वयसहित

कळिरु = एक हाथी ने

कै एडुत्तु ओडि = सूंड को उठाकर तेज़ी से दौड़ते हुए

मुहिल् कुत्त = (मस्त हाथी की भांति दिखनेवाले) मेघ से टकराकर उसे चीर डाला (यह समझकर कि वह हाथी उसका शत्रु है)

याळि = याळि नामक पशु ने (याळि एक पौराणिक पशु है जिसका मुँह सिंह जैसा रहता है और जिसके, हाथी की तरह सूंड और दाँत होते हैं)

ओळिरु मरुप्पु ओशि कै = उस हाथी के चमकते दंत और सूंड को तोड़ डाला जिससे

पिळिरि विष़ कोन्रु = वह हाथी वेदना से चिल्लाता हुआ मरकर गिर पड़ा;

निन्रु अदिरुम् वेंकटमे = उस याळि ने वहीं खड़ा रहकर गरजता हुआ चारों तरफ़ आतंक फैलाया; यही श्रीवेंकट पर्वत

मेल् नाळ् = बहुत पहले

कुष़ कन्रु कोण्डु = वत्सासुर का पैर पकड़कर

एरिन्दान् कुन्रु = जिन भगवान नारायण ने कृष्णावतार में कपित्थ वृक्ष के फलों की तरफ़ उछालकर फेंका था उनका आवास (तिरुमलै) है।

भावार्थ व्याख्यासहित

तिरुमलै (श्रीवेंकट पर्वत) में बहुत सारे हाथी रहते हैं। एक हाथी ने सूंड को ऊपर उठाकर तेज़ी से दौड़ता हुआ, श्यामल मेघ को देखा; तब उसे भ्रम हुआ कि वह मेघ दूसरा मस्त हाथी है और वह उसका शत्रु है। अतः क्रोध से वह मेघ से टकराया और उसे चीर डाला। उसे देखकर वहाँ रहनेवाले याळि ने उस हाथी के दंत और सूंड को तोड़ डाला! वह हाथी वेदना से चिल्लाता हुआ मरकर गिर पड़ा। उस याळि ने वहीं खड़ा रहकर गरजता हुआ चारों तरफ़ आतंक फैलाया। यही तिरुमलै भगवान नारायण का आवास है जिन्होंने बहुत पहले वत्सासुर का पैर पकड़कर कपित्थ वृक्ष के फलों की तरफ़ उछालकर फेंका था जिससे वत्सासुर तथा कपित्थासुर, दोनों का नाश हुआ।

सामान्य रूप से मेघ की तुलना मस्त हाथी से की जाती है; जैसे आष़्वार् आण्डाळ् ने कहा है 'नाच्चियार् तिरुमोष़ि' में–(8-9)

'मदयानै पोल् एषुन्द मामुहिल् काळ्'

(मस्त हाथी की तरह तिरुमलै में रहनेवाले हे मेघसमुदाय!)

बहत्तर

भक्त आष़्वार् तिरुमलै की विशेषताओं का वर्णन करते नहीं थकते; सुनिये एक और वर्णन।

कुन्रोन्रिन् आय् कुरमहळिर् कोल् वळैक्कै
शेन्रु विळैयाडुम् तींकषै पोय् - वेन्रु
विळंगु मदि कोळ् विडुक्कुम् वेंकटमे मेलै
इळंकुमरर् कोमानिडम्।।

शब्दार्थ अन्वयसहित

कुर महळिर् = पहाड़ी किशोरियाँ

कुन्रु ओन्रिन् आय् शेन्रु विळैयाडुम् = तिरुमलै को छोड़ किसी दूसरे स्थान को नहीं जानतीं; अतः उसी पर्वत पर जाकर खेलती रहती हैं।

कोल् वळै कै तीम् कषै = वे किशोरियां चूड़ियों से अलंकृत अपने हाथों से मोड़ती हैं बांस की लंबी लंबी डालों को (जब वे सीधी हो जाती हैं)

पोय् वेन्रु विळंगु मदि कोळ् विडुक्कुम् वेंकटमे = वे डालें चन्द्र मंडल तक पहुँचती हैं और वहाँ राहु को नष्ट कर राहु द्वारा ग्रस्त चन्द्र को उसके ग्रहण से बचाती हैं। यही श्रीवेंकट पर्वत,

मेलै इळं कुमरर् कोमान् इडम् = अमरों के स्वामी भगवान नारायण का आवास है।

विशेष

कुर महळिर् = पहाड़ी जाति की लड़कियाँ

कुषै = बांस

इळं कुमरर् = देवता; क्योंकि पौराणिक परम्परा के अनुसार अमर अर्थात् देवता लोग सर्वदा युवा रहते हैं; उनपर जरा का कोई प्रभाव नहीं रहता; ये नित्य युवक हैं; अतः इळं कुमरर् अर्थात् कम आयु की

कुमारावस्था में रहनेवाले, कहलाते हैं।
कोमान् = स्वामी, पति, अधिपति

भावार्थ

तिरुमलै में बांस के ऊचे वृक्षों के अपार वन होते हैं। वहाँ पहाड़ी जाति की किशोरियां चूड़ियों से अलंकृत हाथों से बांस की डालों को मोड़कर झूले की भांति क्रीड़ा करती रहती हैं। जब वे डालें सीधी हो जाती हैं तब वे आकाश तक फैल जाती हैं मानों आकाश को वे स्पर्श कर जाती हैं। कवि काल्पनिक ढंग से इस बात का अतिशयोक्तिपूर्ण वर्णन करते हुए कहते हैं कि वे बांस की डालें इतनी ऊँची होती हैं कि वे चंद्र मंडल तक पहुँचकर राहु का नाश करती हैं और उससे ग्रस्त चंद्र को ग्रहण से मुक्त कर बचाती हैं।
यही वेंकट पर्वत अर्थात् तिरुमलै देवताओं के अधिपति भगवान नारायण का आवास है।
यहाँ बांस के ऊँचे ऊँचे पेड़ों का वर्णन अतिशयोक्तिपूर्ण ढंग से किया गया है। वे इतने ऊँचे हैं कि आकाश को मानों स्पर्श कर जाते हैं और वहाँ राहुग्रस्त चन्द्र को, राहु का नाश कर उसके ग्रहण से मुक्त कर देते हैं। बांस की ऊँचाई का यह वर्णन कवि-कल्पना है और अतिशयोक्तिपूर्ण अभिव्यक्ति है।

तिहत्तर

भक्त आष्वार् की यह स्थापना है कि भगवान नारायण के श्रीचरणों की स्तुति करना ही जिह्वा का प्रयोजन है। इस स्थापना को प्रस्तुत पद में देखिये।

इडम् वलम् एष् पूण्ड इरवित्तेरोट्टि
वडमुह वेंकटत्तु मन्नुम् - कुडम् नयन्द
कूत्तनाय् निन्रान् कुरै कषले कूरुवदे
नात्तनाळ् उळ्ळ नलम्।।

शब्दार्थ अन्वयसहित

इडम् वलम् एष् पूण्ड इरवि तेर् ओट्टि = सूर्य के रथ के बायीं ओर दायीं तरफ़ सात घोड़े लगे हुए हैं। उन्हें अंतर्यामी बन चलानेवाले हैं भगवान नारायण।
वड मुहम् वेंकटत्तु मन्नुम् = उत्तर दिशा में स्थित श्री वेंकट पर्वत पर निवास करनेवाले हैं भगवान नारायण।
कुडम् नयन्द कूत्तन् आय् निन्रान् = उसी भगवान नारायण ने कृष्णावतार में घटनृत्य किया था।
कुरै कष्ल् कूरुवदे = उस भगवान के नूपुर ध्वनि मंडित श्रीचरणों की स्तुति करना ही
ना तन्नाल् उळ्ळ नलम् = जिह्वा का प्रयोजन है।

भावार्थ व्याख्यासहित

सूर्य के रथ के दोनों तरफ़ सातं घोड़े लगे हैं उन्हें अंतर्यामी बन चलानेवाले भगवान नारायण हैं। वे ही उत्तर दिशा में स्थित श्री वेंकट पर्वत पर नित्य वास करते हैं। उन्होंने कृष्णावतार में गोप समुदाय के बीच घट नृत्य किया था। उस भगवान के नूपुर ध्वनि मंडित श्रीचरणों की स्तुति करना ही जिह्वा का प्रयोजन है।
भगवान नारायण सर्वात्म हैं। वे ही सबके अंतर्यामी हैं। बिना उनकी प्रेरणा के कोई कर्म नहीं होता। श्रीवेंकट पर्वतवासी भगवान नारायण ने ही सूर्य के रथ के सातों अश्वों को रथ-चालन करने की शक्ति दी है। भगवान

नारायण–सर्वशक्तिमान परमात्मा ने आश्रितवत्सल एवं भक्त कृपालु बनकर कृष्णावतार में गोप समुदाय के बीच घट नृत्य किया था। अतः भक्तों की जिह्वाओं के अस्तित्व का प्रयोजन सर्वभूत परमात्मा के श्रीचरणों की स्तुति करने में ही है।

भक्त आष्वार् भगवान की आश्रितवत्सलता एवं सर्वान्तर्यामित्व को प्रस्तुत पद में निरूपित करते हैं।

विशेष

घटनृत्य नृत्य की एक ग्रामीण शैली है जिसका प्रयोग वृन्दावन में हुआ करता है। दक्षिण के ग्रामों में भी सामान्य जनता के बीच घटनृत्य की परम्परा प्राचीन काल से चली आ रही है। विस्तृत विवरण के लिए द्वितीय दिव्य अन्तादि के पद 98 के अंतर्गत दिया हुआ विशेष ब्यौरा देखें।

चौहत्तर

स्नेह-गद्गद भगवान के प्रति माता यशोदा की स्नेह-तत्परता का वर्णन आष्वार् के प्रस्तुत पद में देखिये।

नलमे वलिदु कोल् नञ्जूट्टु वन् पेय्
निलमे पुरण्डु पोय् वीष़ - छलमे तान्
वेंकोंगै उण्डानै मीट्टु आय्च्चि ऊट्टुवान्
तन् कोंगै वाय् वैत्ताळ् शार्न्दु।।

शब्दार्थ अन्वयसहित

छलमे = छल से
नञ्जु ऊट्टु वन् पेय् = विष पिलाने आयी राक्षसी पूतना
निलमे पुरण्डु पोय् वीष़ तान् छलमे = निर्जीव होकर धरती पर गिर जाय = इस कारण छल से स्वयं
वेम् कोंगै उण्डानै = उसके उष्णमय स्तन का पान करनेवाले बालकृष्ण को
आय्च्चि मीट्टु ऊट्टुवान् शार्न्दु = गोपमाता यशोदा ने उस पूतना से हटाकर अपना स्तन्यपान कराने के निमित्त पास जाकर
तन् कोंगै वाय् वैत्ताळ् = अपना स्तन उसके (बालकृष्ण के) मुँह में रखा।
नलमे वलिदु कोल्? = इस मातृस्नेह की शक्ति भी कितनी अद्भुत है?

विशेष

छलम् = संस्कृत शब्द 'छल' का तमिल प्रयोग है। इसका अर्थ है 'कपट', 'व्याज', 'बहाना'।
कोंगै = स्तन

भावार्थ व्याख्यासहित

राक्षसी पूतना छल से बालकृष्ण को अपना विषमय स्तन्यपान कराने आयी; उसके प्राण कृष्ण ने छल से स्तन्यपान करने के बहाने हर लिये। तब गोप माता यशोदा ने अविचलित होकर अतिशय वात्सल्य भाव से स्तन्यपान कराने के लिए बालकृष्ण के मुँह में अपना स्तन रखा। यशोदा के मातृ स्नेह की यह कैसी अद्भुत शक्ति है कि वह भयानक पूतना के शरीर को धराशायी देखकर भी निर्भय हो वात्सल्य भाव से बालकृष्ण को स्तन्यपान करा सकी।

एक ओर मातृवात्सल्य का बहाना करती हुई आयी राक्षसी पूतना। दूसरी ओर अपार वात्सल्य भाव से माता यशोदा ने कृष्ण को दूध पिलाया।

यहाँ आष्वार् ने छल की बात दो संदर्भों में की है। एक संदर्भ राक्षसी पूतना का है जिसने बालकृष्ण को विषैला स्तन्यपान कराकर मार डालने के लिए मातृवात्सल्य का छल किया।

दूसरा संदर्भ बालकृष्ण का है जिसने पूतना का छल समझकर स्तन्यपान करने के बहाने उसके प्राण हरने का छल किया।

माता यशोदा का वात्सल्य इतना गंभीर था कि उसने पूतना की पकड़ से कृष्ण को हटाया और बचाया; साथ ही अपना स्नेहपूरित स्तन्य पान भी कृष्ण को कराया। वह पूतना का निष्प्राण शरीर देखकर भी विचलित नहीं हुई। इस घटना का वर्णन दूसरे परम भागवत आष्वारों के पदों में भी देखा जा सकता है।

"विडप्पाल् अमुदा अमुदु शेय्दिट्ट मायन्"

(नम्माष्वार् तिरुवाय् मोषि 1-5-9)

(मायावी कृष्ण ने पूतना के विषैले स्तन्य का पान कर भोग्य बना दिया था)

"पैट्र ताय् पोल् वन्द पेय्च्चि पेरुमुलैयूडु
उडिरै वट्र वांगि उण्डवायान्"

(तिरुमंगै आष्वार; पेरिय तिरुमोषि 1-3-1)

(माता की भांति आयी राक्षसी पूतना का स्तन्यपान करने के बहाने उसके साथ उसके प्राणों को भी हर लिया था कृष्ण ने।)

"पोय्यर्के पोय्यनाहुम् पुट्कोडि उडैव कोमान्।"

(तोण्डरडिप्पोडि आष्वार् कृत तिरुमालै–15)

(गरुडध्वज भगवान नारायण ने कृष्णावतार में छली को भी मात कर देनेवाले छली के रूप में लीला की।)

भक्त आष्वार् ने 'नलमे वलिदु कोल्?' अर्थात् मातृस्नेह की शक्ति भी कितनी अद्‌भुत है! कहकर आश्चर्य व्यक्त किया है। क्योंकि पूतना की मृत्यु का संदर्भ भयभीत करनेवाला था। किन्तु माता यशोदा के समक्ष एक ही लक्ष्य था। वह था पुत्र बालकृष्ण का कल्याण। अतः वहाँ मां के लिए भय की कोई गुंजाइश नहीं थी; केवल मातृस्नेह था। भयावह वातावरण में भी वात्सल्य भाव से माता ने बालकृष्ण को स्तन्य पान कराया पूतना से छुड़ाकर। इसीलिए भक्त आष्वार् मातृस्नेह की गंभीरता, अपार शक्ति तथा एकाग्रता पर ज़ोर देते हुए कहते हैं 'नलमे वलिदु कोल्?'

पचहत्तर

भगवान श्रीपति के आवास तिरुमलै (श्री वेंकट पर्वत) का अतिशयोक्तिपूर्ण वर्णन आष्वार् के प्रस्तुत पद में देखिये।

शार्न्दहडु तेय्प्पत् तडाविय कोट्टुच्चिवाय्
ऊर्न्दियंगुम् वेण्मदियम् ओण् मुयलै - शेर्न्दु
शिनवेंगै पार्कुम् तिरुमलैये आयन्
पुनवेंगै नारुम् पोरुप्पु।।

शब्दार्थ अन्वयसहित

तडाविय कोड्डु उच्चि वाय् = व्यापक पर्वत शिखर की चोटी पर
अहड्डु तेय्प्प शार्न्दु ऊर्न्दु इयंगुम् = पेट के निम्न भाग का घर्षण करते हुए बहुत निकट से संचार करनेवाले
वेण् मदियन् = शुभ्र चन्द्र में विद्यमान
ओण् मुयलै = सुन्दर खरगोश को
शिनम् वेंगै शेर्न्दु पार्कुम् = व्याघ्र न पकड़ पाता है, न ही छोड़कर जा पाता है; अतः क्रोध से उसे देखता खड़ा रहता है
तिरुमलैये = तिरुमलै में; वही तिरुमलै
आयन् = गोपाल कृष्ण का
पुनम् वेंगै नारुम् पोरुप्पु = चन्दन वृक्षों की सुगंध से भरा हुआ आवास पर्वत है।

विशेष

अहड्डु = पेट का निम्न भाग
कोड्डु उच्चि = पर्वत शिखर
मुयल् = खरगोश; शिनम् = क्रोध
वेंगै = व्याघ्र; चन्दन
आयन् = गोपाल कृष्ण; गोपकुल बालक कृष्ण

भावार्थ व्याख्यासहित

श्रीवेंकट पर्वत (तिरुमलै) शिखर की चोटी इतनी ऊँची है कि वह चन्द्र मंडल को पार कर गयी है; अतः चन्द्र उस शिखर को पार करता हुआ जब आगे बढ़ता है तब उसके पेट का निम्न भाग पर्वत से घर्षण करता हुआ दिखाई देता है। चन्द्र में विद्यमान खरगोश को देखकर वहाँ रहनेवाला व्याघ्र उसे खाने का लालच करता हुआ खड़ा रहता है; पर पकड़ नहीं पाता है। उसे छोड़कर वहाँ से जाने का भी उसका मन नहीं करता है। अतः इस असमंजस स्थिति में व्याघ्र क्रोध से उसे देखता खड़ा रहता है। वही पर्वत है जो चन्दन वृक्षों की सुगंध से परिपूर्ण भगवान नारायण अर्थात् कृष्ण का आवास है।

तिरुमलै के शिखर की चोटी की ऊँचाई का वर्णन भक्त कवि अतिशयोक्तिपूर्ण ढंग से करते हैं। गगनचुंबी शिखर चन्द्रमंडल से भी ऊपर है। अतः चन्द्र जब संचार करता है तब उस शिखर से उसके पेट का निम्न भाग घर्षण करता हुआ दिखाई देता है। उस समय तिरुमलै में रहनेवाला व्याघ्र उस चन्द्र को और चन्द्र में विद्यमान खरगोश को देखकर उसे खाने का लालच करता है; परन्तु बहुत ऊँचाई पर रहने के कारण वह उसे पकड़ नहीं पाता है। साथ ही लालच के मारे वह वहाँ से हट भी नहीं पाता है। इस कारण वह क्रोध से उसे देखता हुआ खड़ा रहता है।

चन्द्र में कलंक जैसा जो काला धब्बा दिखता है वह कवि-कल्पना में हिरन या खरगोश लगता है। भक्त आष़्वार् ने उसे खरगोश के रूप में देखा है।

('अतिशयोक्ति' अलंकार को तमिल में "उयर्वु नविर्चि अणि" कहा जाता है)

छिहत्तर

नाना प्रकार की बाह्य साधनायें कर भगवान को पाने का दुष्कर प्रयास करने के बजाय तिरुवेह्का में स्थित भगवान नारायण की पूजा तथा स्तुति करना श्रेयस्कर होगा। इस बात को भक्त आष़्वार् के शब्दों में देखिये।

पोरुप्पिडैये निन्रुम् पुनल् कुळित्तुम् ऐन्दु
नेरुप्पिडैये निर्कवुम् नीर् वेण्डा - विरुंप्पुडैय
वेह्कावे शेन्दानै मेय्म् मलर् तूयक् कै तोषुदाल्
अह्कावे तीविनैहळ् आयन्दु।।

शब्दार्थ अन्वयसहित

नीर् = आप लोगों को (मानव मात्र को संबोधित किया गया है)
पोरुप्पु इडैये निन्रुम् = पहाड़ों के बीच खड़े रहकर,
पुनल् कुळित्तुम् = सरोवरों में स्नान कर और
ऐन्दु नेरुप्पु इडैये निर्कवुम् = पंचाग्नि के बीच खड़े होकर
वेण्डा = (तपस्या करने की) आवश्यकता नहीं है।
विरुप्पु उडैय वेह्कावे शेन्दानै = सर्वप्रिय तीर्थ स्थल तिरुवेह्का में विराजमान भगवान नारायण की,
मेय् = बिना किसी फल की प्रतीक्षा किये
मलर् तूय् कै तोषुदाल् = पुष्प चढ़ाकर पूजा करने पर
ती विनैहळ् आयन्दु अह्कावे = समस्त पाप कर्म एवं उनके परिणाम दूर हट जायेंगे।

विशेष

पोरुप्पु = पहाड़
पुनल = सरोवर; ती विनै = पाप कर्म
ऐन्दु नेरुप्पु = पंचाग्नि

भावार्थ व्याख्यासहित

भक्त आष्वार् मानव-मात्र को समझाते हैं कि भगवान को पाने के लिए पर्वतों की बीच खड़े रहकर, सरोवरों में स्नान कर और पंचाग्नि के मध्य रहकर साधना या तपस्या करने की आवश्यकता नहीं है। इस दुष्कर साधना के बजाय परम प्रिय तीर्थ स्थल तिरुवेह्का में विराजमान भगवान नारायण की, पुष्प चढ़ाकर पूजा एवं स्तुति करना पर्याप्त है; इसी से तमाम पाप कर्म तथा उनके दुष्परिणाम दूर भाग जायेंगे।

भक्त आष्वार् मानव मात्र को समझाते हुए कहते हैं कि भगवान को पाने के लिए शरीर को असह्य कष्ट प्रदान करनेवाली साधनायें करने की कोई आवश्यकता नहीं है। जाड़े के समय हिमाच्छादित पर्वतों के बीच खड़ा रहकर, शीतकाल में सरोवरों में स्नान करके और ग्रीष्म काल में पंचाग्नि के मध्य रहकर शरीर को असहनीय वेदना प्रदान करते हुए तपस्या करने की कोई ज़रूरत नहीं है। इस प्रकार की दुष्कर साधना या तपस्या करने के बजाय उत्तम यह होगा कि अर्चामूर्ति बनकर परम प्रिय तीर्थ तिरुवेह्का में विराजमान भगवान नारायण की पुष्पाराधना की जाए; इससे भयभीत होकर समस्त पाप एवं उनके दुष्परिणाम दूर हट जायेंगे।

दुष्कर साधना एवं तपस्या से कई गुना उत्तम है भगवान नारायण की भक्ति एवं भक्तिप्रवण पूजा तथा स्तुति। यह भक्त आष्वार् की स्थापना है।

सतहत्तर

भगवदाराधना की महिमा का पिछले पद में वर्णन करने के पश्चात् भक्त आष्ष्वार् प्रस्तुत पद में यह सिद्ध करते हैं कि देवताओं के भी रक्षक भगवान नारायण के श्रीचरण ही आराधनीय तथा अमोघ फलदायक हैं।

आयन्द वरु मरैयोन् नान् मुहत्तोन् नन् कुरंगिल्
वायन्द कुष़वियाय् वाळरक्कन् - एयन्द
मुडिप्पोदु मून्रु एषु एन्रु एण्णिनान् आन्दे
अडिप्पोदु नंगट्कु अरण्।।

शब्दार्थ अन्वयसहित

आयन्द अरुमरैयोन् नान् मुहत्तोन् = अध्ययन तथा अनुशीलन कर वेदों को जाननेवाले चतुर्मुख ब्रह्मा की
नन् कुरंगिल् = गोद में
वायन्द कुष़वियाय् = शिशु बन आसीन रहकर
वाळ् अरक्कन् एयन्द पोदु मुडि = खड्‌गधारी राक्षस रावण के पुष्प मालाओं से अलंकृत सिरों को
मून्रु एषु एन्रु एण्णिनान् = तीन, सात अर्थात् दस = इस प्रकार (अपने कोमल पादों से) गिनकर दिखानेवाले
अडि पोदु = (भगवान नारायण के) श्रीचरण
नंगट्कु आन्दे अरण् = हमारे सर्वश्रेष्ठ रक्षक हैं।

विशेष

कुरंगु = जांघ; प्रसंगानुसार यहाँ 'गोद' का अर्थ लिया जाता है।
अरक्कन् = संस्कृत शब्द 'राक्षस' का तमिल रूप है।
अरण् = रक्षक, साधन, उपाय

भावार्थ

भगवान नारायण ने चतुर्मुख ब्रह्मा को चारों वेदों की शिक्षा दी। अतः वेदवित् हैं ब्रह्मा जिनके चार मुख चारों वेदों के प्रतिपादक हैं। उस चतुरानन ब्रह्मा की गोद में शिशु के रूप में बैठे भगवान नारायण; और ब्रह्मा से वर प्राप्त करने के लिए छल से आये राक्षस रावण को ब्रह्मा पहचान नहीं पाये तो उन्हें वस्तु-स्थिति से अवगत कराकर रावण को हानिकारक वर देने से रोकने के उद्‌देश्य से शिशु रूपी भगवान ने अपने छोटे-छोटे पाद से रावण के सिरों को तीन, सात अर्थात् दस कहकर गिनते हुए समझाया कि यह वर माँगनेवाला दशानन रावण है; अतः सोच-समझकर वर प्रदान किया जाए ताकि बाद में कोई अनर्थ न हो जाए।
भगवान नारायण के वे ही श्रीचरण हमारे सर्वश्रेष्ठ रक्षक हैं।
ब्रह्मादि देवताओं की भी रक्षा करनेवाले भगवान नारायण ही हम सबके–समस्त ब्रह्माण्ड के रक्षक हैं।
यहाँ शिशु रूपी नारायण की विशिष्ट लीला का जो वर्णन है वह प्रथम आष्ष्वार् पोय्कै की कृति प्रथम दिव्य अंतादि के पद 45 में द्रष्टव्य है।

अठहत्तर

भक्त रक्षक भगवान नारायण भक्त की किसी भी कमी पर ध्यान नहीं देते; वरन् केवल उसकी भक्ति के अधीन होते हैं। उसी भगवान का नाम-स्मरण करने का उपदेश भक्त आष्वार् अपने मन को देते हैं।

अरणाम् नमक्केन्रुम् आषि वलवन्
मुरनाळ् वलम् शुषिन्द मोय्म्बन् - शरणामेल्
एदु गति, एदु निलै, एदु पिरप्पु एन्नादे
ओदु गति मायनैये ओर्त्तु।।

शब्दार्थ अन्वयसहित

आषि वलवन् = सुदर्शन चक्र को दायें हाथ में धारण करनेवाले और
मुरन् नाळ् वलम् शुषिन्द मोय्म्बन् = मुरासुर के जीवन तथा शक्ति को नष्ट कर देनेवाले भगवान नारायण
शरण् आम् एल् = यदि हमें शरण प्रदान करते हैं अर्थात् हमारे रक्षक होते हैं तो
गति एदु, निलै एदु, पिरप्पु एदु एन्नादे = बिना इन बातों पर ध्यान दिये कि हमारी गति अर्थात् ज्ञान-बल क्या है? हमारी स्थिति अर्थात् चरित्र क्या है और हमारा जन्म किस वंश में या जाति में हुआ इत्यादि;
नमक्कु एन्रुम् अरण् आम् = हमारे सर्वदा रक्षक ही बने रहेंगे।
मायनैये गति ओर्त्तु ओदु = (हे मन!) उन्हीं मायामय भगवान को शरण के रूप में स्वीकार कर उन्हीं का नाम-स्मरण करो।

विशेष

मुरन् = मुरासुर जो नरकासुर का मंत्री था।
मायन् = मायावी, मायामय; चकित कर देनेवाली लीलायें करनेवाले भगवान नारायण

भावार्थ

हे मन! सुदर्शन चक्रधारी एवं मुरासुर के संहारक मायामय भगवान नारायण यदि हमारे रक्षक होते हैं तो वे यह नहीं देखते हैं कि हम कितने ज्ञानी हैं; हमारा चरित्र क्या है; हम किस कुल में या जाति में जन्मे हैं आदि। उन्हीं परमात्मा को सुनिश्चित रूप से शरण समझकर उन्हींके नामों का संकीर्तन किया करो।
यहाँ भगवद् गीता की स्थापना द्रष्टव्य है।

"समोऽहं सर्वभूतेषु न मे द्वेष्योऽस्ति न प्रियः" (9-29)

(मेरी शरण में आनेवाले सभी भूतों के लिए मैं समान हूँ। जन्म, चरित्र, ज्ञान आदि की स्थिति के कारण मेरे लिए न कोई द्वेष्य है और न ही प्रिय है। अर्थात् शरणार्थी भक्त मेरे लिए किसी भी दशा या स्थिति में समान है।)
परम भागवत नम्माष्वार् की कृति तिरुवाय् मोषि का निम्नलिखित पद (3-7-9) भी इस संदर्भ में मननीय है।

कुलन्तांगु शादिकळ् नालिलुम् कीषिषिन्दु एत्तनै
नलन्तानिलाद चण्डाळ चण्डाळर्हळाहिलुम्
वलन्तांगु चक्करत्तण्णल् मणि वण्णर्कोळेन्रु उळ्
कलन्तार् अडियार् तम् अडियार् एम् अडिहळे।।

(ब्राह्मिण, क्षत्रिय, वैश्य एवँ शूद्र—इन चार वर्णों में से अन्त्य वर्ण में नीची मानी गयी जाति अर्थात् चांडाल से भी निम्न कोटि के चांडाल होने के बावजूद यदि वे सुदर्शन चक्रधारी भगवान नारायण के दास हों तो उन दासों के दास हमारे स्वामी होंगे।

भगवान नारायण के भक्त, उनके दास होते हैं। उन दासों के भी दास परम भागवत भक्त हैं। आष्वार् का कहना है कि वे परम भागवत भक्त हमारे स्वामी हैं। अर्थात् हम भगवान नारायण के दासानुदासों के दास हैं।)

उन्नासी

जन्म-जन्मान्तर के क्रम से कैसे बचा जाए—इसका उत्तर भक्त आष्वार् के प्रस्तुत पद में देखें।

ओर्त्त मनत्तराय् ऐन्दडक्कि यारायन्दु
पेर्त्ताल् पिरप्पेषुम् पेर्कलाम् - कार्त्त
विरैयार् नरुन्तुषाय् वींकोद मेनि
निरैयार मार्वनैये निन्रु।।

शब्दार्थ अन्वयसहित

कार्त्त, विरै आर् नरु तुषाय् = हरे रंग की सुगंधित सुन्दर तुलसी माला धारण करनेवाले
वींकु ओदम् मेनि = शांत समुद्र की भांति नील शरीर वाले और
निरै आरम् मार्वनैये = मालाओं से अलंकृत वक्षःस्थल युक्त भगवान नारायण का
निन्रु ओर्त्त मनत्तार् आय् = यदि अविचलित रूप से ध्यान किया जाए, तथा
ऐन्दु अडक्कि = पंच इन्द्रियों पर विजय पाकर और
आरायन्दु = सांसारिक जीवन की नश्वरता को भली भांति समझकर
पेर्त्ताल् = सांसारिकता से मन प्रत्यावर्तित किया जाए तो
पिरप्पु एषुम् पेर्कलाम् = जन्म-जन्मान्तरों से मुक्ति मिल सकती है।

भावार्थ व्याख्यासहित

भगवान नारायण हरे रंग की सुगंधित तुलसी माला धारण किये हुए हैं। उनका शरीर शांत समुद्रवत् नील वर्ण का है। उनका वक्षःस्थल विभिन्न हारों से अलंकृत है। यदि अविचलित मन से भगवान नारायण का ध्यान किया जाए, तथा पाँचों इन्द्रियों पर विजय पाकर और सांसारिक जीवन की नश्वरता को भली भांति समझकर सांसारिकता से मन को प्रत्यावर्तित कर भगवदुन्मुख किया जाए तो जन्म-जन्मान्तरों से मुक्ति मिल सकती है।

भव सागर से—जन्म-जन्मान्तरों के बन्धन से मुक्ति प्राप्त करने का उपाय आष्वार् के विचार में एक ही है। वह है पाँचों इन्द्रियों अर्थात् कान, त्वचा, आँख, जिह्वा तथा नाक को शब्द, स्पर्श, रूप, रस एवं गंध की विषय वासनाओं से हटाकर संपूर्ण मन से भगवान नारायण के ध्यान में मग्न रहना।

प्रारब्ध एवं संचित कर्मों तथा कर्मफलों से बचने का प्रयास अनन्तकाल तक करने की आवश्यकता नहीं है। भक्तिपूर्वक संपूर्ण मन से विषय-वासनाओं से दूर, भगवद्ध्यान किया जाए तो पाप हटेंगे और जन्म जन्मान्तरों से मुक्ति मिलेगी।

अस्सी

भक्त आष्वार् का प्रस्तुत पद में कहना है कि बन्धनों से मुक्त होने के लिए मैंने कोई विशेष बाह्य प्रयास नहीं किया; उलटे, मेरा मन अपने आप भगवान के श्रीचरणों पर अर्पित होकर तन्मयासक्ति का अनुभव करने लगा।

निन्रेदिराय निरैमणित्तेर् वाणन् तोळ्
ओन्रिय ईरैञ्रूरुडन् तुणिय - वेन्रिलंगुम्
आर् पडुवान् नेमि अरवणैयान् शेवडिक्के
नेर् पडुवान् तान् मुयलुम् नेञ्जु।।

शब्दार्थ अन्वयसहित

निन्रु एदिर् आय = शत्रु बनकर समक्ष आये और
निरैमणि तेर् = रत्नखचित रथ में आसीन
वाणन् ओन्रिय ईर् ऐञ्रु तोळ् = बाणासुर के दोनों कंधों से निकली हुई पाँच सौ--पाँच सौ अर्थात् हज़ार भुजाओं को
उडन् तुणिय वेन्रु इलंगुम् आर् पडु वान्•नेमि = एक साथ काटकर, उसपर विजय पानेवाले उज्ज्वल, तीक्ष्ण तथा सशक्त सुदर्शन चक्र को लिये हुए
अरवु अणैयान् = शेषशायी भगवान नारायण के
शे अडिक्के नेर् पडुवान् नेञ्जु तान् मुयलुम् = रक्त वर्ण के श्रीचरणों पर अर्पित होने के लिए मेरा मन स्वयं उत्साहपूर्वक प्रयत्नशील है।

विशेष

नेमि = चक्र का घेरा; प्रसंगानुसार सुदर्शन चक्र; यह संस्कृत शब्द है।
वाणन् = बाणासुर

भावार्थ व्याख्यासहित

भगवान कृष्ण के समक्ष रथारूढ़ होकर, शत्रु बाणासुर युद्ध के लिए जब आया तब भगवान के उज्ज्वल एवं तीक्ष्ण सुदर्शन चक्र ने एक साथ उसके कंधों पर उगी हज़ार भुजाओं को काट डाला और उसपर विजय पायी। उन सुदर्शन चक्रधारी एवं शेषशायी भगवान नारायण अर्थात् कृष्ण के श्रीचरणों पर अपने आपको मेरे मन ने समर्पित किया।
यहाँ भक्त आष्वार् का तन्मयासक्ति भाव प्रतिपादित है।

इक्यासी

पूर्व पद में भक्त आष्वार् ने कहा कि उनका मन स्वयं भगवान नारायण के प्रति समर्पित है। तत्काल, भगवान की आश्रितवत्सलता तथा अनुग्रह शक्ति की महत्ता का स्मरण कर अपने आप से आष्वार् यह प्रश्न करते हैं कि उनका मन भगवान का ध्यान करने से क्यों पीछे हट जाता है। इस प्रश्न के द्वारा वे अपने मन को भगवदासक्ति की गरिमा से परिचित कराते हैं।

नेञ्जाल् निनैप्परियनेलुम् निलै पेट्रेन्
नेञ्जमे पेशाय् निनैक्कुंकाल् - नेञ्जत्तुप्
पेरादु निर्कुम् पेरुमानै एन् कोलो
ओरादु निर्पदु उणर्वु।।

शब्दार्थ अन्वयसहित

एन् नेञ्जमे! = हे मेरे मन!
नेञ्जाल् निनैप्पु अरियन् एलुम् = (भगवान नारायण के) अचिन्त्य होने के बावजूद
निलै पेट्रु पेशाय् = (उनकी महिमा पर भले ही ध्यान मत दो; कम से कम उनकी सरलता पर ध्यान देते हुए) निश्चल होकर उनकी स्तुति करो।
निनैक्कुंकाल् = भले ही एक बार भी उनका ध्यान किया जाए,
नेञ्जत्तु पेरादु निर्कुम् पेरुमानै = फिर भी दिल से हटे बिना स्थायी रूप से रहनेवाले हैं भगवान। उनका उर्णवु ओरादु निर्पदु एन् कोलो? = चिन्तन किये बिना अंतस्तल क्यों निष्क्रिय रहे?

भावार्थ व्याख्यासहित

भक्त आष़्वार् अपने मन को समझाते हैं कि हे मन! भगवान अचिन्त्य हैं। तुम उनकी महिमा पर भले ही ध्यान मत दो; फिर भी कम से कम उनकी सरलता पर ध्यान देते हुए निरन्तर उनकी स्तुति करो। भगवान नारायण का तुम एक बार भी ध्यान करो; वे अंतस्तल में स्थायी रूप से रहनेवाले हैं। फिर भी तुम उनका ध्यान किये बिना क्यों निष्क्रिय बने रहते हो?

भगवान की महिमा अचिन्त्य है; अपार है। वे गौरवपूर्ण हैं; साथ ही भक्त के लिए सरल भी। भक्त का मन ज़रा भी उनका ध्यान करे; फिर भी भगवान कृपापूर्वक उसके अंतस्तल में आसीन रहेंगे। किन्तु मानव-मन सांसारिकता में डूबकर करुणामय भगवान नारायण का ध्यान किये बिना चंचल क्यों बना रहता है? वह भगवच्चिन्तन से दूर क्यों रहता है? भगवदासक्ति की गरिमा से वह अपरिचित क्यों रहता है?

बयासी

पूर्व पद में भक्त आष़्वार् ने भगवान नारायण का ध्यान किये बिना निष्क्रिय हो रहनेवाले अपने मन की दशा पर दुख व्यक्त किया था। प्रस्तुत पद में आष़्वार् का कहना है कि जब भगवान स्वयं अचिन्त्य हैं और अज्ञेय हैं तब अपने मन को कोसने अथवा अपनी मानसिक स्थिति पर शोक करने से क्या प्रयोजन होगा?

उणरिल् उणर्वरियन् उळ्ळम् पुहुन्दु
पुणरिलुम् काण्बरियन् उण्मै - इणरणैयक्
कोंगणैन्दु वण्डरैयुम् तण् तुषाय् कोमानै
एंगणैन्दु काण्डुम् इनि।।

शब्दार्थ अन्वयसहित

उणरिल् उणर्वु अरियन् = जानने का प्रयास करने पर भी भगवान नारायण अज्ञेय हैं।
उळ्ळम् पुहुन्दु पुणरिलुम् = अंतस्तल में स्वयं आकर निवास करने के बावजूद

उण्मै काण्बु अरियन् = वास्तविक रूप में वे ज्ञेय नहीं हैं।
इनि = ऐसी दशा में
इणर् अणैय = पुष्पों से भरी हुई और
कोंगु वण्डु अणैन्दु अरैयुम् = मधुरस का पान कर रींकार करनेवाले भ्रमरों से व्याप्त
तण् तुष़ाय् कोमानै = शीतल तुलसी माला धारण करनेवाले भगवान नारायण को
एंगु अणैन्दु काण्डुम्? = कहाँ निकट से हम देख पायेंगे?

विशेष

इणर् = पुष्प गुच्छ
कोंगु = मधु, शहद; वण्डु = भ्रमर

भावार्थ

भगवान नारायण लाख प्रयास करने के बावजूद ज्ञेय अथवा ज्ञातव्य नहीं हैं। भक्त के अंतस्तल में आकर आसीन होने के बावजूद भगवान को वास्तविक रूप में जानना दुष्कर है। इस दशा में पुष्पों के मधु का पान कर रींकार करनेवाले भ्रमरों से मंडित तुलसी माला को धारण करनेवाले भगवान के दर्शन निकट से कहाँ या कैसे हम कर पायेंगे?
आष़्वार् की सांकेतिक स्थापना यह है कि अज्ञेय भगवान को समझना—अंतस्तल में विराजमान होने के बावजूद उनको भली भांति जानना या समझना, बिना उनकी कृपा या अनुग्रह के, संभव नहीं है। भगवदनुग्रह से ही भगवान ज्ञातव्य हैं।

तिरासी

भक्त के अंतस्तल में भगवान विराजमान हैं। इससे बड़ा आनन्द भक्त के लिए क्या हो सकता है? इस परमानन्द की स्थिति का वर्णन आष़्वार् के प्रस्तुत पद में देखिये।

इनियवन् मायन् एन उरैप्परेलुम्
इनियवन् काण्बरियनेलुम - इनियवन्
कळ्ळत्ताल् मण् कोण्डु विण् कडन्द पैंकष़लान्
उळ्ळत्तिनुळ्ळे उळन्।।

शब्दार्थ अन्वयसहित

इनि अवन् मायन् एन उरैप्पर् एलुम् = भले ही लोग भगवान नारायण को मायामय कहें;
इनि अवन काण्बु अरियन् एलुम् = भले ही उनको अदृश्य एवं अगम्य कहें; फिर भी
कळ्ळत्ताल् = छल से
मण् कोण्डु = भूमि को दान में माँगकर
विण् कडन्द पै कषलान् अवन् = आकाश आदि समस्त लोकों को नाप लेनेवाले श्रीचरणों से युक्त भगवान नारायण
इनि उळ्ळत्तिन् उळ्ळे उळन् = मेरे अंतस्तल में आकर विराजमान हैं।

विशेष

कळ्ळम् = छल, वंचना, प्रवंचन

उळ्ळम् = अंतस्तल, मन

भावार्थ व्याख्यासहित

भले ही भगवान नारायण को मायामय कहें; और साथ ही उनको अदृश्य एवं अगम्य भी कहें; फिर भी छल से, भूमि को दान में (राजा बलि से) माँगकर भू मंडल आदि समस्त लोकों को नापकर अपने वश में कर लेनेवाले भगवान नारायण मेरे अंतस्तल में आकर विराजमान हैं।

भगवान नारायण मायामय हैं; आश्चर्यभूत हैं। प्रकृति को माया कहा जाता है। उस प्रकृति के स्वामी भगवान नारायण मायामय हैं। जैसे श्वेताश्वतर उपनिषत् में कहा गया है –

"मायां तु प्रकृतिं विद्यात् मायिनं च महेश्वरम्" (श्वेताश्वतर उपनिषत् 4-10)

मायामय भगवान का उल्लेख भगवद् गीता के निम्नलिखित श्लोक में द्रष्टव्य है।

"दैवी ह्येषा गुणमयी मम माया दुरत्यया। (7-14)

जब वामनावतार में भगवान नारायण ने लघु आकार में राजा बलि के पास जाकर तीन पगों की पृथ्वी दान में माँगी और जैसे ही बलि ने दान दिया तो वामन ने बृहद् आकार लेकर सारे ब्रह्माण्ड को नापकर अपने वश में ले लिया। यह छल ही तो था; पर आततायी के नाश के लिए यह करना ज़रूरी था; अतः छल नहीं, वरन् भगवान की माया थी–मायामय कार्य था।

इसी बात को नम्माष्वार् ने तिरुवाय् मोष़ि में कहा है –

"अरिवु अरु मेनि मायत्तन्" (5-3-5)

(भगवान नारायण ने वामनावतार में जो लीला की थी वह भली थी या बुरी–यह समझना, मायामय की लीला होने से असंभव था।)

यही कारण है कि भगवान नारायण अज्ञेय एवं अगम्य हैं और इस कारण मायामय हैं।

भक्त आष़्वार् को इस बात की चिन्ता नहीं है कि भगवान के बारे में लोग क्या कहते हैं। उन्हें इस बात का परम आनन्द है कि वे मायामय भगवान उनके अंतस्तल में आकर विराजमान हैं।

चौरासी

भक्त आष़्वार् का कहना है कि यह भगवान की कृपा है कि वे मेरे अंतस्तल में आकर विराजमान हैं। परन्तु यह नहीं कहा जा सकता है कि उन्हें हमने पूर्णतः समझा; क्योंकि वे तो वेदवेद्य हैं; हम जैसे सामान्य मानव कैसे समझ सकेंगे?

उळनाय नान् मरैयिन् उट्पोरुळै उळ्ळत्
तुळनाहत् तेर्न्दुणर्वरेलुम् - उळनाय
वण्डामरै नेडुंकण् मायवनै यावरे
कण्डारु हप्पर् कवि।।

शब्दार्थ अन्वयसहित

नाल् मरैयिन् उळ् पोरुळ् उळनायवनै = चारों वेदों के प्रतिपाद्य तत्वार्थ बनकर रहनेवाले भगवान नारायण को उळ्ळत्तु उळन् आह तेन्दु उणर्वर् एलुम् = कुछ ज्ञानी लोग ज्ञानयोग से समझने का प्रयास कर भले ही यह सोच लें कि वे उनके अपने अंतस्तल में विराजमान हैं; फिर भी

वण् तामरै नेडु कण् मायवन् उळनायवनै = सुन्दर पंकज की तरह दीर्घ नयनवाले मायामय भगवान को कण्डार् यावरे? = पूर्णतः कौन देख सके हैं? कोई नहीं!

कवि उहप्पर् = वे भगवान के स्तोत्रों का पाठ करते हुए प्रसन्न हो सकते हैं (किन्तु उन्हें समझ पाना सरल नहीं है।)

भावार्थ व्याख्यासहित

वेदवेद्य अर्थात् वेदों के मूलभूत अर्थ बनकर विद्यमान भगवान नारायण को ज्ञानयोग से समझने का प्रयास कर ज्ञानी लोग भले ही यह सोच लें कि वे उनके अंतस्तल में विराजमान हैं और साथ ही कमलनयन मायामय भगवान की प्रशस्ति में स्तोत्र पाठ कर प्रसन्न भी हो जायें; फिर भी उन्हें पूर्ण रूप से समझ पायेंगे कैसे? वे तो अगम्य हैं; अपार हैं;

यहाँ भगवद्गीता का श्लोक **"वेदैश्च सर्वैरहमेव वेद्यः"** (15-15) मननीय है।

वेदार्थसार भगवान नारायण को समझना सरल नहीं है। कर्मयोग की साधनाओं के द्वारा भगवद्ज्ञान प्राप्त कर ज्ञानी समझ सकता है कि भगवान उनके हृदय में विराजमान हैं। तब वे उनकी प्रशस्ति में नानाविध स्तोत्रों का पाठ कर प्रसन्न हो सकते हैं। किन्तु उनके लिए भगवान नारायण को संपूर्णतः समझना संभव नहीं है। कर्म-ज्ञान योग के मार्ग से भगवान को समझने का प्रयास किया जा सकता है। परन्तु उनको पाने के लिए तन्मयासक्ति आवश्यक है। कर्म एवं ज्ञान–दोनों साधन हो सकते हैं। परन्तु साध्य सिद्ध हो सकता है केवल भक्ति के द्वारा तथा भगवदनुग्रह अर्थात् भगवत्कृपा के माध्यम से।

विशेष

प्रस्तुत पद में दो चरणों में 'उळनाय' शब्द का प्रयोग हुआ है। परन्तु उसे कर्मकारक के रूप में ग्रहण करना है। प्रथम चरण में "नाल् मरैयिन् उळ् पोरुळ् ऐ उळनाय" को लिया जाए 'नाल् मरैयिन् उळ पोरुल् उळनाय ऐ" अर्थात् 'उळनायवनै' के रूप में। द्वितीय चरण में भी इसी प्रकार 'उळनाय' का जो प्रयोग है उसके साथ तीसरे चरण के 'मायवन् ऐ' में से 'ऐ' जोड़कर 'उळनायवनै' के रूप में लिया जाए। यह व्याकरण सिद्ध प्रयोग है।

पचासी

धरती के तमाम लोग इकट्ठे होकर भले ही भगवान नारायण की प्रशस्ति करें; फिर भी भगवान के संपूर्ण वैशिष्ट्य की अभिव्यक्ति नहीं हो सकती। अर्थात् भगवान नारायण अगम्य, वाचामगोचर तथा अनिर्वचनीय हैं।

कवियिनार् कै पुनैन्दु कण्णार् कष़ल् पोय्
शेवियिनार् केळ्वियराय् शेन्दार् - भुवियिनार्
पोट्रियुरैक्कप् पोलियुमे पिन्नैक्काय्
एट्रुयिरै अट्टान् एषि़ल्।।

शब्दार्थ अन्वयसहित

भुवियिनार् = भले ही धरती के तमाम लोग एकत्र होकर
कवियिनार् = स्तोत्र-पाठ करें;
कै पुनैन्दु = हाथ जोड़कर नमन करें;
कण् आर् कष़ल् पोय् = उनकी आँखें भगवान के श्रीचरणों के दर्शन करें;
शेवियिन् आर् केळ्वियर् आय् शेन्दार् = कान से भगवान के बारे में श्रवण कर प्रपन्न हों; और
पोट्रि उरैक्क = भगवान की स्तुति करें; फिर भी
पिन्नैक्कु आय् एरु उयिरै अट्टान एष़िल पोलियुमे ? = क्या देवी नप्पिन्नै को पाने के लिए शर्त के रूप में रखे गये सात ऋषभों का संहार करनेवाले भगवान नारायण के सौन्दर्य अथवा गौरव का वर्णन हो सकता है? (उत्तर है—नहीं)

विशेष

भुवि = संस्कृत शब्द 'भुवः' का तमिल रूप है। अर्थ है धरती; भूमि
शेवि = कान
कवि = कवि या कविता (यह भी संस्कृत शब्द है।)
केळ्वि = श्रवण
एरु + उयिरै = एट्रुयिरै = ऋषभों के प्राण

भावार्थ व्याख्यासहित

सारी धरती के लोग एकत्र होकर भले ही स्तोत्रपाठ करें; अंजलिबद्ध होकर नमन करें; भगवान के श्रीचरणों पर प्रपन्न हो अपने नयन गड़ायें; भगवान के गुण-लीला वैशिष्ट्य के बारे में श्रवण करें; उनका नाना प्रकार से स्तवन करें; फिर भी देवी नप्पिन्नै को पाने के लिए शर्त के रूप में रखे गये सात ऋषभों का संहार करनेवाले भगवान की संपूर्ण विशेषताओं का वर्णन नहीं हो सकता। वे अगोचर तथा अनिर्वचनीय हैं। भक्त आष़्वार् के इस वक्तव्य के मूल में यह तात्पर्य निहित है कि बाह्य रूप से नानाविध प्रयास—श्रवण, कीर्तन, नमन आदि करने के बावजूद भगवान नारायण को समझना और उनका संपूर्ण ज्ञान प्राप्त करना संभव नहीं है। उसके लिए भक्त की प्रपत्ति एवं भगवान का अनुग्रह ही नितराम् आवश्यक हैं।
इसी तत्व को नम्माष़्वार् की कृति तिरुवाय्मोष़ि के प्रस्तुत पद (4-3-10) में देखा जा सकता है।

'यानुमेत्ति एष़ुलहुम् मुट्रुम् एत्तिप् पिन्नैयुम्
तानुम् एत्तिलुम् तन्नै एत्त एत्त एङ्गेयदुम्।'

(भगवत्कृपा का अधिकारी मैं और सारा जगत सर्वज्ञ एवं सर्वशक्तिमान भगवान नारायण की जितनी भी प्रशस्ति करें, वह कम ही होगी; क्योंकि वे अवर्णनीय तथा वाचामगोचर हैं।)

छियासी

वर्षाकालीन गगनवत् नीलवर्ण के भगवान के शरीर का सौन्दर्य वर्णन देखिये आष्वार् के प्रस्तुत पद में।

एषिल् कोण्ड मिन्नुक् कोडि येडुत्तु वेगत्
तोषिल् कोण्डु तान् मुषंगित् तोन्रुम् - एषिल् कोण्ड
नीर्मेघमन्न नेडुमाल् निरम् पोल
कार्वानम् काट्टुम् कलन्दु।।

शब्दार्थ अन्वयसहित

एषिल् कोण्ड मिन् कोडि एडुत्तु = सुन्दर विद्युत की ध्वजा लेकर
वेगम् तोषिल कोण्डु = तीव्र गति से भ्रमण करता हुआ
मुषंगि तोन्रुम् कार्वानम् = गर्जना के साथ जलद चारों ओर फैला है आकाश में,
एषिल् कोण्ड नीर् मेघमन्न नेडुमाल् निरम् पोल कलन्दु काट्टुम = इस सौन्दर्यमय जलद से व्याप्त नील आकाश भगवान नारायण के नीलमेघ श्यामल शरीर की कांति को दर्शाता है।

विशेष

कार् वानम् = मेघाच्छादित वर्षाकालीन आकाश

भावार्थ व्याख्यासहित

जल-भरित मेघ विद्युत की ध्वजा लेकर गरजता हुआ तीव्र गति से घूमता रहता है आकाश में। मेघाच्छादित नील वर्ण का आकाश भगवान नारायण के नीलमेघवत् श्यामल वर्ण के शरीर की कांति को दर्शाता है। नीलवर्ण के भगवान के शरीर का इसी प्रकार का वर्णन नम्माष्वार् की कृति 'तिरुविरुत्तम' के पद 29 में द्रष्टव्य है :

"नीलमुण्ड मिन्नन्न मेनिप् पेरुमान्"

(भगवान नारायण का शरीर विद्युत-मंडित नील मेघवत् विद्यमान है)
यही वर्णन नारायण सूक्तम् के निम्नलिखित सूक्त में पाया जाता है।

"नीलतोयद मध्यस्था विद्युल्लेखेव भास्वरा।"

(विद्युत कांति से उज्ज्वल नीलमेघवत् भगवान नारायण का शारीरिक वर्ण जाज्वल्यमान है।)
वर्षाकालीन मेघ विद्युत की कांति को फैलाता हुआ नीलाकाश में तेज़ी से घूमता रहता है। इसी प्रकार भगवान नारायण का उज्ज्वल कांतिमय शरीर नीलमेघवत् श्यामल है और वह भक्तों के रक्षण के लिए अखिल ब्रह्माण्ड में घूमता रहता है। भगवान के शरीर का वर्ण नील मेघवत् है; साथ ही नील आकाश की भांति भी है। दोनों प्रकार से इस उक्ति का अर्थ लिया जा सकता है।

सत्तासी

भक्त आष्वार् उपर्युक्त वर्णन से शायद पूर्ण प्रसन्न नहीं हुए हों, अतः भगवान के शारीरिक सौन्दर्य के लिए दो और उपमान प्रस्तुत पद में दे रहे हैं।

कलन्दु मणि इमैक्कुम् कण्णा निन्मेनि
मलर्न्दु मरतकमे काट्टुम् - नलन्तिहषुम्
कोन्दिन् वाय् वण्डरैयुम् तण् तुषाय् कोमानै
अन्दिवान् काट्टुम् अदु।।

शब्दार्थ अन्वयसहित

कण्णा ! = हे कृष्ण
मणि कलन्दु इमैक्कुम् निन् मेनि = कौस्तुभ मणि से अलंकृत आपका शरीर
मरतकम् मलर्न्दु काट्टुम् = मरकत रत्न की कांति की भांति प्रोज्ज्वल है।
नलम् तिहषुम् कोन्दिन् वाय् वण्डु अरैयुम् तण् तुषाय् कोमानै = सुन्दर पुष्प गुच्छों पर भ्रमर रींकार करते हुए बैठे हैं; ऐसी अद्भुत तुलसी माला पहने हुए आपके शरीर के सौन्दर्य को
अन्दिवान् अदु काट्टुम् = सन्ध्या कालीन आकाश दर्शाता है।

विशेष

अन्दिवान् = सन्ध्या कालीन आकाश
अन्दि = सन्ध्या काल

भावार्थ व्याख्यासहित

भक्त आष्वार् भगवान नारायण के शारीरिक सौन्दर्य की तुलना मरकत मणि एवं सन्ध्या कालीन आकाश के साथ करते हैं। क्योंकि मरकत मणि नील वर्ण की है; वही वर्ण है भगवान नारायण या कृष्ण का । भगवान नारायण सुन्दर पुष्पों से भरित तुलसी माला पहने हुए हैं। उन पुष्पों में मधुपान से मत्त भ्रमर रींकार करते हुए बैठे हैं। इस अवसर पर तुलसी माला की कांति से उज्ज्वल भगवान नारायण का नीलमेघ श्यामल शरीर सन्ध्याकालीन आकाश की तरह प्रतीत होता है। क्योंकि सन्ध्याकालीन सूर्य की कांति से नीलाकाश नील-रक्त वर्ण का प्रतीत होता है। अतः तुलसी माला से अलंकृत नील वर्ण का, भगवान नारायण का शरीर भी सन्ध्याकालीन आकाशवत् विद्यमान है।
कवि-सुलभ उपमानों से, भक्त आष्वार् भगवान के दर्शन-दुर्लभ शारीरिक सौन्दर्य के दर्शन कराते हैं।

अट्ठासी

मानव-मात्र को पापों से मुक्त होने का सरल मार्ग प्रस्तुत पद में भक्त आष्वार् दिखाते हैं।

अदु नन्रु इदु तीदु एन्रु ऐयप्पडादे
मदु निन्र तण्डुषाय् मार्बन् - पोदु निन्र
पोन्नङ् कषले तोषुमिन् मुषु विनैहळ्
मुन्नङ् कषलुम् मुडिन्दु।।

शब्दार्थ अन्वयसहित

अदु नन्रु इदु तीदु एन्रु ऐयप्पडादे = वह भला है, यह बुरा है—इस प्रकार शंकाग्रस्त न होकर
मदु निन्रु तण् तुषाय मार्बन् = मधपूरित पुष्पों से अलंकृत वक्षस्थल-युक्त भगवान नारायण के,

पोदु निन्र् पोन् अम् कषले तोषुमिन् = सबके लिए पूज्य सुन्दर श्रीचरणों का स्तवन कीजिए अर्थात् पूजा कीजिए।
मुन्नम् मुषु विनैहळ् मुडिन्दु कष़लुम् = (इस प्रकार स्तवन या पूजा करने से) समस्त प्रारब्ध कर्म नष्ट हो जाएंगे।

विशेष

पोदु निन्र् = सबके लिए सामान्य; सबके लिए प्राप्य या पूज्य
कष़लुम् = हट जाएंगे; नष्ट हो जाएंगे।

भावार्थ व्याख्यासहित

भक्त आष़्वार् मानव मात्र को समझाते हुए कहते हैं। हे मानव! विवेक के अभाव से तुम यह समझ नहीं पाते हो कि कौन सा कर्म भला है और कौन सा कर्म बुरा है। अतः तुम अच्छे-बुरे के बारे में शंका करना छोड़ दो और सर्व-सुलभ भगवान नारायण के श्रीचरणों पर अपने को समर्पित कर दो; उनके स्तवन में अपने को लीन कर दो। ऐसा करने से तुम्हारे समस्त पाप धुल जाएंगे। प्रारब्ध, संचित आदि नाना प्रकार के कर्मों तथा कर्म परिणामों से मुक्त होने का एकमात्र उपाय, भगवान नारायण के श्रीचरणों पर अर्पित होना ही है।
इसी बात को भगवद् गीता में **"सर्वधर्मान् परित्यज्य मामेकं शरणं व्रज"** (18-66) के द्वारा प्रतिपादित किया गया है। सांसारिक विषय वासनाओं के प्रति आकृष्ट होकर सामान्य मानव सर्वदा शंकाकुल रहता है और यह सोचता रहता है कि क्या अच्छा है और क्या बुरा है। **"संशयात्मा विनश्यति"** (भगवत् गीता 4-40) के अनुसार शंकाकुल व्यक्ति किसी निर्णय पर पहुँचे बिना काम क्रोधादि के वशीभूत हो नाश के कगार में डूबा हुआ रहता है। इससे बचने का मार्ग—कर्म परिणामों से मुक्त होने का रास्ता भक्त आष़्वार् मानव मात्र को दिखाते हुए कहते हैं कि भगवान नारायण की भक्ति में सराबोर होकर उनके श्रीचरणों की शरण में पहुँचो। इस मार्ग में शंका नहीं; वरन् निर्णय है; पापों का प्रभाव नहीं, वरन् पापों का सर्वदा के लिए विनाश है।

नवासी

भगवान नारायण के आवास तिरुमलै (श्री वेंकट पर्वत) की धरती की उर्वरता तथा गरिमा का वर्णन भक्त आष़्वार् प्रस्तुत पद में कर रहे हैं।

मुडिन्द पोषुदिल् कुरवाणर् एनम्
पडिन्दुषुशाल् पैन्तिनैहळ वित्त - तडिन्देषुन्द
वेयङ्कषै पोय् विण् तिरक्कुम् वेंकटमे मेलोरुनाळ्
तीङ् कुष़ल् वाय् वैत्तान् शिलम्बु।।

शब्दार्थ अन्वयसहित

मुडिन्द पोषुदिल् कुरवाणर् = जीवन की चरम स्थिति में रहनेवाले, 'कुरवर' कहलानेवाले आदिम जाति के लोग
एनम् पडिन्दु उषु शाल् = उन क्षेत्रों में जहां अपार क्रोध में जंगली सुअरों ने बांस के पेड़ों को उखाड़कर गिरा दिया था, जोतकर
पै तिनैहळ् वित्त = धान्यों के बीज बोये थे और
तडिन्दु एषुन्द वेयङ्कषै पोय्- कृषि में बाधक होंगे, यह सोचकर बांस के शेष पेड़ों को भी काट डाला था; फिर भी (धरती की उर्वरता के कारण) वे पेड़ फिर से उठ निकले;

विण् तिरक्कुम् वेंकटम् = और आकाश को छूने लगे; यही ऊँचा श्री वेंकट पर्वत
मेल् ओरु नाळ् = बहुत पहले
तीम् कुष़ल् वाय् वैत्तान् = मधुर बांसुरी को मुँह में रखकर बजानेवाले श्री कृष्ण का
शिलम्बु = तिरुमलै पर्वत है।

विशेष

एनम् = वराह; सुअर
शिलम्बु = पर्वत, नूपुर
मुडिन्द पोषुदु = जीवन की चरम स्थिति; वृद्धावस्था

भावार्थ व्याख्यासहित

भगवान नारायण के आवास तिरुमलै अर्थात् श्री वेंकट पर्वत की विशेषता इस प्रकार है। वहाँ की धरती उर्वर है। अतः आदिम जाति के वृद्ध लोग मधु संचित करना, शिकार करना आदि अपने नियमित कार्यों को करने में अपनी असमर्थता के कारण कृषि कार्य करते हैं, खेत जोतकर साफ़ करते हैं और बीज बोते हैं। पर्वत में बड़े बड़े बांस के पेड़ होते हैं। उन्हें उखाड़कर जंगली सुअर कृषि भूमि में गिरा देते हैं। कृषि में बाधक, बांस के शेष़ पेडों को भी वृद्ध लोग काट डालते हैं। किन्तु भूमि की उर्वरता के कारण वे पेड़ पुनः पैदा होते हैं और इतनी ऊँचाई तक बढ़ते हैं कि मानों आकाश को छूने लगते हैं। यही वह पर्वत है (तिरुमलै) जहां बहुत पहले भगवान नारायण ने कृष्णावतार में मधुर बांसुरी बजायी थी।
भगवान नारायण का आवास है तिरुमलै। उसकी धरती उर्वरा है। वहाँ ऊँचे ऊँचे बांस के पेड़ रहते हैं। बांस के पेड़ कृषि कार्य में बाधक होते हैं। जंगली सुअर उन पेड़ों को उखाड़कर जोते गये खेतों में डाल देते हैं। कृषकों ने उन खेतों में बीज बो दिया था। अतः खेतों के बाधक उन पेडों को काटकर साफ़ कर देते हैं कृषक लोग। इस तिरुमलै में भक्तों के हित के लिए भगवान नारायण श्रीवैकुंठ आदि स्थलो से आकर विराजमान हैं। भक्त आष़्वार् भगवान के उस आवास का स्मरण तथा दर्शन कर गद्‌गद होते हैं।

नब्बे

भगवान नारायण की सर्वव्यापकता तथा अपरम्पारता का वर्णन आष़्वार् के प्रस्तुत पद में देखिये।

शिलम्बुम् शेरि कष़लुम् शेन्‌रिशैप्प विण्णारु
अलम्बिय शेवडि पोय् अण्डम् - पुलम्बिय तोळ्
एण्‌डिशैयुम् शूष़ इडम् पोदादु एन् कोलो
वण् तुष़ाय् मालळन्द मण्।।

शब्दार्थ अन्वयसहित

शे अडि = भगवान के श्रीचरणों में पहने हुए
शिलम्बुम्, शेरि कष़लुम् शेन्‌रु इशैप्प = नूपुर और कड़ा चारों तरफ़ ध्वनन कर रहे हैं।
विण् आरु अलम्बिय = उन श्रीचरणों की धुलाई आकाश गंगा में की गयी है।
अण्डम् पोय् = वे चरण जब (वामनावतार में) ब्रह्माण्ड की ऊपरी भित्ति तक बढ़कर उस पार पहुँच पाये तब
पुलम्बिय = उनकी, सारा संसार स्तुति करने लगा।

तोळ् एण् तिशैयुम् शूष़ = तब (त्रिविक्रम स्वरूप में) भगवान वामन के कंधे आठों दिशाओं में व्यापक हुए
इडम् पोदादु = किन्तु उनके लिए दिशायें पर्याप्त नहीं थीं।
वण् तुष़ाय् माल् अळन्द मण् एन् कोल्? = अर्थात् तुलसी मालाधारी भगवान नारायण ने जिस भूमि को नापा था वह क्या इतनी बड़ी थी कि कंधे उसमें समा सकें? (उत्तर है :- भूमि उनके लिए पर्याप्त मात्रा में व्यापक नहीं थी; उलटे छोटी पड़ गयी थी।)

भावार्थ व्याख्यासहित

पूर्व पद में भक्त आष़्वार् ने तिरुमलै के गगनचुंबी बांस के वृक्षों का वर्णन किया। अब प्रस्तुत पद में वामनावतार में हुए भगवान नारायण के बृहत्तम आकार का वर्णन कर रहे हैं। वामनावतार में त्रिविक्रम बनकर अपने श्रीचरणों से सारे ब्रह्माण्ड को भगवान ने नापा था। तब वे श्रीचरण इतनी ऊँचाई तक पहुँच गये थे कि आकाश गंगा में उनकी धुलाई हुई। वे चरण ब्रह्माण्ड की ऊपरी भित्ति तक बढ़कर उस पार पहुँच गये और उनके कंधे आठों दिशाओं में व्यापक हुए; परन्तु उनके लिए दिशायें पर्याप्त नहीं थीं अर्थात् भगवान ने जिस भूमि को नापा था वह इतनी व्यापक नहीं थी कि वे कंधे उसमें समा पायें।
भगवान नारायण की शक्ति की अपारता का यह अतिशयोक्तिपूर्ण वर्णन सामान्य लोगों के लिए हो सकता है; परन्तु भक्त हृदय के लिए यह अतिशयोक्ति नहीं है; वरन् सामान्य है।

इक्यानबे

सर्वशक्तिमान भगवान नारायण स्नेह और भक्ति के अधीन होते हैं; इस तथ्य का विवरण सुनिये भक्त आष़्वार् के प्रस्तुत पद में।

मण्णुण्डुम् पेय्च्चि मुलै उण्डुम् आट्रादाय्
वेण्णेय् विष़ुंग वेहुण्डु आय्च्चि - कण्णिक्
कयिट्रिनाल् कट्टत्तान् कट्टुण्डिरुन्दान्
वयिट्रिनोडु आट्रा महन्।।

शब्दार्थ अन्वयसहित

वयिट्रिनोडु आट्रा महन् = पेट कभी नहीं भरता है यशोदा पुत्र कृष्ण का।
मण् उण्डु = अतः उसने सारी पृथ्वी को उदरस्थ कर लिया था।
पेय्च्चि मुलै उण्डुम् = राक्षसी पूतना का विषैला स्तन्यपान करने के बावजूद वह
आट्रादाय् = तृप्त नहीं हुआ; अतः
वेण्णेय् विष़ुंग = चोरी से माखन खाया तो
आय्च्चि वेहुंडु = गोप माता यशोदा क्रुद्ध होकर
कण्णि कयिट्रिनाल् कट्ट = गांठोंवाली रस्सी से उसे बाँध दिया
तान् कट्टुण्डु इरुन्दान् = सर्वशक्तिमान कृष्ण उसी रस्सी के बंधन में बंधा हुआ रहा।

भावार्थ व्याख्यासहित

सर्वशक्तिमान भगवान नारायण का भक्तों के प्रति वात्सल्य भाव देखिये।
ऐसा लगता है कि भगवान का पेट कभी नहीं भरता है; उनकी बुभुक्षा इतनी तीव्र रहती है कि उन्होंने महा

प्रलय के अवसर पर सारी पृथ्वी को उदरस्थ कर लिया था। फिर भी पेट नहीं भरा तो भगवान नारायण ने बालकृष्ण के रूप में राक्षसी पूतना का विषैला स्तन्यपान किया; तब भी तृप्त नहीं हुआ तो माता यशोदा द्वारा संभालकर रखा गया माखन उसने चोरी से खा लिया। चोरी पकड़ी गयी तो स्नेहिल माता यशोदा ने क्रुद्ध होकर बालकृष्ण को गांठोंवाली रस्सी से बाँध दिया था। कृष्ण को इससे कष्ट हुआ होगा। पर उसने उससे बचने का प्रयास नहीं किया; परन्तु उसी बंधन में बंधा हुआ रहा।

यह कैसी विचित्र बात है! सर्वशक्तिमान भगवान नारायण सांसारिक कर्म बंधनों से सबको मुक्त करते हैं; परन्तु स्वयं रज्जु बंधन में बंधे हुए रहते हैं। यह तो माता के स्नेह के अधीन रहकर वात्सल्यबंधन में बंधे हुए रहनेवाले बालकृष्ण का वर्णन है। आष्वार्, भक्तों के स्नेह अर्थात् भक्ति के दास भगवान नारायण का चित्र प्रस्तुत करते हैं। सारी पृथ्वी को भगवान ने महाप्रलय में उदरस्थ कर लिया था–यह पृथ्वी के रक्षण के लिये था। भगवान ने कृष्णावतार में पूतना का स्तन्यपान कर उसके प्राण हर लिये थे। यह लीला विश्वकल्याण के लिए भगवान ने की। माता यशोदा द्वारा रखा गया माखन चोरी से कृष्ण ने खा लिया तो वात्सल्यमयी माता को क्रुद्ध तथा प्रसन्न करने की एक विशिष्ट एवं बालसुलभ लीला थी।

भगवान नारायण की ये तमाम लीलायें सांसारिक हित के लिए थीं; और साथ ही भक्तवत्सलता के निदर्शन भी थीं। भक्त आष़्वार् ने अतिशयोक्तिपूर्ण आलंकारिक शैली में उक्त सारी लीलाओं को बुभुक्षा जनित कहकर भगवान की अपरम्पारता का प्रतिपादन किया है।

बयानबे

भक्त आष़्वार् अपने मन को भगवान नारायण के श्रीचरणों का सर्वथा ध्यान करने का संदेश देते हैं।

महनोरुवर्कु अल्लाद मामेनि मायन्
महनाम् अवन् महन् तन् कादल् - महनै
शिरै शेय्द वाणन् तोळ् शेट्रान् कष़्ले
निरै शेयदु एन् नेञ्जे निनै।।

शब्दार्थ अन्वयसहित

एन् नेञ्जे! = हे मेरे मन!

ओरुवर्कु महन् अल्लाद मामेनि मायन् = (सर्वलोक पिता हैं भगवान नारायण; अतः) किसी एक माता-पिता का पुत्र नहीं हैं (स्वयं समस्त विश्व के पिता के रूप में विद्यमान हैं) सर्वशरीरी मायामय भगवान नारायण।

महन् आम् = (फिर भी) वसुदेव-देवकी के पुत्र कृष्ण के रूप में उन्होंने अवतार लिया

अवन् महन् तन् कादल् महनै = उस कृष्ण के पुत्र प्रद्युम्न के पुत्र अनिरुद्ध को

शिरै शेय्द वाणन् तोळ् शेट्रान् = कारागृह में रख दिया था बाणासुर ने। भगवान कृष्ण ने उस बाणासुर की हज़ार भुजाओं को काट डाला था।

कष़्लै निरै शेयदु निनै = उस भगवान कृष्ण के श्रीचरणों का संपर्णतः ध्यान करो।

भावार्थ व्याख्यासहित

भगवान नारायण सर्व लोक पिता हैं। वे सर्वमय, सर्वात्म तथा सर्वभूत हैं। किन्तु विश्व-हित के लिए अयोनिज भगवान विभिन्न अवतार लेते हैं। वे मायामय हैं। एक माता-पिता के पुत्र के रूप में न होकर तमाम लोकों के पिता के रूप में विद्यमान हैं। परन्तु वसुदेव-देवकी के पुत्र कृष्ण के रूप में उन्होंने अवतार लिया।

सामान्य मानव के रूप में उन्होंने भी विवाह किया। उनका पुत्र हुआ प्रद्युम्न और प्रद्युम्न का पुत्र हुआ अनिरुद्ध जिसे बाणासुर ने बंदी बनाकर कारागृह में डाल दिया। अपने प्रिय पौत्र की रक्षा के लिए कृष्ण ने बाणासुर की सहस्र भुजाओं को काट डाला और उसका संहार किया।

आष़्वार् अपने मन को समझाते हैं कि तुम उस भगवान कृष्ण के श्रीचरणों का सर्वदा ध्यान करो। सर्वशक्तिमान, सर्वलोक पिता भगवान नारायण अजन्मा हैं; अयोनिज हैं; किन्तु सर्वान्तर्यामी तथा सर्वव्यापी हैं।

वे विश्व-कल्याण के निमित्त विभिन्न अवतारों में पृथ्वी पर आते हैं। यहाँ कृष्णावतार की एक विशिष्ट लीला (बाणासुर-संहार) का चित्रण भक्त आष़्वार् ने किया है। बाणासुर-संहार की यह कथा विष्णु पुराण के पंचम भाग के अध्याय 33 में दी गयी है।

तिरानबे

भक्त आष़्वार् पुनः अपने मन को समझाते हैं कि भले ही सांसारिकता में फंसे हुए लोग भगवान नारायण की अपरिमित शक्ति को न समझ पायें; परन्तु तुम उन्हें अपने अंतस्तल की गहराई में रख लो।

निनैत्तुलहिल् आर् तेळिवार् नीण्ड तिरुमाल्
अनैत्तुलहुम् उळ् ओडुक्कि आल् मेल् - कनैत्तुलवु
वेळ्ळत्तोर् पिळ्ळैयाय् मेळ्ळत् तुयिन्रानै
उळ्ळत्ते वै नेञ्जे उय्त्तु।।

शब्दार्थ अन्वयसहित

नीण्ड तिरुमाल् = अखिल ब्रह्माण्ड को बृहदाकार लेकर नाप लिया था भगवान नारायण ने।

कनैत्तु उलवु वेळ्ळत्तु = गरजते हुए सर्वत्र व्याप्त महाप्रलय में

ओर् पिळ्ळै आय् = शिशु बनकर

अनैत्तु उलहुम् उळ् ओडुक्कि = समस्त लोकों को उदरस्थ करते हुए

आल् मेल् मेळ्ळ तुयिन्रानै = वटपत्र पर शयन किया था भगवान नारायण ने।

उलहिल् निनैत्तु आर् तेळिवार्? = इस लोक में उनको भली भांति समझकर ध्यान करनेवाले कोई हैं? (उत्तर है–कोई नहीं हैं।)

नेञ्जे! उय्त्तु उळ्ळत्ते वै!– हे मेरे मन! तुम उनका अनुसंधान कर अंतस्तल की गहराई में उन्हें रख लो।

भावार्थ व्याख्यासहित

वामनावतार लेकर भगवान नारायण ने सारे ब्रह्माण्ड को अपने तीन दीर्घ पगों से नाप डाला था। उसी ब्रह्माण्ड को महा प्रलय से बचाने के लिए वे उदरस्थ कर वटपत्रशायी शिशु बनकर विराजमान हुए। एक ओर बाहर से राजा बलि के बंधन से ब्रह्माण्ड की रक्षा की और दूसरी ओर अपने उदर में उसे रखकर महा प्रलय में बह जाने की भयानक स्थिति से लोकों अर्थात् ब्रह्माण्ड की रक्षा की भगवान ने। इस लोक में भगवान के इस रक्षकत्व का अनुसंधान कर कौन उनका ध्यान करते हैं? अतः भक्त आष़्वार् अपने मन को समझाते हैं कि कम से कम तुम उनकी अद्वितीयता को समझकर उन्हें गहन अंतस्तल में रख लो।

भक्त आष़्वार् एक ओर सांसारिक लोगों के अज्ञान पर तरस खाते हैं और दूसरी ओर स्वयं उनके ध्यान में लीन रहने की कामना करते हैं। क्योंकि भगवान नारायण की अहेतुक कृपा एवं अपरिमित आर्त वत्सलता पर आष़्वार् मुग्ध एवं आसक्त हैं।

यहाँ नम्माष़्वार् के 'तिरुवाय् मोष़ि' क्रा पद 1-10-5 भी मननीय है।

"उण्डानै उलहेषुम् ओर् मूवडि
कोण्डानैक् कण्डु कोण्डनै नीयुमे"

(आष़्वार् अपने मन से कहते हैं कि हे मन! तुम समस्त लोकों को उदरस्थ कर उनकी रक्षा करनेवाले और तीन पगों से समस्त ब्रह्माण्ड को नापकर रक्षा करनेवाले भगवान नारायण को अपने अंतस्तल में रख लो।)

चौरानबे

भगवान नारायण आष़्वार् के अंतस्तल में आकर विराजमान हैं। भक्त का मन इससे अपार आनन्द से प्रफुल्लित है। परम भागवत भक्त के लिए इससे बढ़कर अभीष्ट क्या हो सकता है? सुनिये आष़्वार् के आनन्द को प्रस्तुत पद में।

उय्त्तुणर्वु एन्नुम् ओळि कोळ् विळक्केट्रि
वैत्तवनै नाडि वलैप्पडुत्तेन् - मेत्तेनवे
निन्रान् इरुन्दान् किडन्दान् एन् नेञ्जत्तु
पोन्रामै मायन् पुहुन्दु।।

शब्दार्थ अन्वयसहित

उणर्वु एन्नुम् ओळि कोळ् विळक्कु एट्रि = विवेक ज्ञान का उज्ज्वल दीप जलाकर
अवनै उय्त्तु वैत्तु नाडि वलैप् पडुत्तेन् = मैंने भगवान को खोजा, समझा और अपना बना लिया।
मायन् पोन्रामै एन् नेञ्जत्तु पुहुन्दु = वे मायामय भगवान मेरे संपूर्ण हृदय में प्रवेश कर
मेत्तेन निन्रान्, इरुन्दान्, किडन्दान् = धीरे से खड़े हुए, फिर बैठे और बाद में लेट गये।

भावार्थ व्याख्यासहित

भक्त आष़्वार् अतिशय प्रसन्न होकर कहते हैं। उन्होंने विवेक ज्ञान का दीप जलाकर भगवान को खोजा, पाया, समझा और अपना बना लिया। वे मायामय भगवान उनके अंतस्तल में प्रवेश कर पहले खड़े हुए, फिर बैठे और बाद में लेट गये।

भक्त आष़्वार् के संपूर्ण हृदय में भगवान नारायण विराजमान हैं।

भगवान नारायण भक्त के लिए सुलभ हैं; भक्त के प्रति वात्सल्यपूर्ण हैं; सांसारिकता से मुक्त होकर विवेक के द्वारा भगवान को समझने और अपना बना लेने का जब भक्त प्रयास करता है तब भगवान उसे अपना लेते हैं और उसके हृदय को अपना आवास बना लेते हैं।

भक्त आष़्वार् अपने समस्त हृदय में भगवान को पाकर प्रफुल्लित होते हैं। क्योंकि आष़्वार् को यह विश्वास हो गया है कि भगवान उनके हृदय को छोड़ कहीं और नहीं जायेंगे। यह भक्ति की पराकाष्ठा की स्थिति है।

पंचानबे

भक्त आष़्वार् पुनः अपने मन को समझाते हैं कि वह भगवान के श्रीचरणों पर अर्पित हो और भगवान की स्तुति करे।

पुहुन्दु इलंगुम् अन्दिप् पोषुदत्तु अरियाय्
इहष्न्द इरणियन दाहम् - सुहिन्दे ङ्गुम्
चिन्दप् पिळन्द तिरुमाल् तिरुवडिये
वन्दित्तेन् नेञ्जमे वाष्त्तु।।

शब्दार्थ अन्वयसहित

अन्दि पुहुन्दु इलंगुम् पोषुदत्तु = सन्ध्याकाल के समय
अरि आय् इहष्न्द इरणियनदु आहम् = नृसिंहावतार लेकर, अपनी निन्दा करनेवाले हिरण्यकशिपु के वक्ष स्थल को
सुहिन्दु = अनेक टुकड़ों में विदीर्ण कर दिया था भगवान नारायण ने;
एंगुम् चिन्द पिळन्द = इस तरह उसे चीर डाला था कि चारों ओर रक्त छलक गया था।
तिरुमाल् तिरु अडिये = उन भगवान नारायण के श्रीचरणों पर
एन् नेञ्जमे! = हे मेरे मन!
वन्दित्तु वाष्त्तु = नमन कर उनकी स्तुति करो।

विशेष

अन्दि पोषुदु = सन्ध्या काल; पिळन्द = चीरना, छिन्न-भिन्न करना
अरि = वैरी; सिंह (प्रसंगानुसार नृसिंह) अरि = विष्णु (संस्कृत शब्द 'हरि' का तमिल रूप)

भावार्थ व्याख्यासहित

भक्त आष्वार् अपने मन से कहते हैं कि हे मेरे मन! जो हिरण्यकशिपु भगवान की निन्दा करता था (और अपने नारायण-भक्त पुत्र प्रह्लाद को आतंकित करता था) उसके वक्षस्थल को सन्ध्याकाल के अवसर पर भगवान नारायण ने विदीर्ण कर इस प्रकार चीर डाला था कि उसके शरीर का रक्त चारों ओर छलक गया था। तुम उन भगवान नारायण के श्रीचरणों पर नमन करो और उनकी स्तुति करो।

भगवान नारायण भक्त वत्सल तथा आश्रित रक्षक हैं। परम भागवत पुत्र प्रह्लाद को उसका पिता राक्षस हिरण्यकशिपु आतंकित किया करता था; साथ ही भगवान की भी निन्दा करता था। चूंकि हिरण्यकशिपु को यह वर प्राप्त हुआ था कि उसकी मृत्यु न तो दिन में और न ही रात को हो सकती है; न पशु के द्वारा और न मनुष्य के द्वारा हो सकती है; अतः भगवान ने सन्ध्याकाल में नृसिंह के रूप में अवतरित होकर उसका संहार किया।

उन भक्त वत्सल भगवान नारायण का स्तवन करने का उपदेश अपने मन को भक्त आष्वार् देते हैं।

छियानबे

अमरों द्वारा वन्दित भगवान की महिमा देखिये।

वाष्त्तिय वायराय् वानोर् मणिमकुटम्
ताष्त्ति वणंगत् तषुम्बामे - केष्त्त

अडित्तामरै मलर् मेल् मंगै मणाळन्
अडित्तामरैया मलर्।।

शब्दार्थ अन्वयसहित

केष्त्त अडि तामरै मलर् मेल् = स्थूल नालवाले कमल पुष्प पर विराजमान
मंगै मणाळन् = श्रीदेवी के स्वामी भगवान नारायण के
अडि आम् तामरै मलर् = चरण कमलों की,
वानोर् = अमर अर्थात् देवता लोग
वाष्त्तिय वायर् आय् = स्तुति करते हुए
मणि मकुटम् ताष्त्ति वणंग = रत्नखचित किरीटों को झुकाकर वन्दन करते हैं; इससे
तषुम्बु आमे = भगवान के श्रीचरणों पर व्रण चिन्ह लगे हैं।

विशेष

मकुटम् = किरीट; संस्कृत शब्द 'मुकुट' का तमिल रूप है।

भावार्थ व्याख्यासहित

स्थूल नाल के कमल पुष्प पर आसीन श्रीदेवी के स्वामी भगवान नारायण की स्तुति करते हुए देवता लोग रत्नखचित मुकुटों को झुकाकर उनके श्रीचरणों पर वन्दन करते हैं; इससे भगवान के श्रीचरणों पर मुकुट-घर्षण से हुए व्रण चिन्ह लगे हैं।

श्रीदेवी समेत भगवान नारायण के परम भागवत भक्त आष़्वार् एक ओर इस बात पर प्रसन्न हैं कि देवता लोग भगवान के श्रीचरणों पर वन्दन करते हैं और उनकी स्तुति करते हैं और दूसरी ओर उनको इस बात का दुख भी होता है कि जब देवता लोग अपने रत्नखचित कठिन एवं भारी मुकुट झुकाकर भगवान के श्रीचरणों पर नमन करते हैं तब उन श्रीचरणों पर मुकुट-घर्षण से ज़ख्म होते हैं और उन ज़ख्मों के निशान लगे रहते हैं। अपने परम प्रिय भगवान के श्रीचरणों के कष्ट का स्मरण कर भक्त आष़्वार् व्यथित होते हैं।

सत्तानबे

भगवान नारायण ब्रह्मादि देवताओं के लिए भी अगम्य हैं। आश्रितों के लिए सुलभ परमात्मा यत्नसाध्य नहीं हैं। इस तथ्य को आष़्वार् के प्रस्तुत पद में देखिये।

अलरेडुत्त उन्दियान् आंगेष़िलाय
मलरेडुत्त मामेनि मायन् - अलरेडुत्त
वण्णत्तान् मामलरान् वार्शडैयानेन्रु इवर्हट्कु
एण्णत्तान् आमो इमै।।

शब्दार्थ अन्वयसहित

अलर् एडुत्त उन्दियान् = जिनकी नाभि से कमल उद्‌भूत है; और
आंगु एष़िल् आय मलर् एडुत्त मामेनि मायन् = जिनका शरीर सुन्दर काया* पुष्प की भांति श्याम वर्ण का है, उन चमत्कारी मायामय भगवान नारायण को

अलर् एडुत्त वण्णत्तान् = कांची *पुष्पवत् वर्ण के इन्द्र
मामलरान् = पद्मनाभ ब्रह्मा
वार् शडैयान् एन्रु इवर्हट्कु = जटाधारी शिव, आदि सभी देवताओं के लिए
इमै एण्णत्तान् आमो ? = पल भर के लिए भी समझना क्या सुलभ है ?
(अर्थात् परमात्मा देवताओं के लिए भी दुर्लभ हैं।)

विशेष

*काया, कांची = ये दोनों विशेष पुष्प हैं जिनका रंग क्रमशः श्याम तथा गौर होता है।
उन्दि = नाभि
शडै = जटा; संस्कृत शब्द 'जटा' का तमिल रूप है।
इमै = पलक; आँख को ढकनेवाला परदा जिसके उठने और गिरने से आँख खुलती है और बंद होती है। यह क्षण या निमिष को दर्शाता है।

भावार्थ

भगवान नारायण के नाभिकमल से ब्रह्मा उद्भूत हैं। भगवान नारायण का वर्ण श्याम है कायापुष्प की तरह। वे मायामय अर्थात् चमत्कारी हैं। उनको कांची पुष्पवत् गौर वर्ण के इन्द्र, पद्मनाभ ब्रह्मा और जटाधारी शिव आदि देवता भी समझ नहीं पाते हैं; उनके लिए भगवान नारायण अगम्य हैं; दुर्लभ हैं।
जब ब्रह्मादि देवता प्रयत्न करके भी भगवान नारायण को समझ नहीं पाते तब सामान्य मनुष्य के लिए वे कैसे सुलभ हो सकते हैं ! किन्तु भगवान नारायण प्रपन्न भक्तों के लिए– आश्रितों के लिए सुलभ हैं। वे स्वयं भक्त को अपना बना लेते हैं। केवल भक्त की प्रपत्ति भगवान के लिए प्रिय है। लाख प्रयास करने के बावजूद देवता भी उसे प्राप्त नहीं कर सकते।
इसी तत्व को भगवद् गीता में भगवान कृष्ण ने कहा है।

"श्रद्धधाना मत्परमा भक्तास्ते अतीव मे प्रियाः।" (भगवद्गीता 12-20)

(पूरी श्रद्धा के साथ जो भक्त मन्मय होते हैं वे ही मेरे लिए परम प्रिय हैं।)

अट्ठानबे

सर्वशक्तिमान भगवान नारायण ही यमलोक से बचाकर भक्तों को मोक्ष प्रदान करनेवाले हैं। इस बात को आष्वार् के शब्दों में सुनिये।

इमम् शूष् मलैयुम् इरु विशुम्बुम् काट्रुम्
अमम् शूष्न्दु अर विळंगित् तोन्रुम् - नमन् शूष्
नरकत्तु नम्मै नणुहामल् काप्पान्
तुरकत्तै वाय् पिळन्दान् तोट्टु।।

शब्दार्थ अन्वयसहित

इमम् शूष् मलैयुम् = हिमाच्छादित हिमालय
इरु विशुम्बुम् = आकाश और
काट्रुम् = वायु को

अमम् शूष्न्दु = (स्थूलता, ऊँचाई और त्वरा के संदर्भ में) नीचा दिखाते हुए
अर विळंगि तोन्रुम् = समक्ष आकर खड़े हुए
तुरकत्तै = अश्व को (अश्व के रूप में आये और कंस के द्वारा कृष्ण को मारने के लिए प्रेषित असुर केशी को)
तोट्टु वाय् पिळन्दान् = पकड़कर उसका मुँह फाड़ दिया था भगवान कृष्ण ने।
नम्मै नमन् शूष् नरकत्तु नणुहामल् काप्पान् = वे ही भगवान कृष्ण (अर्थात् नारायण) यम के रौरवादि नरक में प्रवेश करने से हमारी रक्षा करेंगे।

विशेष

इमम् = हिम इमम् शूष् मलै = हिमालय
अमम् = व्याधि; बीमारी; नमन् = यम देवता
अमम् शूष्न्दु = पर्वत, आकाश और वायु को बीमार या अशक्त बनाकर; अर्थात् प्रसंगानुसार अर्थ होगा– उन्हें नीचा दिखाकर या हराकर; अश्व केशी हिमालय से अधिक स्थूल था; आकाश से अधिक ऊँचा था और वायु से अधिक गतिमान था। अतः उसके सामने ये तीनों– पर्वत, आकाश और वायु बीमार या अशक्त हो गये।
तुरकम् = संस्कृत शब्द 'तुरग' का तमिल रूप है। इसका अर्थ है अश्व या घोड़ा। 'तुरग' का वाच्यार्थ है 'तेजी से दौड़नेवाला'; इसलिए घोड़ा है।
नमन् = यम

भावार्थ व्याख्यासहित

स्थूल हिमालय, उच्च आकाश और तीव्र वायु को भी मात करनेवाले स्थूलतर, उच्चतर तथा तीव्रतर अश्व के रूप में आये असुर केशी का मुँह फाड़कर संहार करनेवाले भगवान कृष्ण ही यम लोक में–यम के रौरवादि नरक में प्रवेश करने से हमारी रक्षा करेंगे।

भक्त आष़्वार् को पूर्ण विश्वास है कि भक्तों को मुक्ति दिलानेवाले केवल परमात्मा कृष्ण अर्थात् नारायण हैं जिन्होंने भयंकर असुर केशी का संहार कर संसार की रक्षा की थी। अतः वे ही यम लोक में जाने से भक्तों की रक्षा करेंगे; अर्थात् सांसारिक बन्धन से मुक्त कर भक्तों को मोक्ष प्रदान करेंगे।
इससे पहले भी पद 47 में भक्त आष़्वार् ने इसी बात को प्रस्तुत किया था।

निन्यानबे

भक्त आष़्वार् अपनी कृति के इस उपांत्य पद में यह स्थापित करते हैं कि भगवान नारायण के श्रीचरण ही समस्त जगत के आश्रयणीय हैं।

तोट्ट पडैयेट्टुम् तोलाद वेन्रियान्
अट्टपुयकरत्तान् अन्नान्रु - कुट्टत्तुक्
कोळ्मुदलै तुञ्ज कुरित्तु एरिन्द चक्करत्तान्
ताळ् मुदले नङ्कट्कुच् चार्वु।।

शब्दार्थ अन्वयसहित

तोट्ट पडै एट्टुम् = भगवान नारायण आठ दिव्य आयुध लिये हुए हैं।

तोलाद वेन्रियान् = (उन आयुधों का प्रयोग इस प्रकार करते हैं कि) वे कभी पराजित नहीं होते; सर्वदा जय ही प्राप्त करते हैं।

अट्टपुयकरत्तान् = कांचीपुरम के तीर्थ अट्टपुयकर में वे निवास करते हैं।

अन्नान्रु = बहुत पहले

कुट्टत्तु कोळ् मुदलै तुञ्ज = सरोवर में स्थित अत्यंत सबल मगर का संहार करने के लिए

कुरित्तु एरिन्द चक्करत्तान् = भगवान नारायण ने निशाना साधकर सुदर्शन चक्र का प्रयोग किया था।

ताळ् मुदले नङ्कट्कु चार्वु = उन भगवान नारायण के श्रीचरण ही हमारे लिए आश्रयणीय हैं।

विशेष

1. आठ दिव्य आयुध हैं–

   धनुष, बाण, गदा, शंख, खड्ग, चक्र, ढाल, पद्म

2. अट्ट पुयकरत्तान् -

   अट्ट पुय = संस्कृत शब्द 'अष्ट भुज' का तमिल रूप है जिसका अर्थ है 'आठ भुजायें'

   कर–संस्कृत शब्द 'गृह' का तमिल अपभ्रंश रूप है।

   अष्ट भुज–आठ भुजाओं वाले भगवान विष्णु;

   उनका गृह अर्थात् आवास अर्थात् अट्टपुयकर का अर्थ है भगवान विष्णु का आवास

   भगवान विष्णु अर्थात् नारायण का नाम 'अष्ट भुज' अर्थात् अट्टपुय है। परन्तु भक्त आष़्वार् भगवान को दिव्य तीर्थ के साथ जोड़कर 'अट्ट पुयकरत्तान्' कहते हैं। इस प्रसंग में आष़्वार् ने कांचीपुरम में स्थित तीर्थ 'अट्टपुयकरम्' में आवास किये हुए भगवान के लिए संज्ञा के रूप में प्रयोग किया है:- 'अट्टपुयक्करत्तान'।

3. ताळ् = पाद, चरण ताळ् मुदल् = पादमूल; तलवा

   ताळ् मुदले = पाद मूल ही

4. कुट्टम् = सरोवर

भावार्थ व्याख्यासहित

आठ आयुधों को धारण करनेवाले, सर्वदा विजयी तथा कांचीपुरम् में स्थित तीर्थ अट्टपुयकर में आवास करनेवाले जिन भगवान विष्णु अर्थात् नारायण ने बहुत पहले सुदर्शन चक्र का प्रयोग कर, मगर का संहार कर भक्त गजेन्द्र की रक्षा की थी उनके पादमूल या श्रीचरण ही हमारे लिए आश्रयणीय हैं।

अष्ट भुजाओं में अष्ट दिव्य आयुधों को लिये हुए भगवान विष्णु विराजमान हैं 'अट्ट पुयकरम्' तीर्थ में। श्री वैकुंठवासी भगवान विष्णु उसी रूप में मानव-मात्र के हित के लिए पृथ्वी के इस दिव्य देश में आकर आवास किये हुए हैं।

प्रपन्न परम भागवत भक्त, गजेन्द्र की तरह आलरक्षण में असमर्थ है। उसका रक्षण करना भगवान का धर्म है। अतः वे समस्त आयुधों से सजकर पृथ्वी पर आकर विराजमान हैं; ताकि भक्तों अर्थात् आश्रितों का रक्षण हो। इस प्रकार भक्त आष़्वार् यह सिद्ध करते हैं कि भगवान नारायण का पादमूल ही भक्तों के लिए

प्राप्य है; प्रापक है अर्थात् आश्रयणीय है।

"त्वत्पादमूलं शरणं प्रपद्ये" के द्वारा श्रीरामानुजाचार्य के गुरु पेरियनम्बि के गुरु आळवन्दार ने इसी शरणागति तत्व को बाद में विस्तार से विश्लेषित किया है।

सौ

परम भागवत भक्त आष़्वार् ने पूर्व पद में भगवान नारायण को आश्रयणीय कहकर स्तवन किया तो अपनी कृति के इस अंतिम पद में श्री देवी को आश्रयणीया कहकर उनके पादों में अपने को समर्पित करते हैं।

शार्वु नमक्केनरुम् चक्करत्तान् तण् तुषाय्
तार् वाष् वरै मारबन् तान् मुयंगुम् - कारान्द
वान मरु मिन्निमैक्कुम् वण् तामरै नेडुङ्कण्
तेनमरुम् पू मेल् तिरु।।

शब्दार्थ अन्वयसहित

चक्करत्तान् = सुदर्शन चक्रधारी एवं
तण् तुषाय् तार् वाष् वरै मारबन तान् मुयंगुम् = शीतल तुलसी माला से अलंकृत विशाल वक्षस्थल-युक्त भगवान नारायण द्वारा संश्लेषित
तिरु = श्री देवी
कार् आन्द वान् अमरुम् मिन् इमैक्कुम् = जो मेघाच्छादित आकाश में स्थित विद्युत की तरह चमकती हैं,
वण् तामरै नेडु कण् = सुन्दर पंकजवत् दीर्घ नयनवाली हैं
तेन् अमरुम् पू मेल् = और जो मधु मंडित कमल पुष्प पर आसीन हैं
नमक्कु एन्रुम् शार्वु = हमारे लिए सर्वदा आश्रयणीया हैं।

भावार्थ व्याख्यासहित

भक्त आष़्वार् की स्थापना है कि सुदर्शन चक्रधारी एवं तुलसी माला से अलंकृत वक्षस्थल-युक्त भगवान नारायण द्वारा संश्लेषित श्रीदेवी जो नील वर्ण के मेघ द्वारा आच्छादित आकाश में विद्यमान विद्युत की तरह भासमान हैं, जिनके नयन पंकजवत् दीर्घ हैं और जो कमलासना हैं, हमारे लिए आश्रयणीया हैं।

भगवान नारायण के वक्षस्थल पर श्री देवी विराजमान हैं; नीलमेघ-श्यामल नारायण के नील शरीर के कारण गौर वर्ण की श्रीदेवी विद्युत की भांति भासित हैं।

भगवान नारायण एवं श्रीदेवी के इस युगल स्वरूप पर भक्त आष़्वार् समर्पित हैं। भगवान तथा भगवती की शरण में पहुँचकर भक्त आष़्वार् गद्गद मानसिकता के साथ काव्य का समापन करते हैं। आष़्वार् ने काव्य का प्रारंभ किया था 'एन् आषि वण्णन् पाल् तिरु कण्डेन्' (मैंने समुद्रवत् नीलवर्ण के भगवान नारायण के साथ श्रीदेवी के दर्शन किये) के साथ। अंतिम पद में आकर उन्हीं श्रीदेवीयुत भगवान नारायण की शरण में पहुँचते हैं भक्त आष़्वार् और 'तिरु' (श्रीदेवी) शब्द के साथ काव्य की समाप्ति कर उस अविभक्त युगल के श्रीचरणों पर निज को अर्पित करते हैं।

।। तृतीय दिव्य अन्तादि समाप्त ।।